메이요 평전

옮긴이 강구정

경북대학교 의과대학을 졸업하고 계명대학교 동산병원에서 외과 전공의 과정을 수료했다. 육군 군의관으로 복무한 후 부산 성분도병원 외과에서 근무했으며, 1994년 계명대학교 동산병원 외과 조교수가되었다. 경북대학교 의과대학에서 의학 박사 학위를 받았고, 일본 교토 대학 병원에서 외과 단기 연수를 거쳤으며, 미국 듀크 대학 병원의 간·담·췌장 및 간 이식 외과와 메이요 클리닉에서 연구 교수를 지냈다. 현재 계명대학교 동산병원 외과학 교실 교수로 재직 중이다. 저서로 『나는 외과의사다』, 『수술, 마지막 선택』 등이 있다.

옮긴이 강미경

이화여자대학교 영어교육학과를 졸업했다. 전문 번역가로 활동하고 있으며 『작가 수업』, 『프로파간다』, 『배드 사이언스』, 『사티리콘』, 『유혹의 기술』, 『당신의 선택은? 글로벌 이슈』, 『도서관, 그 소란스러운 역사』, 『몽상과 매혹의 고고학』, 『최초의 아나키스트』, 『100대 유물로 보는 세계사』, 『고대 세계의 위대한 발명 70』 등 100여 종을 번역했다.

메이요 평전
한국어판 ⓒ 공존, 2015, 대한민국

2015년 4월 20일 1판 1쇄 펴냄

지은이 헬렌 클래피새틀
옮긴이 강구정, 강미경
펴낸이 권기호
펴낸곳 공존
출판 등록 2006년 11월 27일(제313-2006-249호)
주소 (121-745)서울시 마포구 마포대로 63-8 삼창빌딩 1403호
전화 02-702-7025, 팩스 02-702-7035
이메일 info@gongjon.co.kr, 홈페이지 www.gongjon.com

ISBN 978-89-964600-9-1 03990

THE DOCTORS MAYO
Copyright ⓒ Helen Berniece Clapesattle 1941, 1969; Dorothy Angell Rutherford 1993
All rights reserved.
Korean translation copyright ⓒ Gongjon Publishing 2015
This edition published by arrangement with Dorothy Angell Rutherford.

세계 최고의 병원 메이요 클리닉을 일군 위대한 의사 삼부자 ✚ 헬렌 클래피새틀 지음, 강구정·강미경 옮김

메이요 평전

THE

DOC

TORS

MAYO

궁존

(왼쪽부터) 찰스 호러스 메이요, 윌리엄 워럴 메이요, 윌리엄 제임스 메이요. 1890년대. Photo by Clarence G. Stearns.

메이요 클리닉, 그들의 정신이 살아 있는 기념비

사람이 순탄한 삶을 살려면 훌륭한 변호사, 회계사, 의사를 곁에 두어야 한다는 말이 있다. 같은 차원에서 흔히 사람이 살면서 가지 말아야 할 곳으로 세 곳을 꼽는다. 죄를 지어 잡혀가는 경찰서, 세금 덜 내서 불려가는 세무서, 아파서 실려가는 병원. 이 중에서 가장 두려운 곳은 병원일 것이다. 돈도 돈이지만 무엇보다 소중한 건강과 목숨을 다루는 곳이니까.

그런데 지독한 병원 냄새가 나지 않는 병원, 5분도 걸리지 않는 진찰을 받기 위해 몇 시간씩 기다릴 필요가 없는 병원, 며칠이나 몇 주씩 대기해야 하는 각종 검사를 받기 위해 병을 묵히지 않아도 되는 병원, 하루 이틀 만에 환자의 핵심 문제들을 파악해 수일 내로 정확하게 치료해주는 병원, 각각의 환자를 위해 의료진의 모든 지식과 기술과 지혜를 모으는 병원, 의사나 간호사가 숫자로 매겨지는 실적에 연연하지 않고 환자를 위해 소신껏 진료할 수 있는 병원, 입구부터 대기실과 휴게실 심지어 화장실까지 예술 작품으로 장식되어 마치 박물관처럼 편안한 병원, 그런 병원이 과연 이 세상에, 이 지구상에 있을까…… 있다. 바로 '메이요 클리닉'이다!

우리나라에서 '메이요 클리닉'은 의료계 외에는 그리 널리 알려져 있지 않은 편이다. 일본이나 중국에 있는 병원이냐고 묻는 사람도 있고(일본어에 '명예'를 의미하는, 중국어에 '없다'를 의미하는 '메이요'라는 말이 각각 있다), 미국 어디에 있는 '동네 의원'이냐고 묻는 사람도 있다(우리나라에서는 '클리닉'이라는 명칭이 특정 분야 개인 병원에서 주로 쓰이고 있고, 비(非)의료 시설에서도 사용된다. 심지어 학습 클리닉이나 대출 클리닉도 있다). 하지만 삼성의료원과 백병원 같은 유명한 국내 대형 병원들이 설립될 때 모델이 된 병원이라고 하면 다들 놀란다. 하버드 의대 부속병원이나 존스홉킨스 병원이나 MD 앤더슨이 아니라 듣도 보도 못한 '메이요 클리닉'이라니!

메이요 클리닉은 미국 중북부 미네소타 주에 있는 인구 10만 명 남짓한 작은 도시 로체스터에 위치하고 있다. 하지만 미국 대통령이나 유럽 왕족, 연예계·스포츠계 톱스타 같은 세계적인 유명 인사들은 물론이고 중동의 부호들도 검진이나 치료를 받기 위해 자가용 비행기로 와서 예약 순서를 기다리는 병원이다. (그래서 로체스터에는 그들을 위한 국제공항도 있다.) 놀랍게도 미국 전역과 세계 150개국에서 환자들이 몰려드는 병원이다. 2013년을 기준으로 메이요 클리닉에는 의사와 연구자 4,158명, 수련의와 학생 3,155명, 일반 직원 52,196명을 포함해 총 인원 59,509명이 근무하고 있고, 당해에만 입원 환자 131,000명을 비롯해 총 1,260,000명을 진료했다. 당해 총 매출은 94억 2100만 달러(약 10

조 2200억 원)였으며, 그중 진료 수익은 6억 1200만 달러(약 6600억 원)였다. 그런데 진료 매출 외에 기부금 수입이 3억 9900만 달러(약 4300억 원)나 됐다.

공식적으로 메이요 클리닉은 비영리 의료 기관이기 때문에 이윤을 독식하는 소유주나 임원들이 없고 모든 잉여 수익은 진료 시설 및 환경의 개선, 의학 연구와 교육에 투자된다. 메이요 클리닉의 로고를 보면 3개의 방패 모양이 역삼각형 구조로 배치되어 서로 엮여 있는데, 각각의 방패는 세 명의 설립자를 상징하는 것이 아니라 진료, 연구, 교육을 의미한다. 물론 그중 최고의 가치는 진료다. 설립자들인 메이요 삼부자가 남긴 많은 명언 중에서 메이요 클리닉이 가장 중요하게 여기는 것은 "환자의 이익이 무엇보다 우선시되어야 한다"이다(1910년 초 윌리엄 제임스 메이요가 러시 의과대학 졸업식에서 한 말). 환자의 만족을 최우선으로 하기 때문에, 환자가 의사들에게 건강과 목숨을 애원하듯 매달리는 것이 아니라 의사들이 환자의 고통과 불편을 해소해주기 위해 최선을 다한다. 그래서 크게 만족한 환자들이 기부도 많이 할 뿐만 아니라 더 많은 환자들을 불러들인다. 그 기부의 종류는 현금이나 증권부터 의료 시설과 예술 작품까지 매우 다양하다.

메이요 클리닉은 최고의 진료를 위해 연구하고 최고의 진료를 할 수 있도록 교육한다. 그러기에 기초 연구보다는 임상 연구, 즉 환자 진료 결과를 분석해 다음 환자들에게 가장 적절한 진료가 무엇인지 제시하는 이른바 중개연구(translational research)를 추구하며, 설립자들의 유지대로 연구와 교육에 막대한 투자를 해왔다. 2013년의 연구비와 교육비만 해도 9억 1200만 달러(약 1조 원)에 달했다. 그 결과 논문과 저술을 포함해 매년 6,000건 이상의 의학 연구 문헌을 발표하고 있다. 메이요 클리닉은 개원 150주년을 맞은 2014년에 의학과 의료에 대한 150가지 기여 목록을 발표했는데 어느 하나 중요하지 않은 것이 없고 대개는 "최초"라는 수식어를 달고 있다. 예를 들면, 메이요 클리닉은 최초로 산소마스크를 만들었고(원래는 비행사들이 높은 고도에서 비행할 수 있게 하려고 고안해 2차 세계대전 때 연합국의 승리에 기여했는데, 병원에서는 기존의 '산소 텐트'를 대체했다), 최초로 갑상샘 호르몬인 티록신을 분리해내 갑상샘 질환 치료에 혁명을 가져왔으며, 최초로 암의 진행 단계를 초기, 중기, 말기로 구분하는 체계를 개발해 암의 진단과 치료를 크게 개선했고, 최초로 병원에 혈액은행을 개설해 혈액 수급 문제를 해결했으며, 최초로 '다전문 집단의료 체계'를 구축해 환자의 질환을 여러 분야 전문의들의 협진으로 훨씬 빠르고 완전하게 치료할 수 있게 했고, 최초로 컴퓨터단층촬영(CT)을 실시했으며, 최초로 항(抗)결핵제인 스트렙토마이신을 결핵 치료에 사용했고, 최초로 인공 심폐기를 개발해 개심(심장 절개) 수술을 성공적으로 해냈으며, 최초로 인공 고관절 치환 수술을 실시했고, 최초로 건선 치료에 타르 제제와 자외선을 이용했으며, 최초로 일과성허혈발작이 뇌경색의 전조임을 밝혀냈고, 최초로 경구용 항응고제를 인체에 투여했으며, 최초로 의료 기록 통합 관리 시스템을 도입해 모든 의무 정보의 효율적 이용이 가능하게 했다.

이 밖에도 수많은 성과가 있긴 하지만, 1950년 메이요 클리닉 연구자들인 에드워드 캘빈 켄들과 필립 쇼월터 헨치가 최초로 부신피질 호르몬인 코르티손을 분리해내 류머티즘 치료에 이용한 공로로 노벨 생리의학상을 수상한 것은 단연 가장 빛나는 성과다. 메이요 클리닉은 이들의 발견에 대한 특허 등록이나 그것을 통한 이윤 추구를 하지 않기로 결정함으로써 더 많은 환자들이 더 빨리 치료제를 제공받을 수 있게 했다.

이 책을 보면 알 수 있듯이 사실상 메이요 클리닉은 한 세기 전부터 세계 최고 수준의 병원이었다. 1910년 이전에 이미 널리 알려져 미국과 세계 곳곳에서 환자들이 몰려왔고 유럽과 중남아메리카 그리고 일본에서도 의사들이 찾아와 배우고 가는 일류 병원이었다. 미국의 시사지 《유에스 뉴스 앤드 월드 리포트(U.S. News & World Report)》가 비교적 최근인 1990년부터 실시해 온 미국 내 병원 평가에서 메이요 클리닉은 존스홉킨스 병원과 사반세기 동안 1, 2위를 다투어왔다. 개원 150주년인 2014년에는 미국 내 약 5,000개 병원 가운데 종합 1위에 올랐다. 그렇다면 지방 소도시에 있는 메이요 클리닉이 병원 평가에서 최고 점수를 받은 비결은 무엇일까? 도대체 누가 세운 어떤 병원이기에 이토록 오랫동안 최고의 위치를 지켜왔을까? 왜 세계의 그 많은 사람들이 메이요 클리닉에 열광하는 것일까? 메이요 클리닉의 명성에 대해 조금이라도 들어본 사람이라면 누구나 당연히 가져볼 만한 의문이다. 나 역시 몇 년 전까지만 해도 그랬다.

5년 전인 2009년 메이요 클리닉 루이스 로버츠(Lewis R. Roberts) 교수의 간암 유전자 연구에 합류하기 위해 로체스터에 도착한 때는 겨울 기운이 아직 채 가시지 않은 3월 말이었다. 4월부터 6개월간은 덥지도 않은 날씨에 공기도 더할 나위 없이 맑고 깨끗했다. 첫 출근한 날에는 하루 종일 오리엔테이션이 있었다. 마지막 시간에는 플러머 빌딩 2층에 위치한 역사관을 둘러보았다. 수많은 감사장과 상장, 설립자들이 사용하던 집무실과 집기들도 전시되어 있었다. 역사관 직원에게 전시물에 놀라워하며 관심을 표했더니 이 책의 원서인 『더 닥터스 메이요(The Doctors Mayo)』라는 진홍색 표지의 두꺼운 책을 내게 건네주었다.

여기서 "닥터스"란 모두 의사인 아버지와 두 아들, 즉 의사 삼부자를 가리킨다. 이들 메이요가(家) 의사 삼부자 가운데 아버지인 윌리엄 워럴 메이요(이하 '닥터 메이요')는 영국에서 태어나 화학과 의학을 공부한 뒤 남다른 개척 정신이 이끄는 대로 19세기 중반 미국으로 건너왔다. 그는 의학 공부를 계속해 의사 면허를 취득한 후 서부로 향했고 미네소타 주 남부에서 개인 진료소를 차려 선도적이면서 인간적인 의술을 펼쳤다. 이후 두 아들 윌리엄 제임스 메이요(이하 '닥터 윌')와 찰스 호러스 메이요(이하 '닥터 찰리')도 각각 의과대학을 졸업하고 아버지의 의업(醫業)에 합류해 1939년 같은 해에 세상을 떠나기 전까지 거의 반세기 동안 병원을 크게 성장시켜 세계에서 으뜸가는 메이요 클리닉으로 만들었다. 이 책은 메이요 삼부자가 세계 최고의 병원을 탄생시킨 과정을 생생하게 담고 있는 평전이다.

나는 퇴근 후 이 책을 보면서 메이요 클리닉의 역사와 더불어 현대 의학의 여명을 알아가는 즐거움에 매료됐다. 그러다가 창 밖에서 이른 아침을 알리는 개똥지빠귀의 아름다운 지저귐을 들으며 서둘러 잠을 청하기도 했다. 영문 소설을 즐겨 읽는 친구들도 있지만 내가 이렇게 두꺼운 (의학 교재가 아닌) 일반 영문 서적을 완독한 것은 솔직히 처음이었다. 책을 중간쯤 읽었을 무렵 나는 이 책이 한국어로 번역되어 있는지 검색해 보았다. 아울러 메이요 클리닉 구내 서점에도 확인해 보왔다. 프랑스어, 독일어, 일본어를 비롯해 세계 18개국어로 번역되긴 했지만 한국어로는 아직 번역되지 않았다는 말을 들었다.

그래서 번역하기로 마음먹었다. 단지 이 책이 미국에서 1941년에 초판이 발행된 이래 50만 부 넘게 팔린 베스트셀러이기 때문이 아니다. 출간되자마자 《뉴욕 타임스》에서 "연말 추천 도서"(1941년)로 선정되고 나서 지금까지 계속 의대 지망생, 의대생, 의료인의 필독서로 추천되어 왔기 때문도 아니다. 세계 최고의 병원 메이요 클리닉을 일군 메이요 의사 삼부자에 관한 가장 권위 있는 평전이자 메이요 가문과 메이요재단이 인정한 유일한 공식 전기이기 때문도 아니다. 이 책에는 단순한 의학사 인물 전기를 넘어서는 것들이 들어 있다. 무엇보다 이 책에는 위대한 정신이 담겨 있다. 닥터 메이요는 의사로서 늘 치료가 우선이어서 진료비에 거의 연연하지 않았는데, 특히 가난한 사람들에게는 진료비 청구나 독촉을 일절 하지 않았다. 또 더 정확한 진단과 진료를 위해 당시 아주 비쌌던 현미경을 사려고 집을 저당 잡힐 정도로, 더 나은 의술을 배우려고 머나먼 동부를 수시로 다녀올 정도로 도전의식과 배움의 열정이 강했다. 그리고 "아무리 잘난 사람도 혼자서는 살 수 없는 법이다"라고 입버릇처럼 말하며 더불어 사는 지역민들의 더 나은 삶을 위해 열정적으로 헌신하기도 했다. 그래서 나중에는 정치인으로 나서서 로체스터 시장(1882~83)과 미네소타 주 상원의원(1891~95)까지 지냈다.

그의 두 아들은 이러한 정신을 그대로 이어받아 더욱 발전시켰다. 닥터 윌과 닥터 찰리는 가난한 환자에게는 진료비를 받지 않았지만(심지어 교통비나 생활비를 보태주기도 했다), 진료비를 낼 형편이 되는 환자에게는 정당한 금액을 청구해 더 나은 의술을 펼치는 데 투자했다. 또 형제는 정기적으로 연수 출장을 다니며 더 나은 의학과 의술을 배워 그것을 더욱 발전시킨 덕분에 당대의 가장 뛰어난 외과 의사 반열에 오르기도 했다. 사실 그들은 최고의 의술과 경영술을 바탕으로 현대식 종합병원의 기틀을 확립했고 세계 최고의 병원을 일구었다. 그리고 지역민들의 삶을 개선하기 위해 많은 기부를 하고 공직을 맡기도 했지만 정치가로 나서지는 않았다(닥터 윌은 주지사 후보로, 닥터 찰리는 대통령 후보로 추천되기도 했지만 모두 고사했다).

오늘날 로체스터 시는 메이요 클리닉 덕분에 인구의 절반가량이 의료계 종사자이며 동부 대도시 못지않게 편리하고 풍요로운 생활환경을 갖추고 있다. 2014년에는 미국에서 살기 좋은 도시 2위에 선정되기도 했다(livability.com). 이것은 메이요 형제의 의도이기도 하다. 형제는 우수한 인재들이 로체스터로 와서 대도시 수준의 만족스러운 삶을 살 수 있도록 해야 한다고 생각했다. 그래서 메이요 클리닉 직원들은 이직률이 낮다. 누구든 메이요 클리닉의 정식 직원이 되자면 수년간의 적응 과정을 거쳐야 하고 환자 진료가 최우선이기 때문에 때로는 개인적인 일을 차선으로 미루어야 하지만, 대신 자기 발전과 능력발휘의 기회가 열려 있고 급여가 다른 병원보다 많을뿐더러 복리후생도 넉넉하다.

1932년 같이 은퇴하고 1939년 같이 세상을 떠난 메이요 형제는 먼미래를 내다보며 더 나은 진료와 연구와 교육을 위해 전 재산을 기부했을 뿐만 아니라 메이요 클리닉에 대한 일체의 소유권과 경영권도 내놓았다. 가족이나 자손들 중에 메이요 클리닉 의료진이 있기도 했지만 그들에게 경영권을 물려주지 않았다. 그래서 지금도 메이요 클리닉과 재단은 철저히 독립적이면서 공동체적으로 운영되고 있다. 어쩌면 이것이 그들의 가장 위대한 정신이자 업적일지 모른다. 매년 6월이면 미국 전역에 흩어져 살고 있는 닥터 메이요의 후손 50여 명이 로체스터로 모여 마차를 타고 행진하는 축제를 벌인다. 나는 이 축제에서 닥터 찰리의 손자인 외과 의사 찰스 호러스 메이요 2세를 우연히 만났다. 나이가 80대 중반은 되어 보이는 그는 인근 위스콘신 주의 작은 병원에서 일하다가 은퇴해 그 지역에서 말년을 보내고 있다고 했다. 내가 메이요 클리닉에 깊은 관심을 보이자 그는 지갑에 꽂을 수 있는 작은 볼펜을 기념으로 건네주었다. 그런데 그를 비롯한 닥터 메이요의 후손들은 축제의 주인공일지언정 메이요 클리닉의 주인은 절대 아니다.

눈앞에 산적한 많은 일들을 뒤로 하면서까지 내가 이 책을 번역한 또다른 이유가 있다. 이 책은 역사학자인 저자가 메이요 형제의 허락과 협조를 받아 약 5년간 온갖 자료를 수집하고 분석해 최대한 객관적으로 기술해낸 논픽션이다. 저자는 인물들의 업적을 세세하게 설명하기는 하지만 쓸데없는 허구나 과장을 동원해 인물들을 찬양하지는 않는다. 그렇다 보니 약 75년 전에 집필된 이 책을 풍요로워지고 첨단화되고 세계화된 현재의 관점에서 보면 인물들의 행적이 그리 대단해 보이지 않을 수도 있지만, 모든 것이 지금에 비해 턱없이 부족하고 열악한 상황에서 인간의 위대한 정신으로 이루어낸 훌륭한 성과들을 깊이 이해하면 가슴 벅차오르는 감동을 느낄 수 있다. 나는 이 시대 우리나라의 젊은 의학도나 의사들이 새기고 추구해야 할 것들이 이 책에 담겨 있다고 생각한다. 너도 나도 편하게 많은 수입을 올릴 수 있는 분야로 몰려드는 시대에 의사의 본분이 무엇인지 생각해보게 하는 책이다.

번역서를 내기로 마음먹고 크고 작은 출판사 몇 곳에 출간 의사를 타진해 보았지만 하나같이 반응이 시큰둥했다. 어느 미국 병원의 거의 한 세기 전 이야기를 다룬 이렇게 두꺼운 책을 누가 집어들겠느냐며. 심지어 일부 비용을 내가 부담하겠다고 하면서 이 책에 담긴 가치를 평가해 달라고 계속 설득해 보기도 했으나 거절당했다. 이런 상황에서, 회사가 어려운데도 적잖은 비용과 노력에 충분한 대가가 따를 것 같지 않은 이 책의 출판에 기꺼이 나서 준 공존 출판사에 심심한 사의를 표한다. 아울러 바쁜 생활 중에 짬짬이 번역하다 보니 오랜 시간이 걸리고도 거칠기만 했던 번역 원고를 정성스레 다듬어주신 전문 번역가 강미경 선생께도 깊이 감사한다.

2015년 2월

강구정

"더 훌륭한 일"을 위하여

메이요 형제의 이야기는 미국 의학사에서 눈여겨봐야 할 대목이다. 한 세기 전부터 의학은 날이 갈수록 정교해졌다. 영국의 외과 의사 조지프 리스터(Joseph Lister)의 무균법(무균 수술법)이 외과술의 놀라운 성공을 가져왔고, 의사들은 너도나도 과학기술을 익혀 환자들에게 존경을 얻기 시작했다. 이런 변화의 시기에 닥터 윌리엄 제임스 메이요(William James Mayo, 1861. 6. 29~1939. 7. 28)와 닥터 찰스 호러스 메이요(Charles Horace Mayo, 1865. 7. 19~1939. 5. 26)는 미네소타 주 로체스터에 집단의료 체계를 구축했다.

친지와 동료들에게 닥터 윌과 닥터 찰리로 통했던 두 사람은 각기 다른 방면의 의학 전문가들로 구성된 하나의 의료진이 본인들은 물론 환자들에게도 가장 이상적이라고 생각했다. 그렇게 꾸려진 의료진은 환자가 메이요 클리닉에 오면 한 지붕 아래서 온갖 질병을 치료

받을 수 있게 해주었다. 이러한 조직 구조는 '다전문 집단의료(multi-speciality group practice)'로 알려지면서 전 세계 수많은 의료 센터의 기본 구조를 형성해왔다.

그런데 메이요 형제는 진료에만 머물지 않았다. 형제는 이제 막 싹을 틔우기 시작한 과학적 의학이 발전하려면 철저히 훈련받은 전문가가 필요하다는 점에 주목했다. 그래서 형제는 자신들에게 새로운 외과술을 배우기 위해 로체스터에 오는 전 세계 의사들에게 클리닉을 개방했다. 수술을 참관한 의사들은 이러한 임상 강의를 편의상 "메이요스 클리닉(Mayos' Clinic, '메이요 형제의 임상 강의'라는 뜻. 옮긴이)"으로 불렀고, 이 명칭은 지금까지 그대로 남아 있다. 설립자들의 인도 아래 꾸준히 성장해온 이 의료 기관은 앞으로도 계속 "메이요 클리닉(Mayo Clinic)"으로 불릴 것이다.

메이요 형제는 임상 진료와 의학 교육뿐만 아니라, 이 의료 기관이 미래에도 계속 좋은 성과를 낼 수 있도록 의학의 세 번째 측면을 지원했다. 개인적 관심과 경제적 기반을 바탕으로 형제는 의학 연구를 지원했다. 형제는 일정 자격을 갖춘 사람들을 연구실 책임자로 기용해 실험의학의 미래를 열어가도록 지원과 격려를 아끼지 않았다.

1915년 닥터 윌과 닥터 찰리는 의학 교육과 연구 사업에 사재 150만 달러를 출연해 이 사업이 영구히 존속할 수 있는 기틀을 마련했다. 이 돈을 기금으로 메이요의학교육연구재단이 출범했으며, 이 재단은 현재까지도 메이요 클리닉의 진료를 지원하는 역할을 하고 있다.

이런 메이요 조직과 기구들의 설립을 둘러싼 이야기가 처음 출간된 것은 1941년 이 책을 통해서였다. 이 책의 필요성은 1936년 미네소타 대학교 총장 로터스 델타 코프먼(Lotus Delta Coffman)과 대학원장 가이 스탠턴 포드(Guy Stanton Ford)가 처음 제기했다. 당시 두 사람은 메이요 형제의 삶과 업적에 관한 이야기를 책으로 출간하기로 의견을 모으고 형제의 허락을 얻고자 했지만 형제는 책 출간이 의사의 직업 윤리에 위배된다고 생각해 한사코 거절했다.

그러나 총장 코프먼과 대학원장 포드는 이 문제에서 설득력을 발휘했고, 포드는 이 책의 초판 서문에서 메이요 형제의 위상을 유창한 언변으로 막힘없이 설명했다. 닥터 윌과 닥터 찰리에 대해 그는 다음과 같이 썼다.

그들은 자신들이 역사의 일부임을 깨달아야 했다. 머지않아 그들은 역사의 언명에 따라 그냥 개인이 아니라, 미국 중서부의 발전과 미국을 비롯한 문명 세계 전체의 의학 및 임상 진료의 발전을 다루는 위대한 이야기의 일부로 기록될 것이다. 그들은 많은 역사적 원동력과 과학 및 임상 의학의 세계적 발전을 다루는 이야기 속에서 자신들이 차지하는 위상을 부정할 수 없다. 삼부자, 즉 형제와 그들의 아버지가 지극히 개인적인 직업 속에서 집단적 성과에 기여한 과정들은 당연히 중심 주제가 될 것이다. 그런데 오늘날 모든 의사들이 공유하고 있는 그들의 업적을 드러내자면 전체 이야기가 필요하다. 아울러 그들이 질병이나 죽음과 싸우기 위해 새롭고 더 나은 방식을 개발하면서 이루어진 한 세기 동안의 번영과, 그들이 멈춘 곳에서 번영을 이어갈 다른 사람들을 양성한 이야기도 공유되어야 한다.

형제가 동의하자 미네소타 대학교는 역사학 전공자인 헬렌 클래피새틀에게 책 집필을 의뢰했다. 메이요 형제는 저자에게 자신들이 가지고 있던 기록과 자료를 넘겨주었을 뿐만 아니라 친구와 동료들을 인터뷰해도 된다고 허락했다. 책이 나오기 전까지는 이 사람들 가운데 누구도 그 내용을 알지 못했다. 이러한 노력의 결과로 메이요 형제와 그들의 아버지 닥터 윌리엄 워럴 메이요(William Worrall Mayo, 1819. 5. 31~1911. 3. 6)의 일대기가 세상에 나와 믿을 수 없을 만큼 큰 반향을 불러일으켰다.

이 책은 1850년대부터 메이요 형제가 사망한 1939년까지의 이야기를 담고 있다. 그때 이후로 메이요 클리닉은 설립자들의 취지를 충실히 지키며 확장을 거듭해왔다. 형제의 선견지명은 형제가 사망한 지 50년이 지난 지금도 여전히 건재한 의료 센터의 탄생으로 이어졌다. 1986년 메이요 클리닉의 의사들은 외래 환자 150만 명을 진료했으며 5만여 건의 수술을 실시했다. 메이요재단은 900여 명의 의사와 의학자로 이루어진 의료진 말고도 의과대학원생 1,500명과 일반 직원 15,000명을 구성원으로 두고 있다.

메이요의 현 구성원들은 활동 영역을 넓혀가고 있다. 물론 어떤 경우든 설립자들의 취지를 저버리는 일은 없다. 임상 연구에서 메이요는 훌륭한 방법들을 개발해 투약과 외과 수술에 철저하게 적용하며 남다른 명성을 쌓아왔다.

메이요의 과학자들은 코르티손을 합성해 선구적으로 임상에 적용한 공로로 노벨 생리의학상을 수상했다. 메이요의 외과 의료진과 생리학자들은 오늘날 심장 수술에 사용되는 인공 심폐기를 최초로 개발했다. 메이요의 항공우주의학 전문가들은 2차 세계대전 때 비행사들이 사용한 산소마스크와 비행 여압복을 개발했다. 이러한 연구는 심혈관계 분야의 자료 축적에 이바지해 훗날 심장병을 진단하는 새로운 방법의 탄생으로 이어졌다.

1900년대 초 메이요 형제는 미국 최초의 의과대학원을 설립했다 (당시에는 미네소타 대학교 대학원의 일부로 설치됐다. 옮긴이). 그때 이후로 이 대학원은 다양한 의학 분야에서 12,000명이 넘는 의사를 교육해왔다. 1972년에는 메이요 의과대학원이 정식으로 문을 열고 4년제의 박사학위 과정을 개설해 재단의 교육 사업에 정점을 찍었다.

이제 메이요 클리닉은 로체스터 밖에도 집단의료 시설 두 곳을 갖추고 있다. 하나는 플로리다 주 잭슨빌에, 또 하나는 애리조나 주 스코츠데일에 있다('메이요 클리닉 잭슨빌'과 '메이요 클리닉 스코츠데일'). 거기에다 로체스터의 다른 병원 두 곳(세인트메리스 병원, 로체스터 메서디스트 병원)과 잭슨빌의 병원 한 곳(세인트루크스 병원)도 합병했다. 메이요메디컬벤처스(Mayo Medical Ventures)는 메이요 의료진의 연구 결과와 아이디어를 의학계 전체와 공유할 수 있게 해주는 창구다. 메이요의학연구소(Mayo Medical Laboratories)는 미국 전역의 의료를 보조하는 표준 연구소로 자리 잡았다. 그리고 로체스터의 메이요 클리닉은 메이요 형제의 고향에서 계속 성장을 거듭해가고 있다.

메이요에서 일하는 우리에게는 앞으로도 우리의 환자나 동료들과 계속 공유할 자랑스러운 유산이 있다. 이 책이 우리가 그렇게 할 수 있도록 해줄 것이다. 역사적으로도 의미 있는 이 방대한 책을 읽고 나면 닥터 윌의 말이 진심으로 와 닿을 것이다.

"귀중한 가치를 과학적으로 발견해내는 것이 훌륭한 일이긴 하지만, 그 발견을 공유해서 같은 분야의 과학 연구자들에게 힘이 되는 것은 그보다 훨씬 더 훌륭한 일이다."

1987년 8월

메이요재단 이사장

윌리엄 유진 메이버리

그들의 실제 모습 그대로

이 책의 탄생에 대해 장광설을 늘어놓는 것은 어쩌면 불필요한 일인 듯하다. 메이요가(家) 의사들의 이야기는 언젠가 누군가는 반드시 쓸 것이기 때문이다. 다만 꼭 설명해야 할 점은 이 이야기가 왜 더 일찍 쓰이지 않았고, 메이요 형제가 왜 원고 작성을 자신들이 몸담았던 대학교에 일임했는가이다. 나로서는 메이요 형제가 이 책의 초판본을 보지 못하고 세상을 떠난 것이 너무나 안타깝다. 그래서 그들은 저자와 미네소타 대학교 출판부 간부들이 그들의 삶과 업적을 다룬 이야기를 '그들의 실제 모습 그대로' 들려주는 임무를 제대로 해내기 위해 얼마나 고군분투했는지 알 수 없었다.

이 책이 기획되어 미네소타 대학교 출판부와 인연을 맺게 된 시점을 군이 밝히자면, 내가 닥터 윌리엄 제임스 메이요에게 자서전을 집필해 우리 대학교 출판부에서 출간하면 어떻겠냐고 제안한 1927년의 그 날을 꼽을 수 있다. 하지만 나는 익히 그를 잘 알기에 그가 자신의 이야기를 손수 쓰리라 거의 기대하지 않았다. 자기 과시 따위는 그의 가치관이나 직업윤리와 한참 거리가 멀었기 때문이다. 게다가 위대한 업적은 대부분 '동생과 내'가 함께 이룬 것들이라 혼자서 말할 바도 아니었다. 확신하건대, 그가 내 제안에 조금만 더 망설였다면 아마 이 책은 메이요 형제가 그들 자신과 그들이 만든 조직, 즉 메이요 클리닉과 메이요재단에 대한 어떠한 오해나 합당한 비판이 있고 나서 오랜 후에야 빛을 봤을 것이다.

메이요가(家) 의사들의 이야기를 펴내야 한다는 내 주장에는, 내가 대학교 출판부 편찬위원회 위원장에서 벗어나 역사가로서 내세운 새로운 바는 전혀 없었다. 메이요가 의사들이 그런 책을 바라는지, 그들이 개인적으로나 직업상 그런 책을 허용할 수 있는지 밝히는 것은 최근 수십 년간 누차 그들에게 부담이 되었다. 이 책은 많은 이들이 듣고 싶어하고, 많은 이들이 쓰고 싶어하고, 출판인들이 기꺼이 펴내고 싶어한 이야기를 담고 있다. 그들의 삶과 메이요 클리닉에 관한 책을 집필하고 출판할 권리를 달라는 요청은 수없이 많았으며 때로는 집요했다. 그리고 그런 요청을 하는 이들이 과연 그럴 만한 역량을 갖추고 있는지 여부는 언제나 혼란스러웠다. 게다가 비공식적인 언론 기사와 묘사가 점점 더 많이 등장해 메이요 형제와 관계자들을 더욱 심란하게 만들었다.

이러한 상황을 감안한 회합이 1936년 10월에 메이요 형제의 요트 노스스타 호의 선실에서 열렸다. 그리고 매년 가을 미네소타 대학교 이사진과 고위 경영진을 미시시피 강에서 진행된 이틀간의 여정에 초대했다. 경우에 따라서는 메이요 클리닉의 직원들이 참가하기도 했다. 이 짧은 여행에서 당시 총장 로터스 델타 코프먼(1920~38 재임)과 나는 메이요 형제와 그들의 핵심 고문들을 선실에 모셔놓고 그들의 삶과 업적에 관한 책을 출판하자는 제안을 했다. 그들은 당시의 아주 거슬리는 비공식적 글 한 편 때문에 우리의 간청에 귀를 기울이게 됐다. 우리는 그들이 더 이상 자신들을 보잘것없는 개인이나 의사로 여겨서는 안 된다고 했다. 그들은 자신들이 역사의 일부임을 깨달아야 했다. 머지않아 그들은 역사의 언명에 따라 그냥 개인이 아니라, 미국 중서부의 발전과 미국을 비롯한 문명 세계 전체의 의학 및 임상 진료의 발전을 다루는 위대한 이야기의 일부로 기록될 것이다. 그들은 많은 역사적 원동력과 과학 및 임상 의학의 세계적 발전을 다루는 이야기 속에서 자신들이 차지하는 위상을 부정할 수 없다. 삼부자, 즉 형제와 그들의 아버지가 지극히 개인적인 직업 속에서 집단적 성과에 기여한 과정들은 당연히 중심 주제가 될 것이다. 그런데 오늘날 모든 의사들이 공유하고 있는 그들의 업적을 드러내자면 전체 이야기가 필요하다. 아울러 그들이 질병이나 죽음과 싸우기 위해 새롭고 더 나은 방식을 개발하면서 이루어진 한 세기 동안의 번영과, 그들이 멈춘 곳에서 번영을 이어갈 다른 사람들을 양성한 이야기도 공유되어야 한다.

총장 코프먼과 나는 우리의 이런 입장에 관한 논의를 사전에 마쳤다. 미네소타 대학교를 대표해 우리는 미네소타 대학교 출판부에서 객관적인 전기를 준비하고 출판할 것을 제안하기로 했다. 그 전기는 의업(醫業)과 역사적 원칙에 최대한 부합할 것이었고, 전기가 따르는 윤리적 기준은 의업의 윤리적 기준에 버금가게 명확하고 높을 것이었다. 여기서 나는 내가 아는 바를 그대로 말하고 있다. 나는 역사학 교수이고, 나의 아버지는 구식 의학 시절의 시골 의사였으며, 나는 20년 넘게 대학원장으로서 의사들과 그들의 교육에 직·간접적 관여를 해왔기 때문이다.

메이요 형제와 그들의 동료들은 미네소타 대학교에서 일체의 책임을 지고 책을 만들겠다고 하자 무척이나 안심했다. 그들은 모든 기록을 이용할 수 있게 해줄 용의가 있었다. 다만 그 이상의 역할은 할 생각이 전혀 없었다.

위의 약속과 위임에 관한 내용은 며칠 후 그들이 총장 코프먼에게 보낸 짧은 서한에 구체적으로 명시됐다. 서한에 적힌 말들은 메이요 형제와 그들의 가족 및 동료들이 꼼꼼하게 확인했다. 그들은 미네소타 주 로체스터에 한정되지 않은 다년간의 광범위한 환자 연구를 하는 중에도 너그러이 정보를 제공해 주었다. 하지만 생전에 메이요 형제 중 누구도, 메이요 클리닉의 직원 가운데 누구도 출간 전에 원고를 본 적이 없었고, 보여 달라고 한 적도 없었다. 내가 보기에 이 책 속에는 닥터 윌과 닥터 찰리가 전혀 알지 못하는 그들 부모의 삶이 상세하게 적혀 있다.

그래서 출판일에 이 책을 손에 쥐게 될 수만 명의 독자 가운데 누구보다도 메이요 클리닉의 임직원들이 그 내용을 더 궁금해 할 것 같다. 아울러 100만 명이 넘는 과거의 환자들, 메이요라는 이름을 늘 입에 달고 살았던 수백만 명의 사람들, 로체스터 주민들, 의사 단체 회원들, 메이요재단의 직원들, 그리고 전 세계 의사들도 메이요가(家) 의사들의 이야기가 궁금할 것이다. 어떤 사람들은 특히 더 궁금할 수도 있다. 수천 명은 일부 이야기나 사건과 관련있을 수도 있고, 닥터 월과 닥터 찰리가 목숨을 돌봐준 모든 이들도 당연히 그들에게 관심이 클 것이다.

이 이야기의 바탕이 된 각종 자료와 기록과 구술은 끝도 없이 많지만, 저자는 그것들을 모두 꿰고 있다. 그래서 메이요가 의사 삼부자는 그녀가 말하는 이야기 속에서 되살아났다. 낭설이 굳어지기 전에, 정규 교육을 받은 역사가가 이 작업을 하게 된 것은 참 잘된 일이다.

저자는 이 작업을 도와준 사람들에게 바치는 감사의 말을 쓸 예정이다. 나는 그녀가 지나치게 겸손하지 않기를 바란다. 그녀는 광범위한 조사와 자료 열람 그리고 개별 인터뷰를 실시해 잘 정리했을 뿐만 아니라, 그녀의 역사학 선배들이 의학과 과학 분야에 관한 역사적 기술을 하면서 오랫동안 간과해온 기준을 제시하는 방식으로 이야기를 전개했다. 1936년 10월 노스스타 호 선실 안에서 이루어진 결정에 핵심적인 역할을 한 4명 가운데 현재 유일한 생존자인 나로서는 미네소타 대학교에 맡겨진 임무를 실행하면서 망자들을 배려하지 않을 수 없었다. 나는 저자에게 너무 곧이곧대로 일을 하고 있는 것은 아니냐고 대놓고 말할 수밖에 없었다. 하지만 메이요 삼부자가 살아 있었다면 아마 이 훌륭한 헌정문에 고개를 끄덕일 거라 확신한다.

이 책은 단순명료한 제목에서 짐작할 수 있듯이 여기에 등장하는 위대한 인물들에 대한 공정한 평가를 목표로 하고 있다. 넓은 의미에서 보면 의사들에 초점을 맞추고 있으며, 그들이 과학의 진보에 바친 헌신을 함께 다루고 있다. 의사들의 고귀한 책무는 그 어떤 윤리강령보다 일찍이 프랜시스 베이컨이 잘 설파했으며, 이 책이 들려주는 이야기 속에서 온전하게 구현됐다.

"나는 모든 이들이 의사들에게 신세를 지고 있다고 생각한다. 하지만 다른 이들처럼 그들도 의업을 행하면서 보람과 이득을 추구한다. 그러니 그들이 그 보답으로 타인의 병을 고쳐주고 불편을 덜어주는 노력을 스스로 하는 것은 당연한 일이다."

1941년 6월

미네소타 대학교 총장

가이 스탠턴 포드

메이요 삼부자와 메이요 클리닉의 간략한 역사

(윌리엄 워럴 메이요의 출생부터 2014년까지)

1819년 5월 31일 윌리엄 워럴 메이요(이하 '닥터 메이요')가 영국 맨체스터 인
근 소도시 샐퍼드에서 태어나다. 성장하면서 화학자 존 돌턴에게 화
학을 배우고 의학 공부도 시작해 병원에서 수련까지 하다.

1846년 영국에서 미국 뉴욕으로 건너와 벨뷰 병원에서 약을 조제하다.

1847~1849년 인디애나 주 라피엣에서 재단사 앨폰소 W. 로스 등과 함께 양
복점을 열다. 1849년 미국 시민이 되다.

1849~1850년 인디애나 의과대학에서 닥터 앨리저 데밍에게 의학을 배우다.
1850년 첫 번째 의사 면허를 받다.

1851~1852년 1851년 2월 2일 루이즈 애비게일 라이트와 결혼해 인디애나
주 라피엣에 정착하다. 1852년 메이요 부인이 모자 가게를 열다.

1853~1854년 미주리 의과대학(현 워싱턴 대학교)에서 의학을 공부하고 1854
년 두 번째 의사 면허를 받다.

1854년 인디애나 주 라포트에서 진료를 시작하다. 말라리아에 걸려서 치료
를 위해 더 나은 기후를 찾아 인디애나 주를 떠나다. 미네소타 주 세
인트폴에 자리를 잡은 뒤 나중에 가족을 데려오다.

1856년 미네소타 주 르쉬외르 외곽의 농장으로 이주하다.

1859년 르쉬외르 마을 안으로 이사하다.

1861년 6월 29일 큰아들 윌리엄 제임스 메이요가 태어나다.

1861~1862년 남북전쟁이 발발해 북부군으로 자원하다. 다코타 인디언의 공격을 감시하는 뉴울름 지역 정착민들의 외과 의사로 일하다. 다코타 인디언들이 이 지역 정착민들을 공격해 종군 의사로 참전하다.

1863년 미네소타 주 남부의 징병 검사 군의관으로 임명되어 로체스터로 파견되다.

1864년 징병위원회 군의관에서 해임되어 가족을 로체스터로 데리고 와 자리를 잡은 후 진료소를 다시 열다. 메이요 클리닉 사가들은 이 진료소를 메이요 클리닉의 공식적인 기원으로 본다.

1865년 7월 19일 작은아들 찰스 호러스 메이요가 태어나다.

1883년 7월 21일 지름 2.5킬로미터 규모의 거대한 토네이도가 로체스터 지역을 강타해 많은 사상자와 막대한 재산 피해가 발생하다. 닥터 메이요가 세인트프랜시스 수녀회에 간호를 요청하다. 세인트프랜시스 수녀원 설립자인 앨프리드 모스 수녀원장이 토네이도 피해를 겪고 나서 대형 병원의 필요성을 절감해 닥터 메이요에게 병원 건립 주관을 요청하다. 닥터 메이요는 작은 도시에서 경제성이 없다는 이유로 난색을 표하면서도 수녀회에서 건립 자금을 대는 조건으로 수락하다. 같은 해 닥터 윌리엄 제임스 메이요(이하 '닥터 윌')가 미시간 의과대학을 졸업하고 아버지의 진료소에 합류하다. 메이요 진료소가 쿡 블록 1층으로 이전하다.

1888년 닥터 찰스 호러스 메이요(이하 '닥터 찰리')가 시카고 의과대학(현 노스웨스턴 의과대학)을 졸업하고 아버지의 진료소에 합류하다.

1889년 10월 1일 세인트프랜시스 수녀회가 27병상을 갖춘 세인트메리스 병원을 개원하다. 전날인 9월 30일 닥터 메이요와 닥터 윌의 보조를 받아 닥터 찰리가 세인트메리스 병원에서의 첫 수술을 실시하다.

1892년 첫 번째 '동업자'(초창기에 메이요 형제와 동업 개념으로 일정한 지분을 갖고 같이 일하며 메이요 클리닉의 기초를 놓은 의사들) 닥터 오거스터스 W. 스틴치필드가 메이요 진료소에 합류해 내과를 담당하다. 이후 더 많은 의사들이 합류하면서 '팀 진료'라는 개념이 생겨나고 팀을 이뤄 함께 진료하면서 자연히 구성원들이 다양한 분야의 전문의로 발전하다. 이것은 오늘날 메이요 클리닉이 최초이자 최고임을 자부하는 '다전문 집단의료'의 시발점이다.

1894년 두 번째 동업자 닥터 크리스토퍼 그레이엄이 합류해 [산]부인과와 진단 분야를 담당하다.

1898년 세 번째 동업자 닥터 멜빈 C. 밀릿이 합류해 비뇨기과를 담당하다.

1901년 프리메이슨 신축 건물 1층으로 진료소를 이전하다. 네 번째 동업자 닥터 헨리 플러머가 합류해 내과, 경영, 기술공학, 건축 등 다양한 분야에서 뛰어난 재능을 발휘하며 메이요 클리닉의 시스템적 기틀을 다지다. 1936년 세상을 떠나기 전까지, 의료 기록을 중앙 집중화해 통합 관리하고 의료 기록과 엑스선 필름을 필요한 부서에 리프트와 컨베이어로 전달하고 환자를 체계적으로 등록해 관리하는 종합적인 시스템을 마련하고, 세계 최초로 내선 전화 체계를 도입하다. 이것들은 지속적인 개선이 이루어져 오늘날에도 이용되고 있으며, 이른바 '병원 행정의 효시'로 불린다.

1902년 다섯 번째 동업자 닥터 에드워드 스타 저드가 합류해 외과 분야를 강화하다.

1906년 메이요 형제의 진료를 배우러 오는 의사들이 '국제외과의사클럽'을 결성하다.

1907년 여섯 번째 동업자 도널드 C. 밸푸어가 합류해 외과를 보강하며 의학 교육을 담당하다. 환자 등록 시스템이 마련되어 환자 등록 번호 1번 이 부여되다.

1911년 3월 6일 닥터 메이요가 숨을 거두다.

1914년 메이요 가족이 살던 집터에 신축된 5층짜리 진료소 단독 건물로 이 전하고 공식 명칭을 '메이요 클리닉'으로 변경하다.

1915년 메이요 형제가 미네소타 대학교와 제휴하여 의과대학원을 만들기 위해 사재를 출연함으로써 메이요의학교육연구재단(현 메이요재단)이 출범하다.

1919년 메이요 형제가 메이요 클리닉의 모든 자산을 비영리 메이요자산법 인에 양도하다.

1928년 15층짜리 새로운 메이요 클리닉 건물(플러머 빌딩)이 준공되다.

1932년 메이요 형제가 임상 현업에서 은퇴하다.

1935년 메이요 클리닉에 미국 최초의 병원 혈액은행이 문을 열다.

1938년 메이요 클리닉 연구자 3명(월터 부스비, 아서 H. 벌벌리언, 윌리엄 랜돌프 러브레이스)이 항공사 노스웨스트항공의 의뢰를 받아 높은 고도에서 비행할 수 있게 해주는 산소마스크를 만들어내다. 이 마스크가 2차 세계대전에 사용되고, 병원에서는 기존의 환자용 '산소 텐트'를 대체 하다.

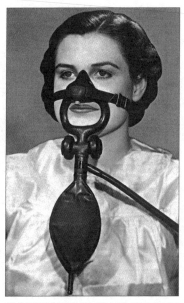

2차 세계대전이 발발하기 전인 1938년 10월, 메이요 클리닉의 연구자 3명은 임상 진료와 고고도(高高度) 비행에 사용할 수 있는 산소마스크 "A-7"를 개발했다고 발표했다. 이 마스크는 원래 노스웨스트 항공의 요청으로 12,000피트 이상에서 비행하기 위해 개발됐으며 군용으로도 사용됐다.

독일의 독가스 공격에 대응할 방법을 찾기 위해 영국의 과학자들은 메이요 클리닉을 방문했다. 위의 산소마스크 "A-14"는 최초의 산소마스크 A-7을 개량한 것으로, 산소 공급을 자동으로 조절할 뿐만 아니라 38,000피트 상공까지 비행이 가능하다. 1944~45년 미국과 영국의 연합군에서 사용됐다.

1939년 닥터 윌과 닥터 찰리가 숨을 거두다.

1942년 닥터 얼 H. 우드가 참여한 연구팀이 높은 고도에서 비행할 수 있게 해주는 비행 여압복을 개발함으로써 연합국의 승리에 일조하다.

1950년 메이요 클리닉 연구자들인 화학자 에드워드 캘빈 켄들과 닥터 필립 쇼월터 헨치가 최초로 부신피질 호르몬인 코르티손을 분리해내 류머티즘 치료에 이용한 공로를 인정받아 노벨 생리의학상을 수상하다. 메이요 클리닉이 이들의 발견에 대한 특허 등록이나 그것을 통한 이윤 추구를 하지 않기로 결정함으로써 더 많은 환자들에게 더

1955년 3월 22일 닥터 존 W. 커클린이 이끄는 메이요 클리닉 수술팀이 최초로 인공 심폐기를 이용하는 심장 수술을 실시했다. 그들은 위에 보이는 인공 심폐기를 이용해 심실 중격 결손이 있는 5세 여자아이의 심장 교정 수술을 성공적으로 해냈다.

1942년 12월 14일 미국의 대규모 수송선 "메이요 브라더스" 호가 뉴올리언스 주 델타 조선소에서 진수됐다. 이 배의 이름은 메이요 형제의 업적을 기리기 위해 붙여졌으며, 이듬해 5월에는 수송선 "윌리엄 워럴 메이요" 호도 건조됐다.

1964년 9월 11일 미네소타 주 로체스터에서 메이요 형제를 기리는 우표가 발행됐다. 이 우표는 발행일에 무려 50만 장이나 팔렸다.

신속하게 치료제를 공급할 수 있게 되다.

1955년 메이요 클리닉 외과 의사들이 인공 심폐기를 이용하는 수술을 최초로 실시하다.

1963년 장기 이식이 메이요 클리닉에서 처음 실시되다.

1969년 메이요 클리닉 외과 의사들이 FDA의 승인을 받은 고관절치환술을 최초로 실시하다.

1972년 메이요 의과대학이 문을 열다.

1973년 최초로 컴퓨터단층촬영(CT)이 메이요 클리닉에서 실시되다.

1986년 메이요 클리닉, 세인트메리스 병원, 로체스터 메서디스트 병원이 명칭은 유지하면서 메이요 클리닉으로 통합되다. 메이요 클리닉이 미네소타 주를 처음으로 벗어나 확장한 분원인 '메이요 클리닉 잭슨빌'(플로리다 주)이 문을 열다.

1987년 '메이요 클리닉 스코츠데일'(애리조나 주)이 문을 열다. 잭슨빌의 세인트루크스 병원이 메이요 클리닉에 합병되다. 환자 등록 번호가 400만 번을 넘다.

1992년 메이요 클리닉이 산하 클리닉과 병원들의 지역 네트워크를 구축하기 시작하다. 이것은 오늘날 '메이요 클리닉 헬스 시스템'으로 발전해 있다.

1995년 웹사이트 mayo.edu가 문을 열다. 현재 메이요 클리닉은 트위터와 페이스북을 비롯한 다양한 소셜미디어를 운영하고 있고 연간 방문자 수가 수백만이 넘는다.

1996년 '메이요 유지니오리타 아동 병원'이 세인트메리스 병원 안에 문을 열다.

2001년 메이요 클리닉 연구자들이 9.11 테러 이후 탄저균 감염을 신속하게
　　　　진단할 수 있는 방법을 최초로 개발해내다. 20층짜리 곤다 빌딩이
　　　　문을 열어 새로운 랜드마크 건물이 되다.

2002년 메이요 클리닉이 연방 정부로부터 최초로 다기관종합암센터로 승인
　　　　받다.

2003년 메이요 클리닉과 미네소타 대학교가 '미네소타 생명공학 및 의학유
　　　　전체학 파트너십'이라는 주립 협력체를 결성하다.

2010년 메이요 클리닉과 미네소타 대학교가 '미네소타 생명공학 및 의학유
　　　　전체학 파트너십'의 일환으로 2020년까지 최상의 당뇨병 치료법을
　　　　개발하는 사업을 시작하다. '메이요 클리닉 케어 네트워크'를 발표하
　　　　다. 현재 메이요 클리닉 권역 내에서만 유효한 '메이요 클리닉 헬스
　　　　시스템'과 달리, '메이요 클리닉 케어 네트워크'는 메이요 클리닉과
　　　　연계되는 미국 전역의 개별 헬스 시스템으로 구성된다.

2011년 메이요 클리닉이 '뇌졸중 로봇' 시스템을 발표하다. 이로써 미네소타
　　　　주와 미주리 주는 물론이고 멀리 플로리다 주와 애리조나 주까지 뇌
　　　　졸중 이력 환자들에 대한 전문의의 원격 진료가 가능해지다.

2013년 메이요 클리닉 재생의학 전문의들이 심장이 손상된 환자를 자가 세
　　　　포로 치료하는 '최초의 인체 적용 임상 연구'를 실시하다. 메이요 클
　　　　리닉이 미네소타 의회의 승인을 얻어 '궁극의료센터' 계획을 지원하
　　　　기 위한 공적 자금을 확보하다. 메이요 클리닉과 미네소타 주 로체
　　　　스터를 세계 의료의 지향점으로 만들기 위한 이 사업에는 향후 20년
　　　　간 6억 달러가 투입되며, 사업 자금은 기부자, 메이요 클리닉, 로체
　　　　스터 시, 미네소타 주가 공동으로 조달한다. 메이요 클리닉이 우주

에서의 줄기 세포 성장을 연구하기 시작하다.

2014년 세인트메리스 병원, 유지니오리타 아동 병원, 로체스터 메서디스트 병원이 '메이요 클리닉 병원'이라는 하나의 의료 시설로 통합되고 각각이 '캠퍼스'로 구분되다. 메이요 클리닉이 개원 150주년을 맞아 미국과 캐나다에서 순회 홍보 전시회를 열고 로체스터에 있는 메이요시민회관에서 메이요 클리닉의 역사와 미래를 조망하는 기념 행사를 개최하다. 미국 내 병원 평가에서 종합 1위를 차지하다.

일러두기

이하의 본문은 대부분 1937년부터 1941년까지 집필됐음을 밝혀둔다. 미국에서 1860년대와 1910년대에 급격한 경기 변동이 있기는 했지만 19세기 중후반 1달러의 가치는 2010년대의 대략 30달러에 해당한다고 볼 수 있고, 20세기 초반의 1달러는 요즘의 20달러 정도로 환산할 수 있다. 본문에서는 환산하지 않고 원문대로 실었다. 옮긴이

차례

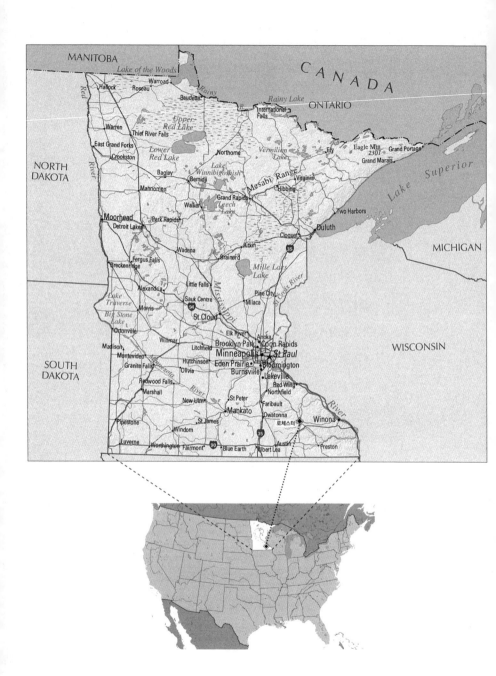

로체스터의 역설

미네소타 주 미니애폴리스에서 버스를 타고, 매년 여름이면 옥수수와 밀, 클로버와 알파파가 초록색 조각보처럼 펼쳐지는 시골길을 덜컹거리며 남동쪽으로 90마일가량 달리다보면 로체스터가 나온다. 흑백의 물결을 이루며 풀을 뜯는 가축 떼와, 기둥처럼 우뚝 솟은 사일로를 옆에 끼고 너와 지붕을 인 외양간들을 보면 이곳이 낙농 지대임을 알 수 있다.

이 지역의 마을들은 10마일 내지 15마일 간격으로 흩어져 있다. 사거리의 주유소를 중심으로 상점 몇 군데와 집들이 옹기종기 모여 있는 마을이 있는가 하면, 1층에 카페를 끼고 있는 호텔을 비롯해 은행, 치즈 공장, 통조림 공장, 그리고 장의사를 겸하는 가구점까지 들어선 제법 큰 규모의 마을도 있다. 실제로 이런 지명이 있기도 하지만, 이 마을들은 모두 파밍턴('농업 마을'이라는 뜻. 옮긴이)으로 불러도 될 듯싶다.

2011년경 비행기에서 내려다본 로체스터 시. 지평선이 보이는 드넓은 평지 한 가운데에 케이요 클리닉과 관련 건물들이 빌딩 숲을 이루고 있다. 편집자 주

왜냐하면 오로지 농민들의 편의 시설로만 존재하기 때문이다.

그러고 나서 언덕 꼭대기에 이르면 대도시를 방불케 하는 로체스터의 전경이 예고도 없이 불쑥 눈앞에 나타난다. 주변의 온 사방이 낙농촌과 시장촌으로 둘러싸인 곳에서 사람들은 대형 종합병원과 투숙객으로 북적이는 호텔의 도시, 수백 에이커에 이르는 공원과 최고급 상가가 공존하는 도시, 항공로와 철도와 고속도로가 만나는 도시와 마주치게 된다.

특별히 경치가 아름다운 것도 아니고 이렇다 할 유적지도 없는 바로 이곳 미네소타의 한적한 시골 지역에, 상주 인구는 3만 명에 지나지 않지만 매년 찾아오는 유동 인구는 그 열 배에 이르는 도시가 자리하고 있다. '어딘지도 알 수 없는 외딴 지역의 작은 도시' 바로 이곳에, 치료를 받으러 지구 반대편에서까지 사람들이 찾아오는 세계 최대의 의료 센터가 있다.

이것이 로체스터의 역설이다.

경제 지도에서 한 점에 불과했던 이곳을 의학계의 유명한 중심지로 바꿔놓은 인물은 바로 닥터 윌리엄 제임스 메이요와 닥터 찰스 호러스 메이요다. 1939년 이 유명한 형제가 잇달아 세상을 뜨자 둘의 동료였던 영국의 한 외과 의사는 다음과 같은 추도사를 바쳤다.

"이제 죽음이 미국 의학과, 나아가 전 세계 의학에 현대의 그 어떤 요인보다 심오한 영향을 미쳐온 다윗과 요나단의 40년 우정을 깨뜨리누나." (『성서』에 따르면, 다윗과 요나단은 우정이 깊었으나 요나단이 전쟁에서 죽어 이들의 우정도 사라졌다. '40년'은 메이요 형제가 메이요 클리닉에서 함께 일한 기간을 의미한다. 옮긴이)

메이요 형제는 둘 다 위대한 외과 의사였다. 그러나 이 둘 말고도 위대한 외과 의사는 많았고, 그중에는 이 둘보다 위대한 외과 의사도 분명 있었을 것이다. 그렇다면 외과 의사인 이 두 사람의 협력 관계가 과연 어떻게 메이요 클리닉과 메이요재단으로까지 발전하게 됐을까?

그 답은 모든 의사와 모든 미국인에게 귀감이 될 만한 남다른 성취의 이야기에서 찾을 수 있다.

사람들은 로체스터의 역설을 이해하려고 몇 십 년 동안이나 머리를 쥐어짰지만, '좋은 쥐덫을 만들면 만인이 사러 찾아온다'는 옛날 격언 말고는 달리 설명할 방법을 찾을 수가 없었다.

이와 관련해 닥터 윌리엄 제임스 메이요가 어느 방문객에게 건넨 다음 말은 중요한 실마리를 제공하고 있다.

"예, 솔직히 말해서 우리는, 그러니까 동생과 저는 많은 것을 성취했습니다. 하지만 우리는 더 위대한 일을 했어야 옳았습니다. 우리에게는 그럴 만한 기회가 있었으니까요. 우리는 시대를 잘 만나 태어났고, 또 부모님도 잘 만났습니다. 이렇게 좋은 기회를 타고나는 사람도 아마 드물 겁니다. 그런데 천재들한테라면 다를 수 있겠지만, 우리의 그런 시절은 이제 끝났습니다. 우리는 천재가 아닙니다. 그저 열심히 노력했을 뿐입니다. 농부의 아들이 농장에서 크듯이 우리는 의학의 세계에서 자랐습니다. 우리는 아버지에게서 배웠습니다."

로체스터의 메이요공원에는 기단에 "희망과 선견지명이 남달랐던 선구자요 의사이자 시민인 윌리엄 워럴 메이요"라는 글귀가 새겨진 동상이 서 있다. 조각가는 그를 생전의 모습 그대로 묘사해놓았다. 기다란 검정색 외투 차림의 그는 연설을 하다 말고 잠시 호흡을 가다듬

윌리엄 워럴 메이요의 동상. 그가 세상을 떠나자 시민들이 기념 조각상 건립을 위한 모금 운동을 벌여 시카고의 조각가 레너드 크루넬에게 의뢰해 제작한 이 동상은 1915년 로체스터 시내 메이요시민회관 입구에 있는 메이요공원에 세워졌다(나중에 메이요 클리닉 곤다 빌딩 앞 공원으로 옮겨졌다. 옮긴이).

고 있다. 한 손에는 돌돌 만 연설 원고를 쥐고 있고, 다른 한 손에는 방금 벗은 안경을 들고 있다. 그를 모르는 사람들은 그가 동료 의사들 앞에서 연설하고 있다고 생각할지 모르겠지만, 그를 아는 사람들의 귀에는 시정 개혁이나 도시 환경 개선을 촉구하는 그의 목소리가 두 귀에 쟁쟁하게 들리는 듯할 것이다.

동상의 주인공은 메이요 형제의 아버지다. 노년에 접어들어 그는 찬란한 업적을 이룬 유명한 두 아들 덕분에 축하를 받을 때가 많았다. 좋은 뜻에서 축하를 건네는 한 신사에게 그는 퉁명스러운 어조로 이렇게 대답했다.

"축하를 하려면 나한테 직접 해야 하는 것 아니오? 이 모든 것을 시작한 장본인은 바로 나란 말이외다."

뒷전으로 밀려나는 것을 노여워하는 의욕 넘치는 노인의 성마른 대답 같지만, 사실인즉 그러했다. 그의 두 아들은 아버지가 놓은 토대 위에 건물을 올렸다. 아버지는 규율과 원칙을 제시했고, 두 아들은 거기에 따랐다. 두 아들의 입에서는 "우리는 아버지에게서 배웠습니다"라는 말이 평생 떠나지 않았다.

따라서 이야기는 그에게서 시작된다.

1부

아버지의 개척 시대

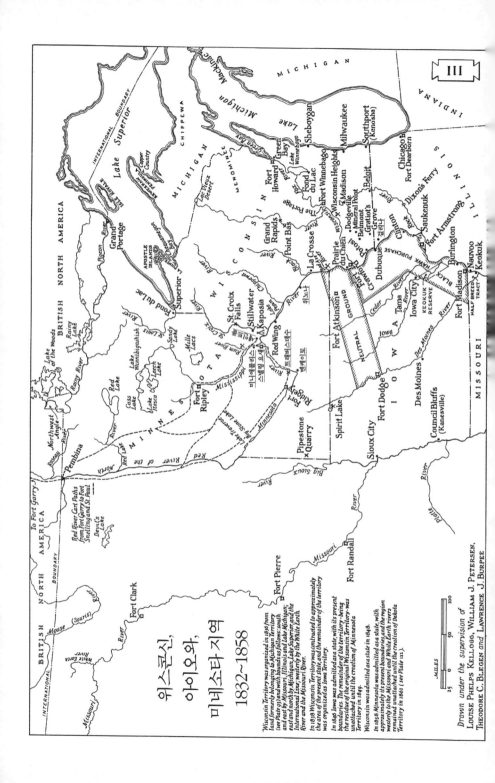

1장

서부로

1854년 7월 일리노이 주 미시시피 강변에 있는 걸리나 부두는 활기와 흥분으로 들썩이고 있었다. 뱃길이 열린 뒤로 미네소타 자치주로 향하는 이주 행렬이 속속 도착하는 가운데, 얼마 전에는 시카고와 미시시피를 잇는 시카고-록아일랜드 노선까지 개통됐다. 그 모습을 지켜보면서 걸리나 주민들은 호화판 유람 여행의 시대가 곧 도래할 것을 믿어 의심치 않았다.

개통 축하 행사에 초대받은 1,200여 명의 유명 인사들은 새로 부설된 철도편으로 록아일랜드까지 간 뒤 거기서 다시 증기선으로 갈아타고 미시시피 상류를 따라 세인트폴로 올라갔다. 초대받은 손님들은 모두 즐거운 시간을 가졌고, 그 틈에 섞여 있던 저명한 언론인들은 미네소타 자치주가 이제 시카고에서 30시간 이내 거리에 있다는 소식을 온 사방으로 타전했다.

향후의 계획과 전망을 둘러싼 끝없는 논의에 합류하려고 부두에 몰려든 군중 사이에는 방금 인디애나 주에서 온 청년도 끼어 있었다. 청년은 체구가 왜소하고 볼품없었지만 꼿꼿한 자세와 단호한 태도는 5피트 4인치(약 163센티미터) 남짓한 키를 극복하고도 남았다. 거기다 검은 눈에서 뿜어져나오는 날카로운 광채는 이방인들에 둘러싸여 있어도 단연 돋보였다.

청년은 닥터 윌리엄 워럴 메이요였다. 당시 그는 서른다섯 살이었고 새로 둥지를 틀 곳을 찾고 있었다. 그의 뒤에는 서부로 가는 역마차가 지나다니는 길이 길게 뻗어 있었다.

기억할 만한 게 별로 없었던지 나이가 들어서도 그는 자신의 부모나 유년기에 대해 거의 말을 하지 않았다. 다만 낡은 가족 기도서에 그가 1819년 5월 31일 영국 맨체스터 근처의 샐퍼드라는 소도시에서 제임스 메이요(James Mayo)와 앤 메이요(Anne Mayo)의 세 번째 자녀이자 둘째 아들로 태어났다고 희미하게 기록되어 있을 뿐이다.

앤은 존 본셀(John Bonselle)과 테니슨 본셀(Tenneson Bonselle)의 딸이었다. 테니슨의 결혼 전 성은 '워럴'이었다. 테니슨과 본셀은 둘 다 박해를 피해 프랑스에서 도망쳐 영국으로 건너온 위그노를 조상으로 두었고, 워럴은 맨체스터의 유력한 가문이었다.

이 밖에 앤 메이요에 대해서 알려진 내용은 없다.

제임스 메이요는 목수 일로 생계를 꾸려나갔다. 조상의 전통을 중시하는 가풍에 따라 윌리엄은 16세기 초로 거슬러 올라가는 집안의 역사를 배웠다. 당시 플랑드르 지방의 프로테스탄트들은 종교 박해를 피해 저지대(지면이 해수면보다 낮은 벨기에·네덜란드·룩셈부르크 지역. 옮긴이)에서 영국으로 이주했다. 영국에서 그들은 '메이요'라는 성씨로 자손을 늘리고 번성하면서 널리 존경받는 가문을 일구었다. 메이요 가문은 의사를 많이 배출했고, 그 가운데 몇몇은 그 분야에서 걸출한 업적을 이룩했다.

윌리엄이 일곱 살 때 제임스 메이요가 세상을 떠났지만 앤은 남편 없이도 아들이 좋은 교육을 받을 수 있도록 최선을 다했다. 영국 어린이의 4분의 3이 학교 근처에도 가보지 못하던 시절에 윌리엄은 프랑스인 가정교사에게 라틴어와 그리스어를 배운 뒤 맨체스터에 있는 대학에 진학했고, 유명한 과학자 존 돌턴(John Dalton)에게 개인 지도를 받으며 평생 한 번도 놓아본 적이 없는 화학에 대한 열정에 눈떴다.

돌턴 밑에 있으면서 청년 윌리엄은 의학 공부를 시작해 실습생 자격으로 맨체스터 진료소 병동을 드나들었던 듯하다. 나중에 그는 런던과 글래스고의 종합병원에서도 공부했지만 수련을 마치고 개업의 자격증을 딸 만큼 오래 머물지는 않았다.

당시 영국은 미국이 부르는 소리가 곳곳에서 쟁쟁했다. 특히 남달리 모험심이 강하거나 인생에서 더 좋은 기회를 붙잡으려는 야심만만한 젊은이들의 귀에는 그 소리가 더욱 크게 들렸다. 윌리엄 워럴 메이요는 모험심도 강했고 야망도 컸다. 1845년 그는 행운을 찾아 대서양을 건너기로 결심했다. 그의 나이 스물여섯 살 때의 일이다.

마음을 정하기가 무섭게 그는 허락도 구하지 않고 작별 인사도 없이 곧장 제일 가까운 항구로 가서 미국행 배에 몸을 실었다. 가는 것을 비밀에 부쳐야 했거나 어머니에게 무슨 나쁜 감정이 있어서 그랬던 것은 아니다. 다만 성미가 급하고 독립심이 강한 그에게는 형식을 갖추지 않고 훌쩍 떠나는 것이 편했을 뿐이다.

신대륙에서 그가 찾은 첫 번째 직업은 뉴욕 시에 있는 벨뷰 병원의 약사였다. 당시 벨뷰 병원에 수용됐던 가난한 환자들의 참상은 지금 들어도 머리끝이 쭈뼛 곤두설 만큼 끔찍하다. 윌리엄은 정치인의 부패와 의사의 실수가 야기하는 상황을 오래 두고 볼 수 없었다. 얼마 지나지 않아 그는 버펄로로 옮긴 데 이어 이리 호 연안을 따라 서쪽으로 무작정 헤매 다니다가 남쪽으로 방향을 틀어 워배시 강 유역으로 들어갔다.

1848년 여름 그는 인디애나 주 라파옛에 이르러 '패션의 전당'이라는 고급 양복점을 운영하는 재단사 두 명과 합류했다. 장사는 아주 잘됐지만 메이요에게 그곳은 잠시 거쳐가는 일터일 뿐이었다. 일 년 뒤 그는 자신의 지분을 팔아넘기고 의학 공부를 재개했다.

그는 1849년 여름 내내 라파옛에서 가장 알아주는 의사 엘리저 데밍(Elizur Deming) 밑에서 일하며 지내다 가을이 오자 데밍을 따라 북쪽으로 여행을 떠났다. 티페카누 강 유역과 캔커키 강의 습지를 지나 라포트라는 작은 도시에 이르러 그는 데밍이 이사장 겸 교수로 있는 그곳 인디애나 의과대학에 입학했다.

윌리엄이 보기에 그곳의 의학 교육은 유럽 학생들이 받는 의학 교육과 천양지차로 달랐다. 미국 서부의 의사 양성 과정은 변방의 요구와 상황에 맞춰 중간 단계를 과감히 생략했다. (서부 개척이 진행 중이던 당시에 미네소타 지역은 미국의 중부가 아닌 서부로 불렸다. 옮긴이)

식민지 미국의 의학 교육은 원래는 질이 좋았다. 하지만 인구가 산

너머와 강을 따라 드문드문 퍼져 나가면서 제대로 훈련받은 인력만으로는 턱없이 부족할 만큼 의사에 대한 수요가 넘쳐나자 동부의 농촌 지역을 중심으로 의학 교육자들이 직접 운영하는 소규모 사립 의과대학이 우후죽순으로 생겨나기 시작했다. 그런 학교들은 농촌 젊은이들의 주머니 사정을 크게 벗어나지 않는 수준의 학비를 받고, 수확철과 파종철 사이의 농한기를 이용해 매년 몇 달씩 2년 내지 3년만 들으면 되는 짧은 강좌를 개설했다. 그곳 졸업생들이 개척민과 함께 서부로 옮겨가면서 곧이어 성격이 비슷비슷한 학교가 켄터키, 오하이오, 인디애나, 일리노이, 미시간에 이어 서부 주들에서 차례로 문을 열었다.

그러나 이런 학교들은 보조 역할을 담당했을 뿐 당시 미국의 주류 의학 교육은 유럽처럼 철저한 도제 제도를 따르고 있었다. 의대생은 지도 의사의 사무실을 청소하고, 지도 의사가 처방하는 가루약과 연고를 조제하고, 지도 의사의 말을 돌보았다. 그리고 그 대가로 지도 의사의 서재를 마음껏 드나들면서 지도 의사가 진료하고 처방할 때마다 그 옆에서 지켜보는 특권을 누렸다.

지도 의사 밑에서 그렇게 3년을 공부하고 의과대학 강의를 두 학기 들으면 의사 면허증이 수여됐다. 그러나 진료하는 데 자격증은 굳이 필요하지 않았다. 의대 과정을 끝까지 이수하지 않고 문턱까지만 갔다 와도 '의사'를 자처하며 병원 간판을 내걸 수 있었기 때문이다. 그렇게 해도 이를 제지할 만한 법률이나 직능 단체가 전혀 없었다.

윌리엄이 운 좋게 닥터 데밍으로부터 소개받은 인디애나 의과대학도 여느 사립학교와 다를 게 없었지만 해마다 수백 명의 학생이 몰려들 만큼 평판이 아주 좋았다. 그중에는 버몬트와 노스캐롤라이나처럼 멀리 떨어진 주에서 온 학생도 더러 있었고, 시카고의 러시 의과대학에서 경쟁 관계를 접고 통합하는 게 어떻겠느냐는 제안을 해왔을 정도니, 그 명성이 어땠을지 상상이 갈 것이다.

입학 요건은 따로 없었고, 수업도 학년 구분 없이 일 년에 넉 달만 들으면 됐다. 교과과정은 거의 강의로만 이루어졌을 뿐 임상 실습은 사실상 없었다. 라포트에는 종합병원이 한 군데도 없었고 의과대학 부설 외래 환자 진료소도 없었기 때문이다. 해부학은 주로 강의와 교과서를 통해 공부했다. 물론 선택 과목 중에 해부 실습이 있기는 했지만 추가로 수업료를 내야 했기 때문에 수강을 포기하는 학생들이 많았다.

이러한 금전상의 장벽은 일부러 쳐놓았을 가능성이 높다. 당시에는 상하지 않은 시체를 구하기가 쉽지 않았기 때문이다. 그때만 해도 이런 시체 수요를 관장하는 법 조항이 없다 보니, 한밤중에 자루와 삽을 들고 근처 교회 마당에 새로 생긴 무덤을 찾는 일이 의대생들 사이에서는 낯설지 않은 경험이었다.

그러나 망자를 너무 일찍 무덤에서 꺼내다 동네 주민에게 발각되기라도 하면 시체 도굴꾼으로 몰려 큰 곤욕을 치러야 했다. 대중은 무덤 도굴이라는 문제에 민감했기 때문에 그런 도굴 행위에 대한 제재를 받아 문을 닫은 초창기 의과대학이 한둘이 아니었다.

인디애나 의과대학은 여섯 개 과목으로 운영되던 정규 교과과정에 병리학과 생리학을 추가했을 뿐만 아니라 놀랍게도 '엄청난 거금'을 들여 영국에서 수입한 현미경까지 비치했다. (현미경은 하버드 의대에서도 1869~70년에야 들여놓았고, 무려 20년이 지난 후 존스홉킨스 의대에서 개설한 단기 연수

강좌조차 그때까지 현미경을 한 번도 본 적이 없는 개업의들로 넘쳐났다.)

그런데 현미경은 학생 100명당 고작 한 대였다! 하지만 윌리엄에게 현미경에 대한 각별한 관심을 일깨우기에는 그 한 대로도 충분했다. 그의 현미경 사랑은 갈수록 깊어졌고 훗날 두 아들을 교육할 때도 현미경이 한몫을 톡톡히 했다.

인디애나 의과대학을 다니려면 일 년에 학비 100달러와 16주 동안의 기숙사비 50달러가 필요했다. 그는 유럽에 있을 때 취득한 학력을 인정받아 지도 의사 밑에서의 장기 수련과 2학년 과정을 건너뛰고 곧바로 논문 심사와 구두시험을 통과해 1850년 2월 14일 정식 학위를 받았다.

의사 면허증을 들고 라피엣으로 돌아와보니 새로운 돌파구가 그를 기다리고 있었다. 대니얼 하트(Daniel Hart)가 운영하는 약국에서 단골들에게 의학과 관련한 조언을 해주던 젊은 내과 의사가 벼락 경기를 맞고 있는 캘리포니아 금광에서 별안간 자기 운을 시험해보고 싶은 충동에 휩싸여 '내과 의사이자 외과 의사인 윌리엄 워럴 메이요'에게 일자리와 75달러나 되는 월급을 넘겼던 것이다. 그로부터 일 년 뒤 친구들은 윌리엄이 약국 사무실에 출근하지 않는다는 소식을 접하고 나서 며칠 지나 신문에서 그가 1851년 2월 2일 미시간 주 갈런우즈에서 루이즈 애비게일 라이트(Louise Abigail Wright, 1825~1915)와 결혼했다는 기사를 읽었다. 늘 그렇듯이 결혼할 때도 그는 급하고 누구에게도 간섭받기 싫어하는 성격을 그대로 드러냈다.

그가 신부를 데리고 돌아왔을 때 친구들은 통통한 체격과 귀여운 얼굴에 남편보다 키가 약간 더 큰 그녀에게서 남편 못지않은 활기와

루이즈 애비게일 메이요. 1860년대.　　월리엄 워럴 메이요. 1860년대.

결단력을 읽었다. 그녀는 1825년 12월 23일 뉴욕 주 시러큐스 근처의 조던이라는 마을에서 태어났다. 그녀의 아버지는 스코틀랜드 사람으로 창의력이 남다른 기술자였고, 어머니는 미국 독립전쟁 때 전함을 지휘했다는 토튼(Totten)이라는 영국 장교의 손녀였다.

열여덟 살 때 루이즈 애비게일 라이트는 혼자 바지선에 올라 운하를 건넌 뒤 포장마차로 갈아타고 초원을 가로질러 미시간에 있는 친척들 집에 갔다. 나중에 그녀는 그중 한 친척을 따라 라포트로 거처를 옮겼고, 거기서 당시 의과대학에 다니던 미래의 신랑을 만났다. 유년 시절 그녀는 일에 치여 정규 교육을 받을 시간이 거의 없었지만 책을 워낙 좋아했던 데다 자신이 읽은 책은 거의 달달 외우다시피 해서 그녀를 만나본 사람들은 누구나 그녀가 예리한 지성과 교양을 갖춘 여성이라는 인상을 받았다.

가장이라는 새로운 의무가 생겼지만 닥터 메이요는 5월에 약국을 그만
두었다. 대니얼 하트가 약속보다 월급을 적게 주었고, 마침 지도 의사
였던 닥터 데밍이 함께 일하자고 제의해와서 그 제안을 받아들이기로
한 것이다.

그렇게 해서 그는 '말을 타고 다니며 인정을 베푸는' 의사라는 부류
에 합류했다. 가까운 곳으로 나가는 왕진이라면 마차를 타고 느긋하
게 다녀왔을 수도 있겠지만 시골에서 왕진 요청이 오면 안장 가득 의
약품과 수술 도구를 싣고 말을 달려야 할 때가 많았다.

인디애나 주에 정착한 개척민들은 나이도 젊고 배짱도 두둑했지만
병자가 많았다. 만성 통증과 1850년대 초반에 나돌았던 콜레라 말고
도 성홍열, 장티푸스, 악성 이질, 말라리아를 비롯해 일단 창궐했다 하
면 가축과 사람을 닥치는 대로 죽이며 그 일대를 순식간에 초토화하
는 일명 '우유병'(독초를 먹은 소의 젖을 마셔서 생기는 질병. 옮긴이) 같은 끔찍
한 전염병이 만연했다.

특히 말라리아는 무서운 재앙이었다. 토양이 비옥하고 습기가 많으
면서 자주 범람하는, 그래서 농사가 잘되는 워배시 강 유역의 저지대
는 인디애나 주에서 말라리아가 가장 기승을 부리는 곳 중 하나였다.
아직 감염원이 밝혀지기 전이라 사람들은 그 병을 습지의 썩은 물이
증발해 어딘가에 숨어 있다가 특히 밤이면 독가스처럼 공중을 떠다니
는 '독기' 탓으로 돌렸다.

한여름에서 초가을까지는 아픈 사람이 유난히 많았다. 이때는 멀쩡

한 사람보다 아픈 사람이 더 많다 보니 누르스름한 낯빛과 기운 없는 몸놀림은 예사였고, 오한 따위는 너무 흔해 이야깃거리도 되지 못했다. 판사가 구석 자리의 벤치에 앉아 이를 달각달각 맞부딪치며 떠는 동안 재판은 잠시 연기됐고, 학교에서도 교사나 학생 할 것 없이 덜덜 덜 떨어대는 바람에 수업 진도를 나가지 못하기 일쑤였다. 농민들 사이에서도 무릎에 총을 걸쳐놓은 채 통나무 위에 걸터앉은 이웃과 만나는 일이 흔하디흔했다.

"어이, 존, 여기서 뭐 하고 있나?"

이웃집을 찾은 농부가 물었다. 그러자 이웃은 부들부들 떨리는 손가락으로 나무를 가리키며 이렇게 대답했다.

"이 망할 놈의 오한이 가라앉기를 기다리는 중일세. 그래야 저기 저 위에 있는 다람쥐를 쏠 수 있을 테니 말일세."

심지어 의사도 때로는 오한과 열 때문에 체력이 바닥난 채로 환자의 집에 도착해선 진료하기 전에 한동안 누워 있어야 했다. 닥터 메이요도 이 병에 걸렸다.

이 병이 돌았다고 해서 의사들의 일이 생각만큼 그렇게 많지는 않았다. 보통 사람들도 의사를 자처하고 나섰기 때문이다. 사람들은 마로니에 열매나 아위 대를 가지고 다니면서 병을 고쳤고, 봄이면 피를 맑게 만든다며 나쁜 피를 뽑아내곤 했다. 그럼에도 불구하고 병이 찾아오면 사람들은 하제와 토제를 비롯해 집에서 달인 쓴 약을 스스로 투여하거나, 가려움증부터 폐결핵에 이르기까지 무슨 병이든 다 고친다고 소문난 엉터리 만병통치약에 기대곤 했다. 의사는 더 이상 손을 쓸 수 없을 때 마지막 수단으로만 불렀다.

왜냐하면 의사가 할 수 있는 일이라고 해봐야 하제와 토제를 쓰거나 피를 뽑지 않으면 숟가락과 유리병을 꺼내 효과가 있기를 바라면서 가루약을 섞는 게 전부라는 것을 너무나 잘 알았기 때문이다.

1850년대까지만 해도 의학 이론은 진료에 거의 도움이 되지 못했다. 과학적 방법이나 정밀도 높은 도구를 이용해 진단을 내린다는 것은 아직 상상도 할 수 없는 일이었다. 아주 간단한 수준의 화학 분석법을 이용하는 소변 검사조차 일반적인 진단 용도로 쓰이기에 너무 생소했다. 청진기가 등장한 지도 얼마 되지 않았고, 체온계는 미처 발명되기도 전이었다.

설명과 인지가 쉽도록 특징에 따라 질병을 분류하는 것은 둘째치고, 병의 원인과 증상조차 제대로 파악하지 못하는 경우가 허다했다. 단순히 "폐병이다", "열병이다". "간 문제다", "장염이다", "신장이 안 좋다" 같은 두루뭉술한 진단만 내렸을 뿐이다.

사정이 이렇다 보니 환자와 대면하는 의사는 병의 원인을 알아낼 수 있기를 바라면서 오로지 경험에 의지해, 과거에 치료했던 증상과 똑같아 보이는 증상에 효과가 있을 듯한 약을 처방하는 식이었다. 이에 대해 윌리엄 오슬러(William Osler, 존스홉킨스 의과대학 설립에 기여한 의학자. 옮긴이)는 훗날 이렇게 지적했다.

"대충대충 처방한 약을 먹고 병이 낫기도 하고 악화되기도 했는데, 의사 자신조차 병이 나을지 악화될지 알지 못했다."

그래서 환자가 회복되더라도 "나을 때가 돼서 나았는지, 약이 효과가 있어서 나았는지, 할머니의 기도가 하늘에 닿아 나았는지" 구분하기가 어려웠다.

그렇다면 수술은?

마취제를 사용하기 시작한 지는 겨우 몇 년밖에 되지 않았다. 그렇다 보니 의사나 일반인에게나 마취제는 여전히 의혹과 논란의 대상이었다. 앞서가는 외과 의사들이나 클로로포름(흡입 마취제의 일종. 옮긴이)을 사용했을 뿐, 용기 없는 환자는 그 혜택을 누리지 못했다. 진보적 성향의 의사들조차 클로로포름이 제대로 효과를 발휘해 환자가 수술 중에 '통증을 거의 느끼지 못하고' 큰 소리로 노래를 부르면 그제야 안도하는 식이었다.

수술용 칼은 일반적인 치료 도구가 아니라 마지막 비상수단이었다. 피부와 사지말단 수술도 생명을 위협하는 감염이 뒤따르던 시절이라 심부 절개는 아예 꿈도 꾸지 못했다. 절개 부위의 화농은 수술 후의 당연한 증상으로 받아들여졌고, '양호한 고름'은 치유 과정에서 불가피한 부산물이었다.

정식으로 훈련받을 수 있는 기회가 턱없이 부족하다 보니 특히 외과 수술에서 무엇을 하면 되고 무엇을 하면 안 된다는 개념조차 확립되지 않았던 듯하다. 그런데 빈약한 학교 교육과 부실한 과학에도 불구하고 앞서나간 몇몇 의사들은 질병과 치유의 원리를 터득해 진료와 수술에서 남다른 창의력을 발휘했다.

켄터키 주 댄빌의 닥터 이프리엄 맥도웰(Ephraim McDowell)은 처음으로 난소 종양 제거에 도전했다. 그가 수술하는 동안 소심한 동료들은 거리 모퉁이에서 기웃거리며 환자가 죽으면 의료 과실이 아니라 살인죄로 그를 기소하려고 별러댔지만 수술은 성공리에 끝났다. 인대애나 주 인디애나폴리스의 닥터 존 보브스(John Bobbs)는 처음으로 쓸

개(담낭)를 절개해 담석을 제거하는 데 성공했다.

편리한 도구를 구하기 어려운 변방에서의 거친 삶에는 뛰어난 융통성과 재치가 필요했다. 기존 방식을 따를 수 없을 때가 많았기 때문에 새로운 방법을 고안해내야 했다. 이러한 필요성은 무모할 만큼 대담한 진료법의 개발로 이어져 의학의 발전을 가져왔다.

그러나 개척민들은 의사를 그다지 믿지 않았다. 의사에 대한 대중의 신뢰도는 여전히 낮은 수준에 머물렀다.

따라서 닥터 메이요가 라피엣에 진료소를 열어 꽤 넓은 지역에 걸쳐 왕진을 다니긴 했어도 벌이가 신통치 않았다(당시 의사들은 자기 병원에서 입원 환자나 외래 환자를 받아 치료하지 않고 대부분 왕진을 다녔다. 따라서 현재를 기준으로 편의상 '진료소' 또는 '의원'이라고 지칭하더라도 사실 당시에는 진료 시설이 거의 갖추어지지 않은 '사무실' 수준이었다. 외래 진료가 제대로 정착된 것은 나중에 닥터 메이요의 두 아들이 환자들의 신뢰를 얻어 환자들이 스스로 찾아오게 만들고 나서부터였다. 옮긴이).

첫 아들(호러스)이 생후 6주 만에 사망하자 메이요 부인은 넘치는 활력을 남편의 부족한 수입을 보충하는 데 쏟아부었다. 그녀는 라피엣 상점가에 점포를 하나 세내 모자 가게를 열었다. 뉴욕에서 모자 재료인 버크럼 틀(모자의 형태를 잡기 위해 뻣뻣한 천으로 만든 모형. 옮긴이)과 땋은 머리, 깃털 장식을 주문하기 시작하면서 그녀는 소매상에서 도매상으로 변신했다.

'뉴욕 모자 가게'는 점포를 더 큰 곳으로 옮기면서 호황을 누렸다. 1853년 7월 딸 거트루드 에밀리(Gertrude Emily Mayo, 1853~1938)가 태어나자 메이요 부인은 하루 종일 가게에 붙어 있어야 하는 부담을 줄이기 위해 동업자를 끌어들였다.

한편 닥터 메이요는 수입을 늘려보려고 여러 가지 부업에 나섰지만 별로 재미를 보지 못했다. 1853년 가을 닥터 데밍이 미주리 대학교 의대 교수에 임용되어 세인트루이스로 떠날 때 닥터 메이요도 그와 동행해 그 해 겨울 동안 해부학 조교로 일했다. 이듬해 봄 그는 의사 면허증을 또 하나 신청해 받았다.

세인트루이스에서 돌아온 뒤 그는 인디애나 주 시골에 그리 오래 머물지 않았다. 부부 둘 다 콜레라에 걸렸지만 다행히 염증이 심하지 않아 그럭저럭 이겨냈다. 하지만 매년 여름마다 소모성 오한과 열병을 동반하고 찾아오는 말라리아는 닥터 메이요의 인내심이 버티기에 너무 버거웠다. 한 시간은 몸이 불덩이처럼 뜨거웠다가 그 뒤 한 시간은 몸이 얼음장처럼 차가웠다. 그는 이런 반복되는 고통과 그 뒤에 찾아오는 무력감에 치를 떨며 이렇게 말했다.

"지옥이 있다면 그곳은 말라리아에 걸린 사람들이 있는 곳이지."

그래서 그는 1854년 여름 어느 날 오한으로 덜덜 떨며 헛간으로 나가 말을 마차에 매고는 아연실색하는 아내에게 "잘 지내고 있어, 여보. 내가 낫든 죽든 양단간에 결정이 날 때까지 내처 달려볼 테니"라고 소리친 뒤 서쪽으로 마차를 몰았다.

2장

미네소타 변방에서

닥터 메이요는 마차를 천천히 몰며 한 달이나 걸려서야 미네소타 자치주의 미래를 둘러싸고 여기저기서 활발하게 토론이 벌어지고 있는 일리노이 주 미시시피 강변의 걸리나 부두에 도착했다.

최근까지도 대부분의 사람들은 북부의 시골을 모피 장수, 선교사, 탐험가, 모험심 강한 몇몇 여행객이나 찾는 외진 황무지 정도로만 알고 있었다. 들리는 소문에 따르면 그곳은 모피와 목재만 날 뿐 과일도 자라지 못하고 곡물도 여물지 못하는 땅, 얼음과 눈과 끝없는 겨울의 차디찬 땅, 기온이 온도계가 측정할 수 없을 만큼 낮게 내려가기 일쑤인 땅이었다.

그러나 이제는 미네소타에서 날아드는 편지와 신문들이 다른 이야기를 전하기 시작하면서 그곳은 물고기로 넘쳐나는 호수와 강, 사냥감이 널려 있는 숲, 어떤 작물이든 잘 자라는 옥토가 끝도 없이 펼쳐

일리노이 주 북서부에 위치한 도시 걸리나의 부두에 증기선 '뉴 세인트폴' 호가 도착해 있다. 1856년경.

진 아름다운 시골로 알려지게 됐다.

이런 이야기들은 늘 미네소타의 날씨를 호평했다. 이곳 날씨만큼 건강에 좋은 날씨도 없다며. 맑고 차가운 이곳 공기는 결핵에 걸린 폐를 온전히 회복해주고, 누리끼리한 뺨에 화색이 돌게 해주고, 쇠약해진 몸에 다시 활기를 불어넣어 준다고.

한 작가는 이렇게 자랑했다.

"[미네소타 주] 헤너핀 카운티 전체에서 벌써 몇 주째 환자가 한 명도 발생하지 않았다. 당신이 오한에 걸려 사시나무 떨듯 떨고 있다면 헤너핀 카운티가 어떤가?"

사람들은 곧이곧대로 믿기에는 너무 솔깃한 이야기라고 생각하면서 미네소타 신문 편집인들에게 진상을 묻는 편지를 보내기도 했다.

한 인디애나 주민은 이렇게 물었다.

"거기서도 식구가 네 명이라면 주치의 둘을 뒤야 하나요?"

또 켄터키의 한 주민은 이렇게 말했다.

"오한과 발열로 고생하지 않아도 되는 곳이 있다면 당장 서부로 이사 가겠습니다."

오한과 발열로 고생하지 않아도 되는 곳은 닥터 메이요도 찾고 있었다. 그는 말과 마차를 걸리나의 한 마구간에 맡겨놓은 뒤 일일 정기선을 타고 세인트폴로 출발했다.

당시 세인트폴의 인구는 4,000명에 육박하고 있었다. 그곳은 보잘것없는 변방의 도시라고 할 수 없었다. 초록색 덧창과 하얀 말뚝 울타리를 두른 말쑥한 흰색 오두막들 사이로 벽돌집도 군데군데 눈에 띄었고, 서점과 빵집은 물론 유럽에서 수입한 고급 자기를 파는 그릇 가게처럼 대도시에서나 볼 법한 상점도 있었다.

강 맞은편은 아메리카모피회사(당시 미국 최대 모피 회사. 옮긴이) 본사가 있는 멘도타였고, 거기서 조금 위쪽으로 올라가면 오래된 스넬링 요새가 있었다. 동쪽으로는 농장이 드문드문 흩어져 있었고, 그 너머에는 세인트크루아 계곡의 울창한 솔밭을 병풍처럼 두른 '통나무와 목재의 중심지' 스틸워터가 자리하고 있었다. 그리고 미시시피 강을 따라 10마일가량 위쪽으로 올라가면 목재업과 제분업에 필요한 수력이 풍부해 세인트폴 다음가는 규모와 세력을 과시하고 있는 세인트앤서니가 나왔다. 세인트앤서니 맞은편에는 주 정부의 토지 소유권이 만료되기를 기다리는 소도시 미니애폴리스가 있었다. 또 그 근처에는 미네소타를 찾는 사람이라면 누구나 구경하러 들르는 아름다운 장소,

바로 하이어워사(롱펠로의 시에 나오는 아메리칸 인디언의 영웅. 옮긴이)의 현숙한 아내 '하하 웃는 물'의 처녀 적 고향인 미네하하 폭포가 있었다(사실 다코타 인디언 말인 '미네하하'는 세간에 잘못 알려진 것처럼 '하하 웃는 물'이 아니라 '폭포'를 의미한다. 옮긴이).

그런데 정착지 북쪽과 서쪽으로는 숲과 대초원으로 이루어진 광활한 미개척지가 드넓게 펼쳐져 있었다. 거기에는 호수가 점점이 박혀 있었고 인디언들이 지나다니며 다져놓은 희미한 오솔길과 개울이 실처럼 구불구불 이어져 있었다. 이곳은 치폐와족의 고향이었다. 상인과 덫 사냥꾼과 선교사 그리고 캐나다 국경 근처 레드 강변에 자리한 외딴 마을 펨비나에 모여 사는 혼혈인들을 제외하면 이들 치폐와족이 이곳의 유일한 주민이었다.

세인트폴 남쪽에는 3년 전 수(Sioux)족 인디언이 백인에게 양도한 '설랜드'라는 수백만 에이커의 삼림 지대 동쪽 끄트머리가 자리하고 있었다. 수족은 끝까지 고향을 떠나길 망설였지만 결국 미네소타 강 상류 서쪽의 손바닥만 한 지역으로 옮겨갔다.

인디언들이 떠난 땅으로 이주민들이 쏟아져 들어와 소유권을 주장하면서 나무를 베어내고 역마차와 짐마차가 지나다닐 길을 닦았다. 미시시피 강과 미네소타 강을 따라, 그리고 그 둘 사이의 비옥한 삼각주 여기저기에 수십 개에 이르는 마을이 들어서기 시작했다.

곳곳에서 열의에 찬 낙관주의가 넘쳐났다. 다들 2~3년 안으로 이주민과 자본이 물 밀듯이 들어와 미개척지에 철도가 맥처럼 뻗어 나가고 제분소와 공장이 점처럼 산재할 것을 믿어 의심치 않았다. 그러한 기대로 사방이 들썩였다.

"대초원의 들불을 차단하자! 나이아가라에 둑을 설치하자! 슈피리어 호수의 물을 퍼내자! 늑대를 길들이자! 인디언들을 교화하자! 뭐든 시도하되 세인트폴의 발전을 가로막는 일은 하지 말자!"

바로 이것이 세인트폴의 신문 기사마다 흐르는 기백이었다.

닥터 메이요도 이런 분위기에 휩싸여 그곳에서 몇 주를 보낸 뒤 아내와 딸을 데리러 인디애나로 돌아갔다.

메이요 부인은 이사를 망설였다. 나날이 번창하는 모자 사업을 접고 싶지 않았기 때문이다.

'가만, 사업을 꼭 접어야 하나? 세인트폴로 옮겨가면? 경기가 한창인 곳인 만큼 모자 가게도 분명히 잘될 거야.'

그래서 닥터 메이요는 아내의 모자 재고를 챙겨 시카고로 가서 땋은 머리, 상장용 검은 띠, 리넨 깃, 판지 상자 등을 주문해 모자 재고와 함께 세인트폴행 배편으로 부쳤다. 또 그 길로 뉴욕까지 가서 모자 재료를 대량으로 주문했다. 그러고는 다시 인디애나로 돌아와 세간을 짐마차에 싣고 가족과 함께 세인트폴로 출발했다.

1854년 10월 세인트폴에 도착하자마자 메이요 부인은 3번가에 가게를 열었다. 가게는 문을 열기가 무섭게 번창했고, 봄과 가을마다 그녀는 새로 유행하는 모자와 장식 재료를 주문하러 멀리 뉴욕까지 다녀왔다. 그러다 얼마 지나지 않아 망토와 토시 같은 모피 제품 판매에 나섰을 뿐만 아니라 옷까지 만들어 팔기 시작했다.

그러나 닥터 메이요는 자리를 잡는 데 애를 먹었다. 그는 세인트폴에서 진료소를 열 마음이 없었던 듯하다. 진료소를 열어봤자 무용지물이라고 생각했던 것 같다. 그도 그럴 것이 세인트폴에는 의사가 넘쳐났다. 1854년 말에만 20~30명의 의사가 그곳에 자리를 잡고 있었다. 환자 수에 비해 너무 많다 보니 의사들도 교편을 잡거나, 부동산업에 뛰어들거나, 공직에 출마하거나, 약국을 운영하는 등 여느 개척민처럼 무슨 일이든 닥치는 대로 해야 했다.

닥터 메이요는 미네소타 주를 좀더 둘러보고 싶었다. 그는 나중에 이렇게 말했다.

"나는 새로운 시골에 완전히 반했고, 그곳의 거친 아름다움을 두루 구경하면서 인디언 말고는 사람의 발길이 전혀 닿지 않은 곳을 걸어다니고 싶었습니다."

그가 탐험하기로 마음먹은 곳은 세인트폴에서 북쪽으로 130마일가량 떨어진 슈피리어 호 북쪽 끝자락이었다. 호수 건너편 위스콘신주 슈피리어에서 몇몇이 미네소타 쪽으로 이주해와 땅 임자를 자처하고 있었지만 아직은 거의 알려지지 않은 지역이었고, 길이 아예 없는 것은 아니었지만 세인트폴에서 그곳까지 가자면 쉽지 않았다. 수로 두 곳은 위험한 급류와 까다로운 장애물로 가득했고, 육로 세 곳은 사방이 울창한 숲으로 둘러싸여 있어 초행자는 길을 잃기 십상이었다.

그러나 그 무엇도 닥터 메이요의 기를 꺾어놓지 못했고, 9개월 동안 그는 슈피리어 호와 세인트폴을 오가며 지냈다. 그의 왕복 여행은 사람들 입에 오르내렸고, 이듬해 봄에 그는 호수 지역의 인구 조사를 담당하는 공무원에 이어 그중 한 곳의 행정관으로 임명됐다. 이런 임무 말고도 노스웨스트개발회사를 대신해 구리 광산을 감독하며 1855년 5월부터 8월까지 줄곧 슈피리어 호에서 생활했다.

그는 그곳에서의 생활을 무척 즐겼던 듯하다. 훗날 그는 이 시절을 회상하며 다음과 같이 적었다.

　전에도 나는 야영하러 자주 다녔다. 세인트폴에서 슈피리어 호수까지 걸어서 세 번을 왕복했다. 한 번은 인디언들이 다져놓은 오솔길을 따라 사흘을 내리 걸어가는데 사람은 고사하고 짐승 한 마리 구경할 수 없었다. 또 한 번은 통나무배를 타고 노를 저어 작은 시내만 한 세인트크루아 강을 지날 때였다.…… 모래톱에 부딪히기도 하고, 급류에 떠내려가기도 하고, 다시 물살이 이끄는 대로 미끄러지듯 느긋하게 나아가며 키 큰 소나무들을 지나치는데 아름다운 자태로 도약하기 전 잠시 숨을 고르고 있는 사슴의 맑은 눈망울과 마주쳤다.

　[밤이면] 강둑을 베고 누운 배가 이리저리 흔들리며 날이 밝아 여행을 계속하길 기다리는 동안, 나는 잔잔하게 일렁이는 물결 옆에서 배 바닥을 침대 삼아 잠을 청했다.…… 수로와 수로를 연결하는 육로 근처의 폭포로 배를 끌고 가서 급류 위로 던지듯 띄우고 비좁은 수로를 지날 때는, 눈길이 닿는 곳마다 펼쳐지는 기암괴석의 그림 같은 절경에 물이 그런 암맥을 깎아내려면 얼마나 많은 시간이 걸렸을지 궁금해지면서 절로 감탄사가 나왔다.

　광막하면서 장엄한 자연의 비경을 구경하느라 사흘이 쏜살같이 지나갔다.…… 이런 절경은 호젓한 여행의 참맛을 일깨워주었다. 내 발걸음 뒤로 왔다갔다하는 조그만 토끼들과,…… 낮이면 눈빛이 이글거리고 밤이면 한꺼번에 울부짖으며 야생의 음악회를 펼치는 늑대들이 그저 정겹기만 했다.

그는 구리 광산을 감독하면서 미네소타 노스쇼어(슈피리어 호의 미네소타 쪽 호숫가. 옮긴이)의 아름다운 풍광을 음미하는 기회도 즐겼다. 바위 투성이에 아름드리 나무가 빼곡하게 우거진 호수 기슭을 따라 걸어서 여행하는 것은 불가능했기 때문에 닥터 메이요는 프랑스계 캐나다인 뱃사공 셋이 모는 너벅선을 타고 수로로 여행해야 했다.

7월 초에는 짧은 일정으로 나이프 강까지만 갔다 왔지만 그 달 말에 출발한 두 번째 여행에서는 미네소타포인트(슈피리어 호와 슈피리어 만의 경계를 이루는 모래톱. 옮긴이)부터 거기서 1~2마일 거리에 있는 캐나다 접경 지역의 피전 강까지 그 일대 전체를 둘러보았다.

닥터 메이요 일행은 바람이 허락하면 돛에 맡기고 그렇지 않을 때는 노를 저으며 한적한 호수 지역을 천천히 돌아보았다. 만 기슭이나 강어귀가 나오면 배를 세워놓고 눈에 띄는 통나무집 아무 데나 들어가 쉬면서 인적이라곤 없는 내륙 깊숙이까지 발을 들여놓았다. 그러다 호숫가에서 아침이나 저녁을 지어 먹고 나면 다시 배로 돌아가 다음 유숙지로 이동했다.

여행은 한 달이 걸렸다. 고즈넉한 야생의 세계 바로 곁에서 지낸 그 한 달이 닥터 메이요는 무척이나 즐거웠다.

8월 말에 호수 위쪽 지역으로 돌아온 그는 통나무배를 타고 세인트크루아 강을 지나 세인트폴로 향했다. 집에 도착한 그는 가을에 팔 상품을 주문하러 뉴욕으로 가는 아내와 동행해 일을 도왔다. 이렇게 해서 그의 관심사는 구리에서 귀부인용 모자로 바뀌었다.

닥터 메이요는 세인트폴에 오래 머물지 않았다. 나중에 그의 큰아들 윌리엄 제임스는 아버지에 대해 이렇게 말했다.

"아버지는 진정한 의미의 개척자였습니다."

그는 집 앞을 지나는 길이 어디까지 이어지든 일단 가봐야 직성이 풀리는 호기심 강한 천생 방랑자였다. "저 너머에 무엇이 있든 꼭 보고 말리라"라는 미네소타의 모토는 닥터 메이요의 좌우명이기도 했다.

이제 그는 세인트폴에서 남쪽으로 100마일가량 구불구불 이어지다가 갑자기 북서쪽으로 방향을 틀어 수원까지 길게 뻗어 있는 미네소타 강 탐험에 나섰다. 섀코피, 채스카, 벨플레인, 헨더슨 같은 강변 마을을 차례차례 지나 그는 자신처럼 최근에 인디애나에서 옮겨온 던햄 가족의 집에 이르렀다.

크로넌 지구로 알려진 그 마을에는 던햄 가족의 농장 말고도 여기저기 농장이 흩어져 있었다. 마을 주변에는 초창기 정착민들이 '빅우즈'라고 이름 붙인 울창한 활엽수 숲이 널따란 띠처럼 둘러싸고 있었다. 짙은 그늘을 드리우며 서 있는 숲은 봄과 여름이면 각종 들꽃과 산딸기 열매로 노란색과 진홍색과 자줏빛으로 물드는 탁 트인 목초지로 이어졌다. 거기서 서쪽으로 조금만 가면 나무 한 그루 없이 수풀만 무성한 언덕들이 눈 내리는 겨울에는 끝도 없이 하얗게, 한여름 태양 아래서는 초록의 물결을 일렁이며 굽이굽이 펼쳐졌다.

이곳 경치는 닥터 메이요조차 감탄할 만큼 빼어났지만 슈피리어 호수와 그 일대에 비하면 자연의 순수함이 덜했다.

던햄 가족의 농장에서 4마일 거리에 있는 강을 건너 약간 아래쪽으로 내려가면 인근에서 제일 널찍하고 요정이 살 것처럼 아름다운 풀밭 한 곳에 르쉬외르라는 마을이 아늑하게 자리 잡고 있었다. 거기서 위쪽으로 조금 올라가면 오래전 인디언들이 다져놓은 길과 강이 만나는 곳에 트래버스데수 지역이 모습을 드러냈고, 거기서 엎어지면 코 닿을 곳에 생긴 지 얼마 되지 않는 활기 찬 마을 세인트피터가 자리하고 있었다. 거기서 위로 더 올라가면 강줄기가 휘도는 곳에 맨케이토가 있었고, 거기서 몇 마일 돌아가면 독일 이주민들이 세운 뉴울름이라는 마을이 나왔다. 그러고 나면 군대가 주둔하는 리질리 요새가 나왔고, 요새를 기점으로 수족 인디언 보호 구역이 시작됐다.

강을 따라 늘어서 있는 이런 이정표들 사이사이로 마을이라고 하기엔 규모가 작은 정착지나 단독 주택이 10여 곳 흩어져 있었다. 강 위쪽의 빅우즈에서는 농장과 마을을 일구는 도끼질 소리가 한창이었고, 이주민들의 짐마차는 대초원을 가로질러 키 큰 풀들을 헤치고 길을 내며 주인 없는 땅에 이미 속속 도착하기 시작했다.

닥터 메이요는 이곳에 터전을 잡기로 했다. 그가 던햄 가족의 농장 근처에 있는 버려진 농가를 인수하고 나서 몇 달 뒤 메이요 부인도 세인트폴의 가게를 정리하고 딸 거트루드와 그곳으로 옮겨왔다.

크로넌 지구에서 닥터 메이요는 다시 의사 일을 시작했지만 처음에는 진료를 요청하는 환자가 거의 없었다. 그는 이미 자리를 잡은 의사들뿐만 아니라 이웃의 불행에 기대 살아가는 조산사, 약재상, 접골사와도 경쟁해야 했다.

미네소타에는 말라리아도, 유난히 아픈 사람으로 넘쳐나는 계절도 없었지만 병은 많았다. 먹기에 부적합한 식품, 외풍이 센 집, 눈과 추위와 물난리, 불결한 위생, 무지, 미신은 수많은 병들을 만들어냈다.

장티푸스나 성홍열, 당시에는 흔히 발진티푸스로 불리며 갈수록 기승을 부리던 디프테리아, 악성 인후염 등으로 온 가족이 목숨을 잃으면서 교회 마당에는 묘비가 하나둘 늘어갔다. 거기에다 천연두까지 가세해 공포를 퍼뜨리면서 사람들 안에 깊이 자리한 추악한 면모를 들춰냈다. 아무리 두꺼운 털실 옷을 입고 있어도 날이 너무 춥다 보니 아이들은 시퍼렇게 곱은 손으로 겨우 숟가락을 쥐고 밥을 먹었다. 아기들은 아기들대로 몸이 아파 울고 또 울었다.

유아 사망률이 어찌나 높았던지 아기가 태어나면 부모는 그저 살아주기를 바랄 뿐 큰 기대는 하지 않았다.

의사는 분명히 필요했다. 그러나 인디애나처럼 이곳에서도 아픈 가족을 돌보는 일은 어머니의 몫이었고, 병이 너무 심해 어머니 힘에 부칠 때면 경험 많은 동네 할머니에게 도움을 청했지만 그래 봐야 고약과 차와 찜질약이 치료법의 전부였다. 의사를 부르는 것은 가급적 뒤로 미루었다.

몇 달이 지나도 닥터 메이요를 찾는 환자는 일주일에 고작 몇 명뿐이었다. 한밤에 누가 부르러 오면 그는 조그만 왕진 가방을 들고 고래기름 등잔으로 길을 비추며 숲 속의 비좁은 오솔길을 터덜터덜 걸어 환자 집에 도착했다.

걸어가기에 거리가 너무 멀면 안장 주머니에 필요한 물품을 가득 채우고 조랑말 등에 올라타 몇 시간을 달렸다. 그의 집에는 마차가 없었지만 있다 해도 마차가 달릴 도로가 없었다. 환자 집이 강 건너에 있을 경우엔 통나무배나 나룻배를 이용해야 했다. 다리가 없었기 때문이다.

그렇게 해서 목적지에 다다르면 환자는 난로를 피워놓고 돼지기름 등잔이나 집에서 만든 초로 불을 밝힌 방 한 칸짜리 통나무집이나 오두막에 누워 있었다. 때로는 가족과 친지들이 숨 막힐 듯 답답하게 환자를 에워싸고 있거나 환자 혼자 오두막을 지키고 있기도 했다. 닥터 메이요는 환자를 돌보느라 더러 하루나 이틀씩 머무르곤 했다. 그럴 때면 환자가 원기를 회복하도록 장작을 패서 죽을 끓여주기도 했다.

이렇게 정성을 쏟아 진료하고도 받는 돈은 그리 많지 않았다. 사람들은 대부분 이제야 막 터를 잡아 가난했고, 개중에는 땅과 가축을 사느라 큰 빚을 진 사람도 더러 있었다. 사람들이 수고비로 1달러를 건네면 그는 그 정도면 충분하다는 듯 감사히 받았다. 집에 가져가서 먹으라고 베이컨 한 덩이를 내주면 그 또한 군말 없이 받았다.

부족한 수입을 보충하기 위해 닥터 메이요는 무슨 일이든 닥치는 대로 했다. 농사는 당연히 지었고, 가축 여덟 마리를 기른 적도 있었다. 요청이 있으면 수의사 일도 마다하지 않았다. 또 크로넌 지구 치안 판사로 선출되어 한동안 그 일을 하기도 했다. 이 밖에 르쉬외르를 오가는 나룻배를 운영하기도 했지만 형편은 크게 나아지지 않았다.

메이요 가족이 미네소타 주로 옮겨온 1856년 봄만 해도 그곳 경기는 전망이 밝았다. 그 해 봄 에드워드 이글스턴(Edward Eggleston)이라는 인디애나 주의 청년도 미네소타 주의 기후가 아픈 폐를 치료하는 데 도움이 될 것이라 믿고 그곳에 도착했다. 훗날 그는 『메트로폴리스빌의 수수께끼(The Mystery of Metropolisville)』라는 소설에서 당시 불기 시작한 땅 투기 열풍을 묘사했다.

거기서 그는 그 시절을 "채권과 저당권 수익률이 한 달에 5~6퍼센트에 이르고, 자투리땅도 하룻밤 사이에 두 배로 뛰어오르면서 다들 서로 속이려고 혈안이 되어 있던 때"라고 말했다. 그 열기에 들뜬 사람들은 두 번째 대출금 상환 기간이 돌아오기 전에 값을 올려 팔 수 있겠지 기대하며 주머니를 탈탈 털어 너도 나도 땅을 사들였다.

하지만 1857년 8월 뉴욕의 한 생명보험 회사가 전국을 혼란에 빠뜨리며 파산하면서 손쉬운 성공의 꿈은 하루아침에 물거품이 되고 말았다. 동부의 채권자들이 대출금 상환을 요구하면서 서부에서는 현금이 빠져나갔고 경기는 바닥으로 떨어졌다.

상품 가격이 하락하면서 사업마다 제자리걸음을 면치 못했으며, 한때 수백 달러를 호가하던 부동산 부지는 찾는 이가 아무도 없었고, 지도상에서 도시 규모로 급성장하고 있던 마을은 다시 황무지로 전락했다. 그렇게 되자 투기꾼들도 조용히 지도를 접고 소리 소문 없이 떠나버렸다.

갑작스런 열풍에 이끌려 미네소타까지 와서 가정을 꾸린 사람들은 서서히 미몽에서 깨어나 허리띠를 졸라매고 다시 열심히 일했다.

무엇보다 현금이 부족했다. 그런 와중에 세인트피터의 어느 기민한 남자가 빅우즈 곳곳에 대량으로 자생하는 사람 모양의 인삼 뿌리를 내다팔면 돈이 된다는 사실에 눈뜨면서 그 지역은 다시 시끌벅적 활기를 띠기 시작했다. 목수들은 집을 짓다 말고, 술집 주인들은 가게 문을 닫고, 상인들은 장사를 접은 채 자루와 괭이를 들고 숲으로 향했다. 인삼 시장은 놀라울 만큼 빠르게 성장했다. 1859년 헨더슨 마을 상공인 명부에는 의사, 푸주한, 제빵사는 각각 한 명인 데 반해 인삼 무역상은 일곱 명이나 올라 있었다.

덕분에 살림살이가 좀 나아졌지만 '불경기의 암울한 기운'을 걷어

내지는 못했다. 신문사들은 독자들이 땔감, 호박, 감자 같은 생필품으로 구독료를 지불해도 감지덕지했다. 교회에선 교인들이 기부하는 옷가지와 식료품으로 연일 '자선 바자회'를 열었다. 당시 트래버스데수 교회와 세인트피터 교회에서 목사로 활동한 에드워드 이글스턴은 시간을 쪼개 설문 조사원으로 일하기도 하고, 양을 치기도 하고, 집집마다 비누를 팔러 다니기도 하면서 번 돈으로 그런 일정치 않은 헌금을 벌충했다.

의사들은 특히 타격이 심했다. 진료비로 굳이 돈이 아니어도 뭐든 기꺼이 받았지만 그것만으로는 생계를 꾸리기가 여의치 않자 개중 몇몇은 결국 진료비를 선불로 받겠다고 선언하고 나섰다. 의사들은 그런 조건을 내걸어 죄송하지만 가족 때문에 어쩔 수 없다고 말했다.

이런 사정을 고려할 때 닥터 메이요가 의사라는 직업만으로는 가족을 부양할 수 없었다고 해도 이상할 게 전혀 없다. 사실 그는 당시 여느 가장보다 가족을 잘 건사했다고 볼 수 있다.

메이요 부인에게도 삶은 녹록지 않았다. 타고난 주부와는 거리가 멀었던 그녀는 주부 역할을 행복하게 받아들이지 못했다. 오늘날처럼 여성에게도 기회가 많은 시대에 태어났더라면 그녀는 청소와 요리를 그 일에 맞는 다른 누구에게 맡기고 사업이나 전문직에 재능을 투자해 성공을 거두었을 것이다. 살림은 그녀의 특기가 아니었다.

하지만 그녀는 집안일에 전념했다. 이제 그녀는 두 아이에 이어 셋째까지 둔 엄마였다. 1856년 6월 농장으로 이사한 직후 둘째 딸 피비 루이즈(Phoebe Louise)가 태어났고, 1859년 3월에는 셋째 세라 프랜시스(Sarah Frances)가 태어났다. 하지만 세라는 생후 일 년이 조금 지나 세상을 뜨고 말았다. 어쨌든 가족을 위해 옷을 짓고 요리를 하면서 집까지 깨끗하게 치우자면 하루 종일 바쁘게 움직여야 했다. 집안일은 끝도 없었다. 빵을 굽고, 고기를 말리고, 콩과 옥수수를 햇볕에 내다 널고, 실을 잣고, 뜨개질을 하고, 초를 찍어내고, 양잿물에 돼지비계를 섞어 비누를 만들어야 했다.

하루는 난로에 올려둔 비누 주전자를 들여다보다가 각혈을 하자 어린 거트루드가 그 피를 보고 깜짝 놀라 비명을 지르며 아버지에게 달려갔다.

그녀는 잠시 쉬고 나서 회복됐지만 재발할까 봐 두려웠다. 하지만 가족들에게 일절 내색하지 않고 가급적 자주 숲으로 나가 책을 읽기도 하고, 식물과 하늘을 관찰하기도 했다.

그녀에게는 큰 용기가 필요했다. 그녀는 아이들과 함께 농장에 남겨질 때가 많았고, 그때마다 촉각을 곤두세운 채 늑대나 들고양이, 곰이 출몰하지 않는지 지켜봐야 했다. 게다가 주변에는 인디언들도 있었다. 인디언이 유리창에 코를 바짝 대고 안을 들여다볼 때나, 몇 명씩 떼를 지어 현관 앞에 몰려와 음식이나 술을 구걸할 때면 그녀는 어디다 눈을 둬야 할지 몰랐다. 인디언들은 악의가 있어 보이지는 않았지만 심기가 틀어지면 심술궂게 돌변할 수 있었다.

당시 인디언들 사이에서는 결막염이 유행했는데, 백인들에게도 퍼지면서 메이요 부인도 그 병에 걸렸다. 그렇지 않아도 그녀는 눈을 찌르는 '뻣뻣한 속눈썹' 때문에 몇 년째 장님이나 다름없이 지내며 고생하고 있었다. 아이들은 그런 어머니가 안쓰러워 자주 속눈썹을 뽑아주었다. 결국 시력은 돌아왔지만 속눈썹은 하나도 남지 않았다.

훗날 '미네소타 밸리' 시절을 돌아다보며 그녀는 "힘든 시골이었어요"라는 말밖에 할 수 없었다. 그곳 생활이 고달팠던 데에는 미네소타 강과 그 지류가 걸핏하면 흘러 넘쳐 물난리가 심하게 난 탓도 있었다. 갑자기 불어난 물은 강둑과 초원을 덮치면서 건초 더미, 울타리, 심지어 가축처럼 단단히 붙어 있지 않은 것은 뭐든 쓸어갔다.

특히 1859년 봄에는 예년보다 규모가 크고 기간도 긴 홍수가 발생했다. 헨더슨 위쪽의 강변 마을들은 몇 주 동안이나 강 아래쪽 마을들과 연락이 거의 두절된 채로 지내야 했다. 크로넌 지구 주민들은 집 안에 갇힌 채 고립무원이나 다름없는 처지로 전락했다. 그곳 일대의 오솔길은 대부분 물에 잠겼고, 나룻배는 모조리 파손되고 말았다.

닥터 메이요는 이런 난리를 겪을 만큼 겪었다. 그는 이런 경험을 다시 하느니 강 건너 르쉬외르로 이사 가는 쪽을 택했다. 그는 그곳에 땅을 구입해 동생 제임스(가끔 형을 보러 나타나 몇 주 또는 몇 달 동안 머물다 떠난 자타 공인의 방랑자)와 그 해 여름 내내 집과 헛간을 지었다. 집이 완성되자 메이요 가족은 그리로 이사 갔다.

그 집은 박공지붕을 얹은 아담한 2층짜리 시골집이었다. 식당을 겸한 부엌이 가장 넓었고, 지붕 밑 2층 방은 천장이 너무 낮아 키 작은 집주인 차지가 됐다. 닥터 메이요는 그곳에 의학 서적과, 공간에 어울리지 않게 뚜껑을 뒤로 밀어 열게 되어 있는 큼지막한 책상과, 각종 의학 도구를 갖다놓았다. 그곳은 그의 사무실이었다.

1861년 6월 29일 그 집에서 메이요 부부의 아들이 태어났다. 부부는 아버지와 삼촌의 이름을 따 아들 이름을 윌리엄 제임스라고 지었다. 닥터 메이요는 가문을 소중히 여기는 영국 남자답게 아들의 출생

르쉬외르에 있는 메이요 가족의 집. 윌리엄 제임스 메이요는 이 집에서 태어났다. 1934년 촬영.

을 기뻐했지만 앞으로도 아들 때문에 얼마나 더 많은 일로 기뻐하게 될지는 미처 예상하지 못했다.

르쉬외르로 이사했다고 해서 굳이 새로 개업을 할 필요는 없었다. 새로운 환자들을 만날 수 있는 범위가 넓어지긴 했지만 그곳 역시 예전에 환자들을 진료하던 영역 안에 속했다.

이내 첫 번째 왕진 요청이 들어왔다. 그가 한창 지붕 공사를 하고 있는데, 시내 근처에 사는 J. L. 드레이크라는 농부가 말을 타고 찾아왔다. 그는 자신이나 가족 누구한테 의사가 필요한 게 아니라 말이 심하게 아파서 그러니 와서 좀 봐줄 수 있느냐고 물었다.

메이요 부부와 (앞줄 왼쪽부터) 윌리엄 제임스, 피비, 거트루드. 1862년.

닥터 메이요의 대답은 명쾌했다.

"물론이지요. 말뿐 아니라 그 무엇이든 봐드리지요."

르쉬외르에서 전설처럼 떠도는 이야기에 따르면 그는 말을 말끔하게 치료해 새로운 이웃들에게 좋은 인상을 남겼던 모양이다.

닥터 메이요가 등장하자 나이는 그와 비슷하지만 완고하고 깐깐한 르쉬외르의 또다른 개업의 오티스 아여(Otis Ayer)가 대놓고 불편한 심기를 드러냈다. 닥터 메이요가 같은 의사로서 예의 삼아 인사하러 찾아가자 아여는 볼멘소리로 르쉬외르는 의사 둘을 먹여 살리기엔 환자가 그렇게 많지 않다고 말했다.

닥터 메이요는 순진하게도 깜짝 놀라며 이렇게 말했다.

"그럼 떠나시게요?"

하지만 그는 닥터 아여의 말이 맞다는 것을 확인하고 거기서도 부족한 수입을 보충할 가외 일거리를 찾아야 했다. 르쉬외르로 이사한 첫 해인 1860년 봄과 여름에 그는 증기선 회사에서 일했다.

미네소타 강은 물길이 복잡해 배를 몰기가 쉽지 않았다. 구불구불한 강줄기를 헤치며 계곡 밑을 지나야 하는 데다 수로는 모래톱 천지였다. 홍수가 발생하는 봄에는 모래톱이 그다지 문제가 되지 않았지만 여름이 오면 어지간히 큰 배보다 커진 모래톱에 배 바닥이 걸려 꼼짝달싹하지 못했다. 그래서 여름에는 세인트폴을 출발한 배가 벨플레인이나 세인트피터에서 운항을 중단하면 승객과 화물을 얕은 곳도 지나다닐 수 있는 소형 배로 옮겨 상류로 실어날라야 했다.

닥터 메이요는 바로 이런 소형 배에서 일했다. 어떤 사람 눈에는 그가 선장이었고, 또 어떤 사람 눈에는 사무원이었다. 어느 쪽이 됐든 닥터 메이요는 그 해 여름을 신나게 보냈다. 강에서의 거친 생활도 마음에 들었지만 배가 들르는 곳마다 반기는 떠들썩한 분위기와 흥분이 마음에 들었기 때문이다.

수심이 얕은 곳을 다니는 배의 사무원으로 일하던 제임스 제롬 힐(James Jerome Hill)이라는 청년과 안면을 트게 된 것도 이때였다.

나중에 세월이 흐른 뒤 닥터 메이요는 명성이 자자한 두 아들의 아버지로 유명해졌고, 힐은 미국 철도업계의 거물로 이름을 날렸다. 닥터 메이요는 세인트폴에 있는 힐의 저택에서 열린 어느 환영 행사에 참석했다. 안으로 들어서면서 그는 반가움에 겨워 이렇게 소리쳤다.

"이게 누구야, 강을 오르던 짐 힐 아닌가!"

"형님은 강을 내려가던 키 작은 의사시고요!"

그러고 나서 두 사람은 서로의 격조함을 용서하며 서재로 들어가 옛 시절을 화제 삼아 한참 이야기를 나눴다.

닥터 메이요는 신문 발행에도 손댔지만 별로 재미를 보지 못했다. 그는 라피엣에서 알고 지내던 해리 H. 영(Harry H. Young)이라는 편집 기자를 통해 이 일에 뛰어들었다. 건강 때문에 미네소타로 옮겨온 영이 르쉬외르에 모습을 드러낸 덕분에, 닥터 메이요가 발행하고 영이 편집하는 《르쉬외르 통신》이라는 신문이 등장했다. 하지만 1861년 1월에 제1호가 발행된 이 신문은 3개월쯤 뒤 폐간됐다.

이 정도면 당시 지역 신문의 수명치고 꽤 긴 편에 들었다. 점점 커지는 지역 사회에서 신문이 중요하긴 했지만 신문을 발행해 수지타산을 맞추기란 거의 불가능했던 데다 신문사마다 기자들의 신세 한탄이 끊이지 않았기 때문에, 닥터 메이요는 꼭 돈을 벌겠다는 생각으로 신문 발행에 나선 것은 아니었다.

그는 신문의 뉴스란과 정치란은 영에게 일임했지만 농업란은 직접 맡았다. 그는 농사일이나 농장 관리를 주제로 일주일에 한 차례씩 기사를 작성했다. 농사 경험도 일천하고 농부로서 거둔 성공도 보잘것 없었지만 그는 개의치 않고 농부와 그들의 아내에게 양털 깎는 법, 사과나무 돌보는 법, 좋은 버터 만드는 법, 호밀이나 당근이나 콩으로 커피 대용품 만드는 법 등을 열심히 전달했다.

누가 보아도 민주당 성향이 강했던 《르쉬외르 통신》이 정치라는 암초를 만나 좌초한 것은 어찌 보면 당연한 일이었다. 때는 1861년이었고, 정치에 대한 관심이 높아지면서 '흑인 공화당원'과 '노예제를 지지하는 민주당원'이 첨예하게 대립했다.

그런데 '정치인에게 용기를 기대하던 시절'이었고, 북부 문제를 바라보는 시각과 세인트폴에 본부를 둔 민주당 거수기들에 대한 지역의 반발 여론 때문에 신문이든 편집 기자든 일반인이든 할 것 없이 우르르 공화당으로 갈아타고 있었다.

닥터 메이요가 민주당을 지지하는 신문을 발행하자 깜짝 놀란 친구들은 그가 정당을 바꾸었다고 지레 믿어버렸다. 자초지종을 묻는 사람이 너무 많아 결국 그는 자신의 정견을 지면을 통해 밝힐 수밖에 없었다.

그는 신문의 논조와 관련해 일절 책임을 부인하면서 그것은 어디까지나 편집 기자의 몫이라고 말했다. 그리고 노예제 문제와 관련해서는 어떤 대가를 치르더라도 평화롭게 해결해야 한다는 입장을 분명히 밝혔다. 그는 에이브러햄 링컨 대통령이 흑인의 추상적인 권리도 노예 소유주의 실질적인 권리도 편들지 않고 둘 사이에서 타협점을 찾기를 바랐다. 시간을 두고 지켜본다면 한 세대 안에 남부는 '노예제의 속박을 풀고 자유라는 인간의 권리'를 인정하게 될 터였다.

공화당원보다 민주당원이 이런 견해에 찬성했을 테지만 긴 사설을 관통하는 닥터 메이요의 어조로 볼 때 그는 자신을 공화당원, 정확하게 말하자면 공화당의 정강에 동조해서라기보다 민주당에 반대하기 위해 공화당에 가입한 사람들 중 한 명으로 여겼던 게 틀림없다.

어쨌든 일 년 뒤 닥터 메이요는 공화당원으로 왕성하게 활동했다. 그는 1862년 공화당 지역 전당대회 의장을 맡은 데 이어 이듬해에는 당 지역 위원에 선출됐다. 바야흐로 정치인으로서의 경력이 시작됐던 것이다.

이런 활동은 겉으로 보이는 것만큼 의사라는 직업과 크게 어긋나진 않았다. 오히려 미네소타 밸리 일대에 그의 이름과 얼굴을 알리는 데 지대한 기여를 했다.

'미네소타 밸리'라는 지명은 단지 편의상 사용하는 추상적인 단어가 아니다. 미네소타 밸리는 지리적 단위이면서 진정한 의미에서의 사회적 단위이기도 했다. 운송과 연락을 강에 의지하다 보니 강둑을 따라 흩어져 있는 이웃과 마을들이 서로 가깝게 지내게 됐다. 헨더슨, 르쉬외르, 세인트피터를 비롯해 미네소타 밸리를 이루는 마을들은 종종 서로 시기하며 경쟁하기도 했지만 사람과 소식이 쉽게 돌고 도는 단일 지역 사회를 형성했다.

세인트피터에서 열리는 무도회와, 맨케이토 연극회가 올리는 공연과, 르쉬외르 풀밭에서 열리는 독립기념일 야유회 모두 미네소타 밸리 주민 전체가 참석하는 지역 사회 행사였다.

닥터 메이요가 이곳 일대에 자기 이름을 알리는 데에는 선착장에서의 부업보다 더 좋은 게 없었다. 선착장은 강 건너 르쉬외르에서 장사를 하거나 세인트폴로 가는 역마차를 타려는 카운티 두 곳의 주민들이 모이는 장소였다. 강이 고속도로이자 철도요 전화이자 전보였던 시절, 강변의 농가마다 증기선이 들르던 시절, 하루의 주된 사건이 증기선 도착이었던 시절에 배의 선장이나 사무원보다 더 널리 알려진 사람은 없었다.

비록 일찍 폐간된긴 했지만《르쉬외르 통신》과 그 뒤에 이어진 닥터 메이요의 정치 활동은, 미네소타 밸리의 지도자로 활동하다 대개는 주의회에 진출하는 신문 편집인이나 법률가, 사업가 등과 친해지는 기회로 이어졌다. 이들은 닥터 메이요가 교양 있는 신사이자 유쾌한 대화 상대요 진지하고 활기차면서 솔직한 사람이라고 생각했다. 그리고 환자 신분으로 진료를 받을 때는 그가 유능한 의사라고 생각했다.

몇 년 만에 닥터 메이요는 미네소타 밸리에서 몇 손가락 안에 드는 유력한 시민이자 최고의 실력을 갖춘 의사로 부상했다. 카운티 세 곳의 주민 대부분이 그에게 진료를 받았고, 멀리 떨어진 강 상류에서도 더러 진료 요청이 들어왔다. 그의 직함이 르쉬외르뿐만 아니라 헨더슨, 벨플레인, 세인트피터의 신문에도 등장하기 시작했다. 신문에선 대개 이름 머리글자나 주소나 그 외 신원을 확인할 만한 정보를 모두 생략하고 그를 "닥터 메이요"라고만 지칭했다. "닥터 메이요"라고만 해도 독자들은 그가 누군지 알았다. 물론 진료만으로는 그렇게까지 유명해질 수 없었다.

미네소타 주지사 알렉산더 램지(Alexander Ramsey)는 1861년 (남북전쟁이 발발해 남부연합의 공격으로) 4월 12일 (사우스캐롤라이나 주) 섬터 요새가 함락될 때 워싱턴에 있었다. 이제 미네소타도 전쟁에 나서야 한다고 판단한 그는 전쟁부 장관을 찾아가 막내둥이 주에서 연방을 지킬 장정 1,000명을 내놓겠다는 제안을 했다. 그의 제안은 받아들여졌고, 미네소타에서는 자원병을 모집하는 소리가 울려퍼졌다.

한동안은 반응이 좋았지만 1862년 여름으로 접어들자 자원병 수가 줄어들었다. 이에 링컨 대통령은 8월 4일 30만 명을 징집하겠다고 선언했다. 카운티마다 병역 면제 대상을 가려내는 행정관과 군의관을 임명했다. 닥터 메이요는 르쉬외르 카운티의 신체검사를 맡아 워싱턴에서 정한 지침에 따라 불구자와 맹인 명단을 작성하기 시작했다.

그런데 명단 작성 작업은 본격적으로 시작하기도 전에 흐지부지되고 말았다. 미네소타 밸리 주민들이 갑자기 각자의 집 앞에서 목숨을 걸고 싸웠기 때문이다. 미네소타 수족이 공격해왔던 것이다.

공격은 느닷없이 이루어졌지만 사전에 조짐이 없었던 것은 아니다. 1862년 봄 수족은 식료품과 현금으로 지급되는 생계보조수당을 받으려고 배급소로 모여들었다. 혹독한 겨울을 지내면서 식량이 바닥나는 바람에 다들 굶주려 있었다. 그러나 배급소장 갤브레이스는 생계보조수당을 받으려면 잠시 기다려야 한다고 말했다. 그는 한 손에 식량을 들고 있었지만 돈이 아직 도착하지 않았다며 돈이 올 때까지 식량을 나눠주길 거부했다. 명부를 두 번이나 확인하자면 너무 번거로웠기 때문이다.

인디언들은 배급소 창고에 밀가루와 설탕과 돼지고기가 쌓여 있는데도 배를 곯아야 하는 이유를 이해할 수 없었다.

그들은 굶어죽지 않을 만큼만 감질나게 식량을 배급받으며 여름까지 기다렸다. 8월 15일 그들은 또다시 배급소와 담판을 지으러 나섰다. 추장 '작은 까마귀'가 부족을 대표해 입을 열었다. 그는 백인이 식량을 주지 않으면 자기들이 가져가겠다고 말했다.

"배가 고프면 사람들은 몸소 나서게 됩니다."

갤브레이스는 이러한 협박에 놀라 상인들에게 물었다.

"일단 외상으로 식량을 주고 돈이 도착하는 대로 대금을 받는 게 어떨까요?"

그러자 앤드루 J. 마이릭이라는 상인이 이렇게 대답했다.

"배가 고프면 풀을 먹으라고 하면 될 것 아닙니까."

통역이 그 무례한 말을 그대로 옮겼다.

한순간 쥐 죽은 듯이 고요해지더니 와! 하는 분노의 함성과 함께 인디언들이 자리를 박차고 나갔다

그 날은 금요일이었다. 일요일 한낮에 인디언 네 명이 독주가 아니라 노여움에 취해 미커 카운티의 외딴 농가에서 백인 다섯 명을 살해했다. 그들의 무모한 행위가 부족에게 알려지면서 도화선에 불이 붙었다. 월요일 새벽 무장한 수족 용사 무리가 레드우드 배급소를 공격해 눈에 띄는 족족 사람들을 쏘아 죽인 뒤 상점을 약탈했다. 상인 마이릭은 맨 처음 희생된 사람들 틈에 섞여 있었다. 인디언들은 그의 입에다 그가 그들에게 먹으라고 말했던 풀을 한 움큼 쑤셔넣었다.

한편 다른 인디언 무리들도 보호 구역 근처의 농가를 약탈하기 시작했다. 그들은 불시에 정착촌에 나타나 농가를 옮겨다니면서 남자는 죽이고 여자와 아이들은 포로로 잡은 뒤 게걸스레 음식을 먹어치우고는 헛간과 건초 더미에 불을 질렀다.

생존자와 기독교로 개종한 인정 많은 일부 인디언들의 귀띔 덕분에 강 아래쪽으로 피신해 간신히 목숨을 건진 정착민 몇몇이 가는 곳마다 그 사실을 알렸다. 소식이 미네소타 밸리 아래쪽에까지 이른 것은 한밤중이 되어서였다. 폴 리비어(Paul Revere)라는 뉴울름의 용감한 주민이 야음을 틈타 전속력으로 말을 달려 인디언들의 공격 소식을 알리고 도움을 요청했다. 그는 말을 타고 집집마다 돌아다니며 세인트피터 주민들을 깨운 뒤 다시 말을 달려 트래버스데수와 르쉬외르에

도 그 소식을 전했다.

닥터 메이요는 새벽에 잠에서 깨 흥분한 이웃들과 대책을 논의했다. 몸을 움직일 수 있는 마을 남자는 모두 뉴울름을 도우러 가기로 결정이 났다. 남자들은 서둘러 총을 모으고, 납물을 틀에 부어 총알을 찍어내고, 가죽 탄약통과 뿔 화약통을 가득 채웠다. 그러고 나서 열한 시에 준비가 모두 끝나자 보안관의 지휘 아래 뉴울름으로 출발했다.

세인트피터에서 르쉬외르 남자들은 그들처럼 그 날 아침에 부랴부랴 소집되어 무장한 '변경 수비대'와 합류했다. 총 인원 125명의 군대가 한 시에 뉴울름으로 향했다.

군대는 종대를 지어 행군하는 시늉을 내긴 했지만 삐뚤빼뚤 줄이 하나도 맞지 않았다. 마차를 탄 사람도 있었고 말 등에 올라탄 사람도 있었지만 대부분은 걸어갔다. 르쉬외르의 닥터 아여와 세인트피터의 닥터 아사 W. 대니얼스(Asa W. Daniels)는 왕진 가방과 수술 도구를 챙겨 들고 마차를 타고 갔지만 닥터 메이요는 일행 틈에 섞여 걸어갔다.

오후 늦게부터 불기 시작한 비바람에 온몸이 축축하게 젖은 채로 군대가 뉴울름으로 건너가는 나룻배에 올랐을 때는 이미 어둠이 내리고 있었다. 마을에 도착해보니 그 날 오후에 있은 인디언들과의 접전에서 사망자 두 명과 부상자 여러 명이 발생했고, 마을 외곽의 집 여섯 채가 불에 타 버렸다. 마을 주민들은 공포에 질려 있었다.

수비대 전원이 곧바로 마을 주변 경계에 나섰고, 병원으로 사용할 건물도 진료 준비를 마쳤다. 닥터 메이요는 맨케이토의 닥터 W. R. 맥마흔과 함께 다코타 회관 거실을 배정받았고, 닥터 아여와 닥터 대니얼스는 거리 맞은편 포목점 1층을 배정받았다. 다들 오후 전투에서 다친 사람들과 수족 인디언에게 공격당하고도 운 좋게 목숨을 건져 그곳으로 실려 온 시골 주민 몇 명을 돌보느라 몇 시간 넘게 눈코 뜰 새 없이 분주했다.

뉴울름 주민들은 일요일 새벽에 잠을 자다 말고 수비대가 내지르는 고함에 화들짝 놀랐다.

"인디언이 온다! 인디언이 쳐들어온다!"

수비대는 신속하게 전투 준비에 들어갔다. 여자와 아이들은 방벽 안의 가게와 주택 지하실로 허둥지둥 피신했고, 남자들은 마을 남쪽으로 반 마일 거리에 있는 야트막한 산등성이의 정해진 위치로 열을 지어 행군해갔다.

수족 군대는 저 멀리 절벽 기슭에서 대기하고 있다가 비탈진 초원을 가로질러 느릿느릿 전진했다. 붉게 칠한 몸과 화려한 깃털 투구가 햇살을 받아 눈부시게 빛났다. 수족 군대는 소총 소리를 신호로 갑자기 괴성을 질러대며 '바람처럼 내려와선' 총을 쏘며 시민군에게 짓쳐들었다.

전광석화 같은 속도와 소름끼치는 출정 고함 소리는 전투 경험이 전혀 없는 정착민들의 신경이 견뎌내기에 너무 버거웠다. 다들 방벽 안으로 들어갈 때까지 한 번도 멈추지 않고 황급히 뒤쪽으로 도망쳤다. 인디언들은 뒤죽박죽 섞여 방벽을 기어오르는 시민군을 쫓아올 수도 있었지만 전통에 따라 밤을 틈타 공격하는 쪽을 선택했다.

그때부터 백인들도 한 명 또는 조 단위로 움직이면서 인디언 방식으로 싸웠다. 몇몇 담력 센 사람들이 풍차나 우체국 또는 전략적으로 방어할 가치가 있는 여타 구조물로 몰래 기어들어가 점거하는 사이

다른 사람들은 수족 인디언이 엄폐물로 사용할 만한 건물에 불을 질렀다.

우지직거리며 타오르는 불길, 인디언들의 고함 소리, 겁에 질린 아녀자들의 비명 소리, 총소리로 마을은 아수라장이 됐다. 여기저기서 살벌한 접전이 벌어지는 가운데 남자들은 후방의 다코타 회관 근처 본부로 뛰어와 탄약을 다시 장전하고 작전 지시를 받았다. 난리통도 그런 난리통이 없었다.

남자들이 그런 난리통 속에서도 꿋꿋이 버틸 만큼 모두 용감한 것은 아니었다. 몇몇은 여자들과 함께 지하실에 숨었다. 닥터 메이요는 그들을 뒤쫓아가 억지로 쇠스랑을 들려 방벽 뒤에 배치했다. 겁에 질린 동료들이 인디언이 오면 어떻게 해야 하느냐고 묻자 닥터 메이요는 단호한 목소리로 이렇게 대답했다.

"당연히 쇠스랑으로 찔러 죽여야지."

전투가 시작된 지 한 시간 삼십 분 만에 열 명이 전사하고 쉰 명이 다쳤다. 부상자는 문틀 경첩에서 떼어낸 문짝으로 만든 들것에 실려 야전 병원으로 옮겨졌다.

의사들은 손이 열 개라도 부족할 만큼 바빴다. 닥터 메이요는 부상자를 치료하면서 곁눈으로 바깥 상황도 살폈다. 부상자의 다리를 절단하다 말고 고개를 든 순간 그는 방책 경계 임무를 맡은 두 명이 창문으로 몰래 빠져나가는 모습을 보았다. 그는 고함과 함께 피 묻은 칼을 휘두르며 곧장 문 밖으로 달려나갔다. 두 남자는 서둘러 다시 제위치로 돌아갔다.

땅거미가 내려앉자 전투는 소강상태로 접어들었고 남자들은 방벽

밖에 있는 건물을 불태우러 나갔다. 밤인데도 불꽃이 그 일대를 환하게 비추자 인디언들은 감히 기습 공격에 나서지 못했다.

날이 밝자 인디언들은 멀리서 되는 대로 몇 차례 총을 쏘고는 공격을 포기한 채 왔던 방향으로 퇴각했다.

그 날 오후 지휘관들은 한 자리에 모여 상황을 논의했다. 방벽 안 마을은 난장판이었다. 폐허로 변한 건물들이 여기저기서 연기를 토해내며 타오르는 가운데 식량과 탄약도 거의 바닥을 보였고, 지하실과 점포마다 화차 안 가축처럼 뒤엉켜 있는 주민 2,000명은 언제 병에 걸릴지 몰랐다. 그들은 뉴울름을 비우기로 결정했다.

사망자를 서둘러 길거리나 다코타 회관 주변 마당에 묻은 뒤 방벽을 걷어내고 부상자를 수송할 짐마차를 일렬로 세웠다. 상인들은 점포를 활짝 열어놓은 채 수비대에 마음대로 이용하라고 말했는데, 당시의 전언에 따르면 수비대는 스트리크닌(독성 물질의 일종. 옮긴이)을 다량 섞은 위스키와 흑설탕과 밀가루 통을 보란 듯이 일부러 열어놓고 떠났다.

월요일 새벽 짐마차 행렬은 맨케이토로 이어지는 도로로 천천히 나갔다. 그 뒤를 시민군이 2마일 넘게 줄을 지어 바짝 쫓아갔다.

그들이 오고 있다는 소식에 맨케이토가 발칵 뒤집혔다. 숙박 시설은 지난 주에 이곳으로 피신온 사람들로 이미 정원을 넘겼지만 인심 좋은 마을 사람들이 최선을 다했다. 부상자는 마을 부녀회가 미리 준비해둔 마을회관 아메리칸하우스에 수용됐고 나머지는 가정집, 교회, 학교에서 최대한 편안한 잠자리를 제공받았다. 심지어 신문사 사무실까지 숙소로 동원됐는데, 소란의 와중에 활자판이 떨어져 순서가 엉망으로 뒤섞이자 편집 기자는 그 후로도 몇 주 동안 그 일을 곱씹으며 투덜댔다.

이튿날 '붉은 악마'(인디언)들과의 거리를 최대한 벌리기 위해 마차 행렬 대부분이 세인트피터로 옮겨갈 때 닥터 대니얼스와 닥터 아여도 함께 따라나섰다. 하지만 닥터 메이요는 닥터 맥마흔과 함께 맨케이토에 일주일 더 머물며 너무 심하게 다쳐 더 이상 이동하면 안 되는 사람들을 돌보았다.

그로부터 한참 세월이 지난 뒤, 몬태나 주의 한 남자가 메이요 진료소에서 큰 수술을 받고 집으로 돌아가 친구들로부터 회복 축하 인사를 받고는 이렇게 대답했다.

"그래, 메이요 형제는 물론 훌륭하지. 하지만 그 아버지도 그랬어. 수족 폭동 때 그분이 내 목숨을 구해주셨지. 그때 난 열한 살이었는데 전투에서 다쳤지 뭔가. 사람들 부축을 받으며 병원에 가서 줄을 섰는데, 인자해 보이는 웬 작은 남자가 내 상처에 붕대를 감아주면서 나더러 용감하다고 칭찬하더군. 나중에 알고 보니 닥터 메이요였더라고. 그 변방 지역 사람들은 그분을 '꼬마 의사 선생님'이라고 불렀지."

혼란과 공포의 와중에서도 메이요 부인은 혼자 세 아이를 데리고 있었다. 하긴 르쉬외르의 여자 대부분이 그랬다. 인디언들이 마을을 에워싸고 있다는 소문이 퍼지자 메이요 부인이 기지를 발휘해 위기를 모면했다. 그녀는 마을 여자들을 한 자리에 불러모아놓고는, 남자 옷으로 갈아입고 곡괭이, 쇠스랑, 빗자루 등 총과 크기와 모양이 비슷한 것으로 무장하라고 말했다. 그리고 햇볕을 받으면 총검처럼 보이도록 손잡이 끝에 칼이나 숟가락을 매달라는 당부도 잊지 않았다.

남자 옷을 입고 무장까지 한 여자들은, 증기선이 스넬링 요새에서 수비 병력을 실어와 부려놓았다고 인디언들이 믿기를 바라며, 매일 일정한 시간에 대오를 갖추고 르쉬외르 거리를 행진했다. 이 책략이 성공을 거두어 르쉬외르는 공격을 피해갈 수 있었다.

지금도 사람들 입에 거듭 오르내리는 전설 같은 이 이야기의 모체가 됐을 듯한 진실의 핵심은 메이요 부인이 어느 기자에게 구술한 다음 경험담에서 찾을 수 있다.

월은 젖먹이라 안전하게 팔에 안았고, 나머지 두 아이는 절대 밖에 나오지 못하게 했어요. 헛간이나 우물가에 가야 할 때면 남편의 작업복으로 갈아입고 남편의 모자를 푹 눌러 썼죠.…… 작업복 차림에다 손에 총을 든 모습이라니! 종종 생각해보곤 해요. 얼마나 용감하고 남자다울지 가슴이 다 울렁거리지 뭐예요!

그녀는 피난민들도 돌보았다. 열한 가구가 집과 헛간을 피난처로 삼는 바람에 방마다 침구나 담요가 깔려 있었다. 메이요 부인과 어린 거트루드는 손님들을 대접하느라 분주하게 움직였다. 하루는 손님들에게 줄 빵을 굽느라 밀가루 한 통을 다 써버리기도 했다.

메이요 부인은 자신과 아이들의 안위는 물론 남편의 안위까지 걱정해야 했다. 그녀는 종종 집 밖으로 나가 대문 앞에 서서 부상자들이 지나가면 이렇게 물었다.

"누가 상처를 치료해주던가요?"

그 질문에 몇몇이 "키 작은 의사요"라고 대답하면 그녀는 남편이

수족 인디언 38명의 교수형을 집행하는 장면. 미네소타 주 맨케이토, 1862년.

아직 살아 있다는 것으로 알았다.

집을 떠난 지 2주 만에 닥터 메이요가 돌아오자 비로소 그의 아내는 시름을 놓았다.

그 사이 주지사 램지는 징집병과 자원병으로 부대를 꾸려 인디언들의 전술을 잘 아는 헨리 H. 시블리(Henry H. Sibley)의 지휘 아래 미네소타 변방으로 파견했다. 몇 번의 접전 끝에 시블리는 인디언들을 제압했다. 포로로 붙잡혔던 백인들이 풀려나고 이제는 수족 2,000여 명이 포로 신세가 됐다.

군사 재판에서 307명의 인디언 전사가 사형 선고를 받았다. 링컨 대통령이 재판 절차가 부당하다고 느껴 '옷까지 벗을 각오로' 형 집행을 연기하자 미네소타 주민들은 죄수들을 사면하면 직접 처단하겠다고 으름장을 놓았다.

링컨은 사람들의 흥분이 어느 정도 가라앉을 때까지 결정을 미루었다가 강간과 무자비한 살인을 저질렀다는 증거가 명백한 38명의 교수형을 지시했다. 나머지는 폭동에 가담했다는 죄목으로만 기소됐다.

1862년 12월 26일 맨케이토에서 수족에 대한 교수형을 집행한 뒤 시체를 강둑 모래밭에 기다랗게 판 구덩이에 두 곳으로 나눠 깊이 묻었다. 하지만 시체는 그곳에 오래 머물지 않았다.

아동과 부녀자 18명을 포함해 총 23명을 무참히 살해한 혐의로 현상 수배된 수족 인디언 '잘린 코'. 1862년.

해부용 시체를 구하기 어렵던 시절에 울어주는 사람 하나 없는 그렇게 많은 시체는 뜻밖의 횡재였다. 닥터 메이요를 비롯해 교수형 구경꾼 틈에 섞여 있던 의사들은 어둠을 틈타 서둘러 무덤을 파헤친 뒤 시체를 꺼내 나누어가졌다.

닥터 메이요에게는 언젠가 왕진 길에 말을 뺏으려고 달려들었던 끔찍하게 못생기고 용맹한 '잘린 코' 시체가 돌아갔다. 이 덩치 큰 수족 인디언은 폭동 중에 온갖 잔인한 짓을 앞장서서 저지른 악마의 화신이었다. 닥터 메이요는 시체를 짐수레에 싣고 르쉬외르로 가져와 동료 의사들이 지켜보는 가운데 해부한 뒤 골격을 깨끗이 손질해 장식장에 보관했다.

3장

로체스터로

　수족의 폭동은 지방의 소용돌이였을 뿐 남북전쟁이라는 국가의 중대사에 큰 영향을 미치지는 못했다.

　1863년 의회에서 통과된 징병법에 따라 연방 정부는 징병 업무와 병적을 헌병대장, 징병관, 군의관으로 구성된 각 선거구별 징병위원회에 이관했다.

　4월에 닥터 메이요는 미네소타 주 남쪽 절반에 해당하는 제1선거구의 징병위원회 군의관에 임명됐다. 위원회 본부로는 옴스테드 카운티의 행정 중심지 로체스터가 선정됐다. 1863년 5월 중순 닥터 메이요는 아내와 아이들에게 또다시 작별을 고하고 새로운 임무지 로체스터로 떠났다.

　로체스터의 징병위원회 사무실은 그 후 일 년 반 동안 미네소타 주에서 가장 붐비는 곳이 됐다. 닥터 메이요는 연이어 몰려드는 자원병

과 징집병은 물론이고 병적에서 자기 이름이 빠지기를 희망하는 '족
속들'까지 검사하느라 하루 온종일 바삐 일했다.

　그것은 쉽지 않은 일이었다. 징집된 사람을 너무 많이 면제해주면
직무상 견책을 받기 십상이었고, 또 너무 많은 신병을 받아 자격도 없
는 사람들로 군대를 어지럽히면 해임에다 벌금까지 물어야 했다.

　이러한 진퇴양난에 지역의 강한 압력까지 더해졌다. 사람들은 징병
실적 부진을 해당 지역 사회의 수치로 여겼다. 할당된 인원을 다 채우
지 못하면 그 부족분을 벌금으로 충당해야 했기 때문이다. 결국 카운티
와 마을마다 자원병에게 보상금을 지급하기에 이르렀고, 시민들은 신
병을 너무 까다롭게 검사하는 군의관을 곱지 않은 눈으로 바라보았다.

　그런 와중에 군의관은 자신을 속이려는 시도도 빠짐없이 가려내
야 했다. 자원병들은 병을 숨기려 든 반면, 병역 면제를 주장하는 사람
들은 꾀병을 부려댔다. 이런저런 속임수가 어찌나 만연했던지 곧이어
워싱턴에서 군의관들에게 거짓말을 식별하는 지침을 내려보냈을 정
도였다.

　예를 들어 누가 시력이 좋지 않다며 병역 면제를 요구할 경우 군의
관은 그 사람을 장애물 경기장에 데리고 나가 불시에 나타나는 계단,
상자, 통, 뒤집어놓은 의자를 뛰어넘게 시켜야 했다. 넘어지지 않고 장
애물을 모두 통과하면 그 사람의 시력은 군대 생활을 하기에 아무 무
리가 없을 만큼 좋았지만 장애물을 넘지 못하고 다치면 면제 판정을
받았다.

　닥터 메이요와 오로노코 출신의 수술 보조 의사인 헥터 갤러웨이
(Hector Galloway)는 갖가지 어려움을 대체로 무난히 헤쳐나갔다. 징병

위원회의 활동을 지켜보러 로체스터를 찾은 참관인들은 검사 과정의 신속성과 공정성에 초점을 맞추었다. 그들은 닥터 메이요가 미네소타 남부에서 가장 유능하면서도 가장 융통성 없는 인물이라고 말했다. 어쨌든 그는 유명 인사가 됐다.

그러나 그는 불행을 피해가지 못했다.

1864년 말에 징병위원회는 로체스터의 사무실을 비우고 선거구 곳곳을 직접 돌아다니며 갈수록 늘어나는 병역 면제 신청을 심사했다. 징병위원회는 규정에 따라 1865년 1월과 2월 동쪽으로는 프레스턴에서, 서쪽으로는 세인트피터와 패러보에서 신체검사를 실시한다고 발표했다.

프레스턴에서의 일정은 아무런 문제 없이 끝났다. 그런데 세인트피터에서는 수천 명이 위원회의 검사를 기다리고 있었다. 군중이 사무실 입구를 구름처럼 에워싼 채 검사를 먼저 받으려고 서로 밀치며 옥신각신 실랑이를 벌이다 경비에게 급행료조로 돈을 쥐어주는 사건까지 벌어졌다.

또 거리에서는 징병 검사를 이용해 이득을 챙기려고 모여든 변호사와 의사들이 눈에 불을 켜고 영업을 했다. 변호사들이 부재자 증명서와 연령 초과 증명서를 발부하느라 분주했다면, 의사들은 신체장애를 증명하는 진단서를 떼어주느라 바빴다. 이는 어느 정도까지는 합법적인 활동이었지만 몇몇 협잡꾼들은 그러한 한도를 무시한 채 위원회의 아는 사람을 통해 특별히 청탁을 넣어주겠다며 법이 정한 5달러의 수수료가 아니라 50달러나 100달러, 심지어 200달러에 이르는 금액을 요구하기도 했다.

사무실에서 위원회는 하루에 500~600건에 달하는 검사 업무를 진행하며 1분에 한 건꼴로 판정을 내려야 했다!

위원회의 심사 업무를 참관하는 사람들 가운데 르쉬외르 카운티의 오타와에서 온 농부가 한 명 있었다. 그는 밖에서 벌어지고 있는 사기 행각에 분통을 터뜨리다가 폐병인데도 병역 면제를 거부당한 남자와 사지가 멀쩡한데도 병역을 면제받은 남자와 각각 이야기를 나눠본 후 주 정부에서 파견한 군의관이 사기꾼들과 작당하고 있다는 결론을 내렸다. '낯 뜨겁고 추잡한 거래'에 피가 끓어오른 그는 《세인트폴 데일리 프레스》에 장문의 편지를 보냈고, 신문사는 '열성 공화당원'이라는 필명을 달아 그 편지를 기사로 내보냈다.

곧이어 부당한 병역 면제와 관리의 부패를 보여주는 더 많은 사례와 더불어 '열성 공화당원'을 지지하는 '진실'과 '정의'의 글들이 쏟아졌다. 그러자 몇몇이 위원회를 옹호하고 나섰다. 그중에는 미네소타 밸리의 저명한 변호사와 신문 기자도 있었다.

그들은 닥터 메이요가 제출된 서류와 상관없이 모든 병역 후보자를 공평무사하게 검사한다고 말했다. 물론 서둘러 검사를 하다 보니 실수가 없다는 보장은 없지만 문 밖에서 기다리는 그 많은 사람들을 그가 어떻게 혼자 다 감당해내겠느냐고도 했다. 그리고 '열성 공화당원'은 누가 신체적으로 적합한지 아닌지를 어떻게 아는지 궁금하다고도 덧붙였다. 누가 보아도 닥터 메이요의 검사 소견이 오타와 농부의 관찰 소견보다 훨씬 신빙성이 높았다!

징병위원회가 패러보로 장소를 옮겨 검사 업무를 시작하면서 이러한 논쟁은 급물살을 탔고, 그곳 신문은 징병위원회의 묵과 아래 이루어지는 부정행위에 특별한 관심을 기울였다. 신문 기자는 하루에 몇 시간씩 검사실을 지키고 앉아 있었지만 면제 신청을 공명정대하게 처리하는 모습 말고는 아무것도 볼 수 없었다고 보도했다. 그러나 닥터 메이요가 업무가 끝난 뒤 사무실에서 5달러를 받고 사적으로 검사를 해주고 있으며 그렇게 검사를 받은 사람들 대부분이 위원회로부터 면제 판정을 받았다는 사실이 그에 대한 의혹을 불러일으켰다.

신문에서의 야단법석을 신호로 주 전체가 병역 비리를 입에 올리면서 닥터 메이요가 연루됐는지 여부가 뜨거운 쟁점으로 떠올랐다.

당시 미네소타 주 헌병사령부 부사령관이었던 존 T. 에이브릴(John T. Averil) 대령이 진상을 조사하러 왔다. 그는 패러보에서의 징병 검사를 잠정 중단한 뒤 위원회 헌병대장과 닥터 메이요에게 세인트폴 상부로 보고서를 제출하라고 지시했다.

에이브릴 대령이 소집한 청문회에서 닥터 메이요는 사적으로 검사를 해준 사실을 솔직히 인정했다. 검사 받은 이들 가운데 몇몇은 며칠을 대기할 형편이 못 되거나 그럴 의향이 없었다. 그는 그런 사람들을 밤에 검사해 면제 가능 여부를 알려주었다. 면제 대상이라고 판단되면 위원회 앞에서 정식으로 판정을 받도록 조치를 취했다. 면제 대상이 아니라고 판단되면 바로 귀가 조치했다. 그런데 이게 뭐가 잘못된 일이란 말인가?

그는 자신이 받은 요금에 뇌물 같은 것은 절대 없었다고 주장했다. 업무 시간 외에 자신의 수고와 시간을 들인 대가로 뭔가를 청구할 권리가 그에게는 있었고, 법에서도 의사가 그런 검사를 해주고 5달러를 받아도 된다고 허용했다. 게다가 뇌물을 받을 생각이 있었다면 5달러에 그치지 않고 몇 백 달러를 챙길 수도 있었다.

그러나 에이브릴 대령은 이런 소명에 동의하지 않았다. 그는 닥터 메이요에게 다시 보고서를 제출하라고 명령하고 워싱턴 당국에 사건 경위서를 보냈다.

전쟁부는 "사적으로 검사를 해주고 보수를 받았다"는 이유로 닥터 메이요를 군의관에서 해임하고 나서 일주일 뒤 헌병대장과 징병관도 해임했다. 곧바로 로체스터의 닥터 에드윈 C. 크로스(Edwin C. Cross)를 후임 군의관으로 기용해 새로운 위원회를 꾸렸지만 한 달도 되지 않아 신문에선 닥터 에드윈 C. 크로스의 뇌물 수수와 무능력을 비난하는 기사를 내보냈다.

불의에 대한 반감 때문에 부풀려진 소문과 의혹을 감안할 때 이 이야기에서 닥터 메이요의 잘못을 지적하자면 기껏해야 좀더 현명하지 못했다는 점이 아니었을까 싶다. 신문에서도 드러났듯이 당시의 여론은 닥터 메이요가 쌓은 명성을 여실히 보여주었다. 압도적인 다수가 그가 불명예스러운 짓을 저질렀을 리 없다고 믿는 가운데《멘케이토 유니언》은 이렇게 확신했다.

"닥터 메이요를 아는 사람이라면 누구든 한순간도 그의 정직과 선의를 의심하지 않을 것이다. 법에는 사적으로 검사해주는 대가로 5달러의 보수를 청구할 권리가 있다고 명시되어 있다. 워싱턴 당국은 이 법을 다르게 해석했고, 그의 상관은 그에게 해임 처분을 내렸다."

닥터 메이요는 다시 미네소타 밸리로 돌아가 진료를 재개했다. 그보다 1년쯤 전인 1864년 1월 그는 로체스터에 정착하기로 마음먹고 프랭클린 스트리트의 택지 두 곳을 사들여 그중 한 곳에 집을 지은 뒤 가족을 데리고 르쉬외르에서 그곳으로 이사했다.

1865년 7월 19일 바로 그 집 침실에서, 그러니까 그로부터 반세기가 지난 뒤에 분수가 방울방울 넘쳐흐르는 메이요 클리닉 건물 로비가 들어설 장소에서 메이요 부부의 둘째 아들이 태어났다. 부부는 아기의 이름을 찰스 호러스라고 지었다. 찰스는 닥터 메이요의 집안에서 가장 선호하는 이름이었고, 호러스는 이전에 죽은 첫아기의 이름이었다.

닥터 메이요는 군의관에서 해임된 뒤 시내 3번가의 자그만 땅을 사들여 아담한 진료소를 짓고 링컨 대통령 흉상으로 장식했다. 그리고 보기 드물게 굵은 활자체로 큼지막하게 몇 글자만 달랑 찍은 광고를 신문에 내고 환자를 받기 시작했다. 누구든 그 광고를 놓칠 수 없었다. 작은 활자체의 경쟁자들 가운데서 단연 돋보였기 때문이다.

닥터 메이요

진료소

미네소타 주 로체스터 3번가

로체스터는 앞으로 전개될 이야기의 중심지다. 역사가 10년밖에 되지 않았고 주민도 3,000명이 채 되지 않았지만 이미 수백 평방마일에 이르는 부유한 농업 지역의 정치, 경제, 사회 중심지로 자리 잡은 로체스터는 세계 최대의 밀 시장 가운데 하나로 급성장하고 있었다.

미시시피 강변의 위노나에서 서쪽으로 느릿느릿 뻗어나가던 철도

닥터 메이요의 가족이 로체스터에 정착한 1864년 로체스터의 풍경. 당시 로체스터는 개척과 발전의 열기가 끓어오르는 부산한 도시였다. 위의 사진에서는 시내 거리가 마차로 가득하다.

1874년 미네소타 주 지도에 세밀화로 실린 닥터 메이요의 집. 1864년 로체스터 시 프랭클린 스트리트에 지은 이 집에서 이듬해 찰스 호러스 메이요(오른쪽 위)가 태어났으며, 닥터 메이요는 신식 현미경을 사기 위해 한동안 이 집을 저당잡히기도 했다. 1914년 이 자리에 4층짜리 메이요 클리닉 단독 건물이 세워졌다.

가 1864년 가을에 마침내 로체스터에 이르렀다. 철도를 따라 양곡기가 설치되면서 이 내륙 도시는 미네소타 중남부의 곡물 창고로 떠올랐다. 매년 사방에서 쏟아져 들어오는 수십만 부셸(1부셸은 약 27킬로그램. 옮긴이)의 밀이 이곳을 거쳐 동쪽으로 실려나갔다.

수확철이면 시내로 들어가는 도로는 입구가 널따란 양곡기에 곡물을 쏟아부으려고 오는 농민들로 장사진을 이루었다. 밀워키와 시카고 상인들의 요청을 받고 밀을 구매하러 나선 중개인들이 시내로 들어가는 입구 곳곳에 모여드는 가운데, 짐마차들이 길을 비켜달라고 소리치며 그 옆을 지나갔다.

농민들은 밀에 미쳐갔다. 그들은 더 많은 땅을 차지하고 더 많은 기계를 사들여 더, 더, 더 많은 밀을 심었다. 자본이 없어도 아랑곳하지 않고 대출을 받아 조달했다. 자연이 은혜를 베풀어 수확량이 많이 나오면 빚을 갚을 수 있을 것 같았기 때문이다. 현명한 사람들이 여기저기서 '이런 한없는 밀 경작'의 위험을 경고했지만 농민들의 주의를 끌지 못했다. 밀 생산은 아찔할 정도로 급증했다.

농민들은 판매자이면서 구매자이기도 했다. 아버지가 시장에 밀을 내가면 함께 간 어머니와 딸은 가게에서 소소한 물품들을 구입했다. 경기가 활황을 맞으면서 이내 로체스터는 가구, 의류, 미국식 세공품, 철물, 농기계 등을 팔고 사는 유통 중심지로 떠올랐다.

로체스터는 사교 생활의 중심지이기도 했다. 지방 법원에 출두하거나 세금을 내기 위해 관청 소재지에 들를 때면 사람들은 술집이나 당구장 또는 무도장을 찾아 여흥을 즐겼다. 휴일이면 시골 사람들이 시가행진, 악대 공연, 연설, 독립기념일 불꽃놀이, 성탄절과 신년맞이 무

1869년에 발행된 로체스터 시 지도. 별(★)과 십자가(✚)는 각각 메이요 클리닉과 세인트메리스 병원의 대략적인 현재 위치를 표시한 것이다.

도회 등 상인들이 마련하는 대중오락 행사에 참석하러 시내로 물 밀듯이 몰려들었다.

　매년 열리는 카운티 박람회에 만족하지 않고 로체스터 주민들은 미니애폴리스와 세인트폴에서 열리는 주 박람회를 몇 배나 능가하는 규모의 부지와 건물과 화젯거리를 마련했다. 그런 행사가 열릴 때면 군중은 수천 명을 넘었고, 방문객들은 교회나 헛간의 짚더미에서 잠을 자면서도 거금을 지불했다.

　로체스터가 흥행사의 천국이라는 소문이 퍼지면서 음악 연주자와 마술사, 서커스와 민스트럴 쇼(백인이 하는 흑인 쇼. 옮긴이)로 구성된 온 갓 순회 극단이 이곳을 찾았다. 유명한 흑인 콘트랄토 블랙 스완(Black Swan)과 노르웨이의 유명한 바이올린 연주자 올레 불(Ole Bull) 같은 공연자의 연주를 들으러 위노나처럼 먼 데서도 사람들이 왔다.

로체스터는 경마 애호가들이 만나는 장소로도 명성을 날렸다. 주에서 가장 시설이 좋은 경마장이 있었기 때문이다. 이 지역의 어느 부유한 사업가가 말 육종장과 마사를 지었고, 우승을 거의 휩쓸다시피 했던 그의 종마 '서부의 별'은 로체스터의 자랑거리 가운데 하나로 떠올랐다. 경마장을 찾는 군중은 거칠고 난폭하기 일쑤였지만 대부분 씀씀이가 컸기 때문에 로체스터는 불평은커녕 오히려 두 팔 벌려 환영했다.

닥터 메이요는 특유의 의욕을 보이며 로체스터의 앞날을 이끌 지도자 자리를 받아들여 지역 사회가 인정하는 유력 인사로 부상했다.

그는 시립 도서관 건립과 도서 확보에 앞장섰다. 또 교육위원회 임원에 선출되어 3년 동안 활동하면서 시 당국을 설득해 주 교육감이 미네소타에서 '가장 규모가 크고 비용이 많이 들었다'고 인정한 학교를 새로 지었다. 그런가 하면 연례 강연회를 기획해 웬들 필립스(Wendell Phillips, 사회 운동가), 호러스 그릴리(Horace Greeley, 《뉴욕 트리뷴》 창간인), '급증하는 여성 운동가들 가운데 가장 훌륭하고 유능한' 애나 E. 디킨슨(Anna E. Dickinson) 같은 유명 인사를 초빙하기도 했다. 그 가운데 군중을 가장 많이 끌어들인 주인공은 여성 운동가였다.

그러나 안타깝게도 닥터 메이요는 적을 만들지 않으면서 이 모든 일을 할 수 있는 인물은 못 됐다.

1870년 봄 공화당원들이 그를 다시 교육위원회 임원 후보로 추대하자 열렬한 교회 신도이자 금주 운동 지도자인 존 에드거(John Edgar)가 이끄는 분파가 불만을 제기하며 그에게 이단이자 음주 옹호자요 민주당 끄나풀이라는 꼬리표를 붙이는 바람에 그만 선거에서 지고 말았다.

선거에서 압승한 민주당 후보 역시 닥터 메이요처럼 금주회 회원도 교회 신도도 아니었기 때문에, 에드거와 그의 일당이 도덕 원칙보다는 사적인 적대감에서 그런 행동을 했다는 비난은 일리가 있어 보인다. 그런데 그들이 닥터 메이요를 공격한 데에는 그럴 만한 특별한 이유가 있었다.

닥터 메이요는 찰스 다윈, 토머스 헉슬리, 허버트 스펜서의 열렬한 추종자였다. 그들의 유물론은 몇몇 교의와 성경을 진지하다 못해 글자 그대로 받아들이는 독실한 신자들에게는 충격이었을 테지만 그에게는 기쁨이요 즐거움이었다. 그는 그들의 책이 출간되기 무섭게 사들였고, 헉슬리의 논문을 친구들에게 큰 소리로 읽어주는가 하면 시시때때로 다윈의 이론을 입에 올리며 옹호했다.

그는 진화론을 당연하게 받아들였다. 젊은 시절에 받은 교육으로 이미 과학에 심취해 있어 교회나 교의에 피상적인 충성 이상은 바쳐본 적이 없었기 때문이다.

"아버지는 감독교회 신도였지만 그렇게 열심이지는 않으셨습니다."

그의 큰아들은 아버지의 종교를 이렇게 요약했다. 닥터 메이요 본인도 비스마르크의 말을 인용해 자신의 입장을 분명하게 밝혔다.

"종교적 신념이 필요하다고 생각한 적이 한 번도 없었기에 어떤 종교도 가져본 적이 없다."

거기에 덧붙여 그는 헉슬리의 인도주의 교의를 그대로 옮겼다.

"나의 종교는 주변 사람들에게 내가 할 수 있는 최선을 다하면서 가능한 한 해를 적게 끼치자는 것이다."

자유로운 사상가이자 스스로 인정한 무신론자였지만 닥터 메이요는 소박하고 정직한 신앙을 높이 사면서 교회가 무엇을 고취하든 개의치 않았다. 그는 프로테스탄트뿐만 아니라 가톨릭교도와도 잘 지냈다. 그는 가톨릭 환자의 병상에서 교구 사제들과 허물없이 편안하게 자리를 같이했고, 신부들과 금세 친해졌다.

도덕이나 관습을 대하는 그의 태도는 정통이라는 기준이 따로 없이 언제나 자유로웠다. 그는 뉴욕의 매춘부들에게든 로체스터의 취객들에게든 돌을 던져본 적이 없었다. 그는 그런 사람들의 허물은 용납할 수 있었지만, 금주와 금연을 외치며 양조업자와 담배 제조업자를 폐업시키려는 못된 선동가들에게는, 그리고 젊은 것들이 부끄러운 줄도 모르고 사람들 많은 데서 버젓이 춤을 추니 마을 꼴이 이 모양이라고 하는 작자들에게는, 간단히 말해 자신의 편견과 잣대를 전체 지역사회에 강요하는 사람들에게는 일말의 관대함도 보이지 않았다.

자신은 담배를 피우지 않았지만 다른 사람들은 피우고 싶다면 얼마든지 피워도 된다고 그는 생각했다. 가끔 위스키를 홀짝였고, 마음이 괴로울 때는 흑맥주 한 잔이 제일 좋은 약이라고 생각했다. 금주를 가르치는 것은 상관없었지만 타협의 여지 없이 법으로까지 금지하는 것에는 반대했다.

그의 반대자들 입을 통해 술집과 위스키 가게를 옹호한다고까지 번진 이러한 견해는 선거 유세에서 그의 발목을 붙잡는 요인으로 작용했다.

카운티와 선거구 차원의 첫 선거 유세가 1870년 가을에 시작됐다.

공화당이 정치 협상을 끝내고 하원의원 후보를 지명할 때쯤 닥터 메이요는 '전당대회에 나가 노예처럼 비굴하게 굽실거리기가 싫어' 곧바로 탈당한 뒤 무소속 후보 지원 유세에 나섰다. 공화당 지도자들이 줄줄이 이러한 결정에 동조해 따라나서자 그는 탈당하길 잘했다고 생각했다.

그러나 막상 대중 앞에 설 때가 되자 지지를 약속했던 사람들이 하나둘씩 떨어져나가고 닥터 메이요 혼자만 남게 됐다. 그래서 그는 민주당에 입당해 전당대회에서 중요한 직책을 맡아 민주당 후보를 지방의회에 내보내는 데 총력을 기울였다.

이 일을 계기로 그는 《르쉬외르 통신》을 편집했던 인디애나 출신의 해리 H. 영과 다시 의기투합했다. 남북전쟁 당시 영은 《뉴욕 타임스》와 《뉴욕 월드》 종군 기자 자격으로 버지니아에서 취재 활동을 벌이기도 했다. 그 후 폐에 문제가 생겨 미네소타에 와서 고치고 돌아갔다가 병이 재발하자 실력이 뛰어나 절대적으로 신뢰하는 닥터 메이요를 또다시 찾아왔다. 닥터 메이요는 그를 서쪽의 트래버스 호수로 보내 겨울을 나게 했고, 그곳 황야에서 건강을 회복한 그는 다시 로체스터로 돌아와 민주당 기관지 《페더럴 유니언》을 편집했다.

영과 닥터 메이요는 그 해 가을의 민주당 선거 유세를 사실상 통째로 위임받아 옴스테드 카운티 곳곳을 발이 부르트도록 누비고 다녔다. 닥터 메이요는 마을 회관이나 사거리의 학교 건물에서 거의 매일 저녁 연설에 나섰다.

두 사람의 노력은 성공으로 결실을 맺었다. 그렇지 않아도 공화당 텃세가 강하기로 유명한 주에서 공화당 표밭으로 둘째가라면 서러운 선거구 옴스테드 카운티가 민주당에 넘어간 것이다. 둘은 이 승리에 뛸 듯이 기뻐하며 로체스터에서 성대한 축하 행사를 열었다. 공화당을 대변하는 신문《로체스터 포스트블러틴》편집인은 당이 걷어찬 인재들이 민주당에 새로운 지역구를 안겨주었다며 비통해했다.

사실 그 선거의 성패를 가름하는 데에는 경제 상황이 인물 됨됨이 못지않게 중요한 비중을 차지했다.

벌써 몇 계절째 악천후가 이어지면서 밀 작황이 엉망이 되는 바람에 농민들은 이듬해 좋은 계절이 돌아와 형편이 풀릴 때까지 파산을 피하려고 동분서주하며 이자가 얼마가 됐든 돈을 빌렸다. 1869년 여름은 혹독했다. 밭을 가는 쟁기와 이듬해 수확물에 이르기까지 가지고 있는 전부를 저당 잡힌 농가도 더러 있었고, 수심 깊은 얼굴로 일터에 나가는 농부와 아낙이 한둘이 아니었다. 올해도 밀농사를 망치면 어쩌나……

그런데 자연이 은혜를 베풀어준 덕분에 풍년이 들었다.

풍년도 너무 대풍년이었다. 전쟁 직후 전성기에 부셸당 2달러가 넘는 선까지 치솟았다가 점차 내리막길을 걸어온 밀 가격은 이제 부셸당 60센트, 50센트, 40센트로 급격히 떨어졌다.

농부가 밀을 재배해서 수확하는 데 60센트 내지 80센트가 들어가건만 40센트라니!

채권자들이 투자금을 회수하려고 부랴부랴 법적 조치를 취하면서 다들 공황 상태에 빠졌다. 로체스터의 신문들을 통해 공지되는 담보

권과 저당물 압류권 설정이 일주일에 50건이 넘었다.

채무자들 대부분은 자신의 곤경을 야기하는 국가적 경제 요인들은 알 수가 없기 때문에 철도 독점과 '밀 매점매석'처럼 절박한 고충에 주목했다.

철도는 로체스터에서 나가는 유일한 운송 수단이었다. 위노나&세인트피터철도회사는 경쟁할 수밖에 없는 곳들에서 발생하는 손실을 만회하기 위해 화물 운송료를 올렸다. 그리고 자영 창고업자들의 화물 수송을 거부함으로써 자기네 양곡기의 독점적 지위를 확보했다. 또 이를 기반으로 자기네 수익을 늘리기 위해 곡물 등급을 부당하게 낮게 판정했다가 비난을 받았다. 농민들은 독점 기업이 내거는 조건대로 곡물을 보관, 판매, 운송하든가, 아니면 밭에서 썩혀야 했다. 농민들은 철도 독점과 밀 매점매석에 속수무책으로 당할 수밖에 없었다.

1870년 봄 밀 가격이 다시 75센트 가까이 오르자 이런 결과를 기대하며 버틴 농가들에서 서둘러 밀을 내놓았다. 그러자 철도 회사는 운임을 부셸당 8센트에서 15센트로 올렸다!

농민들은 너도나도 의분을 토하며 삼삼오오 길모퉁이에 모여 성토 대회를 열었다. 개인으로 흩어져 있으면 무력하지만 집단으로 뭉치면 강해질 수 있다는 자각이 서서히 일기 시작했다. 농민들에게는 투표권이 있었고, '인정머리 없는 기업' 말고 자신들 편을 들어줄 입법자와 행정관을 선출하려면 단결해야 했다.

이때부터 로체스터 인근에서는, 오늘날 역사가들이 '농민 십자군 운동'이라고 일컫는 사회 현상이 일어나기 시작했고, 닥터 메이요는 20년 넘게 그 운동을 앞장서서 이끌었다.

그가 매일 일상에서 만나는 절망과 궁핍은 너무나 지독해서 그로서는 약자 편에 설 수밖에 없었다. 그가 보기엔 맨 위에 있는 사람이 잘못하고 있었다. 따라서 철도 회사, 양곡기 회사, 밀 중개상의 독점 관행에 맞서는 싸움에서 그가 '민중'의 대변자가 된 것은 당연한 일이었다. 그러나 그와 농민들의 노력은 쉽사리 결실을 거두지 못했다.

그런 와중에 로체스터는 밀 가격의 폭락으로 손실이 이만저만 심하지 않았다. 파산하거나 그곳을 떠나는 업체가 속출하면서 시내에는 텅 빈 점포가 즐비했다. 집들도 텅 비었고 대형 포장마차가 또다시 익숙한 풍경이 됐는데, 이번에는 로체스터로 들어오는 포장마차가 아니라 이곳에서 나가는 포장마차가 줄을 이었다. 다코타에서 새로 보금자리를 꾸리려는 사람들이 가족 단위로 줄줄이 떠났다.

불경기는 사방에서 눈에 띄었다. 특히 쿡하우스에서 로체스터의 어려워진 형편이 끊임없이 드러났다.

로체스터가 패기와 의욕으로 넘쳐나던 시절에는 주민들이 말만 호텔이고 실상은 열악하고 좁아터진 여인숙들에 불만을 품고 방문객들에게 로체스터의 부와 위상을 알릴 새로운 숙박 시설이 필요하다고 아우성을 쳐댔다. 결국 은행가 존 R. 쿡(John R. Cook)이 1층에는 점포를 들여놓고 그 위 3개 층에는 호텔 시설을 갖춘 새로운 상가 건립에 나섰다. 시민들은 미네소타 남부 어디에도 이렇게 훌륭하고 규모가 큰 호텔은 없다고 자부하며 흡족한 눈길로 그 건물을 지켜보았다. 도시에 비해 호텔이 너무 클 줄은 아무도 예상하지 못했다.

그러나 이제 그 건물은 경영권을 인수할 만큼 무모한 사람을 찾지 못해 몇몇 점포와 사무실을 제외하고는 텅 비어 버렸다.

로체스터는 전반적으로 호시절을 뒤로 한 채 침울하게 가라앉기만 했다.

그러나 닥터 메이요는 시민들이 분발해서 새로운 일거리를 찾아내 열심히 매달리기만 하면 좋은 시절이 다시 올 것이라고 굳게 확신했다. 그래서 그는 황소 등에 찰싹 달라붙어 성가시게 구는 등에처럼 시의 일이라면 뭐든 발 벗고 나섰다. 그는 남자들이 빈둥거리는 꼴을 가만히 두고 보지 못하고 개선이나 발전을 꾀하라고 다그쳤다.

공화당 텃세가 강한 로체스터에서 정치적으로 줄을 잘못 선 바람에 그 대가로 십 년 넘게 공직에서 멀어져 있다가 1882년 마침내 민주당 후보로 출마해 시장 및 '반독점 국민회의' 지역 대표로 선출되자 그는 이제 상황을 바로잡을 때가 왔다고 확신했다.

그러나 닥터 메이요는 행정가로 성공하는 데 필요한 양보심과 참을성이 턱없이 부족했다. 한마디로 그는 설득하기보다 지시하는 데 적합한 인물이었다. 그 때문에 그는 임기 내내 지방 의회와 갈등을 빚느라 이렇다 할 성과를 하나도 내지 못했다. 당연히 재임에 실패했다.

하지만 1885년 시의회 의원으로 선출되어 4년 동안 시의회에서 활동하며 도시 개량 사업에 목소리를 높였다.

예를 들어 그는 시민들에게 깨끗한 물을 지속적으로 공급하는 상수도를 설치해야 한다고 생각해 강한 반대를 무릅쓰면서 몇 달 넘게 그 문제를 물고 늘어졌다. 결국 시의회가 민간 기업에 영업권을 허가하자 닥터 메이요는 쾌재를 불렀다. 그러나 몇몇 시민은 수도를 놓는다는 생각에 여전히 반감을 드러내며 새로 상수도용 우물을 파던 인부들 사이에 일사병이 돌자 천벌을 받아 그런 것이라고 쑤군댔다.

일각에서 전지전능한 하느님이 도시의 수도 사업을 그토록 격렬하게 반대한다고 생각했던 이유는 알 길이 없지만 닥터 메이요는 인부들이 마시는 식수 양동이마다 오트밀을 한 컵씩 타라고 지시했고, 그 덕분인지 아닌지 어쨌든 일사병이 가라앉았다.

그는 하수도, 가스 공장, 발전소, 공원을 짓기 위해서도 힘든 싸움을 전개했다. 그중에서도 공원을 조성하는 일에 특히 공을 들였다. 그는 칼리지 스트리트에 노반을 증설해서 줌브로 강 지류의 하나인 베어크리크의 물을 가두고 싶어했다. 그런 식으로 둑을 만들면 줌브로 강이 홍수가 질 때마다 칼리지 스트리트를 보수하느라 들어가는 비용을 절약할 수 있을 뿐만 아니라 밋밋하기만 한 베어크리크 주변의 평지를 아름다운 호숫가를 낀 공원으로 변모시킬 수 있다고 판단했기 때문이다. 도시 거의 한복판을 차지하고 있는 평지는 쓰레기장과 목초지 말고는 아무 짝에도 쓸모가 없었다.

이러한 계획은 결국 모두 실현됐고 여기저기서 그를 칭찬하는 목소리가 들렸다. 하지만 시작 단계에서는 매번 지독한 반대에 부딪혔다.

바쁜 시정 업무에도 불구하고 닥터 메이요의 활력은 식을 줄을 몰랐다. 그는 계속해서 지역 정치에 관여했다. 그러는 내내 민주당에 적을 두고 활동했지만, 선거철이면 어김없이 개혁 공약을 내걸고 등장했다가 곧 사라지는 하루살이 단체들과도 활발하게 제휴했다.

옴스테드 카운티의 식자치고 공익 문제에 대한 닥터 메이요의 입장을 모르는 사람이 없었다. 중요한 문제가 있다 싶으면 그는 사람들 앞에 나가 자신의 견해를 피력했다. 독립기념일이나 현충일에 거리로 나온 군중이든, 프랑스와의 전쟁에서 승리를 거둔 조국의 승리를 기넘하기 위해 폭죽을 터뜨리며 시가행진을 벌이는 독일계 주민이든, 아일랜드의 대기근을 한탄하기 위해 모인 아일랜드계 주민이든, 그가 직접 소집한 노동자든, 아니면 농민이나 일반 시민이든, 사람들이 모이는 곳이면 때와 장소를 가리지 않고 찾아가 연설을 했다. 그뿐만 아니라 매년 가을마다 돌아오는 선거 유세 기간이면 거의 빼놓지 않고 해당 선거구는 물론이고 때때로 지역 전체를 샅샅이 훑으며 순회 연설에 나섰다.

그의 연설 내용은 대부분 그가 신문사에 수시로 보내는 편지와, 시의회나 상공회의소에 제출하는 보고서와 함께 신문 지면을 오르내렸다. 게다가 놀라울 만큼 주제가 다양했던 그런 편지와 보고서는 다양한 주제 못지않게 놀라울 만큼 작은 글씨체로 빈틈 하나 없이 글자가 빼곡했다.

상황이 이렇다 보니 1880년대 후반 들어 닥터 메이요가 민주당 후보로 주 하원의원이나 상원의원에 출마할 때마다 《페더럴 유니언》은 그에 대해 뭐라고 해야 좋을지 몰라 쩔쩔맸다. 다들 닥터 메이요를 잘 알았고, 다들 그가 무엇을 옹호하는지 잘 알았기 때문이다. 유권자들은 그를 지지해 그에게 표를 주는 층 아니면 그에게 반대해 표를 주지 않는 층으로 확연하게 갈렸다.

점점 많은 사람들이 그를 지지하며 표를 몰아주었다. 그 결과 1886년에는 겨우 200표 차이로 선거에서 진 데 이어 1888년에는 단 한 표 차이로 고배를 마셨다.

1889년 가을에 농민연맹이 제3정당으로 정치판에 뛰어들자 이듬해 봄에 닥터 메이요는 연맹 지부에 가입했다. 당시 그는 다시 농사를 짓고 있어 자신만 한 적임자는 없다고 생각했다. 1875년 그는 로체스터 외곽에 있는 농장을 사들인 뒤 이듬해에 가족과 함께 그리로 가서 여름 몇 달을 지냈다. 《로체스터 포스트블러틴》의 한 기자는 닥터 메이요의 새로운 터전을 다음과 같이 묘사했다.

35에이커를 품은 닥터 메이요의 농장은……

양버들이 젊음을 뽐내듯 무성한 가지를 드리우며 양쪽으로 즐비하게 늘어서 있어 기분이 상쾌해지는 진입로를 지나 큰길에서 110야드쯤 가면 나오는 언덕에 자리하고 있다. 이곳에 올라서면 아름답고 장엄한 도시 전경과 줌브로 계곡과 깎아지른 듯한 절벽 외에 저 멀리 펼쳐진 대초원까지 한눈에 내려다보인다.

지금 닥터 메이요는 널찍하고 우아한 2층집을 짓는 중이다. 공사가 끝나면 이 도시에서 가장 편리하고 위풍당당한 집이 모습을 드러낼 것이다. 새로 짓는 건물의 눈에 띄는 특징으로는 밖으로 튀어나온 큼지막한 창 두 개와 [메이요 부인이 천체를 관측할 수 있도록] 꼭대기에 마련한 높이 50피트가량의 관측대를 들 수 있다.

닥터 메이요는 순종 암소와 혈통 좋은 돼지를 골라내는 안목이 뛰어난 데다 아름다운 깃털과 끊임없이 구구거리는 소리로 눈과 귀를 즐겁게 해주는 영국산 비둘기를 대량으로 키우고 있다.

닥터 메이요는 부업에 진지하게 임했다. 실질적인 농장 일을 하는 사람을 따로 두고 있었지만 그는 농장을 손수 관리하면서 농기계와 가축 품종 개량에 큰 관심을 보였다.

1890년 8월 지역 농민연맹이 닥터 메이요를 4년 임기의 주 상원의원 후보로 지명했고, 두 달 뒤 민주당은 연맹이 내세운 후보들을 승인했다. 이번에는 닥터 메이요가 당선됐다.

하지만 그는 주 상원의원으로서 눈길을 끄는 성과를 전혀 내지 못한 채, 입법부가 해야 할 일을 막연히 입으로만 떠드는 것보다 직접 그곳에 들어가 일하는 것이 훨씬 더 어렵다는 사실만 깨닫게 됐다. 그는 몇몇 중요한 위원회에서 활동하며 지역민을 위해 몇 가지 특별 법안을 통과시켰지만 그 가운데 주 의회에서 법으로 가결된 법안은 하나도 없었다.

그래도 농민들이 그토록 오래 불평해온 불공정한 곡물 등급 판정 관행을 마침내 없앤 법률 제정에 참여해 결실을 보게 되자 크게 기뻐했다.

닥터 메이요는 일흔넷의 나이에 주 상원의원 직에서 은퇴한 뒤 정치 일선에서 완전히 물러났다. 그래도 십 년 넘게 민주당 지역위원회 명예 고문을 지냈다. 그는 발전하는 정치 상황과 보조를 맞추며 확신이 가는 현안이나 후보가 있으면 언제든 적극적으로 지지했다.

4장

마차 타고 왕진 다니는 의사

　정계에 몸담고 있을 때도 닥터 메이요는 중요한 선거 유세 기간에만 본업인 의사 일에 소홀했다. 깡마르고 왜소한 체구에서 쉴 새 없이 뿜어나오는 활력에 그의 친구들은 고개를 절레절레 흔들며 경탄했다. 그는 평생 두 가지 일을 병행하며 양쪽 모두에서 진전을 이루었다.

　그가 로체스터에서 진료를 시작했을 때는 르쉬외르에서 닥터 아여에게 받았던 것 같은 푸대접이 전혀 없었다. 이곳에는 의사 몇 명은 거뜬히 먹여 살릴 만큼 환자가 많았기 때문이다. 사람들이 서로 활발하게 교류하며 즐거움을 추구하는 곳에서는 의사도 할 일이 많기 마련이다. 이 무렵 로체스터는 이미 꽤 큰 카운티의 의료 중심지였다.

　로체스터에는 [진료소나 의원이 아니라] 병원이라고 불러도 될 만한 시설까지 있었다. 형제지간인 닥터 에드윈 C. 크로스(Edwin C. Cross)와 닥터 엘리샤 W. 크로스(Elisha W. Cross)가 운영하는 로체스터 병원이 바로 그런 곳이었다.

명문 의대를 나와 진료 경력이 10년이나 되는 형 에드윈은 1858년 정착하기에 적당한 곳을 찾아 버몬트 주에서 무작정 서쪽으로 걸음을 옮겼다. 그러다 로체스터에 자리를 잡았고, 2년 만에 너무 바빠져 역시 좋은 교육을 받고 경험이 많은 동생 엘리샤를 불러들였다. 3년 뒤 형제의 병원은 미네소타 남부에서 가장 큰 규모를 자랑하기에 이르렀다.

형제는 낡은 식료품 가게를 사들여 병원으로 개조한 뒤 동종요법과 수치요법에 필요한 갖가지 시설을 들여놓았다. '샤워실, 전신욕실, 반신욕실, 좌욕실을 비롯해 질병 치료에 필요한 각종 욕실'을 갖추었다. 이 밖에도 약장에 동종요법사가 질병에 맞서 무기로 사용하는 흰색 환약 서른네 가지를 비치해놓고 하나씩 또는 이것저것 섞어 조제했다.

숱하게 내보낸 광고에서 크로스 형제는 옴스테드와 그 인근 카운티들을 비롯해 '멀리서 오는 환자들'이 많다는 점을 특히 강조했다. 다리가 부러지거나 두개골에 금이 가서 동네 의사에게 보였다가 고치지 못하면 사람들은 크로스 형제의 병원을 찾았다.

닥터 에드윈 C. 크로스는 커다란 덩치와 짙은 갈색 머리칼에 얼굴이 험상궂은 사람이었다. 힘 좋은 검은색 말을 타고 로체스터 거리를 지나갈 때면 구부정하게 수그린 어깨가 머리와 거의 맞닿다시피 해서 아이들은 그를 "원숭이 크로스"라고 불렀다. 환자들, 특히 임산부는 거칠고 퉁명스러운 그를 무서워하면서도 그를 찾았다.

세상을 떠날 때까지 "영계 의사 크로스"로 통했던 닥터 엘리샤 W. 크로스 역시 체구가 크고 의사로서 비슷한 실력을 갖추고 있었지만 형보다 붙임성이 있어 그런지 확실히 덜 위압적이었다.

크로스 형제가 어떤 진료 방법을 고수하든 지역 사회 안에서 그들이 차지하는 위상에는 아무런 상관이 없었다. 의사들이나 서로 다른 의학 분파를 구분했을 뿐이다. 일반인에게 의사는 다 같은 의사였고, 중요한 것은 어떤 의술을 적용하느냐가 아니라 실력과 성품이었다. 사실 환자들은 사혈을 과도하게 하고 토제와 하제를 지나치게 처방하는 정규 의학보다 동종요법사의 차분한 처치와 수치요법사의 상쾌한 물 치료를 선호했다.

그런데 1866년 닥터 엘리샤 W. 크로스가 동종요법사 간판을 내걸고는 더 이상 일하지 않겠다고 선언하고 형과의 동업 관계를 파기했다. 몇 년 뒤 에드윈도 정규 의학의 품으로 돌아가 이내 지역과 주 의학회의 지도자로 떠올랐다. 그 뒤 형제는 1870년대 중반까지 동업 관계를 재개해 같이 일했다 따로 일했다를 반복하며 로체스터에서 가장 바쁘고 부유한 의사로 계속 자리를 지켰다.

닥터 메이요는 싹싹한 성격의 엘리샤와는 아주 잘 지냈지만 에드윈과는 그러지 못했다. 처음부터 두 사람은 시정 문제와 정치 문제에서 사사건건 의견이 달랐다. 닥터 에드윈 C. 크로스 같은 사람이 보기에 닥터 메이요는 무일푼에다 급진적인 생각으로 남에게 폐를 끼치기나 할 뿐 현실에는 도무지 관심이 없는 몽상가였다. 그런가 하면 닥터 메이요는 닥터 에드윈 C. 크로스를 의사의 본분을 망각하고 돈벌이에 혈안이 되어 있는 사람이라고 생각했다.

닥터 메이요의 취향에는 징병위원회에서 그의 수술 보조로 일했던 닥터 헥터 갤러웨이가 좀더 맞았다. 엄청나게 뚱뚱했던 그는 동작이

굼뜨고 생각이 느렸다. 언젠가 메이요 부인은 남편이 집을 비운 사이 몸이 좋지 않아 닥터 갤러웨이를 불렀다. 그는 그녀의 침상 옆에 앉아 한참을 고심했다. 이 병인가, 아니면 저 병인가. 이 약이 도움이 되려나, 아니야, 다른 약이 더 나을지 몰라.

메이요 부인은 결국 인내심을 잃고 이렇게 말했다.

"선생님, 지금 제 낡은 헝겊 가방처럼 구시는 거 아세요! 워낙 잡동사니가 많이 들어 있어서 뭐 하나 찾으려고 하면 시간을 엄청나게 많이 잡아먹는 제 가방 말예요."

나중에 그녀는 한 친구에게 닥터 갤러웨이가 검진을 어떻게 시작하면 좋을지 결정하느라 들인 시간이면 닥터 메이요는 약까지 처방했을 것이라고 토로했다. 그래도 닥터 갤러웨이는 든든하고 믿을 만해서, 조언이 필요할 때 닥터 메이요는 주로 그에게 의견을 물었다.

로체스터에는 환자가 많다 보니 지역 의사들이 그들을 다 돌볼 수가 없었다. 그래서 이 마을 저 마을 돌아다니며 한 곳당 며칠이나 몇 주씩 머물다 아무 효과도 없는 만병통치약과 엉터리 충고와 좌절당한 희망의 흔적만 남기고 떠나는 떠돌이 돌팔이 의사들에게 로체스터는 확실히 꿀단지였다.

1868년 크리스마스 연휴 기간에 이런 사람 셋이 동시에 로체스터와 인근 시골의 지갑 공략에 나섰다. 닥터 밸로라는 심령 치료사와 닥터 듀발이라는 '자연 치료사', 닥터 존스라는 시카고 출신의 안과 의사 겸 기 치료사가 그들이었다.

닥터 밸로와 닥터 존스는 재수 없게도 도구나 약을 일절 사용하지 않고 열 살 때부터 저절로 생긴 치유력으로 병을 고치는 '서부 치료

연구소'의 닥터 윌리엄 P. 듀발과 경쟁해야 했다. 그의 말에 따르면, 환자가 몇 분 동안 그를 보며 앉아 있기만 하면 통증과 병이 말끔히 사라지지만 이런 유익한 효과가 나타나자면 몇 주가 걸릴 수도 있었다. 재봉사와 브래들리 하우스 주인 같은 마을 유지들이 닥터 듀발에게 치료받고 병이 기적처럼 싹 나았다고 하자 로체스터 주민들은 확신에 차서 마음과 지갑을 열었다. 풍성하게 출렁이는 머리채, 감성이 풍부한

19세기 중반부터 서부 개척지에서는 위와 같이 작은 약병에 담겨 세트로 판매된 동종요법 약들이 유행했다. 이 약들은 가정에서 직접 사용하기도 하고 의사가 처방하기도 했다.

두 눈, 따스하고 부드러운 목소리의 이 치료사는 누가 보아도 성자가 틀림없었다.

거리에서 몇 주 동안 수지맞는 장사를 한 뒤 닥터 듀발은 다른 곳으로 떠났지만 로체스터 주민들은 지방 신문에 오르내리는 그의 행적을 열심히 뒤쫓았다. 곧이어 그가 사랑스러운 아가씨를 아내로 맞이했다는 말이 돌았지만 6주 뒤 그녀가 사망했다는 슬픈 소식이 들려왔다. 아내를 잃다니, 가엾은 남자!

그런데 그러고 나서 잇달아 진실이 드러났다. 도무지 사인을 알 수 없어 듀발 부인의 시신을 부검했더니 치사량에 이르는 스트리크닌이 나왔고 의사인 남편이 용의자로 떠올랐다. 알고 보니 그는 닥터 듀발도 아니었다. 뉴저지 주 뉴어크 출신의 일반인(비의료인)인 윌리엄 포트일 뿐이었고 그의 전처 세 명 모두 똑같이 의심스러운 정황 속에서 사

망했다.

포트가 살인죄로 무기 징역을 선고받고 수감되자 로체스터의 신문들은 그 즉시 성토에 나섰다. 천하의 사기꾼! 그가 "아무 의미도 없는 의식"으로 "순진한 사람들을 꼬드겨…… 애써 번 돈을 강탈해간" 생각을 하면 치가 떨렸다.

듀발 같은 사람들의 눈에 띄는 특징은 하나같이 만성 질환을 강조했다는 점이다. 그런 사람들은 위중하지 않지만 오래도록 끈질기게 따라다니는 병, 좀더 정확히 말하자면 정직한 의사의 지식과 기술로는 아직까지 아무 효과를 보지 못한 병에 주로 주목했다. 돌팔이들은 아무런 효과도 없이 의사의 진료실을 드나들다 지친 환자들이 많은 곳일수록 수입을 올리기 쉽다는 점을 재빨리 간파했다. 결국 이런 환자들은 점점 늘어만 갔다. 훗날 메이요 형제는 효과적인 외과술을 개발해 이런 환자들을 치료해나갔다.

닥터 메이요는 점잖고 친절하고 배려심도 많았지만 스스럼없이 친해질 수 있는 사람은 아니었다. 대부분은 그를 "메이요"라고 불렀고 간혹 "윌리엄"이라고 부르는 사람도 몇몇 있었지만 '윌'이나 '빌'이라고 부르는 사람은 그의 아내까지 포함해 아무도 없었다.

이런 내적 강박감은 의사 윤리 강령에서 한 치도 어긋나지 않은 행동뿐만 아니라 옷차림에서도 드러났다. 그는 사람들 앞에 나설 때마다 단추가 두 줄로 달린 기다란 외투를 걸치고 높은 중절모를 썼다. 이런 차림은 그가 자랑스럽게 여기는 직업의 상징이었다.

닥터 메이요가 복장을 갖춰 입고 '서둘러 어딘가로 가는' 모습은 로체스터의 낯익은 풍경 중 하나로 자리 잡았다. 그는 시내로 왕진을 나갈 때면 늘 걸어다녔다. 집에서 기르는 네댓 마리의 말은 시골 왕진용이었고 간혹 부득이한 경우 말 대여소에서 다른 말을 빌려 타기도 했다. 그는 로체스터에서 사방으로 부챗살처럼 뻗은 도로란 도로는 거의 빠짐없이 매일 지나다녔다. 왕진 일정을 다 소화하자면 하루에도 몇 번씩 이쪽 길로 마차를 몰고 나갔

왕진 때 타고 다니던 마차 옆에 서 있는 닥터 메이요.

다가 돌아와 말을 바꿔 매고 저쪽 도로로 몰고 나갔다가 돌아와 다시 바꿔 매기를 반복해야 했다. 그렇다 보니 늘 미친 듯이 마차를 몰았다.

몹시도 추운 어느 겨울날 로체스터의 전도유망한 변호사 버트 W. 이튼(Burt W. Eaton)은 서둘러 이웃 마을에 갈 일이 생겼다. 그는 마부까지 딸린 마차를 대여해 머리끝부터 발끝까지 모피로 꽁꽁 싸매고는 길을 나섰다. 얼마쯤 갔을까, 갑자기 뒤에서 말발굽 소리와 희미하게 이랴, 이랴 하는 소리가 들려왔다. 이튼이 타고 있던 마차가 도로 옆 눈더미에 처박히나 싶은 순간 닥터 메이요가 손을 흔들어 사과 인사를 건네며 급히 지나갔다.

마부와 함께 눈더미를 헤치고 마차를 끌어올리며 이튼은 불같이 화를 냈다. 나는 뭐 의사만큼 중요하지 않은가? 나는 뭐 의사만큼 바쁘지 않은가? 그러나 마부는 로체스터의 마차 대여업자들은 늘 닥터 메이요에게 우선통행권을 준다고 설명했다. 어쨌든 그는 환자를 보러

왕진 가고 있으므로. 마차 대여업자라면 누구나 그의 목소리를 알았고, 그의 고함 소리가 들려올 때마다 그가 지나가도록 서둘러 길을 비켜주었다.

닥터 메이요의 좌우명은 "사람 목숨이 경각에 달렸을 때는 말을 아끼지 말라"였다. 그런데 그는 자신의 목숨도 아끼지 않았다. 그는 마차 모는 것을 즐겼고 좋은 말을 사랑했다. 말뚝에 매어놓지 않아도 그 자리에 얌전히 서 있는 순한 말은 그에게 필요하지 않았다. 그는 활기 넘치고 박력 있는 말을 원했고, 그래서 늘 아무도 다루지 못하는 야생마를 데려왔다. 그런 말들은 '배짱'이 있어 어디든 갈 수 있었고, 그는 그런 말들을 대개 잘 다루었다. 언제나가 아니라 대개는.

하이포리스트로 왕진을 가던 날 아침 최악의 사고가 발생했다. 말 두 마리는 겁이 나 있었고, 그는 부주의했다. 말들이 멋대로 내달리기 시작했다. 말들이 통제를 벗어났다는 사실을 깨닫고 그는 장애물이 나오면 멈춰 서겠거니 생각하며 숲 쪽으로 말을 몰았지만 녀석들은 나무를 요리조리 피해가며 계속 달렸다. 마차가 나무와 충돌하면서 닥터 메이요는 진흙받이에 부딪쳐 비록 잠깐이었지만 까무룩 정신을 잃고 말았다.

의식을 차려보니 코피를 심하게 흘리고 있었지만 다른 데는 다치지 않은 듯했다. 근처에서 일하고 있던 몇몇의 도움을 받아 그는 말들과 부서진 마차를 농장으로 끌고왔다. 얼굴에 묻은 피를 닦아내기가 무섭게 그는 말 두 마리를 다른 마차에 묶고 다시 하이포리스트로 출발했다. 정오가 조금 지나 집으로 돌아와 코를 살펴보니 뼈가 부러져 있었다. 그는 직접 뼈를 고정한 뒤 계속해서 왕진 일정을 소화했다.

그는 담력이 부족했던 적이 한 번도 없었다. 아랫입술에 종기가 나자 그는 석 달가량 주의 깊게 지켜보다가 암종인 것 같아 제거하기로 했다. 각종 도구와 바늘을 준비해놓고 위스키를 한 모금 들이켠 뒤 거울 앞에 앉아 조수에게 입술의 그 부위를 삼각형 모양으로 절개하라고 지시했다. 그 광경을 지켜본 어린 찰리는 아버지가 비명을 질렀다고 기억했지만 그는 손수 지혈을 하고 입술을 봉합했다.

그는 환자를 치료할 때도 대담했다. 하루는 그레인저 농장으로 왕진을 나갔는데, 그 집 어린 아들 조지 W. 그레인저(George W. Granger)가 어른들 틈에서 어슬렁거리는 모습을 보고 재미있는 질문을 하나 던졌다. 아이의 대답을 듣고 닥터 메이요는 문득 드는 생각이 있었다.

"저런, 말이 잘 안 나오네. 이리 온, 조지."

그는 이렇게 소리치며 손을 주머니로 가져갔다.

아이는 아무 의심 없이 닥터 메이요의 무릎으로 기어올라 얌전히 입을 벌렸다. 눈 깜짝할 사이에 그는 주머니에 늘 넣고 다니는 조그만 가위로 혀 밑의 막을 싹둑 잘랐다. 혀가 아물자 조지는 여느 아이들처럼 말을 잘할 수 있었다. 조지는 자라서 변호사와 판사를 거쳐 메이요 집안의 법률 고문이 됐다.

닥터 메이요가 환자들에게서 알아낸 병력은 오늘날의 수련의가 생각하는 병력과는 많이 달랐다. 말년에 그는 의사들이 너무 세세한 부분까지 파고드느라 정작 중요한 증상은 놓치는 경향을 질타했다. 예를 들어 그는 환자가 장에서 피를 흘리면 병력을 알려고는 했지만 환자의 증조모가 어떻게 죽었는지까지 물어볼 필요는 없다고 생각했다.

병력을 수집해두면 질병의 통계 연구에 귀중한 자료가 된다는 생각이 아직 보편화되지 않은 시절이었다. 당시만 해도 환자의 이름, 질환, 부과된 비용 정도만 기록하는 것이 통례였다. 그런데 닥터 메이요는 때때로 진료 과정을 검토할 필요성을 느끼고 환자의 사례를 자세히 기록하기도 했다.

1866년 새해를 맞이해 그는 앞으로는 중요한 사례를 기록하기로 마음먹었다. 그에게는 아내가 모자 가게를 할 때 사용하던 낡은 회계 장부가 손에 익어 편리했다. 이전까지 닥터 메이요는 장부의 다 쓴 면들을 모아 구멍을 뚫어서 분홍색 끈으로 한 장 한 장 꿰어 묶어놓고는 남은 장부에다 다 읽은 책이나 신문 기사를 필사해왔다.

그 장부에는 윌리엄 휘티 홀(William Whitty Hall)의 《건강 저널》 기사 가운데 회색 눈동자의 아름다움을 다룬 기사도 있었고, 매사추세츠 주 덕스베리에 있는 한 학교의 보고서에서 인용한 '교실은 흥미로워야 한다'는 제목의 기사도 있었다. 닥터 메이요는 에드워드 에버렛(Edward Everett)의 농업에 관한 글 몇 편이 끝난 곳에서부터 진료 일지를 쓰기 시작했다.

1866년의 첫 결심은 1월 14일까지밖에 이어지지 않았지만 1867년 1월 1일 그는 다시 마음을 굳게 먹고 1월 18일까지 계속 써 내려갔다. 1868년에는 아무것도 쓰지 않았다. 한때 로체스터에서 규모가 크기로 손꼽혔던 약국 한 곳을 공동으로 인수해 새로 사업을 벌이느라 바빴기 때문이다. 그러고 나서 일 년 뒤에는 동업 관계를 청산하느라 또 바빴다. 그래서 그의 굳은 결심은 펜으로 쓴 12건의 진료 기록만 남겼을 뿐이다.

이 기록들은 관련 자료를 가늘고 길게 오려 붙이는 오늘날의 형식과는 많이 달랐다. 그는 잡담까지 포함해 환자와 의사가 주고받은 이야기는 뭐든 자세히 기록했다.

10월에 옥타비아 그레이라는 아이가 말에서 떨어졌다. 부모는 집에서 3개월 동안 치료하다 아이를 닥터 메이요에게 데려왔다. 아이는 얼굴 한쪽이 마비되어 있었다. 닥터 메이요는 부모에게 갈바니 전지를 사용해보고 차도가 없으면 다시 오라고 말했다. 일지에서 그는 당황했다고 고백했다.

"알 수가 없네, 어딜 다쳤지?"

그는 이렇게 쓴 뒤 모든 가능성을 따져보았다. 하지만 역시 오리무중이었다.

그 다음엔 결핵성 뇌막염에 걸린 아홉 살 난 아이의 경과를 매일매일 지켜보며 작성한 기록이 몇 쪽에 걸쳐 나온다. 최선을 다했지만 환자가 사망하자 닥터 메이요는 사례를 되짚어보며 진료 과정을 상세히 적었다. 다른 방법을 썼더라면 결과가 달라졌을까?

사흘 동안 소변정체로 고생했다는, 록델에서 온 환자 존슨의 경우도 당황스럽기는 마찬가지였다. 닥터 메이요는 확신에 차서 도뇨관을 삽입했다. 아무 효과가 없었다. 관이 막혔을까? 아니었다. 그렇다면 뭐가 문제였을까?

딱딱하게 굳어 배뇨 장애를 야기하는 고름 덩어리를 밀어내려면 흡입력이 강한 관이 필요했다. 4온스(약 113그램)가 넘는 고름 덩어리에 이어 1리터가 넘는 탁한 핏빛 오줌을 제거하자 환자는 훨씬 편안해졌고 닥터 메이요는 집으로 돌아왔다.

일지에 그는 당시의 당혹스러웠던 심정을 털어놓았다. 고름은 왜 생겼을까? 농양은 어디에 있었고, 원인은 무엇이었을까?

"노르웨이 사람들이라 영어를 거의 알아듣지 못했고, 특히 환자는 하나도 알아듣지 못했다. 환자의 병력에 대해 수집할 수 있는 것이라고는 8주가량 앓아누워 있었다는 점밖에 없었다."

그는 모든 가능성을 따져봤지만 만족스런 결론에 이르지 못했다. 그래서 결국 이렇게 끝냈다.

"좀더 생각하고 연구하는 수밖에."

"좀더 생각하고 연구하는 수밖에"라는 대목에서 그의 마음은 미래와 대화를 나누고 있었다. 닥터 메이요는 철저한 경험주의자였다. 그는 체온계와 조잡한 목재 청진기, 그리고 하나밖에 없었지만 쓸모는 많았던 절개 도구를 사용했고 검사 때마다 소변 분석을 빼놓지 않았다. 침상 옆 등잔 빛이나 촛불에 의지해 차 수저에 오줌을 몇 방울 떨어뜨려 끓인 뒤 가방에 늘 넣고 다니는 시약으로 당과 단백질 농도를 측정했다. 그러고 나서 나중에 사무실에 돌아와 좀더 정밀하게 분석했다.

이처럼 빈약하기 짝이 없는 과학의 도움을 제외하면 그와 그의 동료 의사들은 오로지 오감에 의지해 환자의 병명을 알아맞혀야 했다. 그런 상황에서도 높은 수준의 임상 관찰과 진단 기술을 개발했다니 의사들을 칭찬하지 않을 수 없다. 증상을 알아보는 감각과, 환자의 눈이나 혀나 피부에 남아 있는 생리적 단서를 놀라울 만큼 정확하게 해석해내는 지적 능력이 경험을 통해 단련됐다.

문제는 그들 가운데 대다수가 개선의 필요성이나 의지를 전혀 느

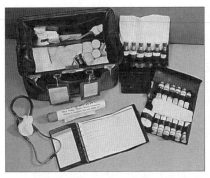

닥터 메이요가 초기에 사용한 왕진 가방. 가방 안에는 청진기와 각종 시약, 간단한 수술 및 처치 도구와 수첩 등이 들어 있었다.

닥터 메이요가 초기에 사용한 현미경. 비록 낡고 배율이 낮긴 했지만 그는 이 현미경을 진단과 연구에 최대한 이용했다.

끼지 못했다는 점이다. 닥터 메이요는 그런 무리에 속하지 않았다. 교통수단이나 의사소통, 농사일에서 진보를 꾀했듯이 의학에서도 그는 진보를 모색했다.

당국이나 유족들의 허락을 구할 수 있을 때면 그는 사후 부검을 통해 사인을 확인했고, 병리학 샘플을 채취해 현미경으로 관찰했다. 그가 사용한 현미경은 오래되고 배율도 낮아서 하루가 다르게 고물이 되어 갔지만 수술 중이나 사후에 떼어낸 병든 조직을 연구하려는 노력만으로도 그는 미네소타 개업의들 사이에서 단연 두드러지는 존재였다.

화학 분석에 대한 열정 또한 식지 않아 그는 사무실 한쪽 구석이나 뒷방에 늘 실험실을 차려놓았다.

이러한 성향이 있었기에 그는 1869년 세인트폴의 몇몇 의사들이 침체된 주 의학계에 활력을 불어넣으려고 나섰을 때 열심히 동참했다. 그는 그들이 소집한 회의에 참석했을 뿐만 아니라 새로 발족한 미네소타 주 의학회에도 가입했다. 그때 이후로 이 단체는 미네소타 의학계의 중추 역할을 해왔다. 십 년 넘게 닥터 메이요는 의사로서 주 의학계를 이끌었고 그 뒤 십 년은 또 원로 정치인 신분으로 자문 역할을 했다.

주 의학회 가입은 의무 조항도 아니었던 데다 회원이라고 해서 무슨 특권이나 혜택이 주어지는 것도 아니었기 때문에 의욕적인 의사들만 가입해 활동했다. 닥터 메이요는 그곳에서 흥미로운 동료 몇 명을 만났다.

위노나 지역 의사들의 스승인 닥터 프랭클린 R. 스테이플스(Franklin R. Staples)도 그중 한 명이었다. 그는 1871년 주 의학회 회장, 1877년 미국의학협회 부회장을 지낸 데 이어 주 보건위원회 위원장으로 15년, 미네소타 주 최초의 의료법에 따라 신설된 의료 시설 감독관으로 5년을 재임했다.

의학회에서 가장 유능하고 과학 정신이 가장 투철한 인물은 레드윙 지역의 닥터 찰스 N. 휴잇(Charles N. Hewitt)이었다. 침착하고 진지하면서 오로지 의학만 생각했던 그는 외과 의사로서 미네소타의 공중보건을 개선하는 사업에 평생을 바쳤다.

닥터 메이요에게 가장 큰 영향을 미친 사람은 뭐니 뭐니 해도 얼마 전 세인트폴에서 스틸워터로 이사한 사근사근한 성격의 닥터 알렉산더 J. 스톤(Alexander J. Stone)이었다. 닥터 메이요처럼 개척 정신이 강했던 그는 미네소타 최초의 의학 잡지와 세인트폴 최초의 의과대학을 설립해 훗날 의학계를 대표하는 학술지 발행인 겸 교육자로 이름을 날렸다. 동료 의사들은 개인적으로는 그를 좋아했지만 의학회 초창기에는 그중 상당수가 꼴사납게도 하필이면 부인병의 새로운 치료 방법 모색과 이론 확립에 열정을 불태우는 그의 모습에 고개를 절레절레 흔들었다.

그런 사람들이 정기적으로 벌이는 '지성의 격돌'은 닥터 메이요에게 일상의 따분함에서 벗어나 사고를 일신하는 기회가 됐다. 그런 모임에 참석하면서 의사로서 명성을 얻고 싶다는 욕심과 더불어 소명 의식과 자부심도 더욱 깊어졌다.

이 시절에도 의료 과실은 큰 문제였다. 의사가 최선을 다하더라도 골절 때문에 기형이 생기기도 하고 팔다리를 절단해야 하기도 했다. 그런 경우 환자는 언제라도 의료 과실로 의사를 고소할 준비가 되어 있는 변호사를 찾아갈 수 있었고, 판사는 십중팔구 불가피한 상황이었을 수 있다는 점은 고려하지 않고 기형이나 잘려나간 팔다리만 보고 배상하라는 판결을 내렸다.

과실 혐의를 뒷받침하기 위해 증인으로 부른 다른 의사가 '그랬을 리 없다'는 뜻을 비치면 "어련하겠어?"라는 여론이 일었다. 이 문제와 관련해 의사들은 혼자 고군분투할 작정이 아니라면 여럿이서 똘똘 뭉쳐야 했다.

닥터 메이요는 이런 문제를 마음에 새기고 있다가 우연히 접한 의료 소송에서 자신의 소신에 따라 행동했다.

피고는 닥터 에드윈 C. 크로스였다. 소장에는 피고가 원고의 부러진 팔을 치료하면서 붕대와 부목을 너무 단단히 동여매는 바람에 혈액 순환에 문제가 생겨 괴저가 진행됐고, 그래서 결국 다친 팔을 절단할 수밖에 없었다고 적혀 있었다.

닥터 메이요는 피고 편에 서서 팔이 부러져 동맥이 함께 손상되면 부목을 대지 않더라도 혈액 공급이 제대로 이루어지지 않는다는 의견을 내놓았다. 증인석에서 그는 이 의견을 고수했고, 위노나의 닥터 스테이플스를 비롯해 그 지역의 다른 저명한 의사들까지 합세한 결과 닥터 에드윈 C. 크로스는 지방 법원에서뿐만 아니라 주 대법원에서도 승소했다.

닥터 메이요가 평소에 몹시도 싫어했던 사람 편에 서서 뛰어난 안목과 의기를 보여주었다는 소식이 로체스터 전역으로 퍼져나가자 급기야 어떤 사람이 나서서 그에게 왜 그랬느냐고 물었다.

"그 작자, 그 빌어먹을 작자를 위해서가 아니라 의사 전체를 위해 그랬소."

5장

외과술의 개척자

당시 미국의 의사들이 다 그랬듯이 닥터 메이요도 일반의였지만 외과술에 관심이 많았다. 수술이 성공했을 때의 뿌듯한 성취감을 그는 좋아했다. 그러나 1870년대까지 그는 수술할 기회가 별로 없었다.

의과대학 시절과 마찬가지로 수술이라고 해봤자 사고 때문에 찢어진 피부와 부러진 팔다리를 고치는 게 전부였다. 로체스터에는 광산, 제분소, 주물 공장 등에서 발생하는 산업 재해는 드물었지만 농사를 짓다 다치는 일이 많았다.

농부와 아낙들은 작동 중인 기계 장치가 인간의 살점은 안중에도 없다는 사실을 그리 재빠르게 깨닫지 못했다. 윙윙 돌아가는 수확기의 칼날은 손가락과 발가락이 끼어들어 방해해도 멈출 줄을 몰랐고, 주먹처럼 생긴 탈곡기 회전봉은 주변에서 펄럭이는 옷자락을 휘감으며 끌어당겼다. 수확철이면 새 농기계를 다루다 팔다리가 잘려나가거나 만신창이가 된 사람들을 치료하느라 로체스터의 외과 의사들은 밤낮 없이 바빴다.

이런 사고는 로체스터가 특히 외과술에서 선두를 달리게 된 발판이 됐다. 아울러 닥터 메이요의 친구 닥터 스톤이 그토록 많은 관심을 쏟은 진료 분야에서도 많은 수요가 일기 시작했다.

당시 무지하고 미숙한 산파의 처치 때문에 생식기 질환으로 고생하는 여성들이 날로 늘어났지만 의사들은 부인병 치료를 수치스러운 일로 여겼다.

게다가 아직까지는 부인병과 관련해 의사가 할 수 있는 일이 사실 거의 없었다. 발포제와 습포제를 붙이거나, 모르핀 아니면 맥각을 처방하거나, 부어오른 자궁 경부에 거머리를 붙여 피를 빼게 하는 방법으로 증상을 완화하는 정도가 고작이었다. 궤양이 심할 경우에는 막대 형태의 질산은 같은 부식제를 썼지만 증상이 호전되기는커녕 악화되기만 했다.

전치태반 때문에 불편을 호소하며 몸져눕는 여성도 많았다. 이 경우에는 태반을 밀어넣어 솜뭉치로 질강을 틀어막거나 '페서리'라는 보정물을 삽입하는 것이 최선의 치료책이었다.

하지만 그런 방법은 대부분 효과가 없었고, 마을마다 제발 누구든 고통을 덜어주기만을 간절히 바라며 이 의사 저 의사는 물론 돌팔이까지 찾는 여성들이 늘어났다.

자격 있는 의사들이 이 분야에 본격적으로 관심을 기울이기 시작한 것은 1860년대부터였다. 그보다 20년 전 앨라배마 주의 제임스 매리언 심스(James Marion Sims)는 아이를 낳다가 방광질루가 생겨 심하게 고생하는 여성을 고친 적이 있었다. 무에서 유를 창조하는 개척 정신을 발휘해 그는 백랍 찻주전자로 질경을 만들어 환부를 들여다보며 수술한 뒤 50센트짜리 은화로 만든 봉합사로 수술 부위를 꿰맸다.

다른 의사들이 이러한 성공 소식을 믿지 못하자 심스는 아예 뉴욕으로 옮겨와 직접 수술해 보였을 뿐만 아니라 그 방법까지 알려주었다. 1860대와 1870년대 들어 심스와 동료들은 부인병을 치료하는 방법을 잇달아 새로 고안해서 지면과 제자들을 통해 널리 알렸다.

닥터 메이요도 그 소식을 읽어 알고 있었기 때문에 기회가 닿을 때마다 그런 수술에 도전하기 시작했다. 1866년 8월 25일자 《로체스터 포스트블러틴》은 "중대한 외과 수술"이라는 제목 아래 다음과 같이 보도했다.

며칠 전 닥터 메이요는 맨터빌에 사는 타이터스 부인을 수술했다.

타이터스 부인은 복부 종양으로 몇 달째 고생하고 있었다. 종양은 부인을 완전한 무기력 상태로 몰아갔을 뿐만 아니라 생명까지 위협할 정도로 커졌다. 수술 전 종양 위로 잰 부인의 허리둘레는 54인치가 넘었다.

수술에 들어가 1인치쯤 되는 너비와 깊이로 복부를 절개하자 종양(고름집)이 보였다. 절개 부위에서 걸쭉하고 끈적끈적한 물질이 5갤런 넘게 나왔다. 수술이 끝나자 환자는 무척 편안해하면서 무거운 짐을 내려놓은 듯 안도의 한숨을 내쉬었다. 워시오자의 닥터 디어본이 환자 주치의로서 닥터 메이요가 집도하는 수술을 도왔다.

닥터 메이요는 이런 종류의 부인병에 관심이 많다.

난소 종양을 제거하려면 아무리 크기가 작아도 복부를 절개해야 하기 때문에 로체스터의 다른 의사들은 감히 엄두를 내지 못했다. 하지만 보스턴의 한 종합병원에서 1년 동안 수술 보조를 해본 닥터 스톤은 동부 의사들이 하고 있는 굉장한 일을 끊임없이 입에 올렸고, 닥터 메이요는 방법을 알면 더 잘할 수 있다는 생각에 애가 달았다.

결국 1869년 가을 그는 아내에게 일반 외과와 부인과를 공부하러 몇 달 동안 뉴욕에 가 있겠다고 말했다.

뉴욕에 도착한 그는 벨뷰 병원에서 대부분의 시간을 보냈다. 그가 1840년대에 그만둔 뒤로 병원은 많이 개선되어 있었다. 뉴욕 사람들은 외과 병동에 만연하는 감염과 높은 사망률을 소리 높여 불평했지만 리스터 소독법이 도입되기 전 유럽과 미국 대부분의 병원에 비해 결코 환경이 나쁘지 않았다.

사실 벨뷰 병원에서는 세계 최초의 응급 구조대를 설치했고, 닥터 메이요는 구조대의 활약에 강한 인상을 받았다. 그는 《로체스터 포스트블러틴》 편집 기자에게 보내는 편지에 이렇게 적었다.

"시내 어디서든 사고가 발생하면 경찰청에서 파견한 인력과…… 구급차가 몇 분 안에 현장에 도착합니다. 부상자는 들것에 실려 곧바로 병원으로 옵니다. 동화처럼 참으로 믿기지 않지만 알라딘과 요술 램프가 나오는 동양의 이야기가 현실이 됐습니다."

물론 만족할 줄 모르는 이 왜소한 의사는 뉴욕에서의 경험을 병원과 공부에 한정짓지 않았다. 그는 이 교회 저 교회 돌아다니며 목사들의 웅변 실력과 성가대의 노래 실력을 비교했다. 또 극장에도 들러 에드윈 부스가 출연하는 「햄릿」을 관람하기도 했다. 그 밖에도 재판을

1868년 세계 최초로 응급 구조대와 구급차를 운용한 뉴욕 벨뷰 병원의 구급차(마차).

1940년경 메이요 클리닉에서 운용한 구급차. 메이요 클리닉 구급대원들이 출동 준비를 하고 있다.

방청하는가 하면 시체 공시소를 찾아 한두 시간씩 이 관 저 관 열어보며 이 사람들을 '사망 선고'라는 공통의 최후로 이끈 각자의 성격과 운을 곰곰이 생각해보곤 했다. 또 어떤 때는 5번가를 산책하며 궁궐 같은 저택과 좋은 말과 마차를 즐겁게 구경하기도 했다.

뉴욕에서 돌아오는 길에 닥터 메이요는 필라델피아에서 내려 난소 절제술의 대가인 애틀리 형제를 만나러 랭커스터로 발길을 옮겼다. 난소 종양 제거 수술은 1809년 켄터키 주 댄빌의 이프리엄 맥도웰이 처음 실시했지만 그가 죽고 나서 그 수술은 자취를 감추었다. 다른 사람 손에서는 성공률이 0에 가까웠기 때문이다.

존 애틀리(John Light Atlee)와 워싱턴 애틀리(Washington Lemuel Atlee)는 1845년경 수술법을 복원해 환자들을 상대로 실용화에 착수했다. 닥터 메이요가 도착했을 무렵 형보다 유능한 동생 워싱턴 애틀리는 300번째 난소 절제술에 도전하고 있었다. 사망률은 30퍼센트가 조금 넘었다.

애틀리 형제의 성공에도 불구하고 대부분의 의사들은 그 수술을 무모한 짓이라고 비난했다. 현명하고 자비로운 외과 의사라면 복부를 절개해야 하는 수술을 할 리 없었다. 아무리 상황이 다급하다고 해도 '배를 찢어놓을' 수는 없는 노릇이었다.

이런 사고방식은 환자를 뉴욕의 여성 병원으로 데리고 갔다가 그곳 의료진에게 난소 종양 치료법을 들은 버몬트 주 제리코 지역의 어느 일반의가 한 이야기에서 생생하게 알 수 있다. 수술 전날 침대에 누워 안정을 취하고 있는 환자를 보고 나서 이 늙은 의사는 무료함도 달랠 겸 진료실로 어슬렁어슬렁 들어가 의료진에게 '그 망할 것'을 어떻게 없앨 생각이냐고 물었다.

수련의 하나가 설명에 나섰고, 제리코에서 온 노의사는 점잖게 듣다가 "뭐요?"라고 소리쳤다.

"그러니까 그 말은 지금 환자 배를 열겠다는 소리 아니요?"

수련의가 고개를 끄덕이자 그는 2층으로 올라가 환자에게 자신이 잘못 생각했다며 이 사람들에게 수술받으면 안 된다고 말했다. 그러나 환자는 의사보다 용감했다.

이튿날 그는 수술을 지켜보고 나서 집도의에게 이렇게 말했다.

"저 여성이 살아서 나갈 거라고 생각하시오?"

"물론이지요." 집도의가 말했다.

"글쎄, 내 생각에는 그렇지 않소만." 노의사는 쏘아붙이듯 말했다.

더 이상 말할 필요가 없는 상황이 되자 노의사는 집으로 돌아가는 먼 길 가운데 어디선가 병원에 전보를 보냈다. 전보에서 그는 환자의 유해를 어떻게 처리할 예정이냐고 물었다. 물론 병원은 거기에 답변할 필요가 없었다.

이 사건은 1875년경에 일어났다. 제리코에서 온 의사 앞에서는 아무렇지도 않은 듯 태연하게 행동했지만 뉴욕 외과 의사들도 난소 절제술을 결코 쉽게 생각하지 않았다. 그런 수술이 있을 때마다 도시 전역의 의사들이 수술 광경을 지켜보러 몰려들 만큼 수술은 일대 사건이었다.

닥터 메이요가 애틀리 형제를 방문했다고 해서 곧바로 난소 절제술에 도전할 용기가 생긴 것은 아니었다. 로체스터로 돌아오고 나서 몇 달 뒤 복수를 빼내는 방법으로는 치료가 어려운 난소 종양 환자와 맞닥뜨리자 그는 시카고의 닥터 윌리엄 H. 바이포드(William H. Byford)를 불러 환자를 보였다. 바이포드는 부인과라는 새로운 분야에서 그 도시 최고의 권위자로 손꼽히고 있었다. 더러 그는 난소 절제술도 시도했지만 굳이 위험을 무릅쓸 필요는 없다고 생각했다.

바이포드가 로체스터에 있는 동안 닥터 메이요는 그에게 또 한 명의 당혹스러운 환자를 보여주었다. 환자는 3년 전에 찾아와 두통과 요통을 비롯해 14년째 앓고 있는 각종 증상을 호소했던 여성이었다. 당시 그녀가 찾아갔던 다른 의사들은 "자궁 탈락"이라고 말하며 잇달아 페서리를 삽입했지만 이렇다 할 효과가 나타나지 않았다.

닥터 메이요는 이 환자의 증상은 꽤 큰 직장 탈출, 즉 질 일부의 탈장성 돌출이 원인이라고 판단했다. 문제를 바로잡으려는 닥터 메이요의 첫 시도는 마취제가 말썽을 부려 실패로 끝났지만 두 번째 시도에서는 직접 고안한 방법을 사용해 결국 성공했다.

2년 동안 환자에게서 아무 연락이 없자 닥터 메이요는 그녀가 완전히 나았나 보다라고 생각했다. 그런데 어느 날 그 환자 집 앞을 지나가는데 환자가 소리쳤다.

"어머, 선생님, 잠깐만요. 그게 다시 나오고 있어요."

아니나 다를까, 전처럼 꽤 크고 골치 아픈 직장 탈출이었다.

"다시 한 번 시도해보죠, 부인. 이번에는 다른 방법을 사용할 겁니다."

그 방법이 실패로 돌아가자 닥터 메이요는 크게 당황했지만 환자는 그가 결국에는 성공하리라 확신하며 그가 내리는 지시는 뭐든 기꺼이 따랐다.

처음에 닥터 메이요는 당시의 외과 진료 원칙에 따라 돌출된 부위를 제자리로 돌려놓고 두꺼운 조직 벽, 즉 인공 회음부를 만들어 삽입했다. 이제 그는 관련 논문을 읽고 공부하면서 탈장 부위를 완전히 제거하면 어떨까 하는 생각을 했다. 그래서 가능할 것 같은 수술 계획을 세웠지만 혼자만의 판단으로 선뜻 시도하기에 자신이 없어 망설였다.

"환자가 다른 치료법을 찾아나설 위험이 아주 없었던 것은 아니었지만 비교적 적었기 때문에 시간을 두고 관련 논문을 좀더 꼼꼼하게 들여다봤습니다."

닥터 메이요가 이런 생각을 이야기하자 바이포드는 반신반의했다. 그런 수술은 금시초문이었고, 또 과다 출혈로 환자가 목숨을 잃을 위험도 있었다. 그는 좀더 안전한 방법을 추천했다.

닥터 메이요는 그가 추천하는 방법대로 시도해보았지만 효과가 없었다.

그러고 나서 1871년 5월 용기를 있는 대로 쥐어짠 그는 계획한 대로 제거 수술에 들어갔다. 먼저 환자를 마취해 탈장 낭의 내용물을 비운 뒤 겸자로 눌러 혈류를 차단하면서 필요한 만큼 봉합사로 조심조심 묶고 탈장 부위를 잘라냈다. 그러고는 알코올램프 불꽃에 미리 가열해둔 쇠로 재빨리 절제 부위를 소작했다. 출혈은 매우 적었다.

환자는 금세 기운을 차렸고 상처도 빨리 아물었다. 나흘째부터 환자는 자리에서 일어나 돌아다녔다. 대담함이 가져온 이러한 결과 앞에서 닥터 메이요는 외과 의사로서 자신의 판단에 큰 자신감을 얻었다. 하지만 난소 절제술에 도전할 준비는 아직 되어 있지 않았다. 그러려면 몇 년 더 있어야 했다.

미네소타 주 의학회의 다음 번 회기에 직장 탈출 치료 사례를 보고하면서 닥터 메이요는 평소의 성격대로 거두절미하고 이렇게 말했다.

"이 자리를 빌려 필라델피아 여성의과대학을 졸업한 해리엇 프레스턴(Harriet Preston) 양에게, 이번 수술을 비롯해 '각종 여성 환자 수술'에서 뛰어난 실력을 발휘하며 매우 큰 도움을 준 데 감사의 말을 전하고 싶습니다.……"

이는 의심의 여지 없이 청중을 힐난하는 소리였다. 의학회는 정기 투표에서 닥터 프레스턴의 회원 가입을 벌써 3년째 반대하고 있었기 때문이다. 미네소타 의사들은 교편을 잡거나 모자를 만드는 삶에 억지로 떠밀려 들어가기를 거부하고 의료계에 투신한 몇 안 되는 여성 가운데 한 명인 그녀를 쉽게 받아들이지 않았다.

여성 해방을 대놓고 지지하진 않았지만 닥터 메이요는 처음부터 닥터 프레스턴이 내거는 대의를 옹호했다. 그녀는 유능한 의사였고 그는 그녀가 의학회에 가입할 자격이 충분히 있다고 생각했다.

그러나 그의 말은 아무 소용이 없었다. 처음에 의사들은 이런저런 핑계를 대며 닥터 프레스턴의 회원 가입을 반대하다가 연례 정기 회의에서 이 문제가 거론되자 비로소 속내를 드러냈다. 세인트폴의 닥터 매틱스는 여자가 주변에서 알짱대면 남자들끼리만 할 수 있는 말을 마음 편하게 할 수 없기 때문에 싫다는 이유를 댔고, 오와토나의 닥터 블러드는 "[여성이라는] 성이 채택한 삶의 일반 경로에서 벗어난 여성들을 보면 하나같이 필요 이상으로 고집이 세다고 말했다."

이 문제에 관한 한 닥터 메이요의 입장도 동료들과 크게 다를 바 없었지만 어쨌든 그는 닥터 프레스턴 편에 섰다. 지독할 정도로 점잔을 떨던 시대라 의대생들은 품위 있어 보이는 여성 환자를 촉진할 때는 눈을 천장에 고정하라고 교육받을 정도였다. 이런 시대에 그녀는 로체스터에다 큰 규모의 여성 전용 병원을 지었고, 중요한 사례를 접하거나 외과 지식이 필요할 때면 닥터 메이요에게 도움을 청했다. 그 덕분에 닥터 메이요도 부인과 진료에서 큰 진전을 볼 수 있었다.

1872년 닥터 메이요는 주 의학회 3대 회장에 선출됐다. 그러고 나서 곧바로 동료 의사 몇몇이 로체스터에서 나오라고 그를 다그치기 시작했다. 그의 실력을 펼치기에 도시가 너무 작다는 것이 이유였다. 세인트폴로 오는 게 어떻겠나? 이곳엔 종합병원도 여러 군데 있고 의과대학과 자극이 될 만한 동료들도 있으니 말일세. 이곳엔 환자도 더 많고 전문의가 될 기회도 있다네. 거기 처박혀 아까운 재주를 썩힐 셈인가.

이런 설득에 닥터 메이요는 허영심이 발동했다. 괜찮은 생각처럼 들렸고 논리도 그럴듯해 보였다. 특히 로체스터가 불황의 늪에 빠져 있던 시기에 세인트폴은 확실히 더 좋은 선택이 될 수 있었다. 게다가 로체스터에서 그리 멀지 않은 파인아일랜드의 닥터 찰스 힐(Charles Hill)도 세인트폴로 옮길 예정이었다. 취향도 비슷하고 의사로서 실력도 좋은 그는 동업자를 찾고 있었다.

1873년 4월 로체스터 신문들은 일제히 닥터 메이요가 닥터 힐과 동업하기 위해 세인트폴로 옮길 계획이라고 보도했다.

대중의 유감 표명은 단지 겉치레 인사만이 아니었다. 공화당 신문조차 닥터 메이요의 이전을 '모두의 손해'라고 일컬었고, 그가 떠나는 날이 오자 친구들이 "기차역까지 나가 배웅했다."

메이요 부인과 아이들은 로체스터에 남았기 때문에 그는 한두 달에 한 번씩 집에 돌아와 가족도 만나고 예전 환자들의 상태도 살폈다.

이런 여행길에서 그는 고집 세고 무모한 모습을 유감없이 보여주었다. 환자를 보기 위해 로체스터에서 18마일 떨어진 캐슨에 내렸다가 그는 중서부 위쪽 지방을 가끔씩 괴롭히는 성난 눈보라를 만났다. 앞에 있는 것은 뭐든 집어삼킬 기세로 미친 듯이 불어닥치는 바람과 눈보라 때문에 자연이 스스로 진정해 선로 상태가 괜찮아질 때까지 그저 기다리는 수밖에 달리 방도가 없었다.

닥터 메이요는 금요일 밤부터 월요일 아침까지 기다렸다. 그러다 그렇게 많지 않은 그의 인내심이 바닥을 드러냈고 결국 그는 걸어서 로체스터까지 가겠다고 하며 나섰다. 그 소리에 그와 함께 눈 속에 갇혀 있던 사람들은 깜짝 놀랐다. 걸어서 가겠다니? 18마일을? 미쳐도 단단히 미쳤군!

그러나 그는 주위에서 아무리 설득해도 고집을 꺾지 않았다. 다행히 그는 무사히 로체스터에 도착해 일을 본 뒤 기차가 다시 다니기 시작하자 세인트폴로 돌아갈 준비를 했다.

세인트폴에서 그는 새로운 동업자와 시내에 근사한 건물을 빌려 개업을 알렸고, 도시 언론은 그 소식을 진심으로 환영했다. 곧이어 둘은 램지 카운티 의학회에 가입했고, 다음 선거에서 닥터 메이요는 부회장으로 선출됐다.

그런데 석 달 뒤 그는 그 병원을 떠나 로체스터로 돌아갔다.

왜 그랬을까? 이에 관해서는 아무 기록도 남아 있지 않다.

로체스터의 지인들에게 그는 세인트폴에서의 전망이 밝다고 말했지만 전망은 그저 전망일 뿐이었을지 모른다. 세인트폴에 환자가 더 많았다고 해도 경쟁해야 하는 의사들 또한 더 많았을 것이기 때문이다. 닥터 힐도 전에 진료하던 곳으로 돌아간 점으로 미루어보아 그랬을 가능성이 높다. 아니면 도시에서의 틀에 박힌 진료가 두 사람의 성정에는 너무 비인간적으로 여겨졌을지도 모른다.

로체스터로 돌아오자마자 닥터 메이요는 가이싱어&뉴턴 약국 위층 사무실을 빌려 진료를 재개했다. 그의 예전 환자들은 그가 돌아와 기뻐했고, 이내 그는 자리를 비운 적이 없었던 것처럼 바빠졌다.

이때부터 신문에 실린 그의 진료 사례 기사를 보면 그가 이룬 의술 발전에 대해 많은 것을 알 수 있다.

1900년 이후에 계속 등장한 이런 신문 기사들은 메이요 삼부자가 비윤리적 광고를 했다는 근거로 자주 인용된다. 그러나 이러한 견해는 시대 상황을 간과하는 우를 범하고 있다. 오늘날의 금기 사항을 지금과는 공통점이 없는 시대에 무작정 적용하기 때문이다. 당시의 관습은 그런 광고 게재를 허용했고, 의사들은 진료 사례에 뉴스 가치가 있을 경우 '광고'를 애용했다.

이러한 관행을 앞장서서 조장한 쪽은 의사들이 아니라 신문들이었다. 독자들이 그런 이야기를 좋아했기 때문이다. 로체스터의 《레코드 앤드 유니언》 편집 기자는 매주 시내 병원을 돌아다니며 의사들에게 기삿거리가 될 만한 진료 사례가 있는지 물어보기도 하고 환자의 가족과 친지들을 찾아가거나 시장에서 정보를 수집하기도 했다. 그렇다 보니 더러 진료한 의사의 이름을 엉뚱하게 보도해 "우리에게 정보를 준 쪽에서 이름을 잘못 말했다"며 공개 사과를 해야 할 때도 있었다.

환자들이 자신의 암과 탈장, 사지 기형, 부종과 출혈 등에 대한 시시콜콜한 내용이 신문에 마구 보도되는 것에 반감을 가졌을 것 같지만 그렇지 않았다. 그때도 사람들은 어떤 식으로든 신문에 자기 이름이 나오는 것을 좋아했다.

물론 신문 보도가 닥터 메이요의 진료 사례를 빠짐없이 다루지는 않았다. 신문들은 일반 진료에서 상당 부분을 차지하는 흔한 질병에는 관심이 없었기 때문이다. 신문에서는 전염병과 희귀병도 기사화하긴 했지만, 대개는 외과 수술이 필요한 부상과 질환에만 지면을 할애했다.

수백 건에 이르는 이런 종류의 기사에서 몇몇 사례를 추려내 살펴보면 당시의 관심사와 가치관을 알 수 있다.

하이포리스트 도로변에 사는 존 돌런이 지난 주 목요일 아침 아내를 심하게 폭행했다. 존은 자타가 공인하는 술꾼으로 술에 취하면 짐승으로 돌변한다. 그 날도 그는 술에 취해…… 길길이 날뛰면서 아내에게 술잔을 집어던졌다. 술잔은 아내의 이마를 정통으로 맞혀 깊은 상처를 냈을 뿐만 아니라 측두동맥까지 심하게 손상시켰다. 급히 불려온 닥터 메이요는 돌런 부인이 과다 출혈로 사망에 이르는 일이 없도록 지혈하느라 꽤나 애를 먹었다. 이번에도 누가 나서서 돌런을 고소해야 한다. 당연히 그래야 한다.

세일럼에 사는 G. 샘프슨은 지난 토요일 저녁 말에 채여 치아 2개와 턱뼈 일부가 혀에 박히는 부상을 입었다. 닥터 메이요가 부상자를 치료했다.

지난 토요일 오전 닥터 윌리엄 워럴 메이요는 닥터 엘리샤 W. 크로스의 도움 아래 해들리 밸리에 사는 클라라 히그비 양의 수술에 들어가 오른쪽 다리를 무릎 위로 6인치 잘라냈다. 6년 전쯤 히그비 양은 말을 타다가 찬바람을 맞아 손발이 동상에 걸렸다. 동상 걸린 곳에 염증이 생기면서 부어오르더니 무릎 위 뼈가 감염되어 결국에는 썩어 들어갔고, 피부가 심하게 문드러지면서 뼈가 드러났다. 요 몇 년 그녀는 줄곧 침대에서만 지냈는데 고통이 갈수록 심해졌다. 마음을 크게 먹고 수술을 받은 뒤로 매우 빠르게 회복되고 있다.

매리언 시 인근에 사는 제임스 스티븐슨은 지난 금요일에 심한 사고를 당했다. 래퍼티 씨의 밭에서 타작을 하던 중 탈곡기에 지푸라기가 끼어 그것을 빼내려고 삽지판 위로 올라갔는데 그만 미끄러져 실린더에 발이 빨려들어가 뼈가 완전히 바스라지고 말았다. 닥터 메이요가 와서 보니 무릎 아래를 절단해야 하는 상황이었다. 종아리 근육까지 밖으로 드러나 있었다.

절단, 또 절단. 고양이에게 물려도 절단, 나무꾼의 빗나간 도끼에 맞아도 절단이었다. 그 시절에는 팔다리가 없는 사람이 흔했다.
팔다리에 병이 들어 절단하는 것은 아주 오래된 외과술 가운데 하나였고, 그 방법에 개선이 이루어졌다고 해도 주로 신속하고 깔끔한 처치에 초점을 맞췄을 뿐이다. 기술이 관건이었고, 단 몇 초 안에 팔다리를 절단할 수 있는 외과 의사가 가장 존경받았다. 이런 식으로 외과 의사의 유능함을 판단하는 기준은 마취제의 등장으로 설득력을 잃었지만 쉽게 사라지지는 않았다.

그런데 영국 에든버러의 명의 제임스 사임(James Syme)의 시대부터 합리적인 생각이 서서히 입지를 굳혀 갔다. 그는 환자 입장에서는 팔다리가 아예 없는 것보다 뻣뻣해도 붙어 있는 편이 더 나으므로, 외과 의사는 시간이 좀더 걸리더라도 사지 전체를 절단하기보다 문제가 되는 뼈 부위만 잘라내야 한다는 간단하고 혁신적인 원칙을 설파했다.

닥터 메이요도 이 원칙을 받아들여 지식과 기술이 닿는 데까지 최대한 적용했다. 그 전에는 절단 수술을 많이 했지만 다음과 같은 사례가 점차 늘어나기 시작했다.

닥터 윌리엄 워럴 메이요는 닥터 엘리샤 W. 크로스의 도움 아래 지난가을 탈곡기 회전봉에 팔이 부러진 그랜드메도 거주 남성 올 시버트슨의 팔뼈를 잘라냈다. 팔은 붙어 있었지만 뼈가 붙지 않았고, 상처 부위가 썩어 문드러지기 시작했기 때문이다. 수술에는 에스마크의 무혈 수술법이 적용됐다. 뼈를 4인치가량 들어내고 양 끝을 맞닿게 해주면 시간이 지나면서 서로 붙게 된다. 수술은 수요일에 이루어졌으며 아주 성공적이었다.

록델에 사는 J. C. 패튼의 아들이 얼마 전 매우 힘든 다리뼈 수술을 받았다. 다리를 무릎부터 발목까지 절개하고 뼈의 3분의 2를 잘라서 들어냈다. 뼈가 괴사해서, 가만히 놔두면 위험한 상태였기 때문이다. 수술은 닥터 메이요가 집도했다.

이 무렵 닥터 메이요는 로체스터의 동료들보다 앞서나가면서 때로는 절단의 필요성을 놓고 동료들과 팽팽하게 대립하기도 했다. 손을 심하게 다친 청년을 치료하기 위해 닥터 에드윈 C. 크로스와 함께 왕진에 나섰을 때의 일이다. 닥터 에드윈 C. 크로스는 잘라내야 한다고 말했지만 닥터 메이요는 잘못되면 자기가 책임지겠다고 말하며 끝까지 반대했다. 덕분에 그 청년은 반세기 뒤 세상을 떠날 때까지 손이 멀쩡했다.

점잖 떠는 시대 분위기 때문에 닥터 메이요의 부인병 수술이 자세히 보도되지는 못했지만, 1870년대 중반까지 그런 수술을 여러 차례 실시하면서 그는 부인과 전문의로 불려도 무방한 여섯 명의 미네소타 의사들 가운데 최고의 권위자로 꼽혔다. 1871년부터 주 의학회는 부인과 상임위원회를 두었고, 1874년 닥터 메이요는 위원장에 추대됐다.

그때까지 난소 절제술은 주 전체를 통틀어 다섯 건밖에 되지 않았고, 다섯 명의 환자 모두 사망했다. 의학회에 보고하는 자리에서 세인트폴의 닥터 스톤은 이런 수술 실패가 전 세계의 내로라하는 외과 의사들 사이에서 여전히 '미국 의사들의 무모함'이라는 오명을 쓰고 있는 것에 대해 지극히 당연한 노릇이라고 말했다.

그래서 1875년 맨케이토의 닥터 워너가 환자 한 명이 난소 종양으로 생명이 위험하자 미네소타 외과 의사에게 도움을 청하지 않고 펜실베이니아의 닥터 워싱턴 애틀리를 불러 수술을 맡긴 사건은 당연하게 받아들여졌다.

닥터 애틀리는 미네소타 주 굿선더에 가기 위해 올랐던 왕진길을 평생 잊지 못했다. 때는 3월이었고 미네소타에는 다시 눈보라가 불어 닥쳤다. 기차가 더는 가지 못해 멈춰서고 나서야 닥터 애틀리는 대초 원을 가로질러 25마일이나 마차로 가야만 약속 시간에 닿을 수 있다 는 사실을 깨달았다. 나이 든 정착민들이 그런 날씨에 마차 운행은 위 험하다고 경고했지만 그는 기꺼이 위험을 무릅쓰려는 마부를 물색해 새하얀 황무지를 가로지르기 시작했다.

하지만 도중에 길을 잃고 눈 속에 파묻혀 있던 울타리 말뚝에 부딪 혀 마차가 전복되자 마부는 더는 가기를 꺼렸다. 그래도 닥터 애틀리 는 계속 가야 한다고 우겼고, 마침내 환자의 집에 도착했다. 다행히 수 술이 성공해 그토록 어렵게 찾아간 보람이 있었다.

이듬해 세인트폴의 젊은 외과 의사가 난소 절제술에 성공하면서 미네소타에서도 첫 성공 사례가 나왔다. 그 뒤 세 건의 수술이 실패로 끝났고 그 소식은 1880년의 신문을 장식했다.

그 해 1월 초 닥터 메이요는 로체스터에 있는 자신의 집에서 골목 하나만 건너면 닿는 곳에 사는 제이컵 웨거너라는 젊은 주부를 왕진 하러 갔다. 허리둘레가 예사롭지 않은 점으로 미루어 난소 종양이 분 명했지만 수술이라는 마지막 방법을 선택하기에는 아직 크기가 너무 작았다.

그 뒤 웨거너 부인은 임신했다가 유산했다. 그 후유증으로 골반 감 염이라는 심각한 증상이 나타났고, 그 직후 종양이 급속히 자라났다. 10월로 접어들자 숨쉬기조차 어려워졌다. 닥터 메이요는 제거를 추천 했지만 웨거너 부인은 거절했다. 그래서 그는 일단 복수만 빼냈다. 곧이어 복수는 다시 차올랐고 종양은 계속 커졌다.

환자는 갈수록 바싹 야위고 기력이 떨어져 음식도 삼키지 못했다. 죽음을 눈앞에 두고 죽음보다 수술이 더 나쁘지 않겠기에 환자는 수술을 받는 데 동의했다.

닥터 메이요는 신중하게 계획을 세웠다. 그의 지시에 따라 대장장이였던 환자 남편이 수술 도구를 만들었다. 개중에는 낡은 제초기 이빨로 만든 고리 달린 겸자도 몇 개 있었다.

12월 4일 수술진이 웨거너 부인의 집에 모였다. 로체스터 주립병원 정신 병동 책임자 닥터 J. E. 바우어스가 마취를 맡았고, 1877년 거트루드 메이요와 결혼한 젊은 수의사 데이비드 버크먼(David Berkman)과 메이요 부인도 수술 보조로 참여했다.

아직 어린 윌과 찰리도 그 자리에 있었다.

클로로포름에 취한 환자가 마취 상태에 들어가자 닥터 메이요는 일단 절개를 해서 투관침(뚫개)을 종양에 밀어넣어 안의 내용물을 용기에다 뽑아냈다. 그러고 나서 땜질장이들이 사용하는 것과 같은 조그만 숯 화덕에 미리 가열해둔 겸자로 종양을 조금씩 들어내기 시작했다. 종양은 무게가 20파운드는 족히 나갈 만큼 컸다.

모든 게 순조롭게 진행되다가 종양 뒤에 있는 커다란 골반 농양이 터지면서 그 내용물이 복강으로 흘러들었다. 나쁜 징조였지만 닥터 메이요는 스펀지로 가능한 한 꼼꼼하게 고름을 닦아내고 배농관을 삽입한 뒤 절개 부위를 봉합했다.

수술은 거의 한 시간이 걸렸고 환자는 심각한 쇼크 조짐을 보였지만 기운을 차리고 의식을 회복했다.

사흘 뒤 신문은 "부인이 호전되고 있다"는 말로 사건 취재를 마무리한 데 이어 그 다음 주 기사에서는 환자가 위험한 고비를 넘겼다고 보도했다. 신문은 다음과 같이 논평했다.

"이로써 어렵고 위험한 외과 수술이 필요한 환자는 무조건 시카고의 병원으로 보내야 하는 미네소타 같은 주의 체면을 어느 정도 회복할 수 있게 되어 우리도 기쁘다. 우리 중에 이 위험한 병으로 고생하는 사람의 고통을 덜어주려고 나설 만큼 배짱과 용기가 있는 인물(닥터 메이요)이 있다는 사실에 로체스터 시민들도 우리처럼 기뻐하리라 믿어 의심치 않는다."

웨거너 부인의 수술은 몇 주 넘게 화제의 중심에 있었고, 부인도 유명해졌다. 닥터 메이요가 배를 "푹 갈라 열었는데도" 살았다지!

그 수술은 시작에 불과했다. 수술이 성공하면서 이후 십 년 동안 다른 환자들의 발길도 이어져 닥터 메이요는 미네소타 최고의 난소 절제술 권위자로 우뚝 섰다.

닥터 메이요는 흰 가운을 입은 사람들의 잘 갖춰진 환경에서 수술한 것이 아니었다. 그는 '부엌 수술실', 즉 이 말에서 짐작할 수 있듯이 순발력을 있는 대로 발휘해 온갖 임시변통의 수단을 동원해야 하는 곳에서 수술했다.

수술실은 주로 환자의 집이었고, 수술대는 부엌 식탁이나 거실 소파 또는 심지어 문틀 경첩에서 떼어내 나무토막 두 개를 괴어놓은 문짝이었다. 공간도 비좁은 경우가 많아 닥터 메이요는 자신을 돕는 사람이나 지켜보러 온 다른 의사들 말고는 아무도 들이지 않았다. 환자의 가족이 시련을 잘 견디도록 응원하러 모여든 친지와 이웃들은 호기심에 문간 주변이나 마당에서 기웃거렸다.

철저한 무균 상태의 수술 환경에 익숙한 현대인들은 무균법이 나오기 전의 방법을 둘러싼 이야기를 좀처럼 믿기 어려울 것이다. 외투든 셔츠든 그 날 입고 나온 옷차림 그대로 이전 수술의 얼룩으로 뻣뻣하게 굳은 리넨 헝겊이나 앞치마를 걸치고 수술했던 사람들, 수술하기 전 구두 밑창에 갈아 날을 세운 칼을 여러 개 준비해 뒀다가 수술 도중 칼이 무뎌지면 수염이 닿거나 말거나 입에 물고 있던 또다른 칼로 바꿔 사용했던 사람들, 우물에서 길어 와야 하는 물을 아끼느라 피 묻은 스펀지를 씻지도 않고 손으로 눌러 짰던 사람들, 수술 전이 아니라 수술이 끝나고 나서야 손을 씻었던 사람들의 이야기를 어찌 믿을 수 있겠는가.

옷차림과 성격에서 여간 까다롭지 않았던 닥터 메이요는 몇 개 안 되는 수술 도구에 말라붙은 피를 그냥 두지 않고 청결하게 관리하긴 했지만 살균하지는 않았다. 그는 몇몇 도구는 종기를 째거나 너덜너덜한 상처 부위를 잘라야 할 때 쉽게 꺼낼 수 있도록 조그만 상자나 조끼 주머니에 넣고 다녔다.

수술할 때면 그는 행동에 제약을 줄 수 있고 더러워질 수도 있는 기다란 검정색 외투를 벗었다. 하지만 절단 수술이나 여타 중요한 수술을 하면서 셔츠 소맷부리나 가슴에 얼룩 하나 묻히지 않고 새하얀 상태를 유지하는 것을 외과 의사의 자랑으로 여겼던 당시의 희한한 가치관을 그 역시 공유했던 듯하다.

예를 들면 당시 미국 최고의 외과 의사 중 한 명이었던 보스턴의 닥터 헨리 J. 비글로(Henry J. Bigelow)는 매번 '깨끗이 손질해 단춧구멍에 장미꽃까지 꽂은 감색 프록코트'를 차려 입고 매사추세츠 종합병원 외과 수술실로 들어가기 전 거울에 자신의 모습을 이리저리 비춰 보며 용모 상태를 확인하는 습관으로 유명했다.

당시의 의사라면 누구나 그랬듯이 닥터 메이요도 절개나 절단 수술에서 나타나는 감염을 당연하게 여겼지만 이를 바람직하게 생각할 만큼 무지하지는 않았다. 상처가 '처음의 의도대로 거의 완전히' 치료될 경우, 다시 말해 수술 후 감염으로 인한 합병증 없이 거의 완전히 치료될 경우 그는 몹시 기뻐했다.

전문의로 인정받은 데다 정부 개혁을 요구하는 운동에까지 나서면서 닥터 메이요는 "미네소타 주 전체에서 모르는 사람이 거의 없을 만큼" 유명해졌다. 10월의 선거 유세에서 왜소한 의사가 민생 현안을 놓고 토론하는 내용을 들은 사람들은 12월에 디프테리아 환자가 속출하자마자 필시 그를 떠올렸을 것이다. 그의 명성이 이 가족에게서 저 가족으로, 이 동네에서 저 동네로 확산되면서 그의 진료 규모도 엄청나게 커졌다.

인근의 환자들 말고도 진료에 관한 조언을 청해오는 경우가 많아졌다. 그의 현저한 수술 성공을 둘러싼 이야기가 이 사람 저 사람에게 알려지면서, 로체스터의 크로스 형제나 레드윙의 닥터 휴잇이나 위노나의 닥터 스테이플스나 펜실베이니아의 닥터 애틀리를 초빙하던 인근 마을과 카운티의 의사들이 이제는 로체스터의 닥터 메이요를 부르기 시작했다.

미네소타 중남부에서 개업한 수십 명의 의사들에게는 외과 수술이 필요하거나 까다로운 내과 환자가 찾아올 경우 닥터 메이요를 부르거나 그에게 조언을 구하는 것이 관례가 됐다.

심지어 로체스터의 동료들도 그가 주에서 제일 실력 있는 의사 중한 명이라는 점을 인정하기 시작했다. 그중에서도 닥터 엘리샤 W. 크로스의 인정은 특히 의미가 컸다.

언젠가 그는 내출혈로 피부 곳곳에 자줏빛 반점이 나타나는 출혈자색반 아니면 괴혈병에 걸린 젊은 여성을 진료하러 왕진을 나갔는데, 환자의 증상이 목숨이 위태로울 정도로 심각했다. 닥터 엘리샤 W. 크로스가 닥터 스테이플스에게 도움을 요청했지만 환자가 급격히 악화되자 환자의 부모는 의사를 닥터 메이요로 바꿨다. 닥터 메이요는 식단을 조절하고 테레빈유(테르펜틴)를 투여해 환자를 고쳤지만 그렇게 되기까지 일 년이 걸렸다. 그 뒤로 닥터 엘리샤 W. 크로스는 혼자 감당할 수 없을 것 같은 환자를 접할 때마다 닥터 메이요를 불렀고, 일년 반 동안 닥터 메이요와 동업자로서 진료소를 같이 쓰기도 했다.

1883년이 되자 닥터 메이요의 진료소는 미네소타 남부에서 진료규모가 큰 병원 세 곳 중 한 곳으로 꼽혔다. 닥터 휴잇, 닥터 스테이플스와 어깨를 나란히 했으며, 어쩌면 가장 컸을지도 모른다.

쇄도하는 왕진 요청에 응하느라 닥터 메이요는 가끔 자신이 지도하는 의대생들의 도움을 받았지만 유감스럽게도 그 학생들에 대해선 이름 말고 남아 있는 기록이 거의 없다. 그래도 그의 진료소 아래층 약국에서 근무했던 처방 보조의 이야기를 통해 그가 한 젊은이에게 어떤 영향을 미쳤는지 알 수 있다.

청년의 이름은 헨리 웰컴(Henry Welcome)이었다. 닥터 메이요는 그를 눈여겨보다 곧이어 화학과 물리학을 가르치면서, 어설프게 배운 동네 약제사에 머물지 말고 대학에 진학해 진짜 전문가가 되는 데 필요한 소양을 쌓으라고 다그쳤다.

헨리는 다른 사람의 충고를 귀담아들을 줄 아는 청년이었다. 닥터 메이요의 도움으로 그는 시카고와 필라델피아에 있는 대학들에서 약리학을 전공한 뒤 좀더 공부하러 유학을 떠났다. 런던에서 그는 "버로스"라는 간판을 내건 약국에 취직해 근무하다가 곧 약국 주인의 딸과 결혼해 간판에 "웰컴"이라는 이름을 추가한 제약회사를 세웠다. 이 회사는 오늘날 제약업계에서 유명한 기업으로 성장했다(1880년 설립된 버로스웰컴&컴퍼니(Burroughs Wellcome & Company)는 성장을 거듭하다 1995년 글락소(Glaxo)와 합병해 글락소웰컴(Glaxo Wellcome)이 됐고, 2000년에는 스미스클라인비첨(SmithKline Beecham)과 합병해 글락소스미스클라인(GlaxoSmithKline)이 됐다. 옮긴이).

헨리 웰컴이 미국을 떠날 때만 해도 알약 형태의 의약품 생산은 이제 막 시작 단계에 불과했고 영국에서는 아직 출시되지도 않았다. 규격과 내용물을 표준화한 알약은 예전의 가루약과 수제 환약에 비해 처방하기가 훨씬 수월했을 뿐만 아니라 당시 영국인들이 식민지로 개척한 지구 반대편까지 가지고 가기에도 훨씬 간편했다. 덕분에 이 제약회사는 엄청난 성공을 거두었고 소유주들은 돈방석에 앉았다.

웰컴은 그렇게 해서 번 돈을 과학 연구 기금으로 아낌없이 사용했다. 오늘날 전 세계 과학자치고 웰컴과학연구소의 업적을 모르는 사람이 없으며, 설립자는 그 공을 인정받아 영국 왕으로부터 기사 작위를 받았다.

헨리 웰컴은 종종 미국으로 돌아와 로체스터를 찾았고, 기회가 있을 때마다 닥터 메이요에게 고마움을 표시했다.

오랫동안 닥터 메이요를 가장 많이 도운 사람은 뭐니뭐니 해도 그의 아내였다. 남편의 책과 의학 잡지를 독파하며 혼자 힘으로 능력을 갖춘 메이요 부인의 의학 지식은 집안의 몇몇 지인들이 남편에 버금간다고 인정할 정도였다. 그는 잘 풀리지 않는 사례에 대해 서슴없이 아내의 의견을 물었고, 환자를 보러 갈 때도 자주 아내를 동반했다. 그녀는 수술할 때도 남편을 도왔으며, 골절된 뼈를 바로잡아 부목을 대는 시술 정도는 혼자 깨우쳐 거뜬히 소화해내는 경우가 많았다.

언젠가 그녀의 둘째 아들은 어머니의 또다른 기여를 이렇게 설명했다.

"환자들이 아버지를 만나려고 집에 찾아왔는데…… 아버지가 시골로 왕진 나가 안 계시면 어머니는 아버지가 돌아오실 때까지 환자들의 문제와 고충을 경청하면서 음식까지 대접했습니다. 이웃과 시골 사람들은 종종 어머니를 찾아와 가정 문제나 고민, 아이들과 아기 이야기를 늘어놓으며, 병에 걸려 아버지에게 진료 받고 만족할 때 못지않게 만족해했습니다. 아버지가 동부나 유럽에서 열리는 학술회의에 참석하느라 안 계실 때도 환자들은 어머니를 찾아와 병에 대해 이야기했고, 그때마다 어머니는 주로 흔한 병에 효과가 있는 간단한 치료법을 알려주었습니다. 어머니는 정말 훌륭한 의사였습니다."

메이요 부인은 지혜로운 여성이면서 좋은 말벗이었다. 그녀는 유머 감각도 뛰어나 재치 있고 재미난 농담을 잘했다. 한 이웃에 따르면 그녀는 로체스터에 '친구가 수천 명'이나 있었는데, 그중 대부분은 감독 교회 활동을 하면서 만난 사람들이었다.

그런데 그녀는 간혹 예배 시간에도 집안일에 생각을 뺏기곤 했다. 그때마다 사람들이 킬킬대며 웃는 바람에 일요일 아침 예배가 엉망이 되기 일쑤였다. 하루는 예배 중간에 갑자기 벌떡 일어나 "어머나, 빵을 오븐에 그냥 놔두고 왔네!"라고 소리치며 번개처럼 통로를 내달려 현관으로 뛰쳐나간 적도 있었다.

닥터 메이요와 부인은 둘 다 성격이 강해 더러 티격태격하기도 했다. 부부의 가까운 지인들에게는 두 사람이 가정을 유지하는 데 필요한 경우 외에는 서로 한참 동안 말을 섞지 않는 일이 낯설지 않았다.

그래도 부부는 가장 기본적인 것에서는 서로 의견이 같았다. 메이요 부인도 남편의 충동적인 박애심에 기꺼이 동조했지만 그 때문에 어깨가 무거워질 때가 많았다. 하루는 닥터 메이요가 여섯 살부터 열두 살까지 나이가 제각각인 아이 넷을 집에 데려왔다. 그의 환자였던 아이들 어머니가 얼마 전 세상을 떠나는 바람에 아이들이 달리 갈 곳이 없었기 때문이다. 어린 여자애 둘은 나중에 다른 집에 보냈지만 위로 두 아이는 결혼할 때까지 메이요 부부의 집에서 살았다.

몇 년 뒤 개척 사업의 일환으로 로체스터는 영국 청소년 60여 명을 받아들였다. 대부분 신대륙에서 운을 시험해보려고 온 몰락한 귀족 집안의 둘째 아니면 셋째 아들이었다. 미국의 농사법을 익힐 때까지 이들을 농장 일꾼으로 기용한다는 것이 이 사업의 기본 취지였지만 아무 생각 없이 천진하기만 한 청소년들은 잔뜩 차려 입은 채 총과 낚싯대로 완전 무장하고 있었다. 그 가운데 몇몇은 농장 생활과 미네소타의 혹독한 겨울 날씨를 못 견뎌했다.

닥터 메이요는 이런 주먹구구식 사업에 분개하며 청소년들에게 도의적으로 책임감을 느꼈다. 그들은 도움과 조언을 구하러 그의 진료실을 계속 드나들었고, 겨울이 끝나기 전에 그는 그중 여덟 명을 집으로 데려왔다. 농장 일에 적응하거나 영국으로 돌아갈 길을 찾을 수 있을 때까지 그들을 돌보는 일은 메이요 부인의 몫이었다.

남다른 성품이 필요한 그런 일을 메이요 부인은 연민을 발휘해 군소리 없이 차분하게 해냈다. 그녀가 참을 수 없었던 것은 사회 부적응자들을 한두 명도 아니고 무더기로 감싸고 나서는 남편의 처사였다.

그녀의 판단은 남편보다 좀더 균형 잡혀 있었다. 그녀는 과부와 고아뿐만 아니라 채권자들까지 포용할 만큼 이해심이 남편보다 깊었다. 물론 남편으로 하여금 밀 매점매석과 철도 독점을 규탄하는 열변을 토하게 만드는 경제적 빈곤 문제가 개인의 무능함 때문이기도 하지만 총체적 정책 실패나 부자들의 욕심 때문이기도 하다는 점을 그녀 또한 모르지 않았다.

그렇더라도 남편의 수입으로 가족의 의식주를 해결해야 하는 책임을 지고 있었기 때문에 남편이 선거 유세철마다 생활비 수입원인 의사 일을 내팽개치고 한 번에 2주씩이나 집을 비울 때면 당연히 분통이 터졌다.

계산에 밝은 사람답게 그녀는 남편의 병원만 잘 관리하면 가족이 아무 걱정 없이 편안하게 지낼 수 있다는 것을 잘 알았다. 1869년 가을 닥터 메이요는 뉴욕으로 떠나면서 아내에게 장부를 건네며 환자들이 외상으로 달아놓은 진료비만 회수해도 자기가 없는 동안 가족의 생활비로 충분할 것이라고 말했다. 그녀는 그 일을 능숙하게 해냈고, 메이요 가족이 그 해 겨울만큼 풍족하고 수월하게 생활한 적은 일찍이 없었다. 이런 일을 한 번 겪고 나자 메이요 부인은 살림살이가 빠듯해질 때마다 남편에게 부아가 났다.

시내와 시골에 있는 닥터 메이요의 집 두 채, 그의 잦은 여행과 책과 말과 마차들, 지역 사회에 무슨 큰 일이 있을 때마다 비교적 후하게 내놓았던 기부금, 이런저런 사업 투자 등을 둘러싼 이야기로 보자면 돈이 부족했던 것 같지는 않다.

해마다 닥터 메이요가 재산을 늘렸다는 기사가 신문 지면을 오르내리는 가운데 더러 그 증식분이 어마어마할 때도 있었다. 그는 경비 일체를 지원받는데도 미국의학협회 회의에 매번 참석하지는 않았다. 1876년 여름에는 농장을 구입한 직후 유럽에서 3개월을 지냈다. 그의 아들들도 의과대학을 다니면서 따로 일할 필요가 없었다.

그러나 월과 찰리에게는 아버지가 여윳돈을 가진 기억이 없었다. 메이요 가족은 언제나 허리띠를 졸라매야 했고, 닥터 메이요도 의사 생활로는 겨우 입에 풀칠이나 할 뿐이라고 말했다. 그는 업무와 관련해 종종 외상을 졌다. 물론 외상은 늘 갚았지만, 외상으로 산 말이 외상을 다 갚기도 전에 죽기도 했다.

또 한 가지 문제는 다른 모든 일에서와 마찬가지로 돈을 쓰는 데도 충동적이었다는 점이다. 말하자면 그는 잼에 마음이 끌리면 빵을 포기하는 사람이었다. 예를 들어 로체스터 당국에 상수도 시설 설치를 촉구할 때는 갑자기 열정에 사로잡혀 시설을 설계할 공학 기사를 고용하는가 하면 무작정 여행을 떠나거나 뜬금없이 마차 가게에 들러 최신식 마차를 주문하고는 그 전에 쓰던 마구나 깔개는 어딘가에 처박아두었다.

물론 이런 이야기로는, 병원이 잘되는데도 불구하고 닥터 메이요가 크로스 형제와 닥터 갤러웨이처럼 세금을 많이 내는 로체스터의 부자 명단에 한 번도 들지 못한 이유를 속 시원히 설명할 수 없다. 그 원인은 주로 계획성 없고 천하태평인 사업 방식에서 찾아야 할 듯하다. 그는 환자 외상 장부 기입을 싫어해서 가능한 한 뒤로 미루었다.

로체스터에서 몇 마일 떨어진 농장에 살았던 그레인저 부인이 일 년 반 넘게 자리에서 일어나지 못하는 바람에 그 기간 동안 닥터 메이요는 거의 매일 그 집을 방문해야 했다. 그녀의 남편은 진료 외상값이 자신의 지불 능력을 벗어날 정도로 불어나는 게 싫어 몇 달 뒤 닥터 메이요에게 밀린 진료비가 얼마냐고 물었다. 그러자 그는 이렇게 대답했다.

"장부에 기록하지 않아 얼마인지 모르겠는데요."

그래도 그레인저가 계속 묻자 닥터 메이요 왈,

"음, 그러면 50달러만 주십시오."

몇 달 뒤 그레인저는 똑같은 질문을 던졌고, 똑같은 대답을 들었고, 똑같이 50달러를 지불했다. 그리고 나서 아내가 닥터 메이요의 진료를 받지 않아도 될 만큼 회복되자 그는 외상값을 청산하러 병원에 들렀다. 닥터 메이요는 여전히 정확한 액수를 알지 못했다.

"50달러 주시면 서로 손해가 없겠네요." 그것으로 끝이었다.

나중에 그의 딸 피비에 이어 거트루드의 남편이 부기 업무를 넘겨받아 일정한 체계를 확립했다. 그러나 장부에 기입했다고 해서 외상으로 달아놓은 진료비를 다 받을 수 있었던 것은 아니다. 닥터 메이요는 진료비를 책정하는 것을 싫어했고 밀린 진료비를 달라고 말하는 것도 싫어했다. 그는 사례금이라는 옛날 방식을 선호했던 듯하다. 내가 할 수 있는 최선을 다할 테니 뭐가 됐든 성의껏 주십시오, 라는. 다급하게 쓸 데가 생기기 전에는 여간해서는 청구서를 보내지 않았다.

이런 습관에다 구제 불능의 여린 마음도 한몫 거들었다. 그는 가난한 사람들에게는 진료비를 받을 엄두를 내지 못했다. 가난한 사람들에 대한 그의 사회적·정치적 관점이 옳든 그르든 그 사람들은 정직했고, 어쨌든 그는 그들 덕분에 생활하고 있었다. 그는 형편이 어려운 과부나 빚에 허덕이는 농민에게는 돈을 받지 않았다. 외상값을 한 달에 얼마씩 나누어 내라고 하면 어땠을까? 소송을 제기하면 어땠을까? 닥터 메이요는 그러지 않았다. 그냥 그렇게 하지를 못했다.

1881년 5월 31일 화요일은 닥터 메이요의 예순두 번째 생일이었다. 생일이라고 요란을 떨어대는 것은 성격에 맞지 않아 그는 평소처럼 조용히 보냈다.

그런데 그 날 초저녁 그는 한 여성 지인의 청에 흔쾌히 응해 저녁 식사 후 마차를 몰고 바람을 쐬러 밖으로 나갔다. 회색 말 두 마리가 속도를 내면서 마차가 다시 시내로 향하자 지인은 자기 집으로 돌아가기 전에 잠시 그의 집에 들러 메이요 부인과 수다나 떨었으면 좋겠다고 말했다. 그래서 닥터 메이요는 자기 집으로 마차를 몰았다.

집은 횃불로 대낮처럼 환했고 수백 명의 군중이 마당과 현관을 가득 메우고 있었다. 마차가 들어서자 악단이 울려대는 팡파르를 신호로 사람들이 마차로 몰려들었다.

로체스터에 사는 닥터 메이요의 지인과 환자들이 그를 깜짝 놀라게 해주려고 모여 있었던 것이다. 닥터 메이요는 정말 놀랐다.

한바탕 축하 인사와 악수가 오고간 뒤 그중 한 명이 앞으로 나와 조용히 해달라고 부탁하고는 닥터 메이요에게 이렇게 말했다.

"오늘 저녁 이렇게 아름다운 선생님 댁에…… 이렇듯 특별한 걸음을 하게 돼서 얼마나 기쁘고 영광인지 모르겠습니다.…… 여기 모인 사람들 거의 모두가 삶의 어느 순간 선생님의 환자였습니다. 이 자리를 빌려 선생님께 그 친절함과 헌신과…… 탁월한 의술에 감사드리고 싶습니다.…… 근 25년 동안 선생님은 저희의 친구이자 의사셨습니다.…… 낮이든 밤이든, 깜깜하든 비바람이 불든 그 어떤 보상도 바라지 않고 가난하고 궁핍한 환자들을 열 일 제쳐놓고 달려와 봐주셨습니다. 그 오랜 세월 내내…… 선생님은 의사로서의 본분을 다하는 데 한 치의 망설임도 없으셨습니다.

우리는 오늘 선생님의 생신이 선생님께서 이곳 지역 사회에 베푸신 크나큰 은혜에 감사를 드리기에 더없이 좋은 기회라고 생각했습니다. 하여 저는 여기 모인 사람들을 대표해 친절하고 인자한 이웃이자 신의 있는 벗이요 믿을 수 있는 의사인 선생님에 대한 한량없는 존경의 징표로 이 책들을 선물로 드립니다."

염소 가죽으로 장정해 금박을 입힌 책은 알렉산더 윌슨(Alexander Wilson)과 찰스 보너파트(Charles L. Bonaparte)가 저술한 『미국 조류의 자연사(Natural History of the Birds of the United States)』라는 다섯 권짜리 호화판 전집이었다. (이튿날 언론에서는 책값이 무려 총 110달러라고 보도했다.)

윌리엄 워럴 메이요

키 작은 의사는 완전히 감동했다. 그는 뭔가 대답하려고 애썼지만 감정이 복받친 나머지 목이 메어 아무 말도 할 수 없었고, 군중도 반 이상은 감동한 나머지 눈물을 흘렸다. 마침내 그가 가까스로 몇 마디 했다.

"저 자신과 사람들에게 만족스러운 의사가 되려고 나름대로 최선을 다했을 뿐 이렇게까지 지역 사회 여러분이 고마워하고 있을 줄은 꿈에도 생각지 못했습니다."

메이요 부인, 그리고 지금은 결혼해 버크먼 부인이 됐지만 태도와 기질이 아버지를 쏙 빼닮아 지나칠 만큼 직선적이고 적극적인 거트루드, 타고 있던 마차가 농장 차도로 갑자기 뛰어드는 바람에 내동댕이쳐져 비장을 다치고 5년 동안 환자로 지내야 했던 상냥하고 붙임성 많은 피비, 그리고 두 아들도 그 날 저녁 닥터 메이요와 행복을 함께 나누었다.

의과대학에 다니고 있던 윌은 그 행사에 참석하기 위해, 여섯 시에 도착하는 기차로 방금 집에 왔다. 열일곱 살인 찰리는 아직 고등학생이었다.

그 날 저녁 거기 모인 사람들의 이야기를 듣고 표정을 지켜본 형제의 마음속에선 무슨 생각이 일었을까? 당연히 기쁨과 자부심과 흥분이 일었을 것이다. 아울러 언젠가 자신들도 그런 찬사를 받고 말리라는 결연한 의지도 샘솟았을 것이다.

2부

형제의 도약 시대

1915년 닥터 윌(위 사진에서 오른쪽)의 집 앞 계단에 다정하게 앉아 있는 메이요 형제. 아래는 이 모습을 그대로 재현해 현재의 메이요 클리닉 곤다 빌딩 앞 공원에 설치한 동상.

6장

메이요네 짝꿍

"처음부터 찰리와 저는 늘 붙어다녔습니다. 사람들은 우리를 '메이요네 짝꿍'이라고 불렀어요. 누구든 우리 중 한 명을 데려가려면 둘 다 데려가야 했지요."

월의 말이다. 상상력을 발휘하면 어린 시절 두 단짝의 모습을 그려볼 수 있다.

금발과 푸른 눈에 외로움을 타는 편이라 늘 친구와 사랑을 갈구하는 월. 형인 그는 체구는 가냘프지만 강단 있고 씩씩하면서 재기가 넘친다. 숱 많은 갈색 머리와 큼지막한 갈색 눈에 작달만한 체구의 붙임성 많은 찰리는 뛰어놀 때든 잔심부름을 할 때든 형에게서 떨어질 줄 모른다. 동생이라 그런지 그다지 야무지지 못해 늘 보호와 감시가 필요하다.

둘을 지켜본 사람이라면 누구나 경탄할 수밖에 없었던 불변의 형

어린 시절의 찰스 호러스 메이요와 윌리엄 제임스 메이요(오른쪽).

제애가 바로 이런 관계 속에서 싹텄다. 그리고 그런 강한 형제애를 바탕으로 둘은 최고의 경지에 올랐다.

형제는 책을 읽거나, 구슬치기를 하거나, 오로노코 폭포 또는 줌브로 폭포에서 낚시를 하거나, 로체스터 근처의 절벽 지대 꼭대기에 있는 옛날 인디언 무덤 터에서 화살촉을 주우며 오랜 시간 함께 지냈다. 둘은 서커스 구경을 좋아했고 마을에 동물 곡마단이 들어오면 거의 놓치는 법이 없었다.

매년 봄 '비둘기 철'이면 형제는 월의 조랑말을 마차에 묶어 마을에서 12마일가량 떨어진 비둘기 보금자리로 몰고가서는 나무에서 어린 비둘기를 자루 가득 담아오곤 했다. 당시 비둘기잡이는 아이들에게나 어른들에게나 훌륭한 소일거리였다. 나그네비둘기(여행비둘기)는 밭의 곡식을 먹어치울 뿐만 아니라 한번 떼 지어 날아가면 대낮인데도 하늘이 다 껌껌해질 지경이었기 때문이다(북아메리카의 이 비둘기는 19세기에 20억 마리가 넘을 정도로 많았는데 식용으로 남획된 바람에 20세기 초에 멸종하고 말았다. 옮긴이).

가족들이 보기에 찰리는 윌보다 조용하고 진지하면서 학구열이 강했다.

"늘 책을 읽거나 글을 쓰거나 뭘 만들고 있었어요."

그의 누나는 막내 동생을 이렇게 기억했다. 가족 모두는 손재주가 좋아 뭐든 뚝딱뚝딱 만들어내는 그를 대견하게 여겼다. 화덕이나 펌프나 교유기가 고장나면 찰리가 고쳤다. 집 안이나 헛간에서 쓸 도구가 필요하면 찰리가 고안해냈다.

두 형제가 십대 초반이었을 때 찰리는 아버지에게 소형 증기기관을 사달라고 졸라서는 바퀴가 돌아가는 힘을 이용해 가족의 빨래를 하기도 하고, 장작을 패기도 하고, 우물가의 양수기를 돌리기도 했다. 하지만 형인 윌에게는 증기기관의 작동 원리가 영원토록 헤아릴 수 없는 수수께끼였다. 증기기관이 도착하자 윌은 이 나사 저 나사 눌러보기도 하고 잡아당겨 보기도 하고 한참을 들여다보다 돌려보기도 했지만 도무지 뭐가 뭔지 알 수 없었다.

"난 한 번도 그 망할 놈의 기계를 작동시켜 본 적이 없어요."

이럴 때 찰리가 와서 한두 번 비틀어 돌리면 기계가 칙칙폭폭 소리를 내며 돌아가기 시작했다. 수리가 필요할 때면 그는 기계를 분해해서 원인을 찾고 고장난 데를 고친 다음 부품마다 제자리를 찾아 원래대로 조립했다.

"마술이 따로 없었어요." 윌은 그저 놀랍기만 했다.

메이요 집안에서 두고두고 회자된 이야기가 있다. 열네 살 때 찰리는 미리 눈여겨봐둔 도면과 설명서 말고는 다른 어떤 지침도 없이 아버지의 사무실에서 가족의 농가까지 전화를 설치했다. 그 전화는 전화 회사에서 소문을 듣고 특허권 침해로 소송을 제기하겠다고 으름장을 놓았을 정도로 상태가 아주 좋았다고 한다.

이 이야기의 진위 여부는 확인할 길이 없지만 1879년 찰리가 열네 살 때 닥터 메이요의 사무실과 가족의 농가를 연결하는 로체스터 최초의 전화가 설치됐다는 것은 사실이다.

형제는 교육위원회가 형제의 집에서 길 하나만 건너면 되는 곳에 '웅장하고 우아하게' 지은 로체스터 센트럴 초등학교에 다녔다. 학교에서 형제는 일찍부터 두각을 나타낸 수재도, 얌전한 모범생도 아니었다. 활달하고 장난기 가득했던 윌은 틈만 나면 여자아이들을 괴롭혀 여자아이들이 같이 놀기 싫어했다. 그는 학교 수업을 잘 따라갔지만, 단 산수는 예외였다. 산수는 한 번도 잘한 적이 없었고 그래서 산수라면 진저리를 쳤다.

윌은 원추형 종이 모자(예전에 열등생이나 게으른 학생에게 벌로 씌우던 모자. 옮긴이) 쓰는 것을 죽도록 싫어했다. 자존심이 강하고 너무 예민해서 누가 놀리는 것을 참지 못하고 매번 정색을 하며 불같이 화를 냈다.

약국 집 아들인 친구 지미 엘스가 펼치는 장기 자랑을 보러 갔을 때의 일이다. 입장료는 쇠못 열 개였고, 극장은 헛간이었다. 장기 자랑의 일환으로 지미는 누군가의 모자 밑에 있는 달걀 두 개를 찾아내 날랜 손놀림을 보여주기로 했다. 그는 윌의 모자를 선택했는데 하필이면 달걀이 상해 있었다.

깨진 달걀의 내용물이 뚝뚝 떨어지며 눈으로 흘러들자 월은 손도끼를 홱 낚아채 지미에게 성큼성큼 걸어갔다. 나중에 월이 인정했듯이, 중간에 누가 말리지 않았다면 월은 그때 거기서 생애 최초의 외과수술을 할 뻔했다.

또 한 번은 식료품점 짐마차 후미판에 올라탔을 때였다. 내리라는 말을 들은 척도 하지 않자 마부가 채찍 끝으로 그를 살짝 때렸다. 그 바람에 월은 깜짝 놀라 펄쩍 뛰어내렸고, 그 모습을 본 마부는 껄껄 웃었다. 월은 채찍에 맞아 아픈 것보다 그 웃음소리에 더 화가 났다. 월은 분을 삭이지 못하고 돌멩이를 한 움큼 집어 온갖 욕설을 퍼부으며 마부에게 던졌다.

월은 일찍부터 누구의 침해도 허용하지 않는 장벽을 세웠다. 내면으로의 침잠, 강한 자존심, 독립심 등은 남들과 격의 없이 쉽게 섞이지 못하는 성격으로 발전했다. 월은 또래의 사내아이들이 서로 장난 삼아 머리카락을 잡아당기거나 어깨동무를 하며 느끼는 절친함 같은 감정을 한 번도 표현한 적이 없었다. 친구들도 찰리에게만 그렇게 했지 월에게는 그러지 않았다. 설령 친구들이 그랬을지라도 월은 좋아하지 않았을 것이다.

월은 혼자 있는 시간을 가장 좋아했다. 그 또래의 로체스터 아이들에게 익숙했던 광경 중 하나는 '조랑말을 타고 기운차게 거리를 질주하는 월'의 모습이었다. 닥터 메이요는 아들이 말을 탈 나이가 되자마자 조랑말을 사주었고, 나중에 마을 근처의 학교에서 교편을 잡은 누나 거트루드에게 할 수 없이 넘겨주기 직전까지 그 말은 몇 년 동안 월에게 자랑이요 즐거움이었다. 그 뒤 월은 아버지가 마구간에서 기르던 말을 한 마리 넘겨받았다.

윌은 맨 처음 배울 때부터 두려움 없이 말을 잘 탔다. 한 번은 말 등에 올라타 서커스 행렬이 지나가는 모습을 구경할 때였다. 말이 코끼리를 보더니 놀라서 울타리 위로 펄쩍펄쩍 뛰어오르는 바람에 군중이 웅성거리며 동요했다.

"그래도 초등학생인 윌은 눈 하나 깜짝하지 않았지."

이번에는 주인과 말의 의지가 아직 일치하기 전의 이야기다. 윌이 방향을 바꾸려고 나무 쪽으로 말을 몰았지만 말이 먼저 행동에 나섰다. 그 바람에 윌은 왼쪽 어깨를 바위에 부딪쳐 팔꿈치 뼈가 부러지는 부상을 입었다. 마침 근처에 있던 사람이 윌이 다시 말에 오를 수 있도록 도와주었고, 겨우 여덟 살이었던 아이는 1.5마일을 말을 타고 혼자 집으로 돌아왔다. "닥터 메이요의 아들 윌리엄 제임스 메이요"에게 닥친 그 불운한 사건은 신문에도 났다. 훗날 그는 신문에 수없이 등장했지만 정확히 따지자면 이때가 처음이었다.

이듬해 카운티 박람회에서 18세 미만 청소년 경마 대회가 열렸을 때 윌도 출전해 2위를 차지했다. 세월이 지나 그 지역 노인들은 크게 성공한 이웃의 어렸을 적 이 성취를 떠올리며 킬킬거렸다.

"윌이 2등을 하기는 그때가 처음이자 마지막이었지, 아마."

로체스터의 센트럴 초등학교 '유치원'에서 처음 학교 생활을 시작했을 때 찰리는 공부하기가 싫어 종종 수업을 빼먹었다. 그러나 아들이 도망칠 때마다 어머니는 아들이 가르침을 받아 그런 나쁜 습관에서 벗어날 때까지 그를 붙잡아다 교실에 앉혔다.

쉬는 시간이면 그는 큰길을 건너 어머니에게 뛰어가선 빵 한 조각과 흑설탕을 받아오곤 했다. 시간에 맞춰 학교로 돌아오려면 더러 전력 질주해야 할 때도 있었다. 그럴 때면 늙은 수위가 "서둘러!"라고 고함치며 소년이 계단을 올라가 제 자리에 앉을 때까지 계속 종을 울려댔다.

"교장 선생님한테 잘 보이는 것만큼이나 수위 아저씨한테 잘 보이는 게 중요합니다." 훗날 찰리는 그때 일을 떠올리며 이렇게 말했다.

그는 늘 반에서 상위권에 들었지만 짓궂은 장난에서도 상위권을 달렸다. 어찌나 말썽을 도맡아 피워댔는지 교실에서 무슨 일만 터졌다 하면 교사들은 찰리와 그의 친구 앨버트 영러브부터 의심했다.

결국 벌점을 하도 많이 받아 찰리는 교장 앞에 불려갔다. 그 신사는 여차하면 매를 들 생각으로 튼튼한 막대기를 만지작거리며 죄인에게 '착한 아이가 되면 좋은 점'을 주제로 설교를 늘어놓았다. 그러고 나서 교장은 찰리에게 무슨 할 말이라도 있느냐고 물었다.

"네, 제발 (매질을) 오후로 미뤄주시면 안 될까요? 바지를 하나 더 껴입고 싶어서요."

교장은 근엄하려고 무진 애를 쓰다가 결국 웃음을 터뜨리고 말았다. "그래, 알았다."

당시로서는 이례적으로 센트럴 초등학교는 중고등학교 과정도 가르쳤다. 개설된 교과과정이 하나밖에 없어 과학과 어학은 거의 가르치지 않고 수학 위주로만 수업을 진행했지만 닥터 메이요는 바로 그 점이 마음에 들어 윌을 2~3년 동안 그 과정에 보냈다.

그 뒤 윌은 '미스 핀치 특별 학교'에서 9개월 동안 라틴어, 프랑스어, 독일어를 배우고 '대학 진학 요강'에 특별히 신경 쓰는 신설 사립 학교 로체스터 예비학교에서 일 년 과정을 수료했다.

그 학교에서는 체육이 정규 과목에 포함되지 않았지만 '샘 맨체스터 교수'가 학교 근처에서 '로체스터 체육관'을 운영하고 있었다. 그의 제자들이 대중 앞에서 선보인 두 차례의 시범 경기에서 윌도 '철봉 뛰어넘기, 공중회전, 텀블링, 평행봉, 사다리, 덤벨, 곤봉 돌리기, 재주넘기 등 민첩성과 힘이 필요한 체조 종목' 시범에 나섰다.

찰리는 맨체스터의 제자가 아니었다. 아마도 체조를 하기에는 힘이 부족해서였겠지만 어쨌든 그도 고등학교 과정 2년을 끝내고 잠시 개인 지도를 받은 후 형처럼 로체스터 예비학교에 진학했다.

학교 교육이라고 해봤자 대부분 학년 구분도 없는 데다 결석을 밥 먹듯 하며 3~4년 다니다가 그만두기 일쑤고 기본 과정을 다 합해도 8년이 안 됐던 시절에 윌과 찰리 형제는 부모 덕분에 운 좋게도 사립 예비학교까지 다녔다.

그런데 어떤 점에서는 그 결과가 썩 좋지 않았다. 특히 찰리는 철자법에 서툴렀고 발음할 때마다 꼭 음가를 하나씩 더 붙였다. (예를 들면 belly는 bellie, physics는 phisicks로 발음하는 식이었다.) 윌 또한 프랑스어와 독일어를 배웠는데도 읽고 싶은 외국 의학 잡지를 이해할 만한 수준에는 평생 이르지 못했다.

메이요 부인은 남편에 대해 이렇게 말했다.

"남편에게는 한 가지 약점이 있었어요. 책장사들한테는 장점이었지만요. 남편은 좋은 책을 알아보는 눈이 있었고 또 좋아했어요. 딸애

옷이나 두 아들에게 필요한 물건이나 세간을 사려고 예산을 세워두면 번번이 책장사가 마을에 와서는 내 돈을 홀랑 가로채 갔지요."

닥터 메이요는 거실을 서재로 삼아 벽마다 마룻바닥부터 천장까지 책이 빼곡히 들어찬 책장으로 도배를 했다. 윌은 말년에 그 거실을 이렇게 기억했다.

"아버지가 책을 꺼내려고 나무 의자 위에 올라가 서 계시거나 한쪽 겨드랑이와 무릎 사이에 각각 한 권씩 끼운 채 손에도 한 권을 들고 책장을 넘기시던 모습이 눈에 선합니다."

책들 중에는 훌륭한 소설도 많았다. 윌과 찰리는 아버지의 권유에 따라 월터 스콧(Walter Scott)의 일부 작품과 찰스 디킨스의 많은 작품을 비롯해 제임스 페니모어 쿠퍼(James Fenimore Cooper)의 『가죽 스타킹 이야기(Leatherstocking Tales)』도 읽었다. 특히 쿠퍼의 소설은 닥터 메이요 부부에게 인디언들과의 경험을 떠올리게 할 만큼 생생한 감동을 안겨주었다. 형제에게는 수족이 일으킨 폭동 이야기가 『사슴 사냥꾼(The Deerslayer)』이나 『모히칸족의 최후(The Last of the Mohicans)』와 별 차이가 없었다. 그래서 낭만과 모험을 다룬 쿠퍼의 소설을 읽을 때면 거기에 나오는 배경이 꼭 미네소타 밸리인 것만 같았다.

이렇듯 사실과 허구 사이를 오락가락하다 보면 아버지 사무실의 커다란 쇠솥 안에 유골이 담겨 있는 '잘린 코'가 생각나곤 했다.

봐라, 여기 있지. 머리가 얼마나 작았는지 보렴. 하지만 키는 아주 컸단다. 여기 이 대퇴부 좀 봐라, 엄청 길잖니. 이렇게 인디언 전사의 유골을 통해 골조직을 배우면서 형제의 첫 해부학 수업이 시작됐다.

형제는 다른 과학도 이런 식으로 친숙한 환경 속에서 배웠다. 메이요 부인은 함께 정원 일을 하거나 베어크리크 주변의 들판과 숲을 거닐면서 두 아들에게 식물학을 가르쳤다. 어머니의 지도 아래 형제는 천문학에도 깊이 빠져들었다. 메이요 부인은 가족의 농가 다락방 관측대에 설치해놓은 네 발짜리 망원경을 통해 두 아들이 천체를 보고 나면 남편 서재에서 책을 골라와 그게 무엇인지 설명해주었다.

윌은 천체를 몇 시간이고 하염없이 바라보고 있노라면 별들이 마치 자신에게 미소 짓는 것 같은 느낌이 들었다. 공사비 걱정 없이 마음 내키는 대로 집을 지어도 될 만큼 부자가 됐을 때 그가 유일하게 특별히 주문한 시설은 어머니 집에 있는 것과 같은 관측대였다.

형제는 아버지에게서 물리학과 화학도 배웠다. 형제가 어렸을 때 닥터 메이요는 한때 자신의 스승이었던 위대한 화학자 존 돌턴의 이야기를 자주 들려주었다.

"어렸을 때 아버지로부터 큰 키에 깡마르고 괴팍한 이 학자에 대해, 그의 날카로운 지성과 겸손한 태도에 대해 많이 들었습니다. 아버진 돌턴 시절에는 원자 이론이 일개 과학자의 엉뚱한 생각 정도로밖에 받아들여지지 않았다는 이야기도 자주 하셨지요."

이런 식의 일상적인 가르침은 닥터 메이요가 사무실 뒷방에 차린 누추하고 비좁은 실험실에서 시험관과 버너를 가지고 하는 실험으로 이어졌다. 그런 경험을 통해 윌과 찰리는 과학자가 무슨 일을 하는 사람인지 배웠다. 그리고 고등학생이 되면서부터는 아버지에게 다윈, 헉슬리, 스펜서, 에른스트 헤켈의 책을 건네받으면서 과학의 원리를 제대로 접하기 시작했다. 사고가 자유로웠던 닥터 메이요는 그런 책들이 십대 청소년에게 맞지 않는다고 생각하지 않았으며, 두 아들 또한 흥미롭게 읽었다.

이때부터 형제는 일손도 보태기 시작했다. 월과 찰리는 공부하고 노는 틈틈이 일도 해야 했다.

"아버지는 우리가 쓸모 있는 사람이 되기를 바라셨습니다."

닥터 메이요는 사람은 쓸모가 있어야 한다고 믿었던 만큼 두 아들이 빈둥거리는 꼴을 보지 못했다.

아직 어렸지만 형제는 집안일을 거들어야 했다. 형제는 아침이면 집에서 반 마일 떨어진 목초지로 소들을 몰고 나갔다가 저녁이면 다시 몰고 왔다. 또 메이요 부인이 가사 도우미를 쓰지 않았기 때문에 빨래와 정원의 잡초 뽑는 일도 도와야 했다. 이 밖에 우물에서 물도 길어오고 장작도 패야 했다. 이때 톱질은 주로 찰리가, 도끼질은 주로 월이 맡았다.

이 시절 메이요 부인은 버터를 집에서 직접 만들었는데, 버터가 나올 때까지 오래된 교유기 손잡이를 잡고 들어 올렸다 내렸다 해야 하는 성가신 일은 형제의 몫이었다. 버터가 나오는 데 시간이 너무 오래 걸린다 싶으면 형제는 어머니의 눈을 피해 몰래 뜨거운 물을 조금 부었다. 그러면 시간이 단축됐다. 그러나 물이 너무 뜨겁거나 물을 너무 많이 부으면 버터가 엉망으로 나와 덜미를 잡히기 십상이었기 때문에 신중에 신중을 기해야 했다!

닥터 메이요가 농장을 구입하고 나서 형제는 할 일이 더 많아졌다. 형제는 누나들과 함께 얼마 전부터 집안 식솔로 지내다 농장 일을 돌보게 된 아일랜드 청년 제이 네빌(Jay Neville)을 도와야 했다. 훗날 찰리는 이렇게 말했다.

"감자 자루를 옮기기도 하고, 맥주 한 잔 걸치고 갈퀴로 건초를 긁어모으기도 했지요. 다른 사람들은 짐마차 위에서 커다란 양산을 쓰고 있는데 나 혼자 갈퀴질을 했어요. 아마 내가 농장 일 대부분을 했을걸요."

이때 농사일에 맛들인 찰리는 결국 농사일을 취미로 갖게 됐다. 하지만 월은 농사일에 취미가 전혀 없었다. 그는 농사일이라면 질색을 했다. 하루는 한낮에 밭에서 돌아와 두 번 다시는 밭에 나가지 않겠다고 소리쳤다. 그러고는 그 길로 일자리를 찾으러 시내로 나갔다.

그는 아버지 진료소 아래층에 있는 가이싱어&뉴턴 약국에 취직해 청소, 유리병·막자사발·절굿공이 세척 같은 허드렛일부터 하기 시작했다. 아침 여덟 시부터 저녁 여섯 시까지, 때로는 밤 아홉 시까지 일해야 했는데도 보수는 일주일에 겨우 4달러였다.

처음 받은 월급으로 월은 찰리의 부탁을 들어주었다. 메이요 가족의 집에서도 식구들끼리 옷을 물려받아 입는 게 흔한 일이었다. 닥터 메이요의 프록코트가 닳아 반질반질해질 때마다 메이요 부인은 품을 줄여 찰리에게 입혔다.

"허리는 길고 전체 길이는 깡총한 그 외투를 입으면 찰리는 정말 웃겼어요. 가게에 데리고 가서 새로 한 벌 사주었더니 어찌나 좋아하던지요."

그 옷을 사고 함께 나누었던 기쁨을 형제는 평생 잊지 못했다.

얼마 후 월은 약국에서 처방 보조로 승진했고, 찰리도 학교를 졸업하고 같은 약국에 취직했다.

"형도 그랬고 나도 그랬고 같이 일하고 싶었어요."

한동안 처방 보조는 윌 혼자였지만 일이 너무 많아 결국 약국 주인들은 또 한 명을 쓸 수밖에 없었고, 아랫사람이 생겨 책임이 무거워진 윌은 그 점을 무척 자랑스럽게 여겼다.

어떻게든 쓸모 있는 사람이 되어야 했던 이러한 환경에 비추어볼 때 메이요 형제가 유년기와 청소년기에 보인 모습은 당연한 결과였다. 형제는 어머니의 일뿐만 아니라 아버지의 일도 도우면서 아주 어릴 때부터 병원 일을 배웠다. 처음에 형제는 진료소를 청소하고, 말을 돌보고, 왕진 다니는 아버지의 말 시중을 드는 일부터 시작했다. 윌은 아주 어렸을 때 말을 돌보는 책임을 맡고는 여물통을 딛고 올라가, 성격이 예민해 한시도 방심하면 안 되는 프랭크라는 말의 목에 조심조심 굴레를 던지던 일을 잊지 못했다. 그는 그 일을 좋아했고 가족 기도서에 계속 기록을 남길 정도로 아버지가 기르는 말들에 큰 자부심을 느꼈다.

등교하기 전에 형제는 진료소를 쓸고 먼지를 털어야 했다. 찰리는 이렇게 말했다.

"매일 학교가 끝나는 대로 서둘러 아버지 진료소로 가야 했어요. 어쩌다 늦기라도 하면 벌로 청소를 해야 했고, 형이 중간에 그만둔 뒤로는 말 당번 일을 넘겨받아 아버지의 왕진에 따라다녔지요. 아버지는 내가 따라다니면 말을 맸다 풀었다 하는 시간을 절약할 수 있다고 하셨어요."

아버지가 진료하는 동안 환자 집 밖에서 기다리노라면 어떤 때는 그 시간이 끝도 없이 길게 느껴졌다. 그럴 때면 찰리는 '주로 구슬치기를 하면서' 지루함을 달랬다. 소년에게는 날이 추울수록 좋았다. 아버지가 안으로 데리고 들어갔기 때문이다. 소년은 아버지가 진료하는 모습을 열심히 지켜보며 오가는 이야기를 주의 깊게 들었다가 그 다음 집으로 왕진 가는 길에 자신이 보고 들은 것이 무슨 의미인지 물었다.

환자들이나 아내나 심지어 딸들도, 상황이 아무리 다급해도 닥터 메이요가 두 아들을 윽박지르는 모습은 한 번도 보지 못했다. 윌과 찰리는 창문을 닦고 바닥을 쓰는 일에서 벗어나 붕대를 감고, 고약과 찜질약을 붙이고, 깁스 처치를 도우면서 오늘날의 수련의나 간호사가 하는 일을 하기 시작했다.

윌은 집에 물건을 대주던 청년의 이야기를 종종 하곤 했다. 그 청년이 집에 들렀을 때 닥터 메이요가 부엌으로 들어왔다. 청년의 목에 난 종기를 보더니 그는 갑자기 칼을 꺼내 종기를 쨌다. 너무 순식간이라 청년은 자기가 방금 무슨 일을 당했는지 몰라 어안이 벙벙한 눈치였지만 닥터 메이요는 하던 일을 계속하면서 어깨 너머로 이렇게 소리쳤다.

"윌, 와서 빌 목에 붕대 좀 감아주겠니?"

사무실에서도 닥터 메이요는 환자들이 너무 많이 밀려들어 일손이 바쁘면 그런 식으로 아들들에게 도움을 청했고, 그 과정에서 메이요 형제는 소소한 의술을 자연스럽게 배웠다.

그리고 그런 일을 하면서 형제가 눈과 귀로 흡수한 지식은 그 무엇보다 중요했다. 수도 없이 형제는 병력 파악 과정에서 오가는 질문과 답변을 듣고, 검진 과정을 하나하나 눈여겨보고, 파악한 병력과 검진 결과를 바탕으로 진단과 처방을 내리기까지의 과정에 주의를 기울였다. 이런 경험의 반복을 통해 형제는 닥터 메이요가 진단을 내리고 예후를 살필 때의 원칙을 은연중에 배웠다. 닥터 메이요는 틈나는 대로 그런 원칙을 간결하고 알기 쉽게 설명해주었고, 덕분에 형제는 오래 기억할 수 있었다. 닥터 메이요는 평소에도 '생각과 연구'에 몰두하는 모습을 보여주긴 했지만 세인트폴이나 동부나 유럽 등지를 여행하고 돌아올 때면 두 아들에게 늘 새로운 이야기보따리를 풀어놓았다.

월은 아버지가 제임스 R. 우드(James R. Wood)와 존 매코믹(John McCormick)이 수술을 집도했던 뉴욕의 한 병원을 둘러보고 나서 돌아와 외과 수술에 이용할 수 있는 새로운 마취 이론을 설명해준 날의 감격을 생생히 기억했다. 그렇지 않아도 빠른 손놀림으로 유명한 우드가 허벅지 절단 수술을 2분 만에 끝내자 사람들로 발 디딜 틈 없이 꽉 들어찬 수술실에서 박수 소리가 우렁차게 울려퍼졌다. 그러고 나서 영국 외과 의사 매코믹이 똑같이 어려운 수술을 신중하면서도 단호하게 집도했다. 수술을 끝낸 뒤 그는 침착한 목소리로 이렇게 말했다.

"빠르지는 않았지만 아주 잘됐습니다."

이번에도 닥터 메이요가 뉴욕에 갔다가 돌아왔을 때의 이야기다. 그가 가지고 있던 현미경은 너무 구식이었는데, 뉴욕에서 그는 배율이 높은 최신식 현미경을 보고 강한 인상을 받았다.

월과 찰리와 거트루드는 마차를 몰고 새벽 기차로 로체스터 역에 도착하는 아버지를 마중하러 나갔다. 닥터 메이요가 아침을 먹으러 집에 가기 전에 진료소부터 들르고 싶다고 말하자 진료소를 미리 말끔히 청소해두었던 두 아들은 무척 기뻤다. 형제에게 창문과 바닥을 닦으라고 시킨 뒤 그는 구식 현미경을 집어들고 집으로 가져갔다.

아침 식사 때 그는 식구들에게 선물을 나눠주고 나서 현미경을 식

닥터 메이요가 집을 저당잡히고 구입한 최신식 현미경.

탁 위에 올려놓았다. 그러고는 주머니에서 그가 자신에게 사주고 싶은 선물, 다름 아니라 최신식 현미경을 광고하는 전단지를 꺼냈다. 그는 그 현미경이 정말 근사하긴 하지만 가격이 600달러(대략 2000만 원. 옮긴이)나 하며, 출장 다니느라 돈이 한 푼도 남아 있지 않다고 말했다. 그 기구를 사려면 집을 저당 잡혀야 할 판이었다.

스코틀랜드인의 피를 이어받아 검약 정신이 투철한 메이요 부인의 얼굴이 약간 굳어졌다. 네 아이 양육과 가뜩이나 어려운 경기에 과연 대출금을 꼬박꼬박 갚을 수 있을까? 그러나 그녀는 이렇게 말할 수밖에 없었다.

"이 새 현미경이 진료에 도움이 된다면, 정말 꼭 필요하다고 생각되면 사야지, 뭐 어쩌겠어요."

메이요 가족은 결국 새 현미경을 들여놓았고, 후문에 따르면 닥터 메이요가 현미경을 구입하느라 대출한 돈을 갚는 데 십 년이나 걸렸다고 한다. 하지만 윌은 자신과 동생이 그 덕분에 현미경 사용에 특별한 관심을 갖게 됐다고 입버릇처럼 말했다.

닥터 메이요는 두 아들에게 수술하면서 떼어낸 조직을 알코올에 담가 굳힌 뒤 잘게 잘라 슬라이드에 고정하는 법을 가르쳤다. 당시만 해도 이것은 며칠이 걸리는 까다로운 과정이었다. 이러한 단계에 이어 현미경을 통해 그 결과를 관찰하면서 형제는 병리학의 기초인 현미경 병리학에 입문했다.

형제는 일반 병리학 기초 이론에는 이미 익숙한 상태였다. 닥터 메이요가 부검에 자주 데리고 다녔기 때문이다. 그는 윌이 아주 어렸을 때부터 데리고 다니기 시작했다. 아들이 가만히 서 있어야 할지 어째야 할지 몰라 눈치를 살피고 있으면 닥터 메이요는 아들을 번쩍 들어 올려 수술대 머리맡에 앉혔고, 그때마다 윌은 시체 머리카락을 꼭 붙잡고 고개를 숙인 채 얌전히 지켜보았다.

다른 일에서와 마찬가지로 여기서도 지켜보는 일은 직접 거드는 일로 바뀌었다. 윌에게 이 훈련의 절정은 의과대학에 입학하기 몇 달 전에 찾아왔다. 환자 하나가 사망하자 닥터 메이요는 부검을 하기로 결정했다.

그 날 밤은 바람이 몹시 거셌다. 한때는 잘나가던 호텔이었지만 이제는 방치된 채 환자 혼자 일종의 관리인으로 살았던 브래들리하우스까지 가려면 강을 건너야 했다. 부검은 등잔 불빛 아래서 이루어졌다. 부검을 시작하자마자 왕진 요청이 들어왔다. 열 시쯤 부검이 끝나자 닥터 메이요는 윌에게 배를 닫고 표본을 진료소에 갖다놓으라는 지시를 남기고 먼저 자리를 떴다.

소년은 아버지 앞에서는 두려운 기색을 전혀 내비치지 않았다. 하지만 훗날 윌은 그때를 떠올리며 이렇게 썼다.

"아직도 생생하다. 삐걱대는 그 낡은 집의 음산한 분위기와 길게 이어진 어두컴컴한 복도가. 겨우 일을 끝내고 자꾸만 풀리는 다리를 질질 끌며 현관으로 나왔던 기억이 난다. 입구 위에서 춤을 추며 삐걱거리는 낡은 간판을 지나 밖으로 나오기가 무섭게 나는 죽어라 거리로 내달렸다."

그런 일을 겪어서 그런지 의과대학의 해부실은 하나도 무섭지 않았다.

이렇게 실제로 경험하고 나면 그때마다 형제의 아버지는 책을 한 아름씩 안겨줘 경험만으로는 부족한 부분을 보완하게 했다. 형제는 아버지가 서재 선반에서 꺼내 내용을 숙지해야 한다며 내미는 헨리 그레이(Henry Gray)의 『해부학(Anatomy)』, 홀든(Holden)의 『해부의 기준 (Anatomical Landmarks)』, 제임스 패짓(James Paget)의 『외과병리학 강의 (Lectures on Surgical Pathology)』 같은 책을 읽고 아버지에게 질문을 던지거나 함께 토론했다.

중고등학교 시절 윌은 패짓의 책을 통해, 일반 병리학을 개척한 18세기의 위대한 의사 존 헌터(John Hunter)를 알게 됐다. 병리학자라고 하더라도 과학뿐만 아니라 돈도 추구하는 일반의로 나서야 했던 시절에 헌터는 '빌어먹을 돈을 뒤쫓는 끝없는 사냥'보다 체계적인 질병 연구에 매달렸다. 사무실에 출근해 하루의 진료를 시작하기 전 그는 매일 새벽 네 시에 일어나 표본을 연구하며 외과병리학을 확립했다. 그가 수집해 일일이 찌지를 붙인 13,000점의 표본은 왕립외과학회 박물관에 소장됐다. 패짓은 바로 그 표본에 근거해 책을 집필했다.

존 헌터는 윌에게 영원히 식지 않는 영감을 불어넣는 영웅으로 자리 잡았다. 훗날 윌은 메이요 클리닉의 자기 진료실에, 그것도 책상 바로 맞은편 벽에, 시선을 올리면 바로 보이는 곳에 조슈아 레이놀즈가 그린 존 헌터의 초상을 늘 걸어두었다.

무슨 일이든 아버지를 돕는 데 익숙했던 윌과 찰리는 수술할 때도 자연스레 아버지를 돕게 됐다. 할 일은 언제나 많았다.

닥터 메이요는 비단과 리넨 실을 사용해 혈관을 묶고 상처를 봉합했기 때문에, 실타래를 알맞은 길이로 잘라 밀랍을 먹인 다음 외가닥으로 꼬아 봉합사를 준비하는 것은 형제의 일이었다. 그러고 나면 여러 개의 바늘에 실을 꿰어 아버지 외투 깃에 꽂아놓고 옆에서 대기하고 있다가 아버지가 달라고 할 때마다 건넸다. 그러는 사이사이 수술도구를 불에 달구거나 스펀지를 처리해야 할 때도 있었다.

그런 일을 하다가 우연한 기회에 찰리는 아버지의 마취사가 됐다. 닥터 메이요가 난소 종양 제거 수술을 할 때였는데, 윌은 아버지의 수석 조수를 맡았다.

일반인에게 마취제는 여전히 두려울 만큼 생소했기 때문에 주로 이름난 의사들만 마취제를 다루었다. 이 날 닥터 메이요의 마취사도 로체스터에서 꽤 유명한 의사였다. 외과 의사인 그는 옴스테드 카운티 검시관으로도 일한 적이 있었지만 살아 있는 사람을 눕혀놓고 하는 큰 수술에는 익숙지 않았다.

닥터 메이요는 복부를 절개한 뒤 종양의 고름을 빼냈다. 그런 다음 겸자를 이용해 암종 조직을 들어내기 시작했다. 그 과정에서 종양 뿌리가 출렁이면서 '소가 진창에서 저벅거리는 소리' 비슷한 기이한 소리가 났다. 마취사의 신경이 감당하기에는 너무 벅찼던지 그는 그만 기절하고 말았다.

닥터 메이요는 재빨리 여러 가지 가능성을 타진한 뒤 소파 끄트머리에 있는 과자 상자를 걷어차며 이렇게 말했다.

"찰리, 네가 여기 서서 마취제를 투여하거라."

"그때 찰리는 침착하게 아주 잘했지요." 훗날 윌이 이렇게 말하자 찰리가 몇 마디 덧붙였다.

"아버지 말씀대로 환자가 뒤척이지 않으면 투약을 멈추고, 다시 뒤척이기 시작하면 몇 방울 더 투약했지요. 그래도 그만하면 잘한 편이었어요. 하지만 다른 의사를 도우러 온 의사처럼 수술을 지켜보느라 환자한테는 거의 신경을 쓰지 못했어요."

메이요 집안 사람들은 이 사건을 찰리가 열 살 때의 일로 기억했다. 그러나 마취사와 환자의 신원을 근거로 조회한 기록에는 당시 그의 나이가 열여덟 살이었다고 나와 있다. 어쨌든 찰리는 환자들이 알았으면 불안해했을 아주 이른 나이에 마취사의 직무를 맡았다. 진료소와 시골 왕진, 병실과 부검대, 의학 서적과 잡지로 가득한 서재, 골학, 병리학, 화학. 메이요 형제에게는 이 모두가 익숙한 광경이자 업무였다. 의학은 동떨어진 그 무엇이 아니라 많은 시간과 노력을 들여 배운 일련의 가르침이면서 다른 직업과 마찬가지로 생계를 잇는 수단이었다. 한마디로 의학은 생활 그 자체였다.

"농부의 아들이 농장에서 크듯이 우리는 의학의 세계에서 자랐습니다."

지금은 이런 일이 거의 불가능하다. 수술은 전문 병원으로, 부검은 부검실로 넘어간 지 오래다. 어쨌든 의사의 아들들이 옆에서 관여한다는 것은 생각조차 할 수 없는 일이다. 의사의 진료실은 먼지 하나 없이 깨끗하며, 의사의 태도 또한 거기에 맞게 정형화됐다. 능률적인 절차, 철저하게 관리되는 기록, 깍듯하게 환자를 맞이하는 간호사 등등이 한때 의사의 품위를 상징했던 중절모와 프록코트를 밀어낸 지 오래다. 이런 질서 속에서는 호기심 많은 아이들이 설 자리가 없게 마련이다.

의사가 진료하는 동안 그의 아들들이 침대 옆에서 지켜본다면 오늘날의 환자들은 뭐라고 할까?

메이요 형제에게는 의술보다 더 중요한 게 있었다. 그 뿌리는 형제의 유년기에서 찾을 수 있다. 닥터 메이요는 두 아들에게 의사의 원칙과 윤리에 대해서도 가르쳤다.

그는 형제가 꼬마였을 때부터 지역 의학회 모임에 데리고 나갔고, 거기서 형제는 의사들 사이에 오가는 대화를 귀 기울여 들었다. 집에서뿐만 아니라 그곳에서도 형제는 아버지의 친구들을 만났고, 그중에는 의사로서 귀감이 될 만한 인물도 더러 있었다.

윌이 수족의 폭동 때 아버지와 함께 일했던 세인트피터의 닥터 아사 W. 대니얼스를 만난 것은 미네소타 의학회 모임에서였다.

"그래 의학을 공부하고 싶다고? 하기야 그 어떤 직업보다도 만족스러운 직업이지. 다른 사람들에게 봉사할 수 있으니까. 내가 충고 하나 할까? 나중에 의사가 돼서 시골로 왕진을 나가거든 먹는 걸 주의하거라. 뭐든 끓여달라고 부탁해라. 겪어보니 그렇더구나."

대니얼스가 말했다. 파스퇴르가 등장하기 전이라 이것은 경험에서 우러나온 지혜였다.

윌과 찰리는 플레인뷰의 닥터 너새니얼 S. 테프트(Nathaniel S. Tefft)

와도 알고 지냈다. 그도 형제의 아버지처럼 사고가 자유로우면서 뛰어난 의술과 남다른 활력을 지닌 외과 의사였다. 하지만 형제는 의사의 직분을 수행할 때 그가 보여준 담력을 주로 기억했다.

그는 "소아마비를 앓아 목발을 짚고 절뚝거리며 시골 왕진을 다녔지만 무슨 일이 있어도 의사로서의 소임을 다했다. 겨울에 눈길을 헤치면서까지 진료에 나서는 바람에 귀가 시간이 늦어지면 마차 대여업자가 사람을 모아 그를 찾으러 나서곤 했다. 그러면 십중팔구는 말과 함께 눈더미에 갇힌 채 무릎 덮개를 뒤집어쓰고 구조대를 기다리고 있었다."

'이상에 쉽게 동화되는 시기'인 청소년기의 형제에게 그런 사람들과의 교류는 당연히 좋은 영향을 미쳤다. 형제는 의사의 삶은 봉사하는 삶이어야 하며, 특별한 보상이 있든 없든 의사는 누가 진료를 청하면 반드시 응해야 한다는 전통 속에서 성장했다.

형제는 시골에서 너무 늦은 밤이나 눈보라가 한창일 때 왕진 요청이 오면 제이 네빌이 아버지를 뜯어말리며 가지 말라고 하는 모습을 여러 번 봤다.

"가봐야 대가도 못 받잖아요. 선생님도 잘 아시잖아요, 그 사람들한테는 그럴 능력이 없다는 거."

"제이, 자넨 이해 못해. 그 사람들은 아파, 그래서 의사가 필요하단 말일세."

닥터 메이요는 이렇게 말한 뒤 마차를 몰고 나갔고, 제이는 그의 등 뒤에 대고 이렇게 중얼거렸다.

"돈도 못 받을 거면서."

형제가 아버지의 진료소에 나가 일을 도울 때였다. 환자들이 모두 가고 외상으로 달아놓은 진료비를 장부에 기록하려는데 아버지가 이렇게 말하는 소리가 들렸다.

"저 사람들은 모두 가난하단다. 기록하지 말거라."

찰리는 먼 훗날까지도 이 말을 똑똑히 기억했다.

형제가 경제 불황이라는 힘든 시기에 유년기와 청소년기를 보냈다는 사실에 주목할 필요가 있다. 개척민들이 새로운 땅에 터전을 잡으며 꾸었던 행복하고 윤택한 미래의 꿈은 어느새 빛이 바랜 채 가뭄과 빚, 흉작, 가격 폭락, 잃어버린 집이라는 쓰디쓴 현실만 남아 있었다. 윌과 찰리는 아버지의 눈을 통해 그런 상황과 그 원인을 보면서 노블레스 오블리주 정신을 배웠다.

"아버지는 신체 능력이 남다르거나 지성이나 재능이 특출한 사람은 사회에 뭔가를 빚지고 있다고 믿었어요. 그래서 그런 사람은 힘이 닿는 한 다른 사람들에게 봉사해야 한다고 생각하셨지요."

나중에 형제는 자신들이 세상의 박수갈채를 받게 된 이유를 이런 식으로 설명했다. 그런데 이 집안을 잘 아는 현명한 지인들은 윌과 찰리의 능력과 가치관이 아버지의 유산만은 아니라고 확신하며 전기 작가들에게 이런 언지를 던지곤 했다.

"어머니를 빼놓지 마세요."

안타깝게도 메이요 부인이 어떤 생각을 가지고 있었고 무엇을 가르쳤는지에 대해서는 기록이 너무 빈약하다. 그래도 두 아들이 어머니의 넓은 마음씨와 이해심과 포용력에 대해 이야기할 때 드러냈던 경외감은 남아 있다.

"어머니는 다른 사람의 좋은 점은 받아들이고 나쁜 점은 비난하지 않으셨습니다. 누구를 험담하는 소리를 들어본 적이 없습니다." 윌의 말이다.

찰리는 자신에게 경의를 표하기 위해 모인 로체스터 주민들에게 아주 솔직하게 이야기했다.

"형과 제가 지금까지 한 일 중에서 가장 대단한 일은 바로 저희 아버지와 어머니를 부모님으로 둔 것입니다."

7장

의과대학에서

직업 선택과 관련해 메이요 형제는 처음부터 확고했다.

"의사 말고 다른 일을 할 수 있다는 생각은 한 번도 해본 적이 없습니다."

윌의 말이다. 의과대학 진학은 기정사실이었고, 다만 한 가지, 어디로 갈지만 결정하면 됐다.

학교는 넘쳐났지만 닥터 메이요가 인디애나 의과대학에 다니던 시절과 비교해 달라진 점이라고는 한심할 정도로 없었다. 초창기에는 의사가 턱없이 부족한 상황을 타개하는 데 크게 기여했던 지도 의사 제도도 빛 좋은 개살구로 전락해 대다수의 학생이 수련의로 등록한 순간부터 수료증을 받아 돌아올 때까지 지도 의사의 얼굴 한 번 보지 못했다.

사정이 이렇다 보니 대개 열 달 내지 열두 달 남짓한 훈련 과정만 거치면 누구나 의사가 될 수 있었다. 개혁을 촉구하는 쪽에서 지적했 듯이, 기계공이나 인쇄공이나 도선사가 되는 데 필요한 기술과 지식을 습득하는 기간만큼만 투자하면 의사가 될 수 있었다.

학교 수업이라고 해봤자 여전히 '알맹이 없이 지루하기만 한' 수준에 머물러 기껏해야 학생들은 "많이 듣고 조금 보면서 아무것도 하지 않았다." 의대생들은 질병을 시시콜콜 설명하는 장광설만 들었지 환자나 병증을 육안으로 직접 확인할 기회를 거의 접해보지 못한 채 임상이나 실험 경험은 아예 꿈도 꾸지 못했다. 대부분의 학생이 환자의 맥 한 번 짚어보지 못한 채, 폐와 심장 소리 한 번 들어보지 못한 채, 부인병 증상 한 번 구경해보지 못한 채 학위를 받았다.

의대 교수들은 학교의 이런 열악한 상태를 누구보다 잘 알고 있었고, 그래서 항의와 비난의 목소리를 높였지만 사립이라는 벽에 부딪쳐 번번이 탁상공론으로 끝나고 말았다. 교수를 겸직하는 이사들은 비용 부담이 늘거나 등록금을 내는 학생 숫자가 줄어들 것 같으면 누가 아무리 바람직한 개선 방안을 내놓아도 들은 척도 하지 않았다.

그래서 개혁은 늘 뒷전으로 밀려났고, 여기저기서 사립학교가 우후죽순으로 생겨나는 시류에 편승해 강좌 개설에는 관심 없고 잿밥에만 관심 있는 엉터리 삼류 대학들이 학교 간판만 내건 채 학생들이 지원만 하면 50달러나 100달러를 받고 의대 졸업장을 내주고 있었다.

윌리엄 오슬러의 지적대로 당시 미국의 의학 교육 체계는 전 세계의 웃음거리였다.

닥터 메이요는 이런 문제를 샅샅이 꿰고 있었다. 미네소타 주 의학회 의학 교육위원으로서 그는 하버드 의과대학의 사례를 제시하며 이를 강력히 추천하는 장문의 보고서 작성에 참여한 적도 있었다. 당시 하버드 의과대학은 입학 자격 제한, 3년제 과정, 연간 9개월의 출석 일수를 채택해 개혁의 선두를 달리고 있었다. 그래서 닥터 메이요는 윌에게 맞는 학교를 고르는 데 무엇을 기준으로 삼아야 하는지 잘 알고 있었다.

1880년만 해도 미네소타에는 사실 갈 만한 곳이 없었다. 주 전체를 통틀어 의과대학이 세인트폴 의과대학 한 곳밖에 없기도 했다. 거기서는 닥터 알렉산더 J. 스톤이 화학을 제외한 전 과목을 가르치는 교수이자 학장 겸 관리 이사로 있었다. 닥터 메이요는 스톤과의 친분에 눈이 멀어 윌을 세인트폴 의과대학에 보낼 만큼 어리석지 않았다.

1880년 미시간 대학교 의과대학이 하버드 의과대학의 선례를 따라 입학 요건을 강화함으로써 명문 의대의 반열에 올라섰다. 그곳은 교수진도 훌륭했고 교육 방침도 임상 강의에 초점을 맞추고 있었다. 과장이 아니라 당시 미시간 의과대학은 미국의 의과대학을 통틀어 가장 규모가 크고 시설이 좋은 화학 실험실을 갖추고 있었다.

무엇보다 자타가 인정하는 미시간 의과대학의 가장 큰 자랑거리는 1877년 앤아버에 지은 미국 최초의 명실상부한 대학교 부설 병원이었다. 남북전쟁 당시 누각 형태의 목조 건물로 출발한 이 병원은 150명의 환자를 수용할 수 있는 시설과 임상 참관이 가능한 외과 수술실을 갖추고 있었다.

메이요 가족에게는 이 모두가 솔깃하게 들렸다. 그래서 1880년 9월 16일 윌은 미시간 대학교에서 의학을 공부하러 로체스터발 동부행 정오 기차에 올라탔다.

당시 열아홉 살이었던 그는 호리호리한 체격에 키는 그다지 크지 않았지만 빈틈없고 다부졌다. 그가 집을 떠나 혼자 지내기는 이때가 처음이었다. 이때의 심정이 어땠는지는 한 번도 말한 적이 없지만 교수진 눈에 비친 그는 그저 '서부 촌놈'일 뿐이었다.

미시간에서의 그의 일상에 대해서는 알려진 게 거의 없다. 그가 수강한 과목과 성적을 기록한 학적부마저 무상한 세월 앞에 어디로 갔는지 자취를 감추고 말았다. 그의 유일한 방과 후 활동은 권투였던 듯하다. 그는 전교 권투 대회에 나가 133파운드급에서 우승하기도 했다.

월의 친구 중에 프랭클린 페인 몰(Franklin Paine Mall)이라는 아이오와 출신의 약골 소년이 있었다. 몰은 겨울에 외투를 입지 않고도 감기에 걸리지 않는 훈련으로 스스로 체력을 강화했다. 월이 만난 학생 가운데 그렇게 '강한 정신력의 소유자'는 몰이 처음이자 마지막이었다. 훗날 몰은 당대의 뛰어난 해부학자 중 한 사람으로 의학 교육 개혁에 앞장섰다.

월과 친하게 지낸 또 한 명의 학생은, '허친슨 치아'를 발견한 사람으로 유명한 영국 런던의 박학한 의사와 사촌지간인 우즈 허친슨이었다. 선천성 매독이 원인으로 추정되는 허친슨 치아는 영구치가 반달 또는 톱니 모양으로 나는 것이 특징이다. 어쨌거나 그는 길쭉한 얼굴과 붉은 머리에 키가 컸고 의학과 관련된 사실은 뭐든 줄줄 꿰고 있었지만 사교성이 부족해 친구가 별로 없었으며, 훗날 의사로도 크게 성공하지 못했다.

월은 친하게 지낸 세 번째 동창의 이름은 한 번도 언급한 적이 없다. 학년 전체에서 가장 촉망받는 학생이었던 그 친구는 졸업할 때 우등상이란 상은 모두 휩쓸었다. 다들 그 친구의 성공을 점찍었다. 졸업한 지 얼마 지나지 않아 그 친구가 문을 연 병원이 문전성시를 이뤘다는 소식이 들려왔다.

그 뒤 그 친구의 입에서 직접 나온 이야기는 의심스러운 내용 일색이었다. 대체 그 친구는 고정이 필요한 이동신장(이동콩팥) 환자와, 적출이 필요한 병든 난소 환자를 어디서 그렇게 많이 찾아냈을까?

하루는 그 친구가 자신의 진료를 받다가 죽은 환자에 대한 강제 부검이 이루어진 적이 한 번도 없다며 자랑하는 소리를 듣고 윌은 환멸감을 감추지 못했다. 그 친구는 이렇게 말했다.

"우리 모두는 실수를 하지. 하지만 나는 내 실수를 다른 사람들이 알지 못하도록 최대한 신경 쓴다네."

나중에 윌의 기억 속에 남은 교수들 중에는 의과대학 학장이면서 임상 의학을 가르친 알론조 B. 파머(Alonzo B. Palmer)가 있었다. 의학계에 몸담은 지 40년이 다 된 이 온후한 노교수는 토요일 쪽지 시험에 통과하지 못한 학생은 일요일 저녁 예배에 참석해 학장에게 얼굴을 보이는 것으로 벌을 대신할 만큼 독실한 장로교 신자였다.

파머는 옛날 방식을 고수하며 새로운 의학 이론을 그다지 탐탁지 않게 여긴 임상의였다. 그는 학생 가르치는 일을 좋아해 수업 한 시간 전부터 환자를 받지 않았지만 임상 강의보다 교실 수업을 선호했다.

반면 안과학 교수 조지 E. 프로싱엄(George E. Frothingham)과 외과학 교수 도널드 매클린(Donald Maclean)은 임상 강의를 선호했다. 젊고 유능하고 패기만만했던 이 두 교수는 학생들 사이에서는 인기가 많았지만 동료들 사이에서는 비정통 신앙 때문에 따돌림을 당했다.

프로싱엄은 교수진을 통틀어 머리가 가장 비상했던 듯하다. 그는 정규 의학에서는 눈병과 귓병을 거의 취급하지 않던 시절 그 분야에 매진해 두각을 나타냈다. 맹인을 보게 하고 귀머거리를 듣게 했던 그의 성과는 대학 당국자들이 주의회에 예산안을 제출할 때 증빙 자료로 첨부했을 만큼 대단했다.

그러나 프로싱엄이라고 해서 학생들을 늘 휘어잡지는 못했다. 당시 의대에는 주로 '건장하고 수염을 기른 어른'이 많이 다녔다. 그들은 존경심을 비치기는커녕 수업 시간에도 제멋대로 떠들고, 박수를 치고, 발을 구르고, 야유를 보내는 등 학생답지 못한 태도로 젊은 교수를 당혹스럽게 했다. 학생들의 장난기는 종종 계단식 원형 강의실의 맨 앞줄에 앉은 학생을 하나 골라 번쩍 든 다음 헹가래를 치며 한 줄씩 뒤로 보내면 끝줄에서 받아 다시 내려놓는 형태로 나타났다. 윌이 신입생이던 시절에도 하루는 그런 짓궂은 장난 때문에 프로싱엄의 임상 강의가 엉망이 되고 말았다. 상급생 한 명은 유명한 불가지론자 밥 잉거솔(Robert Green "Bob" Ingersoll)의 강의를 들으러 디트로이트에 가야 한다며 다음 번 임상 강의에서 좀 빼달라고 청했다. 청을 들어주기에 앞서 프로싱엄은 잉거솔처럼 훌륭한 인물을 '밥'이라는 별명으로 부르는 무례를 주제로 잠시 강의를 했다.

바로 그때였다. 머리와 수염이 온통 불그죽죽한 어느 사십대 학생이 벌떡 일어나 격한 목소리로 동작까지 격하게 취해가며 무신론자의 강의를 반격하고 나섰다. 참고로 그는 의료 선교사로 일하려고 의대에 다니고 있었다.

그의 자리는 둘째 줄에 있었는데, 그는 순식간에 번쩍 들려 헹가래

질을 당해야 했다. 잠시 후 앞줄에 앉은 학생들이 그를 내려놓다가 실수하는 바람에 그는 창문 밖 라일락 덤불로 곤두박질쳐 여기저기가 까지는 부상을 입었다.

곧이어 대학 내의 여론이 들끓었다. 사람들은 프로싱엄뿐만 아니라 매클린까지 싸잡아 비난했고, 그들이 하지도 않은 말을 했다고 우겨댔으며, 이 의대를 젊은이들의 윤리를 해치는 무신론의 온상이라고 성토했다. 그러자 교수진 가운데 정통을 자처하는 성원들까지 가세해 두 동지를 배척하고 나서면서 학교를 백척간두의 위기로 몰아갔다.

특히 몇몇 신입생은 그런 난리법석에 크게 당황했다. 프로싱엄도 매클린도 그렇게까지 욕먹을 발언을 절대 한 적이 없었기에 그들은 최선을 다해 진상 규명에 나섰다.

월을 비롯해 신입생 몇 명은 이듬해까지 진상 규명을 계속 쟁점화했다. 거기에는 앞으로 자신들 또한 그런 식으로 당할지 모른다는 위기의식도 어느 정도 작용했다. 의사가 하나의 직능 단체로서 힘을 발휘하려면 서로 싸우기보다 공동의 적에 맞서 학문 도야와 후진 양성에 더욱 힘쓰고 성원들끼리 더욱 신의를 지켜야 한다고 그들은 생각했다.

이러한 목표를 달성하기 위해 그들은 마침내 '누 시그마 누(Nu Sigma Nu)'라는 동아리를 결성해 학교의 승인을 받고 1882년 3월 2일 회칙을 채택하기에 이르렀다. 동아리의 취지와 이상을 알리는 선언문은 대부분 월이 작성했다.

가을 들어 회원이 열 명으로 늘어나자 그들은 집을 한 채 빌려 생활비를 공동으로 부담하며 졸업할 때까지 같이 살았다. 그들의 우상이면서 이 동아리에 관심이 많았던 프로싱엄과 매클린은 명예 회원으로 추대됐다.

몇 년 뒤 이 동아리 출신의 미시간 의대 졸업생들은 각자가 일하는 지역 사회에 지부를 세웠고, 그러한 관행이 계속 퍼져나가 오늘날 누 시그마 누는 미국에서 가장 알아주는 전문직 종사자 모임의 하나로 인정받기에 이르렀다. 현재(1940년경. 옮긴이) 누 시그마 누는 미국 전역에 40여 개 지부와 1만여 명의 회원을 거느리고 있다. 거기에는 세계에서 내로라하는 의학계의 거물들도 포함되어 있다.

미시간 대학병원은 멀리서도 찾아오는 환자들로 북새통을 이룰 만큼 유명했다. 그런데 대학교 측은 편람을 통해 새로 지은 병원 병동을 자세히 소개하긴 했지만 임상 강의에는 아직 활용하지 않고 있었다. 이 때까지도 이 병원은 시험 운용 중인 대학병원으로만 인식됐다.

임상 강의는 외부 계단을 통해 캠퍼스와 연결되는 병원의 계단식 원형 수술실에서 이루어졌다. 맨 앞줄은 공식적으로 지정된 3학년 자리였고 2학년은 암묵적 권리를 행사해 그 다음 줄을 차지했기 때문에 1학년은 저 아래서 무슨 일이 벌어지는지 거의 알 수 없는 맨 끝줄에 앉았다. 그러나 그런 꼭대기 자리에서도 윌은 짜릿한 전율을 느꼈다.

이때를 회상하며 그는 이렇게 썼다.

"맨 뒤에 앉아 수업을 듣던 신입생 시절이 생생하게 떠오른다. 너무 멀어 수술 과정을 자세히 볼 수는 없었지만 수술이 진행되고 있다는 사실만으로도, 조교들이 각자 제 역할을 소화하는 모습을 보는 것만으로도, 3학년들이 밑으로 불려나가 진단과 관련있는 간단한 시험을 치르고 교수진의 허락 아래 작은 역할이나마 맡아 수술에 참여하는 모습을 보는 것만으로도 가슴이 벅차올랐다."

그도 그런 경험을 하고 싶어 좀이 쑤셨다. 마침내 3학년이 되자 그는 그럴 필요가 없었다. 닥터 매클린의 조교로 발탁되어 수술대 옆에 섰기 때문이다.

캐나다 출신인 도널드 매클린은 온타리오 주 킹스턴의 퀸스 대학교 의과대학과 스코틀랜드의 에든버러 대학교 의과대학을 졸업했다. 스코틀랜드 유학 시절 그는 그 나라의 위대한 외과 의사 제임스 사임 밑에서 전공의 겸 조교로 경력을 쌓았다. 나중에 온타리오의 모교에서도 똑같은 요청이 들어왔지만 그는 미시간의 요청을 받아들여 이곳 외과 과장으로 부임했다. 부임한 지 얼마 되지 않아 그는 미시간 의사들의 존경과 신뢰를 얻었다. 당혹스러운 사례에 직면할 때마다 그만큼 딱 부러지게 조언해주는 고문도 없었기 때문이다.

하지만 무엇보다 중요한 문제는 매클린이 무균 수술법을 어떻게 생각했느냐는 점이다. 외과 수술의 역사는 무균법을 기준으로 그 전과 후로 나뉜다. 당시는 과도기였다.

조지프 리스터는 글래스고 진료소의 외과 병동을 회진할 때마다 종종 실의에 빠졌다. 그곳엔 그에게 수술받은 외과 환자들이 줄줄이 누워 있었다. 분명히 그는 수술을 성공리에 마쳤지만 환자들은 절단 부위나 상처 부위에서 고약한 냄새를 풍기는 누런색 고름을 질질 흘리며 고열에 들떠 이리저리 뒤척였다. 그곳에서 환자들은 수술 후 어김없이 찾아오는 치명적인 패혈증성 감염에 맞서 사투를 벌였다.

이런 환경에서 외과 수술의 발전은 아무리 마취를 잘한다 해도 인류에게 축복이자 저주였다. 패혈증은 반드시 잡아야 했다. 하지만 어떻게?

오랜 세월에 걸친 관찰과 연구 끝에 리스터는 염증과 화농은 공기 중의 뭔가가 야기하는 부패 작용의 결과라는 결론에 이르렀다. 그러나 그 뭔가가 무엇인지는 도무지 알 길이 없었다.

그러던 어느 날 글래스고의 화학자 한 명이 루이 파스퇴르의 논문을 읽어보라고 추천했다. 그 젊은 프랑스 화학자에 따르면 발효와 부패는 미생물 또는 세균에 의해 발생했다.

리스터는 이 단서를 꽉 붙잡고 늘어졌다. 여기에 희망이 있었다! 세균이 감염 원인이라면, 나아가 세균이 상처에 침범하지 못하게 막을 수 있다면 고열이나 염증이나 화농 없이도 나을 수 있을 터였다. 미생물은 손, 수술 도구, 붕대는 물론 심지어 공기 중의 먼지 입자 등 고체라면 어디든 달라붙을 수 있기 때문에 모든 것을 청결하게 유지해야 했다. 단지 눈으로 보기에 청결한 정도가 아니라 균이 하나도 없을 만큼 청결하게. 가능하다면 공기까지 살균 처리해야 했다.

리스터는 이런 원칙을 바탕으로 새로운 외과 수술법을 개발해 석탄산을 소독제로 사용했다. 구체적으로 말하면 그 용액으로 손과 도구를 깨끗이 닦고, 붕대는 고약 형태로 굳힌 석탄산을 골고루 먹여 살균 처리하고, 공기도 분무기로 석탄산을 뿌려 소독했다.

리스터는 이런 방법으로 자신이 그토록 바라던 무균 환경을 달성할 수 있는지 확인할 길은 없었지만 경험을 통해 그렇다는 것을 알 수 있었다. 악취와 신음 소리로 지옥이나 다름없었던 외과 병동에서 살이 썩는 냄새는 물론이고 고열과 염증도 싹 사라졌기 때문이다. 그의 환자들은 아무 탈 없이 회복했고, 상처는 전혀 덧나지 않고 저절로 아물었다.

그는 패혈증은 얼마든지 예방할 수 있으며, 어떻게 하면 그럴 수 있는지 보여주었다. 그는 외과 의사들에게 막막하게만 보였던 지평선에 이르는 길을 닦았다.

리스터는 1864년 파스퇴르의 논문을 읽고 1865년 처음으로 석탄산 용액에 담근 도구로 수술한 뒤 1867년 자신의 방법과 그 놀라운 결과를 널리 알렸다.

조지프 리스터가 석탄산을 뿌리는 데 사용한 분무기.

의학계에서 그의 성과를 인정하는 움직임이 서서히 일기 시작했다. 유럽 대륙의 외과 의사들이 그의 병원을 방문해 그가 집도하는 대담한 수술과 놀라울 만큼 빠른 회복을 보이는 환자들을 보고 입을 다물지 못했다.

농혈증이 회복 불능의 피해를 끼치는 바람에 병원 문을 닫기 일보 직전이었던 독일 할레의 폴크만(Richard von Volkmann)과, 맹위를 떨치는 단독(세균에 감염되어 피부가 빨갛게 부어오르는 급성 염증 질환. 옮긴이) 때문에 똑같은 전철을 밟고 있던 뮌헨의 누스바움(Johann Nepomuk von Nussbaum)은 리스터의 방법을 최후의 보루로 삼았다. 그러자 감염이 씻은 듯이 사라지면서 병원 두 곳 모두 기사회생했고, 폴크만과 누스바움은 유럽 대륙의 새로운 무균 수술법 분야에서 일가를 이루게 됐다.

독일에서 리스터의 명성은 1875년 그곳 의료계를 둘러보려고 오른 여행길이 승리의 행진으로 바뀌었을 만큼 대단했고, 1879년 파리에서 열린 국제 의학 회의 행사장은 그가 등장하자 말 그대로 열광의 도가니로 변했다.

리스터가 이미 1879년에 세계 무대에서 그처럼 열렬한 갈채를 받았다는 사실로 미루어 1883년쯤이면 미국 의대생들도 당연히 리스터의 방법과 원칙을 자세히 배우고 있었을 것이라 생각할 수도 있다. 그러나 전혀 그렇지 않았다. 미국에서는 무균 수술법이 여전히 생소했고, 미국의 외과 수술실에서 '초기 무균 수술'은 1880년대 내내 드문드문 이루어졌을 뿐이다.

이런 수술들을 참관한 사람들의 증언을 들어보면 수술 환경과 방식이 대체로 비슷했다. 당시에는 훈련받은 간호사가 없었기 때문에 수련의와 조교들이 수술 며칠 전부터 필요한 만큼 물을 끓이고, 수술대를 문질러 닦고, 스펀지와 도구를 소독액에 담그고, 석탄산으로 붕대와 봉합사를 소독했다.

그렇게 준비를 하다 보면 수술 날짜가 도래했다. 대부분 난소를 절제하는 수술이었고 그 날 집도의는 새로운 방법을 시험해볼 기회를 가졌다.

지역 사회의 이름 있는 의사들이 너나 할 것 없이 그 대단한 시험을 지켜보려고 모여들었다. 뭘 잘못하거나 빠뜨려 애써 준비한 수술이 무산될까 봐 다들 전전긍긍했다. 그런데 집도의와 수석 조교만 고무나 기름 먹인 비단 또는 가장 선호하는 리넨 재질의 앞치마나 검정색 해부용 가운을 걸쳤을 뿐 다른 사람들은 모두 그 날 아침에 입고 나온 옷을 그대로 입고 있었다.

벽에 매달아놓은 분무기가 작동하기 시작했다. 여기에 조교들도 합세해 손에 들고 있던 분무기를 열심히 눌러댔다. 마취 상태에 들어간 환자가 손수레에 실려올 때쯤 수술실은 미세한 소독제 분무로 뿌옇게 뒤덮였다. 참관석에 있던 사람들은 분무를 헤치고 보기 위해 수술대 가까이로 다가왔다. 절개와 함께 종양을 제거하는 작업이 시작됐다.

수술이 끝난 뒤에는 절개 부위에 석탄산으로 미리 소독해둔 거즈를 여덟 겹 덮어 둘둘 감쌌다. 그러고 나서 고무 방수포에 이어 거즈를 또 한 번 덮어 마무리했다. 집도의와 조교들의 손은 석탄산에 마비되어 감각이 없고 다른 사람들도 분무기가 연신 토해낸 분무 때문에 물에 빠진 생쥐처럼 흠뻑 젖어 있었다.

그렇다면 환자는? 걱정과 흥분이 교차하는 가운데 환자가 차도를 보였다. 배를 그렇게나 많이 쨌는데도 열이 오르지 않다니! 붕대는? 보통 하루에 적어도 한 번은 갈아줘야 할 것 같지만, 리스터에 따르면, 열과 출혈이 없는 한 그냥 내버려둬야 했다. 그래도 환부를 직접 확인해보는 게 좋을 듯해 집도의는 수술 부위와 거즈에 석탄산 용액을 연신 뿌려대며 붕대 끝을 살짝 들춰봤다. 살이 꼬들꼬들하게 말라 있었다. 고름도 없고 염증도 없었다!

아무 탈 없이 며칠이 지나가자 자신감이 붙었다. 리스터의 지침에 따르면 열흘째 되는 날 붕대를 풀고 실밥을 뽑게 되어 있었다. 물론 이때도 분무기로 석탄산을 뿌려줘야 했다. 절개 부위는 여전히 꼬들꼬들하게 말라 있었고 고름도 없었다. 처음의 의도대로 상처는 아물었고, 집도의나 조교들이나 그렇게 잘 아문 경우는 처음 보았다.

이런 경험이 하나둘 쌓이면서 새로운 외과 수술법으로 갈아타는 의사가 점점 늘어나긴 했지만 소수였을 뿐이다. 대부분의 의사들은 여전히 반신반의했다. 한편에서는 미생물 같은 터무니없는 존재가 있다는 믿음을 비웃는가 하면, 다른 한편에서는 믿고는 싶지만 미생물의 활동 방식을 이해하지 못했다. 그런가 하면 사람들로 붐비는 도시와 낡고 '오염된' 병원에서는 무균법이 필요할지 몰라도 공기가 깨끗한 시골이나 건강에 좋은 기운이 가득한 환경에서는 불필요하다고 주장하기도 했다.

그리고 대다수의 의사들은 무균 수술법이 추구하는 최종 목표는 모든 단계에서의 오염 차단이라는 점을 간과한 채 석탄산을 '무분별하게' 뿌려대거나 석탄산을 먹인 붕대를 사용하기만 하면 무균 수술이라고 생각했다.

그렇게 엄격한 규칙에 익숙하지 않은 의사들에게 무균법의 청결 의식을 심어주기까지는 오랜 시간이 걸렸다. 특히 나이 많은 의사들은 오랜 습관을 깨기가 쉽지 않았다. 일단 소독제로 손을 씻고 나면 그 손으로 의자를 옮겨서도, 코를 긁어서도, 불쑥 찾아온 동료와 악수를 해서도 안 된다는 것을, 그랬다가는 소독 과정을 처음부터 다시 거쳐야 한다는 것을 명심하기가 쉽지 않았다.

미용 차원의 청결과 살균 차원의 청결이 다르다는 것을 교육하는 데에도 시간이 많이 걸렸다. 해면 재질의 스펀지는 깔끔쟁이 뉴잉글랜드 주부도 울고 갈 만큼 깨끗이 씻더라도 여전히 미생물에 오염됐을 수 있으며, 겉으로는 손이 얼룩 하나 없이 깨끗해 보이더라도 땀구멍 깊숙한 곳이나 손톱 밑에 여전히 세균이 득실거릴 수 있다는 점을 의사들이 쉽게 이해하지 못했다.

이런 이해 부족 때문에 1880년대의 많은 의사들이 딴에는 무균 수술법이라고 생각하며 시도해 보았지만 알려진 것처럼 그렇게 큰 효과를 보지 못하자 이런 수술을 한때의 유행이나 심지어 괘씸한 형태의 광고 수단으로 치부해 버렸다.

그 결과 의사들 사이에서 설전이 벌어졌고, 의학 잡지 또한 찬반양론으로 갈렸다. 그런 가운데 젊은 층이 주를 이룬 극소수의 선구자들은 무조건 새로운 수술법을 고집했고, 절대 다수는 계속해서 옛날 방식대로 수술하며 만족스러워했다. 그런가 하면 장난삼아 건성으로 무균 수술법에 도전해보는 의사들도 더러 있었다.

미시간 의대생들은 이 문제에서 남다른 혜택을 누렸어야 마땅했다. 도널드 매클린이 에든버러의 사임 밑에서 전공의로 근무하던 시절 조지프 리스터도 그 밑에서 함께 전공의로 근무했기 때문이다. 둘의 교류는 리스터가 파스퇴르의 논문을 읽기 전에 끝났지만 매클린은 리스터의 생각에 호감을 가졌을 가능성이 높다.

분명히 매클린은 일찍부터 무균 수술법을 시도했다. 매클린의 조교로 일하다 나중에 미시간 의대 학장이 된 빅터 본(Victor Vaughan)이 1870년대를 '독한 석탄산 용액에 흠뻑 젖어 지낸 시절'로 기억했기 때문이다. 윌이 의대 2학년이던 때에도 매클린은 계속 "석탄산 분무기의 장점을 실험했다." 그러나 안타깝게도 과도한 흡입으로 몸에 부작용이 발생하자 그는 석탄산 사용을 중단했고, 윌이 그의 조교가 됐을 때는 본처럼 분무기에서 뿜어져나오는 석탄산 분무에 흠뻑 젖는 불쾌한 경험을 하지 않아도 됐다.

요컨대 윌은 훗날 그에게 엄청난 성공을 가져다줄 혁명적인 이론에 대해 기초 지식만 쌓고 앤하버에서의 과정을 마쳤다고 말해도 무방하다.

윌과 그의 친구 프랭클린 페인 몰은 2학년과 3학년 때 해부학 교수 코러든 L. 포드(Corydon L. Ford) 밑에서 실험 조교로 일했다. 둘은 시간이 날 때마다 당시만 해도 지저분하고 시끄럽고 고약한 냄새가 났던 해부실에서 지냈다. 오늘날처럼 시체를 방부 처리해 냉장 보관하는 방법은 아직 생각지도 못한 시절이었기 때문에 날씨가 아주 추울 때를 제외하면 해부는 힘겹고 역겨운 일이었다.

학생들의 습관도 이런 상황에 도움이 되지 않기는 마찬가지였다. 직접 해부를 하거나 지켜볼 때면 담배를 피우며 침을 내뱉기 일쑤였고, 그래서 해부실 환경은 더욱 열악해졌다. 이런 환경 때문에 윌은 담배 연기라면 질색을 하게 됐고, 이 혐오는 평생 이어졌다. 몰도 담배 연기를 싫어해 훗날 존스홉킨스 의과대학 해부실을 책임지게 되자 흡연을 일절 금지했다. 사실 그는 청소 지침을 마련하고 시체를 보존, 보관하는 방법을 개발해 해부실 환경을 일신했다. 그가 개발한 방법은 오늘날의 의과대학에서도 널리 사용되고 있다.

학생 시절 윌이 좀더 새로워진 의학 분야에서 어떤 경험을 했는지 알 수 있는 기록은 단 한 건밖에 남아 있지 않다.

1880~81년 학기에 병리학과가 신설되면서 미국 최고의 임상병리학자로 손꼽히던 닥터 헨리 수얼(Henry Sewall)이 과장으로 부임했다. 당장은 실험실에서 실습을 시작하기가 불가능하자 그는 그 해 말까지 강의와 예증에 의지해 수업을 진행했다. 시험 기간이 다가오자 그는

학생들이 병리학을 어느 정도까지 흡
수해야 적당하다고 할 수 있는지의 기
준을 놓고 고심하다가 우등생 몇몇과
비공식 토론을 열어 그들이 얼마나 배
웠는지 알아보기로 했다.

윌리엄 제임스 메이요와 프랭클린
몰, 월터 코트니(Walter Courtney)가 선
발됐다. 닥터 수얼은 애초에 많은 기대
를 하지는 않았지만 막상 뚜껑을 열어
보니 결과가 그의 기대에 한참 미치지
못했다. 그는 화가 머리끝까지 나서 세
명에게 이론이든 임상이든 의학계에

닥터 윌의 1883년 미시건 대학교 의과대학 졸업 사진. 윌은
의대 정규 과정 3년을 이수했으며, 교내에서 열린 복싱 시
합에서 133파운드급 챔피언에 오른 적도 있다.

서 성공할 생각은 아예 하지도 말라고 고함쳤다.

훗날 셋 다 각자의 분야에서 최고로 인정받게 되자 닥터 수얼의 독
설은 우스갯소리 삼아 종종 사람들 입에 오르내렸다.

오늘날의 기준에서 보면 미시간 의대의 교과과정은 썩 훌륭하지
못했다. 그러나 하버드 의대와 뉴욕의 의대 한두 곳, 유럽의 명문 의대
몇 곳을 제외하면 당시 미시간은 최고에 속했다.

어쨌든 1883년 6월 28일 가족 대표로 졸업식에 참가하기 위해 로
체스터에서 온 누나 피비가 지켜보는 가운데 '윌리엄 제임스 메이요'
는 졸업장과 의사 면허증을 받았다.

그 전 해 6월 세인트폴에서 미국의학협회 연례 회의가 열렸다. 마침 여

름 방학을 맞이해 앤하버에서 집에 돌아와 있던 윌은 아버지와 함께 그 회의에 참석했다. 그는 학교 수업 시간이나 의학 잡지를 통해서만 접했던 의학계 거목들이 참석한 것을 보고 마음이 들떴다.

그 가운데는 펜실베이니아의 애틀리 형제 중 형인 닥터 존 라이트 애틀리도 있었다. 애틀리 집안의 막내이자 실력이 가장 뛰어났던 워싱턴은 얼마 전 세상을 떠났다. 회의가 열리자 부인병 분과장이 그를 기리는 추도 연설에 나섰다. 백발에다 덕망 높은 애틀리 집안 맏형이 추도사에 감사의 뜻을 전하기 위해 자리에서 일어나 막내와 오랫동안 함께 일하며 겪은 고난과 실패와 성공에 대해 한참을 이야기했다.

그 직후 닥터 애틀리는 만장일치로 협회의 차기 회장으로 선출됐다. 그는 감동적인 연설로 그 명예를 수락했지만 본인 혼자만을 위해 그랬던 것은 아니다.

"지금 살아 있었다면 마땅히 이 직책의 주인공이 됐을 동생을 추모하는 뜻에서라도 기꺼이 수락하겠습니다."

훗날 윌리엄 제임스 메이요도 이 명예로운 직책을 수락하는 자리에서 이와 비슷한 말을 했다.

애틀리와 관련된 일화가 젊은 윌의 마음속에, 자신도 동생 찰리와 함께 무언가를 성취해보고 싶다는 꿈을 일깨웠다고 단정지을 수는 없지만, 40여 년이 지난 뒤에도 그는 그 날의 일을 생생하고 정확하게 기억했다. 이런 점으로 미루어볼 때 애틀리 형제 이야기가 그에게 큰 감동을 안겨준 것만은 틀림없는 듯하다.

3년 뒤 찰리도 의과대학 진학을 준비하게 되면서 메이요 가족은 당연히 형제가 나란히 진료하는 모습을 머릿속에 그리게 됐다. 가족 회의에서 찰리가 갈 학교는 시카고 의대로 결정났다. "거기서 뭔가 특별한 안목을 배울 수 있을 것 같았기 때문"이다.

지금은 노스웨스턴 대학교에 통합됐지만 당시 시카고 의과대학은 소재지나 행정 면에서 완전히 독립을 유지하고 있었다. 학교 측은 3년 간의 정규 과정 말고도, 원하는 사람에 한해 1년을 더 배울 수 있는 기회를 부여했지만 연간 수업 일수는 여전히 6개월에 불과했다. 그래도 교수진 중에 훌륭한 인재가 많았으며, 실험실과 과학 수업도 자랑할 만한 수준이 되기 시작했다. 게다가 시카고 의대생들은 특정 교수나 특정 병원에서 벗어나 배울 기회도 갖게 됐다. 즉 크리스천 펭어(Christian Fenger), 니컬러스 센(Nicholas Senn), 에드먼드 앤드루스(Edmund Andrews) 같은 걸출한 외과 의사들의 병원에도 가볼 수 있었다.

그래서 1885년 가을 찰리는 시카고로 출발했다. 닥터 메이요도 시카고의 병원들을 살펴보고 뭔가 배울 점이 있는지 알아보기 위해 동행했다.

입학 등록을 마치고 나서 찰리는 딱히 무엇을 해야 좋을지 몰라 대학 건물 계단에 잠시 우두커니 서 있었다. 곧이어 학생 하나가 건물에서 나왔다. 그도 혼자였다. 찰리는 그에게 다가가 자신을 소개했다. 알고 보니 그 학생은 아이오와 주 마운트플레즌트 출신의 해리 C. 휘팅(Harry C. Whiting)이었다.

"우리는 잠시 이야기를 나누었는데, 찰리 그 친구가 방을 구했느냐고 묻더군요. 지금 막 도착해서 그럴 시간이 없었다고 대답하자 이번에는 자기와 같이 지낼 생각 없느냐고 묻더군요. 그래서 우린 정치 이야기는 꺼내지 않기로 하고, 왜냐하면 그 친구는 민주당원이었고 나는 공화당원이었으니까요, 또 종교 이야기도 꺼내지 않기로 하고 2년을 함께 뒹굴며 지냈지요." 닥터 휘팅은 그때를 이렇게 기억했다.

"우리가 구한 방은 학교 뒤쪽의 꼬불꼬불한 계단을 지나면 보이는 건물의 3층에 있었어요. 방에는 낮에 세워두고 밤에는 펼쳐놓는 접이식 침대가 하나 있었지요. 침대에다 우린 의학 서적을 가지런히 쌓아두었어요. 침대 말고도 등이 달린 책상 하나와 의자 세 개, 큼직한 옷장이 하나 있었어요. 우린 거기다 트렁크와 옷가지, 여타 잡동사니를 넣어뒀지요. 식사는 24번가와 코티지그로브 거리가 만나는 모퉁이에 있는 '헨리 부인 하숙집'에서 해결했어요."

휘팅과 찰리는 곧 또다른 단짝인 와이오밍 출신의 에드워드 C. 모턴(Edward C. Morton), 시카고 출신의 제임스 모건(James Morgan)과 친해졌다. 넷은 대학 시절 내내 붙어다녔다. 옷도 짙은 회색 코르덴 바지로 통일해 입었다. 가격이 비싸지 않은 데 비해 품질이 좋았기 때문이다. 찰리는 갈색 머리를 이마 위로 빗어 올리고 다녔지만 그 위에다 낡아서 볼품없는 모자를 푹 눌러쓸 때가 많았다. 그의 친구들 대부분은 그가 옷차림에 무관심하다고 생각했다.

동급생들은 그를, 언제 봐도 친절하고 유쾌했지만 자기 이야기는 여간해선 하지 않는 다소 내성적인 성격의 학생으로 기억했다.

"다정하긴 했지만 허물없이 막 대할 수 있는 친구는 아니었어요."

학창 시절 찰리는 그저 평범했다.

"어쨌든 눈에 띄지는 않았어요. 뛰어나지도, 그렇다고 멍청하지도 않았지요. 그냥 평범한 학생이었어요." 한 동급생은 그를 이렇게 기억했다.

지금도 노스웨스턴 대학교 의과대학 문서실에 남아 있는 학적부를 보면 찰리는 낙제생 명단에도, 그렇다고 우등생 명단에도 올라 있지 않다. 0점에서 10까지 점수를 매겼던 당시의 성적 평가 체계에서 그는 이론 및 실험 해부학에서 8.5점, 외과 해부학에서 8.0을 받았다. 피부병학에서는 10점, 즉 '만점'을 받았다. 그가 받은 제일 낮은 점수는 이상하게도 외과 원리 및 실습에서 받은 7점이었다.

찰리의 학창 시절 친구들은, 그가 평소 참관하고 싶다고 생각한 수술의 날짜와 장소를 귀신같이 알아내 거기에 무섭게 집중했다고 기억했다. 밤마다 그는 "오늘 닥터 센[또는 앤드루스 또는 펭어]이 멋지게 수술하시는 모습을 봤어"라는 식의 이야기로 운을 뗀 뒤 담당 집도의가 했던 동작을 하나하나 빠짐없이 재현해 보이며 같은 방의 친구를 즐겁게 했다.

이런 수술 참관을 통해 얻은 무언가가 외과 수업 시간에 분명히 도움이 됐을 테지만 평가하는 교수들에게 깊은 인상을 남기기에 그 무언가는 대부분 '실습'일 뿐 '원리'와는 한참 거리가 멀었다.

임상 강의는 대학에서 한 블록 거리에 있는 머시 종합병원이나, 주로 강의 자료를 수집할 목적으로 대학에서 운영했던 구내 사우스사이드 진료소에서 이루어졌다. 2학년과 3학년은 여섯 명 내지 일곱 명씩 한 조를 이뤄 병원과 진료소를 번갈아가며 한 번에 일주일씩 임상 실습을 했다.

병원에서는 간혹 병실에서 임상 강의가 진행되기도 했다. 그럴 때면 학생들도 환자를 직접 검진할 수 있었고, 특히 3학년은 전공의의 지도 아래 산부인과 환자의 진료 과정을 지켜볼 수 있었다.

1888년 의대 졸업 즈음의 닥터 찰리.

찰리를 가르쳤던 외과 의사 대부분은 무균 수술법으로 전향해 소독의 중요성을 강조했고, 시카고의 종합병원들에서는 전문 교육을 받은 간호사라는 아주 훌륭한 조력자가 등장한 덕분에 모든 면에서 무균 수술이라고 하기에 손색없는 수술이 이루어지기 시작했다. 따라서 졸업할 무렵 찰리는 새로운 수술법과 그것의 장점을 충분히 이해하고 있었을 가능성이 높다.

그는 의학 수업을 정규 과정인 3학년까지만 받기로 결정했다. 의사 면허증을 받으려면 나이와 성격을 증명하는 서류도 있어야 했다. 그의 아버지는 감탄스러울 만큼 간결하게 서류를 작성해서 보냈다.

"담당자에게, 찰스 호러스 메이요는 21세가 넘었으며 훌륭한 성품을 지녔음을 확인합니다. 윌리엄 워럴 메이요."

그 간단한 편지를 쓸 때만 해도 닥터 메이요는 언젠가 그 편지가 액자 속에 들어가 노스웨스턴 대학교 의과대학의 역사를 말해주는 기록의 하나로 소중하게 보관되리라고는 꿈에도 생각지 못했다.

찰스 호러스 메이요는 1888년 3월 27일 의학사 학위를 받았다. 이번에는 아버지가 가족 대표로 졸업식에 참석했다.

8장

아버지에게서 두 아들로

의사의 진료는 유한하다. 진료도 인간이 하는 일이기에 당사자가 숨을 거두는 순간 모든 게 사라질 수 있다. 평생을 진료에 몸담았다 하더라도 그 동안 쌓은 지식을 물려줄 후계자 없이 세상을 떠나면 그의 의술도 함께 자취를 감추겠지만 후계자가 있으면 그와 그의 의술은, 그가 생전에 한 땀 한 땀 엮어 짠 전통과 신뢰는 계속 남아 명맥을 이어나간다.

닥터 메이요에게는 두 아들이 그런 후계자였고, 형제는 이제 그럴 준비가 되어 있었다.

형제에게 이보다 더 좋은 선택은 없었다. 형제는 미국 중서부 위쪽 지역에서 규모가 가장 큰 축에 드는 병원을 물려받았다. 덕분에 자리 잡는 데 필요한 시간을 최소로 줄이고 아버지가 평생 동안 일궈놓은 곳에서부터 시작할 수 있었다.

아버지에게서 두 아들로 이어진 연속성은 메이요 형제의 의술이 빠르게 발전하는 데 원동력이 되었다.

환자들에게 '아들 닥터 윌'이 '아버지 닥터 윌' 못지않게 유능한 의사라는 점을 납득시키기 위해 부자는 미네소타 주의 공식적인 인정을 받기로 했다.

1883년 미네소타 주 의회는 의과대학 교수진으로 심의위원회를 구성해 인증서 발부 권한을 부여함으로써 부적격자를 의료계에서 배제하는 조치를 취했다. 명문 의대 졸업생들은 곧바로 인증서를 발급받았지만 그렇지 않은 사람들은 심의를 통과해야 했다.

법에서는 주에서 5년 이상 진료해온 사람들에 한해 예외 규정을 두고 있었지만 닥터 윌리엄 워럴 메이요는 면제받는 특권을 거부했다. 아버지와 아들은 졸업장을 제시한 뒤 서류 전형비 1달러를 내고 1883년 11월 13일 인증서를 발부받았다.

법 앞에서는 아버지와 아들 모두 평등했지만, 이들 부자는 병을 고치는 실력도 동등하다는 믿음을 아픈 사람들에게 심어주기가 쉽지 않았다.

시골에서 왕진 요청이 오면 아버지는 아들을 보냈지만 농민들은 '닥터 메이요', 즉 윌리엄 워럴 메이요를 불렀다고 말하며 그를 돌려보내곤 했다. 그래도 아버지는 환자와 사이가 틀어질 일은 없을 것 같다는 판단이 서면 아들을 다시 보내곤 했다. 한 번은 환자가 결국엔 손을 들고 히죽이 웃으며 "닥터 메이요가 이 애송이를 의사로 여긴다면야, 뭐 괜찮겠지"라는 말을 하기까지 아들을 네 번이나 보낸 적도 있었다.

기회가 주어지자 젊은 의사는 자신 있게 실력을 입증해 보였다.

1884년 5월 말 변호사 버트 W. 이튼이 노모가 몸져눕자 메이요 부인에게 왕진을 청해왔을 때였다. 닥터 윌 혼자 도착해 아버지가 미국 의학협회 회의에 참석하러 워싱턴에 가서 안 계시다고 설명했다. 그러고는 이튼 여사의 상태가 매우 심각하다고 말한 뒤 진료 계획을 간단히 설명하고 침착하게 치료를 시작했다.

하지만 이튼은 불안했다. 결국 그가 참지 못하고 이렇게 말했다.

"이보게, 윌, 자넨 이 일에 초보잖나. 어머닌 내게 세상 전부나 마찬가지인 분일세. 그러니 닥터 크로스를 부르겠네."

닥터 윌은 침을 꼴깍 삼켰지만 그의 말에 동의했고, 닥터 에드윈 C. 크로스가 왕진을 왔다. 그는 이튼에게 젊은 의사가 진단을 제대로 내렸고 어느 누가 와도 저 젊은 의사보다 잘 처치하지는 못했을 것이라고 말했다. 그러고 나서 그는 자리를 떴고, 닥터 윌은 그 날 처음으로 혼자 위중한 환자를 맡게 됐다.

그 날 낮부터 저녁까지 닥터 윌은 줄곧 환자 옆을 지켰다. 이튿날 새벽 세 시쯤 닥터 윌은 창백하고 초췌한 얼굴에 미소를 가득 띤 채 방에서 나오며 이렇게 말했다.

"이제 괜찮으실 겁니다."

그 뒤로 이튼 가족은 두 번 다시는 닥터 윌 대신 닥터 메이요를 고집하지 않았다.

이보다 덜 극적이긴 하지만 닥터 윌이 직접 밝힌 사례도 있다.

"아일랜드 출신의 아버지 친구 분이었는데, 요통이 심했어요. 류머티즘에는 살리실산(해열진통제. 아세트산과 반응해 아스피린이 된다. 옮긴이)이 좋을 것 같아 조금 처방해드렸지요. 그런데 열흘 뒤에 다시 오시더니 사무실이 떠나갈 듯 큰 소리로 아버지께 이렇게 말씀하시더군요.…… 아파 죽는 줄 알았는데 윌이 약을 줘서 이제 괜찮아졌다고 말입니다. 그리고 아버지에게 훌륭한 아들을 둬서 좋겠다는 말씀도 잊지 않으셨지요. 그 말씀을 듣고 있으니 어쩌나 기분이 좋던지.

그러고 나서 한 시간쯤 지나 밖에 나가보니 건물 바로 앞에 '기적의 기름'인지 뭔지 하는 약을 팔러 다니는 약장수 마차가 떡 버티고 있지 않겠어요? 광대 하나와 흑인 하나가 기름 견본을 나누어주고 돈을 챙기고 있더군요. 마차 위에 마련된 환자석을 봤더니 글쎄 아버지 친구분이 앉아 계신 거예요. 거기서도 그분은 큰 소리로 류머티즘 때문에 의사란 의사한테는 죄다 가봤는데 아무도 고치지 못했지만 기적의 기름을 먹고 씻은 듯이 나았다고 말씀하시더군요, 허허허."

훗날의 닥터 윌리엄 제임스 메이요만 아는 사람은 그가 말을 타고 시골로 왕진 다니는 모습을 상상하기 힘들어했지만, 사실 그는 계절마다 어김없이 돌아오는 홍수와 물난리, 폭염과 먼지, 눈과 혹한과 싸우며 진료를 시작했다.

1885년 1월 바람이 거세게 불던 어느 날 그는 왕진 요청을 받고 모어 카운티로 마차를 몰았다. 먼 길이라 어둑어둑해질 무렵에야 목적지 근처에 도착해보니 도로에 눈이 너무 많이 쌓여 있었다. 그는 그곳에 말을 놔두고 1마일쯤 이어지는 숲을 걸어서 지나기로 했다. 그런데 숲에 발을 들여놓는 순간 바로 코앞에 늑대 두 마리가 버티고 있었다. 오싹한 기운이 등줄기를 타고 내렸다. 그는 겁주어 쫓아버리려고 왕진 가방을 휘두르며 도망쳤지만 늑대들은 환자의 집 대문 앞까지 그를 뒤쫓아왔다.

당시의 의사가 대부분 그랬듯이 메이요 부자도 '내과 의사 겸 외과 의사'로서 출산, 소화 불량, 콩팥 이상, 장티푸스, 홍역, 백일해, 무서운 디프테리아 등 온갖 질병을 다루었다. 그런데 이들 부자는 외과 수술에 관심이 많았고, 그래서인지 갈수록 외과 수술의 비중이 높아졌다.

물론 수술이라고 해도 그때까지는 사고로 인한 부상을 고치는 정도가 대부분이었지만 그보다 까다로운 수술도 점차 늘어났다. 1880년대에 닥터 메이요는 36건의 난소 절제술을 집도했다. 그에게 수술을 받은 환자 중 스물일곱 명은 회복했고, 아홉 명은 사망했다.

오늘날의 기준에서 보면 25퍼센트의 사망률은 거의 재앙 수준으로 높은 편이지만, 미국 전역에서 종합병원의 경우에 총 86건 가운데 20.93퍼센트, 개인 병원의 경우에는 총 311건 가운데 30.4퍼센트였던 시절에 이것은 그렇게 높은 수치가 아니었다. 당시의 기록으로 미루어볼 때 닥터 메이요가 세운 기록은 총 수술 건수에서나 성공률에서나 적어도 미네소타에서는 타의 추종을 불허했다.

27건의 성공한 난소 절제술. 이 사실의 중요성을 제대로 이해하자면 냉정하기만 한 숫자 뒤에 감추어진 개개인의 경험을 상상력을 발휘해 읽어내야 한다. 27이라는 숫자는 곧 다음과 같은 상황이 스물일곱 번이나 되풀이됐다는 것을 의미한다.

친지와 친척들이 둘러앉아, 갈수록 쇠약해지면서 배는 자꾸만 불러와 그 끝을 죽음 말고는 달리 생각하기 어려운 여성을 걱정스럽게 지켜본다. 그러다 결국 의사를 부른다. 이 상황에서 과연 의사가 무엇을 할 수 있을까? 의사가 종괴에 투관침을 꽂아 1~2리터쯤 액체를 빼내자 웬만큼 나아지는 듯하더니 잠시뿐이다. 곧이어 복수가 다시 차오르고 환자의 상태는 점점 악화된다. 의사는 두 번째, 어쩌면 세 번째로 복수를 빼내고는 자기가 할 수 있는 일은 다했다고 말한다.

그런데 의사가 로체스터의 닥터 메이요라면 뭔가 다른 처치를 할 수도 있을 것이라고 말한다. 이런 환자의 경우 닥터 메이요는 복부를 절개해 종양을 아예 뿌리째로 들어낸다고 알려준다. 물론 그것은 특단의 조치이며 환자가 사망에 이를 수 있다는 이야기도 덧붙인다.

고민 끝에 닥터 메이요에게 수술받는 쪽으로 결정이 나고, 가족과 친지가 지켜보는 가운데 환자는 부엌 식탁에 드러누워 클로로포름과 닥터 메이요의 칼에 운명을 맡긴다. 한두 시간 뒤 환자는 다시 깨어나고 며칠이 지나자 건강과 기운을 회복해 몸무게도 정상으로 돌아온다. 이제 환자는 앞으로 한참은 더 살 것처럼 보인다.

가까이서 또는 문간 옆에서 수술 광경을 지켜본 사람들은 바느질감이나 차 한 잔을 앞에 놓고 그 극적인 이야기를 화제 삼아 마음껏 혀를 놀린다. 이야기는 입에서 입으로, 집에서 집으로, 동네에서 동네로 전해진다. 이 이야기와 함께 기적을 일으킨 의사, 로체스터의 닥터 메이요라는 이름도 널리 퍼져나간다.

그래서 어렸을 때 집에서 어른들이 나눈 이런 이야기를 통해 닥터 메이요의 이름을 처음 들었다고 기억하는 여성들이 1940년까지도 있었다. 당시의 상황을 이런 식으로 비슷하게라도 복기하지 않으면 다음 뉴스 기사의 의미를 제대로 이해하기 어렵다.

[1884년 11월] 로체스터의 토머스 매허니가 탈곡기 연동 장치에 한쪽

팔을 심하게 다쳤다.…… 외투 소맷자락이 말려 들어가면서 팔까지 빨려 들어가는 바람에 손목부터 어깨까지 살점이 떨어져나갔다. 여기저기 살점이 완전히 뜯겨나가서 속살과 근육이 그대로 드러나 보기만 해도 끔찍했다. 어윈 톨버트가 그를 시내의 닥터 메이요에게 데리고 갔다. 메이요 부자가 그의 상처를 치료하긴 했지만 그가 다친 팔을 제대로 사용할 수 있을 만큼 회복이 될지는 미지수다.

[같은 해 12월] 매허니 청년이 지난 토요일 혼자 시내에 들러 팔의 붕대를 다시 갈아 맬 만큼 부상에서 많이 회복됐다. 그는 팔의 통증이 이제 많이 가라앉았다며 벌써부터 팔이 나을 것이라는 기대에 부풀어 있다. 그는 팔을 움직일 수 있으며 이것은 팔이 아물고 있다는 증거다. 의사는 피부 이식을 시작했다. 피부가 너무 많이 손상되어 이식하지 않고서는 회복이 거의 불가능하기 때문이다.

[이듬해 4월] 로체스터의 매허니 청년이 지난 토요일 시내에 왔다. 작년 탈곡기 연동 장치에 심하게 찢겨나갔던 그의 팔이 완전히 아물어 이제 그는 전처럼 팔을 자유자재로 사용할 수 있게 됐다.

이런 이야기가 거듭 돌면서 닥터 메이요의 (지리적) 진료 영역은 점점 넓어졌고 찾아오는 사람도 갈수록 많아졌다. 1880년대 들어 새로운 약속의 땅 다코타로 밀려드는 이주 행렬이 절정에 달하면서 1889년 연방은 두 개의 새로운 주(노스다코타와 사우스다코타)를 편성했다. 미네소타 북서부의 사내아이들은 지붕에 뗏장을 입힌 집에서 하루 종일 빈둥대며, 대형 포장마차가 하루에도 40~50대씩 펨비나 오솔길을 따라 덜컹거리며 서부 깊숙이 들어가는 모습을 느긋하게 지켜보았다.

미네소타 남동부 카운티 주민들 중에서 개척 열풍에 들뜬 이들도 다코타 정착지로 향하는 이 행렬에 같이 뛰어들었다. 1885년 다코타를 둘러보고 돌아온 로체스터의 한 상인은 상공회의소 동료들에게 앞으로 도시 인구가 줄어들 일만 남았다고 말했다. 다코타에 가보면 (로체스터가 속한) 옴스테드 카운티에서 온 사람들이 눈에 띄지 않는 곳이 없다며.

철도가 든든한 다리 역할을 했기 때문에 새로 생긴 마을과 기존의 마을은 왕래가 활발했다. 사람들은 시카고와 북서부를 잇는 철도편으로 로체스터와 다코타를 쉽게 오갔다. 한창 때는 로체스터의 친척 집을 방문하는 다코타 아들딸들의 근황을 전하는 기사가 일주일에 열두어 편씩 신문 지면을 장식했다.

다코타 의사들은 숫자도 얼마 되지 않는 데다 사소한 병 말고는 치료 경험이 거의 없었다. 급한 병은 어쩔 수 없었지만 치료에 시간이 걸리는 만성 질환의 경우, 로체스터에서 다코타로 옮겨간 사람들은 선대부터 아플 때마다 돌봐준 의사를 다시 찾아갔다. 그리고 그 의사를 새로운 이웃들에게도 추천했다.

'뻣뻣한 속눈썹' 때문에 앞을 거의 보지 못하는 다코타의 베일 부인이라는 여성이 로체스터에 와서 메이요 부자한테 여러 차례 수술을 받고 점차 시력을 회복했다.

로체스터에 사는 로버트 다이슨의 아들이면서 다코타에 거주하는 데이비드 다이슨은 척추 질환이 갈수록 심해지는 바람에 똑바로 서 있지도 못하다가 결국 일은커녕 걸을 수도 없는 지경에 이르렀다. 메이요 부자는 농양이 원인이라고 진단하고 고름을 빼낸 뒤 등에 깁스를 하고 철 막대로 받치는 처치를 했다. 얼마 지나지 않아 그의 등은 다시 꼿꼿하게 펴졌고, 덕분에 키가 3인치나 더 커졌을 뿐만 아니라 예전처럼 걷고 일할 수 있게 됐다.

이런 기적 같은 성공 덕분에 다코타에서 메이요 부자를 찾아오는 환자들이 점점 늘어났다. 그런데 로체스터에는 아직 종합병원이 없었기 때문에 메이요 부자는 외곽에 사는 주민들을 위해 주로 줌브로 강변에 있는 낡은 노턴 호텔에 방을 몇 개 잡아놓고 있었지만 치료 후 요양 관리를 제대로 할 수 없다는 게 문제였다. 특히 친구나 친척을 동행하지 않고 혼자 오는 환자가 문제였다.

시내에 간호사 일을 맡길 만한 여성이 몇 명 있었는데, 그들 가운데 훗날 사마리아 종합병원이 들어설 로체스터 북쪽의 널찍한 집에 사는 카펜터 부인이 가장 적임자였다. 그 집에는 여덟 내지 아홉 명의 환자를 수용할 수 있는 방이 있었고, 집주인 또한 집을 흔쾌히 간호 요양시설로 바꿀 의향이 있었다. 그래서 메이요 부자는 그곳에서 점점 더 많은 외과 수술을 하기 시작했다. 수술실이 따로 있는 것은 아니었지만 부자는 조그만 이동식 탁자와 수술 도구를 갖춰놓고 이 방에서 저 방으로 옮겨다녔다.

큰 수술이 있을 때면 동료 의사들이 모여들어 참관했다. 부자는 참관하러 오는 의사들을 언제나 환영했고, 곧이어 중요한 수술은 일요일 아침으로 일정을 잡기 시작했다. 특별히 관심이 많이 쏠리는 수술일 경우에는 인근 마을 사람들에게도 공개했기 때문에 원할 경우 누구든 구경하러 올 수 있었다. 그럴 때 닥터 메이요는 수술 중에 구경꾼들이 질문을 던지면 지금 무엇을 하고 있으며 왜 그렇게 하는지 친절하게 설명했다.

닥터 윌도 의대를 졸업한 지 일 년 만에 아버지가 하는 대부분의 수술을 아버지처럼 하기 시작했다. 물론 환자가 허락할 때에 한해서만 가능했으며, 난소 절제술은 아직 예외였다.

닥터 메이요는 아들의 수술 실력을 크게 신뢰했다. 아들의 첫 수술을 지켜보고 나서 집으로 돌아가는 길에 그는 입에 침이 마르도록 아들을 칭찬했다. 닥터 메이요는 환자의 병상을 지키다 그의 마차를 함께 타고 로체스터로 돌아가던 젊은 사제에게 연신 그 이야기를 해댔다.

"그러게요, 저 녀석이 아무래도 훌륭한 외과 의사가 될 모양입니다. 언제고 분명히 세상에 이름을 떨칠 겁니다." 닥터 메이요는 롤러 신부에게 이렇게 말했다.

그러나 그의 신뢰는 아들에게 난소 종양 제거를 맡길 만큼까지 크진 않았다. 경험과 입증된 기술을 갖춘 사람이 아니고서는 어느 의사에게든 너무나 위험한 수술이었기 때문이다.

닥터 윌은 당장은 아버지의 견해에 이의를 제기하지 않았다. 대신 자신만의 전문성을 개발하기 시작했다. 안과 질환 치료는 이제 막 개척되고 있는 분야였고, 로체스터 주변에는 대부분 돌팔이인 떠돌이 '안과 전문의'밖에 없었다. 닥터 윌은 바로 거기서 기회를 찾기로 했다. 다시 말해 안과 외과 수술에 집중하면서 메이요 부자의 활시위에 줄 하나를 더 보탤 생각이었다. 하지만 그러려면 병리학과 해부학을 더 많이 알아야 했다. 그래야 수술에 도전할 수 있었다.

언젠가 닥터 찰리는 형인 닥터 윌을 가리켜 '기회를 찾아내는 데 귀재'라고 말한 적이 있다. 로체스터 외곽에 시 관리들이 공중보건을 위협한다며 맹비난을 퍼붓던 도축장이 하나 있었다. 닥터 윌은 자신에게 필요한 지식을 찾기 위해 그 얼토당토않은 곳으로 갔다. 거기서 그는 몇 시간에 걸쳐 도축된 돼지와 양의 눈을 해부하고 수술했다.

그러고 나서 자신감이 붙자 그는 새로 익힌 기술을 입증해 보일 기회를 모색했고, 이번에도 기회를 '찾아냈다.' 카운티 구빈원에 노인성 백내장으로 앞을 보지 못하는 입소자가 셋 있었다. 닥터 윌은 그 세 명의 백내장 제거 수술에 나서 두 명에게 완벽한 성공을 거두었다. 성공하지 못한 환자도 백내장 바로 밑의 시신경이 위축돼 있지만 않았어도 실패하지 않았을 것이다.

닥터 윌의 말에 따르면 치료받은 환자 가운데 할머니 한 분이 "카운티 구석구석을 돌아다니며 내가 치료해주었다는 이야기를 퍼뜨렸고", 얼마 뒤부터는 신문에 닥터 윌에게 백내장 제거 수술을 받은 유료 환자들에 관한 기사가 등장하기 시작했다.

청년 윌리엄 제임스 메이요를 제대로 이해하려면 뭐든 남보다 뛰어나야 직성이 풀리는 그의 성격부터 자세히 파악해야 한다. 그런 성격이 지닌 장점은 곳곳에서 거듭 드러났다.

의대를 졸업하고 얼마 지나지 않은 어느 날 저녁 그는 아버지의 오랜 친구인 스타트 판사와 이야기를 나누고 있었다. 앞으로 뭘 할 계획이냐? 판사가 물었다. 아버지의 진료소에서 1~2년 일하다가 그 다음엔 뭘 할 거지? 세인트폴이나 시카고로 갈 거냐?

별 생각 없이 던진 질문이었지만 돌아온 대답은 그렇지 않았다. 그의 대답은 판사가 깜짝 놀랄 만큼 무척이나 당돌하고 무척이나 자신감에 차 있었다.

"로체스터에 계속 남아 세계 최고의 외과 의사가 될 겁니다."

그때 윌리엄 제임스 메이요는 스물두 살이었다.

2년 뒤 그는 낙담의 순간을 경험했다. 당시 설립된 지 얼마 되지 않은 미국외과협회 회의를 참관하러 워싱턴에 갔을 때였다. 뒷줄에 앉아 전국의 내로라하는 외과 의사들의 논문 발표와 그들이 벌이는 토론에 귀 기울이면서 닥터 월은, 그의 표현을 빌리면 "배는 고픈데 돈이 한 푼도 없어 빵집 앞에서 유리창 안을 기웃거리는 꼬마" 같은 기분이 들었다. 잠깐이긴 했지만 그는 이런 회의가 들었다.

"소도시 촌놈이 이런 거목들과 나란히 앉을 수 있을까?"

그러고 나서 그의 눈은 연단에 앉아 있는 닥터 제이컵 롤런드 웨이스트(Jacob Rowland Weist)한테로 쏠렸다. 닥터 웨이스트는 협회 사무총장이었다. 그는 뉴욕이나 보스턴 출신이 아니라 인디애나 주 리치먼드 출신이었다. 바로 그 사실에 닥터 월이 찾는 답이 들어 있었다.

사다리 꼭대기까지 올라가려면 훈련이 더 필요했다. 그는 아버지의 격려와 지원 아래 다시 공부를 시작했다.

닥터 메이요가 두 아들에게 물려준 소중한 유산 가운데 하나는 아무리 바쁘더라도 하루에 적어도 한 시간씩은 반드시 책을 읽고 공부하라는 가르침이었다. 이 가르침의 소중함을 재빨리 깨닫고 닥터 월은 진료를 시작한 지 얼마 되지 않은 이때부터 그런 습관을 들여 평생 지켜나갔다. 말년에 이를 때까지 그는 책을 읽은 시간을 매일 꼼꼼하게 기록했다. 예를 들어 피치 못할 사정으로 정해놓은 시간을 다 채우지 못하면 부족한 시간만큼 적어두었다가 나중에 반드시 보충했다. 환자들의 외상은 기록조차 하지 않으면서 말이다.

하지만 독서만으로는 성이 차지 않았다. 그는 좀더 실용적이면서 새로운 의학 분야에서 지식을 더 쌓고 싶었다. 그래서 새로운 환경의 도움을 받기로 했다. 당시 뉴욕에는 설립된 지 얼마 되지 않은 미국 초창기 대학원 두 곳이 있었다.

그런데 의과대학원 과정은 아직 존재하지 않았다. 생리학이나 화학, 해부학 고급 학위 과정은 있었지만 현역 의사가 임상 의학이나 외과학을 체계적으로 배울 수 있는 과정은 어디에도 없었다. 메이요 형제와 미네소타 대학교가 앞장서서 의학 교육을 그러한 단계로 끌어올리기까지는 그로부터 한참이 걸렸다.

그렇다고 대학원 과정이 완전히 새로운 것은 아니었다. 지성과 야망이 남다른 의대 졸업생들은 오래전부터 외국 유학을 통해 미국 의대에서의 부족한 수련을 보충해왔다. 미국 의사들은 대학원 과정을 밟으러 베를린, 뮌헨, 빈, 파리, 에든버러, 글래스고, 런던, 리버풀 등지로 나갔다.

그런 경비를 감당할 수 없는 의사들에게 미국은 해주는 게 거의 없었다. 그나마 뉴욕의 종합병원들이 꽤 선전하고 있었지만 대학원 강좌를 개설하기에는 역부족이었다. 그곳의 임상 강의와 과정은 학부생을 대상으로 하고 있었다.

그러다 1882년 뉴욕 폴리클리닉과 뉴욕 의학원이 동시에 문을 열었다. 두 곳 모두 현직 의사들만을 대상으로 임상과 연구 두 과목만 가르쳤다. 교실 강의는 전혀 없었다. 두 곳 모두 젊은 의사들에게 모교에서 배우지 못한 실용적인 기술을 가능한 한 빨리 전수하는 것을 목표로 하는 일종의 '학부생 보충학습소'였다.

닥터 윌은 뉴욕 의학원을 선택해 1884년 9월부터 11월 초까지 강의를 들었다. 그곳에서 그는 나중에까지 꼬리에 꼬리를 물고 이어진 흥미롭고도 의미심장한 사건을 경험했다.

뉴욕의 종합병원들을 이곳저곳 돌아다녀본 끝에 그는 닥터 헨리 B. 샌즈(Henry B. Sands)의 외과 임상 강의가 가장 마음에 들어 그 수업을 듣기로 결정했다. 당시 닥터 샌즈는 뉴욕 최고의 외과 의사였고, 그가 근무한 루스벨트 종합병원은 미국에서 규모가 가장 크고 관리도 가장 잘되고 있었다. 그 무렵 그는 특히 맹장주위염(막창자주위염)이라는 질환에 관심이 많았다.

물론 이 병이 새로운 질환은 아니었다. 고대부터 급경련통(산통)이나 장폐색으로 불렸지만 일련의 증상만 알려졌을 뿐이다. 이 병은 오른쪽 아랫배가 갑자기 콕콕 쑤시면서 열, 구토, 변비를 동반하다가 이내 사망을 일으키지 않으면, 농양이 형성됐다가 터져 복강 안으로 흘러들어서 생명을 위험하는 복막염을 일으킨다.

오랜 연구 끝에 염증이 원인인 것으로 밝혀지긴 했지만 염증의 진원지가 정확히 어디인지는 여전히 논란의 대상이었다. 일부에선 충수(막창자꼬리) 속의 이물질이나 카타르성 분비물 때문에 병이 시작된다고 생각했지만 이 병을 잘 아는 의사들은 대부분 맹장과 결장 상부가 염증의 진원지라고 생각했다.

병리학자들이 병인을 놓고 갑론을박하는 사이 대담한 외과 의사 몇몇이 이 질환의 치료에서 큰 진전을 거두었다. 미국에서는 누구보다 먼저 윌러드 파커(Willard Parker)가 1867년 복부를 절개하고 맹장 주위의 농양을 빼내는 수술을 실시해 네 건 중 세 건에서 성공했다고 발표했다.

닥터 파커의 제자인 헨리 B. 샌즈는 스승으로부터 맹장주위염을 진단하는 방법과 농양을 언제, 어떻게 제거하는 게 좋은지에 대해 배웠다. 그 이후로 닥터 샌즈는 이 수술을 100여 차례 가까이 집도했다.

닥터 샌즈의 임상 강의는 오후 두 시에 시작됐다. 닥터 윌은 수술실 앞자리를 차지하려고 매일 한 시면 도착해 수술이 끝날 때까지 한시도 눈을 떼지 않고 지켜보았다. 더러 수술은 저녁 여섯 시 삼십 분이나 일곱 시에 끝나기도 했는데, 그럴 때면 다른 참관객은 모두 가고 닥터 윌 혼자만 남아 있었다.

그 날도 닥터 샌즈는 밤 늦게까지 수술하고 있었다. 수술이 거의 끝나갈 무렵 당직 수위가 방금 외과 병동에 응급 환자가 실려 왔다는 전갈을 가지고 왔다. 닥터 샌즈는 수술대 쪽을 돌아보더니 다시 고개를 들어 수술실을 둘러보며 말했다.

"임상 강의 내내 여기 앉아 있더군. 외과 병동에 흥미로운 환자가 온 모양이야. 자네도 같이 가볼 텐가?"

닥터 윌은 그 기회를 두 팔 벌려 환영했다.

병동에 도착해보니 응급 환자는 상태가 매우 안 좋았다. 열이 펄펄 끓는 데다 구토까지 했다. 닥터 샌즈는 몸짓으로 젊은 동료에게 오른쪽 장골 부위가 부었는지 만져보라고 한 뒤 이렇게 말했다.

"장담하건대 내 노스승께서 말씀하신 맹장주위염이 틀림없어. 환자에게 클로로포름을 투여하고 이 병동에서 농양을 제거하세나."

닥터 샌즈는 부지런히 손을 놀리면서도 뚫어져라 지켜보는 동료에게 수술 과정을 설명했다. 그러다 닥터 샌즈는 닥터 윌에게 이런 농양을 본 적이 있느냐고 물었다.

닥터 윌은 그런 것 같다고 대답했다. 그제야 닥터 윌은 어렸을 때 아버지 진료소에서 보았던 사례가 생각났다. 그때 환자는 장에 염증이 생겨 죽어가고 있었다. 아버지는 탐침을 장골에 찔러넣어 고름을 찾아낸 뒤 탐침을 길잡이 삼아 농양을 절개하고 1리터가 넘는 고름을 빼냈었다.

닥터 샌즈는 원래 탐침을 길잡이 삼아 고름 덩어리를 찾아내는 게 정석이라는 듯 빙그레 웃었다. 닥터 샌즈는 자신은 이 방법을 터득하기까지 오랜 시간이 걸렸으며, 배를 열어놓고 다시 농양을 찾지 못해 망신을 당한 적이 한두 번이 아니었다고 말했다.

이러한 경험은 닥터 윌에게 생각을 무럭무럭 키우는 양식과도 같았다. 닥터 윌의 아버지는 고열과 구토를 동반하는 복통 증상을 수없이 다루었다. 아버지는 그런 증상을 장염으로 진단했는데, 환자가 종종 사망에 이르렀다. 그중에 농양을 제거하면 나을 수도 있는 맹장주위염 환자는 몇 명이나 있었을까?

닥터 윌이 로체스터로 돌아가고 나서 한두 주 뒤, 루스벨트 종합병원에서 닥터 샌즈와 함께 검진했던 맹장주위염 환자의 증세와 매우 비슷한 증세를 보이는 스웨덴 출신의 청년이 찾아왔다. 아버지가 왕진 나가고 없어 닥터 윌이 환자를 진료했다. 그는 탐침으로 농양을 찾아내 절개한 뒤 그 안의 내용물을 빼냈다. 스웨덴 청년은 금세 괜찮아졌다.

이 환자 말고도 닥터 윌은 맹장주위염으로 의심되는 환자를 여러 번 만났는데, 진단 소견이 아버지와 늘 일치하지는 않았다. 로체스터 근처에 사는 젊은 여교사가 갑자기 병이 났을 때였다. 닥터 메이요는 장염이라고 진단했지만 닥터 윌은 맹장주위염이 확실하기 때문에 농양을 절개해 고름을 빼내야 한다고 고집했다.

여교사의 부모는 수술을 거부했고 환자는 결국 사망했다. 닥터 윌은 허락을 얻어 시신을 해부했고, 그 결과 그의 진단이 옳은 것으로 밝혀졌다.

이와 관련해 훗날 그는 당시에 충수염인 줄 알고 있었다고 말했다. 하지만 나중에 알게 된 지식에 근거해 그렇게 말한 것일까, 아니면 실제로 그때 이미 충수를 병소로 지목했던 것일까?

이런 질문을 던지는 이유는 이 수술이 1885년 8월의 일이기 때문이다. 레지널드 피츠(Reginald Heber Fitz)가 미국내과협회에 「충수 배농법(Perforating Inflammation of the Vermiform Appendix)」이라는 유명한 논문을 발표한 시기는 이듬해 6월이었다. 맹장주위염이 실은 충수에서부터 발병하며, 따라서 충수염이라고 해야 맞다는 확신을 모두에게 심어준 것은 바로 이 논문이었다.

피츠는 꼼꼼하게 수집한 증거를 제시하며 발병한 지 24시간 안에 증상이 가라앉지 않으면 외과 수술로 충수를 제거해야 한다고 말했다.

그러나 피츠는 병리학자였기 때문에, 외과 의사들은 한동안 그의 조언을 무시했다. 그러다 1889년 샌즈의 뒤를 이은 루스벨트 종합병원의 닥터 찰스 맥버니(Charles McBurney)가 복부에서 그 유명한 맥버니점, 즉 압통점이 촉진되면 충수를 가능한 한 빨리 제거하는 것이 좋다는 의견을 내놓으면서 그제야 이 수술이 일반화되기 시작했다.

닥터 윌은 누구보다 빨리 피츠가 추천하는 근본적 방법을 채택했다. 그는 발표되기가 무섭게 피츠의 논문을 읽었지만 그 전에도 그런 진단을 내렸고 농양이 있으면 절개해 들어내는 게 맞다고 생각하고 있었다. 다만 논문을 통해 좀더 자신감을 얻었을 뿐이다. 이때부터 그는 효과도 없는 다른 처치로 공연히 시간을 낭비하기보다 외과 수술로 충수를 제거하기 시작했다.

1888년 봄이 되자 닥터 윌은 충수 수술에서 얻은 경험에 보고할 가치가 있다고 판단해 그 주제로 논문을 작성한 후 미네소타 주 의학회 연례회의 외과 분과 토론 시간에 발표했다.

주 의학회는 끝내 보수적인 결론을 내리긴 했지만 철저한 표본 조사에다 풍부한 임상 경험까지 제시하는 닥터 윌의 논문을 보고 깜짝 놀랐다. 희귀한 병증의 경우 보통 한두 사례만 있어도 주 의학회에 보고하기에 충분했는데, 특히 맹장주위염의 경우 그 전에도 세 차례의 보고가 있긴 했지만 임상 사례는 각각 두 건밖에 제시하지 못했다. 그러나 로체스터 출신의 이 햇병아리는 아홉 건이나 되는 사례로 자신의 논점을 뒷받침하고 있었을 뿐만 아니라 병증의 성격에 따라 분류까지 하고 있었다. 적어도 20명이 넘는 환자를 치료한 게 틀림없었다!

닥터 윌의 논문이 동료들에게 얼마나 강한 인상을 주었는지는 그 자리에 참석한 주 외과 의사들이 의과대학을 졸업한 지 5년밖에 되지 않은 스물일곱 살 청년을 서슴없이 차기 외과 분과장으로 선출했다는 사실에서 충분히 짐작하고도 남는다.

그러고 나서 메이요 형제가 세계적으로 유명한 외과 의사가 되기까지 꼬리에 꼬리를 물고 이어진 일련의 사건과 상황을 간단히 요약해서 살펴보면 다음과 같다.

현대 외과술의 여명기에 형제는 다른 사람들이 이룩한 최신 성과를 차례차례 배워나갔다. 형제는 좋은 것이 있으면 신중히 판단해 받아들인 다음, 능숙한 솜씨로 적용하고 발전시켰다. 미네소타 남부와 그 인근 주들에서는 누군가가 다스려주길 기다리는 질병이 갈수록 늘어만 갔다. 형제는 새로운 외과술을 적용하는 데 남다른 순발력이 있었기 때문에 다른 의사들은 고치지 못하는 병을 고치는 명의로 널리 두각을 드러냈다. 갈수록 많은 환자가 찾아왔고, 형제는 점점 더 많은 경험과 기술을 쌓았다. 형제는 탁월한 결과에다 비교를 불허하는 자료 수치까지 덧붙여 동료들 앞에서 잇달아 논문을 발표했고, 그때마다 동료들은 처음에는 못 믿겠다는 반응을 보이다가 이내 감탄사를 연발했다. 사실 이러한 양상은 형제의 아버지가 난소 절제술에서 거둔 성과에서도 어느 정도 나타났었다. 이제 형제가 아버지의 뒤를 이으면서 이러한 양상은 위 수술, 담낭 수술, 갑상샘 수술에서도 갈수록 더 큰 규모로, 갈수록 더 빠른 속도로 거듭거듭 나타났다. 그리하여 마침내 외과 세계의 구석구석에까지 메이요라는 이름을 알렸을 뿐만 아니라, 일반인에게도 역사상 어느 위대한 의사 못지않게 널리 이름이 알려지게 됐다.

주 의학회 외과 분과장 정도 됐으면 자신이 다른 누구보다 어떤 수술이든 잘 할 수 있다는 자부심을 가져도 되지 않을까. 1888년 11월 닥터 월은 왕진 요청을 받고 난소 종양이 의심되는 환자를 진찰하러 캐슨에 갔다. 평소 야윈 편이었던 환자의 몸집이 커져 있었다. 진찰을 하기위해 닥터 월은 환자를 거실 소파에 눕혔다. 그런데 의사의 요청에 따라 환자가 옆으로 돌아누우려다가 종양 무게 때문에 균형을 잃고 그만 바닥으로 굴러떨어지고 말았다. 닥터 월은 환자를 부축해 다시 일으켜세웠다.

아들의 설명을 듣고 닥터 메이요는 수술 날짜를 다음 일요일 아침으로 잡은 뒤 그 소식을 인근 의사들에게 알렸다. 그러고 나서 닥터메이요는 닥터 알렉산더 J. 스톤으로부터 상의할 환자가 있으니 세인트폴로 와달라는 요청을 받았다. 그는 토요일 밤까지 돌아오기로 하고길을 떠났지만 그러지 못했다. 게다가 일요일 아침 첫 기차로도 돌아오지 못했다.

수술 시간이 가까워지면서 열댓 명의 의사가 카펜터 부인의 집으로 모여들었다. 환자는 집에 아이들만 남겨두고 온 친척 몇 명과 함께기다리고 있었다. 닥터 월은 용기를 한껏 끌어내 환자에게 괜찮다면자기가 수술하겠다고 말했다. 그녀는 흔쾌히 그러라고 했고, 닥터 월은 종양을 제거했다. 종양은 준비해둔 대야를 가득 채울 만큼 크기가엄청났고, 지켜보던 의사들은 깊은 인상을 받았다.

모든 게 순조롭게 끝났지만 닥터 월은 그 날 내내 아버지가 뭐라고할지 궁금해하며 보냈다. 약간 걱정스러운 마음으로 그는 저녁 기차로 돌아오는 아버지를 마중하러 나갔다. 기차에는 닥터 스톤도 함께타고 있었다. 세인트폴에 머물며 닥터 스톤의 수술을 도왔던 닥터 메이요가 다음날 아침에 잡아놓은 수술을 보여주려고 그 신사를 대동했던 것이다. 닥터 윌의 눈에 비친 닥터 메이요는 세인트폴의 친구에게 보여줄 난소 종양 수술 생각으로 활기가 넘치다 못해 약간 득의양양해 보이기까지 했다.

닥터 윌은 쭈뼛거리며 두 사람에게 그 날 아침에 혼자 수술을 끝냈다고 밀했다. 그의 아버지는 아무 말이 없었다. 닥터 스톤은 역 계단에 쭈그리고 앉아 모자로 난간 모서리를 툭툭 내려치다가 애송이가 아버지의 큰 수술을 가로챘다는 생각에 눈물이 나올 때까지 웃어댔다.

닥터 윌은 아버지가 이때 처음으로 아들이 혼자 힘으로 당당하게 흠 잡을 데 없이 유능한 외과 의사가 됐다고 깨달은 것 같다는 말을 자주 했다.

이 무렵 이 젊은 의사의 능력은 무엇보다 무균 수술에서 빛을 발했다. 의대를 마치고 집으로 돌아와보니 그의 아버지는 무균 수술법에 강한 거부감을 가지고 있었고, 주 의학회 회의에서도 관심을 기울일 만한 언급을 거의 듣지 못했다. 유럽에서 새로운 방식을 보고 온 미네소타의 몇몇 젊은 외과 의사들만 무균 수술법을 옹호하고 있었다.

그 뒤 1885년 닥터 윌은 두 번째로 의학원 과정을 밟으러 뉴욕으로 출발했다. 이번에는 뉴욕 폴리클리닉에서였고, 거기서 닥터 어르퍼트 게르슈테르(Arpad Gerster)를 통해 리스터 소독법을 처음으로 온전하게 이해하고 임상에서 사용하는 법을 배웠다.

게르슈테르는 유럽에서 태어나 그곳에서 교육받은 인물이었다. 헝가리인인 그는 독일 할레에 있는 폴크만의 병원에서 새로운 외과술을 배운 뒤 1874년 미국으로 건너왔다. 따라서 그는 철저한 소독 습관이 몸에 배어 있었다. 어느 정도였냐 하면, 그는 떼로 몰려다니는 조수들에다 참관객까지 입추의 여지 없이 꽉 들어차는 폴리클리닉 수술실에서는 수술을 하지 않았다. 그는 상황을 좀더 잘 통제할 수 있는 마운트시나이 병원에서 소수의 인원을 대상으로만 임상 강의를 했다.

게르슈테르의 강의는 닥터 윌에게 깊은 인상을 남겼다.

"그분의 수업을 들었을 때가 내겐 행복한 시절이었고, 앞으로도 그분에 대한 존경심과 경외심은 식지 않을 겁니다."

젊은 닥터 윌이 무균 수술법을 완전히 익히기까지는 그의 강의 못지않게 1887년에 출간된 그의 저서 『무균 및 방부 수술의 원칙(The Rules of Aseptic and Antiseptic Surgery)』 또한 커다란 영향을 미쳤다. 닥터 윌은 이 책을 달달 외우다시피 했다. 출간되자마자 세 차례나 추가로 인쇄될 만큼 당대 의학계에서 화제가 된 이 책은 무균 수술법의 확산에 다른 무엇보다 큰 기여를 했다.

책에서 게르슈테르는 완전히 익힐 때까지 지루해 보일 수도 있는 훈련 과정을 간단하고 명쾌하게 기술했을 뿐만 아니라 가장 중요한 '무균화 작업'의 매 단계를 순서대로 일목요연하게 설명했다. (지금처럼 '무균'과 '방부'를 엄격하게 구분하기 시작한 것은 증기 멸균 장치, 수술용 고무 장갑, 수술복, 마스크 등 명실상부한 무균 수술에 필요한 도구가 등장하면서부터였다. 1880년대에는 두 용어가 흔히 동의어로 사용됐다.)

그는 시골 의사에게 꼭 필요한 용품과, 그런 용품을 이용해 농가의 부엌이나 침실을 무균 수술실로 바꾸는 방법을 상세하게 알려주었다. 이를테면 양은 개수통이나 법랑 대야는 어떤 크기로 몇 개나 필요하고 어떻게 포개면 휴대가 편리한지, 소독액을 채운 분무기는 침대 기둥이나 식탁 위에 어떻게 매다는 게 좋은지, 상처에서 나오는 고름을 바닥에 준비해둔 양동이로 흘려보내려면 수건을 어떻게 접어 배치하는 게 좋은지도 설명했다. 실용성 측면에서 가히 독보적인 이 작은 책은 닥터 윌이 게르슈테르의 임상 강의를 들었던 1885년 10월부터 집필이 시작됐다. 그때 찍혀 책에 실린 자신의 사진을 볼 때마다 닥터 윌은 기쁨을 감추지 못했다.

이 초창기 시절에 닥터 윌이 두각을 드러낸 능력은 비단 외과 수술 실력만이 아니었다. 그가 의대를 마치고 집으로 돌아왔을 때 그의 부모는 빚을 지고 있었다. 몇 년 전 구입한 현미경과 이미 죽어버린 말 때문이기도 했지만 그의 학비 때문이기도 했다. 청년 윌은 이내 긴축 재정에 들어갔다.

그도 아버지처럼 경우에 따라 기꺼이 무료로 치료해 주었지만 주먹구구식이었던 아버지와 달리 진료비 책정과 회수에 체계를 세워 환자가 한꺼번에 갚을 능력이 안 되면 양심의 가책을 느끼지 않고 분할 상환을 요구했다. 게다가 아버지와 달리 그의 손에서는 돈이 쉽게 새어나가지 않았던 데다 환자도 두 배로 늘면서 갈수록 많은 돈이 들어왔다.

그때마다 그는 진료소를 말끔하게 단장했다. 환자들이 쉽게 찾아올 수 있도록 쿡블록 1층으로 진료소를 옮겨 지역 사회가 술렁일 정도로 틈만 나면 외벽에 칠을 새로 하고, 사무용 가구를 새로 들여놓고, 양탄자를 새로 깔았다. 가스등과 수도 시설은 물론이고 옆집 쿡하우스의 보일러에서 관을 끌어와 난방 시설도 갖추었다.

집에서의 생활도 더 편리하고 쾌적해졌다. 메이요 가족의 살림살이

닥터 윌이 의대를 졸업하고 아버지의 진료소에 합류한 1883년에 메이요 진료소는 쿡블록 1층으로 이전했다. 메이요 삼부자는 1901년에 프리메이슨 '사원' 건물로 이전하기 전까지 17년 동안 여기서 진료소를 키워갔다.

는 점점 윤택해졌고, 노년에 닥터 메이요는 대부분의 시간을 여행으로 보냈다. 1884년부터 닥터 메이요는 개최 장소가 어디든 미국의학협회 회의에 한 번도 빠지지 않고 꼬박꼬박 참석한 것으로 보인다. 그의 아내도 집을 떠나 플로리다에서 겨울을 보내거나 미시간의 친척들을 방문하며 시간을 보내기 시작했다.

닥터 윌은 여가를 즐길 겨를이 거의 없었다. 어쩌다 일리전 호수를 찾아 야영을 하거나, 겨울철이면 세인트폴에서 열리는 눈꽃 축제를 구경하러 가거나, 오로노코 호수 주변에서 '전원생활을 즐기는' 젊은 친구들과 하루를 지내는 게 전부였다. 가끔은 찰리와 그의 친구들이

십시일반 돈을 거둬서 마차와 배를 빌려 친한 여자 친구들과 놀러갈 때 동행하기도 했다.

닥터 윌과 가장 친하게 지낸 여자 친구는 시내에서 보석상을 운영하면서 가끔 시의회에도 진출했던 로체스터 토박이 엘리저 데이먼(Eleazer Damon)의 딸로, 통통하고 발그레한 뺨과 다갈색 머리칼이 인상적인 아가씨였다. 말수가 없고 부끄러움을 많이 탔지만 천성이 착하고 집안일도 곧잘 했

해티 메이 데이먼. 닥터 윌과 해티는 어릴 적 로체스터에서 같은 학교 동급생이었다. 해티는 칼레턴 대학을 졸업했다.

던 해티 메이 데이먼(Hattie May Damon, 1864~1952)은 닥터 윌의 청혼을 기쁘게 받아들였고, 이 젊은 의사가 1884년 뉴욕에서 돌아오자마자 바로 결혼식을 올렸다. 둘의 결혼식은 신문에 대서특필될 만큼 지역사회의 일대 행사였다.

젊은 부부는 '우아한 체리 침구 세트'를 마련해 로체스터 시내 프랭클린 스트리트에 있는 닥터 메이요의 집으로 들어갔다.

그 뒤 슬픔과 기쁨이 번갈아 찾아왔다. 1885년 5월 닥터 윌의 누나 피비가 비장 질환으로 7년째 고생하다가 세상을 떠났다. 그는 당시에는 몰랐지만 나중에 비장에 대해 공부하게 되면서 누나가 수술만 받았다면 충분히 살 수 있었다는 생각에 두고두고 안타까워했다. 1887년 3월 젊은 부부는 딸 캐리의 출생을 자랑스럽게 발표했지만, 1889년 8월에 아들을 낳은 기쁨은 석 달 뒤 아기의 갑작스런 죽음으로 끝

나고 말았다.

조그만 시골집은 전도유망한 젊은 의사를 그리 오래 만족시키지 못했다. 닥터 윌은 칼리지 스트리트와 다코타 스트리트가 만나는 모퉁이, 그러니까 훗날 칼리지 아파트 단지가 들어설 자리에 있던 낡은 벽돌집을 사들여 완전히 허문 뒤 최신식 주택과 마구간을 새로 지었다.

공사가 끝나자, 화려하게 장식한 큼직한 벽난로 세 개와 널찍한 전용 차도에다, 집과 마구간을 잇는 전성관(傳聲管)과, 당시에는 아직 일반화되지 않은 가스등과 수도 시설까지 갖춘 그 집의 우아함과 규모에 다들 입을 다물지 못했다. 르네상스 이후로 기업심이 남다른 사람은 누구나 그랬듯이 닥터 윌도 성공의 외형에 투자하면 그만 한 보상이 따른다고 믿었다.

찰리가 시카고 의과대학을 졸업하고 로체스터로 돌아와 의사 생활을 시작했을 무렵만 해도 직업 면에서나 개인 생활 면에서나 형이 훨씬 앞서 있었다.

닥터 찰리는 형과의 동업 관계에 쉽고 자연스럽게 적응했다. 의대 재학 시절에도 여름 방학마다 아버지의 진료소에서 함께 일했기 때문이다. 아버지와 형이 닥터 찰리에게 조수 이상의 역할을 맡기기까지는 꽤 시간이 걸렸지만, 닥터 윌은 동생의 외과 수술 능력을 인정하게 되자마자 즉각 역할을 능력에 맞게 바로잡았다.

닥터 윌이 감당하기 어려울 만큼 환자가 넘칠 때도 닥터 찰리가 진료에 나섰는데, 형이 그랬듯이 그도 앳된 외모 때문에 의심 어린 눈초리를 많이 받아야 했다. 그래서 한동안은 나이 들어 보이려고 '버펄로

털가죽으로 만든 낡은 외투 자락' 같
은 턱수염을 기르고 다녔다.

이 초기 시절에 대해 그는 이렇게
말했다.

"환자가 문틈으로 삐죽 고개를 들이
밀고 진료소 안의 동정을 살피면 나는
환자가 문을 닫지 못하게 얼른 발을
끼워넣고는 아버지가 바쁘시다고 또
는 출타 중이시다라고 말하곤 했어요.
그러고는 무슨 일로 오셨느냐고 물었
죠. 그래서 기회가 주어지면 가지고 있
는 온갖 기구로 이것저것 검사를 했지

의대를 졸업한 닥터 찰리는 아버지의 진료소에서 일하면서
나이 들어 보이려고 한동안 턱수염을 덥수룩하게 기르고 다
녔다. 그랬더니 정말 환자들의 신뢰도가 더 높아졌다.

요. 그러다 보니, 아버지라면 즉석에서 원인을 알아차렸을 문제를 나
는 한참이나 걸려서야 알아냈어요. 드디어 내가 검사를 마치고 나면
환자들은 그렇게 공들여 하는 검사는 받아본 적이 없다고 말하곤 했
답니다."

아버지의 진료소에 합류한 지 얼마 지나지 않아 닥터 찰리는 안과
수술을 넘겨받았다. 닥터 윌에 따르면 닥터 찰리는 그냥 믿고 맡겨도
될 만큼 그 방면에서 실력이 뛰어났다. 곧이어 찰리는 시골 왕진에도
나섰다.

로체스터에서 3마일쯤 떨어진 곳에 살았던 아일랜드 출신의 한 남
자가 메이요 형제에게 한쪽 눈 백내장 수술을 받은 뒤 친구들에게 보
여주고 싶다며 수술로 떼어낸 조직을 가져가고 싶어했다. 그래서 닥

터 찰리는 가져가기 편하게 조직을 기름 먹인 비단 조각에 싸서 건넸다. 그러나 환자는 아직 안경을 끼지 않았던지라 조직을 보지 못하고 기름 먹인 비단만 있다고 생각했다. 친구들 앞에서 몇 번을 찾아도 조직이 보이지 않자 환자는 닥터 찰리가 자기 눈에서 제거했다는 조직이 비단 조각에 지나지 않았다고 확신하고 즉결 심판소에 닥터 찰리의 과실을 묻는 재판을 신청하는 소동을 벌이기도 했다.

불행히도 닥터 찰리는 의사 생활을 시작하자마자 백일해에 걸렸다. 아들이 6개월 가까이 기침으로 고생하자 닥터 찰리의 부모는 휴식과 생활환경 변화가 필요하다고 판단했다.

마침 스타트 판사가 유럽으로 출장을 떠날 예정이라 닥터 찰리는 그를 따라나섰다. 둘은 1889년 1월에 출발했다. 닥터 찰리는 가장 먼저 아버지의 고향인 영국 샐퍼드를 찾아 연로한 삼촌 내외를 만나고 아일랜드로 건너가 잠시 지낸 뒤 유럽 병원 탐방 길에 올랐다.

당시 조지프 리스터는 런던에서 일하고 있었지만 피치 못할 사정 때문에 닥터 찰리는 그를 만나지 못했다. 닥터 찰리는 런던을 뒤로 하고 파리에서 열린 파스퇴르의 강연회에 참석했다.

"물론 그분이 프랑스어로 강의했기 때문에 내용은 이해하지 못했지만 그 위대한 인물을 눈앞에서 직접 볼 수 있었습니다. 당시 그분은 가벼운 뇌졸중으로 왼쪽 다리를 살짝 절었습니다. 반백인 머리에 찰싹 달라붙는 모자를 쓰고 있었고, 얼굴에는 짤막한 턱수염을 기르고 있었지요. 강연장은 150석 규모였는데, 학생이 60여 명은 됐던 것 같아요. 그분은 책상 앞에 앉아 미리 준비해온 쪽지를 들여다보며 강의했는데, 고개를 하도 주억거려 목소리가 묻히는 바람에 사람들이 그분이 무슨 말씀을 하시는지 잘 알아듣지 못하는 눈치였어요."

유럽 대륙, 특히 독일의 종합병원들에서 닥터 찰리는 소독제 사용에 깊은 인상을 받았다. 병실 벽마다 색깔이 각기 다른 소독액을 가득 채운 커다란 약병이 즐비하게 늘어서 있었다. 대체로 물을 엄청나게 많이 사용했던 당시의 수술에 맞게 고안한 수술대는 고무판으로 덮인 데다 사방에 물받이가 죽 붙어 있어 때로는 뜨거운 물, 때로는 따뜻한 물, 때로는 차가운 물을 배수해냈다. 그렇다 보니 온 사방이 물로 흥건했고, 수술 의료진은 모두 고무장화를 신었다.

그곳 외과 의사들은 수술에 들어가기 전에 손과 손톱을 깨끗이 문질러 닦았을 뿐만 아니라 이미 흰색 면장갑을 사용하고 있었으며, 쓰고 난 장갑은 그때그때 삶아 소독했다. 그때부터 벌써 오늘날과 같은 형태의 소독법이 모습을 드러낸 셈이다.

닥터 찰리는 심신을 새로 충전하고 집으로 돌아와 아직 준공 전인 로체스터의 작은 병원(세인트메리스 병원)에서 자신이 외국에서 보고 온 것을 적절하게 적용하며, 메이요가(家) 의사들 이야기 가운데 가장 유명한 대목을 향해 올곧게 나아갔다.

9장

세인트메리스 병원

로체스터의 1883년 8월 21일 화요일은 몹시도 무더웠다. 숨이 턱턱 막히는 열기에 지친 주민들은 오후 늦게 서쪽에서 몰려오는 먹구름을 반가운 마음으로 지켜보았다.

여섯 시쯤 월과 찰리 형제는 하루 일과를 마친 후 덩치는 작지만 날랜 암말에 마차를 매달고 그 날 밤 눈 수술을 연습할 양 머리를 구하러 도축장으로 출발했다. 도시 북쪽의 비좁은 도로를 따라 마차를 몰면서 형제는 먹구름이 몰려드는 모습이 아무래도 심상치 않다고 말했다.

형제가 도축장에 도착하자 도축자들이 서둘러 집으로 가고 있었다. 그들은 곧 폭풍우가 닥칠 것 같아 일찍 퇴근한다며 월과 찰리에게도 빨리 집으로 돌아가라고 충고했다.

집으로 돌아오는 길에 주변을 둘러보니 집채만 한 구름이 깔때기 모양으로 소용돌이를 이루며 탈곡기처럼 건물들을 집어삼키고는 왕

겨를 내뱉듯 그 잔해를 사방으로 토해냈다.

깜짝 놀란 형제는 폭풍우를 헤치며 전 속력으로 말을 몰았다. 줌브로 강 다리를 지나기가 무섭게 다리가 강풍을 견디지 못하고 뜯겨나가면서 산산이 부서졌다. 그러고 나서 브로드웨이 철길을 건너자마자 곡물 양곡기가 고꾸라지면서 짐마차들이 미친 듯이 아래로 곤두박질쳤다. 귀청을 찢는 굉음과 함께 널빤지, 지붕널, 벽돌, 목재 등 온갖 것들이 사나운 바람에 춤추듯 날아다녔다.

형제가 브로드웨이 스트리트와 줌브로 스트리트가 만나는 교차로를 지날 때였다. 맞은편 쿡하우스의 육중한 처마도리가 쿵 떨어지면서 마차 바퀴와 굴대를 부숴놓았다. 겁에 질린 말이 굴레를 풀고 줌브로 스트리트를 쏜살같이 내달려 골목으로 도망쳤다. 형제는 말을 붙잡으려고 뛰쳐나왔다가 글자 그대로 바람에 휩쓸려 질질 끌려다녔다.

형제가 가까스로 대장장이의 공방으로 피신하기가 무섭게 양철 지붕이 뜯기더니 머리 위에서 소용돌이치며 날아갔다. 형제는 말과 벽을 꽉 붙잡고 바람이 잦아들 때까지 기다렸다. 이윽고 형제는 집으로 출발했지만, 로체스터 북쪽에 사망자와 부상자가 발생했다는 소식을 듣고 발길을 돌렸다.

탐정 소설에서처럼 토네이도가 덮친 시간은 멈춰선 시계로 알 수 있었다. 폭풍이 일으킨 소용돌이가 도시 서쪽 어떤 집의 조그만 탁상시계를 집어올려 거기서 한 블록 떨어진 곳에 떨어뜨렸다. 시계는 부숴지지는 않았지만 바늘이 여섯 시 삼십육 분에 멈춰 있었다.

도시 곳곳이 심각한 피해를 입었는데, 그중에서도 로어타운으로 불리는 로체스터 북쪽은 그야말로 아수라장이었다. 멀쩡하게 서 있는

1883년 여름 2개의 토네이도가 로체스터를 엄습했다. 첫 번째 토네이도는 시 북쪽을 비껴지나갔고, 두 번째 토네이도는 8월 21일 저녁에 로체스터 개척지를 강타했다. 그로 인해 엄청난 인적, 물적 피해가 발생해 구호의 손길이 쇄도했다. 부상자 치료를 주도한 닥터 메이요는 부족한 일손을 해결하기 위해 세인트프랜시스 수녀회에 수녀들의 간호를 요청했으며, 이 사건을 계기로 세인트프랜시스 수녀회가 설립한 세인트메리스 병원은 메이요 진료소와 함께 급속히 성장했다.

집은 사실상 한 채도 없었고, 도축장은 폐허로 변했다.

즉시 구조 활동이 시작됐다. 사람들은 등불을 들고 사망자와 부상자를 찾아내 호텔이나 사무실로 이송했다. 그 가운데 40여 명은 세인트프랜시스 수녀회 건물에 수용되어 간이침대가 마련될 때까지 거실 바닥에 누워 지냈다.

의사들도 곧바로 구호 활동에 들어가 왕진을 요청해온 사람들의 집이나 의사들 각자의 진료소, 또는 응급 처치소로 사용되는 호텔에서 일했다. 닥터 메이요는 로어타운 언저리의 벅 호텔을 맡았고, 닥터 월과 닥터 찰리는 메이요 진료소로 실려온 사람들을 돌보았다. 여자들도 나서서 침대, 붕대, 의약품, 음식을 준비하는 가운데 구조 활동이 밤새 이어졌다.

이튿날 아침 일찍 센터 스트리트 근처 브로드웨이 스트리트에 있는 롬멜의 무도장과 그 옆 독일도서관협회 건물이 임시 병원으로 변신했다. 간호사로 자원한 부녀자들이 철사를 치고 커튼을 매달아 공간을 분리한 뒤 침대와 이부자리를 들여놓자 밤사이 다른 곳에 흩어져 있던 부상자들이 차례차례 실려 왔다. 열한 시 삼십사 분이 되자 모든 환자들이 임시로 마련된 병원에 안착했고, 의사들이 와서 찢어진 곳이나 부러진 곳을 치료했다.

그러나 얼마 지나지 않아 마찰이 일었다. 어딘가에서 사고 환자의 경우 제일 먼저 토제를 처방해야 한다고 들은 의사 하나가 부상자 전원에게 그렇게 처치하라고 지시한 게 화근이었다. 이에 닥터 메이요는 노발대발했고, 그 의사는 닥터 메이요가 "저 인간이 가지 않으면 내가 가겠다"는 최후통첩을 했다며 고집을 부려댔다. 지휘 계통이 있어야겠기에 시의회는 닥터 메이요에게 책임을 맡겼다.

그의 첫 번째 임무는 간호 인력을 확보하는 것이었다. 자원자들은 의욕은 넘쳤지만 가정도 돌봐야 했기 때문에 순전히 그들에게만 기댈 수가 없었다. 간호에만 전념할 수 있는 간호사들이 필요했다. 닥터 메이요는 (각급 학교에 파견돼 사역을 수행하다가) 여름 방학을 맞이해 모원(母院)에 돌아와 머물고 있는 세인트프랜시스 수녀회 수녀들을 교육하면 어떨까 생각했다. 다는 아니더라도 그 가운데 몇몇은 분명히 도움이 될 것 같았다.

이러한 해결책을 제시하자 수녀원장은 그 자리에서 흔쾌히 동의했다. 그때부터 임시 병원이 문을 닫을 때까지 세인트프랜시스 수녀회 수녀들이 간호 업무를 도맡았다.

한편 도움의 손길이 사방에서 답지했다. 로어타운 근처의 창고 한 곳이 공중식당으로 바뀌어 인정 많은 주부, 식료품상, 빵집 주인들로부터 식량을 지원받았고, 시내의 주민 회관들도 임시 숙박 시설로 변신했다.

구호 기금 요청에 미니애폴리스와 세인트폴이 각각 5,000달러, 시카고가 1만 달러, 위노나와 세인트클라우드가 각각 3,000달러를 기탁했다. 몇 년 전 메뚜기 떼가 농사를 망쳤을 때 로체스터의 도움을 받았던 다코타도 지역 사회 차원에서 모금 활동을 벌여 그때의 호의에 보답했다. 구호위원회가 모은 기금은 모두 합해 60,442달러였다. 이 돈으로 253가구에 의류를 지원하고, 주택 119채를 다시 짓고, 살림 장만비로 가구당 약 78달러를 지급했다. 그 덕분에 로체스터는 가을과 겨울을 나면서 점차 정상을 찾아갔다.

그런데 이 일을 계기로 세인트프랜시스 수녀회 원장은 마음속에 한 가지 생각을 품게 됐다.

이 수녀회는 1877년 로체스터에 수녀원과 학교를 세웠지만 수녀회 일부는 여전히 일리노이 졸리엣 교구에 속해 있었다. 몇 주 뒤 시카고 의 주교가 일리노이 본원에서 이 수녀회를 완전히 분리시키자 앨프리 드 수녀원장은 수녀 스물네 명과 함께 '루르드 성모 수녀회'를 새로 설 립했다.

개척 수녀회에서 청원자(성직 지망자)로 살아가기란 쉽지 않았다. 하 지만 청원자가 끊이지 않아 1883년으로 접어들자 그 숫자가 거의 100 명에 이르렀다. 그들은 로체스터의 중학교 한 곳과 초등학교 한 곳, 오 와토나의 중학교 한 곳을 비롯해 미네소타, 오하이오, 미주리, 켄터키 등지에 흩어져 다양한 선교 활동을 벌이고 있었다. 따라서 새로운 사 역의 기반이 이때 이미 마련된 셈이었다.

토네이도가 휩쓸기 직전 당시 로체스터가 관구였던 세인트폴 주교 존 아일랜드(John Ireland)는 앨프리드 수녀원장에게 수녀회에서 로체 스터에 (의원이나 진료소가 아니라 종합병원 규모의 대형) 병원을 지으면 어떻겠 느냐고 제안했다. 당시만 해도 수녀원장은 그 제안이 썩 끌리지 않았 다. 수녀들은 간호사 교육이 아니라 교사 교육을 받고 있었기 때문이 다. 하지만 1883년의 끔찍한 8월을 겪으며 그녀는 생각이 바뀌었다. 로체스터에는 병원이 필요했다. 그녀는 병원 건립이 수녀회가 추진할 만한 가치가 있는 사역이며, 처음에는 돈도 많이 들고 어렵더라도 그 럴수록 믿음을 입증해 보일 수 있으리라 판단했다.

임시 병원이 문을 닫고 난 직후 앨프리드 수녀원장은 닥터 메이요를 방문했다.

"로체스터에 병원을 짓는 것을 어떻게 생각하십니까?"

닥터 메이요의 반응은 빠르고 단호했다.

"그런 병원을 유지하기엔 도시가 너무 작은 데다 운영비도 만만치 않을 테니 성공할 가능성이 희박합니다."

그러나 앨프리드 수녀원장은 뜻을 굽히지 않았다. 그녀는 조용히 닥터 메이요의 반대 의견을 가로막고 수녀회에서 재정을 대면 병원을 맡아줄 수 있는지 물었다. 닥터 메이요가 최소한 5만 달러는 들 것이라고 계속 말리자 그녀는 필요하다면 그 이상도 각오하고 있다고 대답했다. 그러고는 그에게 병원 공사를 맡아서 추진해달라고 부탁하고는 자리에서 일어났다.

닥터 메이요가 로체스터에 병원을 세우려는 앨프리드 수녀원장을 몽상가로 여긴 것은 당연하다. 당시 종합병원은 대중의 관심사에서 하위를 맴돌았다. 이 시절 종합병원은 빈민들이나 이용하는 곳으로 대부분 으스스하고 음침했다. 환자들은 집에서 가족이 살뜰히 돌봐주는 것과는 비교도 되지 않는 열악한 대우를 받았다. 리스터 소독법이 나오기 전에는 최고로 손꼽히던 종합병원조차도, 죽으러 간다면 모를까 나을 생각으로 가는 곳은 아니라는 인상을 주었다. 그곳 의사들도 사망률을 보고할 때 이따금 "좋지 않은 병원 환경"을 감안해달라고 요구할 정도였다.

따라서 형편이 넉넉한 환자들은 종합병원을 안식처 같은 곳으로 여기지 않았다. 한마디로 종합병원은 달리 갈 곳이 없고 돌봐줄 사람도 없는 가난한 환자들을 수용하는 자선 시설로, 구빈원이나 감옥 또는 정신병원과 같은 취급을 받았다.

1883년 당시 세인트폴에는 각각 "성취", "희망", "약속"을 표방하는 종합병원이 세 곳 있었고, 미니애폴리스에도 그와 수준과 규모가 비슷한 병원이 세 곳 있었다. 덜루스에는 그보다 규모가 조금 작은 병원이 한 곳 있었고, 위노나에선 "도시 저지대 외딴 곳의 낡고 음산한 집"이 종합병원이었다. 이곳에 들어오는 "불행한 사람들의 고통을 덜어 주기 위해 도시가 지원할 수 있는 비품이라고는 노끈으로 얼기설기 동여맨 낡은 침대 틀 하나가 전부였다."

바로 이것이 앨프리드 수녀원장이 병원 설립을 선언하고 나섰을 때의 미네소타 주 상황이었다. 세인트베네딕트 수녀회의 수녀 두세 명이 비즈마크의 몇몇 호텔 객실에서 환자들을 돌보고 있었을 뿐, 다코타 지역 너머로는 미네소타 남부에서든 서부에서든 당시 기준으로 봐도 이름값을 하는 종합병원이 전무했다.

이런 사실로 미루어볼 때 로체스터에 종합병원이 들어서면 그 일대의 환자들이 찾아올 가능성이 높았지만 닥터 메이요는 그럴 가능성을 내다보지 못한 듯하다.

4년 가까이 종합병원은 그저 생각으로만 머물렀지만 잊히지는 않았다. 세인트프랜시스 수녀회는 고된 노동과 검약한 생활로 기금을 모으고 있었다. 수녀들은 한 푼 두 푼 절약해 수녀원장에게 보냈고, 더 많이 보내기 위해 주변에 음식과 옷가지 기부를 부탁하는가 하면, 얼마 되지도 않는 여가 시간을 쪼개 음악을 가르치거나 뜨개 제품과 수예품을 내다팔아 돈을 벌기도 했다.

앨프리드 수녀원장은 동전 하나도 허투루 쓰지 않았다. 수녀들은 싸구려 신발과 거친 옷을 마다하지 않았고, 끼니도 소박하다 못해 때로 빈약하기까지 한 음식으로 대충 때웠다. 5파운드(약 2.3킬로그램)의 소 사태살과 15센트면 살 수 있는 국물용 소뼈가 수녀와 청원자 20여 명 그리고 기숙생 30여 명의 하루 끼니거리였다.

이렇듯 수녀들은 끊임없는 노동과 절약으로 세인트메리스 병원 건물을 올릴 공사비를 마련해 나갔다.

마침내 공사를 추진할 수 있을 만큼 돈이 충분히 모이자 닥터 메이요는 줌브로 스트리트의 도시 경계 바로 서쪽에 있는 땅 9에이커를 병원 부지로 점찍었다. 1887년 7월 26일 루르드 성모 수녀회는 병원 건립을 투표에 붙여 가결하고 4개월 뒤 현금 2,200달러를 주고 부지를 사들였다.

이제 닥터 메이요가 건물 설계도를 제출할 차례였다. 그는 닥터 월과 동부의 종합병원들을 둘러보며 바닥, 조명 시설, 행정 조직 등을 공부했고, 이러한 경험을 바탕으로 건축가에게 이렇게 저렇게 해달라고 주문했다. 곧이어 설계도가 나왔지만 부자는 마음에 들 때까지 '한 번, 두 번, 세 번' 돌려보냈다.

공사가 시작되자 대중의 관심이 쏠렸고, 걸어서 또는 마차를 몰고 나가 병원 건물이 어느 정도 올라갔는지 지켜보는 것이 로체스터 주민들의 여름날 저녁 소일거리로 떠올랐다. 신문들도 주기적으로 기사를 내보냈고, 공사가 완성 단계에 접어들자 투박하게 깎은 돌로 창턱을 내고 서쪽과 북쪽에 발코니 네 개를 들여앉힌 3층 높이의 '위풍당당한 벽돌 건물'을 자세히 보도했다.

기자들은 환자 45명을 수용할 수 있는 병동과 병실, 북쪽의 햇볕을 받아들이는 출창, 물청소가 가능한 바닥 시설을 갖춘 수술실, 수녀들이 기도할 수 있는 예배당, 불쾌한 병원 냄새가 나지 않게 설계한 '놀라운 환기 시설'을 시시콜콜 소개했다.

신문들은 건물 곳곳에 붙박이로 고정해놓은 근사한 가스등, 화재 발생에 대비해 복도마다 설치해놓은 수도꼭지, 장인의 솜씨가 돋보이는 색올림 기법의 징두리 벽판, '방음용 펠트'를 두 겹으로 깔아 푹신푹신한 단풍나무 바닥도 상세하게 설명했다.

그러나 『세인트메리스 병원 연감』 원고에 가필된 메모를 보면, 신문들의 이런 보도를 곧이곧대로 믿지 말라고 다소 신랄한 어조로 경고하는 내용이 들어 있다. 메모에 따르면 신문들은 "새 건물에 대해 가능한 한 호의적으로 소개하려는 차원에서…… 이미 다른 곳에 존재하는 몇몇 특성들을 그 시절에 전혀 없었던 것처럼 보도했다."

1889년 9월의 마지막 며칠 동안 수녀들은 환자를 받을 채비로 분주했다. 그 가운데 세 명은 점심을 싸들고 매일 아침 병원으로 출근해 쓰레기를 치우고, 바닥을 문질러 닦고, 먼지를 털어내며 하루를 보냈다.

원래는 10월 1일부터 환자를 받을 예정이었지만 메이요 삼부자가 그 전날 수술이 있어 수술실을 사용해야 했기 때문에 개원 행사를 생략하고 조용히 병원 업무를 개시했다. 메이요 삼부자가 한 수술은 눈의 암종을 제거하는 수술이었다. 닥터 찰리가 수술을 집도했고, 닥터 윌이 조수로 나섰다. 닥터 메이요는 마취를 맡았다.

일주일 만에 여덟 명의 환자가 입원했고, 수녀 넷이 당직 근무를 섰다. 시카고에 있는 여성병원 부설 간호학교를 졸업하고 그 일대에서는 처음으로 간호사 자격증을 딴 로체스터의 이디스 마리아 그레이엄

1889년 로체스터에 개원한 세인트메리스 병원을 그린 스케치. 이 병원은 건립 당시에는 한가한 지역에 위치했지만 오늘날에는 이 일대 전체가 시내 중심부로 변해 있다.

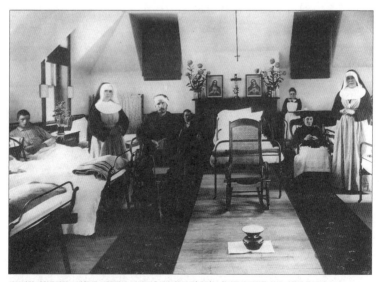

1889년경 세인트메리스 병원 내 10인 병실. 바닥 가운데 놓인 타구(唾具)는 환자들의 편의를 위해 비치해 둔 것이다.

(Edith Maria Graham, 1867~1943)이라는 젊은 여성이 임시로 간호 업무를 책임졌다.

거듭 천명된 정책에 따르면, 병원은 피부색이나 성별, 재정 상태, 직업에 상관없이 아픈 사람 모두에게 열려 있었다. 병원은 자선용 시설도, 그렇다고 부자들만의 요양소도 아니었다. 수녀들조차 간혹 이 병원을 "고급 자선 시설"이나 "무료 병원"이라고 불렀지만, 환자들은 계층에 상관없이 누구나 똑같은 보살핌을 받았다.

한 곳에서 무료 환자와 유료 환자를 동시에 받았던 이 시설은 병원 관리 분야의 혁신이었다. (존스홉킨스 병원 설립 당시 전체적인 밑그림을 그린) 존 쇼 빌링스(John Shaw Billings)는 1889년 매릴랜드 주 볼티모어에 세워진 존스홉킨스 병원에도 이러한 제도를 도입하려고 시도했지만 볼티모어 지역의 의사들은, 심지어 병원 소속 의사들조차 환자 자택이나 개인 병원에서 유료 환자들만 진료해주는 데 익숙해 있었다.

세인트메리스 병원은 가톨릭 신자만 받을 생각도 없었다. 이 문제가 제기되자 앨프리드 수녀원장은 수녀회의 입장을 분명히 밝혔다.

"인류를 고통스럽게 하는 병인(病因)은 종교도 남녀도 가리지 않습니다. 세인트프랜시스 수녀회의 사랑은 그 신앙심만큼 넓습니다."

이는 궁극적으로 메이요 삼부자의 환자들만 병원 시설을 이용할 수 있는 것은 아니라는 이야기였다. 물론 처음부터 닥터 메이요가 책임자로 선정되어 두 아들과 병원 건물을 설계하고 공사를 감독했지만 삼부자나 앨프리드 수녀원장은 다른 의사들을 세인트메리스 병원에서 배제할 생각이 없었다. 공식 성명을 통해 세인트메리스 병원에서는 환자가 자신이 원하는 의사를 선택할 수 있으며 병원 문은 "이 시설에서 환자를 볼 생각이 있는 의사 모두에게 열려 있다"는 입장을 널리 알렸다.

그러나 닥터 메이요가 의료진을 꾸리려고 나서자 다들 기피하거나 거절했다. 그가 만난 의사들은 그와 개인적으로 친분이 있었고 또 다들 병원 설립을 환영했지만 벌써부터 가망이 없어 보이는 위험한 사업에 동참하길 꺼렸다.

가망이 없어 보였던 이유는 종교적 광신이 병원에 대한 적개심을 조장하고 있었기 때문이다. 또 이민이 증가하면서 특히 미국 중서부 지역에 토착주의의 부활을 야기하고 있었다. 아메리카당(KNP)의 후신이자 케이케이케이(KKK)단의 전신인 미국수호협회(APA)가 1887년 아이오와 주 클린턴에서 결성식을 갖고 북부와 동부로 그 세력을 급속하게 넓혀나갔다. 가톨릭 교회와 조직 내에 교황 지상주의가 판을 치고 있다고 본 미국수호협회는 온갖 수단과 방법을 동원해 편협한 프로테스탄트와 국수주의자의 반감을 부채질했다.

미네소타에서는 미국수호협회의 입김이 특히 강했다. 메이요 삼부자는 세인트메리스 병원에 대한 초기의 반대 여론을 대부분 이 단체의 탓으로 돌렸다. 독실한 프로테스탄트라면 검은 옷 차림의 수녀들이 운영하는, 더구나 가톨릭 행사를 위해 예배당까지 갖춘 시설을 이용해선 안 됐기 때문이다.

이러한 분위기가 병원의 성공을 위협하자 닥터 메이요는 신실한 장로교 신자이긴 하지만 종교적 광신과는 상관없는 자신의 친구 존 윌리스 배어(John Willis Baer)에게 병원 명예 원장을 맡아달라고 부탁했고, 몇 주 동안 배어는 병원에 자주 들러 여봐란 듯이 이곳저곳 돌아보다가 자기 사무실 안으로 들어가 있는 듯 없는 듯 시간을 보냈다.

그러나 배어의 활동만으로는 로체스터의 의사들을 설득해 병원 의료진으로 영입하기에 역부족이었다. 게다가 그의 존재는 그렇지 않아도 가톨릭 신자가 아닌 의사에게 병원 사업을 맡긴 수녀회의 결정을 못마땅하게 여긴 일부 가톨릭 신자들의 불편한 심기를 더욱 들쑤셔놓았다.

당시 로체스터에는 이 도시의 유서 깊은 가톨릭 집안 출신인 개업의가 한 명 있었다. 그러나 그 의사는 나이가 닥터 윌 또래밖에 되지 않았고 수술도 어쩌다가 드문드문 할 뿐이었다. 그는 개인 병원을 열만한 자격도 거의 갖추지 못해 누가 무시해도 당연하게 여겼다. 그의 가족과 친지들은 그가 세인트메리스 병원 설립 계획에 최소한 자문역할로라도 참여했어야 마땅하다고 생각했지만 그럴 만한 처지가 못됐다.

그래서 결국 메이요 삼부자가 병원의 성공 책임을 모두 떠맡을 수밖에 없게 됐다. 물론 지역 사회의 지지는 기대할 수도 없었다. 설상가상 세인트프랜시스 수녀회로부터도 그렇게 큰 지원은 받지 못했다.

수녀들은 앨프리드 수녀원장의 결정에 대부분 충실히 따랐지만 병원 사업 때문에 고된 노동과 궁핍한 생활에 시달리느라 기력을 소진했고, 가르치는 사명에서 이쪽으로 방향을 튼 수녀원장의 결정을 나이가 들어 지혜가 흐려진 탓으로 여기는 수녀도 적지 않았다. 그렇게 생각하는 수녀들은 이제 대주교가 된 존 아일랜드에게 심하게 불만을 제기했다. 대주교는 처음에는 사업 추진을 격려했지만 결국 임의로 앨프리드 수녀를 수녀원장에서 해임하고 후임으로 마틸다 수녀를 임

1850년대에 수녀원장이 된 앨프리드 모스 수녀는 세인트메리스 병원 건립을 주도했다. 그녀는 1883년 토네이도가 로체스터를 덮쳤을 때 의료 시설이 부족하다는 사실을 깨닫고 닥터 메이요를 설득해 자신의 계획을 추진했다.

메리 조지프(속명은 줄리아 뎀프시) 수녀는 세인트메리스 병원 수술실에서 약 25년간이나 닥터 윌의 수석 조수로 일했다. 병원 행정의 개척자였으며 세인트메리스 간호학교를 설립했다. 메이요 형제와 같은 해(1939)에 세상을 떠났다.

명했다.

　앨프리드 수녀는 불평 한마디 없이 세인트메리스 병원으로 근무지를 옮겼고, 그렇게 오랫동안 공들여 만든 자기 피조물의 운명을 이끌어갈 능력이 자신에게는 없다는 걸 깨달았다. 그래서 그녀는 자신이 보기에 놀라운 능력을 갖춘 듯한 젊은 수녀에게 병원 업무 일체를 넘기기로 결정하고 인계할 준비를 차근차근 해나갔다. 1878년 조지프 수녀로 성직에 들어선 로체스터의 줄리아 뎀프시(Julia Dempsey)는 켄터키 주 애슐랜드에서 학생들을 가르치는 사명에 종사하다가 불려와 1889년 11월 19일 세인트메리스 병원에서 간호 업무를 맡게 됐다.

　앨프리드 수녀는 1890년 8월까지 계속 병원 책임자로 있다가 히아

신스 수녀에게 자리를 물려주었고, 히아신스 수녀는 1892년 9월 9일 조지프 수녀에게 그 자리를 넘겼다. 미래로 볼 때 세인트메리스 병원으로서는 행운의 날이었다.

닥터 메이요는 이제 일흔이었다. 그는 여전히 기민하고 활력이 넘쳤으며, 진료 지시도 아직까지 그의 손을 거치는 경우가 많았다. 하지만 일흔의 길목에서 눈앞에 놓인 길은 아무리 완만하고 길게 이어진다 해도 계속 내리막일 수밖에 없었다. 새로운 과업을 성취할 책임은 두 아들의 어깨에 부려놓아야 했다. 이제 아버지는 자문의사로 물러나고 두 아들이 병원을 이끌어나갔다.

하지만 닥터 윌과 닥터 찰리 둘 다 종합병원 관리에는 경험이 전혀 없었다. 하다못해 종합병원 수련의로 근무한 적도 없었다. 훗날 닥터 윌은 이 시절을 회상하며 이렇게 말했다.

"우리는 새파란 애송이였고 그 점을 잘 알고 있었습니다."

수녀들도 형제 의사들만큼 경험이 없기는 마찬가지여서 소양 면에서나 훈련 면에서나 병원에서 일할 준비가 전혀 되어 있지 않았다. 고작해야 교실에서 아이들 장난에 낙담했던 경험이 전부이다 보니 그 가운데 몇몇은 처음 지켜본 수술에 크게 충격을 받고 평생 그 기억에 시달리기도 했다.

조지프 수녀가 처음으로 간호 업무와 맞부딪힌 것은 몸 전체를 구석구석 살펴봐야 하는 남자 환자의 검진을 도와야 할 때였다. 의사 한 명과 간호사 이디스 그레이엄이 환자를 검진하는 동안 젊은 수녀는 구석으로 멀찍이 물러나서 고개를 돌린 채 모욕과 수치심에 바들바들

의대를 졸업하고 아버지의 진료소와 세인트메리스 병원에서 일하던 초기 시절의 닥터 윌(왼쪽)과 닥터 찰리.

떨었다.

검진이 끝난 뒤 진료실에서 나오자마자 그녀는 간호사 그레이엄에게 이런 일은 도저히 할 수 없으니 마틸다 수녀원장에게 당장 학교로 돌려보내달라고 요청하겠다며 강하게 항의했다. 그러나 그녀는 계속 병원에 남았고, 인간의 고통을 덜어주는 것은 정숙의 의무를 초월하는 일임을 재빨리 깨달았다. 나중에 세인트메리스 병원을 맡아 운영하면서 그녀는 수녀들이 점잔 빼느라 간호 업무를 소홀히 할 때마다 호되게 꾸짖었다.

세인트메리스 병원은 의료 설비를 거의 들여놓지 못한 상태에서 병원 문을 열어야 했기 때문에 경험 부족에다 시설 미비까지 겹쳐 그야말로 설상가상이었다.

메이요 삼부자는 먼저 수술실에 필요한 시설을 갖추기 시작했다.

닥터 찰리가 세인트메리스 병원에서 사용하려고 직접 만든 수술대.

닥터 찰리가 수술 도구 일부와, 유럽 병원에서 본 것과 같은 수술대를 직접 만들었다. 그는 수술대 틀 위에 솜을 깔고 방수포로 감싼 다음 등자쇠로 네 귀퉁이에 매달아놓은 개수통으로 체액이 떨어지도록 옆면에 판자 세 개를 비스듬하게 박아 고정했다. 이 밖에 소독액을 담는 커다란 '침출기', 도구와 스펀지를 세척하는 양은 대야 여러 개, 끓인 물을 사방으로 뿜어낼 분무기까지 갖추자 수술실은 당장이라도 무균 수술이 가능할 정도로 준비를 마쳤다.

병동과 병실을 꾸미는 일은 수녀들 몫이었다. 수녀들은 여기저기 발품을 팔아 간이침대 10여 개, 누런 모슬린 침대보와 베갯잇 30~40장, 거칠거칠한 환자복 몇 벌을 어렵사리 구했다. 이불이 턱없이 부족해 환자를 받으려면 우선 덮을 것부터 구해야 했다. 수녀들은 어디서 번드르르한 무늬의 무거운 누비이불을 몇 채 얻어 왔지만 담요는 돈이 모일 때까지 기다렸다가 사야 했다.

매트리스는 침대 틀에 맞지 않아 조잡한 스프링 위에서 제멋대로 움직였기 때문에 매트리스가 환자와 이불까지 끌고 바닥에 떨어지지 않도록 조심 또 조심해야 했다.

처음 일주일 만에 여덟 명이 입원해 환자용 침대를 모두 차지해버렸다. 그래서 어쩔 수 없이 자신들의 침대마저 내준 수녀들은 취침 시간이면 남는 매트리스를 끌고나와 바닥에다 대충 잠자리를 마련했다.

침대를 제외하면 사실상 가구가 거의 없었다. 수녀원에서 보내온 육중한 검정색 호두나무 장롱 말고는 옷장도 서랍장도 없었다. 법랑 대야를 올려놓는 거칠거칠한 나무 받침대는 앨프리드 수녀가 네 귀퉁이에 구멍을 뚫은 방수포를 씌워 사용했다. 식사 때면 짝이 맞지 않는 접시와 식탁용품이 등장했고, 칼과 포크와 숟가락은 무거운 쇠 제품이라 사용하고 나면 매번 박박 문질러 닦아야 그나마 남 앞에 내놓을 만했다.

근사한 가스등을 밝힐 가스가 아직 들어오지 않았기 때문에 수녀들은 밤이면 등을 들고 복도를 비추며 병원 이곳저곳을 오갔고, 어두워지고 나서 병원을 찾는 의료진이나 손님들을 안내하기 위해 건물 밖 나무에 등을 하나 매달아놓았다.

건물 중앙을 아래위로 관통하는 승강기 통로는 있었지만 승강기도 경비도 없었기 때문에 층마다 목조 난간을 설치해 휑하니 뚫린 구멍을 막을 때까지 수녀들은 밤마다 돌아가며 그 구멍을 지키고 앉아 있어야 했다. 주방에도 위층으로 연결되는 식기 운반용 소형 승강기가 있었지만 반나절만 작동했기 때문에 수녀들은 음식 쟁반을 들고 걸어서 오르락내리락해야 했다.

물은 도시 상수도 본관에 지관을 연결해 병원 지하실의 커다란 저수조로 끌어왔는데, 필요할 때마다 아래로 내려가 손으로 펌프질을 했다. 요리, 청소, 목욕, 화장실에 필요한 물은 모두 이 저수조에서 위층으로 길어 날라야 했다.

하수는 매번 버리러 나갈 필요가 없었다. 병원 건물 뒤쪽 마당에 파놓은 하수구에 내리 쏟아부으면 됐기 때문이다. 단, 하수가 지하실로 역류할 때는 예외였다. 그런데 그런 일이 너무 자주 발생했다. 그때마다 악취가 밤낮없이 진동하는 바람에 수녀들은 오수 구덩이가 다시 정상을 되찾을 때까지 며칠씩 지하실을 드나들며 난장판을 수습하느라 고생이 이만저만이 아니었다. 병원이 도시 하수 체계와 연결된 것은 1898년 들어서였다. 그때도 수녀들이 공사비를 댔다.

병원 위치도 불편함을 더했다. 브로드웨이 스트리트에서 줌브로 스트리트까지 가자면 인도와 차도 구분이 없는 비포장 시골 길을 이용해야 했다. 이동 수단이 따로 없는 방문객과 환자들은 시내에서부터 그 길을 따라 1마일을 터덜터덜 걸어와야 할 때가 많았다. 로체스터의 대중 교통편은 기차역과 쿡하우스를 오가는 노란색 대형 짐마차밖에 없었기 때문이다. 때로는 메이요 삼부자나, 이들이 없을 때는 진료실 주변에서 잔심부름을 했던 제이 네빌이 마차를 몰고 나가 환자들을 태워오기도 했다.

수녀들은 주로 저녁을 먹고 나서 장을 보러 매일 시내까지 걸어가 양손 가득 짐을 들고 돌아왔다. 로체스터에는 무료로 배달해주는 가게가 없었기 때문이다. 전화도 없어서, 언젠가처럼 환자가 간호사의 통제 능력을 벗어나 이성을 잃고 날뛰어 갑자기 의사를 부를 일이 생기기라도 하면 수녀 가운데 누구든 하던 일을 그만두고 진료소나 집으로 메이요 삼부자를 찾으러 가야 했다.

심신을 고단하게 하는 이런 역경에도 불구하고 수녀들은 지칠 줄 모르는 열정으로 성실하게 일했다. 수녀들의 일과는 보통 새벽 서너 시에 시작되어 밤 열한 시나 자정까지 계속 이어졌고, 사나흘에 한 번 꼴로는 새벽 두 시에 일어나 하루 일과가 시작되기 전부터 빨래를 했다. 물론 수술실에서 사용하는 리넨은 매일 신경 써야 했기 때문에 저녁 식사 시간과 취침 시간 사이에 빨아서 다렸다.

처음 몇 주가 지난 뒤에는 수녀들이 병원 관리 업무뿐만 아니라 간호 업무까지 넘겨받았다. 간호사 이디스 그레이엄이 메이요 삼부자의 진료소 조수로 일하게 되어, 병원이 자리 잡힐 때까지만 일을 봐주기로 했기 때문이다. 그녀는 소규모의 비공식 수업을 통해 수녀들에게 간호 기초를 가르친 뒤 환자 관리를 차츰차츰 수녀들에게 일임해 나갔다.

병원에서 그녀의 고유 업무는 마취제 투여였다. 메이요 삼부자는 정식으로 훈련받은 간호사라면 얼마든지 유능한 마취사가 될 수 있다고 생각했다. 그래서 닥터 메이요가 나서서 그레이엄에게 클로로포름 다루는 법을 가르쳤다. 곧 그녀는 마취 기술을 완전히 익혔지만, 그녀가 아직 너무 젊어 환자가 불안해하며 그녀를 신뢰하지 않았기 때문에 그녀가 마취제를 투여하는 동안 환자의 두려움을 잠재우기 위해 닥터 메이요가 곁에 서서 지켜보았다.

수술이 잡혀 있는 날 아침이면 그레이엄은 일찍 세인트메리스 병원으로 출근해 수술 준비에 차질이 없는지 살핀 뒤 환자를 마취하고 하루 종일 그 옆을 지켰다. 그러고 나면 환자 간호는 수녀들 책임이었다. 처음에 수녀들은 불안한 나머지 그레이엄에게 다음날 메이요 삼부자가 출근하기 전 아침에 잠깐 들러 모든 게 괜찮은지 확인만 좀 해달라고 부탁하곤 했지만 곧이어 그 일에 익숙해졌다.

특히 밤에 보살핌이 필요한 중환자가 있으면 수녀들은 밤새 돌아가며 그 곁을 지켰고, 낮에는 낮대로 한 명만 빠져도 일손이 딸렸기 때문에 쉴 틈도 없이 잇달아 주간·야간 근무에 나서야 할 때가 많았다. 처음 3년 동안은 남자 간호사가 없었기 때문에 메이요 형제가 바쁜 진료 업무와 더불어, 특별한 관심을 기울여야 하는 남자 환자들을 간호하는 책임까지 떠맡아야 했다. 형제는 잠을 아예 포기할 수는 없어 자명종 시계를 맞춰놓고 새우잠을 자며 교대로 야간 당직을 섰다.

이런 열악한 환경 속에서도 400명의 입원 환자를 통틀어 사망자가 겨우 두 명밖에 없었다는 사실은 로체스터 신문의 경외심을 불러일으키고도 남았다. 불굴의 수녀들도 그 공을 나눠 가질 자격이 충분히 있었다. 수녀들은 끝없는 고생과 뛰어난 결단력, 그리고 어떤 희생이 따르더라도 주어진 임무는 기필코 해내고 말리라는 각오로, 아무리 실력이 뛰어난 외과 의사라고 해도 실패했을지 모를 환경에서 성공을 일궈내는 데 중요한 역할을 했다.

물론 신앙의 힘도 그런 원동력의 하나였다. 수녀들은 고되게 일하면서도 틈틈이 기도를 올렸다. 때로는 일하면서 밤새 예배당에 촛불을 밝히기도 했다. 중요한 수술이 잡혀 있을 때면 수녀들은 수녀원에 기도를 부탁했고, 외과 의사가 수술하는 동안 묵주 기도로 그를 축복했다.

메이요 삼부자는 수녀들과 신앙은 달랐지만 그들을 폄하한 적은 한 번도 없었다. 한 번은 닥터 윌이 가망 없어 보이는 환자를 두고 나가면서 조지프 수녀에게 이렇게 말했다.

"물론 살 가능성은 없지만 환자를 위해 촛불을 켜주시면 비용은 제가 부담하겠습니다."

그 환자는 살았다.

당시 환자 대부분이 입원하기가 무서워 집에서 앓아눕는 쪽을 택했으니 망정이지 그렇지 않았다면 메이요 삼부자의 진료 부담은 두 배이상으로 늘어났을 것이다. 이와 관련해 간호사 그레이엄은 이렇게 기억했다.

"처음에 받은 환자 가운데 몇 명은 본의 아니게 병실에 가둬놓다시피 해야 했어요. 병원에 오면 곧 죽는다고 굳게 믿었거든요."

그런데 삼부자는 회유도 하고 강요도 하고 장점도 거듭 설명하면서 처음 몇 명에 이어 점점 많은 수의 환자를 설득해 병원에 입원하게 했다. 1889년 말까지 69명이 세인트메리스 병원에 입원했고, 1890년에는 300명 이상으로 불어났으며, 1893년 말에 이르자 총 입원 환자수가 1,000명을 넘어섰다.

그에 따라 병원이 자체적으로 운영비를 충당하게 되자 메이요 삼부자는 크게 기뻐했다. 경영 책임까지 맡게 된 삼부자는 병원에 자립 구조를 확립하기로 마음먹었다. 적자가 발생하면 수녀원에서 난색을 표할 게 틀림없었고, 그렇다고 기부금에 의지하고 싶지도 않았다. 삼부자는 수녀들에게 가난한 사람들을 도우려고 비치하는 연보통(捐補

簡)도 거둘 것을 당부했다. 삼부자는 자선 활동이 필요하다면 병원 스스로 벌어 비용을 충당하길 원했고, 그러한 목표를 달성하기 위해 우선 환자들에게 간호비에 이어 진료비를 받는 정책을 채택했다.

입원비는 여러 명이 사용하는 일반 병실이 하루에 1달러, 일주일에 6달러, 1인 병실은 일주일에 8달러 내지 10달러로 매우 적정했다. 처음 11개월 동안은 입원비 수입이라고 해야 1,100달러 정도밖에 되지 않았지만 경비를 절약하고 또 절약한 덕분에 돈이 남았고, 흑자 규모가 해가 갈수록 불어나면서 재정 형편이 계속 나아졌다.

남는 돈으로 맨 처음 한 일은 병실 환경 개선이었다. 우선 침대와 이불부터 새로 바꾸고 그 다음으로 흔들의자, 서랍장, 그림 액자, 거울도 구비했다. 1891년 9월 21일에는 은제 나이프와 포크도 여섯 벌 구입했다.『세인트메리스 병원 연감』을 보면, 이 식사 도구들을 식사 때 사용하고 나서 다음 식사 때까지 매번 꼼꼼하게 싸서 보관했다는 사실까지 자세히 기록되어 있다.

메이요 삼부자도 거들었다. 1891년 삼부자는 베를린에서 수입한 최신식 법랑 수술 도구 일습을 병원에 기증했다. 그 해 수녀들은 시 당국의 허가를 얻어 메이요 삼부자의 진료소에서 세인트메리스 병원까지 줌브로 스트리트를 따라 전신주를 세웠고, 닥터 찰리는 기계 만지는 데 남다른 재주가 있는 이웃 소년의 도움을 받아 전화를 설치했다. 닥터 찰리와 그 소년은 병원 의사들을 위한 크리스마스 선물인 전기 호출 표시기도 병원에 설치했다. 그 후로 환자들은 간호사가 필요할 때마다 이 장치를 누르기만 하면 됐다.

그런데 이 아마추어 전기 기사들이 전선 일부를 잘못 연결하는 바람에 때로 "버저가 울리기 시작하면 도무지 멈출 생각을 하질 않았다. 그래서 그때마다 수녀들은 가위를 들고 돌아다녀야 했다. 버저가 계속 울리면 전선은 싹둑! 잘리는 신세를 면치 못했고, 이튿날 아침이면 닥터 찰리가 처음부터 끝까지 작업을 다시 하며 장치를 되살려내야 했다."

그 해에 뻥 뚫려 있던 승강기 통로에도 마침내 승강기가 들어왔다. 마음씨 고운 수녀들은 뜨내기 일꾼들을 주방으로 불러 식사를 대접했다. 하루는 그중 한 명이 파리에서 본 적이 있는 수압 승강기에 대해 설명했다. 닥터 찰리는 병원에 그와 똑같은 승강기를 설치하기로 했다. 배관공 친구의 도움을 받아 그는 통로 밑바닥을 필요한 깊이만큼 파내고 구멍을 뚫어 파이프를 연결했다. 말하자면 일종의 분사 장치였던 셈이다. 이 장치에 물을 채우면 승강기가 위로 밀려 올라갔다. 그러나 검약 정신이 투철한 닥터 찰리는 잠깐 쓰인 물이 달리 쓰일 곳을 찾지 못하고 낭비되는 모습을 두고볼 수 없었다. 그래서 통로 한쪽 구석을 따라 파이프를 설치해 지붕 위 수조에 연결했다. 그러자 승강기가 내려갈 때마다 물을 수조로 뿜어올렸다. 물론 수조에는 화장실로 통하는 파이프를 연결했다.

그런데 이 승강기에 한 가지 문제가 있었다. 다름 아니라 승강기 안에서만 조작이 가능했기 때문에 원하는 층에 가려면 누구든 다른 사람이 타고 있어야 했다. 언젠가 닥터 윌이 몇 주 동안이나 다리를 절어 병원을 돌아다니자면 승강기를 사용해야 했을 때였다. 수녀들은 돌아가며 그의 아침 출근을 기다리다가 그가 보이면 "승강기를 잡으러 달려나갔다."

환자 수가 늘어 일손이 더 필요해지면서 간호하는 수녀들의 숫자도 열한 명으로 늘어났지만, 해야 할 일에 비하면 아직도 턱없이 부족했다. 히아신스 수녀는 한숨만 내쉬다가 미덥지 못한 평신도 도우미라도 구하기로 했다. 그녀는 마차를 몰고 로체스터로 나가 한 달에 6달러의 임금을 받고 병원 잡역부로 일할 만한 아가씨 두 명을 수소문했다.

병원의 성공과 자립 능력은 수녀회 내부의 잡음을 잠재웠고, 덕분에 지역 사회의 반감도 사그라들었다. 1889년 말 로체스터와 세인트프랜시스 수녀회는 새로 생긴 위노나 관구로 편입됐다. 관구 최초의 주교로 임명된 조지프 B. 코터(Joseph B. Cotter) 신부는 지혜와 수완을 겸비한 인물로, 사나운 민심을 달래며 가톨릭 지역 사회의 지지를 끌어내는 데 큰 역할을 했다.

시끄럽게 떠들어대던 프로테스탄트 소수파도 차분해지면서 한동안 모두가 조용했다. 병원 후원자들이 대중 무도회를 주최해 커피를 팔아 약 70달러의 수익을 올렸고, 옴스테드 카운티 의회는 자기네 카운티 주민들을 위해 별도 병동을 마련해준 데 대한 답례로 적은 액수나마 병원에 매년 예산을 할당하기 시작했다. 로체스터의 프리메이슨 지부 세 곳에서도 회원들이 사용할 무료 침상을 유지해 달라며 연간 150달러의 성금을 모아 세인트메리스 병원에 전달했다. 이 모두가 로체스터 시민들이 병원에 대한 불신과 의심을 잊어가고 있다는 좋은 징조였다.

물론 썩 좋지만은 않은 징조도 있었다. 시민들이 세인트메리스 병원을 간호하기 부담스럽고 위험한 전염병 환자를 내다버리는 격리 병원으로 이용하려는 경향을 보이기 시작한 것이다. 로체스터의 의사들 가운데서도 가망 없는 환자를 세인트메리스 병원으로 보내는 사례가 하나둘 생겨나기 시작했다. 안타깝게도 그들은 세인트메리스 병원을 여전히 마지막 안식처 정도로만 여기는 듯했다. 그래서 여간해서는 치료 목적의 입원을 권하지 않았다. 죽음의 문턱에 이른 환자만 예외였다. 물론 사망자를 자신들의 기록에서 세인트메리스 병원 기록으로 옮겨놓으려고 그랬던 것은 아닐 테지만 결과적으로 그들은 그렇게 하고 있었다.

세인트메리스 병원의 사망률이 올라가기 시작하자 수녀들은 깜짝 놀라 특단의 조치를 취했다. 즉 다른 병원의 환자가 입원하려면 먼저 메이요 삼부자의 검진을 받아야 한다는 원칙을 세웠다.

이런 원칙을 정한 것에는 병원의 위상이 흔들리는 걸 막겠다는 취지 말고는 다른 목적이 전혀 없었지만, 의도치 않게 다른 병원의 의사들과 세인트메리스 병원을 갈라놓는 결과를 낳을 수도 있었다. 단, 메이요 삼부자에게 환자 진료에 관한 조언을 구하러 수시로 드나드는 의사들은 예외였지만 말이다.

로체스터에서 동종요법으로 크게 성공한 내과 의사 W. A. 앨런(W. A. Allen)은 그 예외에 속하지 않았다. 1892년 가을 그와 그의 젊은 동업자 닥터 찰스 T. 그레인저(Charles T. Granger)는 로체스터에 두 번째 종합병원을 개원할 예정이라고 발표했다. 둘은 도시 동쪽에 널찍한 집을 빌려 병원으로 개조하고 세인트폴에서 병원을 관리할 수간호사와 간호사를 초빙해왔다. 리버사이드 병원은 11월부터 환자를 받기 시작했다.

그러나 이 사건은 세인트메리스 병원 후원자들에게 그렇게 큰 영향을 미치지는 못했다. 이 무렵 세인트메리스 병원은 초기의 수용 능력을 훌쩍 뛰어넘어 위험한 과포화 상태의 조짐까지 보이고 있었기 때문이다. 코터 주교의 격려 속에서 수많은 논의를 거친 끝에 세인트프랜시스 수녀회는 건물을 추가로 짓기로 결정했다.

그러고 나서 미국수호협회가 다시 살아났다. 1892년 이민이 절정에 이르면서 시골 전역에 걸쳐 토착주의 정서가 새로 불어닥쳤다. 그런 정서는 이 단체의 회원이 오로지 유세 장소를 이용해 가톨릭 기관이나 정책을 비난할 목적으로 1892년 선거에 입후보했을 정도로 급속하게 확산됐다.

이런 선동의 영향을 받은 지역 프로테스탄트들은 세인트메리스 병원을 향해 또다시 집요하게 적의를 드러내며, 프로테스탄트와 애국자들이 자신의 신념을 굽히지 않고도 마음껏 이용할 수 있는 의료 시설로 리버사이드 병원을 추천했다.

닥터 앨런과 닥터 그레인저는 이 기회를 놓치지 않았다. 둘은 "많은 사람들이 생각하는 것과 달리 리버사이드 병원은 동종요법 시설이 아니며, 따라서 정식 의사라면 누구나 자기 환자를 데려와 수술을 하거나 보살피는 등 이곳에서 제공하는 혜택을 누릴 수 있다"고 공언하며 인기몰이에 나섰다.

이 시점에 장로교의 중요한 인물 두 명이 병에 걸려 리버사이드 병원으로 실려갔고, 곧이어 메이요 삼부자에게 환자를 봐달라는 왕진 요청이 들어왔다.

왕진 요청을 받고 메이요 삼부자는 쉽사리 결정을 내리지 못했다.

물론 요청을 거절하면 가톨릭 세인트메리스 병원과의 유대관계가 공식적으로 더욱 돈독해질 터였다. 반면 요청을 받아들이면 보나마나 병원 두 곳을 왔다갔다하며 진료를 해야 할 테고, 어느 병원 환자든 차별 없이 봐준다는 소문이 나면 많은 사람들이 아마도 비가톨릭 병원을 선택할 가능성이 높았다.

메이요 삼부자는 고심하다가 퍼뜩 이런 생각이 들었다. 가만, 진료를 군이 나눠서 할 필요가 있을까? 물론 동부에서는 의사들이 병원을 옮겨다니며 환자를 보는 것이 관행이었다.

그러나 삼부자는 현명하게도 한 병원에서 한 의료진 아래 진료를 집중화하는 것의 이점에 주목했다. 특히 자신들이 직접 통제할 수 있는 병원과 의료진이라면 더 말할 필요도 없었다. 역량 면에서나 의료진 면에서나 규모도 작고 최근에 주택을 개조해 급조한 리버사이드 병원은 삼부자가 자신들 취향에 맞게 개발해놓은 세인트메리스 병원의 시설과 간호 수준을 도저히 따라올 수 없었다.

아울러 메이요 삼부자는 세인트프랜시스 수녀회에 도의적으로 강한 의무감을 느꼈다. 얼마 전 수녀회는 병원 운영 일체를 메이요 삼부자에게 맡겼을 뿐만 아니라 투자를 더 늘리고 있었다. 날이 갈수록 커지는 메이요 삼부자의 진료 비중을 줄여 다른 병원과 나눈다는 것은 신의와 믿음을 저버리는 처사처럼 보였다.

그래서 아버지와 두 아들은 리버사이드 병원에서의 환자 진료나 수술은 거부하겠다는 의사를 확실히 전달했다.

이 결정 때문에 삼부자는 수많은 비난에 부딪쳤다. 분개한 어느 목사는 설교 시간에 가톨릭의 종이라는 둥, 환자에게 봉사하겠다는 서

1894년경의 세인트메리스 병원.

약을 망각했다는 등 대놓고 삼부자를 비난했다. 또다른 목사의 선동에 여신도 30여 명이 리버사이드 병원 봉사회를 조직해서 누비 제품을 만들어 자선 바자회를 열기도 하고, 빈민용 무료 병상 운영비를 마련하는 사업을 전개하기도 했다. 그때마다 언론에서 후하게 다루어준 덕분에 이런 활동은 큰 반향을 불러일으켰다.

메이요 형제는 눈을 크게 뜨고 귀를 쫑긋 세운 채 이 모두를 지켜보고 귀담아 들으며 사람들의 반응을 살폈다. 그리고는 현명하게도 자신들에게 쏟아지는 공격과, 경쟁자를 향한 시끌벅적한 응원을 똑같이 무시하고 묵묵히 제 갈 길을 갔다.

리버사이드 병원은 2년 넘게 문전성시를 이루었다. 그러다 갑자기 로체스터 신문에 뜻밖의 공고문을 냈다. 닥터 앨런의 환자들이 그가 감당하기에 너무 많아져서 그곳 병원을 접고 세인트폴로 이전하기로 했다는 내용이었다. 그렇게 해서 리버사이드 병원은 문을 닫았다.

닥터 앨런이 그만두게 된 진짜 이유가 무엇이든 리버사이드 병원의 폐업은 세인트메리스 병원을 둘러싼 반대 여론의 종식을 알렸다. 이제 세인트메리스 병원 앞에는 "세계인들이 찾아오는 유명한 병원"이라는 고지로 곧장 이어지는 탄탄대로가 펼쳐졌다.

경험 부족과 온갖 역경과 적의에도 굴하지 않고 성공을 거두기 위해 함께 고군분투하는 과정에서 메이요 형제와 세인트프랜시스 수녀회는 서로 의지하는 법을 배웠다. 상황 때문에 어쩔 수 없긴 했지만 겨우 젊은 의사 둘이서 환자들에게 필요한 모든 진료를 제공했고, 세인트프랜시스 수녀회는 간호 업무를 도맡아 하면서 의사라면 누구나 탐낼 만한 능력을 발휘했다. 병원에는 다른 의사들이 필요하지 않았다. 형제 의사들에게도 다른 병원이 필요하지 않았다. 양쪽 모두 오로지 상대방만 믿고 결정을 내렸다.

이렇게 해서 놀라운 결실을 거둔 덕분에 메이요 형제는 주변의 넓은 지역 전체에서 '유일'하면서 다른 더 넓은 지역에서도 환자들이 찾아오는 '최고'의 병원을 독점 운영하게 됐다.

10장

서부 출신의 젊은 두 의사

외과 수술이라는 별이 빠른 속도로 떠오르고 있었다. 리스터의 무균법 이전 시절에 200~300개의 병상을 갖춘 종합병원이 일 년에 수술 400건과 그중 절단 수술 25퍼센트라는 기록을 세웠다면 누구나 감탄했을 것이다. 하지만 리스터의 무균법 이후에는 똑같은 규모의 병원이 일 년에 수술 4,000~5,000건과 그중 절단 수술 1퍼센트 미만이라는 기록을 세우더라도 다들 보통 수준이라고 생각했다.

가장 놀라운 진전은 그 전까지만 해도 금기시됐던 신체 내강 수술 분야에서 이루어졌다. 감염 위험이 급감하면서 외과 의사들은 복부나 가슴 또는 두개골 절개가 새끼손가락 절단보다 꼭 더 위험하다는 법은 없다는 점에 눈떴다.

이제는 사고로 찢겨 벌어진 복부와 마주하더라도, 쏟아져나온 내장을 부랴부랴 복강으로 다시 밀어넣고 상처를 봉합한 뒤 저절로 치유

되도록 묵묵히 지켜보기만 할 이유가 없었다. 이제는 침착하게 총알을 찾아내 가능하다면 제거한 뒤 터진 장을 꿰매고 혈관을 묶을 수 있게 됐고, 그 결과 웬만한 부상은 대부분 고칠 수 있었다.

이런 응급 수술에서의 성공으로 외과술은 죽음을 각오하고 던지는 마지막 주사위가 아니라 병의 초기 단계에서 치료책의 일환으로 선택하는 건강 회복 수단으로 인식되기 시작했다. 그래도 처음에는 배울게 많았다. 절개가 금기시됐던 신체 내강을 열자 살아 꿈틀거리는 통에 한없이 낯설기만 한 조직, 혈관, 신경이 눈앞에 모습을 드러냈다.

신체 기능을 위험에 빠뜨리지 않고 의학적 시술을 하자면 어디서, 어떻게 시작해야 할까? 자연이 생명을 보호하기 위해 비축해둔 여력의 한계는 과연 어디까지일까? 장은 어디까지 잘라낼 수 있으며 필요한 기능을 계속 수행할 수 있게 하려면 얼마나 남겨두어야 할까? 위는 얼만큼 남겨두어야 몸에 무리가 가지 않을까? 췌장이나 담낭은 떼어내도 상관없을까?

이런 기본적인 질문에 대한 답이 나오고 나서도 가장 효과가 좋은 수술 방법을 둘러싼 질문이 그만큼 또 제기됐다. 수술할 때 환자는 어떤 자세로 눕히는 게 좋을까? 절개 부위로는 어디가 적절할까? 봉합은 어떻게 하는 게 좋을까? 유문 폐쇄부 주변 소화관의 내용물을 우회해 인공 개구부를 만들 경우 그 기능을 가장 잘하게 하자면 어느 위치가 적당할까?

이런 문제는 주로 살아 있는 환자를 대상으로 시행착오를 겪으며 해결해야 했다. 동물실험은 아직 걸음마 단계였던 데다 인간보다 개를 더 가엾게 여기는 생체 해부 반대론자들이 목소리를 높이며 반대하고 나섰기 때문이다.

독일의 걸출한 외과 의사들과 영국의 산부인과 의사 로버트 로슨 테이트(Robert Lawson Tait)가 과감하게 앞장섰다. 몇몇 수술은 놀라울 만큼 결과가 좋았고 또 몇몇 수술은 놀라울 만큼 결과가 좋지 않았지만 그만하면 그들의 시도는 대체로 성공한 편이었다. 그 뒤로 다른 의사들도 이런 새로운 수술법을 채택하기 시작하면서 복부 수술에 이어 두개골, 신경, 흉부 수술에서도 속속 쾌거를 거두었다.

의사들은 이제 수술에만 전념할 수 있었다. 일반 외과 전문의가 등장해 내과 의사와 차별화됐다. 유럽에서뿐만 아니라 미국에서도 뛰어난 선도자들이 외과 전문 병원을 통해 새로운 외과술을 하루가 멀다 하고 선보였고, 환자들은 병을 고치러 그리로 몰려들었다.

이런 수술은 결과가 너무도 뚜렷하고 순식간에 나타났기 때문에 외과술은 금세 각광을 받았다. 이에 비해 내과학은 방금 낳은 아이(외과학)의 지나친 총기를 감당하지 못해 헉헉대며 뒤처졌다.

1890년께부터 1910년까지 절정에 이른 외과술에서의 이러한 벼락 경기는 의사들이 명예와 부를 함께 거머쥘 수 있었던 유례없는 기회였다. 이 분야의 발전을 이끈 사람들은 동료들 사이에서는 해당 분야의 지식과 기술에 기여한 공로로 갈채를 받았고, 일반인들 사이에서는 그때까지 고치지 못한 병을 고치는 능력으로 많은 환자를 받았다.

닥터 윌은 이러한 상황을 전기 작가에게 다음과 같이 설명했다.

"시기나 장소나 환경 면에서 이제 두 번 다시 오지 않을 특별한 기회였던 겁니다."

이런 외과술 발달의 중심에서 멀리 떨어져 있었던 만큼 메이요 형제는 뒤처지지 않으려고 더욱더 열심히 노력했다. 자신들이 부족하다는 것을 누구보다도 잘 알았기에 형제는 끊임없이 공부하며 틈만 나면 견학 길에 올라 배움의 기회를 늘렸다. 형제는 무지를 고백해 배울 수만 있다면 그러기를 주저하지 않았다.

형제의 이런 자세는 1891년에 열린 미네소타 주 의학회 외과 분과 회의에서 있었던 한 사건에서도 여실히 나타났다. 사례 발표 시간이었다. 청중은 냉담했고 토론은 산만했다. 시간이 지나도 가타부타 의견을 내놓는 사람이 아무도 없자 형제가 번갈아가며 자리에서 일어나 이의를 제기하거나 병증을 보충 설명했다. 그러면 한두 명이 잠시 형제의 뒤를 이어받긴 했지만 나머지는 여전히 시큰둥하기 일쑤였다.

그러거나 말거나 사례 발표는 '심각한 장폐색'을 주제로 웅얼웅얼 계속됐다. 연사는 고통을 줄이기에 가장 좋다고 판단되는 진통제, 복부에 처치하는 거머리나 발포제, 미온수나 올리브유 같은 관장제에 대해 꼼꼼하게 설명했다. 이런 방법을 사용했는데도 아무 효과가 없으면 마지막으로 외과 수술에 의지해야 했다

이 대목에서 분명 갈채가 쏟아질 법했다!

그러나 청중은 아무 반응이 없었다. 다들 꿀 먹은 벙어리였고, 의장은 다음 사례 발표로 넘어갈 낌새를 보였다. 그러자 닥터 윌이 눈을 이글거리며 분위기 장악에 나섰다.

저희는 왜 이 자리에 있는지 그 이유를 모르겠습니다. 저희는 시골에서 일부러 올라왔습니다. 물론 이곳 도시에 사는 여러 선생님들의 환대

를 받았습니다. 모두 훌륭하고 좋은 동료 의사분들입니다. 하지만 저희는 뭔가를 배우러 이곳에 왔습니다.…… 저희는 사례 발표가 한 사람의 경험보다 더 많은 무언가를 끌어내야 한다고 생각합니다. 저희는 이곳 같은 대도시에서 진료하는 여러분의 경험담을 직접 듣고 싶습니다. 제가 보기에 여기 계신 선생님들은 이 자리에서의 역할을 제대로 하고 있는 것 같지 않습니다. 가만, 닥터 오헤이지, 닥터 던,…… 닥터 제임스 E. 무어, 닥터 던스무어도 와 계시군요, 저희가 한 수 배울 수 있는 선생님들이 아주 많이 오신 것 같으니 부디 한 말씀 부탁드립니다. 닥터 랜슨의 논문은 좀더 토론해봐야 하지 않나 싶습니다.

그러고 나서 그는 작심한 듯 논문을 반박하기 시작했다. 그는 위험을 알리는 신호인 통증을 진통제로 가라앉히는 처치에 반대하며 심각한 장폐색에서 외과 수술이 마지막 수단이 되어서는 안 된다고 힘주어 말했다.

"수술을 마지막 수단으로 여기는 한 우려스런 상황은 계속될 것입니다."

그는 자리에 앉았다. 다들 감전이라도 된 듯 침묵에 휩싸였다. 이윽고 분과장인 세인트폴의 닥터 에드워드 커런 스펜서가 이렇게 말했다.

"제 생각에는, 논문을 제외한다면 우리 의학회에서 나온 새로운 내용은 대부분 지방 회원분들, 특히 로체스터에서 오신 두 분이 발표한 것들입니다. 미니애폴리스와 세인트폴에서 오신 선생님들은 로체스터의 메이요 형제 두 분이 모르고 있을 것 같은 내용이 있으면 자리에서 일어나 말씀해주시기 바랍니다."

닥터 윌이 거명한 네 명이 차례로 단상으로 나왔다. 그리고 이들의 이구동성 같은 의견을 들은 참석자들은 다시는 장폐색을 약으로만 치료하는 위험한 진료를 하지 않게 됐다.

형제는 이렇게 다른 사람들로부터 듣는 것을 좋아했지만 직접 보는 것을 더 좋아했다. 아주 괜찮아 보이는 새로운 수술법에 대한 이야기가 들릴 때마다 형제는 현장을 찾아가 눈으로 직접 보고 효과가 있다고 판명되면 로체스터에서 적용할 수 있도록 완전히 익혔다.

형제는 일 년에 한 번씩 일상의 거미줄을 걷어내는 '두뇌 청소' 기간을 정해놓았다. 그래서 닥터 윌은 주로 가을에, 닥터 찰리는 주로 봄에 견학 길에 올라 다른 외과 의사들이 진료하는 모습을 지켜보며 한 달 이상씩 보냈다.

둘이 함께 있다는 점은 형제에게 행운이었다. 진료에 크게 차질을 빚지 않고도 둘 중 하나는 언제든 병원을 비울 수 있었다. 다른 의사들을 영입하고 나서도 닥터 윌과 닥터 찰리는 전국 규모의 의학 회의에서 둘 모두 논문을 발표해야 할 때만 함께 자리를 비웠다. 대개 형제는 이런 원칙을 고수했다. 즉 로체스터로 찾아오는 환자가 자신들 가운데 한 명은 만나서 진료 받을 수 있게 해야 한다는 원칙.

그래서 형제는 교대로 출장을 떠났다. 간혹 형제가 각각 탄 기차가 밤에 시카고로 가거나 거기서 오다가 중간 역에서 스쳐 지나갈 때면 형제는 이렇게 생각하곤 했다. 아, 이제 윌 형이 오는구나. 아, 이제 찰리가 가는구나.

이런 출장을 감당할 만한 여유가 있는지 없는지는 전혀 문제가 되지 않았다. 형제는 여유가 없으면 만들어서라도 해야 한다고 생각했다. 처음에 형제는 로체스터와 시카고를 오가는 비좁고 담배 연기 자욱한 객차의 일반석에 만족했지만 경제 사정이 좋아짐에 따라 최소한 형의 체면만이라도 살려야 한다는 생각이 깊어지면서 둘은 특별 객차의 안락함을 누리게 됐다.

닥터 찰리는 이런 안락함에 좀처럼 익숙해지지 않았다. 그래서 신발에 묻은 시골 진흙을 털어내는 것을 깜빡했다가 기차에 오르고 나서야 심부름꾼에게 신발 청소를 맡기곤 했다. 메이요 형제는 이런 출장길에서의 사교 모임을 통해서도 배워나갔다. 예를 들면 사용하는 포크의 종류나 옷의 다림질 상태 또는 신발의 광택 상태로 사람을 판단하는 법을 배웠다. 그러나 닥터 찰리는 주변에서 아무리 말쑥한 차림의 장점을 강조해도 말년에 이를 때까지 들은 척도 하지 않았다.

유감스럽게도 닥터 찰리는 이 초창기 시절의 출장에 대해 그 어떤 소감도 남기지 않았지만 닥터 윌은 자신의 경험을 자주 언급했다. 그의 일기를 보면 그가 만난 사람들과 방문한 병원에 대한 이야기가 많이 나온다. 그런 이야기들을 들여다보면 로체스터에서의 형제의 일상을 알 수 있다.

무엇보다 뉴욕이 형제의 관심을 끌었다. 어르퍼트 게르슈테르가 여전히 그곳의 걸출한 지도자였던 만큼 메이요 형제는 그의 임상 강의를 자주 들었지만 점차 찰스 맥버니, 로버트 닥터 애브(Robert Abbe), 윌리엄 T. 불(William T. Bull), 로버트 F. 위어(Robert F. Weir) 같은 젊은 의사들에게 주목하기 시작했다. 이들은 독일 의사들이 도입한 근치(根治)수술법(완화가 아니라 완전한 치료를 목적으로 실시하는 적극적인 수술 방식. 옮긴이)을 익혀 환자들에게 적용하고 있었고, 그 때문에 선배 의사들의 거

센 반대에 부딪힐 때가 많았다.

그들을 통해 메이요 형제는 새로운 수술법을 많이 배웠다. 예를 들어 맥버니에게는 담관에 생긴 담석을 제거하는 법을, 로버트 애브에게는 좁아진 식도를 넓히는 '줄톱' 수술을, 로버트 F. 위어에게는 위와 십이지장에 발생하는 천공성 궤양의 증상과 외과적 치료법을 배웠다.

보수적인 뉴욕 의사들과 필라델피아의 조지프 프라이스(Joseph Price)는 이 역동적인 시절의 앙숙지간으로 유명했다. 당시 프라이스는 단 한 명의 사망자도 없이 100여 차례에 걸쳐 잇달아 성공을 거두는 쾌거를 올린 영국의 거장 로슨 테이트의 혁신적인 복부 수술법을 미국에 소개하고 있었다. 하지만 완고한 보수주의자들은 그의 말을 믿으려 들지 않았다.

이 무렵 닥터 윌은 난소 절제술을 넘어 복부 수술에 도전하기 시작했지만 결과가 신통치 않았다. 그가 보기엔 사망률이 너무 높았다. 그래서 그는 다음 번 출장 때 조지프 프라이스를 만나보기로 마음먹었다.

메이요 형제는 닥터 윌이 훗날 후배 의사들에게 한 다음과 같은 충고에 따라 행동했다.

"어떤 유명한 외과 의사가 거짓말쟁이라는 소리를 듣더라도 곧이곧대로 믿지 말고 당사자를 직접 만나보고 좋은 사람인지 나쁜 사람인지 스스로 판단하게. 때로는 좋은 사람이 나쁜 사람보다 더 많은 욕을 먹기도 하니까 말일세."

실제로 닥터 윌은 프라이스가 거짓말쟁이라는 소리를 듣고 직접 그를 만나러 갔다.

닥터 윌이 찾아갔을 때 프라이스는 외출하고 없었다. 그 뒤로 두 번

더 찾아갔지만 그때마다 프라이스는 자리에 없었다. 그러고 나서 네 번째로 찾아간 날 아침 가구가 거의 없는 조그만 응접실에 앉아 기다리고 있을 때였다. 문이 벌컥 열리면서 짤막한 머리에 콧수염을 기른 키 큰 남자가 성큼성큼 안으로 걸어 들어왔다. 방문객을 보더니 그는 내던지듯 짧게 물었다.

"누구시죠? 무슨 일로 오셨습니까?"

"미네소타 주 로체스터에서 온 닥터 윌리엄 제임스 메이요라고 합니다. 닥터 프라이스를 만나뵙고 싶습니다만."

"제가 닥터 프라이스입니다만, 무슨 일이시죠?"

"선생님께서 수술하는 모습을 보고 싶습니다."

"죄송합니다. 이미 사람이 너무 많아서요." 그러고 나서 프라이스는 휙 돌아섰다.

그 자리에는 그 말고도 켄터키 주 루이빌에서 온 닥터 루이스 S. 맥머트리(Lewis S. McMurtry)도 있었다. 그 역시 당대의 걸출한 외과 의사 중 한 명이었다. 그는 닥터 윌에게 눈을 찡긋거리며 프라이스의 어깨를 붙잡고 몇 마디 건넸다. 그러자 프라이스가 뒤돌아보며 물었다.

"여기 며칠이나 있었소?"

"나흘요."

"그래, 누구누구 만나보았소?"

"아무도요." 그러고 나서 닥터 윌은 그의 눈치를 살폈다.

"선생님을 뵈려고 지금까지 기다렸습니다만 오늘 오전에 뉴욕으로 가야 합니다."

"가지 마시오. 거기선 아무것도 배우지 못할 테니. 이리 오시오."

그의 안내를 받아 닥터 월이 들어간 방은 가구가 거의 없이 휑뎅그렁했다. 나무토막 두 개를 받쳐놓은 수술대 대용의 널찍한 판자와 그 밑의 아연 대야, 대야 옆의 조그만 구리 소독기, 그 밖에 질을 수술할 때 외과 의사가 앉는 부목을 댄 의자가 장비의 전부였다.

조지프 프라이스의 병원은 언뜻 임시 시설처럼 보였지만 그의 병원이 맞았고, 또 거기 말고 다른 곳이 있을 것 같지도 않았다. 그는 필라델피아 보건소에서 의사 생활을 시작했기 때문에, 오만하고 타락하고 정치가 형편없는 도시에서 버림받은 가난한 사람들의 삶과 질병을 너무나 잘 알았다. 이 불쌍한 영혼들을 그는 다정하고 친절하게 대했고, 때로는 그에게 무료로 수술받은 흑인 유모들을 자기 호주머니를 털어서까지 시골로 보내 몸조리할 수 있도록 주선하기도 했다.

그는 그런 수술을 환자의 집에서 해야 했지만 주변 환경이 말도 못하게 지저분하기 일쑤인지라 먼저 청소부터 해서 손바닥만 한 공간이라도 확보해야 그나마 앉을 수 있었다. 그래서 그런 환경보다는 낫겠다 싶어 이 허름한 병원을 차렸고, 거기서 사비를 들여 무료로 수술해 주고 있었다. 필라델피아 정치인들이 시에서 보조금을 받아주겠다고 제안했지만 그는 그런 호의에는 반드시 단서가 붙기 마련이라며 일언지하에 거절했다.

3주 동안 닥터 월은 프라이스의 전문 분야인 자궁, 난소, 나팔관 수술에 특히 주목하면서 그가 수술하는 모습을 지켜보았다. 그러고 나서 로체스터로 돌아간 지 몇 달 만에 그런 수술에서의 사망률을 5퍼센트로 떨어뜨렸다. 그 뒤 몇 년 동안 그는 해마다 한두 주씩 프라이스와 함께 지냈고 곧이어 닥터 찰리도 그렇게 하기 시작했다.

프라이스는 빈정거림과 뼈 있는 말대답의 명수였고, 그와 견해를 달리하는 사람들은 그런 그를 당연히 눈엣가시처럼 미워했다.

닥터 윌이 참석한 토론토의 한 의학 회의에서 프라이스와 앙숙지 간인 뉴욕의 한 외과 의사가 장문의 논문을 발표했다. 논문에서 그는 수술하려고 집어낸 장이 정확히 어느 부위인지를 장의 만곡 모양으로 알 수 있는 방법을 한참 설명했다. 그러고는 조심스럽게 이러한 시도는 아직 실험 단계에 있어서 실은 할 말이 그리 많지 않고, 실질적인 쓸모가 있는지도 잘 모르겠다고 결론 내렸다.

그가 자리에 앉자 조지프 프라이스가 벌떡 일어나 최근 20년 동안 뉴욕에서 나온 논문을 통틀어 가장 독창적이고 과학적인 논문을 선보인 선생님에게 감사의 표시로 다들 기립하자고 제안했다.

이 제안에 거기 모인 사람 모두가 감격스런 표정으로 자리에서 일어나 발표자에게 예를 갖추었다. 그러고 나서 잠시 뒤 누군가가 그 말이 비아냥거리는 소리인 줄 알아차리고 웃기 시작하면서 회의장 분위기가 순식간에 살벌해졌다.

닥터 찰리가 목격한 사건에서도, 프라이스가 외과술을 사수하는 싸움에서 얼마나 잔인했는지 알 수 있다. 골반 질환을 치료하는 데에는 전기요법이 수술보다 더 간단하고 안전한 방법이라고 주장하는 필라델피아 개업의가 한 명 있었다. 정직하고 순진한 의사 대다수가 그 주장을 곧이곧대로 받아들였지만 조지프 프라이스는 아니었다. 그는 이 경쟁자의 진료 사례들을 몇 달 동안이나 추적했다.

드디어 전기요법사는 필라델피아 의과대학에서 논문을 발표하기로 결정했고, 프라이스는 마침 자신을 방문하러 와 있던 닥터 찰리에게 그 자리에 참석하라고 귀띔했다.

프라이스는 라벨을 붙인 단지를 여러 개 들고 나타나 발표회장 앞쪽 기다란 탁자에 가지런히 늘어놓았다. 그러고는 연사가 하는 말을 빠짐없이 경청하며 환자의 이름이나 이름 머리글자와 함께 병증 사례가 제시될 때마다 상체를 앞으로 쑥 내민 채 연필로 라벨에 뭔가를 끼적였다.

논문 발표가 끝나고 토론이 시작되자 프라이스는 자리에서 일어나 앞에 즐비하게 늘어놓은 단지에서 방금 전기요법사가 완치됐다고 보고한 환자들에게서 떼어낸 병리 조직을 차례로 꺼내 보였다. 자궁에서 들어낸 여기 이 종양을 보시면 전기 소작법이 종양 증식 효과 말고는 아무 효과도 없다는 것을 알 수 있습니다. 여기 이 자궁을 보시면 전기 바늘이 종양의 위치에서 한참 떨어진 벽을 뚫었을 뿐이라는 것을 알 수 있습니다. 감염에 노출됐다가 '완치' 판정을 받은 골반에 삽입했던 여기 이 관들은 여전히 고름으로 가득 차 있습니다.

그 충격이 어찌나 컸던지 그 날 저녁의 연사는 나중에 방청객이 연민을 느낄 정도로까지 완전히 만신창이가 됐지만 프라이스는 필라델피아의 전기요법사에게 이렇게 치명타를 날리고 말았다.

메이요 형제가 외과술을 익히는 데 많은 도움을 준 시카고 의사들 중에는 현대 외과술의 아버지로 불리는 크리스천 펭어도 있었다.

닥터 윌과 닥터 찰리는 몇 년 동안 매주 수요일 밤이면 시카고로 출발해 목요일에 열린 펭어의 임상 강의에 참석한 뒤 그의 해부실에서 이루어지는 부검에 참여했다. 때로 형제는 일정을 연장해 목요일 밤마다 펭어의 집에서 모이는 그의 제자들 틈에 섞여 의학 논문을 토론하기도 하고 집주인이 맥주잔을 기울이며 풀어놓는 빈, 하이델베르크, 베를린에서의 임상 경험에 귀를 기울이기도 했다.

그렇게 펭어와 함께 지낸 하루가 메이요 형제에게는 한두 주 동안 두고두고 꺼내 먹는 마음의 양식이 되었다. 이에 대해 닥터 윌은 이렇게 말했다.

"그분은 내가 여태껏 만나본 어느 누구보다 내 정신이 소화하기 벅찰 정도로 많은 것을 주셨습니다."

펭어는 코펜하겐 태생으로 덴마크와 독일의 여러 학교에서 의학을 공부했다. 그가 졸업한 북유럽의 의과대학들은 기초 의학, 특히 새로운 병리학을 의학에 적용하는 데서 선두를 달리고 있었지만 초창기에는 수준이 많이 떨어지는 편이었다. 질병 연구에만 집중하느라 정작 환자는 신경 쓰지 않았기 때문이다. 한마디로 병의 진행 과정을 이해하는 데에만 역점을 두면서 고통을 덜어주는 의학의 힘은 대놓고 의심했다. 그런 식의 신중한 접근은 훗날 치료제 개발로 이어졌지만 현재의 환자들에게는 그다지 위안이 되지 않았다.

펭어에게서도 이런 치료 허무주의(therapeutic nihilism)의 분위기가 묻어났다. 그는 질병의 인지와 분석이 치료보다 더 중요하다고 가르치진 않았지만 뛰어난 의술에도 불구하고 치료보다는 진단에 더 관심이 많았다.

닥터 윌은 펭어의 제자 앨버트 존 옥스너(Albert John Ochsner)로부터 펭어의 이런 사고방식을 잘 알 수 있는 이야기를 들었다. 옥스너는 친구의 아내가 심하게 아프자 걱정이 되어 그녀를 펭어에게 보였다.

덴마크 출신의 이 외과 의사는 그녀를 검진해 보더니 수술을 권유했다.

"괜찮아질까요?" 옥스너가 물었다.

"아니, 사망할걸세."

"그럼, 수술을 하지 않으면 괜찮을까요?"

"그야, 신이 아니고서야 알 수가 없지." 펭어의 대답에 옥스너는 수술하지 않기로 결정했다. 그러자 펭어는 어깨를 으쓱이며 이렇게 물었다.

"그건 그렇고, 자네는 어떤 진단을 내렸나?"

또 한 번은 닥터 월도 있을 때였다. 펭어는 뇌의 섬유성 종양을 기가 막히게 찾아내 수술로 제거했다. 그런데 그가 상처를 봉합하는 동안 환자가 사망하고 말았다.

"선생님, 환자가 사망했습니다." 마취의가 숨을 죽인 채 이렇게 말했다. 아무 대답이 없었다.

다시 "선생님, 환자가 사망했습니다." 여전히 묵묵부답.

그는 절개 부위를 꼼꼼하게 꿰맨 다음 역시 꼼꼼하게 붕대를 감았다. 그러고 나서 차분한 목소리로 이렇게 말했다.

"이 딱한 양반아, 병이 낫자마자 죽는가."

정확한 진단을 강조하는 펭어의 가르침을 너무 지나치게 적용하지만 않으면 미국의 젊은 의사들도 유익한 결과를 거둘 수 있었다. 예전에는 복부에 혹이 생기면 진단 소견이 암종으로 나오든 나오지 않든 의사가 할 수 있는 일이 아무것도 없었지만 이제는 어떤 진단을 내리느냐가 엄청나게 중요해졌다. 암종일 경우 외과 의사가 수술로 제거할 수 있었기 때문이다.

그래서 의사들은 쿡 카운티 병원 시체실에 있는 펭어의 부검대와 패서번트메모리얼 병원에 있는 그의 수술대 주변으로 벌떼처럼 모여들었다. 그들은 펭어에게 배우러 오기 전에는, 자신의 수술실에서 수술칼을 능숙하게 휘두르긴 했지만 사실 몸속을 들여다봐도 뭐가 뭔지 제대로 파악하지 못했었다.

메이요 형제는 펭어를 따르던 의사들 중에 니컬러스 센, 앨버트 J. 옥스너, 존 벤저민 머피(John Benjamin Murphy)와 친하게 지냈다.

형제는 특히 니컬러스 센에게서 많이 배웠다. 당시에는 동부든 서부든 센처럼 본인의 임상 경험을 바탕으로 논문을 쓰는 외과 의사가 거의 없었다. 서부는 그를 자랑으로 여겼다. 서부가 보기에 그는 신이 이 나라에 내린 선물이었다.

스위스에서 태어나 미국 위스콘신 주에서 자란 센은 오랜 기간 독일의 유명한 병원들을 돌며 의학 교육을 마친 뒤 펭어 밑에서 수련했다. 그러고 나서 밀워키에 개인 병원을 크게 차렸지만 시카고에서의 강의 비중이 출퇴근하면서 감당하기에 너무 벅차게 되자 미련 없이 병원을 접었다.

일에서 보인 그의 지구력과 재능은 가히 놀라웠다. 아무리 바빠도 그는 밤늦게라도 어떻게든 시간을 쪼개 마구간 다락방과 나중에는 시카고 집 앞 보도 지하에 마련한 실험실에서 동물을 대상으로 연구에 매진했다. 그는 당시 외과 의사들을 괴롭혔던 문제를 가지고 씨름하며 새로운 문제를 제기했지만 답을 찾지 못하는 경우가 허다했다. 그러니까 결정적인 해결책을 내놓았다기보다 분위기가 무르익도록 방향을 제시했던 셈이다. 쉽게 말해 그는 다른 사람들에게 풀어야 할 숙제를 내주는 데 일가견이 있었다.

센은 뛰어난 교육자였다. 귀에 거슬리는 목소리에도 불구하고 청중을 휘어잡으며 자신의 생각을 머리에 쏙쏙 박히도록 명확하고 설득력 있게 전달했다. 그의 임상 강의는 늘 만원을 이루었으며, 강의와 수많은 논문을 통해 일반의들에게 새로운 외과술을 보급하는 데 존 B. 머피 다음으로 크게 기여했다. 닥터 월의 비유에 따르면 센은 음악이 없는 땅에 와서 순식간에 노래를 퍼뜨렸다.

그러나 안타깝게도 그의 능력과 맞먹는 그의 고집은 그 어떤 유머 앞에서도 누그러지지 않았다. 그는 자신과 다른 견해에는 몹시도 옹졸하게 굴었으며, 자신의 왕좌를 위협하는 경쟁자의 존재를 참지 못했다. 한순간이라도 사람들의 관심을 독차지하지 못하면 역정을 냈다.

앨버트 옥스너가 러시 의과대학에서 센의 수석 조교가 되기가 무섭게 적어도 닥터 월의 눈에는 센이 옥스너의 능력에 불안해하는 모습이 여실히 보였다.

하루는 센이 복부에 딱딱한 종괴가 생긴 환자 사례를 놓고 임상 강의를 하고 있었다. 정확한 진단을 내리기가 어려워 수술을 해봐야 알 수 있었다. 여러 가지 가능성을 검토한 뒤 센은 옆에 조용히 서 있는 옥스너에게 고개를 돌리고 짐짓 겸손한 체하며 이렇게 말했다.

"어쩌면, 우리 수석 조교께서 이 환자의 문제가 뭔지 말씀해 주실 것 같습니다."

옥스너는 종양이 아무래도 화석태아(자궁 내에서 사망해 석회화된 태아)인 듯하다고 말했다. 센은 콧방귀를 뀌며 화석태아일 리가 없는 이유를 여섯 가지나 줄줄이 읊어댔다. 잠시 뒤 그가 복부를 열자 정말 화석태아가 나왔다. 청중은 옥스너에게 큰 갈채를 보냈다.

이 자리에 있었던 닥터 월은 수술이 끝나고 나서 옥스너에게 이렇게 말했다.

"이것으로 이제 이 병원에서도 끝이겠군요."

센의 성격을 아직 파악하지 못하고 있던 옥스너는 닥터 월에게 무슨 뜻이냐고 물었다.

"곧 알게 될 겁니다." 그리고 그 말은 적중했다.

그러나 옥스너는 그 뒤 그렇게 오래 보직 없이 지내지 않았다. 일 년 만에 그는 새로 생긴 어거스타나 병원의 외과 과장으로 기용됐다. 병상이 스무 개밖에 없는 작은 병원이었지만 그의 지휘 아래 병원은 병상을 250개로 늘려 외국에서도 환자들이 찾아오는 외과 전문 병원으로 부상했다.

닥터 월과 옥스너의 우정은 닥터 월이 가족 울타리 밖에서 개인적으로 맺은 관계를 통틀어 가장 가까운 사이였다고 할 수 있을 만큼 나날이 무르익었다. 그는 옥스너를 "나의 형이자 길잡이요 철학자이자 친구"라고 불렀으며, 훗날 이곳저곳의 의료 센터를 둘러보러 나선 여행에 옥스너와 동행할 때가 많았다. 둘 다 다른 사람의 지식을 시기하는 성격이 아니었기에 각자의 견해와 발견 성과를 공유하면서 필요하다면 비판도 서슴지 않았으며, 이론을 학계에 발표하기 전에 검증하는 작업을 서로 돕기도 했다.

옥스너에게는 잘난 체하는 구석이 전혀 없었다. 그는 주목받는 걸 싫어해서, 단지 보여주려는 목적으로 대담한 외과술에 도전하는 시류에 편승하기를 거부했다. 그는 소박하고 정 많은 사람이었다. 조용한 목소리, 폭이 좁은 목깃, 하얀 나비넥타이만 보면 그를 루터파 목사로 착각할 수도 있었다. 그다지 겸손하지 않은 사람들은 그의 겸손한 태도에 깜짝 놀랐고, 너무나 뛰어나 도저히 감춰지지 않는 능력으로 그가 의학계에서 얻은 명성과 영향력에 또 한 번 놀랐다.

한편 옥스너가 파스텔풍의 색조로 화폭을 채웠다면 존 B. 머피는 화폭 가득 선명한 물감을 흩뿌렸다. 머피의 성취는 늘 눈길을 끌었다. 그가 무슨 일을 해낼 때마다 기자들이 몰려들었다. 머피에 비해 명성이나 능력이 대단하지 않은 동료들은 신문 지면에 자주 오르내리는 그를 몹시도 미워했다. 그들은 머피를 거짓말쟁이로 몰아세우며 그가 다른 사람의 이론과 환자를 훔쳤느니 어쨌느니 대중의 비위를 맞추려고 일부러 과장되게 행동한다느니 하는 비난을 퍼부었다.

물론 존 B. 머피가 박수갈채를 받으려고 때로 과장까지 해가며 최선의 연기를 선보였다는 점은 누구도 부인할 수 없는 사실이다. 그러나 그에게 쏟아진 비난도 그가 세운 기록 앞에서는 무색해지고 만다. 그런 비난은 시기심에서 태어나 질투를 먹고 자랐다. 머피에게 죄가 있다면 머리가 누구도 따라올 수 없을 만큼 빠르게 돌아가고 영민했다는 것밖에 없었다.

메이요 형제가 그를 처음 만났을 때 그는 의사뿐만 아니라 일반인들에게도 충수염과 그 위험을 알리기 위해 치열한 싸움을 전개하고 있었다. 물론 그의 반대자들은 그가 하는 주장을 달가워하지 않았다.

그러고 나서 머피 단추(Murphy button)를 둘러싸고 전투가 벌어졌다.

1890년대 초반에 이르러 복부 수술은 장문합이라는 문제, 즉 장관의 양쪽 절제면를 어떻게 하면 성공적으로 봉합할 것이냐 하는 문제, 예를 들면 담낭과 십이지장, 위와 공장, 잘라내고 남은 장의 양쪽 끝을 어떻게 연결할 것이냐 하는 문제에 봉착했다. 이 문제를 해결하려면 장폐색을 유발할 수 있는 봉합 흉터를 남기지 않고 양쪽 끝을 단단하게 묶는 기술이 필요했다. 이런 봉합술에는 늘 위험이 따랐다. 간혹 장을 꿰맨 자리인 봉합선을 따라 괴사가 일어나거나 수술하는 데 시간이 너무 오래 걸려 환자가 쇼크로 사망하기도 했기 때문이다.

외과 의사들은 이 근본적인 문제에 관심이 많았고, 그런 만큼 이 수술에 적합할 듯한 장치를 고안해 실험에 실험을 거듭했다.

머피는 이 주제에 관해 구할 수 있는 자료는 모조리 구해 읽었고, 프랑스의 한 외과 의사가 시도한 일련의 실험에서 거의 성공할 뻔한 사례를 발견했다. 곧이어 그는 집중력을 최대한 발휘해 프랑스 의사의 장치에서 드러난 결점을 보완하기 시작했고, 얼마 지나지 않아 작업실에서 뛰쳐나오며 아내에게 유레카를 외쳤다.

그가 아내에게 보여준 것은 썰매 방울처럼 생긴 장치였다. 재봉사들이 사용하는 똑딱단추 원리에 착안해 만든 이 장치는 끼우면 서로 꼭 들어맞는 관이 각각 붙어 있는 아주 작은 금속 잔(신선로 냄비 모양. 옮긴이) 두 개로 구성되어 있었다. 그래서 절제된 장의 양 끝에 금속 잔을 각각 실로 매달아 둘이 맞물리도록 단추처럼 눌러주기만 하면 됐다. 그 무엇이 이보다 더 간단할 수 있겠는가? 장에 남아 있던 실이 치유 과정에서 저절로 떨어져나가면 금속 잔은 장을 통해 몸 밖으로 배출되기 때문에 이 단추가 있던 자리 말고는 아무 자국도 남지 않았다.

머피는 아내와 조수들의 도움을 받아 개에 이어 사람에게도 단추

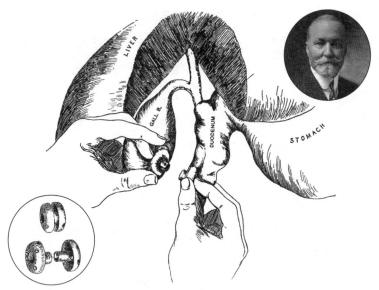

존 벤저민 머피(오른쪽 위)가 개발한 "머피 단추"를 이용하는 문합 수술의 모식도. 왼쪽 아래 원 안에 결합된 단추와 분리된 단추가 보인다.

를 실험해본 뒤 1892년 12월 학계에 자신의 발명품을 소개했다. 그는 여기 간단하고 안전하면서 빠른 봉합 방법이 있다고 말했다. 한 번에 몇 시간씩 걸렸던 장문합 수술이 머피 단추 덕분에 30분 미만으로 단축될 수 있었다.

이듬해 4월 닥터 찰리는 아버지와 함께 머피의 병원에 들러 이 단추를 이용해 실시하는 수술을 처음으로 지켜보았다. 닥터 찰리는 깊은 감명을 받고 그 장치를 하나 집으로 가져가 형에게 보여주면서 작동 원리를 설명했다. 그로부터 불과 며칠 뒤 형제는 이 단추를 이용해 그러지 않았다면 분명히 사망했을 환자의 생명을 구했고, 그 뒤로도 머피 단추를 자주 사용했다.

머피 장치가 장, 담낭, 위 수술의 발전에 이르는 길을 닦았다는 데에는 거의 의심의 여지가 없다. 이 장치를 둘러싼 격렬한 반대조차도 그 길을 닦는 데 도움이 됐다. 문제의 장치를 비난했던 사람들이 이를 대체할 더 좋은 뭔가를 찾아나섰기 때문이다. 결국 훨씬 더 훌륭한 봉합 방법이 나와 머피 단추를 대체했지만 그렇게 되기까지 이 단추는 말할 수 없이 유용하게 쓰였다.

복부 수술에서 성공을 거둔 뒤 머피는 마음이 한없이 넓었던 크리스천 펭어의 조언에 따라 부인과, 신경외과, 흉부외과 등 잇달아 새로운 분야로 진출해 독창적인 연구 성과를 내놓으며 화제를 몰고다녔다. 닥터 월의 말대로 "그는 시위를 당기는 족족 과녁 정중앙을 맞혔다."

그때마다 머피는 그토록 바라던 동료들의 인정을 마침내 받았다고 생각하며 행복해했을 테지만, "머피, 폐결핵을 치료하다" 같은 제목의 머리기사가 신문에 등장할 때면 다른 의사들은 "겉으로는 명색이 의사라는 사람이 별 볼 일 없는 기사 나부랭이에 질질 끌려다닌다는 이유로, 속으로는 머피가 다시 주목을 받는다는 이유로" 거듭거듭 적의를 드러냈다.

메이요 형제는 존 B. 머피에 대한 존경심을 감추지 않았다. 기회가 닿을 때마다 형제는 적대자들에 맞서 그를 강력하게 옹호하며 그에게 기운을 불어넣었다. 형제는 그를 당대 최고의 외과 의사 가운데 한 명으로 꼽았다.

"머피와 함께라면 어디든 갈 수 있다." 닥터 월이 머피에게 바친 찬사였다.

그러나 남다른 능력과 독창성에도 불구하고 머피는 자신의 뒤를 이을 제자를 따로 두지 않았다. 다른 사람을 키울 생각이 없었기 때문이다. 그의 조수들은 머피와 함께가 아니라 머피 밑에서 일하며 윗사람을 모시는 것 말고는 개인적으로 무슨 높은 포부를 품고 말고 할 기회를 가져본 적이 한 번도 없었다.

머피와 조지프 프라이스와 니컬러스 센에게서 공통으로 나타난 이러한 부족함을 잘 알았기에 닥터 윌과 닥터 찰리는 아버지가 가르쳐준 가장 뜻 깊은 교훈을 늘 마음에 새겼다.

"다른 사람들과 담을 쌓는 사람치고 잘되는 사람 없다."

1894년 닥터 윌은 볼티모어에서 일 년간 공부하면서 이 교훈을 눈으로 직접 확인했다. 당시의 의학 잡지는 볼티모어에 새로 생긴 존스홉킨스 병원과 이 병원에 딸린 대학교 수준의 부설 의과대학 소식으로 도배되다시피 했다. 그래서 닥터 윌은 두 곳 모두 보고 싶었다.

아침 일찍 도착해보니 존스홉킨스 병원은 바깥의 거리만큼이나 조용했다. 잠시 그는 대기실 이곳저곳을 혼자 돌아보았다. 그러고 나서 뒤쪽 계단을 성큼성큼 올라가 모퉁이를 도는 순간 다갈색 눈에 턱수염을 길게 기른 남자와 딱 마주쳤다. 그는 괄괄하지만 친절한 목소리로 이렇게 물었다.

"무슨 일로 오셨죠?"

"서부에서 온 의사인데 이 병원에 대해 하도 많이 들어서 방해가 안 된다면 좀 둘러보고 싶습니다만."

"방해는 무슨. 날 따라와요. 난 닥터 오슬러요."

윌리엄 오슬러는 방문객을 병동으로 안내해 자신의 조수들에게 소개했다. 간단하게 인사를 주고받은 뒤 조수들이 일하러 가자 닥터 윌 혼자 남아 이런저런 생각에 잠겼다.

그로부터 몇 주 동안 닥터 윌은 훗날 미국 의학계의 전설이 된 일단의 남자들과 두터운 교분을 쌓았다. 당시 존스홉킨스 병원은 의사 수가 그리 많지 않아 역할을 상담 의사, 왕진 의사, 진료 의사로 나눠 몇 달에 한 번씩 돌아가며 업무를 교대하는 순환 근무제를 실시하고 있었다. 각 부서는 의대 교수도 겸임하는 과장의 감독 아래 두었다.

내과는 미국뿐만 아니라 캐나다와 영국에서도 명성이 자자했던 윌리엄 오슬러가 맡았다. 외과는 말수가 적고 성격이 까다로워 가까이하기 어려운 완벽주의자 윌리엄 스튜어트 할스테드(William Stewart Halsted)의 영역이었다. 부인과는 메이요 형제가 필라델피아에서 프라이스와 함께 만난 적이 있는 젊은 외과 의사 하워드 애투드 켈리(Howard Atwood Kelly)의 영역이었다. 병리과는 "아가씨"라는 애칭으로 통했던 싹싹한 윌리엄 헨리 웰치(William Henry Welch)가 맡았다.

이 넷은 초상화가 존 싱어 사전트(John Singer Sargent)의 유명한 「네 거장(Big Four)」이라는 그림으로도 널리 알려졌다. 그들은 조력자들과 함께 화기애애하게 서로 협력하는 분위기를 만들어나갔고, 그 속에서 놀라운 업적을 마치 일상처럼 이루어냈다.

닥터 윌은 이 모두가 너무나 마음에 들어 동생에게 다음 번 연수지로 볼티모어를 추천했고, 그 뒤 형제는 존스홉킨스 병원을 자주 방문했다.

번갈아가며 자주 모습을 드러내는 서부 청년 둘에게 닥터 오슬러는 독특한 방식으로 관심을 보였다. 자신의 여행지 이곳저곳에서 그는 메이요 형제에게 소소한 장신구나 형제가 흥미로워할 만한 기념품을 보내왔다. 물론 존스홉킨스의 내과 동료들에게도 종종 보냈다.

메이요 형제는 존스홉킨스에 들를 때면 외과 의사 할스테드의 진료실에서 대부분의 시간을 보냈다. 많은 점에서 타의 모범이 됐던 이 큰 병원을 방문한 대부분의 의사들은, 임시변통한 장비 말고는 변변한 장비 하나 없이 공간도 비좁기 그지없는 외과 병동을 보고 깜짝 놀랐다. 당시 외과술은 급격한 변화를 겪고 있었고, 그래서 병원 측은 무엇이 필요한지 확실해질 때까지 기다렸다가 때가 되면 외과 의사들에게 맡겨 직접 건물도 설계하고 장비도 들여놓게 하는 쪽으로 결정한 상황이었다. 대체로 방문객이 받은 충격은 이내 경외 비슷한 반응으로 바뀌었다. 낡은 판자 수술대밖에 없는 그 좁은 방에서 닥터 할스테드가 외과 의사라면 누구나 부러워할 뛰어난 실력으로 놀라운 수술 성공률을 꾸준히 유지했기 때문이다.

메이요 형제가 닥터 할스테드의 병동을 방문하기 시작한 무렵 그는 기존의 소독법에서 좀더 새로운 무균법, 즉 화학 용액으로 수술실을 말 그대로 흠뻑 적시는 방법이 아니라 고압 용기에서 뿜어져나오는 증기나 건열로 상처와 접촉하게 되는 것은 뭐든 멸균 처리하는 방법으로 바꾸고 있었다. 이는 엄청난 발전이었지만 인간의 손가락 문제는 해결하지 못했다. 이 문제를 해결하기 위해 존스홉킨스 의료진은 하얀 면장갑을 끼어보기도 했지만 신통치 않았다.

그러다 수술실의 수간호사가 독한 소독제 때문에 손이 욱신욱신 쑤신다며 불평하자 닥터 할스테드는 닥터 웰치가 부검에 사용하는 마부용 장갑에 착안해 뉴욕의 한 제조업자에게 그녀에게 줄 얇은 고무

장갑을 특별히 주문했다. 써보고 나서 그녀의 반응이 아주 좋자 조수들에 이어 나중에는 할스테드까지 그 장갑을 사용하기 시작했다. 그리하여 무균 수술에서 장갑이 얼마나 중요한지 깨닫게 된 그는 다른 외과 의사들에게도 장갑 착용을 강력하게 권했다.

할스테드가 수술하는 모습을 지켜보면서 닥터 윌이 얻은 또다른 점은 마음의 위안이었다. 개복 수술에서 수술 후 쇼크는 위험한 합병증을 유발했기 때문에 수술 속도가 아주 중요했다. 이 문제는 늘 닥터 윌을 괴롭혔다. 그렇지 않아도 스스로 손이 느리다고 여기던 차에 센, 머피, 켈리 같은 사람들의 재빠른 손놀림은 그런 고민을 더욱 부채질할 뿐이었다.

하지만 할스테드에게서 그는 극도로 신중한 손놀림에도 불구하고 손이 빠른 사람들에게 결코 뒤지지 않는 성과를 일구는 외과 의사의 모습을 보았다. 실제로 할스테드는 노출된 장기는 차갑게 식지 않도록 잘 덮어주고, 조직은 흠집이 나지 않도록 살살 다루고, 혈관은 수고스럽더라도 일일이 묶어 복강을 깨끗하게 유지하면, 그냥 빠른 속도로 수술할 때보다 쇼크가 훨씬 줄어들 수 있다는 것을 보여주었다.

할스테드는 외과술을 단순히 지식을 쌓는 수단으로만 여기지 않았다. 수술이란 환자의 행복 증진에 기여하는 바가 없다면 아무 의미가 없었다. 독일에 있을 때 그는 센과 펭어 같은 의사들의 태도를 보면서 반감을 느꼈다. 그는 미국 외과 의사들에게 독일의 선진 의술을 따라잡는 데에만 급급하지 말고 "환자에게 미칠 결과에 관심을 갖는 인간적인 외과술"을 추구하라고 촉구했다.

메이요 형제는 성격상 오만함보다는 겸손한 태도에 이끌렸기에 그런 견해를 더욱 귀담아 들었다.

십 년 동안 메이요 형제는 보스턴을 멀리했지만 그곳은 이제 뉴욕과 필라델피아와 함께 의료 중심지로 손꼽혔다. 형제는 그곳 사람들이 방문객을 차갑고 뜨악하게 대한다는 소리를 듣고 그곳 성벽을 기어오를 엄두가 나지 않았다.

그래도 닥터 윌은 닥터 모리스 리처드슨(Maurice Richardson)이 위 수술을 하는 모습을 꼭 보고 싶었다. 그래서 1898년 가을 '너무 텁수룩하고 촌스러워' 보이지 않도록 머리도 산뜻하게 깎고 양복도 새로 맞춰 입고는 친구 옥스너와 함께 보스턴으로 향했다.

두 사람은 아침 일찍 매사추세츠 종합병원에 도착해 보도를 쓸고 있는 수위에게 그 날 아침에 잡혀 있는 수술이 있는지 물었다. 수위는 앞장서서 둘을 사무실로 안내하다 말고 멈춰 서서는 고갯짓으로 거리 아래쪽을 가리켰다.

"저기 닥터 믹스터가 오시는군요. 저 분한테 물어보세요."

닥터 새뮤얼 믹스터(Samuel Mixter)는 무척이나 싹싹한 사람이었다. 그는 자기도 아침에 수술이 있고, 닥터 아서 캐벗(Arthur Cabot)과 닥터 리처드슨도 아마 수술이 잡혀 있을 거라고 말했다.

"저와 함께 가시죠."

닥터 윌과 닥터 옥스너는 보람되고 기분 좋은 오전을 보낸 뒤 점심을 먹고 오후까지 병원에 머물렀다.

닥터 믹스터가 두 사람을 저녁 식사에 초대했다. 둘이 쭈뼛거리자 그는 이렇게 말했다.

"폐는 무슨, 자, 어서요. 폐가 된다면 청하지도 않았을 겁니다."

그래서 두 사람은 정장으로 갈아입고 보스턴의 유명한 의사 여섯 명과 저녁 식사를 하러 출발했다. 그 날 저녁 식사 모임에는 보스턴 시립병원 외과 과장 데이비드 치버(David Cheever), 전국적으로 알려진 부인과 의사 존 호넌스(John Honans), 아침에 이미 만난 적이 있는 캐벗과 리처드슨, 하버드 의과대학 외과 교수 존 콜린스 워런(John Collins Warren)이 참석했다.

4년 뒤에는 보스턴의 바로 이 인물들이 닥터 월에게 와서 위 수술하는 모습을 보여달라고 부탁하게 되지만, 그 날 저녁 닥터 월은 그런 인물들 틈에 대등한 자격으로 서 있다는 생각만으로도 그저 감개무량할 따름이었다.

서부의 두 의사는 보스턴 의사들에 대해 들었던 이야기가 모두 헛소리에 지나지 않았다고 생각하며 호텔로 돌아갔다. 그러나 몇 년 뒤 결국 진실이 드러났다. 한 의학 회의에서 닥터 존 콜린스 워런이 닥터 월에게 다가와 방금 닥터 월이 받은 경의의 박수갈채를 축하하며 이렇게 말했다.

"선생님 이름을 처음 들었을 때가 기억나는군요. 한 십 년 전이었지요, 아마. 오후 늦게 샘 믹스터가 전화해서 닥터 옥스너와 닥터 월을 저녁 식사에 초대했으니 나도 오라고 청하더군요. 그래서 어떤 사람들이냐고 물었지요. 그랬더니 그 친구가 뭐라고 했는지 아십니까. '젠장 낸들 어찌 알겠냐? 그냥 서부에서 온 젊은 친구 둘이라는 것밖에는 나도 몰라. 어쨌든 군소리 말고 오기나 해. 그 친구들, 보스턴 사람들이 차갑다고 생각하고 있단 말야.'"

1900년 닥터 윌은 처음으로 외국 나들이에 나섰다. 그때도 옥스너와 함께였고, 장소는 국제의학회의가 열리는 파리였다. 6,000명이 넘는 회의 참석자 가운데 미국인은 450명가량 됐다.

어느 무더운 날 오후 일정이 없는 시간을 이용해 닥터 윌과 닥터 옥스너, 그리고 당시 존스홉킨스에서 닥터 할스테드와 함께 일하고 있던 유명한 신경외과 전문의 닥터 하비 쿠싱(Harvey Cushing)은 의과대학 에콜드메디신의 계단 그늘에서 잠시 휴식을 취하고 있었다. 세 의사는 다른 의사의 수술을 지켜보는 것의 유용성에 대해 이야기하던 중 회기 내내 지루하게 논문만 발표하다 끝나는 기존의 딱딱한 모임 말고 참관과 격의 없는 토론에 주안점을 두는 새로운 성격의 의학회를 결성하는 것이 좋겠다는 결론에 이르렀다.

미국으로 돌아와 이 세 사람은 다른 외과 의사들에게 그런 의견을 내놓았고, 다들 좋다며 동의했다. 그 결과 1903년 임상외과학회가 발족했다. 회원 수는 현역 외과 의사를 대상으로 선출한 40명으로 제한했고, 회원마다 돌아가며 일 년에 두 번씩 임상 증례를 제출해야 했다. 닥터 윌과 닥터 찰리는 초대 회원이었다. 그리고 학회 5차 회의가 로체스터에서 열렸다.

메이요 형제는 누가 보아도 "배는 고픈데 돈이 한 푼도 없어 빵집 앞에서 유리창 안을 기웃거리는 꼬마"가 더 이상 아니었다. 이제 형제는 당당히 그 안에 들어가 한 수 배우기도 하고 또 한 수 가르치기도 했다. 이는 1890년부터 1905년까지의 기간에 로체스터에서 일어났던 일이 가져온 결과였다.

11장

새로운 외과술

　세인트메리스 병원이 문을 열었다고 해서 메이요 형제가 하룻밤 사이에 일반의에서 외과 의사로 변신한 것은 아니다. 1890년대 초반 내내 형제의 외과술은 일반 진료에 특별한 외과적 관심을 접목하는 수준에 머물러 있었다. 세인트메리스 병원에서의 수술은 일주일에 기껏해야 한두 건이 고작이었고, 나머지 시간에 형제는 자기네 진료소나 환자의 집에서 진찰하고 처방하며 지냈다.

　견학 여행에 나선 지 얼마 지나지 않아 형제는 한 가지 놀라운 사실을 깨우쳤다. 형제가 배울 만한 가치가 있다고 판단했던 사람들은 알고 보니 거의 예외 없이 유료 진료보다는 무료 진료를 통해 능력을 계발하고 있었다. 일손이 딸리는 시립병원이나 대학교 병원, 무료 진료소에는 경험과 기술을 쌓는 데 필수적인 환자가 무수히 많았다.

　그에 비하면 메이요 형제의 고향에서는 그런 기회가 턱없이 부족했다. 그런데 1,000여 명이나 되는 인원을 수용하는 주립 정신병원이 있었고, 세인트폴에서 서쪽으로 90마일 떨어진 곳에 그보다 훨씬 더 큰 시설이 또 하나 있었다. 두 곳 다 이렇다 할 만한 외과 의료진이 없었기 때문에 메이요 형제가 경험 삼아 자원하자 두 곳의 책임자 모두 이 기회를 크게 반겼다.

토요일 밤마다 형제 중 한 명이 세인트폴로 가서 일요일 하루 동안 필요한 수술이나 부검을 했다. 형제는 목표했던 만큼의 경험을 쌓고 난 뒤에도 한참 동안 무료로 이 일을 계속했고, 병원 이사회가 감사의 표시로 봉투를 건넬 때마다 그 돈으로 그곳 수술실 장비를 개비했다.

세인트메리스 병원에서의 형제의 특별한 위상은 새로운 외과술을 진료에 적용하는 데 헤아릴 수 없이 유리하게 작용했다. 의학의 역사를 돌아보면, 완고한 선배들의 너무 강한 권위 때문에 괴로워한 열정적인 젊은이들의 푸념이 언제나 가득했다. 그러나 메이요 형제에게는 전에 모시던 의사는 늘 이렇게 했다며 이의 제기를 하는 간호사도, 앞서가는 치료법에 우려의 목소리를 높여대는 선배도, 의도가 나쁘지는 않더라도 무지해서 자기들이 이해하지 못하는 일은 하지 못하게 뜯어말리는 상전들도 없었다.

아버지인 닥터 메이요가 반대했을지도 모르지만 실제로 그랬다는 증거는 없다. 물론 바늘과 칼을 넣고 다니는 자신의 조그만 상자를 애지중지하며 아들들이 필요하다고 생각하는 그 많은 도구 숫자를 비웃거나 환자가 생각보다 회복 속도가 더딘 것 같으면 '약을 바꾸는 방법'으로 자신의 권위를 내세우기도 했지만 두 아들이 세인트메리스 병원에 새로운 의술을 소개하지 못하게 막은 적은 한 번도 없었다. 닥터 메이요는 두 아들이 난리법석을 떨며 소독 의식을 치를 때마다 늘 못마땅하게 여겼지만 그냥 내버려두었다.

닥터 윌과 닥터 찰리는 몇 년 동안 소독제로 수술실을 온통 적셔대는 불쾌한 의식을 어쩔 수 없이 고수했지만 새로운 무균화 수단이 나오자 곧바로 그 방법을 채택했다. 형제는 외과 의사들 중에서 이동식 살균 장치를 구비하고 수술할 때마다 닥터 할스테드의 고무장갑을 착용한 선구자 축에 들었다.

처음 십 년 동안 형제는 함께 수술실에 들어가 서로의 수석 조수를 자임했다. 수술대를 사이에 두고 마주보며 어느 한 사람이 미처 보지 못한 부분이 있으면 지적해주고, 위기가 닥치면 각자의 지식과 지혜를 모아 대처했다. 그리고 수술이 끝나면 의학 서적이나 현미경 슬라이드나 병리 조직을 앞에 놓고 성공 또는 실패 요인을 분석하며 개선 방안을 논의했다.

이처럼 꾸준하고 체계적인 사례 평가를 통해 메이요 형제는 실패뿐만 아니라 성공한 사례에서도 유용한 가치를 끌어내며 실력을 쌓아나갔다.

어느 한 명이 공부하러 마음 놓고 자리를 비울 수 있으려면 형제 둘 다 거의 모든 종류의 수술을 소화해야 했을 테고, 실제로도 그랬던 듯하다. 그러나 수술 횟수가 늘어나면서 닥터 윌은 주로 골반과 복부 수술을, 닥터 찰리는 눈, 귀, 코, 인후, 목, 뼈와 관절, 뇌, 신경, 목 수술을 맡았다.

닥터 윌은 이런 업무 분담을 동생의 뛰어난 수술 실력 덕분으로 돌렸다.

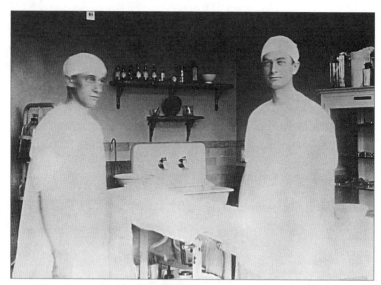

1893년경 세인트메리스 병원 수술실에 있는 닥터 찰리와 닥터 윌(오른쪽).

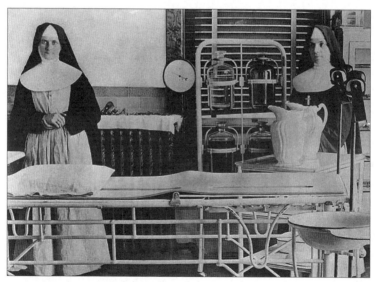

1893년 세인트메리스 병원 수술실. 수술을 보조하는 페이비언 수녀(왼쪽)와 콘스탄틴 수녀가 보인다.

"훌륭한 외과 의사가 있어 얼마나 든든했는지 모릅니다. 찰리가 없었다면 복부에 손댈 생각을 감히 하지 못했을 겁니다." 닥터 윌은 이렇게 말했다.

그러나 닥터 윌은 닥터 찰리가 합류하기 전부터 복부 수술을 하고 있었고, 그 뒤 모든 종류의 수술에서 빛을 발하는 동생의 민첩한 손놀림에 힘입어 점점 더 복부 수술에 전념했던 것 같다.

물론 처음에는 새로운 외과술이 등장한 분야, 즉 닥터 메이요가 먼저 시작한 부인과 수술에서 진전을 보였다. 세인트메리스 병원이 문을 열고 첫 3년 3개월 동안 메이요 형제가 실시한 195건의 부인과 수술 가운데 164건이 사소한 외과 수술이었다. 그러나 1905년으로 접어들자 당해에만 총 637건에 이르렀고, 이 가운데 3분의 2가량이 근치 수술이었다.

파스퇴르가 감염 경로를 밝히자 로슨 테이트는 고름으로 가득 찬 나팔관에서 골반 감염의 실체를 확인했다. 조산사의 불결한 손이나 태반 잔유물이 자궁 감염을 유발해 나팔관을 거쳐 난소와 그 주변 조직으로 감염이 확산됐다. 테이트는 대담하게도 골반의 감염성 질환을 치료하려면 감염된 나팔관과 난소를 제거하는 것이 좋다고 충고했다.

그러자 그는 물론이고 그의 가르침을 미국에 소개한 조지프 프라이스와 하워드 켈리 같은 의사들 또한 격렬한 반대에 부딪혔다. 여성 질환에서 나팔관은 중요하지 않다고 생각했던 기존 학파는 이들이 극히 드문 경우를 놓고 호들갑을 떨고 있다고 말했다. 그러나 이 혁신가들은 많은 증례와 환자 병력을 제시하며 맞받아쳤다.

처음에는 감염된 나팔관과 난소만 제거하다가 나중에는 감염 확산을 막기 위해 나머지도 떼어냈으며, 결국에는 어쨌든 감염의 진원지인 자궁까지 들어냈다.

이는 자궁 절제술이 완벽에 가까울 만큼 높은 수준으로 발전하면서 가능해졌다. 한동안 이 수술은 과다 출혈의 위험 때문에 아무나 시도하지 못했다. 그러나 점차 기술상의 어려움을 극복하고 사망률이 떨어지면서 일반 외과 의사들 사이에서도 수술이 보편화됐다. 그렇다 보니 자궁 절제술을 어떤 여성 질환이든 모두 고치는 만병통치약으로 여기는 경향마저 일었다.

난소 절제술도 거의 비슷한 경로를 거쳤다. 처음에는 오로지 종양 때문에 난소를 제거했지만, 나중에는 생리통 때문에 난소를 제거하기도 하는 단계로 옮아갔고, 그러다 원인을 제대로 알 수 없어 의사를 곤혹스럽게 하는 다양한 병증의 경우에도 일단 난소부터 제거하고 봤다. 한 술 더 떠 정신 착란이 생식기에서 유발된다는 이론까지 생겨나 난소 절제술을 정신병 치료법으로 옹호하는 사태마저 벌어졌다.

한마디로 '부인과'의 '이성을 잃은 사춘기'였다. 닥터 윌은 조지아 주 트윈시티의 몇몇 외과 의사로부터 새로운 수술법을 배운 뒤 조지프 프라이스와 하워드 켈리를 방문하러 가던 시절에 그 기술을 더욱 갈고 닦았다. 그런데 그는 기술뿐만 아니라 그 기술을 둘러싼 논쟁까지 숙지한 터라 환자에게 적용할 때는 신중에 신중을 기했다.

하지만 그런 신중한 태도에도 불구하고 신경증 환자에 대한 판단을 잘못하거나 동료들의 열성 어린 설득에 넘어가 불필요한 수술을 한 적도 있었다. 훗날 그는 이렇게 인정했다.

"도를 넘어서는 수술 욕심 때문에 여성 생식기가 수난을 겪었고, 그 결과 환자 본인은 손해를, 우리 의사들은 불명예를 당한 시절이었습니다."

그러나 누가 뭐래도 그는 새로운 수술법을 적용함으로써 당시의 치료법으로는 고치지도 못했고 고칠 수도 없었던 병으로 고생한 수많은 여성들에게 건강과 활력을 돌려주었다.

그 다음으로 집중 조명을 받은 분야는 충수염 수술이었다. 1890년대에 이르러 앞서나가는 외과 의사들은 충수 제거를 효과적인 치료법으로 받아들였다. 그러나 내과 의사와 외과 의사의 경계가 갈수록 벌어지면서 일반의가 이 병을 초기에 인지해 외과 수술로 치료하려면 따로 훈련을 받아야 했다.

일반의들은 내과 치료로 고칠 수 있다는 믿음을 완강하게 고수했다. 그들은 외과 의사들에게 수술 사망률을 보라고 말했다. 보시오, 사망률이 25퍼센트 내지 30퍼센트에 이르지 않소. 내과 치료를 받다 사망하는 사람이나 외과 수술을 받다 사망하는 사람이나 그 숫자가 똑같다면 굳이 환자를 수술실로 급하게 옮겨야 하는 이유가 뭐란 말이오?

이러면 외과 의사들은 이렇게 응수했다. 환자가 수술 도중에 사망하는 이유는 당신들이 환자를 우리한테 너무 늦게 보내기 때문이란 말이외다. 당신들이 충수염을 진단하는 법을 배워 즉각 우리 외과 의사를 호출하면 사망률은 줄어들게 되어 있소. 당신네가 치료했다는 환자를 추적해 건강 상태를 살펴보시오. 급성 질환을 만성 질환으로 돌려놓았을 뿐이라는 사실을 알게 될 테니. 간헐성 복부 질환, 그러니까 소위 담즙 역류로 고생하는 환자를 당신들은 '치료'했다고 말하지만 실은 충수염이란 말이외다. 그런 환자는 당장 우리 외과 의사한테 보내야 한단 말이오.

내과 의사들은 넌더리가 난다는 듯 손사래를 쳤다. 그들이 보기에 외과 의사들은 단순한 복통도 충수염으로 진단했고, 그 전에 여성의 골반 장기에서도 그랬듯이 또다시 수술에 미쳐가고 있었으며, 외과 의사들이 정말로 원하는 것은 가난한 환자들이 충수 절제 수술의 대가로 건네는 150달러였다.

이러한 논쟁은 의학의 역사에서 몇 손가락 안에 꼽히는 치열한 전투로 이어졌다. 논쟁은 1890년대 내내 전국을 떠들썩하게 들쑤셔놓았는데, 특히 중서부에서 그 수위가 다른 어느 곳보다 높았다. 즉각적 충수 절제술이라는 복음 전파를 사명으로 삼았던 존 B. 머피는 시카고 인근의 이런저런 주 의학회 모임에 종종 참석해 특유의 과장된 행동과 언변으로 자신의 논지를 관철시키려고 애썼다.

닥터 윌과 닥터 찰리는 논쟁에 공공연히 뛰어들지는 않았다. 1895년 세인트메리스 병원에서 이루어진 충수염 수술이 열두 건에 불과했다는 사실로 미루어 보아 아마 형제는 신중하게 움직인 듯하다.

형제는 진단 즉시 수술해야 한다는 논리를 기꺼이 인정했지만 실제로 그런 사례와 마주치면 그와 같은 주먹구구식 원칙에 무작정 따르지는 않았다. 형제가 겪은 몇몇 사례로 볼 때 수술이 안전하지만은 않았다. 형제가 수술한 환자의 사망률이 몇몇 도시 종합병원의 사망률인 30퍼센트에 이른 것은 아니지만 여전히 12퍼센트 내지 15퍼센트나 됐다. 이것은 환자에게 다른 기회가 있는데도 무조건 수술을 정당화하기엔 너무 높은 수치였다.

옥스너가 닥터 윌에게 고민을 털어놓은 것도 이 무렵이었다. 그는 수술 사망률을 현저하게 줄여줄 만한 치료법을 알아냈지만 학계에 발표하기 전에 철저하게 검증해보고 싶었다. 그래서 메이요 형제가 옥스너의 치료법을 시험 삼아 적용해봤더니 사망률이 금방 4퍼센트 미만으로 떨어졌고, 기술을 좀더 보완하자 1퍼센트 아래로 내려갔다.

옥스너가 생각해낸 방법의 핵심은 이러했다. 환자가 충수 파열 조짐을 보이면 즉시 충수를 제거해야 하지만 감염이 이미 복막까지 퍼졌다면 수술은 위험하다. 따라서 감염 확산을 막으려면 장의 연동운동을 멈추게 해야 한다. 그러려면 환자를 편히 쉬게 하면서 금식을 시켜야 한다. 물도 마시지 못하게 하고, 무엇보다 하제를 써서도 안 된다. 며칠 뒤 위험한 급성 단계가 지나가면 안전한 상태에서 수술할 수 있다.

이 방법은 결국 옥스너의 단식요법으로 유명해지게 됐다. 이 치료법은 옥스너와 메이요 형제가 함께 참석한 1900년 파리 국제의학회의에서 학계에 처음 소개된 후 충수염 치료의 획기적인 진전이라는 찬사를 받으며 널리 적용됐다.

충수 절제술을 완강하게 반대하며 그 명분을 찾고 있던 내과 의사들은 옥스너의 치료법을 자신들의 입지를 강화하는 데 적극 활용했다. 그들은 쾌재를 부르며 반대자들에게 이렇게 말했다. 보시오, 위대한 시카고 외과 의사가 수술을 하지 않고도 충수염 환자 대부분을 살리고 있지 않소!

논쟁의 열풍 덕분에 모든 사람이, 즉 일반인뿐만 아니라 그들의 주치의들까지 충수염과 그것의 위험성을 인식하게 됐다. 그리하여 충수염은 대중이 가장 무서워하는 세균성 질병 2위로 떠올랐고, 아이들은 포도 씨와 버찌 씨를 삼키면 복통을 일으켜 끔찍한 수술을 받게 된다는 부모들의 엄숙한 경고에 부르르 떨어야 했다.

전국을 통틀어 충수염 수술 건수가 로체스터만큼 빠르게 큰 폭으로 증가한 곳도 드물었다. 1900년 한 해 동안 186건이었던 충수염 수술은 1905년에 이르러 1,000건을 넘어섰다.

새로운 외과술은 탐색절개술을 둘러싸고도 논쟁을 촉발했다. 앞서 나가는 의사들은 복부 질환의 원인이 미심쩍을 경우 복강을 열어 확인해봐야 한다고 말했다. 하지만 단지 무엇이 잘못됐는지 알아보려고 환자를 복막염의 위험에 노출시켜야 한단 말인가? 무모하고 너무 무책임하지 않은가! 게다가 탐색절개술을 한다는 것은 진단에 실패했다는 방증 아닌가! 보수적인 의사들은 이런 식으로 말했다.

그러면 외과 의사들은 정확히 이렇게 대답했다. 맞다, 우리는 임상 증상 진단에 실패했다. 그렇다고 환자의 문제를 해결해줄 유일한 방법을 모른 척해야 한단 말인가?

메이요 삼부자는 후자의 입장에 동의했다. 한 번은 닥터 메이요가 학회에서 트집 잡기 좋아하는 동료에게 이렇게 말했다.

"나와 내 주변 의사들의 경우 환자가 심각한 복부 질환을 호소하는데도 확실한 진단을 내리기 어려우면 주저하지 않고 복부를 열어보는게 관례올시다."

이러한 관례는 최초의 담석 수술로 이어졌다. 1890년 12월 로체스터에서 서쪽으로 멀리 떨어진 미네소타 주 슬리피아이의 기계공이 메이요 삼부자의 진료소를 찾았다. 몇 년 넘게 그는 오른쪽 복부 통증으로 고생해오다 이제는 아편제를 거의 달고 살다시피 하고 있었다.

문제를 일으키는 원인을 정확히 알 수 없어 메이요 삼부자는 탐색 절개술을 권했고 환자도 거기에 동의했다. 닥터 윌은 쪼그라든 담낭 안팎에서 몇 겹으로 유착되어 있는 종괴와 커다란 돌을 발견하고 제거한 뒤 배농관을 삽입했다. 환자는 수술 후 3주 만에 자리를 털고 일어났고, 곧이어 몸무게가 40파운드나 늘어나 예전처럼 다시 일할 수 있게 됐다.

오랫동안 성인 인류의 재앙으로 알려졌던 담낭 질환은 이때까지만 해도 여전히 내과 의사의 영역이었다. 부검해보면 담낭에서 한 번도 병의 원인으로 의심 받은 적 없는 돌이 나오는 경우가 허다했지만, 담석은 그저 '잠을 자고' 있거나 '무고하다'는 믿음, 다시 말해 아무 문제도 일으키지 않고 담낭 안에 얌전히 있다는 믿음은 쉽사리 바뀌지 않았다.

식별 가능한 담석증 징후로는, 의사라면 누구나 한눈에 알아볼 수 있는 심한 복통이 있었다. 몇 시간 또는 몇 주 넘게 지속되기도 하는 이 끔찍한 통증은 돌이 담낭에서 방광과 담관을 거쳐 장으로 빠져나오는 과정에서 발생하는 당연한 결과로 인식됐고, 돌이 결장 끝에 이르면 이 과정이 끝나는 것으로 여겨졌다.

당시에는 이런 증상을 치료하기 위해 통증을 덜어주는 모르핀을 투여하고, 돌을 녹이는 용도로 테레빈유나 예전부터 널리 애용되어온 올리브유에 에테르를 섞어 처방했다. 의사는 올리브유의 도움으로 빠져나온 돌을 의기양양하게 환자 앞에 내밀어 보이곤 했지만 사실 그 '돌'은 장내 알칼리 성분이 지방과 반응해 형성된 고형물이었다.

이러한 방법이 얼마나 무익했는지는 지역 사회마다 4년, 10년, 심지어 20년 넘게 끔찍한 복통으로 식은땀을 흘려댔던 성인 남녀가 심심찮게 있었다는 사실에서 여실히 알 수 있다. 때로 담석은 한두 달 얌전히 잠자기도 했지만 그러다가 느닷없이 깨어나 활동에 들어가면 참을 수 없는 고통이 다시 시작됐다.

1890년부터 외과 의사들은 담석을 외과 수술로 제거하기 시작했다. 물론 '담낭 제거'는 암 같은 위중한 질환에나 권할 만한 방법으로 여겨졌지만 단순히 담낭을 열어 돌만 꺼내는 수술(담석 제거)은 비교적 쉽고 간단한 것으로 인식됐다.

메이요 형제는 담낭 절제술이 모든 담낭 질환에 능사는 아니라는 점을 일찌감치 깨달았다. 1893년 4월 미네소타 주 래신의 닥터 앨버트 플러머(Albert Plummer)가 자신의 환자 한 명을 형제에게 보냈다. 71세의 남성으로 상태가 매우 좋지 않았다. 이 환자는 2년째 극심한 복통에 시달려왔고 최근 4개월 동안에는 통증이 거의 끊이지 않는 가운데 구토, 수척, 황달 증세를 보였다.

메이요 형제는 돌이 담관을 막고 있다고 진단했다. 몇 년 전이었다면 형제는 물론이고 그 누구도 손쓸 방법이 전혀 없었겠지만, 최근 맥버니와 뉴욕의 애브가 담관을 절개해 돌을 꺼낼 수 있는 방법을 선보였고, 닥터 윌은 그 수술을 어떻게 하는지 이미 배워둔 상태였다.

그런데 닥터 윌은 뜻밖의 암초에 부딪쳤다. 복부를 절개하고 막혀 있는 담관 부위를 찾아내긴 했지만 접근이 불가능한 위치라 도저히 돌을 제거할 수 없었기 때문이다.

대안은 하나밖에 없었다. 즉 뒤쪽을 절개해 담즙을 빼낸 뒤 담낭을

장에 직접 연결해 서로 통하도록 구멍을 뚫어주는 방법이었다. 그러나 환자의 상태가 너무 좋지 않아 장문합에 긴 시간이 걸리는 수술을 견뎌낼 것 같지가 않았다.

이 중대한 시점에 닥터 찰리는 이틀 전 아버지와 함께 시카고에서 가져온 장치를 기억해냈다. 머피 단추는 바로 이런 경우에 그야말로 안성맞춤일 듯했다. 닥터 윌은 재빨리 담낭과 십이지장을 절개한 뒤 양 끝에 단추를 한쪽씩 집어넣고 서로 이가 맞도록 눌러 고정했다. 그러고 나서 절개 부위를 닫고 환자를 다시 침대에 눕혔다.

환자는 빠르게 그리고 완전히 회복했다. 황달 증상이 사라지고 기운도 다시 돌아와 집으로 갈 수 있었다. 그 뒤 환자는 6년을 팔팔하게 지내다가 담낭 및 담관 제거와는 전혀 상관없는 병으로 사망했다.

담낭에 들어 있는 돌의 숫자는 그다지 중요하지 않았다. 문제는 크기였다. 하나만 있어도 크기가 크면 작은 돌이 많은 경우 못지않게 말썽을 일으킬 수 있었다. 그런데 대중의 관심을 사로잡았던 메이요 형제의 치료 사례에서는 담석이 몇 백 개나 나왔다. 다음은 그런 사례 가운데 하나다.

며칠 전 세인트메리스 병원에서 있었던 수술은 기적처럼 완벽했다. 한 여성 환자에게서 3,000개 가까이 되는 담석이 제거됐다. 세균학자 T. 스필레인은 약 3,000개에 이르는 돌을 세느라 하루 종일 꼼짝달싹하지 못했다. 환자는 여전히 살아 있으며 곧 회복될 것으로 보인다. 돌은 점만 한 것부터 콩만 한 것까지 크기가 다양했다.

오늘날에도 이런 수술은 사람들의 관심을 끌기 마련이다. 하물며 이런 대수술이 그저 신기할 따름이고, 단조롭기 짝이 없는 농장 생활에서 그나마 낙이 있다면 잡담밖에 없지만 그마저도 날씨와 작황과 이웃 이야기를 빼면 별로 할 말이 없던 그 시절에는 오죽했겠는가.

그래서 메이요 형제가 올린 쾌거를 둘러싼 이야기는 돌고 또 돌았고, 1895년만 해도 일 년에 10건밖에 되지 않았던 담낭 수술이 1900년에는 75건, 1905년에는 324건으로 늘어났다.

이 무렵 들어 '절제'(잘라냄) 수술은 발전에 발전을 거듭해 '절개'(베어서 가름) 수술만큼이나 안전해졌고, 많은 외과 의사들은 돌이 생긴 담낭은 쓸모가 없기 때문에 제거해야 한다고 말하기 시작했다.

메이요 형제는 이런 생각에 찬성하지 않았다. 형제가 생각하기에는 무엇보다 조기 진단이 중요했다. 그래야 합병증으로 발전하기 전에 빨리 수술할 수 있었다. 형제는 잠자고 있을 담석을 미리 발견하는 데 주력했다.

형제는 이른바 무고한 돌의 절반이 전혀 무고하지 않다고 확신했다. 사람들이 담석이 무고하다고 생각했던 이유는 그 못된 짓이 전혀 감지되지 않았기 때문이다. 너무도 오랫동안 의사들은 복통만 담석의 징후로 여겼을 뿐 그 외 다른 증상은 미처 알아보지 못했다. 하지만 메이요 형제는 돌과 함께 사라지는 '위장 질환'으로 모호하게 정의됐던 수많은 사례에서 담석을 찾아냈다. 진단 전문가가 필요한 이유는 이것 말고도 더 있었다.

인류의 15퍼센트로 알려졌던 탈장 환자들에게는 불행한 일이지만,

1880년대의 의사들은 내장이 제자리를 찾게 도와주는 탈장대라는 임시방편 외에 달리 치료법을 찾지 못했다. 그런 복부 지지대는 대개 값은 값대로 비싸고 불편하기만 했을 뿐 효과가 거의 없어 탈장 환자에게 늘 따라다니는 감돈(嵌頓)의 위험을 제대로 막아주지 못했다. 감돈이란 탈장이 교정되지 않는 상태를 말하는데, 그렇게 되면 튀어나온 부위의 혈액 순환이 차단되면서 괴사가 일어난다.

자가 치료를 선호했던 탈장 환자들은 감돈이 발생해도 대개는 혼자서 직접 고쳐보려고 했기 때문에 피가 통하지 않아 조직이 썩어 들어가기 시작해야, 다시 말해 생명이 위험한 상태에 이르러서야 의사를 찾았다.

당시 내과 의사가 할 수 있었던 처치는 닥터 메이요의 진료를 통해 짐작해볼 수 있다. 그는 먼저 소금과 얼음을 붙이고 손수건으로 싸매 돌출부를 얼린 뒤 그 환부를 째서 고름과 찌꺼기를 제거했다. 그러고 나서 비록 가능성이 낮긴 했지만 간혹 환자가 회복되면, 겸자로 비틀어가며 괴사한 조직을 떼어내고 끝을 봉합한 뒤 누관(탈장 구멍)으로 밀어넣었다.

이처럼 심한 탈장일 경우 닥터 윌은 수술로 해결하기 시작했다. 그는 복강을 열어 협착된 부위는 넓히고 괴사된 조직은 잘라낸 뒤 양 끝을 이어붙였다. 머지않아 그는 외과술로 탈장을 '치료'하는 이른바 근치수술에 도전할 수 있게 됐다.

1889년에야 처음으로 시도된 이런 수술은 걸음마 단계라서 실패율이 매우 높았다. 이런 수술을 감당할 수 있는 의사도 몇 명 되지 않았던 데다 그들 중 최고로 꼽힌 의사조차 40퍼센트 내지 50퍼센트의 재발률을 인정하지 않을 수 없었고, 나머지는 침울한 목소리로 75퍼센트 내지 80퍼센트에 이르는 재발률을 보고했다.

외과 의사들은 이런 결과를 개선하려는 의욕을 불태웠다. 어떤 복부 수술이든 꿰맨 자리가 터지는 경우가 비일비재했기 때문이다. 닥터 윌은 충수염 수술이나 담석 수술을 받은 환자가 얼마 지나지 않아 탈장 문제를 일으킬 때면 크게 낙담했다.

수술 후 시간이 지나면서 피부와 복막은 재파열을 막는 보루가 될 수 없었다. 따라서 그 밑의 근육과 힘줄을 옹벽으로 삼아야 한다는 점이 명백해졌다. 이러한 원칙을 실행에 옮기면서 수술 후 탈장 재발률이 5퍼센트로 떨어졌다. 그 결과 외과 수술이 탈장대 착용을 서서히 대체하기 시작했다.

1893년까지 메이요 형제가 시도한 탈장 근치수술은 39건에 지나지 않았다. 그러다 1905년경에는 연평균 300여 건을 기록했다.

하지만 배꼽 탈장은 한동안 이러한 진전에서 예외였다. 배꼽 주위의 근육은 서로 너무 멀리 떨어져 있어 쉽게 당겨 묶을 수가 없었다. 더구나 배꼽 탈장은 복부 근육이 아무 힘 없이 축축 늘어지기만 해서 옹벽으로 삼을 수 없는 비만 환자에게 주로 발생했다. 외과 의사들은 이런 환자의 배꼽 탈장을 치료할 수 있다는 생각은 애당초 접어버렸다.

닥터 윌은 이런 환자를 점점 많이 대하게 되면서 비만일 경우 복부 근육이 늘어나 출렁이는 공통점이 있다는 사실에 거듭 주목했다. 환자를 진찰대에 눕혀 배를 만져보면 처진 살집이 족히 몇 인치는 손에 잡혔다.

그래, 뱃살을 접자! 섬유질인 힘줄의 끝을 차곡차곡 포개 몇 인치

두께로 벽을 만들어 중요한 곳에 세우면 버티는 힘도 두 배로 늘어나지 않을까? 이보다 완벽한 옹벽은 없을 듯했다.

그는 이 방법을 곰곰이 생각해보고 동생과 의논한 뒤 시체에 한두 차례 시험해보았다. 그러고는 환자에게 적용하고 그 결과를 지켜보았다. 봉합 부위도 멀쩡했고 벽도 단단하게 서 있었다. 그는 두 번, 세 번, 네 번 재차 이 방법을 이용했다. 그리고 닥터 옥스너를 비롯해 몇몇 동료에게 이 방법을 설명했더니 동료들도 그와 동일한 결과를 경험했다. 1903년이 되자 메이요 형제는 경미한 재발만 한 건 있었을 뿐 단 한 명의 사망자도 없이 이런 수술을 34건이나 실시했다. 형제는 이 수술법을 학계에 보고했다.

로체스터에서 발달한 또다른 외과술은 아이들이 삼켜서는 안 될 것들을 삼키는 경향과 깊은 관련이 있었다.

이물질이 위 입구에 들러붙어 있는 것처럼 보이는 응급 상황이 발생할 경우 흔히들 아이를 거꾸로 붙잡고 세차게 흔들어대는 방법을 이용했다. 그러면 기침과 울음과 함께 문제의 물체가 빠져나오기도 했지만 단단히 들러붙은 경우에는 그렇게 간단히 해결되지 않았다. 이물질이 이미 위로 들어간 경우에는 으깬 감자를 많이 먹이면 감자가 이물질을 감싸서 장관을 무사히 빠져나오기도 했지만 이 방법 역시 늘 통한 것은 아니었다. 자칫 장폐색의 위험까지 있었다.

이보다 새롭게는 기관이나 식도, 위를 절개해 육안이나 촉감으로 이물질을 제거하는 방법이 있었다. 메이요 형제는 이 방법을 이용해 자두 씨, 옥수수 알갱이, 동전, 옷핀 등 갖가지 물체를 꺼냈다.

하지만 경우에 따라서는 이물질 삼킴 문제를 해결하기가 그렇게 쉽지 않았다. 당시 중서부 위쪽 지방의 농가에서는 알칼리 농축액으로 비누를 만들어 썼다. 그런데 뚜껑 없는 용기에 담아 주로 부엌 주변에 놔두었던 이 물질은 부식성이 높아 유해한데도 꼭 설탕물처럼 보여 무심한 아이들이 손대기가 쉬웠다.

농축액을 삼키고도 구사일생 살아난 아이가 있긴 했지만, 대개는 심각한 화상을 입은 목구멍이 나으면서 협착이 일어났다. 즉 반흔 조직이 식도 폐색을 유발했다. 그러면 어린 환자는 액체 말고는 아무것도 삼키지 못했고, 갈수록 협착이 심해지면서 그마저도 어려워졌다.

환자가 식도가 아예 막혀버리기 직전에야 찾아오면 의사는 소식자(消息子), 즉 크기가 각기 다른 대롱 모양의 가느다란 탐침으로 협착된 곳을 넓혔다. 그럴 때면 의사는 멀쩡한 식도 구멍과 통하도록 일단 가장 심하게 들러붙은 부위를 억지로 떼어낸 뒤 소식자의 굵기를 차츰차츰 늘려가면서 식도 구멍을 거의 정상 크기로 확장했다.

그런데 폐색이 너무 심해서 아무리 기를 써도 소식자를 밀어넣을 공간을 찾지 못하는 경우가 더러 있었다. 아이들이 대부분인 이런 환자는 삐쩍 야윈 데다 얼굴에 핏기 하나 없이 정말 딱한 몰골로, 배가 고파 죽겠는데 그렇게 좋아하는 우유도 삼키지 못하는 지경에 이르러서야 의사를 찾아왔다.

다행히 이제는 이런 환자를 외과 처치로 치료할 수 있게 됐다. 뉴욕의 닥터 애브가 위 절개와 실 몇 가닥으로 문제를 해결하는 독창적인 방법을 고안한 것이다. 구체적으로 말하면, 봉합사를 톱으로 사용해 막혀 있는 반흔 조직에 일단 가장 작은 소식자가 들어갈 수 있을 만큼의 구멍을 뚫은 뒤 식도를 점차 확장해나가는 수술이었다.

메이요 형제는 닥터 애브에게서 이 '줄톱' 수술을 배운 뒤 수많은 사례에 적용해 모든 환자에게 더할 나위 없이 만족스러운 결과를 안겨주었다.

예를 들면, 1892년 10월 세 살배기 여자아이가 세인트메리스 병원을 찾아왔다. 아이는 일 년 전 알칼리 농축액을 삼킨 뒤로 딱딱한 음식은 전혀 먹지 못하다가 이제는 유동식마저 대부분 게워내고 있었다. 가장 작은 소식자가 들어갈 틈조차 찾지 못하자 닥터 윌은 수술을 권했지만 부모는 싫다고 거절하며 아이를 데리고 집으로 돌아갔다.

몇 달 뒤 부모는 죽기 일보 직전까지 간 아이를 다시 데려왔다. 닥터 윌은 즉시 위를 절개했고, 아이는 한 달 동안 그 구멍을 통해 양분을 공급받았다. 그러고 나서 닥터 찰리가 줄톱 시술을 시작해 5주 만에 소식자가 들어갈 수 있을 만한 크기로 식도 구멍을 확장했다. 2개월 뒤 아이는 "우유는 곧잘 마시고 다진 고기와 빵은 약간 힘들게 삼키는, 다시 말해 전반적으로 양호한 상태로" 퇴원했다. 그러고 나서 몇 년 뒤 부모는 아이가 완전히 나아 정상적으로 먹는다고 알려왔다.

이런 경우 메이요 형제는 소식자 조작이 가능하도록 먼저 줄톱으로 위를 절개해 구멍을 내는 위루형성술을 실시했다.

물론 위장병은 다른 어떤 질환보다 의사를 찾는 환자가 많은 질환이긴 했지만 메이요 형제는 '위통'은 곪은 충수를 제거하면, '소화 불량'은 병든 담낭에서 고름을 빼내면, '위경련'은 복벽 탈장을 고치면 씻은 듯이 낫는 모습을 보고 적잖이 놀랐다. 갖가지 이름으로 불렸던 '위장병'이 사실은 진단을 내리기가 모호한 상복부의 통증을 모조리 쓸어담은 잡동사니 포대였던 셈이다.

사정이 이렇다 보니 (물론 진단이 제대로 내려지는 경우가 많긴 했지만) 이제 위장병은 나쁜 식습관, 특히 기름진 음식과 튀긴 음식을 너무 많이 먹는 습관 탓으로 여겨졌다. 오래전부터 이 병을 고치는 치료제는 토제와 하제, 그리고 비스무트·펩신·염산 같은 화학 성분 소화 보조제였다. 그러나 몇몇 위장병은 화학 작용과 전혀 상관이 없어서, 말하자면 일종의 물리적 결함이어서 당연히 외과술의 영역이었다.

그런데 위 수술은 사망률이 끔찍할 정도로 높았기 때문에 평이 좋지 않았다. 독일 외과 의사 테오도어 빌로트(Albert Christian Theodor Billroth)가 생명이 위태로울 만큼 심각한 위장병 환자를 처음으로 수술하긴 했지만 결과가 신통치 않았다. 이와 관련해 그는 이렇게 말했다. "환자들은 모두 쇼크 상태로 수술실을 나갔고, 간혹 회복되기도 했다." 그 가운데 절반 이상이 사망했다.

1890년대까지도 위 수술은 임박한 죽음을 돌려놓는 비상수단으로만 사용됐을 정도로 진전이 거의 없었다. 장애를 안전하게 고칠 수 있는 수준에 오르자면 아직도 갈 길이 멀었다.

메이요 형제는 위장병의 한 유형으로 보이는 증상에 주목했다. 병원을 찾은 많은 사람들이 몇 년 넘게, 때로 15년이나 20년째 지속되는 만성 소화 불량을 호소했다. 이런 환자들은 최근 1~2년 동안 음식을 제대로 소화하지 못했고, 위가 더부룩하면서 자꾸만 신물이 넘어와 게워내거나 위관으로 씻어내야 그나마 속이 조금 편해진다는 공통점을 지니고 있었다. 개중에는 유동식 말고는 아무것도 삼키지 못하는 사람도 있었다. 어쨌든 모두가 피골이 상접해 있었다.

이들은 유문, 즉 위에서 십이지장으로 이어지는 좁다란 유출구가 막혀 만성 기아(굶주림)를 겪었다. 유문 폐색은 만성 유문 병변의 결과였고, 손상과 치유가 수없이 되풀이되면서 켜켜이 쌓인 반흔 조직이 통로를 막아버렸다. 이것은 약으로 고칠 수 없는 일종의 물리적 결함이었다.

1894년 외과 처치로 이 질환을 고칠 가능성을 타진하기 시작하면서 닥터 윌은 독일의 안톤 뵐플러(Anton Wölfler)가 막힌 유문을 대체할 목적으로 위에 구멍을 뚫어 소장과 직접 연결하는 수술법을 고안했다는 사실에 주목했다. 이 수술(위장문합술)은 더 바랄 수 없을 만큼 좋은 해결책이었지만 까다로운 장문합 과정 때문에 사망률이 50퍼센트가 넘었다.

닥터 윌은 다른 수술에서 이미 머피 단추를 사용하는 데 익숙해 있었던 터라 이 수술에서도 그 장치를 사용하기 시작했다. 다른 기술도 손에 익으면서 이 단추 덕분에 '유문 폐색 치료라면 세인트메리스'를 꼽을 정로도 위장문합술의 사망률이 낮아졌다.

하지만 유문 폐색의 원인이 늘 양성 조직인 것은 아니었다. 사실 암은 유문 폐색의 주요 원인으로 지목돼왔다. 그런데 닥터 윌은 외과 수술을 시작한 지 얼마 지나지 않은 시기에 사인이 '유문암'인 시신을 부검했다가 종양이 양성인 것을 알고 깜짝 놀란 적이 있었다. 그 남성 망자는 외과 수술로 충분히 치료할 수 있었던 질환 때문에 굶어죽었던 것이다. 이런 실수가 얼마나 자주 일어났을까?

이 두 종류의 유문 폐색을 구별할 수 있는 진단 방법이 반드시 필요했다. 메이요 형제는 진료 기록을 꼼꼼히 살펴보았지만 이렇다 할 만한 증상을 찾지 못했다. (늘 가능했던 것은 아니지만) 수술실에서 직접 확인하는 수밖에 없었다. 형제는 유문 폐색의 경우 진단을 위한 탐색절 개술이 불가피하다는 결론을 내렸다. 그래서 양성으로 드러나면 근치 수술을 실시하면 됐다.

하지만 유문 폐색의 원인이 암으로 드러난다면? 외과 의사들은 암 부위는 물론이고 간혹 위 전체를 들어내려고 시도하기도 했지만 사망 률이 너무 높아 감히 엄두를 내지 못했다. 설령 환자가 수술을 견뎌낸 다 하더라도 곧 암이 재발했기 때문에 굳이 수술이라는 시련을 겪을 필요가 없어 보였다.

닥터 윌은 그저 암담하기만 했다. 그가 진찰한 위암 환자는 모두 병 의 마지막 단계에 이르러서야 병원을 찾았고, 개중에는 출혈과 탈진 으로 죽음 직전에 이른 사람도 더러 있었다. 어느 누구도 살아남을 수 있을 것 같지 않았다. 좀더 일찍 수술할 수 있었다면 좀더 좋은 결과 를 거둘 수 있었을 텐데.

여기서도 진단의 어려움이라는 장애물이 있었고, 메이요 형제는 탐 색절개술의 필요성을 다시금 확인했다. 형제는 문제의 원인이 암일 확률이 높고 그 외 다른 원인은 빨리 찾아낼 가능성이 없을 경우 수술 을 한다는 원칙을 세웠다. 이럴 때마다 형제는 환자에게 늘 수술을 권 했고, 환자는 대부분 동의했다. 하지만 환자의 기존 주치의가 시간을 두고 좀더 지켜보자며 수술에 반대하는 경우가 많았다. 당시만 해도 대부분의 의사가 위암은 아무리 조기에 제거한다 하더라도 치료가 불 가능하다고 생각했기 때문이다.

1906년까지 메이요 형제는 100건의 위암 수술을 실시해, 외과 수 술의 가치가 대체로 인정된 다른 신체 부위의 암 수술과 비교한 사망률과 완치율에서 꽤 만족할 만한 성과를 거두었다. 이 병은 내과 의사들이 딱히 손쓸 방도가 없었기 때문에 외과 의사들이 수술에 발 벗고 나섰다.

양성 유문 폐색에서 경험을 쌓은 메이요 형제와 동료들은 다음과 같은 의문을 제기하게 됐다. 이 질환을 유발하는 궤양을 어떻게 해야 할까? 궤양이 이렇게 될 때까지 그냥 내버려둬야 할까? 폐색에 이르기 전에 미리 개입할 수는 없을까?

위궤양은 내과 질환이었다. 환자는 출혈이나 천공 증상이 있어야만 외과 의사를 찾았고, 마지막 보루인 외과 의사의 역할은 주로 출혈을 멎게 하거나 구멍을 막는 것에 국한됐다.

충수염에 이어 담낭 질환에서도 그랬듯이 여기서도 똑같은 전철이 되풀이됐다. 만성 궤양의 악화를 급성 궤양과 똑같이 취급했고, 증상이 잠시 호전되면 나은 줄로 착각했다. 그러나 보통 10년 내지 15년 넘게 지속되는 증상이 급성일 리 만무했고, 또 그렇게 쉽게 나을 리도 없었다.

외과 의사는 이 궤양을 어떻게 치료할 수 있을까? 궤양 부위가 그 위로 위액이나 음식물이 지나가도 전혀 자극 받지 않고 편안한 상태라면 낫는 중이거나 이미 나았다고 볼 수 있다. 그렇다면 위에서 장으로 인공 통로를 만들어 유문 폐색을 치료하는 방법이 궤양 치료에도 분명히 효과가 있을 것이다.

1900년 닥터 월은 만성 궤양 환자 두 명에게 처음으로 위장문합술을 실시해 모두 좋은 결과를 얻었다. 그 뒤로 그는 만성 궤양 환자에게 점차 외과 수술을 권했다.

메이요 형제는 경험을 통해 만성 궤양이 대부분 십이지장에서 발생한다는 사실을 알고 깜짝 놀랐다. 당시 십이지장 궤양은 희귀하고 또 비교적 중요하지 않은 증상으로 여겨졌기 때문이다.

십이지장 궤양에 주목하게 되면서 닥터 윌은 위궤양 때문이라고 생각했던 유문 폐색이 실은 십이지장에서부터 위쪽으로 병변이 확장된 결과이며, 담낭에서 문제점을 찾으려다 낭패를 본 질환의 원인이 사실은 만성 십이지장 궤양이었다는 것을 알아냈다.

궤양을 외과 수술로 치료하기 시작한 지 얼마 지나지 않아 닥터 윌은 전형적인 궤양 증상을 보이는데도 도저히 병소를 찾을 수 없어 수술이 불가능한 사례와 몇 번 마주쳤다. 환자 병력을 살펴보고 나서 그는 닥터 메이요 같았으면 '신경성 소화 불량'이라고 진단했을 것이라는 결론을 내렸다. 닥터 윌이 만성 궤양 증상과 똑같이 착각할 수밖에 없는 일종의 신경성 증상을 접한 것은 이때가 처음이었다.

닥터 윌이 궤양을 잘 고친다는 소문이 퍼지면서 일주일이 멀다 하고 신경성 증상을 보이는 여성 환자들이 찾아와 위 수술을 해달라고 성화를 부려댔다. 닥터 윌은 약간 피곤한 말투로 동료 외과 의사들에게 '이 신경쇠약 환자 군단'을 조심하라며 이렇게 충고했다.

"…… 많은 환자가 이동이 심해 문제가 되는 콩팥과 자궁을 고정하는 수술이나 난소와 충수를 떼어내는 수술을 받아 그런지 조금만 이상하다 싶으면 불안을 견디지 못하고 갈수록 칼에 의지하려 듭니다."

당시의 추산이 맞다면 내과에서 만성 궤양 치료 실패율은 한동안 75퍼센트를 상회했다. 그렇다 보니 외과 의사를 찾는 환자가 상당히 많았다. 문제를 수술로 해결하려는 경향은 1905년 들어 절정에 이르렀고, 당시 위 수술 분야에서 미국 최고의 권위자로 꼽힌 닥터 월은 그 해에만 270건의 위와 십이지장 수술을 실시했다.

요컨대 메이요 형제는 특히 골반 부위와 상복부 질환의 감별진단과 수술에서 점점 앞서나갔다. 콩팥, 췌장, 장 같은 여타 장기에서도 비슷한 성과를 올렸다. 기록에 따르면, 세인트메리스 병원에서의 복부 수술은 초기 3년 3개월 동안의 54건에서 1900년 613건, 1905년 2,157건으로 꾸준히 증가했다.

나날이 커진 외과 치료의 유용성은 사실 수술 기술의 향상 덕분에 사망률이 줄고 완치율이 높아진 결과이긴 했지만, 이는 주로 메이요 형제를 통해 미국에서 보편화된 위장문합술의 발전을 빼놓고는 짐작하기 어려운 기나긴 이야기다.

닥터 월은 소화 흐름 장애를 해결하는 데 이 수술을 적극 이용하긴 했지만 까다롭기로 악명 높은 수술 방법 때문에 실제로 적용할 때는 신중을 기했다.

당시에는 위와 공장(십이지장에서 이어지는 소장의 일부)을 이어붙이는 것이 수술의 관건이었고, 그러려면 공장을 잡아당겨 위에서 갈라져 나온 결장간막에 연결해야 했다. 수술이 끝나면 공장 고리는 쓸모없이 매달려 있게 됐는데, 위장문합술에서 문제가 가장 많이 발생하는 곳이 바로 이 고리였다. 여러 문제 중에서도 문합한 곳의 고리가 꼬이면서 담즙과 췌장액이 위로 흘러드는 증상이 가장 자주 나타났다.

수술 직후 이런 꼬임이 발생하면 계속 담즙을 토해내기 때문에 그렇지 않아도 기력이 약해질 대로 약해진 환자가 자칫 죽음에 이를 수도 있었다. 의사들에게 '악순환'으로 알려진 이 부작용은 너무나 빈번하게 발생해서 외과 의사들이 수술을 꺼릴 정도였다.

닥터 윌은 처음 14건의 수술에서 '악순환' 때문에 괴로웠다. 그 뒤로 그는 위벽에서 가급적 낮은 곳을 골라 절개하는 새로운 방법을 적용하기 시작했다. 그러자 원래 자루처럼 생긴 위가 문합 수술로 연결된 장의 무게 때문에 깔때기 모양으로 늘어났다. 덕분에 그 다음 300건의 위장문합술에서는 악순환 사례가 단 한 건밖에 없었다.

그러나 꼬임의 악순환을 해결했다고 해서 담즙 역류까지 해결한 것은 아니었다. 담즙 역류를 유발하는 공장의 기울기 변화는 공장 고리의 양쪽 끝을 연결해 위장문합부보다 낮은 위치에 담즙이 흘러드는 관을 만드는 2차 수술로 교정이 가능했지만 이런 2차 수술을 해야 한다는 것은 곧 수술 실패를 뜻했다.

유럽 최고의 위 전문가로 꼽혔던 폴란드 외과 의사 얀 미쿨리치라데츠키(Jan Mikulicz-Radecki)가 1903년 로체스터를 방문해 형제에게 고리를 남기지 않는 수술법을 선보였다. 이 방법은 경이로운 기록까지는 아니었어도 총 43건의 수술 가운데 사망 4건, 재수술 4건이라는 꽤 만족할 만한 성과를 올렸지만 메이요 형제는 이 수술을 약간 망설였다. 이 방법으로 수술하려면 장을 십자형으로 절개해야 했는데, 이럴 경우 문합부의 위 출구가 너무 좁아져 십중팔구 문제를 유발했기 때문이다. 일자형으로 절개하면서 고리를 남기지 않을 수 있다면 더 바랄 나위가 없을 터였다.

1903년 10월 닥터 찰리는 형이 없는 사이 위장문합술 두 건을 실시하면서 대담하게도 일자형 절개에 도전했다. 수술은 성공리에 끝났지만 도중에 장이 자꾸만 밖으로 빠져나오는 바람에 꽤나 애를 먹었다.

한편 닥터 윌은 영국 리즈 종합병원의 버클리 모이니핸(Berkeley G. A. Moynihan)이 1903년 여름 로체스터를 방문해 선보인 방법을 검증하는 작업에 들어갔다. 모이니핸의 수술 방법은 고리를 남기기는 했지만 그가 직접 고안한 겸자 덕분에 수술 절차를 대폭 간소화할 수 있었다. 이 방법으로 53건의 위장문합술을 실시한 결과 닥터 윌은 사망자가 세 명밖에 나오지 않는 괄목할 만한 성과를 올렸다. 하지만 일 년 만에 몇몇 환자가 담즙 역류 증세를 보여 재수술을 받아야 했다.

1905년 1월 1일 닥터 윌은 모이니핸의 겸자를 사용하면 일자형 절개가 수월해질 수 있다는 점에 주목하고 닥터 찰리가 1903년에 시도했던, 고리를 남기지 않는 수술에 도전했다. 그 뒤 6개월 동안 그는 56건의 위장문합술을 실시해 단 한 건의 사망 사례밖에 기록하지 않았지만 재수술을 받은 환자가 아직도 두 명이나 됐다.

이런 실패마저 없애기로 굳게 마음먹고 닥터 윌은 관련 신체 부위의 해부학과 생리학을 다시금 자세히 파고들었다. 그리하여 공장을 위에 연결할 때 각도를 약간 달리하는 수술법을 개발한 끝에 1905년 7월부터 12월까지 65건의 위장문합술을 실시해 단 한 명의 사망자도, 단 한 명의 재발 환자도 나오지 않는 개가를 올렸다.

이것으로 문제가 해결됐다!

한편 닥터 찰리의 다재다능한 손가락은 대단한 활약을 펼쳤다. 섬세한 손길이 필요한 안과 질환부터 그보다 큰 움직임이 필요한 무릎 관절 절개에 이르기까지, 까다로운 뇌신경 다루기부터 건막류 제거에 이르기까지 그는 누구나 만족할 만한 성공을 거두었다. 그가 다룬 몇몇 분야에서의 이력을 살펴보면 외과술의 유용성이 전 분야로 확대된 과정을 짐작할 수 있다.

나날이 향상된 기술을 기반으로 닥터 찰리는 편도선 비대증 수술에서도 큰 발전을 보이며 귀, 코, 인후(이비인후) 분야에서도 전문성을 쌓아나갔다.

편도선 절제 수술은 고대 그리스 시대부터 있어 왔지만 종양과 염증으로 인한 위급한 상황에만 국한됐다. 단순한 비대증과 경미한 염증은 환자가 아무리 통증을 호소해도 외과 수술을 해야 할 정도로까지 여기지 않았다.

편도선 절제는 19세기 말에 들어서야 보편화되기 시작했다. 기존에는 편도선 비대로 인한 호흡 곤란이 '코에 가루약을 면봉으로 바르거나 분무기로 뿌리거나 직접 흡입해도' 고쳐지지 않으면, 의사와 어린 환자의 부모는 그저 '아이가 사춘기를 지나면 그런 장애가 사라진다'는 사실만 위안으로 삼았을 뿐이다.

인후 전문의가 귀먹음 증상, 머리가 심하게 울리는 증상, 감기에 잘 걸리는 증상에 편도선 절제를 권하기 시작하면서 일반의와 전문의 사이에 또다시 갈등이 불거졌다.

편도선 절제 수술은 아직 불완전한 단계이다 보니 결과가 늘 좋지만은 않았고, 과다 출혈 때문에 때로 위험하기까지 했다. 내과 의사들은 이런 사실을 지적하며 외과 수술은 어쨌든 아이가 다 자랄 때까지 기다렸다가 하는 게 좋다고 주장했다. 이에 대해 인후 전문의는 아이가 자라면 비정상적 편도선 비대에서 벗어날 수는 있겠지만 그로 인한 결함에서는 벗어날 수 없을 것이라고 응수했다.

닥터 찰리가 실시한 편도선 절제 수술 건수가 점점 늘어난 점으로 보아 메이요 형제는 이러한 논쟁에서 인후 전문의 편에 섰던 듯하다. 닥터 찰리는 무통 수술이 가능한 수준은 아니었지만 조악하나마 어쨌든 당시의 수요를 충족시킬 정도는 되고 손톱보다는 분명히 기능이 나았던 도구를 직접 고안해 수술에 사용했다. 그 도구는 윌리엄 오슬러가 1890년대 중반까지도 비대한 편도선을 긁어내는 데 최고로 쳤을 만큼 쓸모가 있었다.

20세기로 넘어가는 전환기에 '병소 감염 이론', 즉 편도선이나 치아의 감염이 신체의 다른 부위에 세균을 옮기는 온상이 될 수도 있다는 이론이 제기되면서 편도선 절제술은 각광받기 시작했다. 한동안 편도선은 류머티즘부터 폐렴에 이르기까지 만병의 원인으로 지목되며 의혹의 눈초리에 시달렸다. 이러한 경향은 결국 사그라들었지만 1940년까지도 편도선 절제술은 전체 외과 수술의 3분의 1을 차지했다.

이런 기록과 비교하면 닥터 찰리가 1905년까지 매년 실시한 100여 건의 편도선 절제술은 하찮은 수준에 지나지 않았지만 1890년 다섯 건 내지 열 건에 불과했던 숫자에 비하면 엄청난 증가였다.

닥터 찰리가 초창기에 거둔 성과로는 급성 무릎 관절염 환자를 보러 왕진 나갔을 때의 일을 꼽을 수 있다. 환자는 쉬운 방법으로 치료하기에 시기가 너무 늦은 상태였다. 환자는 위험한 활성 감염의 징후를 모두 보이고 있었다. 그러나 닥터 찰리는 망설였다. 절단은 피하고 싶었다. 관절 내강에 접근할 수만 있다면, 염증의 원인을 제거하고 고름을 빼낼 수 있을 것 같았다.

가만, 가로 절개로 무릎 관절을 열면 내강에 자유롭게 접근할 수 있지 않을까? 그럴 경우 관절은 더 이상 사용할 수 없게 되겠지만 뻣뻣한 다리라도 있는 게 아예 없는 것보다 나을 것 같았다. 그래서 그는 관절을 절개해 고름을 모두 제거한 뒤 긁어낸 부위에 살균 처리한 거즈를 채워넣었다.

효과는 놀라웠다. 몇 시간 만에 활성 염증이 가라앉으면서 환자가 급속도로 회복됐다. 그러고 나서 닥터 찰리는 관절 위치를 바로잡아 다리를 고정했다. 곧이어 환자는 자리에서 일어나 돌아다녔고, 뻣뻣한 다리라도 쓸모가 있었다. 게다가 무엇보다 자기 다리였다.

이런 결과가 단순한 우연이 아니라고 판단한 닥터 찰리는 《외과학 연보》에 사례 보고를 했다. 몇 달 뒤 그는 자신의 보고가 실린 그 학술지에서 닥터 어르퍼트 게르슈테르가 이 '메이요 수술법'에 큰 관심을 보이며 직접 검증한 기사를 읽고 매우 기뻐했다.

또다른 '메이요 수술법'은 고된 일을 많이 하는 로체스터의 농민들에게 자주 발생한 하지정맥류 치료에 이용됐다. 이 질환은 불편을 전혀 또는 거의 야기하지 않는 경우가 많아 대수롭지 않게 넘어가기 일쑤였다. 그렇다 보니 환자는 몇 년을 질질 끌다가 도저히 참지 못할 지경에 이르러서야 의사를 찾아갔다.

언젠가 닥터 찰리는 이런 환자들이 우연히 자신을 찾아오게 된 경위에 대해 이야기한 적이 있다. 일 년 중에서 특히 봄이면 가끔 농민들이 진료소에 들러 누추한 차림새에 양해를 구하며 이렇게 말하곤 했다.

"밭일을 하다 와서 꼴이 말이 아니올시다. 쟁기를 끄느라 이렇게 지저분해졌지 뭡니까. 그래도 내 꼴이 이 오래된 부스럼처럼 보이지 않았으면 좋겠소."

그러고 나서 다리를 친친 감싼 빛바랜 손수건을 끄르면 닥터 찰리의 손바닥만 한 크기의 정맥류 궤양이 헐어서 흉한 모습을 드러내곤 했다.

상태가 너무 오래되거나 너무 광범위한 경우 압박 붕대로 다리를 동여매고 궤양 부위에 살균 연고를 발라 소독해주면 대부분 나았다. 그래도 낫지 않으면 수술해야 했다.

독일 외과 의사들이 허벅지부터 무릎 아래 몇 인치까지 절개해 잡아늘이는 방법으로 문제의 복재정맥을 제거하는 수술을 고안했지만 절개와 봉합에 걸리는 시간이 너무 길었던 데다 나중에 다리를 움직이면 무릎의 꿰맨 자리가 터지기 일쑤였으며, 이 정맥은 특히 감염에 민감해 광범위한 노출은 위험했다.

기계를 다루는 솜씨가 남달랐던 닥터 찰리는 손잡이가 기다란 집게인데 양쪽 끝을 맞물리면 고리 모양을 이루는 도구를 직접 만들었다. 집게를 십자형 절개 부위에 삽입해 양쪽 끝을 맞물린 뒤 피부 밑을 따라 조금씩 밀어주면 집게가 앞으로 나아가면서 정맥을 발라내는 동시에 혈관 가지를 잘라냈다. 집게가 끝까지 들어가면 그 끝부분에 다시 십자형 절개를 해서 이 과정을 되풀이했다.

이 방법을 이용했더니 세 번에서 다섯 번 정도만 절개하면 불거져 나온 정맥을 모두 제거할 수 있었고, 봉합에도 시간이 많이 걸리지 않았다.

1904년 세인트폴의 닥터 아치볼드 매클래런(Archibald MacLaren)은 닥터 메이요가 새로운 방법을 이용해 수술하는 모습을 지켜본 뒤 그 소감을 주 의학회에 다음과 같이 보고했다.

"이튿날 다른 외과 의사가 기존 방법으로 똑같은 수술을 하는 것을 보았는데, 집도의 말고 조수 네 명이 달라붙었는데도 네 배의 시간이 걸렸습니다."

하지정맥류가 범위가 너무 넓거나 잘 낫지 않으면 모두 잘라내고 상처 부위에 새 피부를 이식해야 했다. 이 역시 최근의 발전 덕분에 임상 적용이 가능해졌다.

피부 이식은 1854년에 처음 시도됐지만 이식에 사용된 피부 조직도 작았고 한 번에 하나씩만 이식할 수 있었기 때문에 두피나 허벅지를 새 피부로 덮으려면 6개월 내지 3년에 걸쳐 3,000~4,000개에 이르는 피부 조직을 이식해야 했다.

독일 뮌헨의 카를 티에르슈(Karl Thiersch)가 1870년대 중반에 새로운 방법을 선보였지만 이 방법이 보편화되기 시작한 것은 그가 두 번째로 이 방법을 발표한 1886년에 들어서였다. 그가 고안한 방법 덕분에 한 번의 수술로 24제곱인치의 면적을 새 피부로 덮을 수 있게 됐고, 아무는 데도 열흘 내지 2주밖에 걸리지 않았다. 1893년 들어 닥터 찰리도 티에르슈의 기술을 종종 이용하기 시작했다.

피부 이식술은 새로 개발된 유방암 근치수술에서 발생하는 넓은 면적의 상처를 덮는 데에도 이용됐다.

외과 의사들은 그런 암을 발견하면 주저 없이 도려냈지만 아무 소용이 없었다. 열이면 열 모두 재발했다. 그러던 중 1888년 할스테드가 종양뿐만 아니라 유방 전체를 제거해야 한다는 견해를 내놓았다. 이 완전 절제는 일반인뿐만 아니라 외과 의사까지도 고개를 돌렸을 만큼 어마어마한 상처를 남겼다. 그러나 1894년 할스테드가 쉰 건의 유방암 수술에서 세 건만 재발했다고 발표했고, 그 후로 여성들이 손 써보지도 못하고 죽는 것보다 그래도 유방 한쪽 없이 사는 게 낫다고 인식하게 되면서 근치수술이 보편화되기 시작했다.

메이요 형제는 할스테드로부터 직접 이 수술법을 배워 바로 환자들에게 적용했다. 형제의 유방암 수술 횟수는 1895년 11건에서 1905년 59건으로 늘어났으며, 1905년의 경우 할스테드의 방법을 이용해 완전 절제한 환자는 다섯 명밖에 되지 않았다.

메이요 형제는 1890년부터 갑상샘 수술도 시작했다. 하루는 60대의 강건해 보이는 스코틀랜드 출신 환자 스트레인이 진료실로 걸어 들어왔다. 로체스터 인근 지역에서 커다란 갑상샘종은 그렇게 보기 드문 사례는 아니었지만 형제는 이 남자의 경우처럼 엄청나게 큰 종양은 일찍이 본 적이 없었다. 종양이 무게를 견디지 못하고 가슴까지 내려와 출렁거리는 바람에 그때마다 고개도 같이 앞뒤로 주억거려야 했다. 환자가 형제를 찾아온 이유는 종양이 호흡을 심하게 방해했기 때문이었다.

형제는 어떻게 대처했을까? 닥터 윌은 이런 갑상샘 종양에 요오드를 주사하면 크기가 줄어든다는 말을 기억해내고는 몇 군데에 그렇게 해보았다. 하지만 종양 피부가 말 그대로 빵빵하게 부풀어 오르는가 싶더니 주사기 바늘 구멍으로 고름과 피가 마구 쏟아져 나왔다.

형제는 여러 가지 가능성을 놓고 의논한 끝에 어떻게든 갑상샘종을 제거하기로 결정했다. 그만큼 환자의 상태가 위중했다.

종양 제거 수술에서 가장 큰 문제는 과다 출혈의 위험이었다. 형제
는 아버지가 늘 테레빈유를 사용해 출혈 여부를 확인했던 것을 기억
해내고 커다란 스펀지에 테레빈유를 흠뻑 적셔 수술대 바로 옆 대야
에 놓아두었다. 그러고는 환자를 수술대로 옮겨 마취제를 약간 투여
한 뒤(다량의 마취제는 환자가 감당할 수 없었다) 피부와 얇은 조직을 절개하고
손으로 재빨리 종양을 긁어냈다.

수술 중에 출혈이 엄청났다. 가장 큰 혈관만 묶을 시간밖에 없었기
때문이다. 종양을 제거하자마자 형제는 테레빈유를 적신 스펀지를 빈
공간에 집어넣고 그 위로 피부를 덮어 함께 봉합한 뒤 가급적 단단하
게 붕대로 동여맸다.

형제는 이 남자가 살아날 거라는 기대를 전혀 품지 않았지만 환자
는 보란 듯이 형제를 우롱했다. 시간은 걸렸지만 그는 결국 회복했다.
어떻게? 그 비밀은 조물주만이 알았다.

며칠 뒤 형제는 절개 부위를 다시 열고 스펀지를 들어냈다. 두 달여
뒤 스트레인은 집으로 돌아가 제 수명을 누리고 살면서 메이요 형제
의 능력이 어디까지인지 몸소 보여주었다.

닥터 윌에게는 이 수술이 갑상샘 분야에서 처음이자 마지막이었지
만 닥터 찰리에게는 시작일 뿐이었다. 이 수술은 갑상샘이라는 신비
하고 작은 조직에 대한 그의 관심을 일깨웠고, 그는 갑상샘과 갑상샘
종에 대해 공부하기 시작했다.

스트레인의 종양은 갑상샘이 커지는 단순갑상샘종이었다. 당시에
는 종양이 기도를 눌러 호흡 곤란을 유발하는 지경까지 커지지만 않
으면 그저 불편하고 보기 흉한 것으로만 여겼다.

갑상샘종이 유난히 많았던 스위스에서 활동한 테오도어 빌로트의 제자 테오도어 코허(Emil Theodor Kocher)가 1878년부터 환자들의 비대해진 갑상샘을 제거하기 시작했고, 1890년대 들어와 이런 종류의 종양 치료는 외과 의사의 일로 인식됐다.

그러나 수술은 간단하지도 안전하지도 않았다. 무엇보다 출혈을 막는 것이 관건이었고 그 다음으로 갑상샘을 필요한 만큼만 정확하게 절제하는 것도 까다로운 문제였다. 갑상샘을 너무 조금 잘라내면 종양이 다시 자라날 수 있었고, 반대로 너무 많이 잘라내면 환자가 극심한 변화 때문에 고통받았다. 이럴 경우 대다수를 차지하는 여성 환자들은 체중이 엄청나게 불어나고, 얼굴이 거칠어지고, 피부가 건조해지고, 머리카락이 가늘어져 파삭파삭 잘 부서지고, 정신적으로나 육체적으로나 쇠약해졌다.

이런 증상의 병명은 점액수종으로 알려졌는데, 대개 갑상샘 전(全)절제술을 받은 뒤에 나타났기 때문에 의사들은 갑상샘의 위축이나 소실에 따르는 결과로 결론 내렸다. 주로 아이들에게 발병하는 것으로 알려진 크레틴병도 이와 유사한 질환이며, 이 병에 걸리면 정신과 신체 발달에서 지체 현상이 나타난다.

점액수종 환자와 크레틴병 환자의 결함을 보완하기 위해 양한테서 떼어낸 갑상샘으로 만든 갑상샘 추출물을 투여하는 방법은 1891년에 처음으로 시도됐으며, 몇 년 후에는 로체스터에서도 이 방법이 이용됐다. 1897년 6월 9일 사내아이 하나가 부모 손에 이끌려 메이요 형제를 찾아왔다. 아이는 다섯 살이었지만 걷지도 말하지도 못했고, 땅딸막한 체구에 펑퍼짐한 코, 두꺼운 입술, 멍한 표정 등 크레틴병의 특징을 모두 보이고 있었다. 갑상샘 추출물을 처방하자 효과는 신속하고도 놀라웠다. 아이는 표정이 밝아지고 말도 몇 마디 배웠으며 조금 걸을 수 있게 됐을 뿐만 아니라 몸도 날씬해지고 길어졌다.

그러고 나서 한동안 날씨가 나빠 부모가 약을 타러 로체스터에 올 수 없게 되자 실망스럽게도 아이는 다시 예전 상태로 돌아가고 말았다. 하지만 봄이 되면서 약을 다시 먹기 시작하자 아이는 다시 쑥쑥 자라났다. 아이 어머니는 행복에 겨워하며 이렇게 말했다.

"존은 늘 너무 뚱뚱했는데, 지금은 여느 아이들과 똑같지 뭐예요."

갑상샘의 기능과 질환에 대한 지식이 충분히 쌓이자면 아직도 갈 길이 멀었지만 외과 의사들은 경험에 의지해 손으로 길을 더듬으며 갑상샘종 치료법을 찾아나갔다. 미국에서는 닥터 할스테드, 클리블랜드의 닥터 조지 크릴(George Crile), 닥터 찰리가 그 길을 이끌었다. 갑상샘 절제술의 큰 문제들이 해결되면서 수술은 점차 늘어났고, 닥터 찰리는 1904년까지 총 68건의 단순갑상샘종 수술을 실시한 결과 사망자가 두 명밖에 없었다고 보고했다.

그러나 아직 그는 이런 수술을 일 년에 20여 건밖에 하지 않고 있었다. 로체스터는 중서부를 중심으로 남동쪽부터 북서쪽까지 이어지는 미국의 주된 갑상샘종 벨트 한복판에 위치하고 있어 갑상샘종 환자가 특히 많았다. 그 일대에서는 보기 흉할 만큼 '거대한 목' 때문에 고생하는 사람들을 어디서나 볼 수 있었다.

환자 수에 비해 수술 건수가 적은 이유를 굳이 설명하자면, 일반인이나 의사나 모두 종양을 위험한 것이 아니라 부끄러운 것으로만 여겨 반드시 수술해야 한다고 생각하지 않았기 때문이다. 아니면 단순갑상샘종 수술과 안구돌출갑상샘종 수술의 차이를 구별하지 못했기 때문일 수도 있다.

의사들에게 그레이브스병 또는 바제도병으로도 알려진 안구돌출 갑상샘종은 심한 불안증, 빠른 맥박, 시시각각 급격하게 바뀌는 기분, 구토, 설사, 그리고 이 명칭의 유래가 된 갑상샘종과 안구 돌출 등 심각한 증상을 수없이 동반한다. 당시만 해도 이 질환은 수많은 병증 가운데 하나였을 뿐 이 병을 갑상샘과 연결지어 생각하지 못했다.

1892년 윌리엄 오슬러는 한 논문에서 현재까지는 그레이브스병의 다양한 증상을 속 시원히 설명할 수 있는 이론이 없다고 말하며 자신의 경험에 비추어 심장 위에 얼음주머니를 올려놓고 안정을 취하면 가장 효과가 좋다고 덧붙였다. 그는 갑상샘 수술을 시도해보았지만 결과가 좋지 않았다고 말했다.

십 년 뒤 어느 정도의 진전이 이루어지긴 했지만 안구돌출갑상샘종 치료에서 명실상부한 성공을 거두자면 아직도 가야 할 길이 멀었다.

지금까지 이런저런 질환에 메이요 형제가 새로운 수술법을 도입했다는 이야기를 거듭해왔다. 의사들이 등한시하거나 잘못 생각한 탓에 고칠 수 없었던 병들이 기나긴 세월에 걸쳐 누적되어 왔지만, 실력이 뛰어난 의사들이 새로운 외과술을 통해 치유를 가능케 했다. 무엇보다 메이요 형제는 로체스터 주변의 드넓은 지역에서 그런 병들이 드러나기 시작한 시점에 의업을 시작했다.

이러한 환경은 메이요 형제가 그 많은 업적을 이루는 데 엄청나게 중요한 영향을 미쳤다. 이 점을 누구보다 잘 알았기에 언젠가 닥터 윌은 친구에게 진지한 목소리로 이렇게 말했다.

"그 초창기 시절을 돌이켜보면 다는 아니더라도 우리가 이룬 성과 가운데 많은 부분이 우리가 의학에 입문한 시대와 잘 맞아떨어진 덕분이라는 사실을 인정하지 않을 수가 없네."

무르익은 시기와 적절한 장소, 그리고 이 두 가지에서 비롯된 아주 특별한 기회를 알아본 형제의 능력.

12장

확장되는 영역

메이요 형제는 1890년부터 1905년까지 의학의 미개척 분야에서 기적처럼 생명을 구하고 건강을 회복시키는 새로운 수술로 사람들에게 희망과 행복을 가져다주었다. 의학적 견지에서만 보면 환자는 일련의 해부학·생리학적 사실로만 신분 확인이 가능한 이름 머리글자의 나열에 지나지 않을 수도 있었지만, "H. W., 남성, 백인, 46세"는 남편이자 아버지요 형제이자 친구이며 지역 사회의 일원이기도 했다. 이러한 사실을 빼놓고는 메이요 형제가 외과술에서 이룩한 놀라운 업적을 설명할 수가 없다.

로체스터 인근에서 태어나 자란 네브래스카 주의 어느 의사가 들려준 추억담에서 이 말의 의미를 정확히 가늠할 수 있다. 당시 그 작은 지역 사회에서는 아일랜드 출신의 한 남자가 신기한 구경거리였다. 토박이들은 그 남자가 지나가면 이렇게 말하곤 했다.

"저기 좀 봐, 팻 글린이야."

"닥터 윌이 저 사람의 위를 잘라냈다는데 멀쩡히 살아 있네!"

로체스터의 의사 형제가 지닌 신통방통한 능력에 대한 깊고도 든든한 믿음은 마른 땅에 물이 스며들 듯 시골 전역으로 퍼져나갔다.

사실 닥터 윌이 감돈 때문에 괴사한 장 조직이나 충수를 제거하는 큰 수술을 하기 시작했을 때만 해도 이웃 마을의 고루한 선배 의사들은 고개를 절레절레 흔들며 저 무모한 청년을 가만히 놔두어선 안 된다고, 저런 식으로 환자에게 상해를 입히는 것은 명백한 의료 과실이라고 말했다. 그러나 그 환자가 "멀쩡히 살아 있는" 모습을 보자 비난은 의심으로, 의심은 다시 찬탄과 신뢰로 바뀌었다.

인근 지역 의사들은 점차 간단한 수술, 주로 응급 처치의 성격을 띠는 수술은 스스로 배워나갔지만 정말 심각한 사례인 경우에는 계속 메이요 형제에게 의지했다. 환자를 맡길 만한 곳으로는 단연 세인트메리스 병원이 최고로 꼽혔다. 그 지역에서 유일한 종합병원이었기 때문이다. 그 일대에서 입원해야 할 환자가 있으면 담당 의사가 선택할 수 있는 곳은 로체스터의 세인트메리스 병원밖에 없었고, 세인트메리스 병원으로 건너온 환자는 꼭 메이요 형제를 찾았다.

얼마 지나지 않아 세인트메리스 병원의 성공에 자극받아 인근 도시들에도 종합병원이 하나둘 들어서기 시작했다. 지역 신문《오와토나 저널》편집인은 오와토나 주민들이 5년 넘게 로체스터의 병원에 다니면서 지불한 돈이면 자기네 도시에도 병원을 지을 수 있었을 것이라며 한탄했다. 그러나 막상 오와토나에 종합병원이 생기자, 그 전에 위노나와 다른 도시에서도 그랬듯이, 그런 시설을 들여놓더라도 환자들이 로체스터로 가는 것을 막을 수 없다는 사실이 드러났다. 수술은 새로운 만큼 두려웠고, 그럴 여유가 있는 환자는 로체스터에 가서 실력 좋다는 이야기를 수도 없이 들어온 외과 의사에게 수술 받고 싶어했다.

그렇다고 환자들이 늘 로체스터로 가기만 한 것은 아니다. 환자 주치의가 메이요 형제 중 한 명을 부르는 경우도 많았다. 이럴 때 닥터 윌이나 닥터 찰리가 집도한 수술은 해당 지역 사회에서 처음 실시되는 대수술인 경우가 대부분이었다. 1893년 로체스터 북서쪽에 있는 인구 8,000명의 도시 패러보의 한 내과 의사는 충수염을 수술로 치료하지 않는 이유를 설명하면서, 그 도시에 수술이라는 게 아예 없는 까닭은 누구도 수술을 받으려 하지 않기 때문이라고 변명했다.

그런 도시에서는 누군가가 외과 의사를 부를 만큼 상태가 위중할 경우 수술이 일대 사건이었다. 그럴 때면 인근 지역 의사들이 모여들어 초빙된 의사의 수술 솜씨를 지켜본 뒤 환자 주치의의 집에서 함께 식사를 하곤 했다. 이런 환경에서 수술이 성공할 때마다 왕진 요청도 많아졌고 로체스터를 찾는 환자도 늘어났다.

그러나 이런 왕진 수술은 시간도 많이 잡아먹는 데다 피곤했다. 그런 날들 가운데 닥터 윌이 두고두고 잊지 못한 날이 있다.

그 날 아침 일찍 닥터 윌은 왕진 지역 내과 의사인 닥터 슬로컴이 자궁 외 임신으로 진단한 은행장 부인을 수술하러 로체스터 동쪽의 플레인뷰로 출발했다. 수정된 난자가 자궁 바깥, 그중에서도 주로 나팔관에 착상하면서 발생하는 이 문제는 한동안 의학의 수수께끼였지만 영국의 로슨 테이트가 이미 깨끗이 해결했고, 닥터 윌은 조지프 프라이스에게 그 외과 처치법을 배워 알고 있었다.

환자의 집에 도착해보니 닥터 슬로컴의 초대로 열대여섯 명의 의사가 모여 있었다. 양탄자와 커튼은 모두 걷어냈고, 바닥과 벽은 솔로 박박 문질러 씻었으며, 뜨거운 물과 깨끗한 수건도 넉넉하게 준비되어 있었다. 모든 것을 완벽하게 준비해놓고 외과 의사가 오기만을 기다리고 있었다.

그러나 닥터 윌이 환자를 검진했더니 수정란이 자궁 한쪽 끝에 착상한 가쪽 임신일 뿐이어서 굳이 수술할 필요가 없었다.

닥터 윌은 가장 가까운 기차역까지 12마일을 마차를 타고 가서 정오 무렵에 로체스터로 돌아왔다. 사무실에 도착해보니 충수 절제술을 받아야 할 환자가 있으니 오로라로 와달라는 요청이 그를 기다리고 있었다. 그는 다음 기차로 오로라로 출발했지만 초저녁에 그곳에 당도하고서야 환자 집이 거기서 10여 마일을 더 가야 하는 블루밍프레리에 있다는 사실을 알게 됐다. 마침내 환자 집에 도착했을 때는 시계가 거의 여덟 시를 가리키고 있었다.

역시 한 무리의 의사가 기다리고 있었고 방도 수술할 준비를 마친 상태였다. 이번에는 진단이 정확했지만 환자가 수술까지 받을 상태는 아니었다. 환자의 아버지는 일부러 닥터 윌을 불렀으니 어서 수술해달라며 고집을 부렸지만 닥터 윌은 단호히 거절했다.

가려고 돌아서는데 피곤하기도 하고 짜증스럽기도 했다. 하루 종일 별 보람도 없이 헛걸음을 하다니!

그때 곁에 서 있던 이웃 하나가 그에게 말을 걸어왔다.

"선생님, 여기 이곳에 선생님도 만나보시면 반가워할 옛 벗이 살고 있는데 혹시 아십니까? 한두 해 전에 블루밍프레리에서 선생님이 수술해주신 꼬마 아가씨 기억나세요?"

그 남자가 이름을 말하자 닥터 윌은 똑똑히 기억났다. 그녀는 독일인 의사가 로체스터로 보낸 환자였다. 나이는 여덟 살이나 아홉 살쯤 됐었고, "어찌나 깡말랐던지 불면 날아갈 것 같은" 조그만 여자아이였다. 그랬다, 닥터 윌은 그 아이를 아주 똑똑히 기억했다. 그가 위궤양을 수술한 첫 환자 축에 들었기 때문이다. 그는 무서움에 떨던 아이의 모습, 딸이 마취에 들어가는 동안 줄곧 그 곁에 찰싹 달라붙어 지켜보던 아버지의 얼굴, 아이가 수술받는 동안 복도에 서서 흐느껴 울던 어머니의 모습을 기억했다.

그는 그 이웃과 함께 아이의 집으로 마차를 몰았고, 예고도 없이 불쑥 찾아갔는데도 크게 환영받았다. 아버지는 그를 부둥켜안았고, 어머니는 그의 뺨에 살짝 입을 맞췄으며, 이제 건강하고 튼튼해 보이는 아이 역시 그의 뺨에 입을 맞췄다. 그렇게 인사가 끝나고 아이의 부모는 포도주 한 병을 내와 그의 방문을 축하했다.

닥터 윌은 가슴이 뭉클할 만큼 감동받았고, 포도주와 상관없이 온기를 느꼈다. 그 날은 유난히 힘들고 실망스러운 날이었지만 이것으로 충분히 보상이 되고도 남았다.

물론 때로는 메이요 형제에게 마지못해 환자를 맡기는 의사도 있었고, 그런 의사는 자신이 할 수 없는 치료를 그들이 해낼 경우 그리 마뜩해 하지만은 않았다. 특히 외과 기술보다는 독창성을 요하는 간단한 치료일 경우 더 그러했다. 그러나 메이요 형제는 누가 환자를 맡기면 재치 있게 처신하면서 지역 의사의 실수나 무능함을 절대 들추는 법 없이 가급적 최선을 다해 도왔다.

예를 들면 로체스터에서 그리 멀지 않은 도시에 사는 한 남자가 손을 심하게 다쳐 닥터 스미스라는 가족 주치의를 불렀을 때의 일이다. 나이가 지긋하고 사람 좋아 보이는 그 의사는 미네소타 초창기 의사들 중 한 명으로 지역 사회에서 널리 존경받고 있었다. 닥터 스미스는 손을 절단할 채비를 했다. 그러나 환자의 형이 반대하고 나섰다. 그는 동생을 로체스터의 병원으로 데려가기로 했다.

메이요 형제가 손을 진찰해보니 굳이 자를 필요까지는 없었다. 오히려 이미 좋아지고 있었다. 그러나 메이요 형제는 나이 든 닥터 스미스 생각이 났다. 상처를 소독해 붕대를 갈아주고 나서 형제는 환자에게 닥터 스미스가 그 전날 손을 봤으니 그분의 소견을 들어봐야 한다고 말했다. 그래서 손을 살린 공은 닥터 스미스에게 돌아갔고, 감격한 노의사는 지역 사회에서 망신당할 뻔한 걸 모면하게 해주었다며 닥터 윌과 닥터 찰리에게 고마움을 전했다.

이런 예에서 드러나는 형제의 정책은 어느 정도는 '동료들과 우정과 신뢰 관계를 유지하는 것이 자신들에게도 이롭다는 깨달음'에서 비롯됐지만 대부분은 아버지로부터 배운 '같은 의사로서의 연대 의식'에서 비롯했다.

그런데 같은 의사로서의 연대 의식은 이 시기 들어 다소 훼손됐다. 전문화와 더불어 환자를 소개해주고 수익을 나누는 관행이 점차 보편화되면서, 일반의가 자기 환자를 특정 방면에서 실력이 가장 뛰어난 전문의가 아니라 수수료를 가장 많이 챙겨주는 의사에게 보내기 시작했기 때문이다.

1900년 시카고 주 의학회 회원 두 명이 이런 부당한 거래를 폭로할 목적으로 그 지역에서 알아주는 외과 전문의 전원에게, 시골 일반의인 척 가장해, 환자를 소개하면 진료비의 얼마를 나눠주겠느냐고 묻는 편지를 발송했다. 답장이 발신인 이름과 함께 신문에 보도되면서 도시가 추문으로 발칵 뒤집혔다.

의학회 회원들이 특히 분노를 감추지 못했다. 평소 비윤리적인 진료 행위로 의학계에서 지탄의 대상이었던 존 B. 머피가 그런 거래를 단호히 거부한 의사들에 포함됐기 때문이다. 결국 의학회는 제 얼굴에 침 뱉는 격으로, 편지를 날조한 회원 둘은 징계하고 수수료를 주고받는 관행을 스스로 인정한 회원들에게는 면죄부를 주었다.

이 사건은 온 국민의 입방아에 오르내렸고, 그 해 미네소타 주 의학회 연례회의에서도 공개 토론에 부쳐졌다. 이런 악덕 관행은 과연 누구 때문이라고 해야 할까? 일반의들은 진료비를 지나치게 많이 책정해 환자가 주치의에게 지불할 돈까지 탈탈 털어가는 전문의 탓으로 돌렸다. 전문의는 오히려 그 반대라고 응수했다. 이야기인즉 지역 의사가 환자에게 아무것도 해주는 것 없이 환자의 껍질까지 홀라당 벗겨내는 바람에 전문의는 진료비도 받지 못하면서 무료로 봉사해줘야 한다는 논리였다. 젊은 의사들은 나이 든 의사들이 나쁜 본을 보였다며 비난했고, 나이 든 의사들은 예전과 달리 요즘엔 너나 할 것 없이 서둘러 개업하는 통에 진료비가 쪼개지고 있다며 젊은 의사들을 나무랐다.

마지막으로 로체스터의 닥터 A. S. 애덤스가 단상에 올랐다. 그는 수수료 수수 관행의 존재를 당연하게 여기는 이 모든 논쟁이 그저 당혹스럽기만 했다. 그는 15년 동안 외과 전문의들 바로 옆집에서 진료해왔지만 그들 손에 환자를 넘겨준 대가로 수수료를 달라고 요구해본 적이 단 한 번도 없다고 말했다.

이는 메이요 형제를 염두에 두고 한 말이었다. 메이요 형제는 환자를 사이에 두고 이루어지는 거래를 가증스럽게 여겼고, 또 남들 앞에서도 한 치의 망설임 없이 그렇게 말했지만, 언젠가 닥터 윌은 그렇다고 자신들이 남보다 더 고결하다고 말할 수는 없다고 고백했다. 형제는 환자가 부족해본 적이 한 번도 없었고, 처음부터 줄곧 환자를 많이 받으려고 경쟁자들과 싸울 필요가 없었기에 "실력이 매우 뛰어난 의사도 간혹 피해가지 못하는 부당한 관행의 유혹에 넘어간 적이 한 번도 없었다."

닥터 메이요가 외과 수술을 처음 시작했을 때부터 그가 수술하는 모습을 지켜보러 로체스터를 제 집처럼 드나든 옴스테드와 그 인근 카운티의 일반의들은 두 아들이 수술을 넘겨받은 뒤에도 그런 수술 참관을 계속했고, 방문할 때마다 늘 환영받았다. 처음에 형제는 유난히 관심이 많이 쏠리는 수술이 잡힐 때마다 인근 지역 의사들에게 우편엽서를 띄웠다. 하지만 머지않아 의사들이 알아서 들르기 시작했고, 이런 일이 있을 때면 로체스터 신문에서 기사로 다루었다.

챗필드의 닥터 딕슨과 닥터 홀로런, 도지센터의 닥터 비글로가 어제 우리 시를 방문해 세인트메리스 병원에서 수술을 참관했다.

캐슨의 닥터 라이트와 엘진의 닥터 애덤스, 세인트찰스의 닥터 체임

벌린과 아이오타의 닥터 듀건이 어제 세인트메리스 병원에서 수술을 참관했다.

메이요 형제가 마차 왕진의 반경을 넘어 활동 무대를 넓힐 준비를 마친 무렵 철도도 두 외과 의사와 환자들을 실어나를 준비를 마쳤다.

19세기 말까지 로체스터를 오가는 철도편은 시카고&노스웨스턴철도의 지선인 위노나&세인트피터철도밖에 없었지만, 미네소타 남부를 거쳐 동쪽으로 사우스다코타, 서쪽으로 노스다코타와 연결된 데다 남쪽으로는 아이오와까지 연결된 지선도 많아져 철도 하나만으로도 이동이 수월했다. 물론 기차를 수없이 갈아타자면 시간이 많이 걸리기도 했고, 또 내륙 깊숙이까지 연결된 지선은 드물기도 했지만, 기차 시간표를 들여다보고 머리를 굴리며 환승역에서 이 기차 저 기차로 갈아타는 번거로움을 기꺼이 감수하려는 사람에게는 로체스터가 그렇게 가기 어려운 곳이 아니었다.

인구가 많은 동부에서는 철도 회사가 부상당한 직원과 승객들을 돌보는 데 문제가 없었다. 하지만 광활한 서부를 내달리는 철도에서는 철도 회사가 자체적으로 의료 서비스를 제공해야 했다. 그래서 철도 회사들은 기차마다 구급상자를 비치해놓고 승무원들에게 응급 처치 기초를 가르쳤다. 아울러 각 역마다 철도 외과 의사를 배정해 사고 피해자를 치료하거나 재난 현장에 출동할 수 있도록 했고, 각 지역에는 지역 외과 의사를 배정해 중상자들을 치료하도록 했으며, 또 상근 수석 외과 의사를 기용해 이런 체계를 총괄하도록 했다.

철도 회사들은 필요한 곳에 더러 자체 병원을 짓기도 했지만 기존

의료 기관들의 도움을 받는 쪽을 더 선호했다. 세인트메리스 병원에 소속된 닥터 윌은 시카고&노스웨스턴철도의 지역 전담 외과 의사라는 직함을 갖게 됐다. 계약 조건에 따라 그는 본인이 자리를 비울 때마다 유능한 대리인을 세워야 했다. 물론 동생인 닥터 찰리보다 더 유능한 대리인이 어디 있겠는가?

이 일을 맡은 대가로 받는 보수는 적었지만, 대신 해당 철도 회사에서 운영하는 노선은 전국 어디서나 무료로 이용할 수 있는 부가 이득이 딸려왔다. 덕분에 형제는 연수 목적의 여행에 들어가는 경비를 대폭 줄일 수 있었을 뿐만 아니라 왕진 갈 때도 객차든 화물차든 승무원 차든 우선적으로 탑승할 수 있었다.

철도 회사의 지역 전담 외과 의사 업무는 형제의 진료에서 그다지 큰 비중을 차지하지 않았다. 그 직함을 유지한 3년 동안 로체스터 근처에서 발생한 심각한 사고는 딱 한 번밖에 없었다.

1892년 9월의 어느 날 밤 시카고&노스웨스턴철도 소속의 기차가 여성 둘이 타고 있던 마차와 충돌했다. 그들 가운데 한 명은 뉴욕 주에서 온 윌리엄 베닛 부인이었다. 그녀는 심하게 다쳐 쇼크로 의식이 없었으며, 코와 입과 귀에서 피를 철철 흘리고 있었다. 차장이 즉시 그녀를 태워 전 속력으로 로체스터로 향했고, 거기서 그녀는 세인트메리스 병원으로 이송됐다.

형제가 함께 곧바로 치료에 들어갔지만 두개골과 뇌를 다친 게 분명해 닥터 찰리가 책임을 맡았다. 그는 두개골에서 금간 데를 열고 심각한 손상을 입은 뇌막동맥을 묶었다. 그러자 바로 출혈이 멎었고, 곧 베닛 부인은 의식을 되찾아 회복되기 시작했다.

그런데 뉴욕의 버펄로에서는 남편 윌리엄 베닛이 사고 소식을 전해 듣고 충격에 빠졌다. 하긴 부인이 서부의 시골 어딘가에서 사고를 당해 무명 의사의 손에 목숨을 맡기고 있다니 충분히 그럴 만도 했다. 베닛은 곧장 기차를 타고 서둘러 로체스터에 도착했다.

자기 눈으로 직접 확인하고서야 비로소 마음이 놓인 베닛은 부인을 데리고 집으로 돌아가 로체스터 신문에 편지를 보냈다. 편지에서 그는 아내의 회복은 기적 같은 일이며, "최고의 외과술"이 아니었다면 그 무엇도 아내를 구하지 못했을 것이라고 말했다. 이어 그는 "그러지 않았다면 보나마나 아내를 두 번 다시 보지 못했을 텐데 뛰어난 판단력으로 아내를 이 도시로, 그리고 세인트메리스 병원으로 데려간" 기차 차장에게 심심한 사의를 전했다.

로체스터의 형제 의사에게 진료 받기 위해 발길을 돌리는 다코타 사람들이 초기에는 적었지만 1890년대에는 봇물을 이루었다. 1880년대의 이주 붐이 사그라들어 다코타의 10년 침체기가 시작됐기 때문이다. 높은 기대를 품고 서부행을 택했던 사람들은 바로 코앞에서 그 기대가 허망하게 물거품으로 바뀌는 모습을 또다시 지켜봐야 했다.

기근은 역병으로, 궁핍은 불안과 질병으로 이어졌다. 아픈 사람들은 로체스터의 메이요 형제가 기억나 그들에게 치료 받으려고 갖은 노력을 기울였다. 그런 사람들이 어찌나 많았던지, 역무원들은 메이요 형제의 실력이 대체 얼마나 뛰어나기에 저 아픈 사람들이 몇 백 마일의 여정을 마다하지 않고 그들에게 진료 받으려 하는지, 그리고 로체스터로 다시 돌아가기만 하면 진료비 낼 형편이 되든 못 되든 닥터 윌과 닥터 찰리가 자신을 고쳐줄 거라 어떻게 저토록 굳게 확신할 수 있는지 그저 의아할 따름이었다.

이 지역 철도 회사의 자선 사업을 총괄한 알렉산더 C. 존슨은 로체스터로 돌아가고 싶지만 표를 살 돈이 없는 사람들에게 무료 승차권과 무료 음식을 제공했다. 그뿐만 아니라 종종 자기 호주머니를 털어 그런 사람들 손에 몇 달러씩 쥐어주기까지 했다.

힘든 시절은 결국 지나갔지만 메이요 형제를 찾아가는 일은, 특히 외과 수술이 필요한 사람들 사이에서 하나의 관례가 되다시피 했다. 시카고&노스웨스턴철도의 다코타 지부장도 병이 나자 전용 객차에 올라타선 기관사에게 로체스터로 가자고 해 거기서 맹장을 떼어냈다. 사우스다코타 주지사도 아들이 충수염 증세를 보이자 메이요 형제 중 한 명을 불러 수술을 맡겼다.

한편 닥터 윌은 시카고&노스웨스턴철도 미네소타 지역 전담 외과 의사로 있다가 2년 뒤에는 다코타 지역도 맡게 됐다. 양쪽 지역의 선로 어디서든 큰 사고가 발생하면 그 아니면 동생이 불려나갔지만 그런 경우는 그리 많지 않았다.

그럴 때면 다음과 같은 전보가 오곤 했다.

"오와토나에서 토네이도 때문에 객차 탈선. 5명 사망, 20명 부상. 닥터 윌리엄 제임스 메이요 즉각 출동 요망."

"선로를 모두 비워둘 테니 특별 열차나 기관차를 이용할 것."

응급 상황이 발생하면 서로 동행하든 하지 않든 그와 찰리 앞으로 즉시 특별 열차와 우선통행권이 배정됐다. 예전에 마차 대여업자들이 닥터 메이요에게 길을 내주려고 눈더미 속으로 피하곤 했듯이 이제는 응급 구조 임무를 띠고 급파되는 두 아들이 먼저 지나가도록 객차들은 역에서 대기하고 화물차들은 대피선으로 피해 선로를 모두 비워주었다.

알렉산더 C. 존슨이 사우스다코타에서의 임기를 마치고 위노나 지역의 책임자로 부임했을 때였다. 부인이 급성 충수염에 걸리자 그 또한 닥터 윌을 찾았다. 다음 기차가 위노나에 도착하자면 몇 시간을 기다려야 했기 때문에 그는 도지센터의 기관사와 화부에게 그곳에 있는 특별 열차에서 기관차만 떼어내 전 속력으로 로체스터에 가서 닥터 윌을 태워 위노나로 데려오라는 내용의 전보를 보냈다.

닥터 윌이 기다리고 있는 역으로 기관차가 들어왔다. 그는 얼른 기관차에 올랐다.

"오후 11시 4분 기차는 곧장 밤으로 뛰어들어 가파른 경사길과 커브길에도 아랑곳하지 않고 사정없이 내달리며 굽이굽이 언덕과 산등성이를 지나 총 연장 50마일의 구간을 겨우 1시간 4분 만에 주파해 정오를 10분 넘긴 시각에 위노나에 도착했다. 이는 그 노선에서 가장 빠르다는 고속열차보다도 26분이나 더 빠른 기록이었다."

그 날의 질주가 있고 나서 역무원들은 일터에서나 집에서나 이 이야기를 두고두고 입에 올렸다.

이런 예들은 많았다. 실수로 남동생을 쏘고 나서 자책감을 견디지 못해 스스로에게 총구를 겨눈 젊은 여성도 그러했고, 사지를 전혀 쓰지 못하는 마사 수녀도 그러했다. 마사 수녀는 대도시인 신시내티의 의사들조차 뭐가 문제인지 몰라 고칠 수 없자 오하이오 주 아이언턴에서부터 줄곧 객차 침대에 누운 채 로체스터로 실려왔다. 수녀는 메이요 형제가 문제를 정확하게 짚어낸 덕분에 일주일 만에 많이 좋아졌다. 우유조차 삼키지 못해 뼈만 앙상하게 남은 채 고개를 가눌 힘도 없어 베개를 벤 상태 그대로 객차에 실려온 몬태나 주 뷰트의 아홉 살짜리 존도 일 년 뒤 집에 돌아가 귀뚜라미처럼 활기차게 뛰어다녔다.

또 한 번은 러시아 출신의 독일계 메노파 신자로 마운틴레이크에 정착한 어느 젊은 여인이 어린 아들을 기차에 태우고 승무원에게 로체스터까지 데려다달라고 부탁한 적도 있었다. 여섯 살밖에 되지 않은 그 어린 소년은 앞을 거의 볼 수 없었던 데다 영어를 한마디도 하지 못했다. 아이 어머니는 함께 갈 형편이 되지 않아 아들 목에 음식 바구니를 걸어주고 그 앞에다 "저를 세인트메리스 병원으로 데려다주세요"라고 큼지막하게 쓴 종이를 핀으로 고정했다.

차장이 아이를 로체스터에 내려주자 역에 있던 사람들은 아이 혼자 그 먼 거리를 왔다는 사실이 도무지 믿기지 않았다. 마차업자가 아이를 병원으로 데려다주었다.

역무원들 사이에서 이런 이야기가 빈번하게 회자되면서 곧 메이요 형제의 환자 명단에는 "오마하에서 온 철도 기술자", "라크로스에서 온 철도원", "더뷰크에서 온 배차원" 등이 올라가기 시작했다.

주 경계를 넘나든 환자들이 역무원에만 국한됐던 것은 아니다. 1893년부터 세인트메리스 병원에는 가까운 아이오와, 위스콘신, 다코타, 몬태나뿐만 아니라 거리가 먼 일리노이, 캔자스, 미주리, 네브래스카, 뉴욕, 오하이오에서도 환자들이 찾아왔다. 이 초창기에 멀리 떨어진 주에서 온 환자들은 대개 가톨릭교도 아니면 미네소타 주민들의 친척과 친지였다.

메이요 형제는 가난한 사람들은 무료로 치료해주었지만, 그렇게만 해서는 병원 시설과 진료 사업을 확장할 수가 없었다. 다시 말해 이동 경비와 체류비와 입원비뿐만 아니라 진료비도 지불할 수 있는 환자가 필요했다. 만약 1870년대와 1880년대 들어 중서부의 농업 경기가 침체의 늪에서 빠져나오지 못했다면 로체스터의 발전은 어림도 없었을 것이다.

농민들의 문제는 시간이 걸리긴 했어도 결국 해결됐지만 미네소타 남동부 지역은 1890년까지도 여전히 상황이 좋지 않았다. 로체스터에서는 밀 농사가 사양길로 접어서면서 대신 가축 육종이 주요 사업으로 급부상했다. 특히 혈통 좋은 말의 육종이 옴스테드 카운티의 가장 중요한 사업으로 떠오르면서 로체스터는 시카고와 여타 동부 지역에서 오는 말 구매자들의 중간 휴식처로 각광받기 시작했다. 로체스터는 "북서부의 렉싱턴"으로 불렸고, 도시 보석상 블리클은 방문객들에게 말 머리 주위를 말굽으로 감싼 형상을 새긴 숟가락을 기념품으로 팔았다.

1893년의 불경기와 뒤이은 불황으로 경기가 잠시 주춤거리긴 했지만 1900년으로 접어들면서 힘든 시절은 사람들의 기억속에서 완전히 잊혔다. 그 해에 로체스터는 일자리가 대폭 늘어나면서 새로운 가게들이 수없이 생겨나고 기존 가게들도 바쁘게 돌아가 빈 점포를 찾기 어려울 정도로 활기가 넘쳐났다.

이 무렵 메이요 형제의 진료소는 이런 변화를 전부까지는 아니더라도 어느 정도는 충분히 감당할 수 있는 규모로 이미 성장해 있었다. 이는 주로 인근 농촌 지역의 경제 사정이 나아진 덕분이었다. 1900년의 인구 조사 결과를 보면 옴스테드 카운티가 소, 돼지, 양, 버터, 아마,

기타 곡물에서의 높은 생산성에 힘입어 미국에서 몇 손가락 안에 들 만큼 부유한 농촌으로 부상했다는 사실을 알 수 있다.

몇 십 년 전 닥터 메이요의 분노와 연민을 불러일으켰던 상황에 비하면 상전벽해와도 같은 변화였다. 이러한 변화를 반영하듯, 정도의 차이만 있었을 뿐 중서부 지역 곳곳에서 발전의 바람이 일기 시작했다. 바야흐로 서부의 농촌이 번영의 시기로 들어서고 있었다.

미네소타 주에서는 숲이 울창한 북쪽의 카운티들이 목재 산업의 황금기가 드리우는 햇살의 덕을 여전히 보고 있었다. 신이 나서 나무를 베어 쓰러뜨리는 목재업자들은 삼림 황폐화를 비난하는 사람들에게 자기들 주머니에서 나가는 세금과 임금, 자기들 덕분에 형성되는 농업 시장과 제조업 시장, 요긴하게 쓰이는 각종 나무상자와 나무통, 자기들이 생산하는 목재로 지어진 집과 헛간을 가리키며 변명으로 삼았다.

이 밖에도 북부에서는 미국 최대의 철광 산지까지 개발되기 시작해 동부 금융업자들의 금고에 재물이 가득가득 들어찼고 새로운 지역 사회가 유례없이 빠른 속도로 뚝딱뚝딱 형성됐다. 철광 산지 곳곳에 신도시가 버섯처럼 생겨나면서 미네소타 북동부 전체가 거의 하룻밤 새에 황무지에서 정착지로 바뀌었다. 예를 들어 덜루스는 3,000명이 던 인구가 겨우 10년 만에 33,000명으로 불어났다.

미니애폴리스와 세인트폴에서는 상업과 공업과 금융업이 활짝 꽃 피기 시작했다. 제분기와 제분법의 혁신, 강인한 봄밀 품종의 개발에 힘입어 미니애폴리스는 전 세계 제분업 중심지로서 월등한 역량을 쌓아갔고, 필즈베리 사의 밀가루 제품 '베스트'와 '골드메달'을 선전하는 광고지가 각 가정의 부엌으로 날아드는 가운데 "결국 바꿀 거면 지금 바로 바꾸세요"라는 광고 문구가 미국인들 사이에서 유행어로 자리 잡혔다.

언뜻 보면 이런 발전이 미네소타 주 남동쪽 구석의 소도시를 터전으로 삼은 두 의사의 이야기와 무슨 상관이 있을까 싶다. 하지만 전보다 윤택해진 농민과 근로자들이 더 좋은 집을 짓고, 더 좋은 가구와 옷을 사들이고, 자녀를 고등학교와 주립대학교에 보내고, 나아가 병을 고치러 경비를 들여가며 로체스터까지 올 수 있었던 배경에는 바로 이런 발전이 자리하고 있었다.

새로운 외과술과 편리한 철도 교통, 인근 지역의 경제 상황 개선 같은 요인들이 맞물린 덕분에 메이요 형제는 미네소타 주 로체스터에다 외과 2차 진료 기관을 발전시킬 수 있었다. 그런데 주 전역에서 쌍둥이 도시(미시시피 강을 경계로 인접한 두 도시 미니애폴리스와 세인트폴. 세인트폴은 미네소타 주도이다. 옮긴이)의 외과 전문의들을 찾아가는 환자들에게도 메이요 형제의 병원은 2차 진료 기관이었다.

그렇다면 쌍둥이 도시에는 세계적 명성을 쌓은 외과 의사가 한 명도 없었을까? 전국의 의사와 전국의 환자를 미네소타로 끌어들인 도시가 어째서 미니애폴리스나 세인트폴이 아니었을까? 하필 로체스터가 미국 전체에서 외과술의 성지로 떠오른 이유는 무엇이었을까?

어느 개인의 능력만 근거로 해서는 이것을 모두 설명할 수 없다. 미니애폴리스와 세인트폴에도 지성과 실력을 갖춘 의사들이 많았기 때문이다. 어쩌면 그들에게는 메이요 형제의 추진력과 지칠 줄 모르는 에너지, 재능과 잘 어우러지는 일에 쏟는 외곬의 전심전력이 부족했을지 모른다. 그런데 분명 이것 말고도 다른 중요한 차이가 있었다.

쌍둥이 도시의 의사들은 모두 혼자 일했다. 동업자가 있어도 사무실을 같이 쓰는 편리함 외에는 서로 공유하는 게 아무것도 없었다. 즉 각자의 환자는 각자가 알아서 진료했다. 각자가 서로의 또다른 자아이면서 또다른 두뇌이자 손이요 실력을 똑같이 인정받는 서로의 대리인이라는 긴밀한 동업자 관계를 유지한 사례는 일찍이 없었다.

게다가 쌍둥이 도시를 찾는 환자들은, 분위기는 호의적이었을지 모르지만 어쨌든 서로 경쟁하는 수많은 개업의들 중에서 어느 한 의사를 선택해야 했다. 그런데 그 많은 외과 의사들 가운데 허허벌판의 큰 그늘나무처럼 먼 데서도 시선을 확 사로잡은 사람은 둘, 아니 하나도 없었다.

아울러 그들이 주로 근무한 병원은 시 당국이나 교회 아니면 의과대학에서 운영하는 공공기관이었고, 환자들은 대개 특정 의사보다는 시설을 보고 그곳을 찾았다. 거기서 일하는 의사들은 업무와 정책 방향을 공유하며 잘못이 있어도 서로 눈감아주었다.

또 쌍둥이 도시의 이름난 의사 대부분은 개업의이자 교수여서, 가르치는 일을 통해 나날이 발전하는 외과술 정보를 좀더 빨리 접했을지 모르지만 그러느라 시간과 주의를 빼앗겼다. 준비해야 하는 강의와 수업이 늘 기다리고 있었다.

따라서 메이요 형제가 처음에는 그들과 나란히 걷다가 시간이 흐르면서 점점 앞서나간 것은 당연한 결과였다. 이제 닥터 윌은 의학회 모임에 나가 대도시 의사들에게 앞선 지식과 경험을 한 수 가르쳐달라고 부탁할 필요가 없어졌다. 로체스터에는 내세울 만한 게 아무것도 없다며 풀이 죽을 필요도 없어졌다. 오히려 반대가 됐다. 미니애폴리스의 닥터 제임스 E. 무어(James E. Moore)는 예전에는 닥터 윌이 자신을 찾아와 조언을 구했지만 이제는 자신이 닥터 윌을 찾아간다고 인정했다. 같은 도시의 닥터 던스무어(Dunsmoor)도 시골에서 상경한 환자가 로체스터로 가지 않고 자신을 찾아오면 칭찬을 듣는 것 같아 기분이 좋다고 고백했다.

경쟁자가 거의 없이 둘이 함께 일하면서 메이요 형제는 수많은 경험을 쌓았다. 몇몇 수술의 경우에는 쌍둥이 도시의 동료 의사들이 많아야 각기 몇 십 건 내지 몇 백 건에 이르는 동안 형제는 몇 천 건의 기록을 세우기도 했다. 불가피한 상황이긴 했어도 메이요 형제가 서로의 수석 조수 역할을 자임하며 진료 범위를 확장할 수 있었던 것은 바로 이 많은 경험 덕분이었다. 형제의 이름을 전 세계에 드높이는 데 기여한 일등공신은 바로 이 풍부한 경험과 그 경험을 적재적소에 활용할 줄 아는 형제의 탁월한 능력이었다.

13장

동업자들

    닥터 윌과 닥터 찰리가 1905년 세인트메리스 병원에서 실시한 약 4,000건의 수술은 1만 내지 11,000여 건에 이르는 진찰 가운데 이루어진 최다 성과였다. 물론 형제 둘이서 이 모두를 감당한 것은 아니다.

    형제는 1890년대 초반에 처음으로 조력자의 필요성은 느꼈다. 당시 닥터 메이요는 정치 활동과 시정 활동으로 눈코 뜰 새 없이 바빠 두 아들을 도와줄 겨를이 없었고, 형제도 이만하면 아버지가 마음대로 오갈 수 있는 자유를 누릴 자격이 있다고 생각했다.

    하지만 '닥터 메이요'의 빈자리를 누구한테 맡겨야 한단 말인가?

    형제는 다른 의사들처럼 그냥 의과대학을 갓 졸업한 풋내기를 기용할 생각은 전혀 없었다. 의료 잡무나 처리하는 하인 같은 부하 직원은 원치 않았다. 진료에 적극 기여할 수 있는 책임감 있는 동료 겸 동업자를 원했다(여기서 '동업자'란 초창기에 메이요 형제와 동업 개념으로 일정한 지분을 갖고 같이 일하며 메이요 클리닉의 기초를 놓은 의사들을 의미한다. 옮긴이).

형제는 언젠가부터 아이오타와 도버 인근에서 왕진 요청이 거의 들어오지 않는다는 사실에 주목했다. 그 지역 의사인 닥터 오거스터스 W. 스틴치필드(Augustus W. Stinchfield)가 환자들을 만족시키면서 신뢰를 얻었던 것이다. 여러 면에서 그는 메이요 형제가 찾던 사람이었다.

메이요 형제의 첫 번째 동업자인 닥터 오거스터스 W. 스틴치필드. 그는 내과 분야에서 뛰어난 능력을 발휘했으며, 1892년에 합류했다가 1906년에 떠났다.

1892년 초 형제는 닥터 스틴치필드에게 같이 일하지 않겠느냐고 청했고, 그는 그 청을 받아들였다.

당시 쉰 살이었던 닥터 스틴치필드는 작은 키와 사람 좋아 보이는 인상에 공손하고 점잖았으며 전형적인 의사 복장을 하고 다녔다. 메인 주에서 태어나 1868년 보든 대학을 졸업한 뒤 미주리 주 남부와 미네소타 주 던다스에 이어 아이오타에서 개업해 그곳에서 18년째 활동하고 있었다. 그는 지역 환자를 꽤 많이 받으면서 옴스테드 카운티 전역에서 메이요 형제 다음가는 명성을 쌓고 있었다.

새로운 동료를 맞이하기 위해 메이요 형제는 2층을 올리고 추가로 공간을 세내는 등 쿡블록에 있는 진료소를 확장했다.

그때까지도 이디스 그레이엄은 마취사 겸 간호사이자 경리 겸 비서로 일하고 있었다. 아담한 체구에 성격이 쾌활했던 그녀는, 그녀를 맨 처음 면접했던 시카고의 의사가 간호사를 하기엔 너무 젊고 아름

이디스 그레이엄은 시카고에서 나고 자랐으며, 세인트메리스 병원 간호사들 가운데 정규 간호 교육을 받은 최초의 간호사이자 세인트메리스 병원 최초의 마취사(1889~93)였다.

답다며 퇴짜를 놓았을 만큼 매력이 넘쳤다. 닥터 찰리는 진료소에서뿐만 아니라 밖에서도 그녀가 훌륭하고 유쾌한 벗이라는 점에 끌려 여가 시간의 대부분을 그녀와 함께 보냈다.

이 무렵 닥터 찰리가 가장 좋아한 취미는 자전거 타기였는데, 이디스 그레이엄도 자전거 타는 법을 배워 둘이서 같이 자전거 여행을 하며 연애를 즐겼다.

두 사람은 1893년 4월 로체스터 남쪽에 있는 이디스의 집에서 조촐하게 결혼식을 올렸다. 결혼식 날 닥터 찰리는 걸음을 재촉하며 신부의 집으로 가던 중 개울을 건너다 그만 풍덩 빠지고 말았다. 그래서 신랑의 옷이 다 마를 때까지 식을 미뤄야 했다.

찰리 부인은 남편의 직업 활동에 적극 동참했다. 신혼여행은 동부의 의료 시설 탐방이었고, 그 뒤로도 남편의 출장길에 자주 동행했다. 그럴 때마다 그녀는 남편과 함께 병원을 방문하기도 하고 남편의 의사 친구들을 만나 금세 친해졌다.

결혼 전 닥터 찰리는 칼리지 스트리트에 있는 형 내외의 집에서 살다가 결혼 후 바로 그 옆의 낡은 집을 사들여 부수고 그 터에 새로 집을 지었다. 로체스터 주민들은 그 집을 한동안 "빨간 집"으로 불렀다.

형제는 서로 집이 가깝다는 이점을 십분 활용해 두 집을 연결하는 복도를 만들고 그 중간에 공부방 겸 서재로 쓸 방을 내기로 했다.

그러나 부인들은 이 계획에 완강히 반대했다. 그렇지 않아도 두 형제는 하루 종일 붙어 지내는데 서재까지 같이 쓰게 되면 저녁 시간에도 붙어 지낼 것이라는 이유에서였다. 그래서 형제는 두 집을 잇는 전성관(傳聲管)을 설치하는 것으로 만족해야 했다. 누구든 아침에 먼저 출근할 준비를 마친 사람이 전성관을 통해 옆집에 신호를 보냈고, 그래서 늘 둘이 함께 나갔다.

찰리 부인 이디스 그레이엄이 맡았던 마취사 업무는 시카고 여성병원에서 간호사 과정을 이수한 이디스의 친구 앨리스 마고(Alice Magaw)가 이어받았다. 사무실 업무는 이디스의 여동생 다이나 그레이엄(Dinah Graham)이 맡았다.

이디스 그레이엄의 집에는 그녀까지 포함해 자녀가 모두 열세 명이었다. 둘 다 영국 태생인 그녀의 부모는 1856년 뉴욕 주 코틀랜드 카운티에서 미네소타 주로 이주했다. 그레이엄 부인은 지역 사회에서 알아주는 조산사로 오래 일하면서 240명이나 되는 아이를 단 한 명도 잃지 않고 세상에 내보냈다.

아들 중 한 명인 크리스토퍼 그레이엄(Christopher Graham)은 이 무렵 어느새 서른일곱 살이었지만 아직도 적성에 맞는 일을 찾지 못하고 있었다. 스물여섯 살 때 그는 농부가 될 생각이 없어 주립대학교에 입학해 1887년 과학 학위를 받았다. 그러고 나서 2년 동안 교편을 잡다가 교장 또한 되고 싶은 마음이 없어 펜실베이니아 대학교 수의대에 진학해 1892년 학사 학위를 받았다.

여동생이 닥터 찰리와 결혼할 당시 그는 미네소타 대학교 농과대

메이요 형제의 두 번째 동업자인 닥터 크리스토퍼 그레이엄은 원래 수의사였는데 다시 공부해 의사 면허를 취득한 후 1894년 메이요 형제와 합류했다가 1919년 내과학부장으로 은퇴했다. 닥터 찰리의 처남이며, 주로 산부인과와 진단 분야를 맡았다.

학에서 수의학을 가르치고 있었다. 그러나 행복하지 않았다. 펜실베이니아 대학교 생리학 과정에 매혹돼 사람을 고치는 의사가 되고 싶었기 때문이다.

메이요 형제는 그에게 펜실베이니아 대학교로 돌아가 의사 면허증을 따는 데 필요한 과정을 이수하면 같이 일할 수 있을 거라고 말했다. 그는 그 기회를 흔쾌히 받아들여 그 해 여름을 닥터 휴잇의 실험실에서 세균학을 공부하며 보낸 뒤 가을에 펜실베이니아 대학교에 다시 들어가 이듬해 6월 정식 의사 면허증을 따고 졸업했다.

닥터 윌과 닥터 찰리는 아버지가 자신들에게 그랬듯이 그를 곧바로 진료 현장에 투입했다. 시골 왕진을 이제 다른 사람 손에 맡기고 있었기 때문이다. 당시 형제는 자기네 진료소와 세인트메리스 병원에서의 진료 업무 말고도 자문 요청 등으로 하루가 너무 빨리 지나가는 바람에 환자가 허락하면 지역의 일반 왕진은 닥터 스틴치필드와 닥터 그레이엄에게 맡겼다.

임신부는 대개 닥터 그레이엄이 맡아 진료했으며, 그도 그 일을 좋아했다. 기회가 닿았다면 그는 산부인과 전문의가 됐을지도 모르지만 어쩌다 보니 감별진단 전문의의 길을 걷고 있었다.

메이요 형제는 오래전부터 진료의 기초를 이루는 진단의 중요성에 주목했다. 이는 아버지의 가르침 가운데 하나였을 뿐만 아니라 외과술을 파고들수록 그 중요성이 매 단계마다 새록새록 커져갔다. 단순한 검진만으로는 환자의 문제가 정확히 뭔지 몰라 형제는 손으로 더듬으며 미지의 길을 탐사해야 할 때가 많았다.

어떻게, 대체 어떻게 하면 담낭염과 십이지장 궤양의 차이를, 위암과 위궤양의 차이를, 충수염과 장티푸스의 차이를 초기 단계에서 구분할 수 있단 말인가?

더 정확한 진단에 필요한 도구와 실험 방법이 등장하기 시작했고, 메이요 형제는 로체스터에도 그런 도구와 방법을 도입해야 한다고 생각했다. 마침 닥터 그레이엄이 의대에서 새로운 실험 기법을 배웠기 때문에, 1895년 8월 메이요 형제의 진료소에 정식으로 출근하자마자 그는 2층 진찰실 옆에 새로 마련된 실험실에서 그 방법을 곧바로 적용하기 시작했다.

그는 소변 검사에 이어 간단한 혈액 검사도 하기 시작했다. 그리고 뭐니 뭐니 해도 위 검사가 가장 중요했다.

무수한 실험을 통해 의학자들은 일정한 시간 안에 일정한 양의 음식을 화학물질로 분해하는 정상적인 소화의 기준과, 정상 상태에서 어느 정도의 편차를 보이면 정밀 진단이 필요한지의 기준을 세웠다. 예를 들어 위액에서 유리염산(위액 가운데 단백질, 점액 등과 결합하지 않고 유리된 채 존재하는 염산. 옮긴이)이 검출되면 위궤양일 가능성이 높았고, 검출되지 않으면 위암일 가능성이 높았다. 닥터 월은 바로 이런 감별진단이 가능하기를 바랐다.

그래서 위에 심각한 증상이 있는 환자는 닥터 그레이엄에게 보냈다. 그러면 그는 일단 환자에게 하룻밤 동안 금식하게 한 뒤 일정 양의 등근 빵과 물을 먹게 했다. 그리고 몇 시간 뒤 관을 삼키게 해서 위내용물을 채취해 분석했다.

처음에만 해도 닥터 윌은 그 결과를 임상 진찰 결과와 열심히 비교했지만 그런 검진 사례가 1,000건이 넘어가면서 그의 희망은 차츰차츰 사그라졌다. 무엇보다 염산에서 나오는 신호가 미덥지 못했다. 그 신호는 병이 어느 정도 진행되어야 나타나는 듯했고, 신호가 의심의 여지 없이 확실해졌을 때는 환자가 이미 가망이 없었다.

닥터 그레이엄은 좀더 정확한 진단법을 개발하기 위해 위 검사를 계속 실시했고, 닥터 윌은 다시 자신의 진찰 소견과 탐색절개술에 의존했다.

여기까지가 메이요 형제가 진료에 도입한 임상병리학의 다소 초라한 시작이었다. 실험실 업무는 닥터 그레이엄의 일과에서 부차적인 성격을 띠었기 때문에 그는 그 방면에 전문가가 되지 못했고 몇 년 뒤 다른 사람에게 그 일을 넘겼다. 그래도 시작은 분명히 그가 했다.

이와 비슷한 시기에 진단을 내리는 데 더 바랄 나위 없이 유용한 보조 수단이 세상에 모습을 드러냈다. 1895년 12월 독일의 내과 의사 빌헬름 콘라트 뢴트겐(Wilhelm Conrad Röntgen)이 한 달 전 우연히 발견한 '새로운 종류의 빛'을 학계에 발표했다. 그는 그 빛에 대해 아는 게 거의 없어 그저 '엑스레이(X ray)'라고만 명명했지만 적어도 그 빛이 옷과 살을 투과해 사진판에 신체의 내부 구조를 그대로 옮겨놓는다는 사실은 알았다.

뢴트겐의 발견 소식이 빠르게 퍼져나가면서 세상이 발칵 뒤집혔다. 품위와 사생활을 침해하는 이 위협에 맞서 여기저기서 윤리 단체가 결성됐다. 그런가 하면 영국의 한 제조업자는 엑스레이가 투과하지 못하는 속옷을 팔아 벼락부자가 됐다. 뉴욕 주는 '극장에서 오페라 관람용 쌍안경에 엑스레이 사용을 금지'하는 법안을 상정했다. 로체스터에서도 상인들이 잠재 고객의 마음과 습관을 알아낼 목적으로 조만간 엑스레이를 사용할지 모른다는 우려가 널리 확산됐다.

시간이 지나자 약간의 실망과 더불어 사람들은 엑스레이의 한계를 알게 됐다. 몇 년 동안 이 새로운 장치는 박람회와 전시회에서 어마어마하게 긴 구경꾼 행렬을 이루었지만 실제로 사용하는 사람은 의사들로 국한됐다.

뢴트겐의 발표가 있고 나서 두 달 뒤 닥터 에드윈 C. 크로스의 아들 닥터 그로스브너 크로스(Grosvenor Cross)가 자기네 병원에 엑스레이 기계를 들여놓았고, 그로부터 얼마 지나지 않아 메이요 형제는 그 기계의 성능을 확인해볼 기회가 있었다.

조끼 죔쇠를 집어삼킨 사내아이가 내원했을 때였다. 형제는 죔쇠가 정확히 식도의 어디쯤 어떻게 위치해 있는지 알면 어떻게 꺼내는 게 최선의 방법인지 결정하는 데 도움이 될 것 같아 닥터 그로스브너 크로스의 엑스레이 기계에서 그런 정보를 알아보기로 했다.

엑스레이 사진에 죔쇠가 아주 선명하게 나타났다. 사진에서 죔쇠는 뾰족한 이빨을 위로 치켜들고 있었다. 그래서 닥터 찰리는 식도를 절개하고 무딘 쪽부터 꺼냈다.

그 다음 3년 동안 닥터 그로스브너 크로스는 메이요 형제의 부탁으로 엑스레이 진단을 꽤나 많이 해주었다. 그러다 1900년 형제도 진료소에 엑스레이 기계를 들여놓았다.

형제가 구입한 기계는 번쩍거리는 섬광을 일으켜 환자를 놀라게 하는 것 말고는 아무 쓸모도 없는 선이 주렁주렁 달린 위풍당당한 자태의 최신 모델이었다. 닥터 윌은 겉만 요란한 그 장비를 "멍텅구리"라고 부르며 있는 대로 업신여기다 동생과 함께 기계를 이리저리 조작해보았다. 형제는 기계에서 꼭 필요한 기능은 무엇이고 그럴 듯하게 보이려는 용도로만 추가된 기능은 무엇인지 확인한 뒤, 전기 기사를 불러 불필요한 부품은 떼어내 달라고 요청했다.

수술 건수가 늘어나면서 닥터 윌과 닥터 찰리가 서로의 수술 조수를 맡는 것은 시간 낭비이자 능력 낭비밖에 되지 않았다. 그래서 형제는 같이 수술에 들어가는 횟수를 점점 줄여나가다가 결국에는 서로의 수술 일정을 완전히 분리했다.

두 외과 의사의 정식 수석 조수가 된 간호사가 조지프 수녀였다는 사실은 격식을 별로 따지지 않았던 세인트메리스 병원의 분위기를 단적으로 드러내준다. 그녀가 그 일을 맡으면 안 되는 이유가 뭐란 말인가? 병원을 운영하면서 이미 보여주었듯이 그녀는 지성과 행정 능력이 매우 뛰어난 여성이었다. 그녀는 외과술 전반에 대해서도 금세 익혀 집도의가 미처 말하기 전에 그 의중을 읽어낼 때가 많았다. 그녀는 손놀림이 재바르고 야무졌다. 게다가 그녀의 손은 아주 작아서 때로 집도의의 손이 닿지 않는 신체 부위에 대신 들어가 필요한 일을 해내곤 했다.

닥터 윌은 수술이 성공할 때마다 어김없이 조지프 수녀의 공을 인정해주었다. 물론 나중에는 의학 학위를 가진 훌륭한 인재들을 많이 기용했지만 그는 조수들 중에서 그녀를 늘 으뜸으로 꼽았다.

1897년 여름 메이요 형제는 주립 정신병원에서 남자 간호사들을 진두지휘하던 T. R. 스필레인(T. R. Spillane)을 기용해 '결석 개수 세기'처럼 병리학과 관계된 일상 업무 가운데 일부를 맡겼다. 그로부터 몇 달 뒤 닥터 찰리는 미네소타 대학교를 갓 졸업한 닥터 거트루드 부커(Gertrude Booker)를 진료소에서 자신을 도와줄 조수로 지목했다. 닥터 찰리는 그녀에게 시력을 측정해서 거기에 맞는 안경을 처방하는 법을 직접 가르쳤고, 얼마 지나지 않아 그 일을 그녀에게 모두 일임했다.

이제 의료 잡무 보조나 하계 임시 수련의는 병원에 큰 도움이 되지 못했다. 병원에 상주할 의사, 그중에서도 특히 위액 분석 업무를 넘겨받아 닥터 그레이엄의 부담을 줄여줄 사람이 필요했다.

그런 사람으로는 교직에 있다가 미네소타 대학교 의대를 나와 도버에 이어 지금은 르로이에서 개인 병원을 운영하고 있는 닥터 멜빈 C. 밀릿(Melvin C. Millet)이 적임자였다. 그는 도버에서도 르로이에서도 자기 환자를 봐달라며 메이요 형제를 부르곤 했는데, 그런 인연으로 형제는 그가 생리화학에 관심이 많고 위액 분석 기술에도 정통하다는 사실을 알게 됐다.

닥터 밀릿은 1898년 11월부터 세인트메리스 병원에 출근하기 시작해 메이요 형제의 야간 왕진 부담을 덜어주었을 뿐만 아니라 닥터 찰리의 조수로 수술실에 함께 들어가기도 했다. 그리고 병원 지하실에 전용 실험실을 꾸민 뒤로는 위 검사 업무도 전담했다.

닥터 윌은 신장과 요관 수술에도 주력했다. 다른 의사들이 그 방면

메이요 형제의 세 번째 동업자인 닥터 멜빈 C. 밀릿은 1898
년부터 함께 일하다가 1906년 닥터 스틴치필드가 은퇴하자
그의 뒤를 이어 동업자 자리에 올랐다. 메이요 클리닉 비뇨
기과의 초석을 놓은 그는 역설적이게도 1907년 신장염으로
갑자기 사망했다.

에 취약했기 때문이다. 몇몇 발명품 덕
분에 신장 질환의 정확한 진단 가능성
이 눈에 띄게 높아졌다. 그중에서도 특
히 방광경은 내과 의사가 방광을 들여
다보면서 거기에 딸린 관을 통해 치료
까지 할 수 있는 장비였다. 방광경은
1877년부터 사용되기 시작했지만 의
사 대부분이 이 장비를 익숙하게 다루
는 데 필요한 시간도 기회도 없었기
때문에 널리 쓰이지는 않았다.

닥터 윌의 제안에 따라 닥터 밀릿은
이 미개척 분야로 관심을 돌렸다. 그는
방광경 사용법을 완전히 익혔을 뿐만 아니라 몇 가지 중요한 진전을
거두기까지 했다. 예를 들어 콩팥 분비물을 각각 따로 검사해 병소를
찾아내는 '소변 분리' 같은 새로운 진단 기술을 습득했다.

메이요 형제는 일 년 동안 런던에 보내 그곳에서 방광경 사용법을
공부할 수 있도록 주선했을 정도로 그를 물심양면 지원했다. 형제의
이런 지원에 힘입어 위궤양, 담석, 갑상샘종뿐만 아니라 신장 질환도
로체스터 의사들의 전문 진료 분야로 차츰 자리 잡혀갔다.

닥터 밀릿은 위액 분석은 계속 책임지겠지만 수술실 업무에서는
빼달라고 요청했다. 그는 상주 의사 자리도 그만두길 원했다. 곧 결혼
할 계획이었기 때문이다. 결국 그는 상주 의사에서 (출퇴근 하는) 상근
내과 의사로 승진했고, 그가 병원에서 맡아 하던 일은 수석 수련의가

넘겨받았다. 그 뒤로 세인트메리스 병원은 매년 두 명 이상의 수련의를 두었다. 수련의의 임무에는 닥터 찰리의 조수 일도 포함됐지만 닥터 윌은 계속 조지프 수녀와 함께 일했다.

닥터 찰리에게도 전담 마취사가 필요해지자 형제는 병원이 바쁘게 돌아가면서 소홀해지기 시작한 병리학 업무까지 같이 맡아볼 사람이 있으면 좋겠다고 생각했다. 닥터 옥스너가 이 두 가지 일을 동시에 소화할 수 있는 적임자로 일 년 전 자신의 수술실에서 마취를 전공한 젊은 여성을 추천했다. 그리하여 닥터 이저벨라 허브(Isabella Herb)가 1899년 11월부터 로체스터에서 근무하기 시작했다.

그 뒤 1901년에 있은 의료진 충원은 미네소타 주 래신에서 병원을 운영하고 있던 닥터 앨버트 플러머의 자문 요청을 받은 닥터 윌이 그곳으로 갔다가 이루어졌다. 닥터 윌이 도착해보니 그는 감기로 앓아 누워 협진 약속을 지킬 수가 없었다. 그는 병원에서 같이 진료를 보고 있던 아들 헨리를 언급하며 자기 대신 헨리가 함께 환자를 보러 갈 것이라고 말했다.

곧이어 헨리가 한 손에 현미경을 들고 나타났다. 그와 닥터 윌은 마차로 한 시간 거리에 있는 환자의 집으로 출발했다.

"호리호리한 체격에 열정이 넘쳤고, 꿈꾸는 듯한 표정에다 머릿속이 온통 아이디어와 이상으로 가득 찼으며, 말보다 생각이 앞서 한두 문장으로 그 생각을 따라잡으려고 애썼지요." 그 날 닥터 윌의 눈에 비친 헨리 스탠리 플러머(Henry Stanley Plummer)는 이런 모습이었다.

닥터 윌은 전부터 그 청년을 알고 있었다. 미네소타 대학교에 이어 1898년에 졸업한 노스웨스턴 대학교 의대에 다니던 시절 세인트메리

메이요 형제의 네 번째 동업자인 닥터 헨리 플러머는 유명한 내과 의사 앨버트 플러머의 아들이다. 1901년부터 근무하다가 1906년 닥터 스틴치필드가 은퇴하면서 닥터 밀릿과 함께 동업자 위치에 올랐다. 1936년에 사망하기 전까지 메이요 클리닉에 근무하며 내과, 기술공학, 건축 등 다양한 분야에서 천재성을 발휘했다. 1928년에 준공된 메이요 클리닉의 아름답고 웅장한 새 건물은 그를 기려 "플러머 빌딩"으로 불리고 있다. 그의 동생인 윌리엄 앨버트 플러머도 메이요 클리닉에서 뛰어난 내과 의사로 활동했다.

스 병원에서 하계 수련을 했기 때문이다. 하지만 닥터 윌이 헨리 플러머의 됨됨이를 제대로 알게 된 것은 바로 이 날이었다.

환자는 백혈병을 앓고 있었고, 환자의 집으로 가는 동안 둘은 혈액화학과 생리학을 주제로 진지하게 토론했다. 환자의 집에 도착해 헨리는 환자와 그 집 일꾼의 귀에서 각각 혈액을 한 방울씩 채취한 뒤 현미경으로 닥터 윌에게 그 둘의 차이를 가리켜 보였다. 집으로 돌아오는 길에도 그는 줄곧 혈액 이야기만 했다.

"이 멀대 같은 청년은 혈액에 대해 아는 게 이렇게 많은데 나는 아는 게 너무 적어서 무척 난감했습니다." 나중에 닥터 윌은 이렇게 고백했다.

그 날 밤 집으로 돌아가 그는 닥터 찰리에게 이렇게 말했다.

"닥터 앨버트 플러머의 아들은 굉장한 청년이더군. 우리 실험실을 아무래도 그 친구한테 맡겨야 할 것 같아. 분명히 잘 해낼 거야."

닥터 찰리도 동의했고, 몇 주 뒤 헨리 플러머는 의료진에 합류했다.

이 일은 메이요 클리닉 역사에서 청신호가 틀림없었다. 닥터 윌도 헨리 플러머를 기용한 것이 진료소를 위해 한 일을 통틀어 가장 잘한 일이라고 말했을 정도다. 그에게는 천재성과 더불어 종종 그 천재성에 버금가는 기벽이 있었고, 두 가지 모두 메이요 클리닉과 세인트메리스 병원의 발전에 큰 보탬이 됐다.

닥터 헨리 플러머는 세인트메리스 병원의 실험실 업무를 총괄하며 실험 방법과 장비를 최신식으로 바꿔나갔다. 그는 엑스레이 진단도 도맡아 진료 과정의 일환으로 정착시켰다. 그러나 그는 누가 자신을 엑스레이 기사나 실험실 기술자로만 바라보는 것을 죽도록 싫어했다. 그는 의학 전반을 자신의 영역으로 여겼고, 그 가운데 어느 하나만으로는 만족할 줄을 몰랐다.

여름 방학 기간에 세인트메리스 병원 수술실을 자주 드나든 또 한 명의 의대생은 밀 전성기 때 곡물 중개상으로 출발한 로체스터 사업가의 아들 에드워드 스타 저드(Edward Starr Judd)였다. 스타는 고등학교 시절부터 병원에서 수녀들을 도와 허드렛일을 했다. 그때 그는 외과술의 매력에 홀딱 빠졌으며, 닥터 월을 영웅으로 여기게 됐다.

어머니와 그때의 일들을 이야기할 때면 그는 입버릇처럼 이렇게 말하곤 했다.

"나는 미국 대통령보다 닥터 월 같은 의사가 되고 싶어요."

스타는 1902년 미네소타 대학교 의대를 졸업한 뒤 세인트메리스 병원에서 수련의 생활을 하기 시작했고, 곧 닥터 찰리의 특별한 주목을 받았다. 그는 조용한 청년이었지만 지칠 줄 모르는 일꾼이었으며, 특히 외과술에 푹 빠져 지냈다. 그리고 재능도 있었다. 배워야 할 처치가 있으면 한두 번만 보고도 금세 능숙하게 익혔다. 훈련과 경험이 쌓이면 분명히 훌륭한 외과 의사가 될 재목이었다.

이렇게 해서 메이요 형제는 수술 외의 진료 업무를 덜어줄 의료진

메이요 형제의 다섯 번째 동업자인 닥터 에드워드 스타 저드는 로체스터 출신이며, 1902년부터 같이 일했다. 1907년 닥터 밀릿이 갑자기 세상을 떠나면서 동업자 위치에 올랐으며, 1935년 폐렴으로 눈을 감기 전까지 뛰어난 외과 의사로 활동했다.

과 조수들을 기용했다. 물론 수술만은 늘 직접 했다. 그러나 형제는 다른 외과 의사를 두어야 할 필요성이 임박했음을 알고 있었다. 스타 저드가 적임자인 듯했다. 그가 지금처럼 닥터 찰리 밑에서 계속 일한다면 앞으로 몇 년 안에 그에게 일부 수술을 넘겨줄 수 있을 것 같았다.

그래서 적응 기간이 끝난 뒤 닥터 저드는 병원 의료진에 합류해 오전에는 닥터 찰리의 수석 수술 조수로 일하고 오후에는 진료 업무를 도왔다. 그는 형제의 기대에 부응해 나날이 발전하는 모습을 보이며 이듬해에는 정식 외과 의사 직함을 달았지만 그 뒤로도 몇 년 동안은 주로 닥터 찰리의 조수로 일했다.

공교롭게도 닥터 저드의 외과 의사 임용과 세인트메리스 병원 확장이 동시에 일어났다.

1897년 세인트프랜시스 수녀회는 맨 처음에 지은 건물 서쪽에 4층짜리 병동을 추가로 세워 병상 134개를 더 들여놓았다. 조만간 수요가 늘어날 것이라는 판단에 따라서였다. 그러나 목수들이 공사를 마치고 떠나기도 전에 병실이 거의 차 버렸다.

또다시 환자 과밀이 더는 견딜 수 없는 심각한 문제로 떠올랐다. 수술을 받으려면 이따금 며칠을 기다려야 하는 경우도 발생했다. 환자가 지낼 병실이 없었기 때문이다. 그래서 수녀회는 건축가와 토건업자를 한 번 더 불러 세 번째 신축 공사에 들어갔다. 공사는 1904년에 끝났다.

새로 지은 4층짜리 동쪽 건물은 병상 175개를 수용할 수 있었고 외과 의사들에게도 널찍한 새 공간을 제공했다. 조그만 탈의실 및 살균실과 연결된 수술실 두 곳과 더불어 그 옆에 수술 참관객들을 위한 쾌적한 라운지도 갖추었다.

한편 닥터 윌과 닥터 찰리는 잠시 숨을 돌리며 자신들의 현재 위치를 살펴보고 미래를 위해 몇 가지 결정을 내렸다.

그때까지 형제는 은행 계좌를 하나만 가지고 있었다. 둘이 벌어들이는 수입은 모두 그리로 들어갔고, 여행이든 집 짓는 일이든 옷 구입이든 여가 활동이든 돈이 필요할 때마다 서로 눈치 보지 않고 마음대로 꺼내 썼다. 그러고 나서 매년 연말이면 통장에 남아 있는 돈을 둘이 똑같이 나누었다.

이 단 하나의 지갑만으로도 형제는 생활하는 데 아무 불편이 없었다. 형제의 집은 로체스터에서 가장 크고 안락한 편에 속했고, 그 지역 사교계의 중심지로 꼽혔다. 두 형제와 그 부인들은 사교계의 일원으로 활동하면서 저녁을 먹거나 춤을 추러 또는 카드 놀이를 하러 종종 외출했다. 그러나 형제 입장에서는 이런 활동이 날이 갈수록 일과 충돌을 빚었고 결국에는 시간과 정력 낭비일 뿐이었다. 가정생활을 유지하려면 뭔가를 포기해야 했다. 그렇다고 일을 그만둘 수는 없는 노릇이었다.

아마 마지못해서였을 테지만 어쨌든 부인들이 동의하자 메이요 형제는 친구의 대부분이 포진해 있던 사교계 모임에 더 이상 나가지 않았다.

"남편이나 아주버님이나 별로 아쉬워하지 않았어요. 남편이 일 때문에 바빠 약속 시간을 훌쩍 넘겨서야 겨우 저녁 식사 모임에 참석하거나 도중에 호출을 받아 자리를 떠야 할 때가 한두 번이 아니었어요. 사실 남편은 카드 놀이에도 그다지 취미가 없었어요. 패를 모두 읽힐 만큼 실력이 형편없진 않았지만 관심이 없었죠." 찰리 부인의 말이다.

메이요 형제는 집에서 열던 풍성한 파티는 계속 이어갔다. 이 파티는 로체스터 사교계에서 단연 돋보였다. 형제가 두 집 가운데 한 곳에서 일 년에 두세 번씩 열었던 파티에 75명이나 100명, 어떤 때는 300명의 손님이 오기도 했고, 그럴 때면 음악회나 무도회가 마련됐다. 이런 파티는 공식 행사에 해당했고, '친한 친구 쉰 명만 초대하는 저녁 만찬'은 비공식 행사였다.

두 집 모두 여가를 즐기기에 손색이 없을 만큼 잘 꾸며놓은 오락실을 갖추고 있었다. 닥터 찰리는 어느 해 가을 자전거를 타다 넘어져 한쪽 팔을 다친 뒤로 자전거 타기는 외과 의사에게 너무 위험한 것 같아 그만두었지만 자동차에 새로운 취미를 붙였다. 그는 증기 구동식 자동차에 이어 석유 자동차를 타고 다녔다. 반면 닥터 월은 여전히 말과 마차를 더 좋아해 구입할 수 있는 최상의 말과 마차로 만족했다.

여름철이면 메이요 형제는 오로노코 근처의 호숫가 별장에서 지내며 매일 로체스터를 오갔다. 형제는 호수에 '에어리얼'이라는 이름의 돛배와 증기선, 발동기선을 각각 한 척씩 띄워놓았다. 이 배들을 수리하는 일은 당연히 닥터 찰리의 몫이었고, 닥터 윌은 그저 타기만 했다. 닥터 윌은 바로 이 시절에 '쉬면서 이동하는 것'을 좋아하게 됐다. 훗날 그는 틈만 나면 이렇게 쉬면서 이동했다.

물론 별장에는 가족들도 모두 왔다. 닥터 윌 부부는 아들 둘을 비롯해 아이를 여럿 잃어서 딸만 둘을 두고 있었다. 그 가운데 큰딸은 곧 사립 명문 브린모어 예비학교를 졸업하고 웰즐리 대학에 입학할 예정이었다. 당시 닥터 찰리 부부는 딸 둘에다 크려면 아직도 한참 먼 아들 하나를 두고 있었다.

메이요 형제는 남부러울 것 없이 살았다. 더 이상 바랄 게 없을 만큼 풍족한 생활을 누리는 가운데 미래를 대비해 보험도 들기 시작했다. 그런데 계속 흑자가 쌓이면서 수입이 눈덩이처럼 불어났다. 형제는 그 돈으로 무슨 일을 할지 고민했다.

형제는 아버지에게서 다른 사람들은 가난한데 혼자서만 큰 부를 차지하는 것은 옳지 않다는 이야기를 귀에 못이 박이도록 들어 은행 잔고가 불어날 때마다 마음이 여간 불편하지 않았다.

수입 증가는 터무니없이 비싼 진료비 때문이 아니라 환자 수가 늘어난 덕분이었다. 형제는 줄곧 평균치의 진료비만 받았다. 이 정도의 진료비도 낼 형편이 안 되는 환자들에게는 언제든 기꺼이 액수를 조정해주었고, 심지어 아예 받지 않는 경우도 있었다. 진료비를 결산하는 날이면 형제는 환자에게서 받은 돈을 주머니에 질러넣고 다니다가 먹고 살기도 빠듯해 걱정하는 환자를 보면 손이나 베개 밑에 지폐를 한두 장씩 내려놓곤 했다.

처지가 하도 딱해 받은 진료비 전액이나 그 이상을 내준 경우도 많았지만, 나중에 보면 그런 식으로 나간 돈은 정말 얼마 되지 않았다. 형제가 준 돈은 얼마 뒤 다시 돌아왔기 때문이다. 형제가 자신들이 주었다는 사실조차 까맣게 잊어버릴 때쯤 사람들은 그 돈을 갚으러 다시 오곤 했다. 형제의 아량을 둘러싼 이야기는 해가 갈수록 쌓이며 시골 구석구석에서 회자됐다.

그리고 메이요 형제는 인색한 구두쇠가 아니었듯이 어리석게 잘 속는 사람도 아니었다. 형제는 형편이 되는 사람에게는 합당한 수준의 진료비를 꼭 받았다. 환자에게는 자신의 생명과 건강이 새 말이나 비싼 옷, 사냥 여행보다 더 중요할 리 없었다. 의사가 자신의 노동력을 헐값에 팔아치운다면 그것은 의사 전체뿐만 아니라 결국에는 환자에게도 바람직하지 못한 일이었다. 의사가 환자에게 최상의 의료를 제공할 수 있으려면 좋은 장비를 사들이고 공부와 연수 출장에 필요한 경비를 댈 수 있을 만큼은 벌어야 했다.

형제는 1898년과 1900년 사이에 거의 일 년 동안 이 문제를 놓고 심도 깊게 논의했다. 그 결과 일련의 정책, 새롭지는 않지만 구체적이고 명확한 정책이 나왔다.

형제는 동료 의사나 간호사, 성직자나 교육자, 월급이 적은 공무원에게는 진료비를 받지 않기로 했다. 대신 형편이나 능력이 되는 사람들에게는 통상의 진료비를 받되 어떤 환자에게도 진료비가 경제적 부담으로 작용하는 일이 있게 해서는 안 된다는 원칙을 세웠다. 아울러 진료비를 받아내기 위해 소송을 제기하거나 분할 상환을 요구하는 일 따위는 하지 않기로 했을 뿐만 아니라, 저당을 잡히거나 담보물을 설정하고 빌린 돈 또한 받지 않기로 했다.

그리고 무엇보다 환자의 재정 상태가 의료의 질이나 종류에 어떠한 영향도 미치게 해서는 안 된다는 원칙을 세웠다. 환자의 수입은 지불 능력을 결정할 뿐이었다. 다시 말해 재정 상태에 따라 환자가 받는 진료와 수술의 질이 달라져서는 절대 안 됐다.

또한 진료를 통해 벌어들이는 수입은 어디까지나 시설 개선과 의료진 확충에 가장 먼저 사용하기로 했다. 나아가 동업자 신분으로든 직원 신분으로든 형제와 함께 일하는 사람들에게 보수를 후하게 주기로 했으며, 자기 계발에 필요한 시간도 충분히 주기로 했다. 아울러 형제 본인들뿐만 아니라 동료들에게도 연수 출장 경비를 지원하기로 했다. 진료의 질을 높이려면 그런 투자가 필요했기 때문이다.

늘어나는 개인 소득과 관련해서는 연간 수입의 절반을 따로 떼어 놓기로 엄숙히 맹세했다. 절반만으로도 본인들과 가족들이 생활하는 데 충분할 터였기 때문이다. 나머지 절반에 대해서는 그저 관리인으로만 남기로 했다. 그 돈을 본인들의 능력이 닿는 만큼 투자하면서 기회를 모색하다 보면 언젠가 그 돈을 낸 사람들에게 돌려줄 길을 찾을 수 있을 것으로 보았다.

한동안 형제는 투자를 직접 관리했지만 주먹구구식이었던 데다 그쪽에 워낙 경험이 일천하다 보니 손해를 많이 봤다. 게다가 좋아하지 않는 사람들과 안면을 터야 할 때도 더러 있었다.

닥터 윌이 로체스터의 사업가가 다코타의 신흥 도시를 공략하려고 세운 은행에 돈을 투자했을 때의 이야기다. 때가 돼서 주주들이 연례 회의 참석차 모여들자 은행가가 만족스러운 표정으로 보기 드문 성공을 거둔 그 해의 사업 결과를 보고했다. 그는 주주들에게 투자금의 22

퍼센트를 더 벌어주었다. 서부 개척지의 사람들은 이자가 아무리 높아도 기꺼이 빌릴 만큼 돈이 절실히 필요했기 때문이다.

이런 이야기가 닥터 윌에게는 달갑게 들리지 않았다. 그가 어렸을 때도 옴스테드 카운티의 사정은 별반 다르지 않았고, 그래서 높은 이자가 채무자들의 삶에 어떤 영향을 미치는지 똑똑히 보았다. 그 자리에서 그는 자기 몫의 지분을 포기하고(즉 채무자들로부터 돌려받지 않고) 당해 투자금의 6퍼센트 수익만 받겠다고 잘라말했다.

얼마 후 형제는 자신들은 사업가 체질이 아니라고 인정하고 변호사 버트 W. 이튼에게 재산 관리를 맡겼다. 이튼은 처음에는 약간 망설였지만 결국 형제의 청을 받아들였다. 그는 닥터 윌이 사무실 금고로 뚜벅뚜벅 걸어가 서류 뭉치를 꺼내 자신에게 건네며 "제발 좀 가지고 가십시오"라고 말하던 모습을 평생 잊지 못했다.

투자 내역서도, 수익률이나 만기일 기록도 없이 증권 증서만 있었다. 이튼은 일 년 만에 나쁜 선택은 모두 솎아내고 우량주로만 목록을 가득 채웠다. 그 뒤로 그는 메이요 형제의 개인 재산 관리를 자기 업무로 삼았으며, 투자금 총액이 25만 달러가 되자 모두 회수해서 더 많은 주식을 사들였다.

닥터 윌과 닥터 찰리는 한 번도 회계 보고를 요구한 적이 없었지만 이튼은 그래야 한다고 생각하고 매년 투자 상황을 표로 작성해 보냈다. 그러다 한 번은 사무실 비서가 실수로 편지를 열어보았고, 메이요 형제의 재산이 얼마인지를 둘러싼 소문이 온 시내에 퍼졌다. 그 일이 있은 뒤로 이튼은 투자 결과만 종이에 간단하게 적어 닥터 윌에게 직접 건넸다.

그러면 닥터 윌은 자신이 하고 있는 일을 자랑스럽게 여기는 변호사가 한숨을 내쉴 만큼 심드렁한 표정으로 종이를 힐끗 한 번 쳐다본 뒤 바로 주머니에 집어넣고는 잊어버렸다. 이튼은 그가 그 종이를 거의 일 년 뒤에야 다시 꺼내보는 모습을 본 적도 있었다.

이튼이 형제의 재정 업무를 맡고 나서 얼마 지나지 않아 닥터 메이요가 아주 심하게 앓아누웠다. 결국 회복되긴 했지만 그 순간의 근심은 변호사에

버트 W. 이튼은 메이요 형제의 법률 및 재정 자문가로서 많은 도움을 주었다. 메이요 형제의 재산을 대신 관리해주기도 하고 메이요 클리닉의 여러 기구 및 사업에도 직·간접적으로 참여했다.

게 곰곰이 생각할 거리를 던져주었다. 만약 동업자 중 한 명이 사망한다면 동업 관계는 어떻게 될까라는.

이튼은 닥터 윌에게 이런 질문을 제기하면서 동업 관계에 문제가 생겨 법정까지 갈 경우 유언 검인 판사가 나서서 병원 지분을 임의로 분배하게 될 수도 있다고 설명했다. 닥터 스틴치필드와 닥터 그레이엄은 순전히 구두 계약만으로 동업자 관계에 들어왔고, 다들 서로를 완전히 신뢰한다 하더라도 가족과 상속자들은 어떨지 미지수였다.

형제는 뜻을 모아 해결 방안을 내놓았다. 형제는 동업자 중 누가 죽는다고 해서 병원을 쪼개는 사태가 벌어져선 안 된다고 생각했다. 병원이 온전한 상태 그대로 유지되려면 살아남은 사람들이 누구의 방해도 받지 않고 운영권을 행사할 수 있어야 했다. 그러면서도 형제는 동업자가 사망할 경우 유족들에게 정당한 몫을 내주길 원했다. 당연히

관련 규정이 필요했다.

형제의 이런 생각을 바탕으로 이튿이 동업자 관계를 병원 수입 분배로 제한하는 계약서를 작성했다. 계약서에 따르면, 은퇴한 동업자나 사망한 동업자의 유족은 은퇴나 사망 전년도의 수입 총액을 기준으로 지분과 이자를 일괄 청산해 받게 되며, 남은 동업자들은 은퇴하거나 사망한 동업자에게 더 이상 지불할 의무를 지지 않고 계속 진료를 하게 된다. 닥터 윌과 닥터 찰리는 계약서에 서명한 뒤 닥터 스틴치필드와 닥터 그레이엄에게 보여주었다.

취지가 아무리 훌륭하다 하더라도 이는 어디까지나 임의로 이루어진 절차였다. 병원에 합류할 때 이미 이런 계약 조건이 마련됐더라면 그 누구도 반대하지 않았을 테지만 그렇지 않았기 때문에 두 동업자는 자신들의 지분에 병원 수입뿐만 아니라 부동산과 여타 자산도 포함될 줄 알았다며 이견을 보였다. 이제 와서 이런 조건을 내밀며 서명하라는 것은 너무 심한 처사였기에 두 동업자는 난색을 보였다. 이 동업자들은 2년 넘게 서명하길 거부하며 버텼다.

그러자 닥터 윌의 강철 같은 뚝심이 모습을 드러냈다. 그는 단호하게 대안을 내놓았다. 이 계약서에 서명하지 않으면 동업자 관계를 당장 청산하겠소. 따로 병원을 내겠다면 얼마든지 내도 좋소. 우리가 할 수 있는 범위 안에서 최선을 다해 지원해줄 테니.

이로써 누가 위에 있는지 분명해졌다. 닥터 스틴치필드가 먼저 서명했고, 얼마 뒤 닥터 그레이엄도 마지못해 서명했다. 그 뒤로 의료진에 동업자로 합류하는 사람들은 모두 이 계약서에 서명했고 병원 재산이 아니라 수입에 대해서만 약정된 만큼의 지분을 갖는 것으로 이해했다.

계약서를 둘러싼 이 일화는 닥터 윌이 나중에 일부에서 냉혈한이라는 소리를 듣게 된 비정함을 보여준 사례의 시작에 지나지 않았다. 환자를 진료하는 데 이로운 행동이라고 판단되면 그는 친구도 친척도 봐주지 않았다. 개인적인 호불호는 그의 결정에 거의 아무런 영향도 미치지 못했다.

20세기로의 전환기에 메이요 형제는 진료소 공간을 넓혀야 할 필요성에 직면했다. 그래서 닥터 찰리가 프리메이슨단이 새 건물을 짓는 데 경비를 보태주고 대신 그 건물 1층을 병원으로 쓰면 좋지 않겠느냐는 생각을 내놓았다.

프리메이슨단 지부는 이 제안에 바로 동의했고, 한 달 만에 설계도가 나와 공사에 들어갔다. 1901년 1월 메이요 형제, 스틴치필드, 그레이엄은 쿡블록 비껴 맞은편, 메인 스트리트와 줌브로 스트리트가 만나는 모퉁이의 새 공간으로 이사했다.

프리메이슨 '사원'이라는 이름과 '멋들어진 3층 구조'라는 설명으로 미루어 호화로운 건물일 듯싶지만, 사진을 보면 2층 외벽에 경사가 심한 비상계단이 설치된 평범한 벽돌 건물일 뿐이고, 사방이 비포장도로로 둘러싸인 건물 앞에 전세 마차들이 즐비하게 늘어서 있다.

사실 꾸밈이라곤 전혀 없는 지방 소도시의 주변 풍경과, 격식과는 거리가 먼 병원 분위기가 오히려 세인들의 호감을 샀다. 메이요 삼부자는 바로 이 프리메이슨 건물에 있으면서 세상에 널리 알려졌다.

입구를 들어서면 직선형 나무 의자를 일렬로 나란히 늘어놓은 널

메이요 형제는 1900년에 준공된 프리메이슨 사원의 건립에 자금을 보태고 1층에 입주했다. 메이요 진료소는 1914년에 메이요 클리닉 빌딩을 세우기 전까지 여기서 부속 건물을 지어가며 여러 차례 확장했다.

찍한 복도가 나왔다. 일종의 대기실이었다. 복도 양 옆에는 각각 방이 세 개씩 있었다. 왼쪽 첫 번째 방은 서재 겸 원무실이었고, 그 뒤의 방 두 개와 맞은편 방 세 개는 진료실이었다. L자 모양으로 꺾어진 오른 쪽 복도 끝의 방들에선 작은 수술과 실험이 이루어졌다.

바쁘게 돌아가긴 했지만 가정집처럼 편안하고 소박한 장소였고 일을 처리하는 방식에서도 특별히 체계를 갖추지 않았다. 이곳을 찾는 환자들은 복도 의자에 앉아 기다리다가 자기 차례가 되면 진료실로 들어갔다. 아직은 환자를 맞이하는 정식 접수부원이 없었기 때문이다. 다만 제이 네빌이 가끔, 그러니까 닥터 윌의 마차를 몰고 나가지 않을 때나, 닥터 그레이엄을 도와 부러진 손가락뼈를 이어 맞추지 않을 때나, 지하실에 내려가 보일러 아궁이에 불을 때지 않을 때면 환자를 안내했을 뿐이다.

제이는 남북전쟁에 참전했다가 귀향한 젊은 시절부터 닥터 메이요 밑에서 일하며 오랫동안 메이요 집안의 농장을 돌보았다. 닥터 윌 내외는 칼리지 스트리트로 이사 가면서 집안일을 돌봐줄 사람으로 스웨덴 이민자를 고용했지만 어느 날 제이가 현관에 나타나 스웨덴인을 해고했다며 앞으로는 자기가 집안일을 돌봐주겠다고 선언했다. 그러고는 그 길로 집을 옮겨와 24년째 닥터 윌과 함께 지냈다.

땅딸막한 체구에 주변 머리 몇 가닥만 듬성듬성 남아 있는 대머리였던 제이는 씹는담배와 양파를 좋아했고 심하다 싶을 정도까지는 아니었지만 욕을 늘 입에 달고 살았다. 그는 닥터 윌과 닥터 찰리에게 끔찍할 만큼 충성을 바쳤지만 여전히 형제를 농장 시절 자신의 지시를 받던 아이들로 여겼다. 그가 해고가 두려워 형제의 말을 고분고분 들었을 거라 짐작한다면 그것보다 더 큰 착각도 없다.

닥터 윌은 제이를 여러 번 해고했지만 그가 귓등으로도 듣지 않았기 때문에 닥터 윌의 선부른 결정은 번번이 무산되고 말았다.

제이는 수많은 임무 가운데 특히 우편물 분류에 가히 놀라운 재능을 보였다. 편지가 오면 그는 알파벳 순서나 날짜 순서대로 가지런히 맞춰 양쪽 귀에 풀칠한 다음 도르르 말아 보관했다. 나중에 필요한 편지를 찾을 때면 원통형으로 말아놓은 뭉치를 족자 펼치듯 좍 펼쳤다. 그러다 누군가가 약사들이 처방전을 분류하는 방법을 알려주자 편지를 차례차례 포개 올려선 철사나 두꺼운 종이실로 묶어 보관하기 시작했다.

프리메이슨 건물로 이사하고 난 직후 메이요 형제는 진료비 수납,

장부 기입, 은행 업무, 급료 지불 등을 전담할 사무원이 필요하다는 판단에 따라 닥터 그레이엄과 찰리 부인의 남동생인 윌리엄 벡 그레이엄(William Beck Graham)을 그 자리에 앉혔다.

윌리엄 그레이엄이 들어왔다고 해서 주먹구구식인 진료비 수납 방법이 크게 바뀌지는 않았다. 의사들은 각자 알아서 진료비를 책정하고 환자가 그 자리에서 지불하면 그 돈을 받아 주머니나 책상 서랍에 넣어두었다가 하루를 마감할 때쯤 진료비를 내지 않은 환자 명단을 적은 종잇조각이나 낡은 봉투와 함께 윌리엄 그레이엄에게 건넸다. 때로는 진료 일지에 병력과 나란히 연필로 간단하게 '미지불' 또는 '지불 불가'라고 쓴 경우도 있었다.

그 낡은 일지에는 백 마디 말보다 훨씬 큰 감동이 들어 있다. 겉에 회색 천을 덮어씌운 그 두꺼운 일지가 요즘은 거들떠보는 사람도 거의 없이 선반 가득 꽂혀 있다. 대부분 연필로 흐릿하게 휘갈겨 쓴 글씨가 빼곡히 들어차 있는 속장을 들춰보면 당시 바빴던 병원 풍경이 눈앞에 보이는 듯하다. 복도에선 아픈 사람들이 근심스럽거나 지친 기색이거나 통증이 가득한 얼굴로 기나긴 줄을 이루며 기다리는 가운데 그들이 한 명씩 차례로 들어올 때마다 열심히 귀 기울이고 깊이 생각하고 결정을 내리는 의사들의 모습이.

1885년부터 1907년까지 이어진 이 진료 일지는 의사별로 분류되어 있다. 의사마다 각기 따로 일지를 작성했는데, 보통 한 장에 네댓 건의 병력을 기록하던 일지가 꽉 차면 새 것을 주문했다. 처음에는 얇은 일지로도 2년은 너끈히 버텼지만, 머지않아 꽤 두툼한 일지로도 1년을 채우지 못했고, 나중에는 시중에서 구할 수 있는 것 중 가장 두꺼운 일지로도 몇 달을 넘기기가 어려웠다. 그만큼 환자가 많이 늘어났다는 증거다.

이 일지들의 내용은 사실 빈약하다. 진찰 소견은 거의 적혀 있지 않고 진단이나 처치에 대해서도 태반이 기록되어 있지 않다. 다만 아주 드물게 "입원 요망"이나 "다음 주 수술 예정"이라고만 적혀 있다. 그런 경우 물론 전부는 아니지만 여백에 끼적여놓은 "수술 후 6개월 만에 사망"이나 "충수염이었음"이라는 메모를 통해 환자가 수술을 받으러 왔었다는 사실을 알 수 있다.

대부분의 경우 이름, 날짜, 나이, 주소와 함께 "좌골 신경통을 호소함", "불임 원인을 알고 싶어함", "위에 가스가 차고 불면증이 있음", "악몽을 꾸고 식은땀을 흘림" 같은 내용만 적혀 있다.

간혹 의사가 솔직하게 적어놓은 메모에서는 희비가 교차했다. 예를 들어 닥터 그레이엄은 슬리피아이에서 온 남자가 토로하는 증상을 자세히 기재한 뒤 이렇게 덧붙였다.

"환자 부인 얘기로는 환자가 늘 그랬듯이 건강하다고 함."

사우스다코타에서 온 다른 남자에 대해서는 이렇게 적었다.

"며느리가 독을 먹였다고 생각하고 있음. 오장육부가 뒤틀려 잠을 잘 수 없다고 함. 진단: 정신 이상."

또 캔턴에서 온 남자에 대해서는 이렇게 기록했다.

"특별히 아픈 데도 없는데 기운이 없고 배뇨가 시원치 않으며 변비 증상을 호소함. 누가 마법을 걸었다며 말도 안 되는 헛소리를 늘어놓음."

안타깝게도 많은 환자가 신경 쇠약이나 신경증으로 분류됐다. 우드스탁에서 온 한 여성은 한바탕 울고불고 소란을 피우며 "비명 지르기의 정수를 보여주었다." 그런가 하면 르쉬외르에서 온 다른 여성은 "불치의 신경증 증상 말고는 그 어떤 병도 진단할 수 없었다." 르몽에서 온 남성도 온갖 끔찍한 증상을 호소했지만 진단은 이랬다.

"정신이 나감. 선과 악을 구분할 수가 없다고 함. 쌀쌀한 날씨가 기분 전환에 도움이 될 것임."

또 사우스다코타 주 엘크턴에서 온 여성도 임신 때문에 어찌나 불안했던지 정신을 놓기 일보 직전이었다. 닥터 그레이엄은 이 환자에 대해 짧게 기록한 뒤 이렇게 덧붙였다.

"닥터 찰리가 나와 함께 환자를 보았음."

이때를 시작으로 메이요 형제의 동업자들은 약보다 위로가 필요한 환자가 오면 이런 식으로 닥터 찰리에게 도움을 청했다. 그런 사람들에게 닥터 찰리의 따스하고 다정한 위로는 팽팽하게 긴장한 신경과 멍한 정신을 다독여주는 효과를 발휘했다. 감정과 심리 요인이 신체의 질병에 미치는 중요성을 너무도 잘 알았기에 그는 그런 요인들을 다루는 자신의 방법이 과학적으로 정말 효과가 있는지 없는지를 꼬치꼬치 따지기보다 위대한 영국 의사 토머스 시드넘(Thomas Sydenham)의 진료 원칙을 따랐다.

"뭐든 효과가 있으면 그것으로 족하다."

닥터 찰리에게 머리 속에 뭔가 이상한 게 있다고 끈질기게 우긴 한 여성의 사례도 이 무렵에 있었다. 그는 환자의 몸에 문제가 될 만한 장애가 전혀 없다는 것을 잘 알았다. 아울러 그러하다고 말해도 환자에게 아무런 도움이 되지 않으리라는 것도 잘 알았다. 그래서 환자를 병원으로 데리고 가서 마취제를 약간 투여한 뒤 머리를 붕대로 싸맸다. 환자는 곧 '회복'했고 이상한 증상이 사라지자 만족스러워했다.

로체스터 의사들의 하루는 아침 일곱 시 삼십 분에 시작됐다. 그 시간에도 출근해보면 벌써 환자들이 기다리고 있었다. 농민들은 원래 일찍 일어났고 첫 기차가 여섯 시 삼십 분에 로체스터에 도착했기 때문이다. 진료는 저녁 일곱 시나 여덟 시까지 쉴 틈 없이 계속 이어졌다. 일요일에도 정오까지 병원을 열었다. 예배에 참석하려고 마차를 타고 시내로 나오는 길에 영혼과 육신을 함께 돌보고 싶어하는 시골 사람들의 편의를 봐주기 위해서였다.

메이요 형제는 일반적인 진단과 처방 업무는 동업자들에게 일임했다. 이제 형제는 수술이 필요하다고 판단되는 환자들을 검진하는 일만 맡았다. 그리하여 닥터 윌과 닥터 찰리는 오로지 수술 상담과 수술 집도만 분담하게 됐다.

닥터 스틴치필드와 닥터 그레이엄은 진단에만 전념했다. 그렇다 보니 내과 진료가 급격하게 줄어들기 시작했다. 사실 내과 진료를 볼 공간도 시간도 없었다. 초창기에는 세인트메리스 병원에 입원하는 수백 명 가운데 3분의 1가량이 내과 환자였지만 이제는 3,000~4,000명의 연간 입원 환자 가운데 열두어 명만 내과 환자였다.

이는 어느 정도는 병원에서 외과술로 치료할 수 있는 병이 더 많기 때문이기도 했지만 병원에 오고 싶어하는 그 많은 사람에 비해 병실이 너무 적다 보니 외과 환자를 먼저 받았기 때문이기도 했다. 그렇다 보니 지역 주민인 경우에는 집에서, 외지인인 경우에는 호텔이나 민박집에서 진료를 받기도 했다.

그러나 의사들이 그런 환자를 찾아갈 시간을 내기가 갈수록 어려워졌다. 밤에 진료소 문을 닫고서야 찾아가는 경우가 많았다. 닥터 그레이엄은 밤늦게 집으로 퇴근해 저녁을 먹는 둥 마는 둥 하고는 급하게 마차를 몰아 시골로 왕진을 나간 적이 한두 번이 아니었다. 곳에 따라서는 거리가 너무 멀어 겨우 한두 시간 눈을 붙이고 다음날 출근해야 하는 경우도 많았다.

이런 강행군을 오래 지속할 수는 없었다. 장거리 왕진은 애초부터 거절했지만 멀리서 오는 사람들 중에 진단서와 진료 소견서를 들려 거주지 의사에게 돌려보내야 하는 내과 환자가 갈수록 늘어났다.

병원 의료진은 이런 환자들의 요구를 나 몰라라 할 수가 없었다. 특히 증상이 예사롭지 않은 환자의 경우에는 좀더 자세히 진단하고 싶었고, 또 먼 거리를 마다하지 않고 온 환자 입장에서는 단지 병명만 듣는 것보다 치료해주길 바란다는 것을 잘 알았기 때문이다. 그리고 너무나 많은 환자와 너무나 빠듯한 시간의 압박 때문에 의료진은 정확한 진단에 관심을 쏟을 수밖에 없었다.

계획한 일은 아니었지만 이러한 전문화는 뛰어난 성과를 가져왔다. 다양한 질병의 증상을 검토하는 데 온 시간을 바치는 과정에서 이들은 상대적으로 적은 환자를 검진하고 치료하는 일반 개업의와 달리 자연스레 감별진단 분야의 전문가로 발돋움했다. 이와 관련해 닥터 그레이엄은 이렇게 말했다.

"이렇게 온갖 병증을 접하는데 어떻게 진단 전문의가 되지 않을 수 있겠습니까?"

그러나 닥터 그레이엄과 닥터 스틴치필드처럼 메이요 형제도 이러한 발전을 순전히 외과술과의 관계 속에서만 바라보았다. 진단은 어디까지나 외과술의 시녀일 뿐이었다. 진단 전문의의 주된 역할은 기나긴 환자의 행렬에서 메이요 형제에게 수술을 받으면 도움이 될 사람들을 가려내는 것이었다.

젊은 닥터 플러머만 이런 생각에 반대했다. 환자 한 사람 한 사람이 그에게는 풀어야 할 숙제였고, 진단은 그 출발점이었다. 진단은 치료에 이르는 길을 열어주기만 할 뿐이었다. 진단이 이루어지고 나면 외과술에만 치우치지 말고 이용할 수 있는 방법을 모두 동원해야 했다.

이런 생각을 가지고 있었기에 닥터 플러머는 분업에 잘 적응하지 못했다. 사실 적응하려고 하지도 않았다. 그는 근무 시간 외에는 자신이 원하는 일만 했다. 메이요 형제는 그가 그렇게 하도록 묵인해 주었을 뿐만 아니라 격려도 아끼지 않았다.

닥터 찰리에게는 충분히 그럴 만한 이유가 있었다. 닥터 플러머는 오래전부터 갑상샘에 관심이 많았다. 어렸을 때 그는 메이요 형제의 첫 갑상샘종 환자인 스트레인이 수술받고 회복하는 과정을 지켜보며 깊은 인상을 받았다. 그 뒤로 의학을 공부하면서 줄곧 갑상샘에 특별한 관심을 쏟았다. 그의 관심사는 닥터 찰리의 관심사와도 일치했고, 이제 둘이서 의학의 역사를 새로 써나갈 차례였다.

메이요 형제가 이끄는 의료진과 환자들은 로체스터의 풍경에서 빼놓을 수 없는 특징으로 떠올랐다. 약사들은 이미 오래전부터 모여들었고, 이제 다른 분야에서도 사람들이 황금 기회를 잡으러 밀려들었다.

예를 들어 운송 분야가 그랬다. 세인트메리스 병원과 로체스터 시내를 오가는 이동 수단이 필요해지면서 전세 마차업자들이 호황을 누렸다. 그중 한 명은 1897년 구급차 사업을 개시했을 만큼 사업 수완이 남달랐다.

로체스터를 찾는 환자 거의 모두가 수술이라는 시련을 겪는 동안 곁에 있어줄 친구나 친척을 한두 명씩 동반했다. 이 사람들에게는 숙식할 곳이 필요했고, 덩달아 식당과 숙박업소가 호경기를 맞았다. 예전의 숙박업소들이 다시 활기를 띠는 가운데 새로 생겨나는 업소도 많았다.

불황기인 1870년대만 해도 계륵 같았던 쿡하우스를, 노스필드의 아처하우스에서 지배인으로 일한 경험이 있는 칼러와 그의 아들이 1890년대 후반에 인수했다. 아들 존 칼러(John Kahler)는 뛰어난 사업 수완과 로체스터의 활황에 힘입어 쿡하우스를 금세 제 궤도에 올려놓았다. 원래 45개였던 객실은 100개로 늘어났는데도 매일 가득 찼다.

쿡하우스는 말 그대로 호텔이었지만 그보다 규모가 작은 경쟁업체 대부분은 세인트메리스 병원에 입원하길 기다리는 사람들, 병원에서 퇴원하긴 했지만 아직은 집에 갈 수 없는 사람들, 통원 치료를 받는 사람들을 상대하는 요양소로 탈바꿈했다.

장기 체류하는 사람들에게는 호텔이 너무 비싸 '빈 방 있음'이라는 간판이 거리에 점점이 놓이기 시작했다. 특히 세인트메리스 병원 인근에서는 하숙집이 번창했다.

로체스터에서 이처럼 사업이 잘되자 메이요 형제는 잠깐이지만 고민에 빠졌다. 환자와 보호자에게 필요한 편의를 모두 제공하는 일에 형제는 관심이 많았다. 그런 사업에 투자할 경우 직접은 아니지만 어쨌든 진료를 통해 많은 돈을 벌 수 있었다. 이참에 우리도 뛰어들까?

형제는 그러지 않기로 결정했다.

"우리의 위치는 이기적인 목적이 아니냐라는 의심에서 자유로워야 하고, 로체스터를 찾는 환자들에게 진료비 말고는 직접적이든 간접적이든 영리를 취해서는 안 된다고 생각했습니다."

식당과 숙박업소를 둘러싼 이러한 이야기를 빼면 로체스터는 여전히 조그만 시골 도시였다. 1900년 이곳 인구는 5,000~6,000명 정도였다. 농업이 여전히 주된 생업이었으며, 생활방식에서나 외관에서나 도시의 세련된 멋이라곤 찾아볼 수가 없었다.

최고급 상점이라고 해봤자 작고 어수선한 데다 등잔불 조명을 켜고 난로로 난방을 했다. 오후 시간 아무 때고 그중 아무 곳이나 골라 들어가보면 시골 아낙 두어 명이 남편이 볼일 보러 시내로 나왔다가 친구들과 술을 한 잔 걸치는 사이 처량하게 가게 이곳저곳을 서성대는 모습을 볼 수 있었다. 물건을 다 사고 나면 아낙은 가게에서 기다리는 것 말고는 달리 할 일이 없어 난로 옆 포장용 상자에 걸터앉아 우는 아이를 달래거나, 가게를 이리저리 누비고 다니며 더러운 손가락으로 크래커나 각설탕 통을 휘적거리는 철부지 아이 뒤를 눈으로 좇았다.

로체스터에 새로 결성된 여성회가 이런 상황을 조금이나마 개선해보려고 의자, 요람, 간이침대, 조리용 풍로를 갖춘 여성 전용 쉼터를 열자 시설을 이용하는 시골 아낙의 숫자가 한 달 평균 500명 내지 600명 선으로 껑충 뛰어올랐다.

민간 기업들은 닥터 메이요가 로체스터에 들여오려고 그토록 오래

공들였던 깨끗한 물뿐만 아니라 전화도 공급했다. 시 발전소를 통해 전기도 들어왔지만 밤에만 사용할 수 있었다. 시 당국은 낮에도 사용할 수 있는 조건으로 요금을 올려 받기는 아직 시기상조라고 판단했다.

도로 포장 쪽은 진전이 더뎠다. 중심 상가 열두 곳 가운데 여섯 곳을 제외하면 큰길이라고 해봐야 바큇자국이 깊이 패어 있어 먼지가 풀풀 날리거나 진창으로 변하기 일쑤였다. 줌브로 스트리트도 예외는 아니었다. 시내와 세인트메리스 병원을 잇는 이 중요한 동맥의 '지긋지긋한 상태'를 개선해야 한다는 아우성이 의료 방문객들 사이에서 종종 터져 나왔다. 그러나 비용, 적절한 너비, 최상의 포장재를 둘러싸고 여기저기서 의견이 분분해 포장이 자꾸만 미뤄졌다.

메이요 형제는 이러한 근시안에 고개를 절레절레 흔들었다. 최근 들어 비판적인 눈으로 로체스터의 상황을 지켜보고 있었기 때문이다.

지금까지는 닥터 이저벨라 허브를 제외하고는 의료진과 조수 모두가 미네소타 남부 출신이라 형제처럼 소도시와 시골 환경에 익숙했다. 그러나 형제가 보기에 조만간 멀리서 새로운 인재를 데려와야 할 듯했다. 경험이 풍부하고 실력이 뛰어나 어딜 가나 진료를 잘할 수 있는 사람들을 과연 로체스터에 정착하도록 설득할 수 있을까? 어떻게 하면 그들 눈에 이 작은 도시가 집처럼 보이게 할 수 있을까?

이런 생각을 하다가 닥터 윌과 닥터 찰리는 시민의 힘만으로는 할 수 없을 듯한 개선 사업 몇 가지를 직접 나서서 추진하면 자신들에게도 이로울 것 같다고 판단하고 거기에 수입의 10분의 1을 투자하기로 결정했다.

형제는 1904년 시에 첫 번째 선물을 안겨주었다. 1월의 어느 날 저녁 로체스터 상공회의소는 도시 미화의 십자군으로 유명한 미니애폴리스의 찰스 M. 로링(Charles M. Loring)을 연사로 초빙해 강연회를 개최했다. 그는 베어크리크를 끼고 있는 공원 터, 구불거리며 도시를 길게 관통하는 강둑, 세인트메리스 병원 뒤쪽의 언덕 등 자신이 로체스터에서 본 가능성을 주제로 열변을 토했다.

연설이 끝나고 '공원 부지를 매입하거나 시를 개선 또는 단장하는 용도'로 메이요 형제가 5,000달러, 은행가 존 R. 쿡이 1,000달러를 내놓았다는 발표가 있었다.

그 돈으로 베어크리크 부지를 사들이면서 마침내 닥터 메이요의 꿈이 실현됐다. 그러나 시가 토지 소유권을 확보하기까지는 2년이라는 시간과 기나긴 청원 활동이 필요했다.

이 무렵 메이요 형제는 두 번째 선물을 하기로 결심했다. 형제는 세인트메리스 병원 뒤쪽의 언덕을 매입해 1,000달러와 함께 시에 기증했다. 이번에도 쿡이 거기에 1,000달러를 보탰고, 그 돈으로 시는 또다른 공원을 사들였다. 이런 일이 한두 번 더 있고 나서 오늘날의 세인트메리스 공원이, 로체스터의 아기자기한 '스카이라인 드라이브'가 세상에 모습을 드러냈다.

이러한 체계적인 기부 정책에 힘입어 로체스터에는 이만 한 규모의 미국 도시에서는 보기 드문, 아니 어쩌면 유일무이하다고 할 수 있는 휴양, 교육, 음악, 예술을 누릴 수 있는 시설들이 들어섰다. 그리고 기부의 실질적인 목적, 즉 로체스터가 거주지로 삼기에 여러 가지로 부족해서 훌륭한 인재들이 메이요 형제와 합류하지 못하는 일이 없도록 해야 한다는 취지도 실현됐다.

14장

인정을 받다

1890년대 중반 시카고 의학원 [산]부인과 교수 프랭클린 H. 마틴 (Franklin H. Martin)은 미네소타 주 의학회에 참석했다. 그때의 일을 그는 다음과 같이 기억했다.

웬 젊은이가 조심스럽게 걸어나와 의장에게 목례를 하고는 제출된 논문에 대해 자신의 의견을 개진하기 시작했습니다. 말에 무척 조리가 있었을 뿐만 아니라 앳된 외모에도 불구하고 말씨와 태도가 거침이라곤 없이 아주 당당했습니다. 인사치레로 건네는 칭찬의 말을 건너뛴 채 청년이 나누어주는 지혜는 너무도 훌륭해서 도무지 믿기지 않을 정도였지요. 뒤에서 의학계를 지탱하는 나이 든 사람들까지 포함해 청중 전체가 넋을 잃은 채 경청했고, 연사가 간결하고도 흥미로우면서 명확한 논고를 마치고 자리에 앉자 다들 열렬히 박수를 쳤습니다.

그러고 나서 체구와 외모가 딱 소년 같아 보이는 젊은이가 두 번째로 발표에 나섰습니다. 그 청년 역시 그 동안 참관한 유명한 수술과 최근에 읽은 과학 논문을 언급하며 곧바로 논고에 들어가더군요. 가끔 가다 익살스런 참관 뒷이야기가 나오면 청중은 열심히 귀를 기울이며 듣고 있다가 미소를 지으며 킬킬댔지요. 의사답지 않게 겸손하고 소박한 이 두 젊은이에게 나는 깊이 매료되고 말았습니다.

"저 청년들은 대체 누굽니까?"

내 옆에 앉은 의사에게 이렇게 물었지요. 그러자 그 사람은 뜻밖이라는 표정으로 이렇게 말하더군요.

"메이요 형제를 모르십니까? 둘 다 로체스터라는 조그만 시골 도시에서 외과 의사로 일하고 있습니다."

이 사람과 대화를 나누고 나자, 저 두 시골 외과 의사가 이미 주 의학 협회의 나이 든 동료들에게 신망을 얻고 있다는 확신이 들더군요.

의학계의 윤리 강령에서는 의사가 자신이 거둔 성과를 세상에 널리 알리는 것은 허용하지 않지만 같은 의사들에게는 알려야 한다고 못 박고 있다. "한 사람의 경험이 모두에게 지침이 될 수도 있기" 때문이다. 처음부터 메이요 형제는 자신들의 성과를 의학계에 보고하는 데 열심이었다.

글을 쓰고 연설을 하는 것은 형제에게 버거운 일이었다. 자투리 시간을 찾다 보니 논문은 주로 밤에 준비해야 했다. 그래도 형제는 스스로를 다그쳐가며 외과술에서 거둔 성과를 글로 작성해 주 의학 잡지와 학회에 제출했다.

주 전체가 형제의 능력을 인정하는 데에는 그리 오랜 시간이 걸리지 않았다. 형제는 차례로 주 의학회 임원으로 선출된 데 이어 주 보건위원회 위원에도 위촉되어 닥터 스테이플스와 닥터 휴잇 같은 아버지 세대 의사들과 함께 활동했고, 주에서 최고로 꼽히는 의사 50인 안에 들어야 명함을 내밀 수 있다는 미네소타 의학 학술원 회원으로도 추대됐다. 1892년 닥터 윌은 서른한 살의 나이로 주 의학회 회장으로 선출되어 역대 최연소 회장이라는 기록을 세웠다.

이런 의학 단체들이 발간한 회보를 읽어보면 나이도 어린 메이요 형제가 동료들에게 어떻게 그토록 깊은 인상을 줄 수 있었는지 알 수 있다. 누군가가 논문 발표랍시고 주로 추측에 기대 뜻 모를 소리를 횡설수설 지루하게 늘어놓다가 연단에서 내려오면, 메이요 형제 중 하나가 일어나서 간결하고도 침착하게, 하지만 이름, 사실, 수치를 속사포처럼 쏟아내며 지금의 이 처치가 어디에, 어느 정도로, 왜 효과가 있는지를 정확히 설명했다. 게다가 형제가 쓴 논문은 다른 사람들의 성과를 일목요연하게 정리한 참고 자료뿐만 아니라 자신들의 견해와 결론을 뒷받침하는 해부학, 생리학, 병리학 항목들로 빼곡히 들어차 있었다.

형제는 모르는 게 없는 듯했다. 아직 저렇게 청년들인데도!

외모만 보면 형제는 성공한 의사와는 거리가 멀어도 한참 멀었다. 소도시 가게에서 사 입었는지 호리호리한 체구에 비해 품이 너무 커서 몸과 따로 노는 양복과, 그 위의 진지하고 열의에 찬 청년의 얼굴이 그랬다. 닥터 윌은 그래도 행동에서 품격과 자신감이 묻어나 순박해 보이는 외모를 많이 상쇄했지만, 닥터 찰리는 정장을 입으면 어찌나 어색해 보였던지 딱 아버지를 만나러 상경한 아들 같은 인상을 주었다. 그의 짙은 갈색 머리는 제멋대로 헝클어지기 일쑤였고, 넥타이는 금세 비뚤어졌으며, 집에서 분명히 다려 입고 나온 옷은 언제 그랬느냐는 듯 형편없이 구겨져 있곤 했다.

이 초창기 시절 닥터 윌은 연설에서도 동생을 앞섰다. 수술 실력 못지않게 연설 실력 향상에도 노력을 기울이며 그는 점차 논문 발표 공식을 다듬어나갔다. 시선을 사로잡는 문장으로 시작하고 강한 인상을 주는 요약으로 마무리할 것. 그 사이에는 짤막하고 명쾌하게 핵심만 짚어 말할 것. 무엇보다 간결할 것. 그는 "설교를 시작하고 나서 15분이 지나면 구할 수 있는 영혼이 거의 없다"는 노목사의 가르침을 마음에 새기며, 문장을 압축하는 능력과, 천연덕스럽게 농담을 던지고 나서 곧바로 강렬한 명대사를 던지는 능력을 익혔다.

얼마 후 로체스터 신문들은 닥터 윌이 미네소타 주 최고의 연사라며 호들갑스럽게 보도했다. 그런데 그가 1885년 미네소타 대학교 의과대학 입학식 연사로 초빙되자 신문들은 적잖이 놀랐다. 그런 자리에는 대개 동부의 거물급 명망가가 초대받아 왔기 때문에 지역 주민이, 그것도 주 남부 출신이 그 자리에 선다는 것은 대단한 영광이었다.

연설을 하면서 닥터 윌은 적어도 말로는 약간 수줍어했다.

"실제로 도움이 될 만한 충고를 하는 것이 관례지만…… 나이와 미천한 경험을 생각하면 제가 과연 그럴 자격이 있는지 모르겠습니다."

그럼에도 닥터 윌은 그렇게 했고, 그 날 그가 한 충고는 오늘날의 의대생들에게도 시사하는 점이 많을 듯해 아래에 일부를 소개한다.

저는 여러분이 주변에서 일어나는 일들에 관심을 갖기를 바랍니다. 그래야 어려운 처지에 있는 모든 계층과 모든 사람을 배려할 수 있습니다.…… 지금까지 여러분은 정해진 틀 속에서 지엽적인 문제만 따졌습니다. 이제부터는 여러분과 삶의 길이 다른 사람들의 삶과 일상을 포괄적으로 이해하려는 노력을 기울여야 합니다. 그래야 배려하는 마음과 이해하려는 마음을 가지고 그 사람들을 환자로 맞이할 수 있습니다.…… 현대인의 생활은 갈수록 기계적으로 돌아가는 경향이 있습니다.…… 사회적 조건을 제대로 파악하려면 넓은 안목으로 주변을 둘러봐야 합니다. 그것이 이제부터 여러분이 해야 할 일입니다.

닥터 윌과 닥터 찰리는 고향에서 아주 유명했다. 하지만 미네소타주 밖에서는 '메이요'라는 이름이 생소하기 그지없었다. 단, 서부 출신의 젊은 두 의사가 수술을 참관하기 위해 미국에서 알아주는 외과 전문 병원들을 자주 드나든다는 사실을 아는 몇몇 의사들만 빼고.

당시 형제는 전국 차원의 학회 행사에 꼬박꼬박 참석했지만, 그중 한 명이 용기를 내서 직접 발표에 나선 적은 딱 한 번밖에 없었다. 닥터 윌은 그때의 일을 즐겨 이야기했다. 미국의학협회 회의였는데, 그날의 최대 관심사는 육군 의무감이 발표한 암 발병률에 관한 논문이었다. 연사는 머리끝부터 발끝까지 제복과 훈장으로 무장하고 배를 쑥 내민 채 거들먹거리며 통계 수치가 적힌 표를 넘길 조수 두 명과 함께 등장했다.

그가 한 발표의 요지는 미국에서 암이 증가하고 있다는 것이었다. 그의 발표에 따르면, 암은 미네소타 같은 신생 주에서도 눈에 띄게 늘어나고 있었지만 오래된 지역 사회일수록 발병 빈도가 높고 새로 지은 집보다 오래된 집에서 생활하는 주민들 사이에서 더 많이 발생하는 듯했다. 연사는 암은 아무래도 감염성 질환 같다고 결론 내렸다.

토론 자리에 초대받아 나온 의학계의 명사들은 이 논문이 지극히 중요한 주제에 크게 기여했다며 칭찬을 아끼지 않았다.

거기에 절대 동의할 수 없었던 닥터 월은 수줍음도 잊고 자리에서 벌떡 일어나 그런 사실은 얼마든지 다르게 해석할 수 있다고 반박했다. 그곳에 모인 걸출한 권위자들에게 감히 도전장을 내민 장본인이 무명의 새파란 젊은이라는 사실을 알게 되자 청중은 아주 즐거워하며 "연단! 연단!"이라고 소리치기 시작했다. 의장이 닥터 월을 연단으로 초대했고, 본인의 기억에 따르면 그는 이렇게 말했다.

저는 미네소타에서 왔습니다. 제가 보기엔 이런 것 같습니다. 그러니까 암은 주로 40대 이상에서 나타나는 질병입니다. 암 연령대의 사람들을 남겨두고 새로운 정착지를 개척하려고 동부에서 미네소타로 온 사람들을 보면 모두 건강 상태가 양호한 젊은이밖에 없었습니다. 신생 주들이 암에서 훨씬 자유로웠던 이유는 바로 이 때문이었습니다. 이제 미네소타도 나이를 먹고 있습니다. 젊은이들은 암에 걸리기 쉬운 연령대의 사람들을 뒤로 하고 계속 이동하고 있습니다. 그래서 뉴잉글랜드 같은 오래된 주에서는 암 환자가 늘고 있습니다. 오래된 집에 대해 말씀드리자면 그런 집에는 주로 암에 걸리기 쉬운 고연령대의 사람들이 거주합니다. 어쨌든 우리의 눈이 우연의 일치에 속고 있는 게 분명합니다. 저는 도박사는 아닙니다만, 도박에 문외한인 사람이 간혹 판을 휩쓸기도 한다는 소리는 들어서 알고 있습니다.

청중은 박장대소했고, 그 뒤로 닥터 윌은 만나는 사람들에게서 두고두고 이런 소리를 들었다.

"내가 댁을 처음 본 기억은 댁이 암에 관해 육군 의무감에게 도전한 바로 그때요."

그러나 이 일은 외부에 거의 알려지지 않았다. 1896년 미국에서 발행된 내과 및 외과 의사 인명사전에는 닥터 윌의 이름도 닥터 찰리의 이름도 실려 있지 않았다.

메이요 형제가 전국 무대 데뷔를 서두르지 않은 것은 현명한 처사였다. 그리고 기회가 왔을 때 형제는 지도자들 사이에서 당당하게 한 자리를 차지할 준비가 되어 있었다. 그들은 굼떠서 눈에 띄지 않는 존재가 아니었다. 로켓처럼 날아오를 준비가 되어 있었다.

기회는 1896년에 왔다. 미국의학협회 외과 분과장인 미니애폴리스의 닥터 찰스 A. 휘턴(Charles A. Wheaton)이 닥터 윌을 연사로 초빙했던 것이다. 닥터 윌은 외과술에서 아직은 신생 분야였던 위를 주제로 골라 감탄을 자아낼 만큼 침착하게 자신의 연설 방식은 물론이고 노 목사의 15분 원칙까지 지키며 무사히 발표를 마쳤다.

사실 닥터 윌의 순서가 됐을 때 청중은 별 기대를 갖지 않았다. 그런데 그들의 눈앞에 보이는 연사는 새파란 청년이었을 뿐만 아니라(그는 실제 나이인 서른다섯보다 훨씬 젊어 보였다), 그가 발표한 논문은 회기 전체를 통틀어 최고로 꼽히는 논문이었다. 시카고의 닥터 알렉산더 H. 퍼거슨(Alexander H. Ferguson)은 웬 젊은이가 위를 주제로 들고 나와 너무도 훌륭하게 발표하는 모습을 지켜보며 놀라움을 금치 못했다.

"낭독하는 데 겨우 15분밖에 걸리지 않은 논문에 그렇게 응축된 내용이 들어 있을 줄은 꿈에도 생각지 못했습니다. 깊이 있는 견해로 보나 증례를 설명하는 방식으로 보나 저 논문 저자는 참 대단합니다."

그 뒤로 닥터 윌은 주로 담낭이나 위 수술을 주제로 외과 분과 회원들 앞에서 매년 논문을 발표했고, 그때마다 그의 논문은 미네소타 주 의학회 전체의 화제로 떠올랐다. 그의 발표를 들은 사람들은 앳된 외모와 겸손한 태도만 봐서는 도저히 믿기지 않는 그의 지식과 경험의 정도에 깊은 인상을 받았다.

위장병을 예로 들어보자. 분과 회의에 참석한 사람들 가운데 절반 이하는 그런 수술을 아직 참관해본 적도 없었고, 실제로 시도해본 사람은 스무 명도 채 되지 않았다. 하지만 이 젊은이는 25회, 50회, 100회에 이르는 경험과, 청중 가운데 누구도 따라잡을 수 없는 결과를 바탕으로 은근한 권위를 발산하며 위장병에 대해 이야기했다.

사람들은 경탄하면서 듣다가 옆에 있는 사람을 보며 물었다. 닥터 윌리엄 제임스 메이요가 도대체 어떤 인물이냐고.

1899년 초 닥터 윌은 그때까지 실시한 총 105건의 담낭 및 담관 수술을 보고할 준비에 들어갔다. 그는 통계 수치를 꼼꼼하게 표로 작성하고, 사망률을 증례 유형별로 계산하고, 관찰 내용과 결론을 기술했다. 그러고 나서 의학계 월간지로는 으뜸인 《미국의학저널》에 보냈다.

편집장 앨프리드 스텡걸(Alfred Stengel)은 필라델피아 사무실에서 원고를 받아 읽어보다가 눈썹을 치켜올렸다. 105건의 담낭 수술? 놀랍군, 닥터 윌이라는 이 사람. 미네소타 주 로체스터라, 대체 어디쯤에 있는 거지?

스텡걸은 지도에서 그 작은 도시를 찾고 나서 그곳 주민이 6,000명이 채 되지 않는다는 사실도 알아냈다. 이 작은 도시에서 이 새로운 분야의 수술을 이렇게 많이 했다는 게 과연 가능한 일일까?

스텡걸은 필라델피아에서 최고로 손꼽히는 외과 의사들의 기록을 조사해보았다. 그 가운데 담낭 수술을 그렇게 많이 실시한 사람은 단 한 명도 없었고, 전년도에 루이빌에서 실시한 설문 조사를 봤더니 이 유명한 남부 의료 도시의 외과 의사들이 실시한 담낭 수술을 모두 합해도 106건밖에 되지 않았다.

그런데 이 시골 의사는 동생과 단 둘이서 105건의 수술을 실시했다고 주장하고 있었다! 사기꾼이 틀림없었다. 스텡걸은 더 이상 고민하지 않고 원고를 봉투에 집어넣고는 "반려"라고 적어 저자에게 돌려보냈다. 다른 사람들도 메이요 형제의 경험과 결과를 믿지 못하기는 마찬가지였다.

시카고의 닥터 칼 벡(Carl Beck)은 체코 태생이었다. 그는 프라하의 게르만 대학교를 졸업하고 유럽의 여러 의과대학원에서 공부한 뒤 프라하에서 의대 교수로 있다가 1886년 미국으로 건너왔다. 그리고 나서 1890년대 중반부터 일리노이 대학교 의과대학 외과병리학 교수와 시카고 의학원 외과 교수로 경력을 쌓기 시작했다.

어느 날 아침 그는 시카고 의학원에서 현직 의사들을 모아놓고 임상 참관 강의를 하고 있었다. 그 날의 증례는 총담관 협착이었다. 닥터 벡은 머피 단추를 이용해 담낭과 장을 문합할 계획이었다. 하지만 단추를 제 위치에 집어넣기가 너무 어려워 결국 포기하고 봉합사에 의지해야 했다.

강의가 끝난 뒤 웬 작달막한 청년이 다가와 이 사례에 대한 자신의 견해를 피력했다. 곧 닥터 벡은 자신이 방금 전에 시도한 수술에 관해 이 청년이 남달리 많이 알고 있다는 사실을 알아차렸다. 닥터 벡은 약간 날카로운 어조로 청년에게 당신은 누구이며, 이 수술에 대해 어떻게 그토록 많이 알고 있느냐고 물었다. 호감 가는 미소를 지어 보이는 이 청년은 다름 아닌 닥터 찰리였다. 그는 미네소타 주 로체스터에서 형과 함께 외과 의사로 일하면서 담낭 수술에 머피 단추를 이용해본 경험이 이미 여러 차례 있었다.

닥터 벡은 그때의 일을 떠올리며 이렇게 말했다.

"나보다 훨씬 많은 경험은 둘째치고 담낭 수술을 시도했다니 당연히 깜짝 놀랄 수밖에요."

벡은 그 일을 자신의 조수이자 수제자인 니컬러스 센에게 이야기했다.

"센도 깜짝 놀라더군요."

센은 미국의학협회 회의에 참석했다가 이 청년의 형이 "진료 경험이 풍부한 아주 출중한 외과 의사가 아니고서는 도저히 제시할 수 없는" 증례와 결과를 발표하는 모습을 보고 막 돌아온 참이었다. 센은 형제가 하는 이야기를 믿을 수 없었다. 형제는 진실을 잡아늘이고 있는 게 분명했다. 누가 나서서 내막을 확인해봐야 했다. 센은 스승인 닥터 벡에게 닥터 찰리의 초대를 받아들여 로체스터로 가서 직접 확인해볼 것을 권했다. 벡은 일주일 뒤에 그렇게 했다.

가는 데 하루하고도 반나절이 걸렸습니다. 도착해보니 무척 흥미로운 곳이더군요. 쿡하우스에 짐을 풀었는데, 매우 고풍스런 호텔이었어요. 호텔 입구 바로 앞 널찍한 광장에는 마차와 짐마차 수십 대, 말뚝에 매어놓은 말들이 즐비하게 늘어서 있었지요. 광장에는 큰 건물도 한 채 있었는데, 그곳 1층에 메이요 형제, 닥터 스틴치필드, 닥터 그레이엄의 병원이 있더군요.

병원으로 들어갔더니 두툼한 책들을 쌓아둔 책상 뒤에 웬 노신사가 앉아 있지 않겠어요? 저를 소개했더니 그분은 미소와 함께 거기 있던 웬 부인[메이요 부인]을 돌아보며 이렇게 말하더군요.

"우리 찰리가 시카고에서 만난 분이시라는군."

'메이요네 짝꿍'은 그때 그 자리에 없었지만 닥터 벡은 저녁 초대를 받아 닥터 메이요의 집에서 형제를 만났다.

이튿날 그는 조사에 착수해 자신이 이전에 거의 보지 못한 기술로 형제가 수술하는 현장을 몇 차례 참관한 뒤 병원을 둘러보고 진료실에서 의료진을 만났다. 대기실을 가득 메운 환자들의 숫자는 시카고의 외래 환자 진료소에 뒤지지 않았다. 그 날 밤 벡은 마음을 고쳐먹었다.

시카고로 돌아온 벡은 센에게 메이요 형제에 대해 잘못 알고 있었다고 말했다. 그리고 형제에게는 배울 점이 많아서 자주 만나고 싶다는 이야기도 덧붙였다. 실제로 그는 그렇게 했다. 그는 곧 형제와 친해졌고 형제의 명성이 높아지는 데 실질적인 역할을 했다.

많은 사람들이 직접 보기 전에는 믿으려 하지 않았다. 닥터 윌이 제시한 수치는 의심을 살 수도 있었다. 하지만 그가 제시한 탁월한 생각은 누구도 거부하지 못했다. 그의 논문은 학계에서 모두에게 존경과 인정을 받는 사람들로부터 뜨거운 찬사를 받았다. 확실한 인정을 받은 것이다.

1897년 그는 미국철도외과의사협회 부회장으로 선출된 데 이어 1898년에는 미국의학협회 외과 분과장, 1899년에는 분과 상임위원회 부위원장, 1900년에는 위원장으로 추대됐다.

1899년에는 그 동안의 공로를 인정받아 표창을 받기도 했다. 훗날 이어진 드높은 영예에도 불구하고 닥터 윌은 생애에서 가장 자랑스러운 날로 언제나 미국외과협회 회원이 된 날을 꼽았다. 불과 14년 전 의과대학을 갓 졸업한 신출내기였을 때 그는 소도시 촌놈이 외과계의 거목들과 과연 나란히 앉을 수 있을지 자문(自問)한 적이 있었다. 그 소도시 촌놈이 결국 해냈다. 그것도 닥터 옥스너와 닥터 머피 같은 대도시 출신보다 훨씬 앞서서.

닥터 윌은 "외과학과 외과술의 발전에 기여한 공로"를 인정받아 1900년 모교로부터 명예 석사 학위를 받은 데 이어 1900년 가을에는 연사로 초대받아 미시간 의대에서 강연을 했다. 다른 곳에서도 강연을 해달라고 잇달아 초청장을 보내왔다. 1902년 2월에는 보스턴의 서퍽 지구 의학회에서, 그 다음 달에는 시카고 의학회에서, 10월에는 뉴욕 외과협회에서, 12월에는 뉴욕 의학 학술원에서.

다른 사람들에게 하나라도 더 배우려고 여기저기 돌아다니던 초창기에 메이요 형제는 어떤 사람이 자신의 성공을 공개했다가 거짓말쟁이로 손가락질을 받더라도 그가 하는 일을 직접 확인해보기로 했었다. 그런데 이번에는 형제가 그런 처지가 되어 거짓말쟁이로 몰리자 형제는 그 과정을 뒤집었다. 형제는 의심 많은 동료 의사들에게 말했다. 와서 직접 보라고.

호기심을 채우고 돌아간 사람들은 배우기 위해 자꾸만 다시 왔다. 와서 보고 간 사람들이 다른 사람들에게도 '보고 배우라'고 열심히 권하면서 미네소타 남부의 의사들은 말할 것도 없고 온 나라는 물론 심지어 외국에서도 임상 연수를 하기 위해 세인트메리스 병원을 찾기 시작했다.

미국 의학이 어느새 독립할 나이에 접어들긴 했지만 유럽은 여전히 배울 점이 많은 '의과대학원'이었다. 외과술에서도 세계적으로 인정받는 거장들은 모두 유럽인이었다. 바로 그 거장들이 미국 외과술의 발전에 주목하기 시작했고, 때로는 미국 외과계의 떠오르는 별들이 쓴 논문이 미국에서보다 유럽에서 먼저 알려지기도 했다.

1901년 봄 영국의 아서 메이요 로브슨(Arthur Mayo Robson)이 미국 외과협회 행사에 초대받아 왔다. 리즈 종합병원 원장이었던 로브슨은 영국에서 가장 알아주는 외과 의사로, 특히 담낭과 위 수술에서 세계적인 권위를 인정받고 있었다. 행사에 참석하고 나서 로브슨은 영국으로 돌아가기 전 메이요 형제와 일주일을 지내기 위해 서부행 기차에 몸을 실었다.

1903년 5월 메이요 형제는 독일의 위대한 외과 의사 빌로트의 제자로 복부 수술 분야에서 유럽 최고로 꼽히는 폴란드 태생의 얀 미쿨리치라데츠키도 초청했다. 그 역시 워싱턴에서 열리는 미국내과및외과의사대회에 특별 연사로 초빙돼 미국에 왔지만 메이요 형제를 만나러 로체스터부터 들르겠다고 고집을 부렸다.

해외의 이런 거장들이 동부의 의료 도시들에는 그저 눈인사만 건네고 유럽에서 곧장 로체스터로 직행하는 모습을 보고 미국 의사들은 입을 다물지 못했다. 로브슨과 미쿨리치라데츠키는 기나긴 행렬의 시작일 뿐이었다.

미쿨리치라데츠키가 방문하고 나서 몇 주 뒤 의학계의 학회 철이 본격적으로 시작되면서 닥터 윌은 서둘러 출장길에 올랐다.

5월 4일 그는 미국의학협회 회의가 열리는 뉴올리언스에 가서 배꼽 탈장 수술을 주제로 발표에 나섰다. 논문 토론 시간은 흥분의 도가니였다. 시카고의 닥터 퍼거슨은 닥터 윌이 실시한 이 수술이 외과술 발전에 크나큰 전기를 마련했다고 말했다. 닥터 옥스너도 해부학 구조를 십분 활용해 실시한 이 수술 덕분에 환자가 앞으로 복벽에 아무리 힘을 주어도 끄떡없을 듯하다고 말했다.

외과 의사들의 흥분은 회의장 전체로 확산됐고 닥터 윌은 협회가 뽑은 최고의 외과 의사에 선정되어 이듬해 총회에서 외과를 대표해 연설하기로 결정됐다.

폐회식 연회에서 닥터 윌이 모두의 요청으로 간략하게 한마디 하려고 일어서자 사회를 맡고 있던 시카고의 유명한 내과 의사 프랭크 빌링스(Frank Billings)는 그를 가리켜 기적을 행하는 사람이라며 그가 행한 기적들 덕분에 시카고가 미네소타 주 로체스터로 가는 길에 잠시 들르는 곳에 지나지 않게 됐다고 소개했다.

그 회의는 5월 8일에 끝났고, 5월 11일 닥터 윌은 필라델피아 외과 학술원 회원들 앞에서 「위 및 십이지장 상부 수술 303건에 관한 고찰」

이라는 논문을 발표했다. 그런 권위 있는 단체의 저녁 모임에서 연사로 나선다는 것은 정말 영예로운 일이었다. 더군다나 논문 토론자들 가운데는 영국의 버클리 모이니핸 같은 인물도 포함되어 있었다.

당시 버클리 모이니핸은 경(Sir)이라는 칭호와 함께 '금세기 최고의 외과 의사'로 꼽히기 전이었지만 동료들 사이에서는 이미 두각을 나타내고 있었다. 그는 로브슨의 후임으로 리즈 종합병원 원장에 취임한 지 얼마 지나지 않아 미국외과협회의 초청으로 대서양을 건너 특별 연사로 그 자리에 참석했다. 그는 기술에서도 타의 추종을 불허하는 외과 의사였을 뿐만 아니라 언변에서도 존 B. 머피조차 울고 갈 만큼 균형과 기품과 세련미가 돋보이는 연사였다.

몇 주 뒤 모이니핸이 영국으로 돌아가기 전 로체스터를 방문하면서 두 사람은 다시 만났다. 이 방문은 시작이었을 뿐 이후 두 사람은 수많은 만남을 통해 동료 의사로서 서로를 깊이 신뢰하게 됐다.

이튿날 미국외과협회 회의와 미국내과및외과의사대회가 워싱턴에서 동시에 열렸고, 닥터 윌은 대회에서 값진 결실을 거두었다. 훗날 그는 이때의 일을 다음과 같이 기억했다.

회의에 참석한 귀빈 중에는 독일의 담낭 질환 권위자도 있었어요. 그 사람은 담낭에 대해 발표할 예정이었고, 나는 미국 외과 의사를 대표해 토론에 나설 예정이었지요. 그런데 회의 시작 전에 미쿨리치라데츠키, 머피와 함께 공원을 산책하다가 우연히 그 날의 연사를 만나게 됐어요. 미쿨리치라데츠키가 나를 소개한 뒤 나에 대해 칭찬을 하면서 그 동안 내가 담낭과 관련해 많은 일을 해왔다고 설명했지요. 그러자 그 날의 연사는 코웃음을 치며 이렇게 말하더군요.

"금시초문입니다."

미쿨리치라데츠키는 몹시 화가 나서 낯빛이 붉으락푸르락했지요. 그 모습에 머피는 터져나오는 웃음을 참지 못하고 얼굴을 돌려야 했고요. 그 날의 연사를 뒤로 하고 계속 산책을 하는데 미쿨리치라데츠키가 분이 풀리지 않는지 씩씩대며 이렇게 말하더군요.

"무식한 촌놈 같으니라고."

뜻밖의 일이었지요. 그 날의 연사가 내 이름을 들어보지 못한 게 이상한 일이 아니라 그가 그런 말을 하다니 정말 뜻밖이었지 뭡니까.

논문 발표 시간에 독일의 그 권위자는 16퍼센트의 사망률과 함께 수많은 증례를 보고했고, 나는 2퍼센트의 사망률과 함께 몇 백 건의 증례를 보고했습니다.

나의 발언이 끝나자 그 날의 연사는 강한 불신을 드러내며 그런 보고가 사실일 리 없다고 말하더군요. 그러나 나에게는 또다른 기회가 있었습니다. 최종 마무리에서 나는 이렇게 말했습니다.

"이 외과 분야에서 너무 낮은 사망률을 기록한 우리가 접할 수 없었던 증례들에서의 사망률을 알려주신 교수님께 우리 모두 크나큰 빚을 졌습니다."

그 사람은 칭찬의 말인 줄 알고 표정이 한결 누그러져선 내게 독일식으로 뻣뻣하게 절을 하더군요.

유감스럽게도 당시에 발간된 회보 어디에서도 이 사건을 자세히 다루지 않았다.

초청 연사는 독일 할베르슈타트의 한스 케르(Hans Kehr)였다. 할베르슈타트의 개인 병원에서 그는 몇 년째 주로 담낭 수술에만 관심을 기울인 끝에 그 방면의 최다 수술 기록을 세웠다. 닥터 윌의 말대로 그는 사람의 비위를 거스르는 데 상당히 일가견이 있었다. 인쇄된 논문에서도 문장마다 오만불손이 가득 묻어났기 때문이다. 그는 자신을 능가하는 성과를 제시하는 보고는 좀처럼 인정하려 들지 않았다. 그러나 닥터 윌은 그러지 않았다. 케르의 기록은 '800여 건'이었고 닥터 윌의 기록은 547건이었으며, 사망률은 합병증이 발생하지 않은 증례에서 3퍼센트대로 둘 다 비슷했다.

케르는 그 전에 닥터 윌의 이름을 이미 들어 알고 있었던 게 틀림없다. 겉치레나마 그가 논문에서 감사의 뜻을 밝힌 미국 외과 의사 명단에 그의 이름도 올라 있었기 때문이다. 인쇄된 논문 속의 '논의'는 고루하고 진부한 내용 일색이었다. 닥터 윌이 기억하는 것처럼, 거기에는 흔하디 흔한 반론 거리도 없었다.

그런데 닥터 윌에 관한 이 이야기는 단순히 누구나 부러워할 만한 재치 있는 일화로 넘길 수가 없다. 발간된 회보 기록에서는 빠졌지만 이 일은 그 날 회의장에 있었던 사람들의 관심을 사로잡은 게 분명하다. 나중에 여러 의학계 모임에서 사람들 입에 두고두고 오르내렸을 뿐만 아니라 메이요 형제에 관한 일반 언론 기사에서도 비중있게 다루어졌기 때문이다. 그 전에도 닥터 윌은 담낭 분야에서 명성을 얻고 있었지만 미국의 메이요가 경험 면에서나 결과 면에서나 유럽 최고의 권위자들에게 뒤지지 않는다고 의학계 전체가 인정한 것은 바로 이 사건 때부터였다.

그 뒤로 담낭 수술에 관한 닥터 월의 말은 사실상 최고의 권위를 지니게 됐다. 존스홉킨스 병원의 유명한 외과 의사 조지프 콜트 블러드굿(Joseph Colt Bloodgood)은 이듬해에 담낭 수술을 주제로 논문 토론에 참석해달라는 요청을 받고 약간 볼멘소리로 앞으로는 의장이 자신의 순서를 닥터 월보다 앞서게 잡아주면 좋겠다고 말했다.

"그 사람 다음에 나갔다가는 '같은 의견입니다'라는 말밖에 할 말이 없거든요."

닥터 월은 워싱턴에서 돌아와 1월 4일 다시 밀워키로 출발해 위스콘신 주 의학회 연례회의 외과 분과에서 연설한 뒤 6월 17일에는 으레 그랬듯이 미네소타 주 의학회에 논문을 제출했다.

전국적인 명사로 이름을 날리면서도 그는 고향에서의 활동에도 여전히 열과 성을 다했고, 미네소타 의사들은 놀라움과 기쁨과 부러움뿐만 아니라 때로 시기 어린 적의마저 드러내며 그의 승승장구를 지켜보았다.

지역을 넘어서는 명성을 얻겠다는 포부를 이미 접었거나 한 번도 품어본 적이 없는 사람들은 젊은 이웃의 성공에서 대리 만족을 느꼈다. 1903년 회기에서 미니애폴리스의 닥터 A. W. 애벗은 닥터 월이 전국적인 협회로부터 외과 분야의 연사로 지명받은 것은 주 의학회 전체의 영광이라고 말했다. 뒤이어 다음과 같은 발언에 나선 닥터 J. 리틀 워런은 큰 환호와 박수갈채를 받았다.

그러고 보니 며칠 전 중국 식당에서 주인이 제게 한 말이 기억나는군요…… 차림표에서 "최고급 저녁 식사 5달러"라는 문구를 보고 저는 주인에게 이렇게 물었습니다.

"최고급 저녁 식사에는 어떤 어떤 음식이 나옵니까?"

그러자 주인장 왈,

"좋은 건 뭐든지 다요."

요전 날 어떤 사람에게 닥터 윌을 칭찬했더니 그 사람이 '당신은 하지 못했는데 닥터 윌은 해낸 일이 어떤 어떤 일이냐'고 묻더군요. 그래서 저는 중국 식당 주인이 한 말을 그대로 들려주었지요.

"좋은 건 뭐든지 다요."

한편 닥터 찰리도 집만 지키고 있었던 것은 아니다. 다만 다른 방향으로 여행하고 있었을 뿐이다. 그라고 해서 명성이 싫지는 않았을 테지만 닥터 윌에 비해 명예욕이 덜했다. 그는 성격이 좀더 느긋했고, 그래서 지역에서의 명성만으로도 만족해했다.

그는 닥터 윌이 의료진을 대표해 전국적인 의학계 모임에 참석하는 데 기꺼이 동의했다. 자신은 그렇게 훌륭한 연사가 아니라는 것을 잘 알았기 때문이다. 그는 농민들 틈이나 환자의 침상 옆 아니면 가까운 친구들 몇몇 앞에서는 혀가 쉽게 잘 돌아갔다. 그러나 많은 군중 앞에 서면 어느새 숫기가 없어졌고 속삭이는 듯 나지막한 목소리 또한 연설에 어울리지 않았다. 낯선 사람들 앞에서는 친한 사람들이랑 있을 때와 달리 표정과 행동이 저절로 경직되면서 평소의 차분하고 편안한 말투도 어눌해졌다.

닥터 찰리도 형만큼이나 많이 알았지만 아는 사실을 가지런히 배열하는 능력은 부족했다. 그의 지성은 이 지점에서 저 지점으로 곧장 가지 못하고 사방으로 깡충깡충 뛰어다니다가 눈에 띄는 샛길이 있으면 그리로 접어들어 답사하기를 반복하며 한참을 빙빙 우회한 끝에야 목적지에 이르렀다.

대체로 중요한 논문을 발표하기에는 누가 보아도 닥터 윌이 적임자였다.

그러나 얼마 지나지 않아 이는 부적절한 일이라는 점이 명백해졌다. 형은 갈수록 출장 다니는 횟수가 많아지면서 그에 비례해 명성도 높아졌다. 그는 '나'라고 말하지 않고 '우리' 또는 '내 동생 찰스 호러스 메이요'가 이렇게 또는 저렇게 했다고 말했지만 닥터 찰리가 직접 모습을 보이는 것에 비하면 이는 어디까지나 아쉬움이 많은 대리 행위일 뿐이었다. 게다가 시간 소모도 컸다. 닥터 윌이 잘 알지 못하는 외과 수술 분야의 보고서 작성은 닥터 찰리가 도맡았기 때문이다.

그래서 닥터 찰리는 아내의 격려와 도움을 받아 이를 악물고 연설 실력 향상에 들어갔다. 둘은 함께 머리를 맞대고 닥터 찰리의 생각에서 지나치게 산만한 부분은 쳐내고 구부러진 길은 똑바로 펴서 정신이 다른 데 기웃거리지 않고 앞으로만 곧장 가도록 훈련했다. 그런 과정을 거쳐 연설 원고를 작성하고 나면 닥터 찰리는 본인뿐만 아니라 아내도 그 내용을 완전히 숙지할 때까지 아내 앞에서 원고를 읽고 또 읽었다. 저녁 무렵 시작된 연설 연습은 자정을 훌쩍 넘기는 경우가 많았다.

그러고 나서 찰리 부인도 회의에 참석해 뒷자리 하나를 차지하고 앉아 남편이 연설하는 중간중간 미리 정해둔 신호를 보냈다. 남편이 목소리를 키워야 할 것 같으면 부인은 손수건을 치켜들었다. 말의 속

닥터 찰리와 그의 아내 이디스 그레이엄, 1920년경. 이디스는 1940년에 "올해의 미국 어머니"로 선정됐다.

도를 높여야 할 때도 신호는 같았다.

그런데 신호에는 아무 문제가 없었지만 딱하게도 찰리 부인은 매번 당황해야 했다. 그렇게 열심히 준비하고 연습했는데도 닥터 찰리가 원고대로 낭독한 적이 한 번도 없었기 때문이다. 뭔가 추가로 덧붙일 말이나 하고 싶은 이야기가 생각나면 그는 준비한 원고에서 한참 벗어났다가 웬만해서는 제자리로 돌아오지 못했다. 그래서 그의 연설은 그저 수다를 떨다가 끝나기 일쑤였다.

그래도 그의 연설은 차차 나아졌다. 이목을 끄는 즉흥성과 친근한 비유, 그만의 특별한 재능이기도 한 풍부한 유머 감각 덕분이었다. 목소리 문제를 해결하고 연단 조명에도 익숙해지자 그는 스타일은 매우 달랐지만 닥터 윌 못지않게 훌륭한 연사가 됐다. 그의 강점은 기본 원리를 말하는 데 있지 않고 그가 수술의 "묘안과 비법"이라고 부른 특별한 방법을 설명하는 데 있었다. 그는 몇 가지 커다란 원리 틀 안에서 훌륭한 수술과 형편없는 수술의 차이를 결정하는 세세한 기술을 설명하는 데 재능이 있었다.

웃음을 자아내는 유머와 익살스런 이야기는 로체스터뿐만 아니라 전국 의학계에서 명성을 떨쳤지만 그의 이름으로 발표된 논문에서는 그런 분위기를 찾아볼 수가 없다. 그 이유는 그가 연단에서 실제로 한 연설이 아니라 미리 작성한 원고가 논문으로 인쇄됐기 때문이다.

닥터 찰리는 규모가 큰 두 학회, 즉 1899년과 1902년에 각각 회원으로 가입한 남부외과부인과협회와 서부외과부인과협회에서 주로 연설했다.

그는 이 두 곳에 제출한 논문에서 광범위한 주제를 다루었다. 예를 들어 이번 해에 삼차신경병증(통증성 틱)의 외과 치료법에 관해 발표하고 나면 이듬해에는 건막류 제거 수술을 주제로 발표에 나섰다. 또 남부에서 림프샘 외과생리학을 주제로 발표하고 나면 서부에서는 남성의 요도 및 음경 기형을 바로잡는 수술을 주제로 발표에 나섰다.

아울러 그는 토론에도 빠짐없이 참여했다. 당시의 학회 회보들을 보면 닥터 찰리가 어떤 주제든 가리지 않고 거침없이 의견을 내놓았다는 사실을 알 수 있다. 그가 침묵을 지키며 가만히 앉아 있으면 누군가가 반드시 그의 생각을 물었고, 그때마다 그는 상세하고 막힘없는 답변으로 사람들을 감동시켰다.

누구에게나 호감을 주는 친근한 태도 덕분에 닥터 찰리는 의사들 사이에서 금세 인기를 얻었다. 즉석에서 그는 누구든 로체스터로 초대했고, 갈수록 많은 사람들이 그 초대를 받아들였다. 전국 각지의 의사들이 의학 토론에서 '연례 외과 성지 순례'에 대해 이야기하기 시작했다.

성지를 순례하고 돌아간 사람들은 메이요 형제의 성과를 보고하면서 닥터 찰리의 기여도 빼놓지 않았다. 어떤 연사가 '닥터 찰리가 구순열과 구개열을 바로잡는 방법'을 소개하면 또 어떤 연사는 '닥터 찰리가 전립샘 절제술을 실시하는 방법'을 설명했다. 세인트루이스의 닥터 A. C. 버네이스는 메이요 형제가 직장암 절제술을 실시하면서 보여준 완벽한 팀워크에 깜짝 놀랐다고 했다. 내슈빌의 닥터 윌리엄 D. 해거드(William D. Haggard, Jr.)는 메이요 형제가 사용하는 물고기 꼬리 모양의 배액관에 대해 설명했다. 그러면서 형제가 직접 발명한 이 관의 기능이 기가 막히게 훌륭했다고도 했다.

이런 논평은 때로 부러움의 형태를 띠기도 했다. 닥터 로버트 캐러더스는 닥터 찰리가 하지정맥류를 제거할 목적으로 고안한 새로운 방법을 보고 무척이나 흥분했다. 버지니아 주 리치먼드의 닥터 스튜어트 맥과이어는 이를 가리켜 옛날 방식에 비하면 엄청난 진보라며 이렇게 말했다.

"이처럼 눈부신 성과가 이처럼 빨리 이루어진 경우는 일찍이 본 적이 없습니다."

바로 닥터 찰스 호러스 메이요의 손에서 이루어진 성과다. 닥터 맥과이어는 자기 같은 사람은 감히 그런 수술을 시도할 엄두도 내지 못할 것이라고 덧붙였다.

존스홉킨스 병원의 비뇨생식기 전문의 휴 영도 닥터 찰리가 방광종양 수술 분야에서 거둔 성과를 칭송했다. 그리고 워싱턴의 닥터 스톤은 "유감스럽게도 너무 어려운 수술이라 우리 같은 사람들은 실시하기가 힘들다"고 실토했다.

닥터 윌이 인정을 받고 나서 4~5년 뒤 닥터 찰리도 이렇듯 널리 인정받게 됐다. 1900년 그는 미네소타 대학교 의과대학 입학식 연사로 초청된 데 이어 1903년에는 서부외과부인과협회 회장으로 선출되고 미국외과협회 회원이 됐다.

메이요 형제가 500건의 담낭 및 담관 수술이라는 기록을 세우기까지는 12년이 걸렸지만 그러고 나서 추가로 500건의 수술 기록을 세우는 데에는 18개월밖에 걸리지 않았다. 1904년 12월 닥터 찰리는 남부외과협회 회원들 앞에서 그때까지 형과 함께 실시한 1,000건의 담낭 질환 수술에 대해 발표했다.

청중은 완전히 압도된 가운데 한 사람씩 일어나 그런 대단한 성과를 보고하는 자리에 참석한 기쁨을 표현했다. 볼티모어의 닥터 피니는 이렇게 말했다.

우리 협회가 메이요 형제의 이런 성과를 세상에 알리는 매개체가 되다니 참으로 크나큰 영광이 아닐 수 없습니다. 닥터 해거드도 말씀하셨듯이 이는 외과 연감 어디에서도 찾아볼 수 없는 실로 엄청난 성과가 틀림없습니다. 이 나라뿐만 아니라 전 세계 외과학에 이렇게 많은 기여를 한 두 분을 회원으로 두게 되어 우리 모두 얼마나 자랑스러운지 모릅니다. 두 사람이 이룬 성과에 담긴 특별함, 바로 그 정직함에 우리 모두 깊이 감동하고 있습니다.…… 메이요 형제의 경험에 비하면 제 경험은 너무도 일천하기에 제가 드릴 수 있는 말씀은 이 하나밖에 없습니다. 존스 홉킨스 병원에서 우리가 한 경험을 보면, 모든 면에서 메이요 형제가 얼마나 대단한 업적을 이루었는지 알 수 있습니다.

논문은 협회 회보에 실렸다. 그러자 불과 5년 전만 해도 105건의 담낭 수술을 실시했다는 닥터 윌의 보고를 믿지 않았던 《미국의학저널》을 비롯해 많은 의학 잡지에서 앞다투어 그 논문을 소개했다.

닥터 피니가 메이요 형제의 정직함을 언급한 데에는 그럴 만한 이유가 있었다. 수술의 성공 여부를 결정하는 요건에 관한 의견이 분분했기 때문에 논문을 평가하기가 쉽지 않았던 것이다. 사망률을 산출하는 기준이 아직 마련되어 있지 않아서 사망이 수술에서 비롯됐는지 우연한 요소에서 비롯됐는지 결정하기가 쉽지 않았다.

많은 외과 의사들은 이 문제를 자의적으로 판단했다. 즉 보여주고자 하는 사실에 유리한 숫자를 취하고 싶은 유혹을 이겨내지 못했다. 게다가 몇몇은 실패 사례를 은근슬쩍 누락하지 않았느냐는 의심을 사기도 했다. 예를 들어 존 B. 머피는 자신이 발명한 머피 단추의 성능을 설명하는 과정에서 그러한 혐의를 받자 머피 단추 사용 후 발생한 사망 사건을 모두 기록하지는 않았다는 점을 인정했다. 그러면서 멍청한 외과 의사가 장에서 괴저에 걸린 부분을 그냥 내버려둬 환자가 사망했다면 그 책임이 어째서 머피 단추에 있느냐고 항변했다.

그러나 메이요 형제의 경우에는 실패 사례를 감추었다고 비난하는 사람이 아무도 없었다. 형제는 수많은 실패 사례를 보고했다. 닥터 윌이 미국외과협회 회원들 앞에서 발표한 논문 중에는 순전히 실패 사례만 분석한 것도 있었다.

1,000건에 이르는 담낭 수술 결과를 다룬 이 논문에서 메이요 형제는 수술 사망률을 산출한 기준을 명확히 밝혔다. 형제는 일반인의 입장에서 접근했다. 즉 환자가 멀쩡하게 산 채로 병원에 갔다가 죽어서 나온다면 그렇게 되기까지 아무리 여러 달이 경과했더라도, 또는 다른 질환이 있어 실제 사인으로 발전하게 됐더라도 수술은 환자의 사망에 책임이 있었다.

이러한 기준은 특히 통계에 엄격하게 적용됐다.

"사망률을 완전히 배제할 수도 있었지만 우리의 목표는 우수한 통계 수치보다 담낭 질환의 상대적 치료 가능성을 보여주는 데 있는 만큼 우리는 적어도 편견은 없는 이러한 방법을 채택해왔습니다."

그런데 경험이 일천한 시절에 실시한 수술까지 포함하더라도 형제의 전체 수술 사망률은 5퍼센트에 지나지 않았으며, 간단한 담낭 수술의 경우에는 2퍼센트가 조금 넘었을 뿐이다.

메이요 형제의 통계 방식은 위 수술이 일찌감치 성공을 거두는 데에도 크나큰 기여를 했다.

1905년 미국외과협회 회기에서 닥터 윌은 「위장문합술 500증례에 관한 고찰」이라는 논문을 발표했다. 이 자리에서 그는 수술 방법의 진전 과정을 단계별로 차근차근 설명해나갔는데, 그가 동생과 함께 가장 이상적이라고 결론 내린 방법, 그러니까 훗날 '비고리(no-loop)' 수술로 알려진 방법을 소개하는 대목에 이르러 논문 발표가 절정을 이루었다.

청중은 또다시 깊은 존경을 표했다. 뉴욕의 닥터 위어는 닥터 윌의 논문이 너무나도 앞선 내용을 담고 있어서 한꺼번에 소화하기에 도저히 무리일 것 같다고 평했다. 그런가 하면 보스턴의 닥터 먼로는 "위 수술 분야에서 내게 큰 가르침을 제시한 메이요 형제에게 끝없는 사의"를 표한다고 했다. 또 닥터 옥스너는 "이 나라의 위 수술이 오늘날처럼 크게 발전한 것은 분명히 닥터 윌의 가르침 덕분"이라고 말했다. 미니애폴리스의 닥터 무어는 이렇게 지적했다.

"수술의 발전은…… 대개 많은 사람의 경험을 통해 이루어집니다. 오늘 우리는 외과술의 역사에서 거의 찾아보기 힘든 사례를 접했습니다. 한 사람의 경험이 외과술 전체의 발전을 가져왔습니다."

닥터 윌은 자신과 동생이 이런 점은 닥터 피터슨에게, 저런 점은 닥터 미쿨리치라데츠키에게서, 또 어떤 점은 닥터 모이니핸에게서 배웠다고 공공연히 밝혔지만 이내 미국인들은 '비고리' 방법을 "메이요 수술법"이라고 부르기 시작했다. 그러자 닥터 윌은 즉시 그런 지칭의 중지를 요청하고 나섰다. 그는 자신과 동생은 많은 사람들에게서 훌륭한 아이디어를 수집해 이를 한데 모아 끈으로 묶는 일을 했을 뿐이며, 따라서 자신들에게 공이 있다면 그 끈을 꼰 것밖에 없다고 말했다.

이처럼 뭉치를 꾸려 끈으로 묶은 경우가 수없이 많았기 때문에 이런저런 수술법에 자신들의 이름을 붙였을 법도 하지만 메이요 형제는 그 공을 덥석 차지하지 않았다. 이와 관련해 닥터 윌은 언젠가 이렇게 말했다.

"누가 먼저냐를 둘러싼 이 모든 왈가왈부는 결국 헛소리일 뿐입니다."

이 시기에 닥터 윌에게 가장 큰 명성을 안겨준 분야는 누가 뭐래도 위장문합술이었지만 이 수술에서의 성공을 공표하고 나서도 그는 계속 더욱 발전된 형태의 근치수술에 도전했다. 그는 십자군에 버금가는 열정을 불태우며 조기 수술이야말로 위암 치료의 가능성을 높이는 유일한 방법이라고 역설했다.

이 병원 저 병원 둘러본 결과 어느 병원이나 위암 환자를 내과 병동에 배정하는 모습을 보고 그는 크게 격분했다. 외래 환자 진료소에서는 유방암이나 자궁암이나 직장암이 의심되는 환자는 외과 의사에게 보냈지만, 위암 환자의 경우에는, 의학사를 통틀어 위암을 내과에서 치료한 사례가 단 한 건도 없는데도 불구하고 내과로 보냈다.

이에 대해 닥터 윌은 평소와 다르게 격한 감정을 드러냈다.

"이건 의료 과실보다 더 나쁩니다. 이것은 범죄입니다."

그러나 위암 수술이 위험하지 않다고 인식되자면 위절제술에 따르는 사망률을 낮춰야 했다. 여기서도 닥터 윌은 뭉치를 꾸려 묶을 끈을 꼬기 시작했고, 동료 외과 의사 몇몇은 그 결과에 주목했다. 1905년에 열린 토론에서 닥터 먼로는 이렇게 말했다.

"위절제술과 관련해 우리 모두는 메이요 형제에게 빚을 지고 있습니다. 메이요 형제가 완성한 이 수술법은 위 수술에 따라다니는 공포를 거의 대부분 제거했으며, 제가 볼 때 그 결과가 아주 놀랍습니다."

형제를 제외하고는 로체스터 의료진 가운데 다른 누구도 아직은 미네소타 주를 벗어나 강연을 하거나 논문을 발표할 엄두를 내지 못했지만 그 가운데 몇몇은 후방에서 두각을 나타내기 시작했다.

외과 의사들이 마취의 중요성에 눈을 뜨기 시작하면서 로체스터 의료진 가운데 형제를 제외하면 앨리스 마고의 연구 성과가 가장 많은 주목을 받았다.

초창기만 해도 마취제를 투여하는 방법은 위험할 정도로 허술했다. 예를 들어 에테르는 스펀지에 적셔 환자가 의식을 잃을 때까지 환자의 코와 입 위에 갖다댔다. 그래서 환자가 얼굴에 화상을 입거나 아니면 젖은 스펀지 때문에 공기가 잘 통하지 않다 보니 거의 순도 100퍼센트의 에테르 증기를 들이마셔 일명 '에테르 폐렴'으로 죽을 수도 있었다. 어쨌든 환자는 질식사할 가능성이 높았다.

사정이 이렇다 보니 외과 의사 대부분이 클로로포름을 선호했다. 클로로포름은 기분 나쁜 부작용도 덜했던 데다 환자를 좀더 빠르고 쉽게 마취시킬 수 있었다. 커다란 손수건 같은 천에 약재를 적셔 환자의 코 위에 몇 분 얹어놓기만 하면 됐다. 문외한도 할 수 있는 일이었다. 물론 환자가 너무 깊이 들이마셔 흡입량이 과다할 경우 수면 상태가 그대로 영원히 이어질 수도 있었다. 그러나 그런 일은 그 날의 하고많은 위험 가운데 하나일 뿐이었다.

1885년 미니애폴리스의 닥터 제임스 E. 무어는 일 년 일정으로 외국 유학을 떠났다. 보안관 마차에 실려 자신의 진료소로 오는 사고 부상자들에게 '모자 몇 개를 채우고도 남을' 분량의 클로로포름을 퍼붓는 데 익숙했던 그는 베를린의 병원들에서 실시하는 마취법에 깊은 인상을 받았다. 그 같으면 하루아침에 다 쓰고 내다버렸을 클로로포름 병을 독일 외과 의사들은 일주일 내내 사용하고 있었다. 그곳 의사들은 철망에 거즈를 몇 장 깔아 환자의 코 위에 대고 그 위로 클로로포름을 한 방울씩 떨어뜨려 사용했기 때문이다.

미국으로 돌아올 때 닥터 무어는 독일 병원에서 근무하던 마취의 한 명을 데리고 들어와 동료 외과 의사들과 함께 그에게서 개방점적법(open drop method)을 배웠다. 그 동료들 가운데는 메이요 형제와 아버지 닥터 메이요도 포함되어 있었다. 삼부자는 에테르를 사용할 때도 이 방법을 적용했고, 천천히 투여한 덕분에 공기와 잘 섞여서 그런지 에테르 마취에서 가장 말썽 많은 부작용이 제거됐다. 이내 메이요 삼부자는 이 방법을 가장 선호하게 됐다.

개방점적법은 미국 내에서 전파 속도가 더뎠다. 존스홉킨스 병원조차도 1895년까지 기존 방식을 고수했다. 1906년에 들어서도 매사추세츠의 한 외과 의사는 로체스터를 방문했다가 메이요 형제가 이 '새로운 방법'을 사용해 에테르를 투여하는 모습을 보고 깜짝 놀랐다.

메이요 형제는 전혀 없었던 일은 아니지만 당시로서는 보기 드물게 마취 전담 간호사를 두었다. 다른 병원들에서는 마취 업무가 수련의의 소관이었다.

처음에 메이요 형제는 마취 업무를 어쩔 수 없이 이디스 그레이엄에 이어 앨리스 마고에게 맡겼다. 수련의가 없었기 때문이다. 그 뒤 수련의가 들어왔지만 형제는 전담 간호사가 이 일에 더 적합하다는 결론을 내렸다. 전담 간호사는 이 일에만 전념하는 데 비해 수련의들은 아무래도 외과 의사가 하는 일에 더 많은 관심을 쏟기 때문이었다.

다른 병원에서는 마취제를 수술실 옆방에서 투여하며 상태를 살피다 환자가 의식을 잃고 나서야 수술실로 옮겼다. 환자를 불안에 덜 떨게 하려면 수술에 사용되는 그 많은 장비를 보여주지 않는 쪽이 더 낫다고 생각했기 때문이다. 그러나 메이요 형제는 이완된 상태의 환자를 이 방에서 저 방으로 옮길 경우 온도 차이 때문에 호흡기 문제가 발생할 수도 있다는 결론에 이르렀다. 그래서 형제는 수술실에서 마취하는 방법을 도입했다.

형제로서는 기쁘게도 이 방법이 심리적 측면에서 상당히 효과가 좋았다. 환자는 막연히 상상하기보다 눈앞의 현실을 보고 오히려 덜 당황했고, 낯선 조수가 지키고 서 있을 때보다 집도의가 곁에 있을 때 좀더 쉽게 잠들었다.

메이요 형제는 그런 심리적 요인을 강조했다. 마취 전담 간호사로서 마고의 소임은 먼저 환자의 정신적, 정서적 상태를 확인한 뒤 거기에 맞춰 마취제의 양과 '환자를 대하는 태도의 수위'를 조절하는 것이었다. 닥터 찰리는 긍정적인 말의 효과를 높이 샀다. 그는 마취 전담 간호사가 인상을 굳힌 채 "그러지 마세요"라거나 "계속 붙들고 계세요"라고 윽박지를 경우 환자를 통제하기 더 힘들어진다는 점에 주목했다. 그가 볼 때 이는 술 취한 사람의 화를 돋우는 것과 다를 바 없었다. 간호사가 부드러운 어조로 지금 어떤 조치를 취하고 있는지 설명하면서 "안심하세요. 환자분 맥박도 좋고 호흡도 아무 문제 없습니다"라고 말하면 환자는 훨씬 더 편안해하며 차분해졌다.

마고는 논문에서 이런 내용과 더불어 마취가 충분히 이루어졌는지 여부를 알 수 있는 징후와 임박한 위험을 미리 감지해 예방하는 방법과 관련해 101가지 세부 사항을 언급했다. 그녀는 의학회 회원이 될 수 없었기 때문에 옴스테드 카운티 의학회의 초청을 받아 처음으로 논문을 발표했다. 그녀의 논문은 나중에 주 의학 잡지에도 실렸다. 1904년 그녀는 주 의학회의 강연 요청에 응해 11,000명의 환자를 마취하면서 터득한 그간의 지식을 자세히 소개했다.

그녀가 발표를 끝내자 닥터 무어는 모두가 경의를 표해야 마땅한 경험과 지식이라고 소감을 피력했다. 그러면서 마고에게 마취를 맡긴다면 환자에 대해 걱정할 필요가 전혀 없을 거라고도 했다. 그러나 그는 에테르가 클로로포름보다 더 낫다는 견해에는 동의하지 않았다. 닥터 무어는 마취 효과 면에서 클로로포름이 훨씬 더 빠르다고 생각했다. 이와 관련해 마고는 이렇게 말했다.

"에테르는 수많은 경고를 발하며 천천히 죽이지만 클로로포름의 경우에는 작별 인사를 할 시간조차 주지 않습니다."

역시 마고의 답변은 예리했다. 시간이 고려 대상이 될 수는 없었다.

"외과 의사에게는 시간이 중요할지 모르지만 환자의 생명은 그보

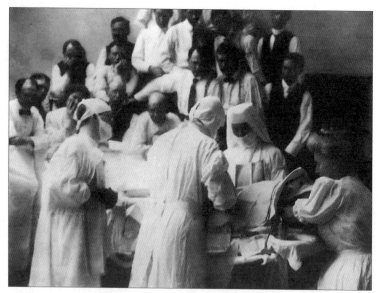

닥터 윌(앞 가운데)이 조지프 수녀의 도움을 받아 수술을 진행하는 동안 환자의 마취를 유지하고 있는 앨리스 마고(앞 맨 오른쪽). 1893년 이디스 그레이엄이 닥터 찰리와 결혼하면서 마취 업무를 넘겨받은 마고는 마취 전담 간호사로만 일했다. 그래서 1904년 미네소타 주 의학회에서 11,000건의 마취 사례에 대해 발표한 데 이어 1906년에는 미주리 주 의학회에서 14,000건의 마취를 보고했다.

다 더 중요합니다."

의학 모임에서 마취 전문의들은 로체스터에서 듣거나 본 것을 토론 쟁점으로 삼을 때가 많았다. 한번은 아이오와 주의 한 의사가 그 주에서 나타난 마취 사망률의 감소를 보고하면서 이렇게 말했다.

"우리 가운데 많은 이들은 앨리스 마고라는 유례없이 훌륭한 마취사가…… 환자들에게 이제 안심하고 그만 자라고 말하는 모습을 보면서 얼마나 감동했는지 모릅니다."

몇 년 뒤 어느 독일 외과 의사는 미국 전역의 마취의들이 메이요 형제와 함께 일하는 전문 간호사들에게 기술을 배우러 로체스터로 몰려든다는 소식을 고국에 전했다.

1904년 닥터 찰리는 모교인 노스웨스턴 대학교에서 명예 석사 학위를 받은 데 이어 미국외과협회에 처음으로 모습을 드러냈다. 그는 안구돌출갑상샘종 치료법의 일환인 갑상샘 절제술을 주제로 발표에 나서 그 동안 실시한 40건의 수술을 보고했다. 그 자리에 있던 사람들은 이를 메이요 형제가 또다른 외과술 분야를 개척하기 시작했다는 신호로 받아들였다.

1905년 봄 닥터 찰리는 미네소타 주 의학회 회장으로 선출됐다. 그 직후 닥터 윌은 에든버러왕립외과학회 특별 회원으로 추대된 데 이어 7월에는 미국의학협회 회장으로 선출됐다.

이 소식이 전해지자 로체스터는 한껏 고무됐다. 미네소타 의사로는 처음으로 닥터 윌에게 '의학계에서 부여하는 최고의 영예'가 돌아갔으니 그럴 만도 했다! 그 누구도, 설령 유럽의 내로라하는 외과술의 대가가 로체스터를 찾는다 해도 이곳 주민들 눈에는 로체스터의 메이요 형제가 오른 위상과 비교도 되지 않았다. 시 유지들은 부랴부랴 자신들이 준비할 수 있는 가장 성대한 축하 행사와 더불어 자랑스런 주민의 금의환향을 맞을 계획을 세웠다.

푹푹 찌는 듯한 7월 24일 저녁 150여 명의 하객이 쿡하우스 로비에 속속 모여들었다. 개중에는 닥터 윌에게 주어진 이 영예 덕분에 미네소타도 덩달아 영예로워졌다는 것을 알리러 온 주 관료들 말고도, 학회에 참석했다 집으로 돌아가는 길에 세인트메리스 병원의 일부 병동을 둘러보려고 잠시 들른 각기 다른 주의 의사 10여 명도 있었다.

아홉 시 삼십 분, 존 칼러가 연회장으로 통하는 문을 활짝 열어젖히자 하객들은 임시 개조한 방으로 자리를 옮겼다. 벽마다 수많은 고비 줄기와 꽃으로 빈틈없이 장식되어 있었다. 천장에서는 아스파라거스 이파리로 만든 꽃줄과 색색의 전구가 흔들거리는 가운데, 식탁마다 각종 잎사귀와 스위트피와 청미래덩굴을 엮어 만든 꽃줄로 치장되어 있었고 중앙에는 환하게 불을 밝힌 귀빈의 명패가 올려져 있었다.

캐비아와 튀긴 닭고기와 샴페인과 아이스크림이 식탁에 차려지자 축사가 시작됐다. 로체스터 주민들은 자신들의 유명한 이웃을 칭송해 마지않았다.

"세계 역사 어디에서 이 가족에서와 같은 삼위일체를 찾아볼 수 있겠습니까. 아버지와 두 아들 모두 위대한 의사요 위대한 인물입니다. 그중에서도 아버지가 가장 위대합니다."

세인트메리스 병원을 둘러보려고 다른 주에서 온 몇몇 의사들은 그곳 주민들에게 메이요 형제가 의학계에서 어떤 명성을 얻었는지 실은 잘 모른다고 말했다. 그러자 텍사스에서 온 닥터 C. H. 로서가 이렇게 말했다.

"의학계의 우리는 윌과 찰리를 따로 생각하기가 어렵습니다. 지금 형이 맡고 있는 영예로운 미국의학협회 회장에 두 사람이 함께 선출될 수 있으면 얼마나 좋겠습니까."

닥터 찰리에게 그의 가치 또한 인정하고 있다는 의미로 '유리에 무늬를 새긴 우아한 화병'을 전달하고 나서 연회 사회자는 닥터 윌을 앞으로 불러 그 날 저녁의 하이라이트인 은제 러빙컵(양쪽에 손잡이가 달린 큰 술잔. 옮긴이) 증정식을 가졌다.

닥터 월은 이 날 밤 감사 인사를 하면서 평소 늘 평온하기만 했던 감정이 크게 동요했다. 끝에 가서 그는 자신에게 돌아온 영광은 동생의 영광이기도 하다고 생각한다는 점을 다들 알아줬으면 좋겠다고 말했다. 둘은 함께 일했고 한 사람의 성취는 두 사람 모두의 성취였다.

닥터 월은 1906년 보스턴에서 열린 미국의학협회 회의에서 퇴임하는 회장 루이빌의 닥터 루이스 S. 맥머트리가 주재한 간단한 기념식을 통해 공식 취임했다. 닥터 맥머트리는 약 15년 전 조지프 프라이스가 자신이 집도하는 수술을 참관하러 온 서부 출신의 젊은 의사 월을 무례하게도 내쫓으려 했을 때 이를 말린 장본인이었다.

닥터 월이 앞으로 걸어나오자 객석에서 우레와 같은 갈채가 터져 나왔다. 5,000명의 회원 모두가 환호하며 자리에서 일어나 박수를 치고, 발을 구르고, 모자와 신문을 흔들어댔다. 의학지 《노스웨스턴 랜싯》은 이렇게 전했다.

"누구든 살면서 그런 영예와 존경을 받는다면 마음이 울컥해지지 않을 수 없을 것이다. 그러나 이런 열띤 분위기 속에서도, 더욱이 매사추세츠 주지사와 하버드 총장 엘리엇과 보스턴 시장 피츠제럴드를 비롯해 외국의 저명한 의사들까지 숱하게 와 있는데도 닥터 월은 평소와 다름없이 시종일관 침착하고 기품 있으면서도 겸손한 모습을 보여주었다."

장내가 진정되자 닥터 월은 "의학계가 직면한 제반 문제"라는 주제로 회장 취임사를 시작했다. 무엇보다 그는 대중을 교육해 의학의 새로운 정신을 널리 전파할 것을 촉구했다. 의학적 문제와 관련해 대중이 얻는 정보의 대부분이 매약 장사치들의 광고를 통해 전달되는 상황에서 일반인이 공중보건 법률과 불법 의료 행위 규제를 수용하기를 기대하는 것은 어불성설이었다.

"지금이야말로 대중이 우리를 신뢰하게 만들어야 할 때입니다. 상황을 개선하고자 한다면 우리가 나서서 대중을 계몽해야 합니다. 최종 판단은 대중이 하기 때문입니다."

그 날 저녁 닥터 월은 다른 사교 행사에 또다시 귀빈으로 참석했는데, 이번에는 협회가 신임 회장을 위해 마련한 성대하고 세련된 공식 환영회였다. 귀부인들의 화려한 의상과, 춤추는 사람들의 거대한 물결과, 군악대가 연주하는 음악이 오래도록 기억에 남을 장관을 이루었다. 행사장을 헤치고 나아가며 생각할 시간이 있었다면 닥터 월은 의과대학 시절의 '풋내기 서부 촌놈'이 멀리, 한참 멀리 오기까지의 여정을 되짚어보았을 것이다.

15장

외과의사클럽

이 무렵 로체스터는 견학길에 오른 외과 의사라면 반드시 들르는 곳으로 자리 잡았다. 1906년 초 닥터 조지 N. P. 미드(Geroge N. P. Mead)는 미네소타의 이 소도시를 여행하고 난 직후 보스턴으로 돌아가 그 소감을 글로 써서 발표했다. 기차에서 그는 자신 말고도 로체스터로 향하는 의사가 일곱 명 더 있다는 사실을 알게 됐다. 캘리포니아, 텍사스, 아이오와, 켄터키, 뉴욕, 매사추세츠 등 그들의 사는 곳은 각기 달랐다.

도착하자마자 곧바로 병원으로 직행한 그들은 널찍한 수술실로 안내됐다. 수술실에서는 닥터 윌이 위를 절개하는 수술을 실시하고 있었다. 수술에서 중요한 부분을 마무리하고 나자 그는 방문객들에게 동생이 일하고 있는 옆방으로 들어오라고 손짓했다. 방문객들은 자신들이 방금 목격한 것처럼 섬세한 작업을 다시 볼 기회는 없을 거라고 확신하며 마지못해 따라나섰다.

그러나 방문객들은 이런 생각을 곧 바꾸어야 했다. 동생은 안구돌출갑상샘종을 치료하기 위해 갑상샘 절제술을 실시하고 있었다. 방문객들은 넋을 잃은 채 수술 장면을 지켜보았다. 환자가 대부분의 외과 의사라면 수술을 중단하고 "욕설까지 퍼부었을 만큼 심하게 몸을 뒤척였기 때문이다. 닥터 찰리는 그렇게 하지 않았다. 칼을 단 한 번만 잘못 놀려도 과다 출혈로 이어지거나 신경을 절단해 마비를 유발할 수 있는 상황에서도 그의 손놀림은 정확했다. 그는 놀라운 자신감과 능숙한 손놀림으로 한 치의 오차도 없이 절개했고, 수술은 금세 끝났다."

그 날 오전을 방문객들은 수술실 두 곳을 오가며 보냈다. 닥터 윌 혼자 열 건의 수술을 맡아 진행했다. 닥터 미드는 두 형제가 일 년에 도합 4,000건의 수술을 집도한다고 전했다.

"믿기 어려운 숫자다."

이와 비슷한 시기에 세인트루이스의 닥터 A. C. 버네이스도 《뉴욕 의학저널》에 「미네소타 주 로체스터의 메이요 진료소 탐방기」라는 제목의 글을 게재했다. 엿새 동안 그는 온갖 외과술을 아우르는 104건의 수술을 참관했다. 이와 관련해 그는 다음과 같이 썼다.

"최고의 전문성을 자랑하는 대도시의 유명한 외과 의사부터 이제 막 수술 환자를 받기 시작한 시골의 이름 없는 의사에 이르기까지 숱한 내과 의사와 외과 의사가 메이요 형제를 방문한다. 하루에 보통 스무 명에서 서른 명의 참관객들이 이곳을 찾는다."

그런 탐방기에서 의사들은 특이하게도 "옥수수 밭 한가운데 자리한 진료소"를 가장 먼저 언급했다. 그들에게 로체스터 하면 뭐니 뭐니 해도 진료소가 가장 먼저 떠올랐기 때문이다. 물론 아직까지는 '메이요 클리닉'이 아니라 '세인트메리스 병원 부설 메이요 진료소'였지만 말이다. 이런 명칭은 당연한 것이었다. 방문객들은 메이요 형제의 사설 진료소에서 존스홉킨스 병원 부설 오슬러 진료소나 할스테드 진료소와 동일한 형태의 조직 구성을 보았기 때문이다.

1906년 6월 7일 로체스터에 와 있던 의사 일곱 명이 쿡하우스 객실에 모여 '국제외과의사클럽'을 결성했다. "메이요 형제가 세인트메리스 병원에서 하는 일을 참관하러 이곳에 오는 의사들이 함께 만나 그날의 일정을 비롯해 여타의 공통 관심사를 토론할 수 있도록" 편의를 제공하는 것이 클럽의 목적이었다.

소정의 가입비(처음에 50센트였는데 중간에 1달러가 됐다가 나중에는 2달러)만 내면 수술 참관 의사는 누구나 회원이 될 수 있었다. 운영진은 매주 월요일 오후에 선출했으며, 회원 가운데 두 명을 매일 서기로 지명해 다음날 오전의 진료 상황을 기록해두었다가 클럽의 오후 회의 때 토론 자료로 제출하도록 했다.

여흥거리가 많은 대도시 한복판이었다면 이런 클럽이 오래가지 못할 수도 있었겠지만 늦은 오후나 저녁 시간에 딱히 할 일을 찾기 어려운 로체스터에서는 잠시 머무는 의사들의 사교 욕구를 채워주기에 충분했다. 한 달 만에 클럽은 참관객들의 일상에서 중요한 부분으로 떠올랐다. 회원들이 언제든 이용할 수 있도록 방 하나를 빌려 가구를 들여놓았고, 출석자 수도 하루 평균 25명으로 껑충 뛰어올랐다. 아울러 명망 있는 참관객이나 현지 의료진 가운데 한 명과 함께하는 비공식

좌담으로 마무리하는 토론 관례도 확립했다.

이 모두는 참관객들의 주도로 이루어졌다. 메이요 형제는 거기에 전혀 관여하지 않았다. 클럽 명예 회원으로 추대되긴 했지만 형제는 강연 요청이 있을 때만 클럽 모임에 참석했다. 형제가 있으면 사람들이 당황해서 토론이 솔직하고 자유롭게 진행되지 못할 수도 있었기 때문이다. 형제는 그렇게 되길 원하지 않았다.

닥터 윌은 딱 한 번 개입했다. 클럽이 쉽사리 없어지지 않으리라는 점이 분명해지자 그는 비서를 통해 회원들에게 클럽 명칭을 좀 덜 거창한 쪽으로 바꿨으면 좋겠다는 바람을 전달했다. 그의 의사를 존중한 회원들은 투표를 통해 클럽 명칭에서 '국제'를 뺐다. 그래서 그냥 '외과의사클럽'이 됐다.

사실 원래 명칭이 타당하지 않았던 것은 아니다. 결성한 지 3주밖에 되지 않아 외과의사클럽은 영국 에든버러의 알렉시스 톰슨, 아일랜드 더블린의 헨리 스토크스, 뉴질랜드의 W. H. 파크스, 일본 해군 의무감 가미로 다카키를 한꺼번에 회원으로 맞이했다. 첫 번째 여름이 끝나갈 무렵 클럽 회원 수는 미국과 캐나다 전역은 물론 해외 각지에서 온 의사들로 300명이 넘었다.

곧이어 더 넓은 클럽 본부가 필요해지자 회원들은 메이요 진료소 바로 옆의 2층짜리 건물을 통째로 빌려 새로 단장하고 책상, 의자, 칠판 같은 집기를 들여놓았다. 아울러 클럽은 로체스터에 사는 의사인 J. E. 크루를 상임 총무로 기용했다.

메이요 형제가 수술실에서 외과술을 가르쳤다면 그들의 조수들은 과학적인 진단법을 가르쳤다. 여기에 외과계에서 알아주는 거물들까

1923년 메이요 클리닉을 방문한 일본인 의사들과 클리닉 앞에서 기념 촬영을 하고 있는 닥터 윌(앞 왼쪽에서 두 번째)

1906년 6월 7일 로체스터에서 '국제외과의사클럽'이 결성됐다. 나중에 '외과의사클럽'으로 명칭이 바뀐 이 비공식 단체는 메이요 형제가 세인트메리스 병원에서 하는 수술을 참관할 목적으로 로체스터를 방문한 의사들의 모임이다. 이 사진은 1909년 9월 4일 캐나다, 아일랜드, 스코틀랜드, 그리고 미국 내 19개 주에서 온 의사들이 닥터 윌(맨 앞 오른쪽에서 네 번째, 작은딸 피비 거트루드를 안고 있다)과 함께 찍은 것이다.

지 가세해 논평과 이견을 제시하면서 로체스터의 외과의사클럽은 미국 어느 곳에서도 찾아볼 수 없는 독특한 외과 대학원으로 발돋움했다.

실제로 캐나다의 한 의사는 의학지 《캐나다 랜싯》에 기고한 글에서 메이요 진료소를 가리켜 "사실상 가능성이 무궁무진한 금세기 최고의 의과대학원"이라고 일컬었다.

과거에 닥터 윌과 닥터 찰리는 다른 진료소들에 수술을 참관하러 갔다가 난감하고 불쾌했던 적이 꽤 있었다. 담당 외과 의사가 시시각각 수술을 어떻게 하고 있는지 설명하는 것은 고사하고 참관객이 수술을 제대로 참관할 수 있는 상황인지조차 신경 쓰지 않았기 때문이다. 이 참관 견학 초창기에 형제는 참관객에게 뭐든 보여줄 게 있다면 누구든 반갑게 맞이해 제대로 된 참관 환경을 제공하고 수술 과정 전반에 대해 자세히 설명해주리라 다짐했었다.

형제는 조수의 수를 가급적 줄여 초창기의 이 다짐을 실현하는 쪽으로 나아갔고, 참관객들은 형제의 그런 배려를 고맙게 여겼다. 이와 관련해 어느 참관객은 다음과 같이 말했다.

특히 고마운 점은…… 국내든 국외든 대다수의 외과 수술실에서 흔히 눈에 띄는 엄청난 수의 조수 떼거리가 이곳에는 없다는 것이다. 참관객은…… 기껏해야 조수들의 뒤통수, 아니면 어쩌다 피 묻은 스펀지, 아니면 벌어진 절개 부위만 눈에 들어올 뿐 수술 과정의 다양한 단계는 사실거의 보지 못한다. 그러나 이곳 로체스터에서는 사정이 다르다. 형제는 수술할 때 조수나 도우미를 각기 한 명만 곁에 둔다. 그 밖의 조수나 간호사는 수술대 뒤에 서서 지켜보다가 장비를 바꾸거나 봉합 도구를 건넬 때만 앞으로 나온다. 메이요 형제는 고도의 훈련을 받은 조수 한 명이 제대로 훈련받지 못한 조수 여섯 명보다 낫다는 것을 분명히 아는 듯하다.

이 말처럼 조지프 수녀는 더러 닥터 윌이 참관객들의 질문에 답하려고 고개를 돌릴 때면 알아서 척척 수술을 계속 진행할 만큼 고도로 훈련받은 인재였다!

참관객들의 편의를 한층 더 배려해 메이요 형제는 밑에는 바퀴를 달고 위쪽에는 기댈 수 있도록 손잡이를 부착한 철제 승강대를 여러 대 주문했다. 설계는 닥터 찰리가 맡았다. 많은 인원이 올라탈 수 있는 이 승강대는 관찰하기 좋은 장소로 이동할 수 있었을 뿐만 아니라 높이도 충분히 높아서 참관객들이 집도의를 방해하지 않고도 그의 어깨 너머로 수술 과정을 지켜볼 수 있었다. 아울러 형제는 참관객들이 멀리서도 수술 과정을 볼 수 있도록 수술대 위쪽에 거울을 비스듬히 설치하기도 했다.

메이요 진료소에는 눈으로 봐야 할 것 못지않게 귀로 들어야 할 것도 많았다. 형제가 수술에 들어갈 때마다 병력과 진단을 되짚어보면서, 환자의 상태를 기술하면서, 어떤 조치를 왜 취했는지 설명하면서 나름 생방송을 곁들였기 때문이다. 이런 강담에서 형제는 아주 인상적인 실례를 들어가며 자기네 공식 논문에 실리는 감별진단, 사망 전 병변, 조기 수술 등의 원리를 알기 쉽게 설명했다.

닥터 윌의 임상 강의에는 이런 성격의 예증이 매우 자주 등장했다. 마취제를 투여하는 동안 조수가 읽어 내려간 병력의 주인공은 소화 불량으로 다년간 치료를 받았지만 아무 효과도 보지 못한 '위장병' 환

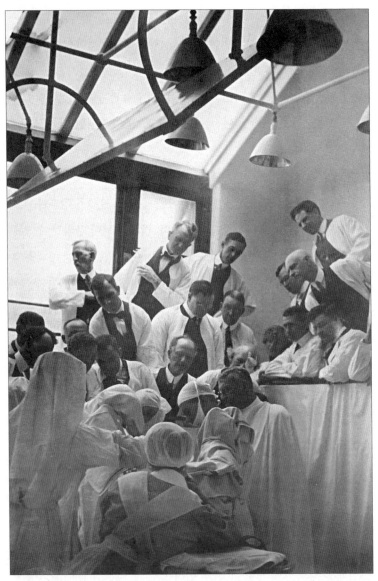

로체스터를 찾아온 내과 및 외과 의사들이 메이요 형제가 수술하는 모습을 지켜보고 있다. 참관객들을 배려한 수술대 옆 승강대와 위쪽의 거울이 보인다. 참관 의사들은 이런 임상 강의를 대개 "메이요스 클리닉(Mayos' Clinics, 메이요 형제의 임상 강의)"으로 불렀는데, 1914년 메이요 형제는 이것을 차용해 "메이요 진료소"의 공식 명칭을 "메이요 클리닉(Mayo Clinic)"으로 변경했다.

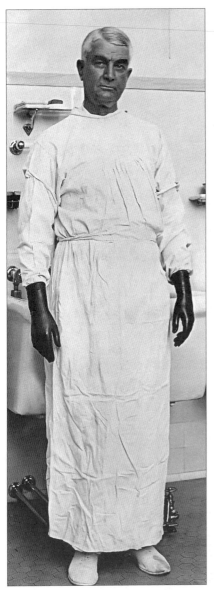

닥터 윌(왼쪽)과 닥터 찰리가 수술복을 입고 세인트메리스 병원 수술실에 서 있다. 1920년대. 닥터 윌은 1928년에 수술을 그만두었다. 닥터 찰리는
망막출혈이 있고 나서 일 년 반 후에 수술을 그만두었다. 두 사람 모두 1932년에 메이요 클리닉에서 은퇴했다.

자였다. 그러나 막상 배를 열자 위가 완벽히 정상으로 보였다.

"여러분은 방금 병력을 들었지만 이 위를 보십시오. 내가 보기에 위는 멀쩡합니다. 다시 말해 문제는 다른 곳에 있습니다. 문제가 충수에 있는지 어디 한번 봅시다."

이 말이 끝나기가 무섭게 그는 심하게 병든 충수를 보여주었다.

그러고 나서 그는 충수를 제거하고 복부를 닫으며 참관객들에게 중요한 말을 했다. 즉 이런 경험을 수없이 되풀이하는 과정에서 위통이 사실은 병든 충수나 담낭에서 비롯될 수도 있다는 교훈을 배웠지만, 최근 들어 몇몇 외과 의사들이 위는 아무 문제가 없는데도 위장병 증세를 보이는 환자에게 무턱대고 위장문합술을 실시하는 바람에 이를 원상태로 돌려놓아야 하는 경우가 여전히 많다고 했다. 이튿날이면 참관객들은 그가 이런 식의 잘못된 위장문합술을 원상태로 돌려놓는 모습을 지켜보거나 위는 정상이지만 담낭에 가득 찬 돌 때문에 '소화 불량'으로 고생해온 환자를 수술하는 모습을 지켜볼 수 있었다.

일반 강의에서는 실례를 일절 구경할 수 없었기에 이런 임상 강의는 의사들에게 매우 유익했다. 그래서 이후 어느 의학 모임에서건 위나 담낭 질환을 주제로 한 논문 발표는 "필자는…… 닥터 윌이 자신의 진료소에서…… 하는 모습을 보고 처음으로 ……을 이해하게 됐습니다.……"라는 이야기로 시작되는 경우가 많았다.

브리티시컬럼비아의 닥터 어니스트 홀이 "오늘날 위 점막 염증과 만성 소화 불량은 닥터 윌의 천재성 덕분에 문제의 병력이 빠르게 확인되고 있습니다.…… 골반 하면 로슨 테이트이듯이 상복부 하면 단연 윌리엄 제임스 메이요입니다"라고 쓴 것은 결코 과장이 아니었다.

닥터 찰리는 너무 많은 분야를 다루어서 아직은 어느 한 분야에서 이처럼 뛰어난 명성을 얻지는 못했지만 갑상샘 수술의 선두 주자로 빠르게 부상하고 있었고, 참관객들도 여기에 주목했다. 닥터 윌은 미래를 내다보고 내슈빌 밴더빌트 대학교 외과 교수 윌리엄 D. 해거드에게 "찰리는 머잖아 미국의 코허(테오도어 빌로트의 제자이면서 1909년 노벨 생리의학상을 수상한 스위스의 생리학자 겸 갑상샘 외과 전문의. 옮긴이)가 될 겁니다"라고 말했다.

연사로서 닥터 찰리는 매우 특이했다. 그는 "청중을 끊임없이 기대에 부풀게 했다. 열 건 내지 열다섯 건에 이르는 주요 사례를 다루는 오전 강의 때면 그는 인체 구성 요소로 만들 수 있는 못(철)과 성냥개비 대가리(인)의 숫자, 숯(탄소)과 화약(황)의 무게 등을 토론 주제로 삼곤 했다. 또 땅다람쥐의 담낭이나 큰도마뱀의 송과안, 참나무의 혹병, 칠면조의 간에서 나타나는 결핵 병변 같은 괴상한 주제를 놓고 철학적으로 논하다가 그 사이사이에 방대한 경험을 통해 축적된 지혜에서 나오는 견실한 임상 지식을 소개했다.…… 듣는 사람들은 그의 별난 강의에 완전히 넋을 빼앗긴 채 그의 광범위한 독서와 빈틈없는 관찰이 또 어떤 신기한 정보를 드러내게 될지 궁금해했다."

형제는 둘 다 사물을 묘사하는 능력이 출중해 청중의 마음을 사로잡았고, 강의가 끝나면 사람들은 메이요 형제의 '금언'을 되뇌며 자리를 떴다. 특히 닥터 찰리는 친근한 비유를 통해 설명하는 것이 강점이었다. 예를 들면 이런 식이었다.

"부갑상샘은 제거하면 안 됩니다. 얼핏 지방 덩어리처럼 보이는데 그것보다 약간 더 딱딱하고 크기는 리마콩만 합니다."

"간에서 손도끼 날처럼 날카로운 이 끝부분이 망가지면 담낭을 꺼내야 합니다."

그의 청중은 정상 간을 수없이 보아왔지만 닥터 찰리의 설명을 듣기 전에는 그 부분이 손도끼 날처럼 생겼다고는 미처 생각해보지 못했다.

닥터 윌의 강점은 간단명료하게 설명하는 능력이었다.

"난소를 만지작거리지 마세요. 제거하든지 그냥 놔두든지 둘 중 하나만 하세요."

"장폐색인데 복부가 잠잠하면 패혈증이 생겼다는 뜻입니다. 장이 마비 상태라 수술이 불가능합니다."

"경험을 너무 많이 하기 전에 결론을 내리세요.…… 경험이 너무 많은 사람들은 결론을 내리기가 어렵습니다."

참관객들은 이런 가르침에 고마워하면서도 형제가 강의의 부담을 어떻게 견디는지 궁금하게 여겼다. 임상 강의의 내용을 한 자도 빼놓지 않고 기록해 인쇄한 보고서가 매일 15장 내지 20장에 이르는 가운데 형제는 말을 하는 내내 "침착하면서도 빠르게…… 자르고, 꿰매고, 동여매는 등 외과 수술에 필요한 모든 기술을 선보였다."

초창기의 기준에서 보면 메이요 형제는 탁월한 외과 의사가 아니었다. 속도, 과감성, 현란함으로 참관객을 현혹하진 못했기 때문이다. 그러나 외과 의사가 눈길을 끄는 손놀림으로 보는 사람의 전율을 사는 시대는 지났다. 이제는 능수능란함보다 안정감, 안전성, 철저함이 외과 의사의 덕목으로 더 중요하게 인식됐고, 메이요 형제는 이런 특징을 많이 지니고 있었다.

메이요 형제를 가까이서 지켜본 사람의 말을 빌리면 형제의 외과 술은 "모든 외과 거장들의 기술 가운데 정수이며, 메이요 형제는 독창적인 생각으로 그 수준을 더욱 끌어올렸다." 형제는 자신들이 어떤 기술의 원조라고 주장하는 데에는 별로 관심이 없었다. 대신 누가 맨 처음 발견했건 상관없이 가장 최선의 방법을 알아내고 익히는 데 관심을 기울였다.

형제 모두 각자의 역할에 대해 어느 것 하나 숨기는 법 없이 참관객들에게 이런 점은 어디서 저런 점은 어디서 익혔는지 솔직하게 털어놓았다. 그 출처는 형제의 아버지일 때도 있었고, 조지프 프라이스나 옥스너, 머피 또는 할스테드일 때도 있었다. 이와 관련해 닥터 윌은 이렇게 말하곤 했다.

"나는 이것을 다르게 실시하고 있었는데 모이니핸이 이곳에 와서 자신의 방법을 가르쳐주었고, 그 방법이 더 낫기에 지금은 나도 그 방법을 사용합니다."

그런가 하면 닥터 찰리는 이렇게 말하곤 했다.

"이 수술을 처음 시도했을 때만 해도 이 부분에서 막혔지만 보스턴의 닥터 조지 멍크가 와서 어떻게 해야 할지 가르쳐줬습니다."

좋은 방법이나 도구를 '발명'한 다른 사람들의 과시적인 태도에 익숙해 있던 참관객들은 메이요 형제의 꾸밈없는 솔직함에 감명받았다. 그러나 참관객들이 형제에게 이 점에 대해 이야기하거나 다른 외과 의사들로부터 끊임없이 배우려고 하는 자세에 대해 칭찬하면 그들은 대답으로 아버지 닥터 메이요의 말을 메아리처럼 인용했다.

"아무리 잘난 사람도 혼자서는 살아가지 못하는 법입니다."

이에 대해 닥터 찰리는, 연간 수백 건의 복부 수술을 실시하면서 다른 의사들의 성과를 직접 보거나 논문으로 읽어본 적이 없어 다른 의사들이 사망률을 3퍼센트로 낮추고 나서 한참 뒤에도 16퍼센트라는 자신의 사망률을 자랑스럽게 여긴 유럽의 한 외과 의사 사례를 인용하곤 했다.

메이요 형제는 자신들이 원조라고 자처하지 않았듯이 절대 틀릴 리가 없다는 생각 또한 고집하지 않았다. 미국의 몇몇 병원에선 수술 일정표에 모호하게 '복부 수술'이라고만 기재했기 때문에 집도의는 조수가 병력을 낭독하는 중에 그제야 비로소 진단의 정확성 여부를 확인할 수 있었다. 그러나 메이요 형제는 수술 일정표에 늘 구체적인 진단명을 기재했고, 진단을 내릴 수 없는 경우에는 일단 탐색절개술부터 해봐야겠다고 솔직히 밝혔다. 앞서 내린 진단이 틀린 것으로 판명되면 형제는 조수에게 병력을 다시 읽어보라고 주문한 뒤 참관객들의 도움을 받아가며 무엇 때문에 길을 잃었는지 파악했다.

일부 외과 의사들은 까다로운 수술은 공개하지 않았지만 메이요 형제는 어떤 수술이든 기꺼이 공개했으며 참관객들은 행운뿐만 아니라 불운을 통해서도 배울 수 있었다. 상황이 어려울수록 명장의 능력이 빛을 발할 때가 많았다.

하루는 닥터 윌이 신장 종양을 제거하고 있었다. 해저 융기가 항해사의 지도를 무용지물로 만들 수 있듯이 거대한 종양은 외과 의사에게 친숙한 주요 지형지물을 제자리에서 밀어내고 인접한 장기에 들러붙어 있었다. 닥터 윌이 종양을 표면으로 밀어올리자 몸 안의 대정맥이 터지면서 피가 콸콸 솟구쳐나와 환자의 생명이 몇 분 안에 끝날 판이었다.

닥터 윌은 오로지 훈련된 촉각에 의지해 우선 손가락으로 터진 곳부터 찾아내 틀어막았다. 솟구쳐나오는 피 때문에 아무것도 보이지 않았기 때문이다. 그러고 나서 그는 침착한 목소리로 긴장한 참관객들에게 이렇게 말했다.

"여러분, 제가 대정맥을 찢어먹어서 이걸 고치자면 다른 부위를 절개해야 할 것 같습니다."

그는 구멍을 봉합하고 단단히 묶였는지 확인한 뒤 종양과 유착된 조직에서 종양을 잘라내는 임무를 침착하게 수행해나갔다. 그런데 들러붙어 있던 종양이 갑자기 축 처지면서 장이 길게 찢어졌다.

닥터 윌은 이어서 이렇게 말했다.

"이번 사고는 아까 정맥에 낸 상처보다 훨씬 더 심각합니다. 십이지장을 길게 찢고 말았는데 만약 원래대로 복구하지 못한다면 내용물이 밖으로 새어나와 환자는 며칠밖에 살지 못할 겁니다."

그러고는 신중하고 조심스럽게 찢어진 장을 봉합한 뒤 계속 신장에서의 작업을 마무리해갔다.

수술은 세 시간 반이 걸렸다. 수술이 끝나자 긴장으로 녹초가 된 참관객들은 한 치의 흐트러짐도 없이 임무를 완수한 남자를 경외의 눈길로 쳐다보았다.

여느 외과 의사의 손에서였다면 둘 중 어느 사고든 곧 죽음을 의미했을 것이기 때문에 사람들은 지대한 관심을 가지고 수술 후 경과를 지켜보았다. 쇼크나 합병증의 징후는 전혀 없었고, 환자는 순조롭게 완쾌했다.

외과 의사로서 두 형제를 비교해달라는 요청에 닥터 해거드는 이렇게 대답했다.

"닥터 윌이 천재적인 외과 의사라면 닥터 찰리는 외과술의 천재입니다."

닥터 찰리의 놀라운 특징은 다재다능과 독창성이었다. 다른 외과 의사들은 갑상샘 제거부터 전립샘이나 정맥류 절개에 이르기까지 온갖 수술을 아무렇지도 않게 척척 해내는 그의 모습을 경이로운 눈으로 지켜보았다. 로체스터의 진료 폭이 다양할 수 있었던 것은 순전히 그 덕분이었고, 이에 대해 어떤 사람은 이렇게 말했다.

"이곳에서 웬만큼 머물다 보면 외과계에 알려진 수술은 모두 볼 수 있습니다."

그는 일하는 틈틈이 독창성을 발휘해 특이한 사례에 맞는 수술 방법을 고안해내기도 했다. 미국외과협회 회원들은 일 년에 한 번씩 로체스터에서 모임을 갖고 닥터 찰리의 특별한 재능을 보고 싶다며 닥터 윌에게 닥터 찰리가 아직 접해보지 못한 까다로운 사례를 선정해 그가 어떻게 대처하는지 볼 수 있게 해달라고 요청했다. 이에 대해 윌은 다음과 같이 기억했다.

여기 오기 전 일곱 차례나 수술받았지만 상태가 외과 처치로는 도저히 가망이 없어 보이는 여성 환자의 사례를 골라 회원들에게 환자를 검진하게 했습니다. 회원들 모두 환자가 회복될 가망이 없다는 데 동의했고, 그래서 다들 닥터 찰리가 쩔쩔매는 모습을 지켜볼 준비를 했지요. 환자를 데리고 가자 닥터 찰리는 기존 수술 후의 경과를 꼼꼼하게 살피더니 대뜸 휘파람을 불더군요. 그러고는 별로 고민하지도 않고 완전히 새로운 수술 계획을 내놓지 뭡니까. 수술은 성공적이었고, 참관 의사들은 그저 놀랄 뿐이었지요.

참관객들은 병리학이 로체스터의 외과술 발전에 미친 영향에도 깊은 인상을 받았다. 이런 혁신 덕분에 수술 중에도 현미경을 이용해 즉석에서 진단을 내릴 수 있었다.

실험실 기술을 진료의 의붓자식 이상으로 격상시켜야 한다고 닥터 플러머가 끈질기게 주장하는 데다 닥터 허브의 퇴직으로 새로운 병리학자를 뽑아야 할 필요가 생기자 메이요 형제는 실험실 기술 개발에 전력투구할 전문 인력을 보강하기로 결정했다.

메이요 형제는 1896년 미네소타 대학교에서 의사 면허증을 받고 미네소타 주 공중보건국 세균연구소 부소장이자 모교의 세균학 및 병리학 조교수로 있던 닥터 루이스 B. 윌슨(Louis B. Wilson)을 기용했다. 메이요 형제가 알기로 그는 끝없는 지적 호기심을 불태우며 주 공중보건국에서 실시하는 조사 업무에 자신의 과학 재능을 유감없이 발휘해온 인물이었다.

1904년 가을 닥터 윌이 닥터 윌슨에게 로체스터로 와서 일해볼 의향이 있는지 같이 의논해보자며 초대했을 때 그는 반신반의했다. 메이요 형제는 주에서 지급하는 월급보다 더 많은 액수를 제시했지만 그에게는 업무의 독립성과 연구 기회가 돈보다 더 중요했다. 닥터 메이요는 그가 맡게 될 업무를 설명하면서 많은 자유를 약속했지만 그가 생각하기에 개인 병원인 만큼 영리를 추구할 게 뻔했다. 시험관과

루이스 B. 윌슨은 1905년부터 메이요 형제와 함께 일했으며, 실험실 연구의 발전을 주도했다.

슬라이드를 사용할 때마다 그 이유를 설명해야 한다면 어떡하나?

"제 예산으로 얼마나 배정해주실 건가요?" 그가 물었다.

"예산을 따로 배정하진 않습니다."

"그렇다면 얘긴 끝났군요. 저는 오지 않겠습니다."

닥터 윌은 정해진 예산이 없다는 뜻이라고 해명했다.

"뭐든 필요한 게 있으면 요청하세요. 우리가 해드리겠습니다."

약속대로만 된다면 더 이상 바랄 나위가 없었다. 그래서 닥터 윌슨은 1905년 1월 1일부터 그 일을 맡기로 동의했다.

그는 수천 개가 넘는 메이요 형제의 외과 표본 가운데 아주 소수만 연구용으로 남아 있다는 사실을 알고 경악했다. 연구용으로 대학교에 보낸 그 소수를 제외하면 나머지는 버렸거나 유실되고 없었다. 곧 그는 세인트메리스 병원의 빈 방 한 곳에 장비를 들여놓고 수술대와 부검대에서 떼어낸 표본의 체계적인 연구, 분류, 보존 작업에 들어갔다.

부검은 1904년 세인트메리스 병원에서 발생한 사망 환자의 22퍼센트 선에서 이루어졌다. 이는 당시의 평균치보다 꽤 높은 부검율이었지만 메이요 형제와 일한 지 일 년 만에 닥터 윌슨은 이 비율을 70퍼센트로 끌어올렸다. 그는 유족들에게 한 번도 좋은 소리를 듣지 못하면서도 가족과 자손들은 고인의 정확한 사망 원인과 병증에 대해 가능한 한 모든 것을 알아야 한다는 전제 아래 당당하게 부검에 임했다.

한편 그는 연민이 아주 강한 사람이었다. 그래서 유가족의 슬픔이 채 가시지도 않은 상황에서 그들에게 부검 이야기를 꺼낸다는 게 여간 고역스럽지 않았다. 그런데 자신이 필요 이상으로 괴로워했다는 생각이 든 때가 한 번 있었다. 눈치를 보며 조심스럽게 말을 꺼냈는데 뜻밖의 대답이 돌아왔기 때문이다.

"물론 우리는 선생님이 부검을 해주시길 원합니다. 우린 비용이 들어간 건 뭐든 다 알고 싶어요."

이후 닥터 윌슨은 부검을 이런 차원에서 생각하며 필요 이상으로 괴로워하지 않았다. 부검 비용 청구도 별로 개의치 않았다.

하루는 닥터 윌이 닥터 윌슨에게 이렇게 말했다.

"병리학자들이 우리 외과 의사들에게 환자가 아직 수술대 위에 있을 때 종양이 암인지 아닌지 알려줄 방법을 찾아낸다면 얼마나 좋겠까요."

전체적인 모양만으로는 종양이 악성인지 양성인지 판별할 수 없을 때가 많았고, 당시 사용하던 방법으로는 현미경 진단에 필요한 조직을 준비하는 데에만 몇 시간, 때로 며칠이 걸리기도 했다. 그렇다 보니 외과 의사는 오로지 자신의 판단에 따라 너무 많이 절개하거나 너무 적게 절개할 수도 있었다. 그 결과, 혹만 제거해도 충분한데 유방 한쪽을 모조리 들어내거나, 심하게는 혹만 잘라내고 암세포가 퍼져 있는 조직은 그냥 내버려두게 되는 경우도 많았다.

이런 문제를 해결하려면 생조직을 다루는 데 필요한 기술을 개발해야 했다. 초창기의 조직학자들은 생조직을 그대로 사용했지만 나중에 현미경 병리학 분야에서 이루어진 진보는 사실상 모두 알코올에 담가 딱딱하게 굳힌, 즉 '고정한' 조직을 사용하면서부터 가능해졌다. 이후 조직을 고정하는 대신 얼리는 방법이 등장하면서 병리학자들은 고정한 조직을 의심의 눈으로 바라보기 시작했다.

고정한 조직을 불신했던 주요 이유는 분별 염색이 잘 되지 않았기 때문이다. 조직을 고정하는 데 주로 사용되는 염색제가 생조직에는 잘 맞지 않았다. 새로운 염색제가 필요했다.

취미 삼아 식물학에도 손을 댔던 닥터 윌슨은 살아 있는 세포와 친화성이 강한 아닐린 염료의 일종인 메틸렌블루를 사용해 메이애플 뿌리의 생조직을 염색해본 적이 있었고, 그 염료를 세균학에 적용해 살아 있는 유기체를 관찰한 적도 있었다. 이제 그는 메틸렌블루가 생조직의 미세한 부위에 어떻게 반응하는지 알아보기로 했다.

이번에도 그는 식물학 경험을 바탕으로 고갱이(풀이나 나무의 줄기 한 가운데에 있는 연한 심) 사이에 조직을 고정해 면도칼로 잘게 자른 다음 몇 분 동안 창 밖에 놔둬 꽁꽁 얼렸다. 당시 미네소타는 1월이었다. 그런 다음 얼린 조직을 메틸렌블루에 담갔다가 식염수로 세척한 뒤 역시 식물학에서 배운 대로 글루코스 혼합 용액에 집어넣었다.

그 결과, 미세한 차이까지 분간할 수 있을 만큼 아주 깨끗한 현미경 영상이 나타났다. 그런데 이것은 병리학자들에게 익숙한 갈색과 분홍색 영상이 아니라 빨강과 자주, 진한 파랑으로 이루어진 데다 죽은 세포가 아니라 살아 있는 세포의 영상이었다.

몇 주 동안 닥터 윌슨은 정상과 비정상 할 것 없이 손에 넣을 수 있는 생조직을 모조리 검사하며 새로운 형태의 현미경 사진에 익숙해진 다음, 기존 방법대로 준비한 표본으로 검사하는 경우와 생조직에 근거해 진단하는 경우의 결과를 비교해보았다. 아울러 염색 방법을 단계별로 표준화하는 한편, 떼어낸 부위를 자동으로 얼리고 잘라줄 마이크로톰(박편 절단기)도 하나 구입했다.

1905년 4월 말에 이르자 그는 메이요 형제가 환자에게서 방금 떼어낸 조직을 건넨 지 2~5분 만에 진단 결과를 넘길 수 있었다.

메이요 형제는 이러한 기술 개발의 엄청난 가능성에 즉각 주목했고, 생조직 진단은 메이요 외과술의 과학적 대들보이자 특징의 하나로 빠르게 자리 잡았다.

그런데 이 새로운 종류의 현미경 진단이 위력을 발휘하자면 병리학자가 외과 의사의 요구에 끊임없이 부응해야 했기 때문에 곧 닥터 윌슨은 조력자가 필요해졌다. 그래서 존스홉킨스 병원의 닥터 윌리엄 웰치에게 편지를 보냈더니 1904년 존스홉킨스 의대를 졸업한 윌리엄 C. 매카티를 추천했다. 몇 달 뒤 매카티는 닥터 윌슨과 단순히 업무뿐만 아니라 생조직 진단에 대한 열정까지 공유하기 시작했다.

일 년쯤 뒤 닥터 윌슨은 메이요 형제가 비용을 대는 의료진 연수에 나서 볼티모어에 있는 할스테드의 수술실을 방문했다. 그는 할스테드가 환자에게서 조직 표본을 떼어낸 뒤 환자를 수술대에 남겨둔 채 실험실에서 한 시간 넘게 씨름하며 종양의 성격을 가늠하는 모습을 지켜보았다. 환자의 입장을 고려할 때 자신이 고안한 방법이 훨씬 더 낫기에 닥터 윌슨은 할스테드에게 거기에 대해 설명하고 언제 로체스터에 와서 직접 확인해보라며 그를 초대했다. 할스테드는 초대에 기꺼이 응했고, 닥터 윌슨이 생조직을 준비하는 모습을 보며 그는 평소와 다른 열의를 보였다. 그 광경을 지켜본 메이요 형제는 그저 흐뭇할 따름이었다.

외과 의사들이 생조직 진단의 가치에 주목하는 것과 병리학자들이 그 방법을 실제로 채택하는 것은 별개의 문제였다. 그 방법이 믿을 만하다고 수긍하면서도 그런 진단을 내리는 데 필요한 병리학자를 추가로 기용할 여력이 있는 병원이 거의 없었을 뿐만 아니라 대체로 병리학 실험실은 병원에서 먼 곳에 위치해 있어 외과 의사가 아침에 표본을 채취하면 병리학자는 생조직 진단을 내리기에 너무 늦은 오후나 이튿날에야 표본을 건네받았기 때문이다.

임상 진단 '체계'는 메이요 형제의 진료에서 사람들 입에 가장 많이 오르내린 특징 중 하나였고, 참관객들은 커다란 기대를 품고 주로 오후에 진료소를 찾았다.

얼핏 보면 프리메이슨 건물도 그렇고, 나무 의자와 샘 월터 포스(Sam Walter Foss)의 시 「길가 집(The House By the Side of the Road)」이 적힌 액자만 덩그러니 놓인 그곳의 어두컴컴한 복도도 그렇고, 특별히 눈길을 끌 만한 것은 아무것도 없었지만 하루에 200여 명의 환자가 바로 그 복도와 그 양옆의 진료실을 거쳐갔다. 메이요 형제가 오전 내내 세인트메리스 병원에서 바쁘게 일하는 동안 나머지 의료진은 시내 진료소에서 진단 업무를 보면서 수술을 받아야 할 것 같은 환자들에게 메이요 형제가 최종 진단을 내리려면 오후나 돼야 가능하니 그때 다시 오라고 말했다.

진단 전문의가 판단하기에 어떤 환자를 메이요 형제가 봐야 할 것 같으면 복도로 걸어가 문틀 위에 색깔 있는 판지를 꽂아두었다. 빨간색 판지는 닥터 찰리 담당이고 초록색 판지는 닥터 윌 담당이었다. 메이요 형제는 진료소에 도착해 복도에서 자기 차례를 기다리는 환자와 인사말을 주고받을 때만 잠시 발길을 멈췄을 뿐 오후 내내 이 방 저 방 옮겨다녔다.

여느 개인 병원 의사들이 보기에 이런 방식은 그저 놀라울 따름이었다. 개인 병원에서 혼자 일하는 외과 의사들은 대부분 너무 바빠 검사다운 검사는 엄두도 내지 못하는 데다 철저한 검사에 필요한 시설을 갖출 여력이 되지 않았기 때문에 수술 시간을 빼앗기지 않고도 정확한 진단을 할 수 있도록 메이요 형제가 공들여 개발한 업무 분담 체계를 부러운 눈으로 바라보았다.

"그러한 부서에서 거둘 수 있는 최상의 성과와 더불어 전문화와 협진이 이곳의 모토입니다. 이런 원칙을 과연 여기 말고 다른 데서 시도할 수 있을까요?" 캐나다에서 온 참관객 한 명은 이렇게 물었다.

닥터 플러머는 독특한 치료법으로 참관객들의 눈길을 사로잡았다. 그가 잘하는 임상 검사와 밀접한 관련이 있다는 이유로 식도 협착 환자 치료 업무가 그에게 넘어왔다. 그는 관련 서적을 탐독하고 검사하고 또 검사하며 깊이 고민한 끝에 이전 같으면 외과 수술이 필요했을 협착 환자 치료에서 눈부신 성공을 거둘 수 있었다.

닥터 윌슨의 사촌도 그런 환자 중 한 명이었다. 환자는 35세 남성이었지만 세 살 때 양잿물을 삼킨 뒤로 유동식만 먹고 살았기 때문에 왜소하고 허약하기가 이루 말할 수 없었다. 닥터 플러머에게 2주 동안 치료받은 뒤 환자는 아무 어려움 없이 스테이크를 저녁으로 먹을 수 있게 됐다.

닥터 플러머는 진료실에 딸린 작업장에서 선반을 돌리며 손수 제작한 놀라운 기구들을 사용해 치료하는 경우가 많았는데, 개중에는 개별 환자에게 맞게끔 설계해 만든 기구도 더러 있었다.

닥터 플러머는 외과의사클럽에서 발표할 차례가 오자 바로 이 업무를 주제로 삼았고, 회원들은 그의 독창성에 깊은 인상을 받았다. 각자의 병원에서 까다로운 식도 질환 사례를 접할 때마다 회원들은 으레 환자에게 닥터 플러머한테 보여보라고 조언했다.

그 결과, 얼마 지나지 않아 다양한 주의 사람들이 닥터 플러머에게 치료받으려고 로체스터를 찾았다.

그들 가운데에는 그가 아직은 해결하지 못한 양상을 보이는 환자도 많았다. 그런 환자는 유동식 말고는 아무것도 먹지 못했지만 식도 협착 소견은 전혀 없었다. 협착 여부를 검사하는 탐침이 쉽게 식도를 지나 위로 들어갔기 때문이다. 닥터 플러머는 이런 환자들은 도울 수가 없었다. 그래서 환자들은 실망한 채 집으로 돌아갔다.

그러나 그는 그들을 잊지 않았다. 그는 환자들이 겪는 어려움이 분문연축(cardiospasm) 때문이라는 사실을 알고 있었다. 무슨 이유인지는 몰라도 분문근이 수축하면서 위에 혈액이 공급되는 것을 방해했고, 식도 근육이 음식을 억지로 내려보내느라 너무 많은 힘을 쓰다가 완전히 탈진해서 식도 아래쪽이 늘어나는 증상이 발생했다.

이러한 문제를 해결하기 위해 고무풍선을 삽입해 분문근을 잡아늘이려고 시도해보았지만 효과가 그다지 크지 않았던 데다 몇몇 경우에는 식도 파열을 야기하기까지 했다. 하지만 닥터 플러머가 보기에

이 방법은 타당한 듯했다. 그래서 그는 실패 원인을 다각도로 분석한 뒤 그러한 결점들을 해결한 확장기를 고안했다.

결과는 놀라웠다. 평소 자신을 과소평가하는 버릇이 있던 닥터 플러머 본인조차 감격해서 이렇게 말했다.

"즉각 나타나는 효과를 보면 그저 놀라울 따름입니다. 환자들 거의 대부분이 그 다음 식사 때부터 어떤 음식이든 섭취할 수 있습니다."

외과의사클럽 회원들 앞에서 이러한 진척을 보고하는 자리에 그는 증례 삼아 환자 한 명을 데리고 나갔다. 감정을 배제한 냉철한 사례 발표가 한창 진행되고 있는데 환자가 감정을 주체하지 못해 그만 중간에 끼어들고 말았다.

"죽어가고 있던 저를 저 분이 구해주셨습니다." 그가 소리쳤다.

돌발 행동에 깜짝 놀란 닥터 플러머는 서둘러 그 남자를 방에서 내보냈지만 청중 가운데 몇몇은 그 남자의 말이 사실이라는 것을 알고 있었다. 2주 전 그 남자가 혼수상태인 채로 간이침대에 실려 기차에서 내리는 모습을 봤을 때 몇 시간 안에 영양실조로 사망할 것 같았기 때문이다.

이제 전에는 해결할 수 없었던 그런 환자들의 문제를 해결한 만큼 닥터 플러머는 과거의 환자들을 한 명도 빠짐없이 다시 불러들여 치료하느라 쉴 틈이 없었다. 환자들이 한 사람씩 줄줄이 왔다가고 마지막으로 오하이오 주 소도시에 사는 세탁부 한 명만 남았다. 그녀는 지난번 이동 경비는 남편이 사망했을 때부터 받아온 주택 연금으로 충당했지만 두 번째 이동 경비는 마련할 길이 없었다. 치료는 무료로 받는다 치더라도 교통비와 숙박비가 문제였다.

닥터 플러머는 지대한 관심을 가지고 자신의 일거수일투족을 지켜 보는 조수들에게 이 환자의 사례를 설명하면서 이렇게 말했다.

"우리가 나서서 이 여성을 데려다 고쳐줘야 하지 않을까요."

다들 동의했고, 이 여성이 로체스터에 다녀가는 비용을 모두가 십 시일반 조금씩 모아 마련했다.

닥터 플러머의 이야기는 외과의사클럽이 안겨준 매우 중요한 부 수적 성과를 알 수 있는 좋은 사례다. 로체스터를 찾아 메이요 형제와 그들의 조력자들이 무엇을 할 수 있는지 자신들 눈으로 직접 확인한 의사들은 자기네 능력을 벗어나는 사례와 마주칠 때면 으레 메이요 형제를 떠올렸다. 메이요 형제의 진료 영역을 처음으로 중서부 밖까 지 넓혀 메인부터 캘리포니아에 이르는 미국의 주들뿐만 아니라 캐나 다 전역까지 아우르며 로체스터에서의 수술 건수를 연간 1,000여 건 으로 끌어올린 일등공신은 바로 자기네 환자를 보내온 외과의사클럽 회원들이었다.

그 의사들은 메이요 형제에게 환자만 보낸 것이 아니었다. 자신들 도 외과 치료가 필요하면 로터스터행 기차에 몸을 실었다. 그런 의사 가 많다 보니 얼마 지나지 않아 메이요 형제에게 '외과 의사의 외과 의사'라는 별명이 붙게 되면서 다음과 같은 일화가 널리 회자됐다.

남부에서 꽤 유명한 개업의가 심각한 복부 수술을 받아야 할 처지에 놓이자 명성이 자자한 그 방면의 전문의 손에 자신을 맡기러 뉴올리언스 로 갔다. 그런데 그 전문의도 병 때문에 진료를 중단했다. 멤피스에 실력 있는 수술 전문의가 한 명 있었다. 환자는 그리로 발길을 돌렸지만 문 앞에 '한 달간 휴업'이라는 안내문이 붙어 있었다. 다음으로 그가 들른 곳은 신시내티였다. 거기서 그가 만나보려던 의사는 유럽에 가고 없었다. 그는 메이요 형제에게 전보를 치고 로터스터행 기차에 올랐다.

"아주 멀리서 오셨군요."

그를 맞이한 병원 관리자가 말했다.

"네, 하지만 좀 돌아서 왔습니다."

남부의 개업의가 대답했다.

"솔직히 뉴올리언스의 닥터 M……에게 가려고 했습니다만 만날 수가 없었습니다."

"네, 그분은 열흘째 이곳에 계신데 지금 회복중이십니다."

병원 관리자가 말했다.

"그러고 나서 멤피스의 닥터 S……를 찾아갔지만……"

환자는 계속 말을 이었다.

"선생님께서 그분을 보실 수 있을 때쯤 그분도 선생님을 보실 수 있을 겁니다."

병원 관리자가 빙그레 웃으며 말했다.

"지금 복도 왼쪽 두 번째 방에 입원해 계시거든요."

"설마 신시내티의 닥터 L………도 이곳에 계신 건 아니겠지요?"

환자가 병원 관리자를 의심스런 눈으로 쳐다보며 물었다.

"유럽에 계시다고 들었는데."

"지금쯤은 그럴 겁니다. 위 절개 수술을 받은 뒤 회복돼서 지난주에 퇴원하셨거든요."

허구는 시간이 지날수록 사실을 부풀리기 마련이지만 실제로 미국의 많은 외과 의사가 병이 들면 메이요 형제를 찾았다. 2년이 채 안 되는 기간에 닥터 윌은 외과 교수로 전국에 명성이 자자한 필라델피아의 동료 의사 세 명, 즉 J. 윌리엄 화이트, 찰스 H. 프레이저, 윌리엄 W. 킨의 수술을 집도했다.

닥터 윌을 찾아온 닥터 화이트는 자신이 장암에 걸렸다고 굳게 확신하며 차라리 수술에서 회복되지 않았으면 좋겠다고 말했다. '몸속에 그런 걸 가지고' 살고 싶지 않다며. 절개를 했더니 결장의 S자형 만곡이 눈에 들어왔다. 닥터 화이트와 동행한 병리학자가 딱딱하게 굳은 결절성 종괴를 흘끗 살펴보더니 돌아섰다. 역시 암이었다며.

그러나 닥터 메이요와 닥터 윌슨은 그렇게까지 확신하지는 않았다. 몇 달 전 두 사람은 결장이 닥터 화이트의 경우와 매우 유사한 형태를 보인 환자를 진찰했지만 닥터 윌슨은 암의 증거를 전혀 찾을 수 없었다. 그 환자의 종괴는 장 내벽이 바깥쪽으로 튀어나와 생긴 장게실(창자곁주머니)로 판명됐다.

닥터 화이트의 경우에도 닥터 윌슨은 암이 아니라 게실염으로 진단했다. 닥터 화이트의 병리학자 친구와 외과 의사 참관객들은 닥터 윌슨이 내린 진단에 강한 의심을 드러냈지만 나중에 고정 조직 표본을 검토해보고는 그가 옳았다고 인정할 수밖에 없었다. 그로부터 2주도 안 돼 닥터 화이트는 외과의사클럽 회장 일을 보기 시작하더니 그 뒤로 30여 년을 더 살았다.

닥터 윌슨과 이 사례를 논의하면서 닥터 윌은 몇 년 전 당시에는 장암이라고 확신하고 수술했는데 환자가 죽지 않아 그 후로 계속 궁금증을 가져온 로체스터의 한 남자 이야기를 꺼냈다. 이제 와 생각하니 그 환자의 '암'은 아무래도 게실염이었던 듯했다.

닥터 윌슨은 그 환자의 표본을 너무 오래 방치했다는 생각에 고개를 절레절레 흔들며 옛날 기록을 샅샅이 뒤진 끝에 표본 가운데 하나를 미네소타 대학교 의과대학에 보낸 사실을 알아냈다. 그는 그 표본을 로체스터로 다시 찾아와 그 환자의 암종이 실은 게실성 종괴였다는 사실을 밝혀냈다.

그 뒤로 로체스터 의사들은 게실염과 암의 감별진단에 필요한 임상 징후를 찾는 데 주력했고, 닥터 플러머가 처음으로 그 둘의 차이를 구분해내는 데 성공하자 다들 성취감을 만끽했다.

그런 병증이 매우 흔하다는 점을 입증하기에 충분할 만큼 사례를 수집하자 의료진은 자신들의 경험을 공동 보고서로 작성해 미국외과협회에 제출했다. '충수염'을 명명한 병리학자 닥터 레지널드 피츠는 협회 회의에서 '새로운 하복부 질환으로 인정해야 마땅한' 증상을 밝혀냈다며 로체스터 의사들을 치하했다. 그는 그런 종류의 장게실은 주로 사후 부검에서 관찰되지만 자신이 알기로 그런 게실이 악성 종양을 의심할 만한 증상을 유발한다는 사실은 완전히 새로운 발견이라고 말했다.

멀리서 참관객들이 오는 것이 하나의 중요한 행사였던 초창기 시절 메이요 형제는 수술 참관 임상 강의가 끝나면 다과를 내와 환영식을 열었다. 그런데 참관객 수가 너무 많아지면서 이런 관례가 오래전에 사라지긴 했지만 참관단에 누가 새로 합류할 때면 형제는 그를 집으로 초대해 점심을 대접했다.

그렇다 보니 형제의 두 아내는 천사의 품성을 요구받을 수밖에 없었다. 적게는 두 명에서 많게는 열 명의 손님이 불시에 들이닥쳤기 때문에 식품 저장실을 늘 가득가득 채워두어야 했고 부엌도 언제나 만반의 준비가 되어 있어야 했지만 둘은 이런 임무를 훌륭하게 소화해냈다. 나중에 둘의 소박하면서도 따스한 환대는 전 세계 의학계의 미담이 됐다.

해티 데이먼은 닥터 윌과 결혼할 때만 해도 자신이 그렇게 유명해질 줄 상상도 하지 못했다. 그저 고향 사람들과의 조용하고 즐거운 생활을 기대했었다. 그러나 그녀는 불평 한마디 없이 남편의 위상에 맞는 생활 방식에 적응해나가며 원활하고 효율적으로 돌아가는 가정을 꾸리는 데서 만족을 찾았다.

남편의 손님인 의사들과 대화하기란 쉬운 일이 아니었지만 점심 식사 때 대화를 이끌어가는 부담은 그녀의 몫이었다. 닥터 윌은 그 시간을 이용해 산더미처럼 쌓인 편지를 처리했기 때문이다. 그가 밥을 먹는 동안 비서가 식탁 옆 책상에 앉아 그가 불러주는 대로 답장을 썼다.

반면 닥터 찰리의 집에서는 식사 때 그런 풍경을 볼 기회가 없었다. 그의 집은 아버지를 너무나 사랑하는 아이들로 늘 북적였기 때문이다. 아이들은 기쁨의 비명 소리로 아버지의 귀가를 반겼고 점심을 먹고 나면 아버지의 무릎에서 제일 좋은 자리를 차지하려고 서로 옥신각신 다투었다.

하루는 닥터 해거드가 이런 모습을 지켜보다가 찰리 부인에게 이렇게 말했다.

1934년 닥터 윌과 그의 아내 해티가 결혼 50주년 기념일에 다정한 포즈를 취하고 있다.

"닥터 찰리가 오늘 오전 일과는 끝냈지만 아직 오후 일과가 남아
있거든요. 그래서 좀 쉬어야 하는데 아이들이 저렇게 기어오르니 딱
하네요, 참."

그러자 찰리 부인은 빙그레 웃으며 그에게 좀더 자세히 보라고 말
했다. 그가 보니 닥터 찰리는 잠들어 있었다! 매일 점심을 먹고 나면
15분 내지 20분쯤 낮잠을 자는 게 그의 습관이었고, 그는 아이들이 난

리법석을 떨어도 그럴 수 있도록 스스로를 길들였다.

닥터 찰리의 자택인 '빨간 집'을 찾는 손님이 모두 격의 없는 그곳 분위기에 익숙했던 것은 아니다. 한 번은 영국에서 온 손님이 하룻밤 묵게 됐다. 저녁 식사 자리에서 물러나면서 그는 영국에서의 관습대로 구두를 방문 밖에 두었다. 잠자리에 들다 구두를 발견한 찰리 부부는 그 영국인이 밤중에 하인들이 자신의 구두를 닦아놓길 바란다는 걸 알았지만 메이요 형제는 그런 도움까지는 베풀지 않았고, 게다가 하인들도 모두 잠자리에 들고 없었다. 아내가 난감해하자 닥터 찰리는 빙그레 웃으며 손님의 구두를 부엌으로 가져가 손수 닦았다.

머잖아 닥터 찰리 집에서의 대화 주제는 집주인이 제일 좋아하는 취미인 자동차로 바뀌었다. 찰리 부인은 로체스터 인근의 언덕은 모조리 꿰고 있다고 자신했다. 자동차가 꼭대기까지 올라가기가 좀더 수월하도록 오르막이 나오면 아이들과 차에서 내려 걸어갈 때가 많았기 때문이다.

아직은 자동차 판매 중개업자가 없던 때라 닥터 찰리는 여러 자동차 회사의 각 대리점들을 통해 온갖 새로운 모델을 구입했다. 자동차는 거의 부품 상태로 그에게 배달됐고, 수술로 고단한 하루가 끝나면 부품을 자동차로 조립해내는 것이 그에게는 휴식이었다. 그가 그 일을 너무도 쉽게 척척 해내는 모습을 보고 그의 의사 친구 몇몇도 자동차를 구입했지만 정작 자동차 부품을 조립해 굴러가게 할 수 있는 기술자를 찾지 못해 애를 먹었다.

아직 튜브가 발명되기 전이라 타이어 전체를 공기로 부풀려야 했다. 찰리는 여기서도 묘안을 짜내 타이어에 당밀과 아교 혼합물을 채

캐나다 의사 2명을 자신의 자동차에 태우고 이동하는 닥터 찰리(사진에서 왼쪽 첫 번째)와 그의 아내 이디스(오른쪽 첫 번째). 자동차를 좋아했던 닥터 찰리는 로체스터 일대에서 최초로 자동차를 구입했다. 1910년경.

워넣었다. 그래서 겨울철이면 타이어는 고무처럼 딱딱한 상태를 유지했다. 초봄에 그 차를 옴스테드 카운티의 한 농부에게 팔 때 그는 타이어를 그런 식으로 채웠다는 사실을 그만 깜빡하고 아무런 주의도 주지 않았다.

부활절에 농부와 빳빳하게 풀 먹인 드레스 차림의 그의 아내는 새로 구입한 사치품을 타고 교회로 출발했다. 곧이어 바퀴가 회전할 때마다 타이어에서 아교가 섞인 당밀이 실타래처럼 꾸역꾸역 나와 허공에 둥둥 떠다니자 농부와 그의 아내는 얼굴과 옷을 미친 듯이 때려대며 그 끈적끈적한 물질을 닦아내려고 기를 썼다.

닥터 찰리는 농부 부부에게 새 타이어와 새 양복과 새 드레스를 사줘야 했지만 이 이야기를 떠올리며 두고두고 웃은 생각을 하면 거기에 들어간 돈이 아깝지 않았다.

닥터 윌은 동생보다 늦게 자동차의 매력에 빠졌다. 그러다 결국 그역시 피어스 사의 '그레이트 애로'라는 멋진 자동차를 덜컥 사들이고말았다.

그 차를 구입한 지 얼마 되지 않아 닥터 카를 벡이 로체스터를 정기 방문하자 아버지 닥터 메이요는 그에게 아들 윌의 피어스 애로를자랑스럽게 보여주었다. 닥터 벡의 찬탄에 닥터 메이요는 흐뭇해하며한 번 타보라고 권했다. 손님은 흔쾌히 차에 올랐고, 닥터 메이요가 운전대를 잡고 차를 출발시켰다. 그러나 그때 닥터 윌이 사무실에서 헐레벌떡 달려와 아버지에게 멈추라고 말했다. 숨을 몰아쉬며 그는 닥터 벡에게 아버지는 차를 몰아본 적이 한 번도 없다고 설명했다.

로체스터를 방문한 외과 의사들은 닥터 메이요가 무척 재미있는사람이라고 생각하며 그에게 외과의사클럽에 나와 초창기 시절에 대해 이야기해달고 부탁할 때가 많았다. 또 병원에 있는 닥터 메이요의조그만 사무실에 들러 그와 잡담을 주고받길 좋아하는 참관객도 더러있었다. 어떤 참관객은 "누구보다 재미있는 이 분과 사귀지 않고서는로체스터 방문을 끝냈다고 할 수 없다"고 말하기까지 했다.

어느 날 오후 닥터 메이요가 참관객 몇몇을 차에 태웠을 때였다(물론 이번에는 운전사와 함께). 교외 한복판에서 차가 고장나는 바람에 사무실로 차를 끌고갈 인부들을 구해야 했다. 닥터 메이요로서는 참을 수없이 창피한 일이었다. 사무실로 걸어 들어가는 그의 눈에 결연한 의지가 엿보인다 싶더니 그는 지팡이로 책상을 두들기며 조수 한 명에게 윌을 불러오라고 말했다.

닥터 윌이 환자 진료가 끝나는 대로 오겠다는 전언과 함께 그 조수를 돌려보내자 닥터 메이요는 지팡이로 다시 책상을 내려치며 이렇게 말했다.

"윌더러 지금 당장 오라고 하게."

조수가 닥터 윌에게 그대로 전하자 그는 "아버지가 당장이라면 무슨 급한 일이 있나 보네"라고 중얼거리며 환자에게 양해를 구했다.

닥터 메이요는 새 차를 장만해야겠다고 단호하게 말했다. 윌은 알아보겠다고 대답했다.

"빌어먹을, 지금 당장 새 차를 장만해야겠단 말이다."

닥터 메이요는 또다시 책상을 내려치며 소리쳤다.

메이요 형제의 조수들 눈에 비친 닥터 메이요는 바로 이랬다. 때로는 재미있고, 때로는 누구도 못 말릴 만큼 고집불통에다 성질이 급한, 그러나 활발하게 일할 나이는 지난 노인. 결국 사람들은 로체스터의 발전에 기여한 그의 공로를 인정하려 들지 않았다.

하지만 그가 얼마나 대단한 인물인지 알 수 있는 징표는 여전히 많았다. 세인트프랜시스 수녀회가 보내준 선물에 감사의 뜻을 전하는 편지에서 그는 이렇게 썼다.

살아서 자신의 꿈과 이상이 이루어지는 모습을 지켜보는 은혜로운 특권을 누리는 사람은 그리 많지 않습니다. 이러한 행복이 비로소 저에게도 오다니 제 가슴은 깊은 감사와 평화로 벅차오릅니다. 저를 표현하자면 이렇습니다.

예전엔 희망을 꿈꾸었고,

지금은 만족을 꿈꾸네.

그러나 만족이 희망을 없애지는 못했다. 로체스터의 감리감독교회가 50주년을 맞이해 그를 축하 행사 연사 가운데 한 명으로 초빙했을 때 그에게 맡겨진 '반세기의 변화'라는 연설 주제는 당시 87세였던 그에게 아주 잘 어울렸다. 그러나 닥터 메이요는 그 주제를 깡그리 무시하고 대신 그가 최근에 보고 온 공장 세 군데의 기적을 소개하며 로체스터도 곧 석탄이 아니라 수력으로 발전소를 가동하게 될 것이라는 희망으로 결론을 맺었다.

팔순이 넘어서면서 그는 진정한 방랑자의 대열에 합류했다. 이번 해에 플로리다, 쿠바, 바하마 제도에 갔다오면 이듬해에는 대서양으로, 또 그 이듬해에는 남아메리카와 멕시코로, 또 그 이듬해에는 캐나다로 떠났다. 여행지에서 신문사로 기행문을 써서 보내고 돌아오면 교회와 마을 회관에 나가 여행 뒷이야기를 들려주며 그는 로체스터 주민들을 끊임없이 즐겁게 했다.

닥터 메이요가 유럽을 여행하며 써 보낸 편지에서는 그가 새로 보고 들으면서 느꼈을 기쁨이 고스란히 묻어난다.

"이 편지를 통해 여러분도 내가 느끼고 꿈꾸는 것을 그대로 느끼고 꿈꿀 수 있기 바랍니다. 나는 지금 전설과 이국적 신화가 서린 땅과 바다에 와 있습니다.…… 이번 여행지는 요정의 땅과 바다입니다."

그는 선상 가장 무도회에서 열린 '미인 행진'으로 운을 뗀 뒤 승무원들이 갑판을 청소하는 법, 지브롤터의 까마득히 높은 바위가 뽑어내는 외경스런 아름다움, 스페인 시장에서 마주친 온갖 인종의 사람들, 지브롤터를 들고나는 농산물에는 뭐든 세금을 물어야 하는 가난한 농민들에 대해 친근한 말씨로 시시콜콜 설명했다.

성격이 지나치게 깔끔하고 깐깐했던 그는 비록 화를 잘 내긴 했지만 매사에 활기차고 열정이 넘쳐서 사람들에게 인기도 많았다.

"내 걱정은 할 필요 없네." 그는 친구들에게 이렇게 말했다.

"다들 날 보살피지 못해 안달이지 뭔가."

"나는 아주 잘 있네. 부인네들이 모두 내 환심을 사려고 난리라네."

철도업계의 거물 제임스 제롬 힐은 '강을 오르내리던 작달막한 의사'가 중국에 가보고 싶어한다는 이야기를 듣고 그를 자신의 배에 초대해 오랜 지기의 바람을 들어주었다. 닥터 메이요는 1907년 3월 시애틀을 출발했고, 그의 가족은 다섯 달 넘게 그로부터 아무 소식도 듣지 못했다. 그 뒤 그는 이야기보따리를 양손 가득 들고 건강한 몸으로 의기양양하게 돌아왔다. 세계 일주를 한 데다 88세 생일을 승무원들이 마련한 선상 잔치와 케이크로 축하 받기까지 했기 때문이다.

그러나 사람들이 동양에 관해 묻자 그는 자기 아내한테 물어보라고 대답했다. 메이요 부인은 남편과 함께 오라는 제임스 제롬 힐의 초대를 거절했지만 구할 수 있는 중국과 일본 관련 서적을 모조리 구해 읽었기 때문에 그곳에 직접 가본 남편보다 동양에 대해 더 많이 알았다.

구순을 넘기면서 닥터 메이요는 음식물 쓰레기에서 알코올을 추출하는 실험을 하기 시작했다. 하루는 실험을 하다가 장비가 꼼짝하지 않자 뭐가 잘못됐는지 알아보려고 무턱대고 한쪽 손을 들이밀었다. 그저 따끔했을 뿐인데 손과 팔목이 심하게 으스러지고 말았다.

메이요공원은 1909년 메이요 형제가 땅과 돈을 기부해서 조성됐다. 아버지 닥터 메이요는 늘 도시에 공원을 활성화해야 한다고
역설했다. 메이요 형제는 나중에 세인트메리스 공원을 조성하는 데도 땅을 기부했다. 위의 사진에서 닥터 메이요의 동상은 공원
을 내려다보고 있다.

두 아들이 다친 팔을 치료하는 방법이 마뜩치 않아 그는 따로 사람
을 구해 자기 마음에 들도록 붕대와 부목을 갈게 했다!

닥터 메이요의 부상은 일 년 동안 수술을 세 번이나 하고도 나중에
팔목을 절단해야 했을 정도로 아주 심각했다. 신경을 너무 많이 다치
는 바람에 그는 심한 통증에 시달렸고, 그러다 건강이 급격하게 나빠
졌다. 1911년 3월 6일 92세 생일을 몇 달 앞두고 그는 눈을 감았다.

이튿날 그의 당부대로 추도사도 음악도 없이 간소하게 장례식이
치러졌다. 그 날 시장의 성명에 따라 관공서에서는 조기를 달았고, 학
교에서는 임시 휴교령을 내렸으며, 상점도 모두 문을 닫았다.

묘비에 새겨질 글은 평소 남자들을 칭찬하는 데 인색한 조지프 수
녀가 낭독했다.

"그는 두 아들이 자신의 이름에 안겨준 영광을 누리기에 부족함이 없을 만큼 똑똑하고, 유능하고, 성실한 박애주의자였다."

루이즈 애비게일 메이요.

몇 달 뒤 윌리엄 워럴 메이요 추모 사업회가 발족해 로체스터의 손꼽히는 선구자를 기리는 기념비를 건립할 성금 모금에 나섰다. 메이요 집안의 요청에 따라 성금은 일인당 1달러로 제한됐지만 순식간에 5,000달러가 모였고, 조각가 로라도 태프트(Lorado Zadoc Taft)의 문하생으로 있던 시카고의 레너드 크루넬(Leonard Crunelle)이 현재 메이요공원에 서 있는 닥터 메이요의 동상 제작을 맡았다(나중에 메이요 클리닉 곤다 빌딩 앞 공원으로 옮겨졌다. 옮긴이).

동상 기단에 새길 명문을 준비하면서 아버지의 가장 두드러진 특징을 생각해낸 사람은 큰아들 윌이었다.

"희망과 선견지명이 남달랐던 사람"

메이요 부인도 제막식에 참석했지만 휠체어를 탄 채였다. 어느 날 밤 잠자리에 들기 전 고양이를 부르려고 현관으로 나가다가 계단에서 미끄러져 골반에 금이 갔기 때문이다. 뼈가 붙을 때까지 너무 오래 자리에 누워 있어 기력이 떨어졌던지 이 마지막 공식 행사 이후 두 달이 채 지나지 않은 1915년 7월 15일 그녀는 편안하게 세상을 떠났다.

메이요 부부를 기리는 진정한 기념비는 바로 '살아 있는 기념비',

즉 부부의 유명한 두 아들이 지닌 정신과 인품이었다.

오랫동안 닥터 윌 내외는 여름철이면 오로노코 근처의 앨리스 호수에서 손님들을 맞이했다. 하지만 얼마 뒤 닥터 윌은 호숫가 별장이 지겨워졌다. 휴식 공간이라는 점 말고는 달리 특별한 기능이 없었기 때문이다. 그래서 그는 별장을 낡은 예인선 한 대와 맞바꿔 안락하고 쾌적하게 개조하고 '오로노코' 호로 명명했다. 주말마다 동료 의사들과 미시시피 강을 따라 내려가는 유람선 여행은 그에게 다른 무엇과도 바꿀 수 없는 기분 전환의 시간이었다.

닥터 찰리도 오로노코 호의 공동 주인으로 더러 배를 이용했지만 그는 주로 농사일에서 활력을 충전하기 시작했다. 하루는 그의 아내가 두 아들 찰스 윌리엄과 조지프 그레이엄이 여름 방학 내내 놀면서 보내기에는 머리가 너무 컸다고 판단하고 여름에 지낼 농가를 마련하면 어떻겠느냐는 제안을 내놓았다. 닥터 찰리는 좋은 생각이라며 한 달 만에 적당한 곳을 물색해 사들였다.

그가 고른 곳은 아직도 나무가 울창해 야생이 살아 숨 쉬는 산등성이 한가운데 있었다. 그는 그곳을 그 모습 그대로 유지하길 원했다. 그래서 그가 특히 좋아하는 경치나 산책로의 임자가 나무를 베어낼 예정이라는 소리를 들을 때마다 그 땅을 사들여 보존했다. 다양한 단계를 거치는 농사에 대한 관심이 점점 커지면서 그는 밭과 목초지도 사들였고, 그가 미처 의식하지 못하는 사이에 작은 농장은 2,000에이커에 이어 3,000에이커에 이르는 임야로 바뀌었다. 그는 그곳에 "메이요 우드"라는 이름을 붙였다.

1911년 메이요우드 안에 지어진 닥터 찰리의 집. 주변에 넓은 자연림과 농장이 있다. 이 집은 나중에 옴스테드 카운티 역사학회에 기증됐다.

닥터 찰리(가운데 밝은 색 옷)와 그의 아내 이디스(닥터 찰리의 오른쪽 두 번째)가 부부의 집이 있는 메이요우드에서 독일 의사들을 만나고 있다. 로체스터에 큰 호텔이 없던 시절에 메이요 형제는 자기네 수술을 참관하러 오는 많은 의사들에게 편의를 제공할 수 있는 집을 지었다.

1914년 메이요우드에서의 환대를 실컷 만끽한 오스트레일리아의 한 외과 의사는 닥터 찰리의 집과 집주인 내외에 대해 다음과 같이 재미있게 설명했다.

　닥터 찰스 호러스 메이요가…… 중국 출신의 의사와 어디 또 먼 곳에서 온 의사와 함께 나를 차에 태웠다.…… 몹시 추웠지만 아름다운 달밤이었다. 우리는 골짜기가 내려다보이는 산등성이의 2,000에이커에 이르는 땅 한가운데 자리한 근사한 '시멘트' 집으로 차를 몰았다. 골짜기를 휘돌며 굽이굽이 흐르는 강이 달빛에 무척 아름다워 보였다. 계단을 올라가 현관으로 들어서자 '휴대품 보관실'이 나왔고, 계단을 몇 개 더 오르자 엄청나게 큰 구식 벽난로가 있는 널찍한 복도가 나왔다. 장작이 타고 있는 벽난로 주위에는 돌아가며 의자가 놓여 있었다. 나무로 된 복도 바닥에는 양탄자가 빈틈없이 깔려 있었다. 집 아래는 차고였다. 산등성이에는 쓰레기 소각로, 연료 창고, 냉동 시설, 자체적으로 전력을 생산하는 시설, 여러 개의 거실과 침실, 당구실 등이 있었다. 그리고 꼭대기 층에는 일곱 명이나 되는 그의 아이들이 사용하는 널찍한 무용실이 있었다.

　그의 아내는 매력적인 여성이었다. 우리는 말 그대로 가정식 저녁을 먹었다.…… 정말이지 소박하고 아늑한 분위기였다. '체면치레'도 '거드름'도 없었다. 그의 아내는 농장 이야기, 특히 그는 자랑스럽게 여기지만 하필 그 날 날아가버린 거위 떼 이야기를 꺼내 그를 놀려댔다. 그래서 농장에서의 그의 경험이 화제에 올랐다.

　그는 송어를 가져다 개울에 풀어놓았다. 송어들이 잘 지낸다 싶기 무섭게 소나기가 들이닥쳐 한 마리도 남기지 않고 쓸어가고 말았다.……

그 다음엔 젖소 몇 마리를 사들여 미국에서 가장 알아주는 낙농장을 꾸릴 꿈에 부풀었다.…… 그런데 젖소가 모조리 결핵에 걸리고 말았다. 아니 정확하게 말하면 젖소를 구입할 때 이미 결핵에 걸린 상태였다. 물론 그런 젖소를 판 사람을 상대로 소송을 제기할 수도 있었지만 그는 가만히 있었다. 온 미국에 자기가 '잘 속는 얼간이'라고 알리고 싶지 않았기 때문이다.

그의 닭은 이웃에서 화젯거리였다. 최고 품종인데도 도무지 알을 낳으려 들지 않았기 때문이다. 하루는 그중 한 마리가 알을 낳아 온 동네 사람들이 그 알을 구경하러 몰려왔다.

다음 이야기는 그의 아내한테 들었는데, 그는 중국산 꿩을 몇 마리 기르고 싶어했지만 어떻게 구해야 할지 몰랐다. 그런데 포틀랜드에 사는 친구 하나가 그에게 암수 한 쌍을 보내왔고, 그는 꿩이 알을 낳기만을 기다렸다. 하루는 저녁을 먹고 있는데 일하는 사람 하나가 들어와 그에게 귓엣말을 건넸다. 그의 대답은 이랬다.

"알았어요. 저녁 먹고 가볼게요."

식구들이 그에게 무슨 일이냐고 물었지만 그는 혼자 킥킥대며 식사를 계속했다.…… 결국 그의 아들이 웃음을 터뜨렸고, 무엇 때문에 웃느냐는 아버지의 질문에 아들은 이렇게 대답했다.

"꿩이 품고 있는 달걀이 실은 부활절 달걀이거든요."

한편 그는 거위에 대해서는 이렇게 말했다.

"이제 모든 걸 말씀드려야겠군요.…… 제 집사람이 거위 이야기를 하는 모양입니다. 맞습니다, 내 딴에는 그 거위들이 무척 대견했지요. 내 손으로 직접 길렀고, 또 잘들 지냈으니까요. 자기들이 알아서 강둑에 나가

먹이를 찾아 먹어 달리 비용도 들지 않았는데, 야생 거위 떼를 따라가버렸지 뭡니까. 바쁜 직장인에게 농사일만큼 좋은 것도 없지 싶어요. 시내에서 차를 타고 올 때면 일 생각은 하나도 나지 않고 이 농장만 생각나는 것 같아요."

그의 아내가 농담 삼아 그에게 차라리 농부로 나서라고 말하자 그는 이렇게 대답했다.

"나는 농부가 아냐.…… 농업 애호가지."

"뭐가 달라요?"

그의 아내가 물었다.

"우선 농업 애호가는 돈은 시내에서 벌고 쓰기는 농장에서 쓰지. 반면 농부는 벌기는 농장에서 벌고 쓰기는 시내에서 쓰거든. 그리고 농부는 내다팔지 못하는 걸 먹는데, 농업 애호가는 자기가 먹지 못하는 걸 팔지."

그의 집 분위기는 정말 소박하다. 그는 기분을 좋게 해주는 사람이다.

닥터 윌은 동생과 달리 농사일에 털끝만큼도 관심이 없었다. 어렸을 때 농장 생활을 물리도록 실컷 해봤기 때문이다. 공교롭게도 아버지의 농장은 그가 물려받았지만 가끔 그곳에 가서 둘러보는 것으로 그는 만족했다.

닥터 찰리 부부가 메이요우드를 아예 집으로 삼기로 결정하고 예전 '빨간 집'을 로체스터 YWCA에 기증하자 닥터 윌 부부도 새로 집을 지었다. 부부는 칼리지 스트리트 위쪽으로 몇 블록 떨어진 곳의 땅을 골라 멋들어진 석조 저택을 올렸다. 닥터 윌은 이 집을 지으면서 다른 건 몰라도 어머니와 함께 별을 관찰하던 탑처럼 생긴 방은 꼭 있어야 한다고 주문했다.

4층에 있는 그 탑에다 그는 아래층의 손님들과 산만한 분위기에서 벗어나 숨을 수 있는 '비밀 은신처'를 만들어놓았다. 그 작은 방에 갖춰진 것이라고는 책과 그림, 큼직한 책상 하나, 창문을 통해 내다보이는 경치가 전부였다. 혼자 있을 수 있는 틈만 나면 닥터 윌은 거기서 계획을 세우고 결정을 내리고 자기만의 꿈을 꾸었다.

닥터 찰리가 농담 삼아 손님들에게 들려준 낙농장과 결핵에 걸린 젖소 이야기의 이면에는 진지한 목표와 새로운 일에 대한 관심이 자리하고 있었다.

형제 중 그 누구도 아버지의 뒤를 이어 정치 활동을 하고 싶다는 바람을 단 한 번도 내비치지 않았다. 한 성실한 시민이 로체스터 상공인 모임에서 찰스 호러스 메이요를 시장으로 세워 시정을 쇄신하자고 제안했을 때 닥터 찰리는 말도 안 된다며 펄쩍펄쩍 뛰었다. "찰스 메이요를 시장에! 찰스 메이요를 시장에!"라는 고함 소리 사이로 겨우 목소리를 낼 수 있게 되자마자 그는 이렇게 말했다.

"로체스터의 발전을 위해 제가 할 수 있는 일이라면 뭐든 하겠습니다. 이곳은 제가 태어난 곳이자 제가 뼈를 묻고 싶은 곳이기도 합니다. 이렇게 저를 인정해주셔서 감사합니다. 하지만 저는 정계에 발을 들이고 싶지 않습니다."

4년 뒤인 1915년 성홍열이 로체스터에 돌았다. 신문들은 환자가 29명 발생했다는 보도를 내보낸 뒤 방문객과 환자를 겁주어 내쫓는 일이 없도록 자발적인 보도 자제에 들어갔다. 하지만 질병은 전염병 수준으로 빠르게 퍼져 메이요 형제에게는 불행하게도 참관하러 와 있던 외과 의사 몇 명도 병에 걸리고 말았다. 그러자 닥터 찰리는 이렇게 말했다.

"로체스터의 실상을 보고서로 자세히 작성해 전국에 알려야 합니다."

이 일이 있기 바로 직전 로체스터 여성 단체인 시민연맹이 인건비로 들어가는 2,000달러를 댈 테니 주에서 주관하는 자격 시험을 통과한 상근 보건의를 두자고 제안했지만 시 당국은 제안을 거절하고 지역 내과 의사 A. S. 애덤스를 연봉 150달러인 비상근 보건의로 선임했다. 닥터 찰리는 성난 시민연맹 회원들을 불러모아 시의회와 상공회의소 합동 회의에 출석해서 공중보건국이 뭔가 조치를 취할 것을 촉구했다. 회의는 길고 격렬했다. 닥터 애덤스는 우유나 고기에 대해 규제를 실시하려고 할 때마다 낙농가와 정육점 주인들이 해고시키겠다고 으름장을 놓았다며 변명했다. 이에 대해 닥터 찰리는 이렇게 답변했다.

"그렇다면 제가 그 일을 하겠습니다. 저를 해고하려고 들진 않을 테니까요."

닥터 찰리는 한밤중이 되어서야 집에 돌아와 잠자리에 들었다. 그런데 새벽 한 시 삼십 분쯤 그는 요란하게 1층 현관문을 두드리는 소리에 잠이 깼다.

"누구십니까?" 그가 창 밖으로 소리쳐 물었다.

"시의회에서 왔습니다. 닥터 애덤스가 선생님께서 그 일을 하시겠다면 오늘 밤이라도 당장 그만두겠답니다."

그래서 닥터 찰리는 잠옷 바람으로 아래층으로 내려가 공중보건의로서 본분을 다하겠노라고 선서했다. 그는 조수 한 명에게 몇 주 동안 부보건의로 일해 달라고 부탁했고, 둘은 합심해서 엄격한 격리 조치를 시행한 끝에 곧 전염병을 잡았다.

닥터 찰리가 보건의라는 새로운 임무를 수행하기란 누가 보아도 불가능했기에 그와 닥터 윌은 부보건의의 월급을 책임지기로 했다. 둘이서 로체스터에 해마다 뭔가 기여할 수 있는 더 좋은 방법은 없을까를 고민했다.

오래전부터 닥터 찰리는 길에서 마주치는 곱사등, 사지 불구, 경부 반흔 환자들이 병균에 오염된 우유를 마신 탓이라고 굳게 확신하고 있었다. 게다가 주 감독관도 로체스터에서 생산되는 우유가 비슷한 크기의 도시치고 주에서 가장 불결하다고 판정한 상태라 그는 무엇보다 우유 공급원을 붙잡고 씨름했다. 시장이 거부권을 행사하는 가운데 그는 시의회를 설득해 최소한 기본적인 위생 조건은 준수하도록 명시한 법령을 통과시켰다. 자질구레한 세칙은 제정해봤자 지킬 수 없다는 낙농업자들의 항의 때문에 그 이상은 불가능했다.

낙농업자들에게 법규대로 할 수 있다는 본보기를 보이자면 그가 직접 낙농장을 짓는 수밖에 없었다. 그는 욕심내지 않고 한 단계 한 단계 착실하게 거치며 주에서 인정하는 모범 낙농장을 메이요우드에 만들어 적당한 가격에 내다팔 수 있는 청결한 우유를 생산하기 시작했다. 하지만 그는 아무리 과학적인 예방책도 젖소가 결핵에 걸리는 것을 막을 수는 없으며 소비자가 안심하고 우유를 마실 수 있으려면 저온살균법을 실시하는 수밖에 없다는 교훈을 몸소 체득해야 했다.

그래서 로체스터 낙농가에 우유 저온살균을 의무화하는 법률 제정에 나섰다.

그가 제시한 법안은 당시로서는 지나치게 앞서 갔다. 쌍둥이 도시의 신문들이 저마다 닥터 찰리가 로체스터 낙농업자들이 자신의 수술실에서 지키는 규칙만큼이나 엄격한 규칙을 지키길 바란다고 논평했다. 이를테면 '그는 낙농업자들이 젖소 외양간에 들어가기 전에 살균제로 손을 씻은 뒤 얼룩 하나 없이 깨끗한 위생복으로 갈아입고 특별한 설비를 갖춘 냉각실에서 우유를 한 방울 한 방울 저온살균해야 한다고 말한다!'는 식의 논평이었다.

시의회가 소집한 회의에서 한 여성이 낙농업자 스무 명을 대표해 닥터 찰리가 내놓은 법안대로라면 사업을 접어야 한다고 주장하면서 피할 수 없는 싸움이 일어났다. 닥터 찰리는 자신의 농장에서 나온 통계를 인용하며 법안에서 말하는 기준이 아예 불가능하지만은 않다고 주장했다. 논쟁은 닥터 찰리의 인내심이 바닥을 드러낼 때까지 길게 이어졌다. 그는 열띤 어조로 시의회 의원들에게 당신들의 주된 임무는 낙농업자들의 주머니 사정을 봐주는 것이 아니라 시민의 건강을 지키는 것이라고 하면서 법안 통과를 막을 테면 막아보라고 했다. 자정이 한참 지나 마침내 투표가 끝나고 법안은 한 표 차이로 통과됐다.

그 직후 닥터 찰리는 반대 의견을 이끌었던 여성을 우유 감독관으로 지명해 모두를 놀라게 했지만 그 여성은 새로운 규제를 집행하는 임무를 훌륭하게 해냈다.

닥터 찰리가 공중보건의로 있을 때만 해도 로체스터에는 쓰레기 수거에 관한 법 조항이 전혀 없었다. 약 20가구가 음식물 쓰레기를 한

데 모아뒀다가 이를 수거해가는 대가로 매주 1달러씩 내고 있었고, 가정 쓰레기를 수거하는 사람이 호텔과 병원에서 나오는 쓰레기도 수거해갔지만 도시의 여타 지역에서는 어쩌다 재와 함께 수거해가기 전까지 뒷마당과 골목에 쓰레기가 널려 있기 일쑤였다.

닥터 찰리는 음식물 쓰레기를 돼지에게 먹이는 사업이 짭짤한 수익을 낼 것이라고 확신했다. 그래서 시의회를 설득해 음식물 쓰레기를 바로 수거하게 하고 은행가 존 R. 쿡에게 모래땅 30에이커를 빌려 돼지 사육 농장을 지었다. 각 가정에서 일주일에 세 번씩 쓰레기를 수거해가게 되면서 감염 위험원도 없어지고 돼지 먹이도 확보할 수 있어 일석이조였다.

육류 가공업자들은 줄곧 손사래를 치다가 닥터 찰리의 설득에 마음을 바꿨다. 그들은 그의 농장에 가서 실상을 직접 확인하고 나서는 음식물 쓰레기를 먹인 돼지를 사들였다. 하지만 그 뒤에도 그중 몇몇은 구매를 거부했다. 이웃 농민들은 불공정한 경쟁이라고 불평하며 돼지 농장은 혐오 시설인 만큼 금지해야 한다는 소송까지 불사했다. 그러나 닥터 찰리는 꿈쩍도 하지 않았다.

닥터 찰리가 농장에서 나오는 수입으로 초기 투자비를 갚게 되자 존 R. 쿡은 그 땅을 닥터 찰리에게 양도했고, 닥터 찰리는 추후 공중보건 사업비로 사용해야 한다는 조건 아래 농장을 시에 넘겼다. 이 무렵 농장은 시설 비용만 따져도 1만 달러가 넘었던 데다 5,000달러 상당의 돼지와 2,000달러가 넘는 현금을 보유하고 있었다. 게다가 그 전해에는 7,000달러가 넘는 수익을 올렸다. 닥터 찰리가 자신의 생각이 옳았음을 입증해 보인 것이다.

16장

표적과 자석

전 세계 의학계에서 명성이 자자한 메이요 형제가 의학계 밖에서는 거의 알려져 있지 않다니 외과의사클럽 회원들에게는 놀라운 일이 아닐 수 없었다. 1905년 말 일간지 《미네소타》의 어느 기자는 "덜루스의 찰스 호러스 메이요"가 주 의학회 회장으로 선출됐다고 보도했다.

그런데 그 해 초 미네소타 주 출신의 한 시골 의사가 담낭 수술에 관한 한 유럽 최고의 권위자로 꼽히는 한스 케르와 맞먹는 기록을 세우자, 유명 언론인 새뮤얼 홉킨스 애덤스(Samuel Hopkins Adams)는 《매클루어스 매거진》에서 작금의 외과술을 되짚어보며 세계 의료인들이 미국 외과 의사들의 대단한 능력을 어떻게 알게 됐는지를 설명하는 글을 게재한 바 있었다. 기사에서 그는 미네소타 시골 의사와 그의 동생 이야기는 물론이고, 미국의 어느 종합병원보다, 심지어 저 유명한 존스홉킨스 병원보다 연간 외과 수술 횟수가 많은 세인트메리스 병원의 이야기를 간략하면서도 인상 깊게 소개했다.

당시 《매클루어스 매거진》은 스탠더드오일컴퍼니의 만행을 고발한 아이다 타벨(Ida Tarbell) 기자의 폭로 기사와 "여러 도시의 치부"를 드러낸 링컨 스테펀스(Lincoln Steffens) 기자의 폭로 기사가 큰 반향을 불러일으키면서 인기와 영향력이 절정에 달해 있었다. 애덤스의 기사는 메이요 형제를 그 이름조차 들어본 적이 없는 수많은 미국인에게 소개했다.

그 뒤 닥터 윌이 미국의학협회 회장으로 선출되자 이름 없는 서부 소도시 출신의 젊은 의사가 어느 날 갑자기 그런 지위에 올랐다는 소식이 언론인들의 관심을 사로잡았다. 《보스턴 트랜스크립트》는 애덤스의 기사와 외과의사클럽 회원들이 쓴 글에서 거품을 걷어내고 몇 쪽짜리 분량으로 다시 고쳐 쓴 특집 기사를 내보냈다. 그러고 나서 또 몇 달 뒤 이곳저곳의 신문사들이 '순식간에' 성공의 정점에 뛰어오른 '못 말리는 두 사나이'에 관한 일요판 특집을 독자들에게 발송했다.

그러자 메이요 형제가 거짓말쟁이가 아니라는 사실을 확인해본 적도 없는 의사들이 여론이 과대 선전에 놀아나고 있다며 비난하기 시작했다.

메이요 형제는 천재 운운하는 신문의 논조가 부담스러웠을 뿐만 아니라 그런 인식 때문에 의사로서의 신망과 입지를 잃게 되지는 않을지 몹시 걱정했다. 그래서 형제는 주 의학 잡지와 전국 의학 잡지에 신문 기사에 대한 책임을 일절 부인하는 짤막한 성명을 내는 한편, 변호사에게 사실을 바로잡을 방법을 문의했다. 그런데 뜻밖에도 변호사는 그런 칭찬 기사는 상상력의 산물이므로 명예 훼손으로 볼 수 없다고 답변했다.

그 뒤 1907년 2월 한 달 동안 로체스터에 체류했던 '캐나다 래브라도의 의사' 윌프레드 그렌펠(Wilfred Thomason Grenfell)이 거기서 자신이 보고 들은 것을 넉 달 뒤 《아웃룩》에 게재하면서 메이요 형제는 다시 언론에 등장했다.

형제의 인간성은 둘의 놀라운 외과술만큼이나 그렌펠의 관심을 끌었다. 그는 '그 동안 찾아헤맨 명의들을 로체스터에서 모두 만났다'는 귀에 익은 이야기 말고도 흥미로운 이야기 하나를 덧붙였다.

수술이 아주 성공적으로 끝난 뒤 환자는 비용을 감당할 수 있겠느냐는 질문을 받았다. 환자는 그렇다고 대답했다.

"수술비는 어떻게 마련하실 건가요?"

"농장을 저당 잡혔습니다."

환자는 수표로 결제하고 퇴원했다. 그런데 집에 돌아오자마자 그는 수술비로 지불한 수표뿐만 아니라 "약소합니다"라는 말과 함께, 갑자기 닥친 병 때문에 그와 그의 가족이 입은 손실을 만회하는 데 쓰라고 똑같은 액수의 수표까지 동봉한 편지를 받았다.

그렌펠은 미국에서 이름이 꽤 알려져 있었고, 《아웃룩》은 식자층 사이에서 인기 있는 주간지였다. 그래서 "본 기사가 전하는 실력과 인간성을 갖춘 외과 의사들 중 누구도 취재 중이라는 사실을 전혀 알지 못했다.…… 명예욕을 경계한다는 점에서 그들은 남다르다"는 편집인의 소개글에도 불구하고 기사의 영향력은 실로 엄청났다.

미국 내 '성공' 사례를 소개하는 대중 월간지《휴먼 라이프》발행인은 이보다 '덜' 사려 깊었다. 1909년 4월호에서 그는 "캔자스의 빌 화이트", "은행가 제임스 스틸먼", "노조 지도자 새뮤얼 곰퍼스" 이야기에 이어 "아버지와 두 아들, 미국의 가장 뛰어난 외과 의사 메이요 삼부자" 이야기를 내보냈다. 메이요 삼부자 이야기는 이렇게 시작됐다.

여러분이 셀 수도 없을 만큼 돈이 너무 많아 세상에서 손꼽히는 갑부라 치자. 그런데 여러분이 이 나라의 웬만한 의사들이 고치지 못하는 병에 걸렸다면, 절망에 빠져 프랑스와 영국의 의사들에게도 도움을 구했지만 헛수고였다면, 마지막으로 독일의 명의란 명의는 다 찾아가 검사 받아 봤는데도 몇 달이라도 살고 싶거든 미국으로 돌아가 서부에 있는 미네소타 주의 로체스터라는 작은 도시에 들러보라는 말을 듣는다면 어떤 심정이 들 것 같은가.

보나마나 깜짝 놀라지 않겠는가.

그리고 부랴부랴 고국으로 돌아와 대륙을 가로질러 그 작은 도시로 가서는, 시시껄렁한 다른 의사들이 구하지 못한 여러분의 목숨을 구해준다면 몇 명이 됐든 상관없이 그 대단한 의사들에게 한 재산 떼어주겠다고 제안하지 않겠는가.

최근에 미국 금융계의 거물 하나가 바로 그랬다. 이처럼 병을 치료하러 외국으로 나갔다가 실패하고 결국 이곳에서 치료법을 찾으려고 돌아온 유명 인사가 부지기수다.

그러고 나서 필자는 몇 쪽에 걸쳐 '그 대단한 의사들'을 극찬했다.

심지어 그는 그들의 수술칼 아래서 죽은 환자는 지금까지 단 한 명도 없었다고 단언했다. 그리고 세계 곳곳에서, 독일 정부에서도, 심지어 카이저까지 나서서 독일로 건너오라고 줄기차게 설득하며 구미가 당기는 지위와 엄청난 부를 주겠다고 그들에게 제안해왔다고도 했다. 하지만 그들은 움찔도 하지 않았으며 돈을 낼 형편이 안 되는 가난한 사람들을 무료로, 그것도 돈을 척척 낼 수 있는 부자를 치료할 때와 똑같이 치료해주었다고도 했다.

이런 기사는 메이요 형제를 비난하는 사람들의 항의를 사고도 남았지만 잡지사는 한술 더 떠서 전국의 의사들에게 해당 기사를 한눈에 알아볼 수 있게 표시한 잡지와 함께 구독을 권유하는 편지까지 발송했다. 물론 발행인은 《휴먼 라이프》가 의학계 관심사도 다룬다는 것을 보여주려는 의도에서 그랬을 뿐이다. 하지만 의사들은 이것을 메이요 형제가 무가지에다 기사 작성을 사주했다는 뜻으로 받아들였고, 그 뒤 몇 주 동안 과장 광고를 금지하는 의사 강령을 인용하며 비난하는 내용의 편지가 로체스터 프리메이슨 건물의 병원으로 빗발쳤다.

이번에도 메이요 형제는 변호사에게 자문을 구했지만 아무 소용이 없었다. 법은 아무런 도움이 되지 못했다. 변호사는 형제에게 이렇게 말했다.

"석유와 금융 갑부들이 사전에 충분히 막을 수 있는데도 언론에서 떠들어대는 대로 그냥 두고만 본다고 생각하십니까? 그 사람들의 돈과 권력으로도 막을 수 없다면 우리가 무슨 수로 막겠습니까?"

그래서 메이요 형제는 자신들이 할 수 있는 일을 했다. 형제는 변호사의 의견을 첨부한 소명서를 작성해 《미국의학협회저널》에 게재한 뒤 그 기사를 다시 인쇄해 전국의 의사들에게 보냈다. 형제는 내용이 어찌 됐든《휴먼 라이프》에 실린 기사의 터무니없는 과장과 거짓말에 대해 자신들은 일절 책임이 없다고 밝힌 뒤 다음과 같이 말했다.

> 의학계에서 사리분별이 명확한 사람이라면 이 기사를 읽고 우리가 거기에 연관됐다고 믿을 리 없다고 봅니다.…… 마흔이 넘은 남자 둘과 아흔에 이른 남자 하나가 평생의 의업에 일부러 오점을 남기려 하다니 누가 봐도 도저히 있을 수 없는 일입니다.

메이요 형제가 직업윤리를 하루아침에 깡그리 저버렸다는 생각에서 벗어나 냉정한 눈으로 이 문제를 바라보면 그 명성이 이해가 되고도 남는다. 허레이셔 앨저(Horatio Alger, 자수성가를 주로 다룬 아동 문학가. 옮긴이)류의 이야기를, 그것도 전 세계 의학계의 수도로 떠오른 소도시의 흥미진진한 역설적 상황과 더불어 가슴 뭉클한 휴먼 드라마가 가득한 실제 이야기를 놓칠 잡지나 신문은 없었다.

의학계의 분별 있는 사람들은 납득하고 공감했다.《휴먼 라이프》기사를 둘러싼 격한 논란의 도가니 속에서 모리스 리처드슨이라는 유명한 의사가 메이요 형제에게 보스턴 지역의 신문 한 부를 보내와 형제의 심경을 십분 이해한다는 뜻을 비쳤다. 신문 1면에는 그의 사진과, 그의 업적을 극찬하는 글이 대문짝만 하게 실려 있었다. 그러나 언론의 주목을 받지 못하는 대다수의 의사들은 좀처럼 이해하려 들지 않았고 메이요 형제는 의학계의 뜨거운 감자로 떠올랐다.

적의를 품은 사람들은 형제가 무슨 대단한 외과 의사냐며 비웃었다. 그들이 보기에, 형제가 거둔 성과에서 독창적인 점은 하나도 없었다. 형제는 돈 되는 일이라면 뭐든 가리지 않고 하는 돌팔이일 뿐이었다. 그렇게나 많은 동업자와 직원을 두고 사무 전담 직원까지 따로 뽑은 것만 봐도 형제는 의료를 상업화하고 있었다. 환자의 수입에 따라 진료비를 부과하는 처사도 진료비 할인 수법에 지나지 않으며, 수술대 위의 거울처럼 수술을 참관하는 의사들을 배려한 편의 시설 역시 싸구려 쇼맨십의 산물일 뿐이었다.

이러한 비난에 따르면, 메이요 형제는 환자를 구슬려 결과를 부풀리거나 조작했다. 새로운 외과술 분야에서 수술 건수를 내세워 의학계에 강한 인상을 심고자 할 때마다 형제는 진료비를 적게 책정해 "환자 거주 지역 의사들이 충분히 수술할 수 있는데도" 환자가 자신들을 찾도록 유도했다.

앙심을 품은 미네소타의 한 내과 의사는 신장 질환으로 찾아온 철도역 짐꾼에 관한 이야기를 언급했다. 콩팥 결핵이라는 진단 아래 그는 환자에게 수술을 받아야 하며 비용은 100달러가 들 것이라고 말했다. 환자는 생각해보겠다며 병원을 나섰고, 그 뒤 환자는 로체스터에서 콩팥 제거 수술을 받은 후 건강이 아주 좋아졌다는 이야기를 하려고 다시 이 의사를 찾아갔다.

그런데 이 의사는 이런 이야기를 퍼뜨렸다.

"무슨 일이 있었는지 아십니까? 환자가 기차에서 닥터 찰리를 만났는데 로체스터에 오면 50달러에 수술해주겠다고 했답니다."

하지만 이보다는 짐꾼 환자가 동료 철도원들에게 자신이 수술을 받아야 한다고 말했더니 동료들이 하나같이 로체스터에 가서 받으라고 권했다는 설명이 좀더 신빙성이 있다. 비난하는 쪽에서는 철도원들이 메이요 형제의 열렬한 지지자라는 점은 인정했지만 그 이유는 형제가 교묘한 방법으로 그들의 환심을 샀기 때문이라고 말했다.

이 모든 비난에 대해 형제를 우러러보는 지인들은 이렇게만 대답했다. 가서 직접 보시오. 메이요 형제는 수족관의 금붕어처럼 묵묵히 자기들 일을 하고 있으니 두 사람의 진료에 뭔가 문제가 있다면 외과 의사클럽 회원들이 진작 알아챘을 거요.

메이요 형제에게 쏟아지는 비난의 강도는 거리와 반비례했다. 로체스터의 영향을 가장 많이 받는 미네소타 주 의사들이 가장 신랄했다. 세인트폴의 한 의사는 유럽 외과 의사들에게 자신을 소개할 때마다 어김없이 "미네소타 주 세인트폴이라. 로체스터와 가까운 곳인가요?"라는 질문이 돌아와 굴욕을 느껴야 했다. 환자에게 수술이 필요하다는 말을 해주자마자 환자가 로체스터행 기차에 오르는 모습을 보는 것도 부아가 치밀기는 마찬가지였다. 이러니 그들이 앙심을 품는 것은 당연한 노릇이었다.

신문과 잡지에 기사가 실리는 것을 막는 한편 의사들의 반감에 대응하며 좌불안석인 채로 몇 년을 보내고 나서(언젠가 닥터 윌은 자신의 흰머리가 이때 마음고생을 많이 했기 때문에 생겼다고 했다) 형제는 더 이상 신경 쓰지 않기로 마음먹었다. 형제는 가능한 한 신중하게 발걸음을 옮기고, 무슨 일을 하든 투명하게 공개하고, 사람들의 심기를 건드리는 말과 행동은 삼가기로 했다. 닥터 윌은 언젠가 이렇게 말했다.

"표적은 표적이 될 만한 이목을 끄는 법이지요."

그런데 메이요 형제는 누가 봐도 비난 받을 만한 소지가 없는 두 사건 때문에 주마가편 식의 명성을 얻었다.

첫 번째는 당시의 정치 상황과 깊이 맞물려 있었다. 민주당 출신으로 인기가 높던 미네소타 주지사 존 앨버트 존슨(John Albert Johnson)은 1908년 대통령 후보 지명전에 나가기로 결심을 굳혔다. 네브래스카 주 브라이언(William Jennings Bryan)의 세력이 그가 넘어서기엔 너무 강한 것으로 드러났지만 그는 개인적 인기에 호소하며 1912년 민주당 대선 후보는 자신이 될 것이라는 확신을 널리 전파했다.

1908년 선거 유세에서 공화당은 관세율을 낮추겠다고 약속했지만 1909년의 페인올드리치 법은 오히려 그 반대의 결과를 가져왔다. 9월에 시애틀에서 가진 연설에서 존슨 주지사는, 선거 공약을 어기고 말도 안 되는 법을 인준했다며 윌리엄 태프트(William Howard Taft) 대통령을 맹비난했다. 그러자 그때까지 전국을 돌며 자신의 인기 없는 정책을 옹호하는 연설에 나섰던 대통령이 존슨에 대한 공격으로 맞대응했다.

두 사람이 다음 선거에서 서로 적수가 될지도 모른다는 이유로 초미의 관심을 불러일으킨 이 공방전의 와중에 국민들은 존슨 주지사가 미네소타 주 로체스터의 세인트메리스 병원에서 중요한 수술을 받고 있다는 소식을 전해 듣고 깜짝 놀랐다.

지금이 정치적으로 그에게 아무리 중요한 순간이라고 해도 몇 차례의 심각한 통증 때문에 네 번째 수술을 더 이상 미룰 수가 없었다. 닥터 윌은 만성 장 질환으로 고생하는 그를 이미 세 차례나 수술했고, 그런 인연으로 그와 메이요 형제는 '가족처럼' 아주 친하게 지냈다.

주지사는 이 네 번째 수술에서도 아무 일 없기를 바라며 4주 뒤면 의사당 집무실로 돌아가 있을 테니 아무 걱정 말라고 참모진을 안심시켰다.

메이요 형제는 서로 힘을 모아 수술에 들어갔지만 예상치 못한 합병증이 발생해 결과를 장담할 수 없었다. 수술을 지켜본 사람들도 불안하기는 마찬가지였다. 이탈리아 왕의 주치의 라파엘레 바스티아넬리(Raffaele Bastianelli)는 이렇게 말했다.

"내가 지금까지 지켜본 수술을 통틀어 제일 까다롭고 위험한 수술이었다.…… 아주 성공적인 수술이었지만 환자가 회복되리라고는 생각지 않았다."

며칠 동안 이 일이 뜨거운 화제로 떠오르면서 온 국민의 눈이 로체스터로 쏠렸다. 수술 경과가 전국 각지의 신문 제1면을 장식했다. 태프트 대통령이 눈치 빠르게도 미네소타에 들러 입만 열었다 하면 존슨 주지사를 칭찬하고 있었기 때문이다. 거기다 미네소타 주민들이 자세한 소식을 알려달라고 쉴 새 없이 아우성을 치는 바람에《세인트폴 파이어니어 프레스》의 전화 회선 스무 개가 모두 질문에 답하느라 하루 종일 통화중이었다.

쌍둥이 도시와 시카고의 신문들은 '가장 명석한' 특파원을 로체스터에 급파했고, 이들은 뉴스거리를 찾아 메이요 형제는 물론이고 조수들, 형제와 존슨 주지사의 친지들, 심지어 존슨 부인까지 눈에 띄는 족족 졸졸 따라다녔다. 특파원들은 수술을 지켜본 외과의사클럽 회원들도 취재해 전문가 의견이라며 본사에 송고했다. 그런 기사에는 어김없이 바스티아넬리의 견해가 들어갔다. 존슨 주지사에 관한 소식이 부족하면 이들은 로체스터와 세인트메리스 병원과 메이요 형제와 그

외 환자들 이야기로 지면을 채웠다.

이 모두가 로체스터로서는 새로운 경험이었다. 주민들은 언론의 총 아들이 펼치는 작전에 입을 다물지 못했다. 그도 그럴 것이 병원에서 무슨 뉴스 쪼가리라도 건진 것 같으면 전세 마차 마부에게 거금을 쥐 어주며 최대한 빨리 전신국으로 데려다달라고 부탁하질 않나, 장거리 전화 회선을 독차지하려고 서로 옥신각신 쌈박질을 하질 않나, 심지 어 보도할 만한 뉴스거리를 입수할 경우에 대비해 회선을 비워둘 목 적으로 지역민에게 시간당 1달러를 주고 전화기에다 아무 소리나 지 껄이든지 성경을 읽으라고 주문했기 때문이다.

나흘 동안 의사들은 주지사가 회복되길 간절히 바랐지만 닷새째 되던 날 오후 주지사가 갑자기 기력을 잃었다. 메이요 형제와 닥터 저 드가 그의 기력을 되살리려고 필사적으로 애썼지만 그는 희망을 벗어 난 지점으로 순식간에 빠져들었다.

새벽 두 시에 닥터 찰리는 집으로 돌아갔다. 아내가 그를 기다리고 있었다. 그녀는 당시의 상황을 다음과 같이 술회했다.

남편이 초췌한 몰골로 집에 돌아와 존슨 주지사가 한 시간도 못 버틸 것 같다고 말하더군요. 우리 둘 다 가슴이 아팠죠. 남편에게, 최선을 다했 고, 할 수 있는 일은 모두 하지 않았냐고 얘기해주고 싶었지만 최선이 좋 은 결과를 가져오지 못했을 땐 그런 말이 전혀 위로가 되지 않더군요. 기 자들 때문에도 괴로웠어요. 우르르 몰려와선 나무에 올라 창문으로 집안 을 기웃거리질 않나, 신경이 여간 거슬리지 않았어요. 그런 경험은 처음 이라 정말 끔찍했어요.

앉아서 얘기하고 있는데 시내에서 종이 울리기 시작했어요. 우리 둘 다 부르르 떨었죠. 살면서 그렇게 힘든 적도 드물었어죠.

두 번째 사건에서는 메이요 형제가 주인공이었다. 1911년 말 닥터 찰리는 뉴욕에서 갑자기 심각한 병에 걸렸다. 본인은 담석증이 문제의 원인이라고 판단했지만 그를 진찰한 의사들은 충수염으로 진단하고 수술로 충수를 제거했다.

위대한 외과 의사가 수술을 받아야 할 처지에 놓였다는 소식은 대중의 상상력을 사로잡기에 충분했고, 전국 각지의 신문이 그 이야기를 자세히 다루었다. 수술 후 며칠 동안 언론에선 병원에서 발행하는 일일 소식지를 인용해 닥터 찰리가 순조롭게 회복중이라고 보도했다.

그러고 나서 다음과 같은 제목의 머리기사가 쇄도했다.

"유명한 외과 의사, 상태 악화"

"닥터 찰스 호러스 메이요의 상태에 적신호 켜져"

"동부에서 죽어가는 닥터 찰스 호러스 메이요"

닥터 찰리의 상태가 악화되자 뉴욕 의사들은 환자 본인의 진단대로 담석이 문제이며 따라서 2차 수술에 들어가야 한다는 데 의견의 일치를 보았다.

닥터 윌은 새벽 네 시쯤 이 소식을 전해듣고 당장 뉴욕으로 가서 자신이 직접 동생을 돌보기로 결정했다. 닥터 윌 일행은 시카고로 가는 오전 기차를 타기 위해 위노나로 가는 기관차에 몸을 싣고 네 시 삼십 분에 로체스터를 떠났다.

닥터 윌 일행이 온다는 얘기가 한 발 먼저 도착한 뒤라 일행이 위노나에 당도했을 땐 이미 특별 열차가 대기하고 있었다. 철도 승무원들은 닥터 윌이 동생의 병상을 지킬 수 있도록 기존의 기록을 모조리 갈아치우며 화물차는 선로를 바꾸고 객차는 잠시 멈춰 세웠다. 그 덕분에 '닥터 윌의 기차'는 깨끗하게 치워진 선로 위를 전속력으로 달릴 수 있었다.

이 이야기에는 모순, 감동, 감상주의, 긴장감 등 모든 것이 들어 있었고 언론은 이 점을 십분 활용했다. 극적인 제목의 머리기사들은 죽음의 문턱에 있는 위대한 외과 의사와, 수심이 가득한 얼굴로 수술실 옆방에서 기다리고 있는 그의 아내, 그리고 간호사와 함께 동생의 병상으로 급히 달려가는 그의 형의 모습을 자세히 보여주었다. 물론 구간마다 주파 기록을 경신한 기차 여정은 말할 것도 없었고, 심지어 뉴욕의 외과 의사 레이먼드 P. 설리번의 자동차로 역에서 병원에 이르기까지의 마지막 질주도 시시콜콜 보도했다.

그러나 언론은, 닥터 윌이 기차 안에서 자신이 미처 도착하기 전에 동생이 죽을까 봐 연신 초조해하긴 했지만 막상 목적지 역에 도착해 레이먼드 P. 설리번의 자동차가 미친 듯이 병원으로 달리기 시작하자 이러다 자신이 살아서 무사히 병원에 도착하지 못할까 봐 불안해했다는 이야기는 놓치고 말았다.

기자들은 이 기회를 이용해 메이요 형제와 로체스터의 병원 이야기를 숱하게 우려먹었다. 언론은 애덤스와 그렌펠 같은 필자를 통해 익숙해진 일화를 거듭 인용하는 가운데 로체스터의 병원이 전국에서 가장 규모가 크다며 그곳 대기실에서 기다리는 환자들을 대학교 경기장 앞에서 풋볼 관람권을 사려고 길게 줄서 있는 군중에 비유했다. 언

1911년 뉴욕 시립병원에서 두 번의 응급 수술을 받고 회복 중인 닥터 찰리. 그의 아내 이디스(왼쪽에서 두 번째), 로체스터에서 온 간호사 플로렌스 헨더슨(왼쪽 첫 번째), 뉴욕 시립병원 간호사 2명(오른쪽 2명)이 그의 곁을 지키고 있다.

론은 또 일반 독자들에게 대양과 대륙 건너의 외과 의사들이 "직접 실시할 능력이 없거나 엄두가 나지 않는 수술에 대해" 메이요 형제에게 물어보려고 온다는 이야기도 전했다.

　병원에서 일일 소식지를 통해 닥터 찰리가 두 번째 수술에서 완전히 회복한 뒤 퇴원해 호텔에서 묵다가 마침내 로체스터로 돌아갔다고 발표하자 언론은 "닥터 찰스 호러스 메이요에게 생명과 건강을 빚지고 있는 무수한 사람들"의 성원에 감사를 전한다는 말로 사건 보도를 마무리했다.

메이요 형제를 성난 의사들의 표적으로 만든 이러한 명성은 전국 각지에서 환자들을 로체스터로 끌어당기는 자석 역할을 하기도 했다. 여기에는 형제가 발표한 수많은 논문도 한몫 거들었다. 이제 형제는 일반인에게도 알려지고 있었기 때문에 신문에선 형제가 의사들 앞에서 공식적으로 말하는 내용도 보도할 가치가 있다고 판단했다.

여기서 일반인에게 가장 흥미로운 주제는 닥터 찰리의 갑상샘 수술이었다.

1908년 말 그는 1,000건에 이르는 갑상샘종 수술 결과를 발표했다. 이 분야에서의 시행착오 기간은 끝났고 외과술의 주요 문제점들이 해결됐다. 외과 의사들은 과다 출혈을 억제하는 법, 점액수종을 예방하는 법, 부갑상샘은 그대로 둠으로써 테타니(저칼슘혈증성 경직)를 막는 법 등 요컨대 무엇을 해야 하고 무엇을 하지 말아야 하는지를 터득했다. 유능한 외과 의사의 손에서라면 단순갑상샘종 수술은 이제 비교적 안전했다.

그러나 닥터 찰리가 실시한 1,000건의 수술 가운데 절반 가까이가 사망률이 약 5퍼센트에 이르는 안구돌출갑상샘종 수술이었다. 이 질환에서 오로지 스위스의 코허만이 더 나은 기록을 세웠고, 미국에서는 보통 20건 또는 40건당 25퍼센트라는 높은 사망률을 보였다.

안구돌출갑상샘종은 외과 의사가 싸워야 하는 아주 위험천만하고 당혹스러운 병 가운데 하나로 꼽혔다. 수술이 아무리 잘됐어도 몇 시간 안에 고열이나 구토, 탈진, 섬망, 혼수 같은 심각한 부작용이 발생할 수 있었다. 그럴 경우 환자는 사망에 이르거나 아니면 감염 합병이 발생하기 일쑤였다.

수술 후의 이러한 부작용 위험은 안구돌출갑상샘종 수술에서 사망률이 높은 주된 이유였고, 어떤 환자가 그런 증상을 보일지 미리 가늠할 수 있는 방법은 없었다. 꼬챙이처럼 마르고 병색이 완연한 중년 여성은 무사히 견뎌내는 데 반해, 불그스레한 뺨에 건강해 보이는 어린 여성은 죽을 수도 있었다.

이러한 불확실성 때문에 진료 경험의 폭이 좁은 외과 의사는 안구돌출갑상샘종 수술을 꺼렸다. 사망률이 그렇게 높은 수술에 자신의 평판을 내걸 수는 없었기 때문이다.

1908년 닥터 찰리는 수술 성공률을 높이기 위해 갑상샘을 단계별로 제거해나가는 코허의 다단계 수술법을 도입했다. 이 방법에 따르면 외과 의사는 먼저 갑상샘에 뜨거운 물을 주사한다. 이 경우 환자가 너무 고통스러워하면 바로 멈춰야 하지만 반응이 괜찮으면 하루나 이틀쯤 지나 한쪽 또는 양쪽 혈관을 묶은 뒤 환자를 집으로 돌려보낸다. 아니면 결찰법을 실시해 일주일 뒤 갑상샘엽 양쪽을 모두 제거하거나 아니면 한쪽씩 차례로 제거한다.

수술 진도와 간격은 환자의 상태에 따라 결정됐다. 닥터 찰리와 닥터 플러머는 한발 한발 신중하게 걸음을 내디디며 어디까지 안전하게 갈 수 있는지 알 수 있는 환자의 표정에서 사소한 경고 표시도 놓치지 않고 읽어내는 법을 터득해 수술 사망률을 점차 3퍼센트가량으로 떨어뜨렸다.

이러한 결과 발표 때문에 다른 외과 의사들이 로체스터로 모여들긴 했지만 닥터 찰리가 어떻게 하는지 직접 보고 나서는 그들은 그가 이용하는 수술법에 적잖이 당황했다. 어째서 이번에는 이렇게 했다가 다음 번에는 또 저렇게 할까? 닥터 찰리와 닥터 플러머는 그 이유를 속 시원히 설명하지 못했다. 환자의 표정에서 뭔가를 읽었기 때문이지만 닥터 플러머조차 그게 뭔지 말로 표현할 수 없었다. 결국 그 방법은 불가사의해 보였고, 참관한 외과 의사 대부분은 환자가 찾아오면 직접 손대기보다 로체스터로 보냈다.

이러한 기술 발전 덕분에 닥터 찰리는 전국 이곳저곳의 주 의학회, 특히 남부와 중부와 서부 의학회의 초빙 연사로 불려나가 갑상샘을 주제로 강연했다. 그때마다 각 지역 신문들은 갑상샘종 제거 수술에서 그가 세운 놀라운 기록과 함께 그의 강연 내용을 간추려 보도했다.

가정의들이 갑상샘종을 앓는 여성에게 수술받다 사망하거나 회복되더라도 '바보'(점액수종으로 인한 정신 기능 저하. 옮긴이)가 될 거라고 말하는 일은 더 이상 없었지만, 일반인 사이에서는 이런 생각이 여전히 팽배했던지라 갑상샘종 수술을 굉장히 무서워했다. 하지만 닥터 찰리가 거둔 성과와 더불어 그의 기술을 입증하는 생존 사례가 갈수록 증가하고 있다는 신문 보도 덕분에 메이요라는 이름이 갖는 '자석 효과'가 더욱 강해졌다. 대중의 머릿속에서 '메이요 형제'와 안전한 갑상샘 수술은 동의어로 자리 잡았다.

이를테면 인디애나 주 포트웨인에 사는 중산층 가정의 사춘기 딸이 몸 상태가 정상이 아닌 징후를 보이자 어느 날 오후 어머니가 딸을 데리고 의사를 찾아갔다. 집에 돌아온 모녀에게 아버지가 의사가 뭐라고 했냐고 묻자 어머니는 울기 시작했다.

"갑상샘종이래요. 어떡하면 좋아요? 수술이 이만저만 위험하지 않다는데."

"그래, 하지만 다른 의사한테도 물어봅시다. 다른 의사도 갑상샘종이라고 진단하면 애를 바로 기차에 태워 메이요 형제에게 데려갑시다." 이 말에 어머니는 금세 눈물을 거뒀다.

"어머, 그럴 수 있어요? 그럴 형편이 돼요?"

"우리 애가 갑상샘종이라면 어떻게든 그럴 형편이 되게 해야지."

로체스터의 임신부들이 환자들의 굵은 목과 돌출된 안구를 봤다가 혹시라도 아기한테 '옮을까 봐' 시내에 가길 꺼렸다는 이야기는 메이요 형제를 찾은 갑상샘종 환자가 얼마나 많았는지 알 수 있는 방증이기도 했다. 갑상샘 수술은 총 1,000건에서 4년 만에 5,000건으로 껑충 뛰어오르며 로체스터에서 빈도가 가장 높았던 충수염 수술을 앞섰다. 1911년 초부터 10년 동안 갑상샘 절제술은 메이요 형제와 조력자들이 실시한 총 수술 건수의 10분의 1 이상을 차지했다.

메이요 형제의 이야기에서 빼놓을 수 없는 '시기적 성숙'은 일반인들 사이에서의 이러한 인지도 확산으로 확인할 수 있다. 이 시기가 국가의 번영기와 딱 맞아떨어졌다는 점에서 그렇다. 세금 증가를 훨씬 앞지르는 농지 가치의 상승과 도시 지역의 산업 및 상업의 성장에 힘입어 집집마다 살림살이가 좋아졌고, 교회·대학·공공도서관이 늘어났으며, 공원과 유원지가 속속 생겨나 도시 미관이 개선됐다. 물론 실력이 뛰어난 의사를 찾아 대륙을 횡단하는 데 드는 경비도 감당할 수 있게 됐다.

게다가 인구 이동이 갈수록 용이해졌다는 점 또한 중요한 요소였다. 출력이 약한 엔진과 열악한 도로 사정 때문에 100마일을 가자면 하루 종일 걸리긴 했어도 바야흐로 자동차가 사람들의 마음과 몸을 일상생활권 너머로 실어나르기 시작했다. 철도는 기존의 본선에 방대한 지선 체계를 추가하면서 노반과 차량의 질을 개선해 더욱 안락하고 안전한 기차 여행이 되도록 박차를 가했다. 이제 장거리 철도 여행은 아주 흔한 일이 됐다.

따라서 사람들과 돈이 유입됐다. 메이요 진료소를 찾는 사람들은 1912년까지 연간 15,000명으로 꾸준히 증가한 데 이어 다음 2년 만에는 두 배 넘게 증가했다. 이 광경을 지켜본 사람들은 "환자 폭주"라고밖에 달리 표현할 말을 찾지 못했다. 직원들은 기차가 도착할 때마다 밀려드는 인파가 얼마나 많은 부와 명성을 의미하는지 알지 못한 채 잔뜩 긴장했다.

하지만 제이 네빌은 전혀 긴장하지 않았다. 한 번은 닥터 윌이 자리를 비운 사이 그의 아내와 찰리 부인이 일요일 아침 진료는 이제 그만두자며 닥터 찰리를 설득했다. 닥터 윌도 나중에 집으로 돌아와 설득에 넘어갔다. 제이 네빌만 변화에 적응하길 거부했다. 나머지 직원들이 휴일인 일요일을 맞아 저마다 휴식을 취하는 동안 그는 뚱한 표정으로 자기 자리를 지켰다. 그러다 한 번은 메이요 형제를 만나려고 전용 기차로 도착한 거물급 인사를 맞은 적이 있었다.

제이는 퉁명스런 어조로 그 남자에게 "윌과 찰리"는 시골에 갔다고 말했고, 이에 그 남자는 둘 중 아무나 와서 진찰해주지 않으면 곧장 시카고로 돌아가겠다고 엄포를 놓았다.

제이는 참을 수가 없었다. 그는 환자가 될지도 모르는 그 남자의 귀에 대고 분을 속사포처럼 퍼붓고는 이런 말로 끝맺었다.

"그러고 싶다면 그 빌어먹을 전용 기차를 타고 당장 꺼지슈. 댁 말고도 환자는 얼마든지 넘쳐나니까."

토박이 주민 수보다 연간 전입 인구가 월등히 더 많다 보니 로체스터는 수용소를 방불케하는 모습으로 변했다. 도시의 풍경은 날이 갈수록 메이요 진료소의 영향을 크게 받았다. 택시 운전사들은 새로 도착한 손님이 타면 이런 질문으로 맞이했다.

"환자세요, 의사세요?"

식당에선 손님들에게 식탁에서 병 얘기는 삼가 달라는 안내판을 세웠다. 장난끼 있는 혹자는, 길고양이를 쓰다듬어주려고 발길을 멈춘 어느 방문객

제이 네빌은 남북전쟁 참전 군인 출신이며, 이십대 초반에 로체스터 남동쪽에 있는 메이요 농장의 일꾼으로 고용됐다. 그는 특히 닥터 메이요의 아이들에게 관심이 많아서 늘 잘 보살펴주었다. 그러다 닥터 윌이 자라서 칼리지 스트리트에 새로 지은 집으로 분가를 하자 그 집에 따라가서 죽기 전까지 24년간이나 가족처럼 함께 살았다. 그는 메이요 일가의 집안일뿐만 아니라 메이요 진료소의 온갖 궂은일에도 관여하며 집사 이상의 역할을 했다.

에 관한 이야기 같은 우스갯소리를 지어내기도 했다.

"주인이 누구니, 야옹아?"

방문객이 고양이에게 물었다. 그러자 고양이는 그야말로 로체스터 식으로 이렇게 대답했다.

"메이아우, 메이아우."(May-ow, May-ow. 원래 고양이 의성어는 "미아우 (meow)"지만 메이요(Mayo) 진료소가 있는 로체스터의 고양이는 "메이아우"라고 한다는 농담. 옮긴이)

전입이 폭주하다 보니 이제는 세인트메리스 병원의 일을 수녀들끼리 감당하기 어려운 지경에 이르렀다. 아울러 장차 간호사들의 역량과 자격 기준을 높이는 쪽으로 나아가야 했다. 조지프 수녀는 병원의 위상을 유지하려면 정식으로 교육 받아 자격증을 딴 간호사가 필요할 날이 머잖았다고 판단하고 간호학교를 세우기로 결정했다.

메이요 형제는 이 생각을 그리 환영하지 않았다. 그들은 수녀들이 간호사로서 가장 적격이라고 믿었다. 자기 헌신이 부족한 사람을 훈련한다고 해서 간호를 잘할 수 있을지 의문이었다.

수녀 가운데 몇몇은 간호 업무에서 그야말로 놀라운 능력을 보여주었다. 조지프 수녀는 단연 으뜸이었다. 수술 후 처치를 맡고 있는 페이비언(Fabian) 수녀도 말로 설명할 수 없는 직감을 발휘해 의사의 보통 감각을 능가하는 특별한 능력으로 환자가 좋아질지 나빠질지를 예측했다.

때로 닥터 찰리는 환자 걱정으로 얼굴에 그늘을 잔뜩 드리운 채 집에 돌아가 아내에게 이렇게 말하곤 했다.

"환자 상태가 너무 나빠 보이는데도 페이비언 수녀님은 괜찮아질 거라는군. 수녀님 예상이 빗나가는 적은 별로 없거든."

조지프 수녀는 평신도 여학생들의 간호 능력에 대해 의사들만큼 걱정하지 않았다. 그녀는 간호학교를 관리 감독할 책임자를 어떤 사람으로 뽑느냐에 따라 결과가 달라질 거라고 생각했다.

하루는 닥터 윌의 임상 참관객 중 인상과 품행에 호감이 가는 어느 젊은 여성이 그녀의 눈길을 끌었다. 알고 보니 간호사이자 가톨릭 신자이기도 했다. 이름은 애나 C. 재메(Anna C. Jammé)로 존스홉킨스 간호학교를 졸업한 재원이었다. 조지프 수녀는 세인트메리 간호학교 교장으로 적임자를 찾았다고 생각했다. 재메는 간호사로 일한 지 얼마 되지 않았지만 메이요 형제와 다른 의료진도 조지프 수녀와 생각이 같았다.

간호학교는 1906년 11월 19일 지원자 다섯 명 가운데 두 명을 선발해 한 개 반으로 문을 열었다. 그러고 나서 넉 달 뒤 세 명을 더 뽑은 데 이어 그 이듬해에는 열한 명을 더 뽑았다. 이 무렵부터 뉴욕과 오리건처럼 멀리 떨어진 주에서도 지원자가 오기 시작했다.

수녀들이 풀어야 했던 다음 문제는 공간 부족이었다. 단지 병상이 없다는 이유 때문에 오전 수술 일정 가운데 일부는 뒤로 미뤄야 할 때가 많았다. 하지만 수녀들은 추가로 병동을 짓느라 다시 빚을 지게 될까 봐 선뜻 나서지 못했다.

메이요 형제와 이 문제를 놓고 의논하는 자리에서 수녀들 가운데 누군가가 의사들이 받는 진료비 가운데 일정액을 분할해 병원에 할당하는 게 어떻겠느냐고 제안했다.

상황을 고려할 때 그렇게 턱없는 생각인 것만은 아니었다. 세인트메리스 병원은 형제의 명성에 꼬리표처럼 따라다니는 의료 기관이었다. 형제에게 찬사가 쏟아질 때마다 세인트메리스 병원의 이름도 같이 언급됐고, 메이요 형제를 비롯해 로체스터 의료진 중 누군가 논문을 발표할 때면 논문 저자는 "세인트메리스 병원의 아무개 의사"로 소개됐다. 따라서 일부 수녀들의 눈에는 의사들에게 병원의 비중이 실제보다 커 보일 수도 있었다.

그러나 누가 이런 제안을 했건 수수료(진료비 분할)에 대한 메이요 형제의 관점을 몰라도 너무 몰랐다. 닥터 윌은 이 제안을 단호하게 거절했고 이 문제와 관련해 더 이상 아무 이야기도 나오지 않았다.

하지만 이 일은 메이요 형제에게 고민거리를 던져주었다. 세인트메리스 병원이 세계적으로 유명해진 데에는 물론 형제의 공이 컸지만, 병원의 목적을 위해 영입된 외과 의사들이 쌓은 명성에 대해 수녀들이 수수료를 요구하지 못하게 하는 것은 도의상의 문제일 뿐이었다. 닥터 윌과 닥터 찰리는 설마하면서도 다른 대비책을 마련하는 게 현명할지 모른다고 생각했다.

이 무렵 형제는 메이요 진료소도 세인트메리스 병원도 감당이 되지 않을 만큼 밀려든 편도술 절제술 철을 막 지난 참이었다. 비상 상황 때 닥터 윌은 친구 존 칼러에게 도움을 청해 그의 쿡하우스 한 층을 빌려 임시 병동 겸 수술실로 개조했다. 비상 상황이 지나가고 그 층은 다시 호텔의 용도에 맞게 복원됐지만 바로 이때 시내 병원(메이요 진료소)에 대한 원대한 생각이 탄생했다.

당장 숙박 시설을 늘려야 하는 현실이 그러한 생각을 무럭무럭 키웠다. 외과의사클럽의 한 회원이 로체스터의 두 집 건너 한 집이 방두세 개를 회복기 환자와 그 가족 또는 참관객 의사에게 빌려주고 있다고 지적했다. 그래도 방은 늘 부족했고, 신문에선 연일 방을 구하지 못해 애먹는 사람들의 불평을 기사로 다뤘다.

이대로 마냥 손 놓고 있을 수만은 없었기에 닥터 윌은 존 칼러에게 필요에 따라 병원으로 전환할 수도 있는 '수술 후 회복기 환자용 고급 호텔'을 지을 생각이 없냐고 제안했다. 칼러는 여기에 동의해 건립 계획까지 발표했지만 공사비가 처음에 생각한 4만 달러보다 훨씬 더 많이 들 것 같다는 얘기에 뒤로 물러나고 말았다.

시내의 고급 호텔 겸 병원에 대한 생각을 그냥 접어버리기가 아까워 메이요 형제는 의료 외의 다른 사업에는 뛰어들지 않는다는 원칙을 깨고 자신들의 신념을 현실화할 수 있는 그 사업에 10만 달러를 투자했다. 그 뒤 메이요 가족의 예전 집이 있는 프랭클린 스트리트 맞은편 모퉁이에 살던 직물상 E. A. 놀턴을 비롯해 로체스터의 다른 사업가 몇몇도 투자에 참여했다. 이렇게 해서 로체스터요양회사가 설립되어 칼러하우스 건립에 들어갔다.

한편 방을 세놓고 있던 찰스 슈트 부부는 집이 늘 손님들로 북새통을 이루자 집을 아예 허물고 예전 집 두 배 크기의 요양소를 지었지만 6개월 만에 이곳도 방을 잡으려면 일주일 전에 예약해야 할 만큼 손님이 넘쳐났다. 그래서 주인 내외는 슈트 요양소를 다시 두 배 규모로 늘려 새로 지은 부속 건물에 회복기 입원 환자를 위한 조그만 '수술실'도 마련했다. 그곳 환자 관리는 닥터 저드가 맡았다.

그리고 나서 두 달 뒤인 1907년 5월 칼러하우스가 문을 열었다. 병원 치료가 필요한 환자들을 위한 침상 60개를 따로 마련하고 외과의사클럽 총무 닥터 J. E. 크루와 메이요 형제의 의료진 중 한 명인 닥터 에밀 H. 베크먼(Emil H. Beckman)을 관리 의사로 두었다.

이 요양소에는 시설을 완전히 갖춘 수술실도 있었지만 당분간은 처치실로만 사용했다. 메이요 형제가 수술을 거의 세인트메리스 병원에서만 했기 때문이다. 그래서 수녀들과 형제의 관계는 예전처럼 아무런 잡음 없이 지속됐다.

하지만 조지프 수녀는 새 건물에 마련된 수술실의 의미를 놓치지 않았다. 곧이어 세인트메리스 병원도 새로 부속 건물을 짓기 시작해 이듬해에 문을 열었다. 병상 100개와 다양한 실험실을 갖춘 새 건물에는 닥터 저드를 위한 전용 수술실도 있었다. 이로써 공간 부족 문제가 해결됐지만, 당분간일 뿐이었다.

17장

메이요 클리닉

환자가 엄청나게 증가하면서 가장 두드러지게 나타난 변화는 진료 인력 또한 급속히 늘어났다는 점이다. 인력 확충과 관련해 무슨 계획이나 일정한 원칙이 있었던 것은 아니다. 점점 많아지는 업무와 보조를 맞춰 한 사람씩 뽑다 보니 어느새 인원이 불어났을 뿐이다.

닥터 스틴치필드가 건강 악화로 1906년 7월 일을 그만두게 되자 메이요 형제는 그의 후임으로 존스홉킨스 의과대학을 졸업하고 필라델피아 아동병원에서 수련의 과정을 마친 허버트 Z. 기핀(Herbert Z. Giffin)을 기용했다. 그와 동시에 닥터 플러머, 닥터 밀릿, 닥터 저드를 '동업자' 위치로 끌어올렸지만 닥터 밀릿은 그 자리에 얼마 있지 못했다. 브라이트병(신장염)으로 1907년 초 사망했기 때문이다. 메이요 형제는 닥터 밀릿 후임으로 미니애폴리스의 닥터 윌리엄 F. 브라시(William F. Braasch)를 영입해 비뇨기과를 맡겼다.

3년쯤 뒤에는 피츠버그 대학교에서 의학을 가르치던 닥터 아치 H. 로건(Arch H. Logan)이 와서 네 번째 진료실을 꾸렸다. 그러고 나서 다시 3년 뒤 미니애폴리스에서 개업의로 활동하던 닥터 월터 D. 셸든(Walter D. Shelden)이 다섯 번째 진료실 문을 열었다.

점점 불어난 보조 의료진은 이 수석 진단의들을 중심으로 움직였다. 보조 의료진은 매년 뽑는 수련의와 아직 경험이 짧은 초보 의사로 구성됐다. 1914년에 이르러 진단 전문 인력은 17명, 일반 임상 보조 인원은 11명으로 늘어났다.

진단 전문 인력은 모두 진단 업무에 투입되어 지시가 떨어질 때마다 온갖 종류의 질환을 살폈다. 그런 가운데 각자 특별히 관심이 가는 분야에 집중하게 되면서 어느 정도 전문화가 이루어졌다. 서로 다른 전공끼리의 협진 체계는 아직 마련되지 않았지만 환자의 병증과 각자의 주된 관심 분야에 따라 담당의를 정하는 경우가 많았다.

대개는 하나의 특정 분야에 저마다 특출한 전문성을 보였다. 닥터 플러머는 특히 안구돌출갑상샘종을 진단해내는 능력이 가히 신기할 정도였으며, 닥터 그레이엄은 상복부 질환 감별진단이라는 까다로운 분야에서 세계 최고로 꼽혔다. 닥터 윌은 닥터 그레이엄이라면 병든 담낭을 냄새만으로도 찾아낼 수 있을 거라고 말하곤 했지만 담석이 문제라는 것을 어떻게 아느냐는 질문에 정작 본인은 설명할 말을 찾지 못하다 축적된 경험에서 오는 직감을 개발했을 뿐이라고 대답했다.

노련한 간호사라면 능히 병명을 짐작할 수 있을 만큼 증상이 여러 차례에 걸쳐 뚜렷하게 나타나는 질환도 있었다. 십이지장 궤양이 특히 그랬다. 의사 대부분이 증상을 알아차리기 전부터, 즉 이 질환이 아주 흔하다는 사실이 밝혀지기 전부터 로체스터에서는 이미 십이지장 궤양을 진단하고 있었다.

이와 관련해 외과의사클럽의 한 회원이 대규모 수행단을 대동하고 로체스터를 찾은 남아메리카 고위 관리 이야기를 들려주었다. 그는 유럽의 전문가 몇몇에게 보였지만 아무 도움도 받지 못하고 있다가 한 독일 외과 의사의 추천으로 메이요 형제에게 진찰받으러 왔다.

닥터 그레이엄의 조수가 병력을 확인하는 동안 옆에 서 있던 간호사가 "가만, 십이지양 궤양 증세 같은데요"라고 말했고, 젊은 의사도 동의했다. 이에 그 거물은 유럽 최고의 외과 의사들도 원인을 몰라 쩔쩔맸던 병을 일개 간호사에게 진단받으려고 지구를 반 바퀴나 돌아온 줄 아느냐고 벌컥 화를 내며 진료실에서 휙 나가버렸다. 하지만 수행원들이 그를 진정시켰고, 그의 수행 주치의는 수술실에서 간호사의 짐작이 옳았다는 것을 확인할 수 있었다.

외과 의사들도 일손이 더 필요했다. 특히 닥터 찰리는 더욱 절실했다. 때로 그는 갑상샘종만 제거하다 세월을 다 보내지 않을까 걱정했다. 형제는 연이어 의료진을 충원해 닥터 저스터스 매튜스(Justus Matthews)와 닥터 고든 B. 뉴(Gordon B. New)에게는 이비인후과를, 닥터 칼 피셔(Carl Fisher)에게는 안과를 맡기고, 미니애폴리스 시립병원 내과 의사로 있던 닥터 에밀 H. 베크먼에게는 닥터 저드처럼 일반 외과에서 경험을 쌓게 했다.

로테스터의 소규모 숙박 시설과 민박집에 머물고 있는 회복기 환자의 수술 후 처치도 이제는 한 사람이 전담해야 할 정도로 많아졌다. 닥터 베크먼이 몇 달 동안 그 일을 맡았다. 그 뒤 메이요 형제 밑에서 일정 기간 수련을 거치고 나서 그는 정식 직원이 되어 처음에는 닥터 저드의 수술실을 함께 쓰다 나중에는 자신만의 수술실을 배정받았다.

닥터 베크먼이 수술실로 자리를 옮기자 토론토 대학교를 졸업하고 원래는 세인트폴 시립병원에서 수련의 과정을 밟기로 마음먹었던 닥터 멜빌 S. 헨더슨(Melvin S. Henderson)이 수술 후 처치 업무를 넘겨받았다. 세인트메리스 병원에 오게 된 경위를 닥터 헨더슨은 이렇게 말했다.

"기차에서 닥터 베크먼을 만났어요. 그는 내 목을 끌어안을 기세였어요. 수술 후 처치 업무를 넘길 사람을 구해 무척 기뻐하더군요."

곧이어 헨더슨은 그 이유를 깨달았다. 어떤 날은 하루에 150명이나 되는 환자의 수술 상처를 소독해야 할 때도 있었다. 마차를 타고 다닐 형편이 되지 않아 그는 자전거로 시내 숙박 시설을 돌아다녔다. 로체스터 거리의 가로등이 꺼지고 나면 손전등으로 길을 비추며 다니느라 더러 힘들 때도 있었지만 그래도 외과에서 경험을 쌓을 수 있어 그는 기뻤다.

1907년 또다른 수련의가 토론토에서 왔다. 닥터 헨더슨의 학교 동창 도널드 C. 밸푸어(Donald C. Balfour)였다. 닥터 밸푸어는 세인트메리스 병원 병리과에서 일 년간 수련한 뒤 시내 메이요 진료소에 파견되어 외래 환자들의 수술 후 처치 업무를 맡으며 임상 경험을 쌓았다. 그는 일 년 계약으로 왔기 때문에 연말에 떠날 예정이었다. 그러나 하루는 닥터 윌이 그의 조그만 사무실로 걸어 들어왔다.

"우린 자네가 계속 머물렀으면 하네. 우린 자네가 이곳에 필요한 사람이라고 생각하네. 환자들이 자넬 좋아하는 걸 눈여겨보았네. 떠나기 전에 늘 자네한테 들러 작별 인사를 하더군."

닥터 밸푸어는 기꺼이 머물기로 했고 곧이어 외과 조수 자격으로 닥터 헨더슨과 합류했다.

둘은 편도선 절제술과 더러 충수염 수술 같은 간단한 수술을 소화했지만 조지프 수녀가 수술실 업무에서 손 뗄 준비를 하기 시작하면서 대개 닥터 윌을 비롯해 집도의의 수석 조수로 일하는 횟수가 점점 많아졌다.

메이요 형제의 마지막 여섯 번째 동업자인 닥터 도널드 C. 밸푸어는 캐나다 토론토 출신이며, 1907년부터 같이 일했다. 1915년에 동업자가 된 그는 1947년에 은퇴하기 전까지 외과 의사 겸 의학 교육자로 명성을 날렸다.

그 뒤 1911년 여름 닥터 찰리와 닥터 저드가 자리를 비우고 없는 사이 닥터 베크먼이 갑자기 병이 나는 바람에 닥터 윌 혼자 일해야 했다. 닥터 윌은 생각할 것도 없이 바로 닥터 밸푸어를 호출했다. 닥터 밸푸어의 조수 한 명은 이렇게 말했다.

"알고 보니 천재였던 겁니다. 수술을 내리 200건 넘게 했는데 죽은 사람이 단 한 명도 없었으니까요."

이듬해 그는 집도의가 된 데 이어 1914년에는 동업자 위치에 올라섰다.

메이요 형제는 정형외과에는 별 관심이 없었다. 닥터 윌은 정형외과 의사는 외과 의사가 아니라 이를테면 수술로 교정할 수 없는 기형을 가죽과 쇠로 만든 어설픈 가리개로 덮어버리는 '보형물 제작자'일 뿐이라는 말을 종종 하곤 했다. 그런데 닥터 윌은 영국 리버풀의 로버트 존스가 기형 치료에 외과술을 적용하는 것을 보고 나서 로체스터에서도 존스의 방법을 이용해보고 싶었다. 그러던 차에 마침 닥터 헨더슨이 정형외과를 전공하는 게 꿈이라고 밝혀 옳다구나 싶었다.

메이요 형제는 그를 6개월 동안 외국에 보내 로버트 존스, 에든버러의 해럴드 스타일스, 런던의 아버스넛 레인 밑에서 수련하도록 했다. 돌아와서 그는 정형외과 업무를 도맡아 외과 분야에서 로체스터만의 또다른 전문성을 개발하기 시작했다.

이들과 그 뒤에 합류한 의료진은 메이요 형제와 똑같은 진료 의사 위치에 오르고 나면 완전히 독립된 진료권을 보장받았다. 형제 중 누구도 중간에 끼어들어 수술법이나 수술 후 치료에 대해 지시하지 않았다. 하지만 누구든 질문을 해오면 조언을 아끼지 않았다. 물론 그들도 형제에게 서슴없이 조언을 구했다.

경험 많은 외과 의사들도 먼 길을 마다 않고 며칠 일정으로 참관하고 가는 임상 업무를 오랜 기간에 걸쳐 가까이서 관찰할 수 있었기 때문에 로체스터에서 외과 수련의 과정을 밟는 학생들은 한 달에 100달러라는 학비가 아깝지 않았고, 그런 만큼 훌륭한 교육을 받은 유능한 젊은이들의 지원 신청이 끊이지 않았다.

매일 있는 임상 참관 강의를 제외하면 형제는 수련의들에게 별다른 지시를 내리지 않았다. 수련의들이 알아서 스스로 배우기를 바랐기 때문이다. 물론 때로는 충고의 말이나 가벼운 꾸지람이 있었지만 실수를 했다고 해서 호통을 치는 일은 없었다. 닥터 윌은 제 구실을 다하는 사람은 누구나 자신의 실수를 알아채고 실수를 통해 배우기 마련이며, 만약 그러지 못한다면 지적해봐야 아무 소용이 없다고 믿었다.

형제 모두 급한 성격과는 거리가 멀었다.

"외과 의사는 화를 내서는 안 됩니다. 화가 날 때면 나는 우스갯소리를 하면서 화를 삭입니다."

닥터 윌이 한 말이다. 그래서 메이요 형제의 수술실에는 여느 수술실과 달리 욕설이나 짜증이 없었다. 조수 중 한 명이 전하는 다음 이야기에 등장하는 닥터 찰리의 모습은 조수들의 행동이 마음에 들지 않으면 수술칼을 집어던지는 것으로 악명 높았던 독일의 유명한 외과 의사와 재미있는 대조를 이룬다.

처음 수술실 조수로 들어가 얼떨떨해하고 있는데 그분이 반은 과학이고 반은 통설인 흥미로운 의학 이야기를 갑자기 중단하고 내 귀에다 대고 "잘하고 있어. 칼날을 바닥에 떨어뜨리지만 않으면 나무랄 게 없네"라고 속삭이는 바람에 그곳을 가득 채운 좌중이 한바탕 웃었던 기억이 지금도 생생하다.

또다른 조수는 닥터 윌에 대해 이렇게 썼다.

내게는 그분이 여태까지 내가 아는 사람들을 통틀어 가장 훌륭하다. 물론 앞으로도 그럴 것이다. 그분 조수로 수술대를 사이에 두고 그분과 마주 서 있을 수 있는 기회를 얻은 것만으로도 의학을 공부한 보람이 있다고 늘 생각해왔다. 이 글을 쓰면서도 그분의 진지하고 온화한 얼굴과, 우리가 어려운 외과술 문제를 붙잡고 씨름할 때면 이따금씩 내 눈을 빤히 들여다보던 푸른 눈동자가 보이는 듯하다.…… 그분은 늘 온화했다. 수술실에서 호통 친 적이 단 한 번도 없었지만 그분이 준 자극은 정말로 컸다.

실험실이 성장하면서 외과 수술과 진단 능력도 발전했다. 여전히 닥터 플러머의 관리 아래 있는 임상 실험실에서 기사로 일하는 젊은 여성의 숫자도 한 명에서 다섯 명으로 늘어났다. 뢴트겐 요법에 관한 논문을 여러 편 발표한 적 있는 세인트루이스의 내과 의사 러셀 D. 카먼(Russell D. Carman)은 엑스레이 실험실을 전담했다. 미시간 대학교에서 임상 의학을 전공한 닥터 프랭크 스미시스(Frank Smithies)는 세인트메리스 병원의 위액 분석실을 맡아 관리했다.

닥터 윌슨과 닥터 매카티는 일반 병리학과 관련된 일체의 업무를 도맡아 처리했지만 최선의 노력에도 불구하고 세균학과 생화학 분야의 급속한 발전을 따라잡진 못했다. 예를 들어 희망에 부풀어 새로 세균 배양기를 구입했지만 서류를 보관하는 용도 말고는 새 장비를 시험해볼 짬을 내지 못했다.

"두 마리 토끼를 동시에 잡을 순 없었습니다." 나중에 닥터 윌슨은 자신들의 어려웠던 처지를 이렇게 표현했다.

누가 보아도 병리학자가 한 명 더 필요했다. 그래서 프리메이슨 건물에 있는 메이요 진료소 인근 가게 위층의 남는 방 두 개를 빌린 뒤 마켓 대학교에서 생리학을 가르치던 아서 H. 샌퍼드(Arthur H. Sanford)를 영입해 1911년 8월 세균학과 거기서 갈라져 나와 이제 막 싹트기 시작한 혈청학 및 기생충학 연구를 담당할 두 번째 임상 실험실의 문을 열었다.

성격이 각기 다른 이 실험실들은 진단 지원이라는 한 가지 목적을 위해 세워졌지만 일의 성격상 연구라는 부산물이 나올 수밖에 없었다. 무수한 혈액 표본과 갑상샘 표본에서 나온 결과는 분석과 추론이 필요했다. 이런 연구에 메이요 형제는 처음부터 지원을 아끼지 않았다. 끊임없는 사례 연구를 통해 뭔가를 배우는 것이 형제의 습관이었기 때문이다.

실험 위주의 독립된 연구는 좀더 나중에 발전했다. 닥터 윌이 두 생각 사이에서 갈등했기 때문이다. 물론 그의 머리는 의료진이 현재의 지식에 안주해 일상에 매몰되는 일이 없도록 하려면 연구 프로그램이 필요하다는 플러머와 윌슨의 주장을 인정할 수밖에 없었다. 그러나 대부분의 현역 의사가 그렇듯이 닥터 윌도 마음속으로는 먼 미래에나 결실을 거두게 될 지식 추구가 현재의 고통과 장애를 덜려는 노력보다 더 가치 있다고 고집하는 '순수 연구자들'의 집단적 오만에 불쾌감을 느꼈다. 그럼에도 그는 상임 연구원을 충원하고 설비를 확충하는 등 점차 실험실의 기능과 비중을 늘려나갔다.

닥터 윌슨은 로체스터에 오자마자 실험 병리학과 외과 업무를 맡아보며 세인트메리스 병원 지하실에서 동물을 키웠다. 그러나 그는 그곳에 있는 실험용 동물들의 상태를 늘 의심했다. 인정 많은 수녀들이 음식물 부스러기를 슬쩍슬쩍 갖다주면서 때로 우리에서 풀어주기까지 했기 때문이다. 그래서 그는 1908년 자신의 농가에 헛간을 새로 지을 계획을 세울 때 메이요 형제가 공사비로 500달러를 지원해준다면 그곳에 실험동물용 공간도 따로 마련하겠다고 제안했다. 형제는 흔쾌히 지원했고, 닥터 윌슨은 헛간 2층에 수술실, 작은 실험실, 원숭이·토끼·쥐·기니피그 우리를 들여놓았다.

하지만 어처구니없게도 이내 실험은 닥터 윌슨이 바빠서 도저히 엄두를 낼 수 없는 일이 되고 말았다.

그 뒤 그는 인디애나 대학교 병리학 교수로부터 편지 한 통을 받았다. 아주 유능한 졸업생이 있는데 병리학 수련의 자리가 있느냐고 묻는 편지였다. 윌슨은 자리가 있으니 그 학생을 당장 보내달라고 답장했다.

닥터 윌슨이 프랭크 C. 만(Frank C. Mann)을 계속 수련의로 붙잡아 앉히는 것은 시간과 재능 낭비라고 확신하기까지는 두 달밖에 걸리지 않았다. 그래서 아직 새파랗게 어린데도 불구하고 닥터 만은 닥터 윌슨의 헛간을 관리하는 책임을 맡게 됐고, 이로써 로체스터의 실험의학이 바야흐로 본 궤도에 올랐다.

그리고 어느 날 닥터 윌슨 앞으로 도착한 우편물에는 새 일자리를 찾는 뉴욕의 젊은 화학자 에드워드 캘빈 켄들(Edward Calvin Kendall)이 보낸 편지도 함께 섞여 있었다. 제약 회사에 이어 뉴욕의 한 종합병원 한직에 있으면서 그는 갑상샘에서 활성 호르몬을 분리하는 연구를 해왔다. 그는 이 문제에서 꽤 진전을 거두었다며 메이요 형제가 자신에게 자리를 내줄지 알고 싶어했다.

마침 닥터 찰리와 닥터 플러머도 갑상샘에서 활성 산물을 분리하는 방법을 찾고 있었다.

닥터 플러머는 이미 의미심장한 결론에 이른 상태였다. 흔히 안구돌출갑상샘종으로 알려진 질환은 사실 종류가 두 가지였다. 하나는 정상 산물을 너무 많이 분비해서 생기는 단순갑상샘종이 많이 진행되어 나타나는 질환이었고, 다른 하나는 과도한 갑상샘 산물과 더불어 수술 후 부작용을 일으켜 복잡한 문제를 야기하는 비정상 산물 때문에 생기는 진정한 의미의 안구돌출갑상샘종이었다.

닥터 플러머는 이 두 종류의 질환을 90퍼센트 정확하게 구분할 수 있게 됐다. 그러나 거기서 더 나아가지는 못했다. 그의 두 가지 산물 이론을 입증하고 발전시키려면 무엇이 갑상샘의 정상 산물인지 알아내 측정할 수 있어야 했다. 어쩌면 젊은 화학자 켄들이 도움이 될 수도 있었다. 그래서 닥터 윌슨은 켄들에게 면접 보러 오라고 답장했다.

켄들은 갑상샘을 수산화나트륨으로 처리해 얻은 희끄무레한 물질이 가득 들어 있는 시험관을 가지고 도착했다. 이 잔여물에는 갑상샘 추출물의 생리학적 특징이 모두 담겨 있었다. 그는 좀더 정제하면 핵심 성분을 얻을 수 있겠다고 확신했다.

닥터 플러머는 그에게 당장 일을 시키는 데 대찬성이었지만 닥터 윌슨은 이의를 제기했다. 그는 로체스터 의료진이 생화학 연구 프로그램에 착수할 준비가 되어 있는지 확신이 서지 않았다. 그런데 닥터 찰리가 닥터 플러머의 손을 들어주었다. 닥터 찰리는 켄들이 중요한 일을 이미 절반은 해냈으니 그 기세를 몰아 로체스터에서 나머지 절반도 해내는 모습을 보고 싶다고 했다. 닥터 윌도 찬성하자 켄들은 채용이 확정됐다.

그때가 1914년 2월이었다. 곧 켄들은 수산화바륨을 이용하면 잔여물을 정제해 요오드 함량을 높일 수 있다는 사실을 알아낸 뒤 12월에 이르러 요오드 47퍼센트를 함유한 성분을 추출해냈다. 이제 잔여물은 수산화바륨으로 한 번만 더 처리하면 완전히 없어지고 말 정도로 극소량만 남았다. 그래서 그는 남은 잔여물로 결정을 만들기로 했다.

뼛속까지 연구자였던 켄들은 크리스마스이브를 만끽하는 것보다 이 실험에 매달리는 게 더 즐거웠다. 그는 극소량의 잔여물을 알코올에 녹여 증기 중탕기 위의 접시에 부었다. 그러고는 용액이 줄어들기를 기다리다가 깜빡 잠이 들었다.

얼마쯤 지났을까, 그는 잠에서 깨어 허둥댔다. 알코올이 완전히 증발해버렸기 때문이다. 바로 용액을 더 부었지만 이미 눈에 띄는 변화가 일어나 있었다. 알코올에 녹지 않는 하얀 막이 형성되어 있었던 것이다. 버리기 전에 켄들은 그 막 물질을 분석해 보았다. 막은 요오드 60퍼센트를 함유하고 있었다!

크리스마스와 상관없이 그는 이튿날 아침 일찍 실험실을 찾았다. 그리고 그 귀한 막을 알코올, 아세트산, 수산화나트륨 혼합물에 담갔다. 그 결과 나온 결정성 물질은 갑상샘의 활성 호르몬으로 밝혀졌다. 나중에 그는 그 물질을 '티록신'이라고 명명했다.

로체스터는 흥분으로 들썩였다. 규모를 늘려 실험을 다시 해서 충분한 양의 티록신을 확보한 다음 그 특징을 철저히 규명하는 쪽으로 연구 방향이 결정났고, 켄들은 더 넓은 방으로 옮겨 실험에 필요한 각종 장비와 갑상샘 물질을 제공받았다.

그러나 그가 아무리 기를 써도 2차 실험은 번번이 실패로 돌아갔다. 일 년 넘게 그 실험에 매달렸는데도 결과가 도로 아미타불이라 크리스마스의 그 성공은 꿈이 아닐까 하는 의심이 들 때마저 있었다. 그러던 중 그는 우연히 이산화탄소가 티록신과 단백질 분자의 결합 사슬을 분해한다는 사실을 발견했다.

문제는 풀렸지만 첫 번째 성공 때 이산화탄소가 어디서 생겼을까? 켄들은 이 질문을 가지고 씨름하다 자신이 일하고 있던 방에 자동 현미경이 있었다는 것을 마침내 기억해냈다. 그가 미처 모르는 사이에 현미경의 냉각 장치가 티록신을 사슬에서 분리해내는 데 필요한 이산화탄소를 배출했던 것이다.

훗날 켄들은 자신이 미신을 믿지는 않지만 1914년 이후로 크리스마스 같은 휴일이 돌아오면 '무슨 일이 일어나지 않았는지 확인하러' 실험실에 자주 들렀다고 인정했다.

티록신의 분리는 이 성분이 지니는 치료 효능과는 상관없이 그 자체로 엄청나게 중요했다. 이 쾌거는 로체스터 의료진이 안구돌출갑상샘종 치료 분야에서 다음 단계로 나아가는 중대한 전기를 마련하면서 연구 활동에 대한 전폭적인 관심과 지원을 끌어냈다. 의학계 전체를 놓고 볼 때도 이 일은 내분비샘이 어떻게 기능하는지 그 비밀을 밝혀냈다는 점에서 내분비학의 발전을 이끄는 동력으로 작용했다.

의료진 확충과 더불어 부가 의료 서비스도 꾸준히 늘어났다. 필라델피아의 닥터 W. W. 킨이 복부 수술을 받고 회복실에 있는 동안 하루는 닥터 윌이 그에게 이렇게 물었다.

"우리가 여기서 무슨 일을 하고 있는지 보셨으니 혹시 건의 사항 같은 거 없나요?"

"이곳 의료진 모두가 지금보다 논문을 더 많이 써서 학계에 더 자주 발표했으면 합니다만." 그의 대답이었다.

더 많이 쓰라니! 의료진 모두가 책도 읽고 공부도 할 겸 일주일에 한 번씩 쉬고 있었지만 봇물처럼 쏟아져나오는 의학 논문들을 소화하는 데 낼 수 있는 시간은 그 정도가 전부였다.

의료진에 합류한 직후 닥터 기편은 주례 모임을 통해 각자가 공부한 내용을 다 함께 공유하면 어떻겠느냐고 제안했다. 메이요 형제는 좋은 생각이라고 하면서 곧바로 자신들의 집을 모임 장소로 개방했다. 모임 때마다 몇 명씩 돌아가며 최근 의학 잡지 기사를 요약해 보고서를 작성해오면 그 보고서를 토대로 토론이 이루어졌고, 요약된 보고서는 참고 자료로 보관했다.

이런 모임에서 몇몇은 기사의 핵심만 간추려 왜곡 없이 정확하게 전달하는 능력의 부족을 드러냈다. 전문가의 도움과 관리가 없다면 나중에 논문을 발표하더라도 의료진 전체에 폐가 될 게 불을 보듯 뻔했다. 문제는 어디서 그런 전문가를 찾느냐 하는 것이었다.

닥터 윌이 이 문제를 놓고 친구 옥스너에게 자문을 구하자 그는 한 치의 망설임도 없이 모드 H. 멜리시(Maud H. Mellish)를 추천했다. 그녀는 책 출간을 준비하던 옥스너의 제의를 받아들여 일 년 계약으로 오거스터너 병원 도서관 자료를 분류하는 작업을 맡기로 막 결정한 상태였다. 닥터 윌은 멜리시의 지성과 능력을 한눈에 알아보고 그녀에게 일을 맡기기로 마음먹고는 그녀를 로체스터로 초대해 첫 만남을 가졌다.

이 제안은 그녀 인생의 전환기에 찾아왔다. 그녀는 16년 동안 간호사로 일하며 의학에 대한 관심과 지식을 남편 닥터 어니스트 J. 멜리시(Ernest J. Mellish)를 돕는 데 아낌없이 쏟아부었다. 1905년 남편이 세상

을 떠났을 때 멜리시는 마흔세 살이었
다. 다시 간호사로 복귀하고 싶지 않았
지만 그렇다고 정식으로 의학을 공부
하기에는 너무 늦은 나이인 듯했다. 닥
터 옥스너와 함께 일하기로 수락한 상
태이긴 했지만 그녀는 어떤 식으로든
의학과 실제로 관련이 있는 그 일을
받아들이기로 했다. 바로 메이요 형제
가 제안한 일이었다.

1907년 메이요에 합류한 모드 H. 멜리시는 의학 자료를 체
계 있게 관리했을 뿐만 아니라, 의사와 연구자들이 학술지
에 발표할 논문을 작성할 때 조언을 하고 편집도 해주었다.
나중에 그녀는 의학 편집자로서 전국적으로 유명해졌고 메
이요 클리닉의 학술적 위상도 높여주었다.

멜리시는 1907년 3월 1일 로체스터
에 도착했다. 먼저 그녀는 메이요 진
료소 '도서관'부터 둘러보았다. 사실
이름만 도서관이었지 안락의자 하나, 책상 하나, 수직 등받이 의자 몇
개, 잡다한 의학 서적과 잡지를 비치해놓은 회전식 책장 하나밖에 없
었다.

"책이 이게 다인가요?" 그녀가 물었다.

"네." 물론 의료진 각자의 집에도 서재가 있었고, 어딘가에 정기 간
행물 중판본과 과월호가 흩어져 있긴 했지만.

멜리시의 재빠른 상상력은 책으로 즐비한 방, 의료진이 실제로 이
용하는 그야말로 명실상부한 도서관을 떠올렸다. 그녀는 여기저기 흩
어져 있는 참고 자료를 한데 모아 분류하는 작업이 무엇보다 시급하
다고 말했다. 이에 메이요 형제는 전적으로 동감을 표시하며 각자의
서재에 있는 자료를 내놓았다.

이튿날 아침 멜리시는 잡지 중판본과 과월호를 찾아나섰다. 그 관리는 제이 네빌이 맡고 있었다. 멜리시가 그에게 자료의 행방을 묻자 그는 그녀를 지하실에 있는 석탄 창고로 안내했다.

멜리시는 키가 훤칠하고 시원시원하게 생긴 데다 인상과 품행에서 여왕 같은 품격이 묻어나는 여성이었지만 해야 할 일이 있으면 물불을 가리지 않았다. 그녀는 석탄 창고에서 바로 일을 시작했다. 마지못해하는 제이의 도움을 받아 그녀는 석탄 더미에서 종이 뭉치들을 수거해 차곡차곡 쌓은 다음 위층으로 날라다 먼지를 털어내고 내용별로 분류했다. 그리고 나서 군데군데 빠진 과월 잡지들을 주문해 채워넣고는 일 년 치를 한데 묶었다. 또 책 선반과, 선반을 채울 책과, 책상과 의자도 사들였다.

그런 다음 의료진에게 논문 작성법을 지도할 채비에 들어갔다. 이와 관련해 그녀는 문법과 맞춤법만 가르쳐서는 안 된다고 생각했다. 당시 의학 논문은 하나같이 형편없었다. 개성 있는 문체를 거의 찾아볼 수 없었던 데다 전달력과 정확성이 대체로 부실했다. 의료진 지도와 관련해 멜리시는, 의도한 바를 사실에 근거해 정확하게 표현하고, 가능하다면 옆길로 새지 않고 집중해서 사고할 수 있게 하는 것을 목표로 삼았다.

그녀는 의료진의 논문에다 통렬한 비판을 서슴지 않으며 제멋대로다 싶을 만큼 마구 고치고 바로잡았다. 대부분의 논문 저자가 그렇듯이 로체스터 의료진도 그런 개입을 달가워하지 않았다. 그러나 메이요 형제는 그녀가 고쳐준 논문이 훨씬 나아진 것을 보고 그녀를 물심양면으로 지원했다. 시간이 지나면서 누구든 논문을 발표하기 전에 멜리시에게 보여 부족한 부분을 바로잡는 것이 일종의 관례로 굳어졌고, 그 뒤로 의학 잡지 편집자와 독자들이 세인트메리스 병원 의료진의 논문은 한결같이 전문성이 뛰어나고 명쾌하며 잘 읽힌다고 말하기 시작했다.

1909년 멜리시는 석탄 창고에서 구출해낸 논문 가운데 일부를 포함해 1905년부터 1909년까지 의료진이 작성한 논문을 한 권으로 묶어 펴내는 작업에 들어갔다. 제목을 정하는 문제를 놓고 한참 토론이 벌어졌다. '닥터스 메이요, 닥터 그레이엄, 닥터 플러머, 닥터 저드의 논문 모음집'으로 정할 수는 없었다. 결국 의료진은 외과의사클럽 회원들이 제안한 제목을 채택하기로 했다. 그리하여 『세인트메리스 병원 메이요 클리닉 의료진 논문집(Collected Papers by the Staff of St. Mary's Hospital Mayo Clinic)』이라는 제목으로 결정됐다.

1912년께에는 의료진의 호칭도 달라졌다. 메이요 형제와 동료들은 추가 일손을 확보하는 방편으로만 여기저기서 수련의를 받아들이고 있었지만 닥터 플러머는 이 수련의들을 제대로 가르치는 것 또한 로체스터의 발전에 수반되는 직업적, 사회적 책임의 일부라고 주장했다.

동부 출장에서 돌아온 뒤 어느 날 아침 닥터 윌은 실험실에 들러 닥터 윌슨과 이 문제를 의논했다. 그는 동부 병원들에서 일하는 수련의와 전공의들의 열악한 상황을 보고 낯선 느낌이 들었다고 말했다. 그들은 하루 종일 굽실거리면서 정규 의료진의 심부름꾼 노릇을 하며 지내는 듯했다. 그는 로체스터에는 그런 방식이 만연하지 않기를 바랐다. 그래서 고민하다 수련의나 조수 말고 다른 호칭으로 부르면 도움이 될지 모른다고 생각했다.

닥터 윌슨은 옥스퍼드 대학교에서 사용하는 동지 또는 동료를 뜻하는 중세 영어 'felawe'에서 유래한 '펠로(fellow)'라는 호칭을 제안했다. 닥터 윌은 그 말이 마음에 들었다. 그러나 무엇의 펠로란 말인가? 메이요 형제, 그레이엄, 플러머, 저드의 펠로는 분명 아니었다. '세인트메리스 병원 메이요 클리닉의 펠로'는 더더욱 아니었다. 그렇다면 그냥 '메이요 클리닉 펠로'라고 부르면 어떨까? 그래서 그렇게 부르기로 했다.

환자와 의료진의 수가 증가하면서 장부에 기록하는 옛날 방식은 너무 굼뜨고 번거로워 도저히 견딜 수 없는 지경에 이르렀다. 환자가 2차 검진을 받으러 다시 오면 의사는 장부를 여러 권 갖다 놓고 일일이 뒤져가며 초기 기록을 찾아낸 뒤 2차 방문 결과를 원래 병력 주변에 꽃줄 두르듯 둥그렇게 휘갈겨 써야 했다.

더욱이 기록이 한 곳에 다 있는 것도 아니었다. 임상 기록은 닥터 그레이엄의 서류철에, 실험 및 엑스레이 결과는 다른 어딘가에, 외과 기록은 세인트메리스 병원에 각각 흩어져 있었다. 의료진이 어느 환자든 병력을 확인하자면 이곳저곳 뛰어다녀야 했다. 그러느라 시간은 허무하게 흘러갔고 짜증은 있는 대로 났다.

엄청난 환자 수와 형제의 높은 명성 덕분에 세인트메리스 병원은 전국의 병원과 외과술의 시험장이 되어 가고 있었다. 다른 의사들은 어떤 기술이나 장비의 진가를 확인하고자 할 때면 로체스터에서는 어떤 결과가 나왔느냐며 문의하곤 했다. 그렇기 때문에 메이요 형제는 의학계와 사회를 위해 기록을 가급적 빠짐없이, 정확하게, 그리고 누구나 쉽게 이용할 수 있도록 관리해야 하는 짐을 지고 있었다.

이러한 사회적 책임을 뼈저리게 인식했던 닥터 플러머는 마침내 메이요 형제를 설득해 새로운 기록 체계 고안에 들어갔다. 그는 일 년 넘게 이 문제를 가지고 씨름하며 다른 데서는 어떻게 하는지 보러 여기저기 다녔지만 의사들로부터는 아무런 도움도 받지 못했다. 그러자 묘안을 찾아 상업과 산업 쪽으로 고개를 돌렸다.

그 결과 그가 개발한 기록 체계는 의료 기록의 본보기로 자리 잡았다. 그 체계는 이랬다. 환자가 내원하면 먼저 등록 절차를 거쳐 일련번호를 부여한 다음 그 번호가 적힌 봉투를 중앙 문서실에 보관한다. 봉투에는 닥터 플러머가 동료들의 의견을 취합해 표준화한 기록 양식에 따라 진단의가 작성한 환자 병력, 외과 및 병원 기록, 검진 결과 등 환자에 대한 정보를 빠짐없이 모아둔다.

이후 환자와 주고받은 대화 내용이나 서신도 빠짐없이 똑같은 봉투에 보관하고 있다가 환자가 다시 내원하면 똑같은 일련번호를 부여하고 환자 기록을 역시 같은 봉투에 넣어둔다. 이렇게 하면 환자 개개인의 몸 상태에 관한 기록이 하나도 빠짐없이 한 곳에 모인다.

이런 기록은 의료진이 원하면 바로 열람할 수 있지만, 문서실에서 봉투를 꺼낼 때마다 빠진 기록의 행방을 단번에 알 수 있도록 열람 카드에 정확한 날짜, 시간, 용도를 적어 기록이 있던 자리에 보관한다.

환자가 퇴원하면 병증, 수술 방법, 수술 결과, 병리 검사 결과에 따라 기록을 분류해 색인화한 다음 영구 문서실로 옮겨 보관한다. 따라서 의료진이 어떤 사례를 연구하고 싶다면 색인에서 그 사례 번호를 찾아 문서실 직원에게 해당 번호가 적힌 봉투를 꺼내달라고 부탁하기

1908년부터 메이요 진료소 원무과 일을 보기 시작한 해리 J. 하윅은 메이요 클리닉에 '병원 행정' 개념을 도입하고 업무 체계를 확립했으며, 1952년에 은퇴하기 전까지 원무과장을 지냈다.

만 하면 된다.

1907년 7월 19일 1번 환자가 새로운 체계에 따라 등록을 마쳤다. 처음에 몇몇 의사들 눈에는 새로운 체계가 불필요한 요식처럼 보였던 데다 특히 바쁠 때면 서식을 까맣게 잊어버리고 기존 장부를 사용했지만 시간이 지나면서 새로운 체계는 누구나 군말 없이 지키는 일상이 되었다.

업무 절차의 발전은 그 다음에 왔다. 행정 업무가 제이 네빌과 몇몇 여직원으로는 도저히 감당이 안 될 만큼 폭증하자 닥터 윌은 은행장에게 닥터 그레이엄을 도울 유능한 직원을 한 명 추천해달라고 부탁했고, 은행장은 출납계 직원 중에서 미네소타 출신으로 위노나 고등학교를 졸업한 스물한 살의 훤칠하고 잘생긴 청년을 추천했다. 그의 이름은 해리 J. 하윅(Harry J. Harwick)이었다.

1908년 그가 처음 업무를 보기 시작했을 때도 회계는 여전히 예전 장부 기입 방식을 따르고 있었지만 곧 그는 닥터 그레이엄을 설득해 카드식 장부(일정 양식의 회계 카드를 카드함에 넣어 장부로 이용하는 것)와 루스리프식 장부(loose-leaf system, 끼웠다 뺐다 할 수 있는 종이를 바인더에 편철하는 장부)를 도입했다. 그래도 의사들은 여전히 하루를 마감하면 그 날 받은 진료비를 주머니에서 몽땅 꺼내 닥터 그레이엄의 책상에 올려놓고 갔다. 하윅은 이러한 관행을 쉽사리 바꾸지는 못했지만 1910년 의료진을 대신해 장비를 구입하는 업무를 넘겨받았다.

그 전까지는 누구든 직접 구입에 관여해 비용이나 내구성과 상관없이 각자 필요한 장비를 주문하는 식이었다. 경제성을 따지는 사람은 제이 네빌 혼자밖에 없었다. 예를 들어 사무직원이나 심지어 의사들조차 수건을 너무 낭비하는 것 같으면 그는 수건 한 장 세탁하는 데 비용이 얼마나 드는지 아느냐며 따끔하게 나무랐다.

나이가 들수록 제이는 점점 괴팍해졌는데, 그의 엉뚱한 행동은 복도에서 기다리는 환자들의 지루함을 종종 덜어주었다. 그는 의자 줄이 맞지 않는 꼴을 두고보지 못했다. 그래서 의자가 밀리면서 나무 마룻바닥을 긁는 소리가 들릴 때마다 얼른 달려가 의자를 다시 똑바로 해놓았다. 때로 요금을 받으려고 밖에서 기다리던 전세 마차 마부가 출입구 틈새로 누구 나갈 사람이 있나 살피려고 안을 들여다보기라도 할라 치면 제이는 대놓고 손님을 밝히는 그런 행동에 분통을 터뜨리며 쏜살같이 복도를 지나 현관으로 냉큼 달려나갔다. 그러면 마부는 마차 있는 데로 줄행랑을 쳤다.

1914년 7월의 어느 일요일, 메이요 형제의 오로노코 호가 웬일인지 위노나 선착장에 그대로 정박해 있었다. 누군가 병이 나는 바람에 여행 일정이 연기됐다는 소식을 듣고 위노나의 한 기자가 그 환자가 누군지 알아보려고 로체스터로 전화를 걸었다. 닥터 윌이 전화를 받아서 진료소 관리인 제이 네빌이 뇌졸중에 걸려 사경을 헤매고 있다고 설명했다.

기자가 그 때문에 여행 계획을 변경하다니 뜻밖이다라는 뜻을 내비치자 닥터 윌은 퉁명스럽게 다음과 같이 대답했다.

"어떻게 여행을 떠날 생각을 한단 말입니까. 제이는 우리 가족이나 다름없는데. 우리 아버지를 위해 20년을 일했고 또 우리 집에서 24년을 살아온 사람이에요. 보통 직원이 아니란 말입니다."

제이 네빌은 닥터 윌의 집에서 나와 안장됐다. '윌과 찰리'에게 그는 생전에 가장 애지중지하던 물건, '메이요네 짝꿍'이 선물한 자동차를 물려주고 떠났다.

의료진 충원은 환자 수가 불어난 뒤에야 한두 명씩 이루어졌기 때문에 다들 일과가 빡빡했다. 그래서 일이 너무 고단하고 압박감이 너무 심해 곧 그만두는 사람도 더러 있었다. 오래 버티는 사람들에게 그 이유를 물었더니 놀랍게도 대답이 한결같이 똑같았다. 그 내용을 정리하면 이렇다.

우선 업무의 다양성과 양이 마음에 들고 의사로서 성장할 수 있는 기회가 로체스터를 따라올 곳이 없다. 메이요 형제도 우리와 똑같이 힘들게 일한다. 두 사람을 보고 있으면 우리도 뭔가 중요한 일을 하고 있다는 느낌이 든다. 형제는 누구한테 군림하는 법이 없다. 우리는 매일 아침마다 사무실에 들러 그 날 업무 계획을 보고할 필요가 없다. 우리는 휴가도 충분히 낼 수 있고 또 형제도 참여하는 일종의 연수 출장도 많이 다닌다. 그럴 때면 형제는 우리 경비를 대신 내줄 뿐만 아니라 종종 아내를 데려가도 될 만한 돈을 더 얹어주기까지 한다. 우리 모두 일주일에 하루는 도서관에서 자유롭게 책을 읽으며 글을 쓴다. 그런 것은 혼자 진료하는 의사는 누리지 못하는 사치다. 병원 문을 닫으면 수입이 끊기고, 또 병원을 너무 오래 비워두면 환자가 다른 의사한테 가버리기 때문이다. 하지만 여기선 누구 한 사람이 일을 쉬어도 나머지 의료진이 계속 환자를 본다. 우리 차례도 곧 오리라는 것을 잘 알기에 누구 한 사람이 자리를 비우면 우리 모두가 좀더 열심히 일한다.

이 무렵 메이요 형제는 번갈아가며 수술하려고, 그러니까 화요일, 목요일, 토요일에는 닥터 윌이, 나머지 요일에는 닥터 찰리가 수술하려고 서로의 일정을 조정했다. 특히 닥터 찰리는 금요일 일정을 맞추기 위해 자신은 금요일에 가장 운이 좋다며 환자들을 구슬려야 했다.

진료실의 오후 시간은 정신없이 돌아갈 때가 많았다. 닥터 찰리에게는 특히 그랬다. 젊은 외과 의사 대부분을 그가 훈련시켰고, 또 젊은 내과 의사들도 난관에 봉착하면 주로 그에게 의지했기 때문에 자문 업무까지 그의 몫으로 떨어졌다. 젊은 의사들은 애로 사항을 닥터 윌보다 그와 의논하는 것이 더 편했고, 또 그는 환자와 관련된 곤란한 상황을 매끄럽게 헤쳐나가는 법을 늘 찾아주었다.

이런 문의를 처리하느라 닥터 찰리는 늦은 오후가 되면 완전히 기진맥진해선 소리 없이 몰래 빠져나와 집으로 갔다. 그러나 그가 없으면 진료실이 잘 돌아가지 않았기 때문에 직원들은 그의 모자와 외투를 몰래 숨기기도 했다. 때로 그런 전략이 먹히기도 했지만 너무 피곤하면 그는 모자와 외투 없이 집으로 갔다.

그런데 일이 많기도 했지만 즐거움도 많았다. 젊은 의사의 수가 많아지면서 분위기에 활기가 넘치고 화기애애해졌다. 무더운 여름날 저녁이면 메이요 형제는 마부를 보내 의료진 중에 마차를 타고 바람 쐬고 싶어하는 사람이 있으면 누구든 태워주었다. 그리고 그런 식으로 이루어진 나들이에서 사랑이 싹트고 꽃피었다.

닥터 윌의 큰딸 캐리는 도널드 밸푸어와 결혼했고, 닥터 베크먼의 두 딸 데이지와 헬렌은 각각 닥터 플러머, 닥터 저드와 결혼했다. 곧이어 넬리 스틴치필드도 윌리엄 F. 브라시와 결혼했고, 해리 J. 하윅은 상관의 딸 마거릿 그레이엄과 결혼했다.

이런 우정과 관계 덕분에 업무 시간에 유대감이 좋아졌다. 닥터 그레이엄은 농장에서 살았다. 점심을 먹고 다시 사무실로 나올 때면 그는 이따금 큼지막한 사과 바구니를 들고 나타나 실험실 책상에 올려놓았다. 그러고 나면 오후 내내 의사들이 사과를 먹으러 들락거리며 잠시 잡담을 즐겼다. 그때마다 닥터 윌은 종종 정치 논쟁으로 시작하는 우스갯소리를 툭툭 내뱉곤 했다. 하지만 그 이상 나아가지는 않았다. 그는 그저 왁자지껄한 웃음소리를 듣는 것으로 만족했다.

갈수록 가속도가 붙는 성장 때문에 점점 심해지는 공간 부족 문제가 끊임없이 제기됐다. 메이요 형제는 칼러하우스와 슈트 요양소 두 곳의 수술실을 인수해 두 곳 모두에 새로 추가 시설을 들여놓았다. 그 뒤 1912년 칼러와 그의 동업자들이 줌브로 스트리트에 으리으리한 대형 호텔을 지었다. 그 덕분에 쿡하우스가 받는 부담이 줄어들자 형제는 그 건물 한 개 층을 빌려 정형외과 진료실로 개조했다. 같은 해에 세인트메리스 병원도 병동을 새로 지어 병상 300개와 수술실 여섯 곳을 추가로 확보했다.

진료실 확충은 그리 쉬운 문제가 아니었다. 필요에 따라 어쩔 수 없이 주먹구구식으로 진행하다 보니 진료실과 실험실이 프리메이슨 건물이 있는 블록을 따라 여기저기 어지럽게 흩어진 가운데 신발 가게, 약국, 식당 등이 그 틈새를 비집고 들어와 뒤섞이는 바람에 꼭 벌집을 보는 듯했다. '동업자' 의사들도 방이 한두 개씩 더 필요했다. 그래서 되는 대로 방을 구해 앞쪽에는 판자를 쳐 거리가 보이지 않게 막고 뒤쪽에는 통로를 내 다른 진료실들과 연결되도록 구조를 변경했다.

이렇게라도 방을 구하기가 더는 불가능해지자 '동업자'들은 진료소 뒤쪽 부지에 2층짜리 건물을 지어 도서관과 편집실, 교신실과 의학도판실을 그리로 옮겼다. 이듬해 더 많은 공간이 필요해지자 '동업자'들은 도서관과 이곳저곳의 진료실을 연결하는 별관을 짓고 방사선과를 설치했다. 그러고 나서 다른 기능들을 이 새 건물로 몰아넣기 시작했다. 도서관에는 정형외과 전용 진단실을 따로 마련했고, 엑스레이 기사들을 한 방으로 모아들여 '수술 후 치료과'에서 쓸 공간을 확보했다.

사정이 이렇다 보니 환자들이 미로에서 길을 잃고 헤매는 일이 없도록 안내해줄 직원이 필요했다. 닥터 샌퍼드의 실험실에서 근무하던 케이트 피츠제럴드(Kate Fitzgerald)가 첫 '안내인'을 맡아 복도 이곳저곳에 흩어져 있는 접수대 여직원들을 통솔했다.

이런 상황에서는 긴밀한 협조가 어려울 수밖에 없었다. 수술 상담이 당연한 절차로 자리 잡은 가운데 닥터 윌과 닥터 찰리의 눈에 보이도록 진료실 위에 꽂아두던 빨간 판지와 녹색 판지는 철도 수기 신호 같은 체계로 바뀌어 전등 색깔로 둘 중 누가 어느 방에 들어가야 하는지 알려주었다.

닥터 플러머는 당시 백화점에서 사용하는 것과 같은 '케이블 반송

방식'을 설치해 서신, 병력, 연락문 등을 전달함으로써 이러한 소통 수단 부족을 상쇄하고자 애썼다. 하지만 습도가 높은 날이면 무명실 케이블이 물기를 머금어 팽창하는 바람에 진료실들을 오가는 바구니가 꼼짝달싹 못하기 일쑤였다. 결국 늘어나는 환자 수를 더는 감당할 수 없게 되면서 난관을 벗어나자면 닥터 플러머가 촉구하는 해결책밖에 없어 보였다. 다름 아니라 의료진 전체의 요구를 충족하면서 각 과의 용도에 맞는 복합 건물을 새로 짓는 것이었다.

닥터 윌은 이 제안을 선뜻 받아들이지 못했다. 너무 야심차게 들렸기 때문이다. 그러나 어느 토요일 밤 유난히 정신없던 하루 일과를 끝낸 의료진이 병원 이전에 찬성표를 던지자 메이요 형제도 결국 동의했다. 닥터 플러머가 건립위원회 위원장으로 지명됐다. 이 밖에 사업 준비와 진행은 하윅이, 실험실 장비 감독은 닥터 윌슨이 맡기로 했다. 이튿날 오전 열 시 닥터 플러머는 세인트폴에서 건축가를 불러 주안점을 대략 설명했다.

건물 부지로는 센트럴 초등학교 맞은편의, 메이요 가족이 살던 집터가 선정됐다. 어린 시절을 보낸 곳에 병원을 짓고 싶다는 다소 감상적인 꿈에 부푼 닥터 윌과 닥터 찰리는 아버지가 눈을 감기 7년 전에 (지금은 버크먼 부인이 된) 딸에게 증여한 그 땅을 누이에게서 사들였다.

1912년 10월 9일에 초석을 놓았지만 건물이 완공되기까지는 거의 2년이 걸렸다. 지침으로 삼을 전례가 없는 상태에서 일했기 때문에 건축가들은 미심쩍은 부분이 있을 때마다 닥터 플러머에게 정확한 용도 설명을 듣고 문제점을 해결해야 했다. 닥터 플러머는 매사에 그렇듯이 이 일에서도 완벽주의자로 드러났다. 공법이든 자재든 아무리 사소한 것이라도 그의 까다로운 검사와 승인을 거쳐야 했다.

그런데 닥터 플러머는 이 일보다도 의료진의 활동을 조정하고 통합할 조직 구성표를 짜는 데 더 많은 시간을 할애했다.

오래전부터 그는 의학의 전문화는 충분히 달성할 수 있으며 의료진이 환자와의 관계에서 일사분란하게 움직이기만 한다면 전문화로 인한 위험 요소를 얼마든지 제거할 수 있다고 메이요 형제를 설득해왔다. 그때마다 닥터 윌은 환자는 따로따로 분해해서 '부품별'로 고쳐야 하는 마차가 아니라 '통째로' 검진하고 치료해야 하는 대상이라고 말했다. 1910년 초 그는 러시 의과대학 졸업식에서 이렇게 말했다.

의사들의 지식이 증가하면서 우리는 서로의 상호 의존성을 좀더 정확하게 바라볼 필요가 있습니다. 의학 지식의 총합은 이제 어느 한 사람이…… 전체 중에서 핵심이 되는 지식을 알고 있다고 해도 아무 소용이 없을 만큼 너무나 방대해졌습니다. 바로 이런 이유 때문에 의사들 사이의 협조가 필요한 것입니다. 환자의 이익이 무엇보다 우선시되어야 하는바, 환자가 진보하는 의학 지식의 이점을 누릴 수 있으려면 의사들의 조화가 필요합니다.…… 의학을 서로 협력하는 과학으로 발전시켜야 합니다. 즉 환자의 이익을 위해 일반의, 전문의, 실험실 연구자가 힘을 합해야 합니다.…… 대중은 우리 의사들이 환자를 제대로 치료할 수 있는 방법을 제시하길 바랄 겁니다. 이는 다시 말해 의학에서 개인주의는 더 이상 존재할 수 없다는 뜻입니다.

닥터 윌은 미래를 내다보며 큰 그림을 그릴 수는 있었지만, 그도 동생도 조직과 체계의 세세한 부분을 그리는 데에는 별 재능이 없었다. 전문 의료진 사이의 협력을 이끌어낼 통합의 세세한 부분을 제시하는 것은 닥터 플러머의 몫이었고, 그는 새로운 구조를 설계하면서 바로 이 부분에 역점을 두었다.

새 건물은 1914년 3월 6일에 정식으로 문을 열었다. 그 날 오후와 저녁 내내 16,000여 명이 건물 내부를 둘러보며 각종 시설의 용도에 대해 설명을 들었다. 은은한 크림색으로 마감한 벽에 고리버들 가구와 야자수를 병풍처럼 두른 분수는 널찍한 1층 로비에 밝고 쾌적한 분위기를 자아냈다. 한마디로 예전의 복도 대기실과는 천양지차였다! 로비를 중심으로 원무실, 접수대, 주요 진료실이 배치됐다.

일반 계단보다 폭이 두 배나 되는 위풍당당한 계단을 오르면 진료실, 엑스레이실과 암실, 임상 실험실이 있는 2층이 나왔다. 3층에는 도서관·회의실·실험실이, 4층에는 병리학 자료실·도판실·장비 제작실이, 5층에는 실험실이, 그리고 그 옆 옥상에는 동물 우리가 있었다.

연구와 진단 업무는 모두 한 건물로 모아 '부'와 '과' 단위로 편제했다. 이제 각 분야별 수석 내과 의사는 내과학부 안에서 과장이 되었고, 마찬가지로 수석 외과 의사는 외과학부 안에서 과장이 되었다. 안과, 이비인후과, 정형외과는 예외를 두어 일반내외과학부 안에 속했다. 닥터 윌이 이들 과의 전문화는 일반 진료에 '전공자'를 배정하는 선에서 그쳐야 한다고 주장했기 때문이다.

여기저기 흩어져 있던 임상 실험실도 닥터 샌퍼드의 감독 아래 임상병리과에 통합됐다. 외과병리학과 책임자로는 닥터 매카티가 임명됐다. 실험의학과는 닥터 만이, 실험생화학과는 켄들이 맡았다. 이 모

메이요 진료소가 이름을 바꾸면서 이전한 '메이요 클리닉 빌딩'은 1914년 3월 6일에 문을 열었다.

두를 관할하는 실험부의 총책임자는 닥터 윌슨이었다.

도서관, 편집실, 도판실은 출판부로 통합해 멜리시가 총괄했다. 등록 직원, 접수대 여직원, 문서 관리원은 기록통계부에 배속됐는데, 닥터 플러머의 감독 아래 메이블 루트가 실무 책임을 맡았다. 마지막으로 닥터 그레이엄이 은퇴한 뒤 보기 드물게 유능한 하윅이 진두지휘하게 된 원무과는 환자의 재정 상태를 조사해 거기에 따라 진료비를 책정하고 수금하는 업무 일체를 맡았다.

이런 다양한 부서들이 모여 하나의 몸통을 이루었다. 닥터 플러머가 병력의 신속한 전달을 염두에 두고 고안한 독창적인 체계가 몸통의 정맥과 동맥에 해당했다면 전화, 표시등, 전신 수신기를 주축으로 한 원활한 의사소통 수단은 중추신경계에 해당했다.

각 층은 쉴 새 없이 움직이는 컨베이어 벨트를 통해 지하실의 중앙 문서실과 연결됐다. 예를 들어 3층에서 기록이 필요하면 그곳 접수대 여직원이 신청 카드에 번호를 적어 운반기에 올려놓기만 하면 됐다. 그러면 중앙 문서실 접수대 여직원이 선반에서 해당 환자의 기록을 꺼내 운반기의 해당 칸에 집어넣었고 운반기는 2~3분 만에 3층 접수대에 기록을 떨궈주었다. 그래서 의사는 번호를 대는 수고만 하면 느긋하게 앉아서 기록을 받아볼 수 있었다.

많은 표시등이 배치된 판넬은 각 진료실 문 위의 꼴사나운 수기 신호를 대체했고, 의사마다 호출용 전신 수신기를 지급받았다. 전신 수신기가 틱틱 울리면 건물 어디에 있든 가장 가까운 전화를 찾아 수화기를 들기만 하면 교환을 통해 누가, 왜 찾았는지 알 수 있었다.

닥터 플러머가 전화 회사 사무실에 나타나 의사들이 서로에게 직접 또는 교환에게 또는 외부 사람에게 이야기할 수 있는 시스템을 설치해달라고 주문하자 사무실 직원들은 그를 빤히 쳐다보았다. 그들은 불가능하다고 말했다.

"아니오, 가능합니다." 닥터 플러머가 침착하게 대답했다. "기술자를 불러주세요. 어떻게 가능한지 내가 직접 설명할 테니."

기술자가 오자 닥터 플러머는 도면을 보여주며 설명했다. 그리하여 미국 최초의 구내전화가 새 건물에 설치됐다.

닥터 플러머는 이런 기계 설비가 효과적인 협력 체계 구축에 어디까지 도움을 줄 수 있는지 입증해 보였다.

또 그의 제안에 따라 이제는 환자 개개인과 미리 약속을 잡음으로써 환자들이 몇 시간씩 지루하게 기다려야 하는 불편을 해소하는 한편 여러 명의 의사에게 여러 가지 검사를 한꺼번에 받을 수 있게 했다.

그런데 여기서 닥터 윌은 우려를 표명하며 개입했다. 특별히 책임지는 사람이 아무도 없이 마치 공처럼 이 의사 손에서 저 의사 손으로 넘겨진다는 점에서 환자는 '의료진'의 환자가 돼서는 안 됐다. 다시 말해 환자는 한 '진료의'의 개별 환자여야 했다. 즉 담당 '진료의'가 해당 분야에서 최고라고 생각되는 동료들의 지식을 십분 활용해 환자를 처음부터 끝까지 책임져야 했다.

메이요 클리닉의 설립 날짜를 정확히 언제라고 말하기란 불가능하다. 설립이 너무 점진적으로 이루어졌기 때문이다. 그 첫 번째 씨앗은 카펜터 부인의 집에서 시작된 닥터 메이요의 진료에서 싹텄다. 그 뒤 메이요 형제가 환자들의 신뢰를 얻어 환자들이 의사를 집으로 부르지 않고 의사를 찾아가게 만들면서 외래 환자가 등장했다. 그 다음엔 동업자를 영입하고 실험실 발전 프로그램을 실행하면서 또다른 전기를 맞이했다. 그리고 1914년 조직을 개편하고 새 건물을 완공하면서 메이요 클리닉은 '한 지붕 아래 각종 실험실을 갖추고 다른 어떤 병원에도 소속되지 않은 명실상부한 클리닉'이라는 특별한 의료 기관으로 세상에 모습을 드러냈다.

이후 메이요 클리닉은 규모를 수차례 늘렸다. 건물은 14층까지 올라갔고, 부서가 급속히 늘어나면서 진료 영역이 확장됐으며, 그로 인해 내과가 활성화되고 외과는 의학계 전체를 통틀어 최고 수준에 이르렀다. 물론 핵심 개념과 기본 조직은 1914년에 완성됐다.

몇몇 의사들은 '집단의료'라는 이곳의 핵심 개념이야말로 현대 의학이 거둔 가장 중요한 성과라고 주장해왔다. 몇 년 뒤 진료를 둘러싼 토론에서 닥터 윌은 사람들이 자신과 동생을 '집단의료의 아버지'라고 부르지만 "만약 그렇더라도 우리가 의도한 일은 아니었습니다"라고 말했다. 형제는 미리 그려놓은 청사진에 따라 앞으로 나아간 것이 아니었다. 다만 그 당시에는 그렇게 하면 외과술의 수준을 끌어올릴 수 있을 것 같아 진료하면서 마주치는 문제를 해결하려고 노력했을 뿐이다. 그 결과는 완전히 새로운 종류의 개인 병원이었다.

다시 말해 메이요 형제는 그냥 집단의료의 아버지가 아니라 '개인 병원' 집단의료의 아버지였다. 물론 시립대학교나 주립대학교 병원에서는 내과 의사, 외과 의사, 실험실 연구자 사이의 협력 관계를 당연하게 여겼다. 반면 개인 병원에서의 그러한 관계는 완전히 새로운 개념이었다. 후자의 경우에서 좀더 집중화된 구조는, 이직률이 높은 비상근 직원이 주를 이루는 느슨한 구조의 공공 의료 시설에 비해 응집력 강한 통합을 이루어내기가 훨씬 용이했다.

전문화가 필요했던 의학의 상황과 그것을 받아들인 환자의 수를 고려할 때 이러한 메이요 클리닉이 가능하게 만든 것은 무엇보다 의료진을 대하는 형제의 태도였다.

형제는 '아무리 잘난 사람도 혼자서는 살 수 없다'는 아버지의 가르침을 입으로만 떠들지 않았다. 형제는 정말 그 가르침을 믿었다. 그래서 직원을 돈만 주면 뭐든 마음대로 부릴 수 있는 사람이 아니라 자신들처럼 연수 출장도 가야 하고, 연구와 집필 시간도 가져야 하고, 생각과 행동의 자유도 누려야 하는 동료 노동자로 여겼다. 의료진의 능력과 명성은 메이요 형제의 영광을 가리기보다 오히려 더욱 빛나게 해주었다. 이렇게 생각하면서 형제는 닥터 윌이 한때 의학에서는 더 이상 존재할 수 없다고 말한 개인주의를 협력 형태로 유지해나갔다.

3부

번영과 헌신의 시대

1952년 메이요공원에 건립된 메이요 형제의 동상. 조각가 제임스 얼 프레이저가 제작했으며, 1986년 메이요시민회관 입구 통로로 옮겨졌다. 편집자 주

18장

메이요재단

　조지 에드거 빈센트(George Edgar Vincent)는 1911년 미네소타 대학교 총장으로 취임한 직후 그 이름을 귀에 못이 박이게 들어온 메이요 형제를 만나러 로체스터로 갔다.

　그가 생각할 때 형제의 병원에서 가장 눈에 띄는 측면은 서른여섯 명의 '펠로'가 받는 다양한 교육이었다. 그는 닥터 윌에게 이렇게 앞선 교육을 받은 뛰어난 의사들과 허울 좋은 의학원에서 대충 수료증만 받은 의사들을 구분할 방법이 없어 유감스럽다고 말했다.

　초창기의 의학원은 주로 의과대학의 두드러진 결점을 보완하는 목적을 띠고 있었다. 그러나 의학원은 숫자가 많아지면서 수준이 낮아졌고 이제는 대부분이 교수라는 직함에서 오는 특권과 병원 수입 증가에만 관심이 있는 이류 의사들의 차지가 되고 말았다.

　임상 의학 측면에서 진정한 의미의 대학원 교육은 존재하지 않았다. 외과나 내과, 소아과 또는 그 외 임상 의학 분야에서 의사 면허증을 따고 나면 그보다 고급 학위로 이어지는 체계적인 과정을 밟을 수 있는 길이 어디에도 없었다.

물론 그 동안 대학 교육의 수준을 높이려는 조치가 많이 있었고, 또 교육학자 에이브러햄 플렉스너(Abraham Flexner)가 1910년 카네기 교육진흥재단의 의뢰를 받아 작성한 신랄한 보고서가 발표되면서 개선의 움직임이 더욱 많아졌다. 주에서 면허증을 발급하는 제도 또한 의사의 질을 끌어올리고 대중에게 유능한 의사의 기준을 알리는 데 기여했다. 그러나 전문성 차원에서 보면 돌팔이와 어중이떠중이에게 여전히 문이 활짝 열려 있었다. 누구든 자처만 하면 전문의가 될 수 있었기 때문에 의과대학을 갓 졸업한 햇병아리가 오리건 주나 메인 주에서 외과 의사를 자처하다가 한 달 뒤 아이오와 주에서는 산부인과 전문의로 둔갑해도 이를 막을 길이 없었다.

의대 졸업생들 사이에서는 유럽 유학이 진일보한 의술을 익힐 수 있는 기회로 여전히 각광받았다. 그러나 유럽의 병원과 실험실에서 장기간 체류하며 힘들게 공부해 정말 전문의가 된 극소수가 보기에 여름 한 철 구대륙에 갔다 와서 전문의 행세를 하는 사람이 너무 많았고, 일반 대중으로선 누가 어느 부류에 속하는지 알 길 또한 없었다.

어쨌든 1차 세계대전의 발발로 외국 여행이 갑자기 중단되자 미국 내에서 특별 연수를 받을 수밖에 없었다.

이 무렵 메이요 형제가 변호사 버트 W. 이튼에게 맡긴 개인 재산은 수백만 달러대에 이르렀다. 언젠가 닥터 윌이 말했듯이 "부자로 죽는 것은 수치"이며, 부모가 자식이 세상의 일에 참여하고픈 마음이 전혀 들지 않을 만큼 많은 재산을 물려주는 것은 현명하지 못한 처사라고 믿었기에 메이요 형제는 식구들 몫으로 적당히 떼어내 신탁자금을 설정해놓고 나머지 150만 달러로는 15년 전 스스로에게 다짐했던 약속을 실현하기로 결심했다.

형제는 그 돈을 의학 교육과 연구에 사용하는 것이 사람들에게 돈을 돌려주는 가장 좋은 방법이라고 생각하고 그 일을 맡아서 할 대리인으로 미네소타 [주립]대학교를 염두에 두었다. 닥터 윌은 1907년부터 이 대학교의 이사로 있으면서 자신들이 설립하려는 공익 재단의 사회적 목적을 달성하는 데에는 은행가나 사업가 단체보다 대학교 이사회 같은 영구적인 주립 단체가 더 적합하다고 확신했다.

미네소타 대학교 의과대학은 1888년 쌍둥이 도시의 두 의과대학 대표가 미네소타 대학교 이사회에서 의과대학을 설립한다면 인가증을 반납하고 대학 건물도 임대해 주겠다고 제안하면서 탄생했다.

3년 과정의 외과, 내과, 산부인과밖에 없어 시작은 미약했지만 재정적으로 공간과 시설 확충을 뒷받침할 수 있는 능력이 생겨나면서 과목도 점차 늘어났고, 의무 이수 과정 기간도 점차 늘어나 메이요 형제가 이사로 취임한 지 2년째 되던 해에는 6년을 꽉 채워야 의사 면허증이 나왔다.

같은 해 미네소타 주에 마지막으로 남아 있던 사립 의과대학까지 흡수하면서 미네소타 대학교 의과대학은 주 전체의 의학 교육을 총괄하게 됐다.

그 결과 플렉스너가 1910년 조사에 착수했을 때 미네소타는 "의학 교육 및 실습과 관련해 가장 골치 아픈 문제를 해결했다고 볼 수 있는…… 최초의 주"라는 평가를 받을 수 있었다.

그러나 대학교 당국은 플렉스너가 놓쳤을 수도 있는 문제를 뼈저리게 인식하고 있었다. 흡수·합병 과정을 여러 차례 거치는 동안 시간제 강사의 수가 엄청나게 많아졌던 것이다. 어떤 때에는 신경정신과 전임 교수가 여덟 명이나 되기도 했다. 교직원 수를 대폭 줄여야 한다는 데 다들 동의했지만 속으로는 저마다 다른 사람이 나가야 한다고 생각했다.

결국 이사들이 행동에 나서기로 결심했고 닥터 월이 인력 조정 계획 입안을 도왔다. 의과대학 교직원 전체에 명예 퇴직을 권고한 뒤 명망 있는 의사들로 위원회를 꾸리고 세인트루이스 대학교의 병리학자 일라이어스 P. 라이언(Elias P. Lyon)을 신임 학장으로 영입해 꼭 필요한 교직원만 선별한 다음 그 명단을 이사회에 제출해 승인을 받았다.

이러한 조직 개편은 필요했을 뿐만 아니라 궁극적으로 아주 유익했지만 그 후유증으로 남은 원한과 앙심은 오랫동안 대학에 문제를 일으켰다.

1914년 초 의과대학은 임상 의과대학원을 설치할 계획에 들어갔다. 이 일을 의과대학에만 맡겼다면 몇몇 대학교에서 기존 의학원을 모방해 개설하기 시작한 단기 '재교육' 같은 무익한 과정을 또 하나 늘리는 것밖에 되지 않았을지 모른다. 그러나 빈센트 총장의 계획은 각 단과대학 간의 연계 강화에 주력하면서 고급 과정은 순전히 대학원 중심으로 운영한다는 것이었다. 그는 또다시 분파주의가 싹트는 것을 바라지 않았다.

새로 대학원 원장에 임명된 가이 스탠턴 포드도 이런 생각에 전적으로 동의했다. 전문 인력을 양성해 일반 대중이 그들을 뻔뻔한 짝퉁과 확실히 구분할 수 있도록 그들에게 눈에 띄는 자격을 부여하는 것이 대학교의 의무라고 굳게 믿었던 대학원장 포드는 의과대학원 과정을 일정 수준으로 끌어올리려면 인문대학원과의 연계가 필요하다고 생각했다. 다행히 라이언 학장도, 의과대학만 승승장구하면 대학교 조직의 나머지는 어찌 되든 상관없다고 생각하는 대부분의 의대 교수들과 달리 대학교의 이상을 중시하는 사람이었다.

그래서 1914년 9월 학생 열한 명과, 의대 교수진 중에서 엄격한 심사를 거쳐 선발한 인물들로 의과대학원 과정을 개설했다. 3년에 걸쳐 이론, 실습, 연구, 구두시험, 논문 심사를 모두 통과하면 '학문별 학위', 예를 들어 외과학 박사 학위나 소아과학 석사 학위가 수여될 예정이었다.

계획대로만 이루어진다면 하늘 아래 둘도 없는 완전히 새로운 체계가 수립되는 것이었다.

메이요 클리닉과의 제휴 가능성은 거의 처음부터 거론됐지만 가능성의 구체화를 향해 공식적인 발걸음을 내디딘 것은 1914년 10월 의과대학 이사회가 졸업생과 메이요 형제를 주축으로 위원회를 꾸리면서부터였다.

제휴를 가로막는 걸림돌이 협상 초기에 드러났다. 메이요 클리닉은 대학교가 쉽게 계약 상대자로 삼을 수 있는 '법인'이 아니었다. 빈센트 총장은 이러한 장애를 제거하기 위해 메이요 형제에게 교육과 연구를 전담하는 재단법인을 설립하는 게 어떻겠느냐고 제안했고, 닥터 윌은 흔쾌히 동의했다.

그리하여 1915년 2월 8일 메이요 형제, 그레이엄, 플러머, 저드, 밸푸어는 메이요의학교육연구재단(Mayo Foundation for Medical Education and Research)을 설립하는 계획안에 서명했다. 이튿날 닥터 윌과 닥터 찰리는 세 명의 이사, 곧 버트 W. 이튼, 조지 W. 그레인저, 해리 J. 하윅에게 150만 달러 상당의 유가증권을 신탁함으로써 그 돈을 재단에 기부했다.

한편 일련의 회의를 통해 대학교 이사회에 제출할 잠정 제휴 조건도 마련했다. 그 조건을 골자만 간추리면 이랬다. 첫째, 대학교는 잠정 제휴 기간에 로체스터에서 이루어지는 의과대학원 교육의 일부를 맡는다. 둘째, 재단은 메이요 클리닉과 로체스터 병원들의 시설 일체를 무료로 이용할 수 있다. 셋째, 그 과정에서 발생하는 비용은 모두 메이요 형제가 책임지며, 기부금에서 발생하는 이자는 총액이 200만 달러에 이를 때까지 원금에 누적시킨다.

세칙으로 들어가면 다음과 같았다. 로체스터에서의 교육 과정은 재단에서 추천하고 대학교 이사회와 의과대학 이사회가 승인한 '과학 부문 책임자'와 엄선된 교직원으로 이루어진 위원회가 관장한다. 교과 과정 및 자격 요건과 관련한 세부 사항은 대학원 원장의 감독 아래 두며, 대학원에 등록해 과정을 모두 이수한 학생에게는 소정의 학위를 수여한다.

잠정 제휴는 일 년의 유예 기간이 지난 시점에 계약 당사자 중 어느 일방이 요구하면 중단할 수도 있지만 제휴가 영구화되면 메이요 형제는 이사들에게 신탁해둔 기부금을 대학교 이사회에 양도한다. 단, 이사회는 거기서 나오는 수익을 로체스터의 대학원 과정 유지에 사용해야 한다.

이사들이 이 제안서를 받아들기가 무섭게 제휴 계획은 완강한 반대에 부딪쳤다.

헤너핀 카운티(미내애폴리스)와 램지 카운티(세인트폴) 의학회는 항의 결의문을 채택하고 주 남부의 다른 카운티 의학회들에도 동참할 것을 촉구했다. 이 제휴 계획의 폐해를 끔찍하게 묘사한 전단들이 배포됐다. 그중 "가짜 예물과 위장 결혼"이라는 제목의 전단은 미네소타 대학교 의과대학을 팔려가는 신부에 비유했다. 이사회가 그런 제휴에 입김을 불어넣지 못하도록 막는 법안도 당시 회기중이던 주 입법부에 상정됐다.

반대 여론이 내세우는 이유는 많고 많았지만 그 가운데서도 가장 많이 거론된 반대 이유는 이러했다.

메이요재단의 활동과 메이요 클리닉의 활동을 분리하기란 사실상 불가능할 터이므로 미네소타 대학교는 사실 사기업과 제휴하는 셈이 될 것이다. 제휴 당사자인 재단 설립자가 과학 부문 책임자를 통해 교직원 임용과 경비 지출을 좌우하게 될 것이기 때문에 이사회는 사실상 사기업에 의과대학과 동일한 학문상의 지위를 부여하는 셈이 될 것이다. 어느 한 집단에 그런 특권을 부여한다면 다른 집단이 요구했을 때 응하지 않을 수 없을 것이며, 최근에 아주 큰 대가를 치르고 중앙집중화된 주 의학 교육이 이전보다 더욱 광범위하게 쓸데없이 분산될 것이다.

아울러 기부금 수익이 통째로 로체스터로 빠져나가 대학교는 한 푼도 구경하지 못할 가능성이 매우 높다. 그래서 '가짜 예물'이다. 상급 의학 교육은 학부 과정에 그늘을 드리우며 의과대학의 발전을 가로막을 것이다. 그리고 비평가들의 지적대로 언젠가 메이요 형제가 사망해 메이요 클리닉이 보통 수준으로 떨어지게 되면 대학교는 대학원을 유지하는 책임을 고스란히 떠안은 채 의과대학 앞으로 책정된 예산을 전용할 수밖에 없게 될 것이다.

이런 반대 의견 중에는 반대를 위한 반대도 있었지만 진지한 내용도 더러 있었다. 예를 들면, 메이요 형제의 평생지기 네 명이 이 문제로 특별히 로체스터를 방문해 윌과 찰리에게 형제의 고귀한 의도를 추호도 의심하지 않지만 현명하지 못하다고 생각하기 때문에 제휴 계획에 반대할 수밖에 없다고 말했다.

이에 대해 닥터 윌은 스스럼없는 태도로 이 계획에 뭔가 문제가 있다면 평생 저축한 돈을 거기에 쏟아붓기 전에 어떤 문제인지 알고 싶으니 기탄없이 말해보라고 대답했다.

다른 사람들도 이런저런 이유로 똑같은 주장을 펼쳤다. 의과대학 재편성이 남긴 원한은 시커먼 연기를 피워 올리며 가증스러운 의과대학에 득이 될 듯한 제휴 계획을 반대하는 불꽃으로 타올랐다. 그러나 의대 교직원 가운데 평생 몸담아온 학교에 유리하게 작용할 이점을 알아차리지 못하는 사람은 겨우 대여섯 명밖에 없었다. 그들 소수의 눈에는 재단이 의과대학이 아니라 의과대학원과 제휴할 것으로만 보였다.

하지만 이런 반대 요소 가운데 어느 것도 저마다의 주장에 동반된 앙심과 적의, 중상과 비방을 넘어서지 못했다. 거기에는 한 가지 이유밖에 없었던 듯하다. 즉 질투심에 사로잡힌 사람들이 의과대학의 발전을 바라는 마음과 대학교 이사회의 지나친 권력을 걱정하는 마음을 방패막이로 내세워 배가 아프도록 크게 성공한 형제를 공격했다고밖에는 달리 설명할 길이 없다. 그 동안 쌓이고 쌓인 증오가 고결한 의도로 위장할 수 있게 되자 행동으로 터져나왔던 것이다.

제휴의 진짜 목적은 메이요 클리닉의 존속을 영구화하는 데 있다느니, 메이요 형제가 미네소타 의학계를 좌지우지하려는 또다른 계책일 뿐이라느니, 메이요 클리닉이 의대생의 자격 기준을 상업적으로 이용하려 든다느니, 재단 수련의 제도를 통해 메이요 클리닉에 우수한 인력을 값싸게 대려 한다느니 하는 비난에는 사적인 원한이 숨어 있었다.

무료로 배포되는 미네소타의 한 신문에 악의적인 기사가 연일 실렸다. 신문은 독자들에게 제휴 계획을 철저히 조사하겠다고 약속한 뒤 메이요 형제에게 묻는다며 일련의 질문을 게재했다. 이런 질문들은 더러 긴 사설의 형태를 띠기도 했지만 그 내용을 핵심만 추리면 대략 다음과 같았다.

메이요 형제에게 묻습니다. 주와 카운티 의학회 회의에 출석해 "수술 칼로 위암을 고쳤다고 주장하는 등" 치료법과 관련해 얼토당토않은 말을 늘어놓으며 수차례 과대 선전을 했다는데 사실인가요?

메이요 형제에게 묻습니다. 아이오와 주의 한 신문에 메이요 클리닉을 광고하는 장문의 논평을 기고해 놓고선 로체스터 상공인 클럽이 그 기사를 썼다고 말하지 않았나요?

하지도 않았으면서 본인들이 한 척하다니 책임져야 합니다.…… 과대

선전을 하면서…… 미국의학협회의의 권위라는 망토 아래 숨어 의사 윤리를 둘러싼 원성을 사지 않았습니까?

메이요 형제에게 묻습니다. 환자를 데려오는 의사들에게 진료비를 쪼개줬다는데, 사실인가요?

메이요 형제에게 묻습니다. 학생들에게 멀리까지 다녀야 하는 부담을 지우더라도 로체스터에 학생들을 유치하면 귀하들이 운영하는 호텔과 은행이 덕을 보는 게 아닌가요?

닥터 찰스 호러스 메이요가 굳이 동부까지 가서 수술받은 이유는 무엇입니까? 메이요 클리닉에서 그가 아픈 원인을 알아내지 못했기 때문이 아닙니까? 만약 원인을 알았다면 로체스터에서 수술받지 않은 이유가 무엇입니까? 메이요 클리닉 외과 의료진이 수술할 능력이 안 된다고 생각했기 때문이 아닌가요?

메이요 형제는 대답할 가치를 느끼지 못했다. 이와 관련해 닥터 윌은 "긴털족제비와 싸우면 긴털족제비처럼 고약한 냄새를 풍기게 된다"는 말을 종종 했다.

그러자 해당 신문은 메이요 형제를 "의학계 최고의 광고 사기꾼 집단"으로 부르며 이제 대학교와의 거래를 준비하는 만큼 필시 거기서 뭔가를 얻어낼 게 틀림없다는 비방성 사설을 잇달아 내보냈다.

"이미 돈이 많다고 해서 더 많은 돈을 마다하는 사람 본 적 있는가?" 이 거래는 메이요 형제에게 유리할 수밖에 없다. 이 거래를 통해 메이요 형제는 무수한 광고 효과를 보면서 무료 환자는 학생들 손에 맡기고 본인들은 부자 환자들에게서 진료비를 두둑하게 챙길 것이다.

"광고 효과를 보는 사람은 누구인가? 메이요 형제다. 그로 인한 짐을 부담하는 사람은 누구인가? 국민이다. 이득을 챙기는 사람은 누구인가? 메이요 형제다."

이런 공격을 필두로 이어진 온갖 형태의 편지와 우편엽서, 각양각색의 탄원과 공청회에도 불구하고 대중은 의사들이 입에 거품을 물고 떠들어대는 소리를 믿지 않았다. 반대 진영의 지도자들이 결의문을 준비해 세인트폴시민상공인연합 회의에 모습을 드러내자 이 단체 회원들은 오히려 압도적인 표 차이로 제휴에 찬성했다.

미네소타 주 언론도 압도적으로 제휴 계획에 찬성했다. 《세인트폴 파이어니어 프레스》는 처음에는 중립을 지켰지만 결국 사설을 통해 이사회가 제휴를 받아들여야 한다고 촉구하면서 "이기심으로 초석을 세우고 상업주의로 포장해 시기심으로 마감 처리한 듯한 반대가 꼬리에 꼬리를 물며 나타나는" 이런 움직임에는 어찌할 도리가 없다고 덧붙였다.

주 남부 신문들도 똑같은 결론에 이르렀다. 그중 한 신문은 이렇게 전했다.

"쌍둥이 도시의 의사들이 자신들의 항의가 스스로도 잘 아는 시기심 때문이 아니라고 우리를 납득시키기는 어려울 듯하다. 그들은 제휴가 주에 가져올 이득을 생각하기보다 메이요 클리닉이 지금보다 더 잘될지도 모른다는 두려움에 사로잡혀 있다."

논쟁은 메이요 형제를 못마땅하게 여기는 사람들이 의도하지도 반기지도 않는 방향으로 흘러갔다. 미시간 주의 《폰티악 프레스》는 이렇게 지적했다.

"미네소타 주 로체스터의 메이요 형제는 누가 보아도 인생에서 가장 힘든 시기를 보내고 있다. 이 유명한 두 외과 의사가 세상에서 싫어하고 두려워하는 게 있다면 그것은 명성이며…… 200만 달러를 미네소타 대학교에 쾌척하는 것 때문에 형제는 살아생전 가장 큰 유명세를 톡톡히 치르고 있다."

전국의 신문들이 제휴 계획을 앞다투어 보도하면서 그 동안의 굵직굵직한 일화와 더불어 메이요 형제의 이야기를 또다시 자세히 다뤘다. 필자들은 하나같이 미네소타 대학교가 지금의 세대뿐만 아니라 미래 인류 세대의 행복에 엄청나게 기여할 제안을 받아들이길 망설이는 이유를 궁금하게 여겼다.

《보스턴 헤럴드》는 재단을 가리켜 "남다른 미국적 성공을 거둔 사람에게 걸맞은 최고의 결정"이라며 "아직 한창인 나이의 과학자가 이런 이야기의 주인공이 된 예는 거의 없다"고 평했다. 고리타분한《커머스 앤드 파이낸스》도 감격에 겨워 이렇게 전했다.

"미국을 통틀어 메이요 형제의 삶보다 더 놀라운 이야기는 거의 찾아볼 수 없다.…… 정말 귀감이 되는 삶이 아닐 수 없다!"

제휴를 금지하는 법안이 주 상원에서 36 대 31로 가결됐지만 하원에서의 투표가 남아 있었다.

변호사 버트 W. 이튼은 옴스테드 카운티 출신의 주 상원의원을 만나고 처음에는 긴가민가하다가 나중에는 불같이 화를 냈다. 제휴를 적극 지지하겠다고 맹세해놓고 반대표를 던졌기 때문이다. 이튼이 그것은 배신행위라며 책망하자 상원의원이 열심히 해명하긴 했지만 변호사의 화는 좀처럼 가라앉지 않았다.

"그래도 하원을 통과하진 못할 겁니다. 심의 중인 법안에 대해 하원 찬성표를 두 표 얻는 조건으로 제가 반대표를 던진 거니까요." 그는 대수롭지 않다는 듯 말했다.

입법부에서 반대가 자취를 감추자 공은 대학교 이사회로 넘어갔고, 반대 의견 가운데 더러는 타당성이 있었기에 메이요 형제가 새로운 조건을 내놓았다.

과학 부문 책임자로 구성하는 위원회는 없었던 일로 하고 대학교 이사회가 교직원 임용과 관련된 일체의 절차를 감독하며, 잠정 제휴 기간을 6년으로 늘려 제휴가 끝나는 시점에 기부금 원금과 그 동안의 이자를 이사회에 자동으로 양도한다는 내용이었다. 그리고 수입의 대부분은 로체스터의 교육과 연구 지원에 사용될 예정이지만 그중 일부는 주 안팎에서의 연구에 쓰일 수 있다는 조항도 추가했다.

이 새로운 제안 조건의 분석 책임을 맡은 집행위원회가 수락을 권유하자 이사회는 6년간의 잠정 제휴에 만장일치로 찬성표를 던졌다.

그러자 전 세계 의대 교수진과 학생들이 즉각 반응했다. 250명이 '펠로'에 지원해 그 가운데 이탈리아와 인도, 루이지애나와 캐나다 등지의 의대 30곳을 대표하는 졸업생 60여 명이 펠로로 선발됐다.

의대 교직원들의 눈이 휘둥그레졌다. 인도 청년 한 명이 그곳 대학원 과정을 염두에 두고 의대 교육을 받으러 미네소타를 찾았기 때문이다. 그뿐만이 아니었다. 제휴 가능성 덕분에 주 외부 주요 인사의 교수직 수락을 이끌어낸 데 이어 주에서 가장 실력 있는 의사 두 명을 설득해 개인 진료를 그만두고 가르치는 일에만 전념하겠다는 약속까지 받아냈다.

이렇게 차츰차츰 '조화'가 회복되는 가운데 모두가 합심해 6년간의 잠정 제휴라는 새로운 실험에서 제기되는 그야말로 실질적인 문제들을 차분히 해결해나가기 시작했다.

그러고 나서 마른하늘에 벼락 치듯 난데없이 아우성이 또다시 터져나왔다. 1917년 의회 회기가 다시 시작되자 예전의 반대파가 대학교 이사회에 메이요재단과의 제휴를 당장 파기하라고 요구하는 법안을 가지고 나타났다.

귀에 익은 비난에 덧붙여 그들은 이제 메이요재단의 모든 계획이 '기부금을 대학교 이사회에 양도해 제휴를 영구화할 마음이 눈곱만큼도 없는 메이요 형제가 대중을 상대로 벌이는 대규모 사기극'일 뿐이라는 터무니없는 주장까지 내세웠다. 그 계획에 따라 온갖 광고 이득을 챙기고 나서는 제휴 중단을 통보할 것이라고 했다. 그러면 의대 교직원들은 불화로 사분오열하게 될 것이고 대학은 급격히 쇠락해 찾아오는 이 하나 없게 될 것이라고도 했다.

이런 얼토당토않은 비방에 대학교 교직원 가운데 제휴에 우호적인 구성원들이 들고일어났다. 그들은 의대가 지금처럼 활성화된 적이 없다고 주장하며 즉각 반박문을 채택하고 각 신문사에다 시기심에 눈이 멀어 의도적으로 이런 중상 운동을 벌이는 의사들을 강력히 규탄하는 보도자료를 돌렸다.

메이요 형제도 가장 효과적인 방법을 동원해 이런 새로운 비난 움직임에 즉각 대처하고 나섰다. 형제는 이사회에 기부금을 무조건 양도하고 제휴를 중단할 권리를 포기한다고 발표했다. 이로써 제휴의 영구화 여부는 오로지 이사회의 결정을 따르게 됐다.

이렇게 되자 반대파는 궁여지책으로 수익의 중요한 부분을 로체스터의 교육과 연구 지원에 써야 한다는 조항을 걸고넘어졌다.

상정 중인 법안을 둘러싸고 공청회가 소집되자 대학교 임원 몇몇이 상황을 심각하게 여겨 닥터 윌에게 메이요재단 대표로 출석해달라고 부탁했다. 자신이 얼마나 아량이 넓은지 스스로 밝히라고 하다니 정말 얄궂은 요청이었다! 그러나 잠시 생각한 뒤 닥터 윌은 이렇게 대답했다.

"여러분의 생각이 정 그렇다면 나가지요."

야간 공청회장은 입추의 여지가 없었다. 법안을 지지하는 쪽이 상세하고도 격렬하게 주장을 펼치는 가운데 빈센트 총장과 프레드 B. 스나이더 이사가 응답에 나섰고, 그 뒤 닥터 윌이 단상에 올랐다. 의장은 초반에 방청석에 박수를 삼가달라고 요청했었는데, 이제는 언제 그랬냐는 듯 오히려 자신이 사람들을 부추겨 미네소타 주에서 가장 유명한 주민에게 보내는 우레와 같은 박수갈채를 끌어냈다.

그러고 나서 닥터 윌이 연설을 시작하자 장내가 조용해졌다. 그는 원고도 없이 대화하듯 간결하고 솔직하게 심경을 피력해 나갔다.

"누구나 살면서 어느 순간 좋은 일을 할 기회를 만납니다. 제 동생과 저의 경우 그 기회는 아버지에게서 왔습니다. 아버지는 저희에게 신체적 능력이든 지적 능력이든 남다른 재능을 타고난 사람은 그 재능에 비례해 다른 사람들에게 봉사해야 한다고 가르치셨습니다."

그리고 계속해서 자신과 동생이 누려온 남다른 기회와 그 기회를 어떻게 활용해 왔는지 설명했다. 그는 진료로 벌어들이는 수입이 늘어나면서 그 돈을 맡아두고 있을 뿐이라고 생각하게 된 경위를 이야기했다. 나아가 진료에 적용하고자 했던 이상과, 돈과 의술을 기부해 이루고자 하는 목표도 설명했다.

이야기가 계속되면서 그의 목소리는 커졌다.

"대학교와의 제휴를 둘러싸고 왜 이런 반대가 일어날 수밖에 없는지 그 이유를 저는 이해할 수 없습니다. 일각에서는 사악하거나 이기적인 의도를 가지지 않고서야 어느 누가 도대체 무엇 때문에 이런 일을 하겠느냐고 생각하는 모양입니다만 우리가 돈을 원한다면 돈은 이미 충분히 있습니다. 돈은 이유가 못 됩니다. 우리는 돈을 낸 사람들에게 돈을 다시 돌려주고 싶을 뿐이며, 의학 교육을 통해 돌려주는 것이 가장 좋은 방법이라고 생각합니다."

여기서 그는 잠시 멈춰 목소리를 가라앉힌 다음 계속했다.

"'이렇게 헛되이 죽는 사람들이 없어야 한다.' 우리가 이 일을 하려는 이유를 설명해주는 말입니다. 부질없는 죽음을 막는 데 있어, 젊은 이들이 유능한 의사가 되도록 돕는 것보다 우리가 더 잘할 수 있는 일이 뭐가 있겠습니까?"

닥터 윌의 이날 연설 내용은 그 자리에 있던 기자들이 보도한 이 몇 문장밖에 남아 있지 않다. 그래서 '사라진 연설'이다. 그러나 이날의 연설을 들은 각계각층의 사람들은 25년이 지난 뒤에도 일평생 들은 연설 가운데 가장 훌륭하고 웅혼한 연설로 기억했다.

반대파의 법안은 부결됐다. 위원회에서 2차 법안 심의에 나섰지만 그것이 마지막이었다. 반대 의견은 또다시 웅얼거리는 소리로 잦아들었다.

이때가 1917년 3월이었다. 4월 6일 미국이 독일에 선전포고를 했다. 메이요 형제는 이미 의무대에 편제됐기 때문에 둘 중 하나가 군대를 따라 곧 외국으로 떠나야 할 형국이었다. 그래서 형제는 집을 깨끗이 정리하기로 했다.

형제는 이사회에 제휴를 당장 영구화하자고 제안하고 기부금 수입의 사용에 관한 나머지 조항도 대부분 포기하기로 동의했다. 대학원 과정은 향후 25년 동안 로체스터에 계속 남아 있어야 하지만 그 뒤에는 이사회의 결정에 따라 다른 곳으로 이전할 수도 있었다. 수입의 10퍼센트는 재단의 활동 범위를 전 세계 수준으로 유지하기 위해 인도나 아르헨티나 같은 미네소타 주 밖의 지역에서 사용하기로 했다. 또 10퍼센트는 미네소타 주에서 발생하는 응급 상황에 대응하는 데 배정하기로 했다.

이사회는 이러한 조항에 동의했고, 1917년 9월 17일 영구 제휴를 명시한 계약이 조인됐다. 닥터 윌이 조인식을 끝내고 방에서 나오자 쌍둥이 도시의 언론 기자들이 기다리고 있다가 그가 한사코 대답하기를 거부했던 질문을 쏟아냈다. 이번에는 그가 양보했다.

과거 세대의 의학 경험이 다음 세대에 중단 없이 계속 전해져 세대가 바뀔 때마다 문제를 각기 해결해야 할 필요 없이 앞세대가 멈춘 곳에서 시작할 수 있도록 하는 것이 우리의 목표입니다. 기금을 비롯해 재단의 모든 것은 이번 세대의 아픈 사람들이 다음 세대가 질병과 고통 없이 살도록 하기 위해 내놓은 것들입니다……

왜 하필이면 지금이냐고요?…… 제 동생과 제가 사물을 그 어느 때보다 명확하게 볼 수 있는 삶의 시기에 이르렀기 때문입니다. 나이가 들수록 삶의 지평은 좁아지기 마련입니다. 우리는 어느새 쉰 줄에 들어섰고, 앞날을 장담할 수 없습니다.

게다가 지금은 전시입니다. 신병 모집이 시작되는 내년이면 저희 형제도 둘 중 하나는 외국으로 파견될 듯싶습니다.…… 전쟁은, 특히 저희 나이 또래의 남자들에게는 중차대한 일입니다.…… 돌아오지 못한다 해도 그러려니 할 겁니다. 살면서 하고 싶었던 일을 한 거니까요.

제휴에 반대하는 진영은 그 뒤로도 최소한 4년 넘게 메이요 형제나 대학교 당국을 맹렬히 공격했다. 한 번은 "부정한 방법으로 주립 기관의 사기업화를 꾀하고 있다"며 닥터 윌에게 배임죄를 씌우고 이사진에서 물러날 것을 요구하기도 했다. 닥터 윌은 이사회에 사임 의사를 밝혔지만 동료 이사들이 허락하지 않았다.

또 한 번은 '메이요 지지파'가 대학교 전체를 휘저어놓는 바람에 빈센트 총장 후임으로 부임한 매리언 르로이 버턴(Marion LeRoy Burton)이 그런 상황을 도저히 받아들일 수 없어 사임했다는 소문도 나돌았다. 버턴은 미시간 대학교 총장이라는 새 직함을 달고 나서, 그런 소문을 강력히 부인하며 대학교 내에 메이요 지지파 같은 것은 없다고 밝혔다.

닥터 윌은 이러한 공격에 의연하게 대처했다. 반대 진영 가운데 가장 끈질기기로 손꼽히는 사람이 야외 연회를 기회 삼아 재단을 향해 원한에 찬 독설을 쏟아낸 적이 있었다. 그가 독설을 끝내자 닥터 윌은 그냥 이렇게 말했다.

"귀하가 그 주제로 해온 연설 가운데 제일 훌륭한 연설이네요."

그러나 닥터 윌의 측근들은 그가 형제의 동기를 중상모략하는 소리에 깊이 상처받았다고 말했다.

미네소타 주민들은 비난과 야유를 퍼부었을지도 모르지만 다른 사람들은 그들의 기부를 액면 그대로 받아들였고, 제휴가 영구화되자 메이요 형제에 대한 기사 물결이 또다시 전국을 휩쓸었다.《뉴욕 포스트》는 형제의 이야기를 "의학계 역사를 통틀어 가장 감동적인 이야기"라고 보도했고,《뉴욕 선》은 "기금을 더 많이 조성하려고 애쓰느니 메이요 형제 같은 사람을 더 많이 길러내는 편이 더 낫다"고 논평했다. 콜로라도 주 어느 신문 편집인은 감정을 주체하지 못하고 다음과 같은 말로 기사를 마무리했다.

"신이시여, 이런 사람들과 같은 시대를 살게 해주셔서 감사합니다."

19장

전쟁과 그 후

전쟁에서 독일과 중립을 유지했던 미국의 태도 변화가 초읽기에 들어가면서 국방평의회 산하 종합의료위원회가 구성됐다. 닥터 윌은 동생과 함께 집행위원에 위촉됐다.

1916년 가을 종합의료위원회는 필요할 경우 적십자를 통해 외국에 파견할 기지병원 부대 50개를 조직했다. 각 부대마다 군의관과 간호병, 그리고 병상 500개 규모의 병원을 관리할 지원 병력을 배정한다는 원칙 아래 의무 인력은 기지병원에 필요한 의약품 공급을 책임질 대형 종합병원이나 의과대학에서 차출하기로 했다.

메이요 클리닉에도 미네소타 주에서 구성될 기지병원 부대에 지원해달라는 요청이 들어왔지만 미네소타 대학교와의 제휴 문제가 아직 마무리되지 않은 상태라 닥터 윌은 조심스럽게 이 일에는 대학교가 더 적임일 듯하다고 말했다. 아울러 메이요 형제는 부대 경비로 15만 달러를 기부하고 로체스터 의료진의 약 3분의 1을 의무 부대원으로 등록했다. 복무 기간 내내 26호 기지병원은 "메이요 부대"라는 별칭으로 불렸다.

1917년 6월 초 부대 동원이 임박했다는 보도가 나왔지만 실제로는 12월 13일에야 동원령이 내려졌다. 그 뒤 대학교 캠퍼스의 임시 막사에서 2주를 대기한 끝에 의무대는 조지아 주 애틀랜타에서 일정 기간 집중 훈련을 받고 이듬해 6월 유럽으로 가는 배에 올랐다.

이미 다른 곳으로 파견된 간호사들을 제외한 부대가 프랑스 동부 손에루아르 지역의 알레레이 역에 도착해보니 기지병원 열 곳과 환자 5,000명을 수용할 수 있는 의무 막사 공사가 한창이었다. 10개 부대 가운데 처음으로 그곳에 도착한 미네소타 부대도 전원 공사에 합류해 땅을 파고 배선을 하고 하수도를 조성하는 작업에 참여했다.

미네소타에서 보급품이 도착하기 훨씬 전부터 전선에서 부상자들이 밀려들자 부대원들은 비스킷 깡통으로는 각종 통과 실험 용기를, 나무판과 지붕 재료로는 수술대를, 빈 드럼통으로는 살균 장치를 만드는 등 101가지나 되는 의료 도구를 임시변통으로 뚝딱뚝딱 만들었다. 냉장 시설은 나무틀 위에 마대 자루를 덮고 물을 계속 떨어뜨리는 방법으로 대신했다. 한 달쯤 뒤 고국에서 보급품이 도착할 때까지 의료진은 약과 붕대, 봉합사로 쓸 만한 것들을 찾아 이 마을 저 마을을 샅샅이 뒤졌다.

1918년 여름 내내 대공습이 이어지면서 26호 기지병원은 매일 수백 명의 부상자를 받았고, 지원 부대가 도착하자 순전히 외과 병원으로 전환한 데 이어 전염병, 성병, 신경 질환 같은 전문 분야도 넘겨받왔다. 고향으로 돌아가 해산하라는 명령을 받기 전까지 이 부대는 약 7,200명을 치료했다.

메이요 형제는 당연히 프랑스 전선의 의무대에 합류할 생각이었지만 워싱턴 당국은 형제의 능력을 다른 데 쓰기로 결정했다. 의무감 윌리엄 크로퍼드 고거스(William Crawford Gorgas)의 자문을 맡아달라는 요청에 형제는 번갈아가며 한 번에 3주씩 워싱턴에 머물렀다.

형제의 주된 임무는 "의무대에 복무하는 의무 장병들(약 4만 명)의 자질과 전문성 수준을 가능한 한 높게 유지하고, 그들에 대한 특수 훈련 계획을 세우는 것"이었다. 특별위원회(닥터 플러머도 위원 중 한 명이었다)가 구성되기 전까지 자칭 발명가들이 육군 의무대에 추천한 수십 가지 장치와 방법의 가치를 판단하는 것 또한 형제의 일이었다.

이런 자문 임무 말고도 메이요 형제는 종합의료위원회 산하의 각종 특별위원회 위원으로도 위촉됐다. 또 닥터 윌은 미네소타 주지사 의료 고문에 임명되어 의료진 차출이 제대로 이루어지는지 감독하는 업무도 맡았다.

아울러 형제는 다양한 의료 단체를 방문해 전쟁 관련 격려 연설도 수없이 많이 했다. 닥터 찰리가 그런 연설에서 희생과 극기가 국격에 미치는 유익한 효과와 전쟁이 의학에 끼치는 영향을 주제로 이야기하면 언론을 통해 그 내용이 널리 보도됐다. 당시 그는 미국의학협회 회장이었기 때문이다. 1916년 형의 뒤를 이어 그 역시 협회 회장에 선출되자 로체스터 시민들은 형 때와 마찬가지로 축하연을 열고 러빙컵을 전달했다. 그는 1917년에 협회 회장으로 공식 취임했다.

메이요 클리닉을 계속 돌아가게 하려면 전보다 더 많은 노력이 필요했던 데다 전쟁 업무에서 오는 부담까지 겹친 채 2년 넘게 이어진 강행군은 결국 형제의 건강에 이상을 일으키고 말았다. 닥터 찰리는 육군 의무감 자문 업무를 보며 워싱턴에서 지내다 폐렴에 걸렸고, 닥터 윌은 1918년 가을 심각한 황달이 나타나 집으로 돌아올 수밖에 없었다. 당시 닥터 윌은 해리 J. 하윅에게 이렇게 말했다.

"60일 안에 말끔히 낫는 양성 증상이거나 간암이거나 둘 중 하나인데, 아무래도 간암 같단 말이지."

그는 자신이 죽을 경우 '동업자' 가운데 클리닉을 제일 잘 이끌어갈 수 있는 사람으로 이 젊은 사무 관리자를 점찍었다. 그 뒤 두 달 동안 해리 J. 하윅은 자동차로 몇 시간씩 시골길을 오가며 클리닉에 관련된 닥터 윌의 희망과 걱정, 계획과 꿈을 경청하는 등 사실상 그와 살다시피 했다.

황달은 말끔히 사라졌고 닥터 윌은 수장의 위치로 돌아갔지만 그때 이후로 적어도 그의 마음속에서는 해리 J. 하윅이 그의 뒤를 이을 클리닉 경영자였다.

클리닉 의료진은 전쟁 동안 정신이 하나도 없었다. 한 명씩 차례로 자원입대하거나 징집되면서(한 번은 63명이 한꺼번에 차출된 적도 있었다) 남아 있는 사람들이 져야 하는 짐이 두세 배로 늘어났다. 의료진 숫자는 줄어든 데 비해 환자 수는 1914년 연간 3만 명에서 1919년 6만 명으로 증가했기 때문이다. 메이요재단 설립에 따른 명성과 뒤이어 찾아온 전시 특수 때문에, 줄어든 의료진으로는 도저히 감당할 수 없을 만큼 많은 사람들이 로체스터로 몰려들었다.

이뿐만 아니라 클리닉 의료진은 신병 신체검사와 군사 훈련소 관

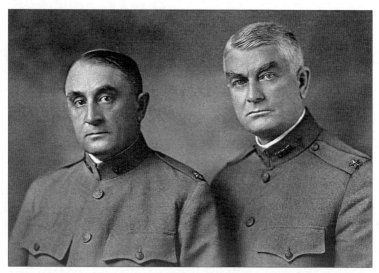

1921년 닥터 윌(오른쪽)과 닥터 찰리는 미국 육군의무예비군 준장에 올랐다. 형제는 각각 1912년과 1913년에 의무예비군으로 편성되어 몇 년 후 1차 세계대전 때 수도 워싱턴 D.C.에서 의무전비태세 확립에 큰 공을 세웠을 뿐만 아니라, 전후에는 부상당한 참전 군인들을 무료로 치료해주었다.

리까지 떠맡아야 했다. 닥터 윌과 닥터 찰리가 새로 차출된 의무대원들이 의학과 외과술의 최근 성과를 가능한 한 빨리 익히도록 단기 교육을 실시해달라는 관계 당국의 요청을 받아들였기 때문이다.

또한 클리닉 의료진은 야전의무대에서 병원 당번병이나 실험실 조수로 복무할 하사관과 사병의 교육도 담당해야 했고, 세인트메리스병원은 한 번에 15명 내지 20명씩 파견되는 간호병들에게 마취와 수술 과정을 교육하는 책임을 떠맡았다.

전쟁 기간 내내 로체스터에서 교육에 참여한 인원은 메이요재단 펠로를 포함해 늘 60명 내지 70명이나 됐고, 이런 업무를 감독하는 책임은 모두 닥터 저드의 어깨에 지워졌다.

사정이 이렇다 보니 환자들은 검진받는 데 간혹 며칠, 심지어 몇 주를 기다려야 했고, "선착순"이라는 클리닉의 유명한 규칙은 "궁핍순"으로 바뀌었다. 세인트메리스 병원 간호사들은 안 그래도 허옇게 센 머리에 과로까지 겹쳐 몰골이 말이 아닌 닥터 그레이엄이 먼저 봐달라고 떼쓰는 사람에게 이렇게 말하던 그 시절을 두고두고 기억했다.

"여기 이 명단에는 형편이 어려워 몇 날 며칠씩 기다리는 데 드는 경비를 감당할 수 없어 먼저 봐줘야 하는 환자 200명의 이름이 적혀 있습니다."

"그러고 나서 독감이 유행처럼 번졌어요!"

클리닉의 전쟁 시절에 대해 설명하던 누군가가 이렇게 말했다. 의료진은 바로 코앞의 지역 사회에서 사람들이 말 그대로 클리닉으로 쏟아져 들어오기 전만 해도 당분간 바빠지겠거니 생각했을 뿐이다. 그런데 독감이 돌기 시작하면서부터는 정해진 임무나 부서에 상관없이 모든 의사와 간호사, 기술자와 사무직원들이 일손 달리는 곳으로 달려가 밤늦게까지 일하기 일쑤였다.

의사들은 네 시나 네 시 반까지 클리닉에서 일하다가 차를 몰고 시골 지역을 다니며 독감 증상이 심한 환자들을 발견하면 세인트메리스 병원 격리 병동으로 보냈다.

이 무렵 메이요 클리닉은 세인트프랜시스 수녀회가 갈수록 심해지는 수녀원 입구의 혼잡을 덜기 위해 사들인 바로 옆 조그만 호텔 건물을 병원 시설로 개조하고 있었다. 개조 공사를 끝낸 새 병동은 1918년 문을 열었고, 따라서 8월에 독감 환자들이 밀어닥쳤을 때는 즉시 사용할 수 있는 상태였다.

독감은 처음엔 가벼운 형태로 시내를 돌아다니다가 맹렬한 기세로 순식간에 병원까지 점령했다. 10월 초의 어느 날 간호사 열여덟 명을 포함해 스무 명이 격리 병동에 입원해야 했다. 이튿날 옴스테드 카운티 전역에서 독감 환자들이 도착하기 시작해 새 병동은 일주일 만에 복도에도 간이침대를 마련해야 할 만큼 환자들로 꽉 들어찼다.

그렇지 않아도 전시 소집으로 인력이 크게 줄었던 세인트메리스 병원 의료진은 도저히 감당이 안 될 만큼 독감 환자까지 밀어닥쳐 정신을 차릴 수 없었지만 다들 마지막 힘까지 쥐어짜며 일했다. 때로 간호사는 물론 관리 직원까지 지하로 내려가 식당과 세탁실에서 일손을 도왔다. 무엇보다 수녀들은 환자를 걱정하는 가족과 친지로부터 쉴 새 없이 걸려오는 전화 때문에 일을 제대로 할 수가 없었다.

이렇게 지역 환자들이 밀려드는 가운데 독감의 높은 사망률로 인한 공포가 전국을 휩쓸면서 치료 방법과 유효한 백신을 문의하는 전보가 매일 수백 통씩 쇄도해 클리닉의 부담은 더욱 늘어났다. 이렇듯 정신없이 바쁘다 보니 정전 협정 조인 소식은 의료진의 귀에 거의 들어오지도 않았다.

"의학 없이는 전쟁에서 승리할 수 없다."

1918년 초 미국 해외 파견군 가운데 의학실험및전염병사단 부사단장으로 해외에 나갔을 때 미네소타 대학교 교수 닥터 루이스 B. 윌슨은 군의 과학 역량이 전체적으로 취약하다는 점에 주목했다. 의학실험은 거의 이루어지지 않았고 전문 인력도 아주 드물었다. 이런 '중차대한' 일이 뒷전인 가운데 의지할 것은 임상병리학밖에 없었다.

이런 상황 속에서 닥터 윌슨과 그의 상관 조지프 F. 실러(Joseph F. Siler) 대령은 거의 기적을 이뤄냈다. 1918년 초가을 무렵 미국 해외 파견군은 약 300건의 진단실험을 진행했고 내과 의사와 외과 의사들은 진단실험실 의사를 명실상부한 의료진의 일원으로 여기기 시작했다.

전쟁에서 진단실험의 훌륭한 가치를 처음 경험한 수천 명의 의사들이 각자의 고향으로 돌아가 지역 사회 병원에 똑같은 시설을 갖추어야 한다고 목소리를 높이면서 임상병리학은 이후 10년 만에 크게 성장했다. 1926년 미국외과협회는 종합병원 인가 기본 요건에 "의학, 특히 임상병리학 전공자"가 관리하는 필수 실험 시설을 포함시켰다.

아울러 전쟁은 많은 의사들에게 전문의들 간의 조직화된 협력, 즉 집단의료를 처음으로 맛보게 해주었다. 프랑스 전선에서 4년을 복무한 캐나다의 젊은 외과 의사 앰브로즈 L. 록우드(Ambrose L. Lockwood)는 제대하고도 고향에 두고온 개인 병원으로 돌아가길 망설였다. 의학의 미래는 전장에서 경험한 의료진의 협력에 달려 있다고 확신했기 때문이다. 귀향길에 런던에서 며칠 머물며 공식 만찬 행사에 참석했다가 우연히 버클리 모이니핸 경 바로 옆에 앉게 되자 그는 모이니핸 경과 이 문제를 토론했다.

헤어지기 전 모이니핸은 그에게 이렇게 말했다.

"내가 자네 나이라면 메이요 클리닉에 들어갈 걸세. 내가 보기에 그곳은 오늘날 세계에서 외과와 의학의 진보를 이끌어가는 중심 중의 중심이거든."

닥터 록우드는 대선배의 충고를 받아들여 3개월 뒤 로체스터에 도착해 메이요 형제 밑에서 일하기 시작했다. 그는 훗날 이렇게 썼다.

"나의 첫 번째 반응은 말로 다 표현할 수 없는 놀라움, 다달이 커져 가는 놀라움 그 자체였다."

그도 그럴 것이 로체스터에서 그는 전장의 의무대는 엄두도 내지 못한 놀라운 수준의 통합과 협력을 목격했기 때문이다.

물론 전장에서 복무한 의사들이 모두 닥터 록우드와 생각이 같았 던 것은 아니다. 다시 말해 집단의료보다 단독 진료를 선호하는 사람 도 많았다. 하지만 대다수의 의사가 집단의료의 이점에 깊은 인상을 받았고 전쟁이 끝나자 여기저기서 사설 집단 클리닉이 생겨났다.

의료의 질을 개선하고자 하는 열망이 유일한 목적은 아니었다. 새 로운 제도와 방식들이 등장하면서 비용 증가가 문제로 떠올랐기 때문 이기도 했다.

의대 과정이 2년에서 6년 이상으로 늘어나면서, 가정의의 조그만 검정색 왕진 가방이 갖가지 값비싼 장비로 바뀌면서, 내과 의사의 검 진에 실험실 진단이 추가되면서, 다시 말해 구닥다리 시대에서 과학 적인 현대 의학의 시대로 넘어오면서 의사들의 투자 비용이 몇 배로 증가했다.

환자가 줄어들고, 미납 진료비가 많아지고, 수입에 비례해 간접비 가 증가하면서 비용이 늘어났다. 어떤 의사들은 '내과 의사와 외과 의 사'가 같이 있는 진료소를 차리거나 공동 실험실을 함께 사용할 수 있 는 '의료 전문' 건물을 이용함으로써 문제를 해결하고자 했고, 또 어떤 의사들은 여럿이 손잡고 이 무렵 아주 널리 알려진 메이요 클리닉을 그대로 모방하기도 했다.

메이요재단에 관한 기사를 통해 엄청나게 유명해진 메이요 형제는 이제 전국적인 명사가 되었다. 형제의 일거수일투족은 대중이 원하는 뉴스였고, 전국의 신문은 형제와 클리닉의 동향을 작은 부분 하나까지 시시콜콜 보도했다.

세인트폴의 한 호텔에서 기자들은 영국 항공병과 우연히 만나 그의 이야기를 다뤘다. 그는 전장에서 비행기 충돌 사고로 눈을 다친 뒤 고향 외과 의사들로부터 다친 눈을 치료할 수 있는 곳은 로체스터밖에 없다는 소리를 듣고 그리로 가는 길에 그 호텔에 묵고 있었다.

아래쪽 오클라호마 주 털사에선 한 남자가 노상강도를 당했는지 전신이 마비되고 의식불명인 채로 길에서 발견됐다. 돈 많고 인정 많은 어느 귀부인이 그를 메이요 클리닉에 데려다준 뒤 그의 친척을 찾을 수 있기를 바라며 클리닉 외과 의사들이 이룬 회생의 기적과 그 남자의 사연을 신문사에 제보했다.

그 위쪽 위스콘신 주 마리네트에선 로이드방적회사의 구호위원회가 둘 다 몸이 아픈데도 진료비가 없는 어느 젊은 부부의 사례를 조사하던 중 부부가 과거에 아팠을 때 메이요 클리닉에 200달러를 빚진 사실을 알아냈다. 클리닉에 이들의 사정을 알리는 편지를 보내고 나서 진료비를 받지 않겠다는 답장이 곧바로 오자 위원회는 너무 감동한 나머지 이 이야기를 언론에 알렸다.

전국의 신문들은 이런 이야기를 찾아내 전국 방방곡곡에 퍼뜨렸고, 기자들은 특집 기사 소재를 물어오라는 임무를 띠고 비슷비슷한 내용의 일화들을 찾아다녔다.

그중에는 사업계의 거물이 가족의 수술비로 1,000달러짜리 수표를 클리닉에 보냈다가 곧바로 클리닉으로부터 자체 기준에 따라 책정된

1925년 6월 22일자 시사 주간지 《타임》의 표지에 등장한 닥터 찰리. "세계가 그의 진료실로 몰려들고 있다"라는 제목의 머리기사로 소개됐다.

5,000달러 진료비 청구서와 그가 보낸 수표가 동봉된 정중한 내용의 서신을 받았다는 이야기도 있었다.

또 클리닉 로비에서 닥터 윌과 우연히 마주친 거만한 갑부에 관한 이야기도 있었다. 갑부는 거드름을 피우며 큰 소리로 이렇게 물었다.

"댁이 이곳의 우두머리 의사(head doctor)요?"

그러자 닥터 윌이 침착한 어조로 이렇게 대답했다.

"아니오. 제 동생이 머리 의사(head doctor)이고, 저는 배 의사(belly doctor)입니다."

이런 이야기가 돌면서 유명한 환자들이 줄을 이었고 그들과 더불어 메이요 형제도 신문 지면을 오르내렸다. 닥터 윌과 닥터 찰리는 세인트폴로 호출되어 철도업계 거물 제임스 제롬 힐에게 응급 수술을 실시했다. 또 닥터 찰리는 워싱턴에 불려가 워런 하딩 대통령의 부인을 진찰했다. 우드로 윌슨 대통령 행정부에서 내무장관을 지낸 프랭클린 K. 레인(Franklin K. Lane)은 뉴욕 주치의의 권유에 따라 "내 위와 내 쓸개가 너무 친해서 서로 들러붙었다(담낭장루)는 게 사실인지 알아보러" 로체스터를 찾았다. 그 뒤 그는 이렇게 말했다.

"로체스터는 이런 이혼(위와 담낭의 분리. 옮긴이)을 당연하게 여기는 리노(이혼 재판소로 유명한 네바다 주의 도시. 옮긴이) 같은 곳이지요."

문제는 병든 충수와 담낭이었다. 이에 대해 레인은 이렇게 말했다.

"내 쓸개는 채석장이었고 내 맹장은 시궁창이었답니다."

그런데 그는 심장도 나빴다. 닥터 윌은 수술하지 않고도 잘만 관리하면 웬만큼 오래 살 수 있다며 심장 수술에 반대했다.

그러나 레인은 병치레에 넌더리가 났고, 캘리포니아에서 몇 달 지내다 수술의 위험을 감수하기로 마음을 굳힌 뒤 다시 로체스터를 찾았다. 그가 수술을 잘 견뎌내자 다들 기쁨에 들떴지만 열흘 뒤 갑자기 협심증이 덮쳐 그를 채가고 말았다.

당시 그가 로체스터에서 써 보낸 많은 편지 가운데 삶과 죽음과 정치에 관한 그의 다채로운 생각이 담긴 여러 서신은 책으로 출간되어 많은 지면에 오르고 널리 회자됐다. 그리고 그 편지들에는 메이요 형제와 메이요 클리닉에 관한 내용이 가득했다.

미시간 주의 한 신문에 "굿펠로 이발관, 메이요 형제에게 진료 받으러 가야 해서 2주간 휴업"이라는 영업 고지가 실릴 만큼 메이요 형제가 미국에서 누구나 다 아는 이름이 된 데에는 그의 덕이 적지 않았다.

한편 이러한 명성을 악용하려는 시도도 많고 다양했다. 한 달이 멀다 하고 메이요 형제가 레드윙(미네소타), 위노나(미네소타), 캐나다 매니토바, 솔톤 호(캘리포니아) 등 이곳저곳에 클리닉 분원을 세우려 한다는 보도가 터져나왔다. 그런 소문이 어디서 나왔는지는 수수께끼였고, 그때마다 닥터 윌은 강력하게 부인했지만 그런다고 소문이 늘 잦아드는 것은 아니었다.

메이요 형제가 캘리포니아 주 남부로 옮겨가려 한다는 이야기가 몇 달 동안이나 끈질기게 나돌기도 했다. 한 지역에서 그렇지 않다는 기사가 나오면 다른 지역에서는 다시 그렇다는 기사가 불쑥 나타났다. 그러다 이 풍문은 메이요 형제가 나중에 요양소로 개조하려고 사두었다는 로스앤젤레스의 앰배서더 호텔에까지 이르렀다. 호텔 지배인은 벌컥 화를 내며 이 이야기를 부인했다. 그는 앰배서더 계열 호텔들은 설립 이래 최고의 호황기를 맞고 있으며, 그중 어떤 곳도 매각한 적이 없고 팔려고 내놓은 적도 없다고 말했다. 그러나 아무도 그 말을 믿지 않았다. 메이요 형제가 소문의 근원으로 지목된 자기네 부동산을 매각하지 않기로 했기 때문이다.

결국 닥터 윌은 캘리포니아 주 로스앤젤레스에 위치한 옥시덴탈 대학의 학장이자 오랜 벗인 존 윌리스 베어(John Willis Baer)에게 편지를 보내 소문을 잠재울 수 있는 조치가 있다면 뭐든 취해 달라고 부탁했다. 편지에서 닥터 윌은 그런 소문이 날 만한 근거가 전혀 없다고 밝혔다. 아울러 어디든 분원을 낼 생각이 눈곱만큼도 없다고도 했다. 베어가 그 편지를 신문사에 보내고 나서야 비로소 소문이 사라졌다.

한 술 더 떠서 메이요 클리닉 직원을 자처하거나 엉터리 약을 팔면서 메이요 형제의 추천장을 버젓이 내거는 사기꾼도 많았다. 캐나다 매니토바 주 위니펙의 한 사기꾼은 닥터 고든 메이요로 행세하며 으리으리한 진료소를 열고 인근에서 가장 많은 환자를 받다가, 그가 낙태 수술을 하고 있다고 의심해 조사에 착수한 시 당국에 전과자 러셀 뒤마라는 진짜 신분이 들통 나기도 했다.

캐나다에는 이런 협잡꾼들이 넘쳐났다. 심지어 메이요 클리닉이 나서서, 메이요 형제를 찾는 캐나다인 고객이 너무 많아 불가피하게 내린 결정이라고 둘러대며 매니토바의 한 소도시에 '메이요 클리닉 분원'을 세운 의사 두 명을 본보기로 고소하겠다고 을렀을 정도였다. 이 경고는 두 의사가 공개 사과하고 병원 문을 닫는 선에서 일단락됐다.

일말의 끈이라도 이용해 로체스터의 병원과 무슨 관계가 있는 척 교묘하게 행세하는 사람들에 대응하기란 그리 쉬운 일이 아니었다. 인디애나 주 브라질의 한 개업의는 메이요 형제가 병원에 환자가 너무 많이 몰려 자신의 병원 같은 개인 병원을 지정해 환자를 분산하고 있으며, 자신의 병원에서 일하는 외과 의사와 마취사들은 메이요 형제의 수술실에서 다년간 근무한 경력이 있다고 떠벌렸다. 알고 보니 그는 메이요 클리닉 펠로 출신의 의사 한 명을 몇 달 동안 직원으로 데리고 있었을 뿐이다.

1913년 잉글랜드와 스코틀랜드의 왕립학회를 모델로 삼아, '미국외과 협회 펠로(FACS. 일반 회원(member)보다 높은 등급의 특별 회원)'라고 하면 같은 의사들에게나 대중에게나 유능한 외과 의사로 인식될 만큼 회원 자격을 엄격하게 정해서 발족한 미국외과협회는 닥터 윌을 1918부터 1920년까지 학회를 이끌어갈 회장으로 선출했다.

유럽의 전후 문제 처리 과정에서 미국이 해야 할 적절한 역할을 둘러싸고 벌어진 무수한 논쟁에 지친 닥터 윌은 전쟁 기간에 중단됐던 학회 계획을 재개해 '특별 회원' 자격을 중남아메리카 외과 의사들에게까지 확대했다. 그는 아메리카 대륙 전체를 아우르는 협력 체계를 구축하는 것이 유럽과 복잡하게 얽히는 것보다 장차 논란은 줄이고 이득은 풍성하게 늘리는 방법이라고 생각했다.

학회 이사회의 승인 아래 닥터 윌과 학회 사무총장 닥터 프랭클린

H. 마틴은 중남아메리카를 방문하기로 하고 1920년 1월 초 부인들과 함께 뉴욕 항을 출발했다.

평소처럼 닥터 윌은 배에서 짬짬이 휴식을 즐길 계획을 세워두었다. 이 무렵 의사 친구들과 일반인 친구들은 클리닉과 재단이 탄생하게 된 경위를 책으로 출간하라라며 형제를 졸라대고 있었고, 이에 형제는 결국 클리닉 출판부를 통해 그렇게 하기로 마음먹었다. 그래서 닥터 윌은 멜리시에게 중남아메리카에 같이 가자고 청해 여정 중에 틈만 나면 그녀에게 앞으로 그녀가 쓰게 될 이야기의 윤곽을 받아적게 했다.

이야기의 한 대목에서 그가 실험실을 총괄해온 닥터 윌슨의 공로를 치하하자 멜리시는 감동한 나머지 거기에 자신의 생각을 덧붙였다.

"루이스 B. 윌슨은 머리가 엄청나게 비상하다. 그처럼 머리가 좋은 사람은 거의 본 적이 없다. 그는 과학적 능력뿐만 아니라 사람을 즐겁게 하는 재주도 아주 뛰어나다."

닥터 윌슨도 그녀에게 남다른 호감을 가지고 있어 둘은 곧 결혼했다. 부부는 함께 『메이요 클리닉과 메이요재단의 간략한 역사(Sketch of the History of the Mayo Clinic and the Mayo Foundation)』를 집필해 1926년 익명으로 출간했다. 공동으로 책을 쓰면서 부부는 자신들이 책 속 이야기나 등장인물과 너무 가까워 객관적인 시각으로 바라보기가 어렵다고 판단해 닥터 윌의 동의 아래 이야기는 속속들이 들어내고 통계, 이름, 날짜만 남겼다. 그리하여 사실에다 살을 붙이는 일은 좀더 배짱이 두둑한 다른 누군가의 몫으로 남게 됐다.

친절한 중남아메리카인들이 페루, 칠레, 아르헨티나, 우루과이 등지의 대도시 방문에 나선 닥터 월과 닥터 마틴을 개선장군 못지않게 환대했다. 일행을 태운 배가 항구에 들어오거나 일행을 태운 기차가 역에 도착할 때마다 환영단이 기다리고 있다가 더없이 아름다운 저택으로 데려가 의학계 인사, 정부 관료, 지역 유지가 참석하는 오찬회와 만찬회를 줄줄이 열었다. 그 사이사이에 닥터 월과 닥터 마틴은 현지 병원 시설을 둘러보기도 하고, 의대생과 의사들 앞에서 강연을 하기도 했다.

대규모 공식 기념행사에서 두 의사 모두 페루외과학회 회원으로 추대됐고, 닥터 월은 서반구에서 가장 오래된 리마의 산마르코스 대학교로부터 명예 학위를 받기도 했다.

가는 곳마다 두 의사는 자신들을 환대하는 외과 의사들의 부와 사회적 영향력에 깊은 인상을 받았다. 아울러 문학과 예술에 대한 그들의 식견과, 근사하게 꾸민 개인 서재와, 소장하고 있는 예술품에도 깊은 인상을 받았다.

미국에서 온 방문객들은 현지 병원과 의과대학 건물의 어마어마한 규모와 정성 들여 가꾼 주변의 아름다운 정원에 입을 다물지 못했다. 그곳의 의대 교과과정에서도 아무 흠을 찾을 수가 없었다. 중남아메리카에서는 어딜 가나 의대 과정이 7년이었고, 시험도 북아메리카나 유럽의 외과 의사는 통과할 엄두를 내지 못할 만큼 아주 까다로웠다.

칠레 산티아고에서 닥터 월과 닥터 마틴은 '장비 일체와 교수진 전원을 북아메리카에서 들여와 신설한 치과대학'을 둘러보았다. 둘이 어떻게 이런 생각을 하게 됐느냐고 물었더니 셜록 홈스의 추리소설에 버금가는 이야기가 들려왔다.

몇 년 전 어느 날 밤 독일 대사관에서 화재가 발생했는데, 나중에 지하실 쓰레기 더미 한가운데서 새까맣게 탄 시신 한 구가 발견됐다. 반지와 시계, 옷가지로 신원을 확인한 결과 독일 영사의 시신이었다. 대사관 금고에 있던 상당한 양의 유가증권과 건물 수위의 행방이 묘연했다. 당국은 즉각 사라진 남자에게 살인죄, 절도죄, 방화죄 혐의로 수배령을 내렸다.

독일이 외교 통로를 이용해 이 범죄에 깊은 유감을 표명하자 칠레 정부는 낯간지러울 만큼 과장 일색인 추도 성명과 거창한 장례식 계획으로 죽은 영사의 죽음을 보상하고자 했다. 그러나 칠레 정부는 범죄로 인해 죽은 경우 누구든 예외 없이 의과대학 교수진 가운데 법의학자가 검시해야 한다는 법은 어쩌지 못했고, 지하실의 시신은 닥터 헤르만 발렌수엘라(Germán Valenzuela)의 검시에서 어금니 하나가 빠진 것만 빼고 완벽한 치아 상태를 보였다.

영사 나이의 남성치고는 너무 드문 일이라 발렌수엘라는 이상하게 여기며 남편을 잃은 미망인에게 연락해 궁금한 점을 물어보았다. 미망인은 생전에 남편은 치과 치료를 수도 없이 받았다며 남편을 치료한 치과 의사의 이름을 알려주었다. 치과 의사의 진료 기록에서 영사의 미소를 우아하게 빛내주었을 브리지(가공 의치)와 충전물의 기나긴 목록이 나타나자 닥터 발렌수엘라는 행방불명된 수위의 아내를 찾아갔다. 그녀가 아는 한 그녀 남편의 치아는 한 개를 뽑은 것 말고는 아주 튼튼했다.

그 길로 영장이 새로 발부됐고, 독일 영사는 아르헨티나 국경에서 산사태가 일어나 안데스 횡단 철도가 막히는 바람에 발이 묶였다가 체포됐다. 분실된 유가증권이 그가 차고 있던 전대에서 발견됐다. 그는 재판을 받고 수위 살해죄로 처형당했다.

칠레 정부가 감사의 뜻을 전하며 어떻게 보답하면 좋겠느냐고 묻자 닥터 발렌수엘라는 미국과 똑같은 시설을 갖춘 치과대학을 지을 돈을 달라고 했다. 그래서 지어진 치과대학이 바로 닥터 윌과 닥터 마틴이 방문한 바로 그 학교였다.

두 의사는 집을 떠나올 때만 해도 북아메리카 의사 대다수가 그렇듯 자신들이 중남아메리카 의사들보다 한 수 위라고 생각하며 그들이 미국외과협회에 특별 회원으로 들어오면 중남아메리카의 의학 혁신에 큰 도움이 될 것이라고 확신했다. 그러나 돌아갈 때는 스스로의 힘으로 진보를 이루어내는 중남아메리카인들의 능력을 진심으로 존경하게 됐다.

닥터 마틴과 닥터 윌은 중남아메리카 병원과 그곳 외과 의사들의 뛰어난 능력에 초점을 맞춘 장문의 탐방기를 발표했다. 다른 의사들이 그 내용을 믿지 않자 닥터 윌은 직접 가보라고 강력하게 권하면서, 안타깝게도 미국은 중남아메리카 국가들과의 관계에서 거만한 태도를 보이고 있는데 겸손한 시각으로 접근하면 분명히 얻는 바가 있을 거라고 장담했다.

미국외과협회가 닥터 윌과 닥터 마틴이 했던 일종의 의료 참관 여행을 대규모로 조직하기 시작하면서 처음에는 몇 명이, 나중에는 몇백 명이 중남아메리카 의학계를 둘러보고 왔다. 1926년 범(汎)아메리카의학협회가 결성된 이후로 학회는 '유람선 대표단', 즉 참관단을 꾸리는 데 지원을 아끼지 않았고, 메이요 형제는 참관단 임원 자격으로 웬만하면 선상 여행에 동행했다.

1920년 탐방기에서 닥터 마틴은 참관단이 받은 열렬한 환영은 다는 아니더라도 어느 정도는 국경 아래에서까지 널리 인정받는 닥터 윌 개인에게 보내는 찬사라고 주장했다. 중남아메리카 의사들은 오래전부터 로체스터 외과의사클럽에 참여해왔고, 특히 멕시코는 이미 메이요 클리닉에 거물급 환자를 보내고 있었다. 거기에는 알바로 오브레곤(Álvaro Obregón) 대통령(1920~24년)과 플루타르코 엘리아스 카예스(Plutarco Elías Calles) 대통령(1924~28년)의 친척들도 포함되어 있었다.

그러고 나서 1921년 초 어느 날 클리닉의 젊은 내과 의사 하워드 하트먼(Howard Hartman)이 닥터 윌로부터 전화를 받았다. 전화선 너머로 윌은 이렇게 물었다.

"멕시코시티에 가보고 싶지 않은가?"

"물론 가보고 싶습니다."

닥터 윌은 기차가 20분 뒤에 출발할 예정이며 외과 의사 닥터 록우드도 함께 갈 거라고 말했다. 그러면서 오브레곤 대통령이 권좌에 오르기까지 정치적으로 수많은 파도를 함께 헤쳐온 오랜 동지 벤하민 힐(Benjamín G. Hill) 장군을 돌봐줄 사람이 필요하다는 전보가 왔다고 했다.

하트먼과 록우드는 제 시간에 기차에 올랐지만 아이오와를 지나기도 전에 로체스터로 돌아오라는 전보를 받았다. 오브레곤 대통령이 힐의 사망 소식을 알려왔기 때문이다.

2주 뒤 하트먼은 닥터 윌에게서 멕시코시티에 가보고 싶지 않냐고 묻는 전화를 또 받았다.

"늑대가 또 나타났나요? 두 번은 속지 않습니다."

하트먼이 웃으며 이렇게 말하자 닥터 윌은 2주 전에 뭔가 착오가 있었다고 대답했다. 오브레곤 대통령이 힐을 봐달라며 클리닉에 또 전보를 쳐왔기 때문이다. 그리하여 록우드와 하트먼은 다시 멕시코시티로 출발했다.

여행은 그야말로 손에 땀을 쥐게 했다. 두 사람은 국경에서부터 발이 묶이고 말았다. 멕시코에서 철도 파업이 일어나 기차로 여행하기가 위험했기 때문이다. 그리고 나서 어찌어찌 밤에 몰래 출발하는 기차를 타고 국경을 넘었지만 파업에 나선 철도원들에게 몇 번이나 저지당했다. 파업 철도원들이 급수 탱크에서 한 방울도 남기지 않고 물을 빼버린 데다 기관차도 떼어내 가져가버리는 바람에 승객들은 먹을 것도 없이 사막 한가운데서 오도 가도 못하는 신세가 되고 말았다. 그나마 맨 앞쪽 짐칸에 타고 있던 멕시코 시골 아낙들이 모닥불을 피워놓고 맛없는 염소 고기를 요리해줘 허기는 면할 수 있었다. 하루 낮하고도 밤이 지나 누더기 차림에 무기도 하나 없이 기차 경호 업무를 띠고 파견된 군인들이 기관차를 도로 찾아온 덕분에 두 의사는 마침내 멕시코시티에 도착할 수 있었다.

하트먼과 록우드가 기차에서 내리자, 무슨 이유 때문인지 두 사람을 미국이 오브레곤 정부를 인정해 하딩 대통령이 보낸 공식 특사로 여긴 멕시코 기자들이 그들 주변에 우르르 몰려들었다.

기자들에게서 간신히 벗어나 드디어 대통령 궁에 도착한 두 사람은 알고 보니 헛걸음한 것으로 드러나 망연자실했다. 스페인어 실력이 변변찮은 클리닉 수련의에게 전보 번역을 맡긴 게 화근이었다. 힐은 3주 전에 이미 사망했고, 오브레곤 대통령은 두 번째로 친 전보에서 그 전까지의 진료비가 얼마냐고 물었을 뿐이다.

그럼에도 오브레곤 대통령은 록우드와 하트먼을 열흘 동안 극진히 대접했다. 그는 자동차와 통역까지 따로 붙여 멕시코 이곳저곳을 구경시켜주었다. 두 의사는 멕시코의 경치와 환대에 찬사를 아끼지 않으며 로체스터로 돌아왔다.

이듬해 봄 휴가 기간에 닥터 옥스너가 클리닉 의료진과 그들의 부인들을 멕시코에 있는 자신의 농장으로 초대했다. 멕시코시티에서 지내는 동안 닥터 윌은 오브레곤 대통령을 방문했다가 다음 일요일 오후에 열린 투우 경기에 대통령 귀빈으로 초대받았다.

얼마 전 스페인에서 사망한 유명한 투우사의 미망인을 위한 그 자선 경기에는 그 못지않게 이름이 알려진 그의 동료들이 출전할 예정이었다. 첫 번째 투우사가 대통령 관람석 앞에 나타나 유창한 웅변 실력을 뽐내며 귀빈인 닥터 윌에게 자신의 황소를 바치자 운집한 관중이 뜨겁게 환호했다.

두 번째 투우사는 당대의 우상으로 투우사 가운데 가장 나이가 어린 루이스 프레그(Luis Freg)였다. 그는 자신의 황소를 오브레곤 대통령에게 바쳤다. 그 날따라 그는 유난히 위험하고 대담한 행동으로 관중의 이목을 끌다가 그만 황소 뿔에 받히고 말았다. 그는 심하게 피를 흘리며 투우장에서 실려나갔고, 곧이어 그가 죽어가고 있다는 소문이 돌았다. 프레그가 그렇게까지 무리한 데에는 자신의 관람 탓이 컸기에 오브레곤 대통령은 책임을 통감하고 닥터 윌에게 그 청년의 목숨을 살릴 수 있는지 봐달라고 부탁했다.

투우장 뒤쪽에 딸린 조그만 의무실은 소음과 혼란으로 가득한 가운데 부상당한 투우사의 흐느끼는 친구와 친척들 그리고 외부 압박만으로는 출혈을 멈추지 못해 우왕좌왕하는 의사들로 발 디딜 틈이 없었다. 그런 와중에 닥터 월이 나타나자 다들 반색하며 옆으로 비켜섰다. 잠시 살펴본 뒤 그는 가위와 장갑과 가운을 청했다. 그러고는 출혈이 생긴 동맥 위의 피부를 절개하고 혈관을 찾아 묶었다.

대수롭지 않다는 듯 정확하고 재빠른 손놀림으로 출혈을 멈추는 그의 모습을 지켜본 사람들은 아주 깊은 감동을 받았다. 그리고 경기장의 관중에게까지 이 소식이 전해지면서 닥터 월이 자리로 돌아오자 우레와 같은 박수가 한참 이어졌다.

이 일의 영향력은 말하자면 미국 의사들이 속수무책인 상황에서 캐나다 의사가 잠시 놀러왔다가 권투 선수 조 루이스(Joe Louis)나 야구 선수 베이브 루스(Babe Ruth)의 생명을 구한 것이나 매한가지였다. 멕시코 국민 모두가 이 이야기와 닥터 월의 이름을 들었다.

이런 우연한 사건이 겹치면서 클리닉을 찾는 중남아메리카 환자들이 눈에 띄게 늘어났다. 그 가운데 몇몇은 클리닉 의료진이 보기에 어떻게 이동 경비를 마련했는지 궁금할 정도로 가난했지만, 대부분의 환자들은 부자였다. 멕시코 전쟁부 장관의 차는 내각 장관과 군 장성들을 클리닉으로 실어나르는 구급차나 다름없었다. 어찌나 자주 드나들었던지 그 차의 운전사는 거리에서 로체스터 주민을 만나면 서로 인사를 주고받을 정도로 친해졌다.

만족하고 돌아간 환자마다 대여섯 명씩 데리고 다시 들어오면서 국경 남쪽에서 오는 환자 수가 매년 1,000명이 넘었다. 이렇다 보니 미니애폴리스에서 로체스터를 경유해 중남아메리카 승객들이 많이 내리는 텍사스 주 샌안토니오를 오가는 특별 항공편이나 열차편이 양쪽 나라에 신설되기도 했다.

초창기에 로체스터를 자주 찾은 환자들 가운데는 라르코 에레라(Larco Herrera)라는 페루의 부유한 지식인도 있었다. 첫 방문 때 그는 이곳 병원에 입원한 동포들이 여가 시간에 할 일이 거의 없다는 데 주목하고 페루로 돌아가자마자 동포들을 위해 사용해 달라며 클리닉에 스페인어와 프랑스어 책 수백 권을 보내왔다. 그 뒤로도 그는 클리닉이 중남아메리카 환자들을 위해 1,000권이 넘는 책으로 별도의 스페인어 도서실을 마련할 때까지 다른 사람들과 함께 수시로 책을 보내왔다.

하바나에서 스페인 문학과 역사를 가르치던 베아트리스 몬테스(Beatriz Montes)라는 여교사가 1924년 클리닉에 와서 수술받고 회복하는 기간에 뛰어난 영어 실력으로 의료진이 스페인어권 환자들과 의사소통하는 데 아주 큰 도움을 주자 클리닉은 그녀에게 스페인어권 환자를 응대하는 직원 겸 사서 자리를 제안했다. 곧 그녀에게 조수를 붙여줘야 할 정도로 클리닉에 문의해오는 스페인어권 환자가 많아졌다.

중남아메리카 환자를 끌어들인 초기의 요인은 무엇보다 메이요 형제의 명성이었지만, 그 가운데 외과 수술이 필요한 사람은 한 명도 없었기 때문에 닥터 윌은 닥터 하트먼에게 그들을 맡기기 시작했다. 그들은 그 젊은 내과 의사를 신뢰하며 편하게 여겼다. 그가 자신들의 사고방식과 정서를 이해하려고 많은 노력을 기울였기 때문이다. 결국 그들은 메이요 클리닉 하면 닥터 하트먼을 떠올리게 됐고, 중남아메리카에서 오는 편지가 '메이요 클리닉 닥터 하워드 하트먼' 앞으로 쇄도했다.

클리닉을 찾는 중남아메리카 환자가 점점 늘어나면서 로체스터 주민들도 스페인 문물에 관심을 갖게 됐다. 닥터 하트먼 부부는 중남미 여행에서 돌아올 때면 지역 주민들에게 자신들이 보고 온 땅과 사람들에 대해 이야기했고, 머지않아 클리닉 의료진이 아닌 로체스터 주민들도 국경 남쪽에서 휴가를 보내기 시작했다.

클리닉 직원들은 스페인어 사전을 구입하고 스페인어 학원에 등록했다. 로터스터의 병원들에서는 스페인어를 할 줄 아는 간호사를 채용했고, 공공사업진흥국이 생기자 시민들이 국장을 설득해 야간 스페인어 강좌 개설을 이끌어냈다. 첫 수업이 열리던 날 강사는 평생 잊을 수 없을 만큼 깜짝 놀랐다. 열두어 명 정도 들으러 오겠지 기대했는데 거의 200명이 몰려왔기 때문이다. 수강생들은 대부분 일하면서 스페인어의 필요성을 느낀 이발사, 식당 종업원, 사무직 종사자들이었다.

20장

미래를 향해

　전쟁의 부담과 혼란이 끝나고 메이요 클리닉의 미래는 닥터 윌이 생각한 방향대로 펼쳐졌다. 대학교와의 계약을 이행하고 클리닉의 조직을 젊은 의료진뿐만 아니라 세인트프랜시스 수녀회의 요구에도 맞게 개편하려면 사적인 동업자 관계보다 좀더 지속적으로 유지되는 체제가 필요했다.

　재단에 기부하느라 형제의 개인 저축금은 한 푼도 남아 있지 않았지만 '핵심 동업자'로서의 재산과 자본은 여전히 보유하고 있었다. 형제는 이제 그마저도 클리닉에 영구히 기증하고 싶어했다.

　많은 숙고와 논의 끝에 형제는 자신들은 기금을 조성하는 취지만 정하고 그 사용은 미래 세대의 유능한 인재에게 맡겨 변화하는 상황에 맞추어 이런 취지를 실현할 수 있도록 하자는 쪽으로 가닥을 잡았다. 무엇보다 형제는 기금이 의학 발전에 기여해야지 특정 개인이나 집단의 축재에 쓰여서는 안 된다고 생각했다.

　법률 고문단의 조언에 따라 형제는 이러한 목표를 향한 첫 발걸음으로 자본금 없는 영구 자선 단체의 성격을 띠는 메이요자산법인을 설립했다. 이사진은 모두 아홉 명이었다. 이사진은 무보수로 봉사하며 아래와 같이 기증서에 명시된 목적에 부합하는 신탁 관리 규정을 이행할 책임을 졌다.

　　인간의 질병과 손상, 그 원인 규명과 예방, 그 경감과 치료, 위생·보건·공공복지 문제의 연구 및 조사, 내과·외과·과학 분야의 지식·기술·교육·연구의 증진에 이바지한다.…… 메이요 클리닉의 순익, 또는 해산이나 청산에 따라 발생하는 부동산이나 재산은 그 구성원이나 특정 개인의 이익을 목적으로 사용해서는 아니 된다.

　초대 이사진은 닥터 윌과 닥터 찰리, 동업자인 닥터 플러머와 닥터 저드와 닥터 밸푸어, 그리고 해리 J. 하윅, 변호사 버트 W. 이튼, 변호사 조지 W. 그레인저, 위노나의 변호사 레슬리 L. 브라운(Leslie L. Brown)이었다. 1919년 10월 메이요 형제는 그동안 축적된 자신들 명의의 현금과 증권 그리고 건물부터 시험관, 진료 기록, 병리학 표본에 이르기까지 메이요 클리닉의 자산 일체를 이사회에 양도했다. (1925년에 이르러 법인의 자산 가치는 500만 달러에 달했고, 보유 주식은 550만 달러가 넘었다.)

　이러한 소유권 양도는 세상을 떠들썩하게 한 불화로 타격을 입었다. 닥터 크리스토퍼 그레이엄은 뼛속까지 임상의였기 때문에 클리닉의 보조 기능인 연구와 교육을 탐탁지 않게 여겼다. 그는 재단 설립은 물론 재단과 대학교의 제휴에도 반대했다. 동업자들의 재산이 메이요 법인에 이전되면서 제휴가 기정사실화되자 그는 동의하길 거부했다.

닥터 윌은 무슨 일이 있어도 자신과 동생의 계획을 관철할 생각이었기 때문에 한동안 둘은 팽팽히 대립했다. 하윅이 나서서 타협점을 이끌어내려고 했지만 둘 다 동의할 만한 조건을 찾지 못했다. 결국 닥터 그레이엄은 닥터 윌과 닥터 스틴치필드가 20여 년 전에 서명한 계약서에 따라 일 년치 월급을 받고 1919년 클리닉을 그만두었다.

닥터 윌은 닥터 그레이엄이 나가는 모습을 보고 진심으로 안타까워하며 이렇게 말했다.

"수술 환자의 예후에 관해서라면 입때껏 함께 일해온 그 어떤 사람보다 그의 의견이 최우선이었습니다."

그런데 누구보다도 입장이 난처해진 사람은 닥터 찰리였다. 닥터 그레이엄과는 처남매부지간이었기 때문에 그는 두 사람 사이에서 이러지도 저러지도 못했지만 그렇다고 형제의 돈독한 관계가 무너지는 일은 없었다. 부드러우면서도 명확하게 그는 형의 결정을 지지했다.

닥터 그레이엄은 농장으로 은퇴해 몇 년째 취미로 삼아온 가축 사육에 전념했다. 그러다 보니 클리닉에서 일할 때보다 생각할 시간이 훨씬 많아졌고, 재단의 성장과 그 결과가 클리닉에 미치는 영향을 지켜보면서 그는 결국 자신의 선택이 틀렸다는 결론에 이르게 됐다. 결론이 나자 그는 더 고민할 필요 없이 닥터 윌을 찾아가 그렇게 이야기했고, 둘이 화해한 날은 둘 모두에게 행복한 날로 기억됐다.

목표를 향한 형제의 두 번째 발걸음은 메이요 클리닉의 재편성이었다. 1923년 개인적 동업자 관계는 합명회사와 조합이 뒤섞인 형태인 '임의 법인'으로 바뀌었다. 메이요 클리닉의 수익 배당은 이때 모두 중단됐고, 메이요 형제를 포함해 전에 동업자였던 사람들은 나머지 의료진과 마찬가지로 정해진 월급을 받기 시작했다.

그러고 나서 공식 계약에 따라 법인은 법인 건물과 시설 일체를 클리닉에 대여하고 매년 클리닉으로부터 총 순익을 임대료로 받았으며, 그 돈은 법인 기부금으로 상계했다. 아울러 클리닉이 미래의 어느 날 의료진 월급을 올리느라 총 순익을 몽땅 써버려 임대료를 적게 내서 이 계약의 목적을 위협하는 일이 없도록 계약서에 클리닉 의료진 월급은 법인의 승인을 받아야 한다는 조항을 명시했다.

닥터 윌이 이미 단언했듯이, 메이요 형제는 의료진에게 여유로운 생활과 안정된 노후를 보장해주고자 했지만 누구든 클리닉으로부터 지나치게 부를 챙겨 "자녀들이 일할 나이가 되어서도 마이애미 해변에서 빈둥거리는 꼴"은 보고 싶지 않았다.

클리닉 운영은 기존 동업자들과 하윅, 그리고 의료진 중에서 뽑은 두 명으로 구성된 이사회에 맡겨졌다. 진료 활동 감독 기능은 의료진이 추천한 15명 가운데 이사회가 임명한 5명으로 이루어진 집행위원회에 이관했으며, 일반 정책에 관한 제반 문제는 이사회와 집행위원회와 병원장으로 구성된 위원회에서 결정했다.

이렇듯 의료진에게 완전히 새로운 차원의 대의권을 부여했는데도 불구하고 닥터 윌은 만족하지 않았다. 그는 언젠가 자기네 형제와 동업자들이 세상을 뜨고 없을 때를 상상해보았다. 운영 책임을 좀더 고르게 분산해 좀더 많은 사람이 클리닉의 문제와 정책을 파악할 수 있도록 교육할 필요가 있었다. 그래서 그는 운영 책임을 단계별로 나눠

의료진에서 지명하는 상임위원회에 맡기자고 제안했다.

닥터 찰리도 여기에 동의했다. 다른 이사들의 강한 반대에도 불구하고 위원회 체계는 1923년과 1924년을 거치는 동안 점차 모양새를 갖춰나갔다. 이쯤에서 형제는 재편성 작업을 잠시 미뤄두고 앞으로 더 나아가기 전에 강화와 검증의 시간을 가졌다.

미래를 내다보면서 닥터 윌은 클리닉과 마찬가지로 주변 숙박 시설과 요양 시설도 소유주의 죽음으로 분산되거나 해체되는 일이 있어서는 안 된다고 생각했다. 컬로니얼 요양소를 세운 존 칼러와 그의 친구들은 닥터 윌의 다급한 권고에 1915년 칼러법인을 설립해 클리닉 환자들에게 요양 시설과 숙박 시설을 제공하기 시작했다.

그들은 수년에 걸쳐 각각 병상 300개와 수술실 5개를 갖춘 종합 요양소 세 곳을 새로 열었다. 스탠리 요양소, 워럴 요양소, 퀴리 요양소였다. 그런데 이 세 곳 말고 줌브로 호텔까지 병합했지만 이 방향에서의 절박한 수요를 충족하지 못하자 칼러법인은 팔을 걷어붙였다. 그들은 클리닉 모퉁이 맞은편 부지를 사들여 호텔 겸용의 대형 요양소를 짓기 시작했다. 건물이 완성되면 옥수수밭 한가운데에 그야말로 우뚝 솟아올라 멀리서도 눈길을 확 끌 것이 분명했다.

그러고 나서 전후 농업 불황이 닥쳤다. 클리닉을 찾는 환자 수는 1919년 6만 명에서 급격하게 떨어져 1922년에는 4만 9000명을 조금 넘었을 뿐인 데 비해 무료 환자의 비율은 가파르게 상승했다. 사정이 이렇다 보니 클리닉도 재단도 심각한 상황에 처한 칼러법인을 도울 입장이 못 됐고, 결국 처음으로 외부 자본의 투자에 기댈 수밖에 없게 됐다. 칼러법인 주식은 상장되어 전국으로 팔려나갔다.

한동안은 전망이 정말 어두웠지만 1920년대 중반으로 접어들면서 상황이 몰라보게 좋아졌다. 환자 수가 다시 빠르게 증가했고, 칼러 주식은 주당 200달러를 호가했다.

집중 치료가 필요한 환자용 병상 210개, 회복기 환자용 침상 150개, 호텔 용도의 침상 220개를 제공하는 칼러 요양소가 1921년 9월 문을 열자 거리 맞은편의 칼러하우스는 닥터 윌의 부인을 기려 "데이먼"으로 이름을 바꾼 뒤 몇 년 동안 요양 시설로 사용됐다. 그리고 나서 다시 호텔로 용도를 변경한 뒤 아직까지도 그 자리를 그대로 지키고 있다.

칼러 요양소가 한창 공사중일 때 닥터 플러머는 지하도를 통해 클리닉과 그곳을 연결하면 어떻겠느냐고 제안했다. 그럴 경우 클리닉 환자들에게 좀더 편리할 것 같았기 때문이다. 칼러법인과 메이요자산법인 모두 좋은 생각이라고 찬성하며 서로 힘을 합쳐 칼러 요양소와 클리닉 건물을 연결하는 지하도를 지었다. 시간이 지나면서 이 첫 번째 지하도는 클리닉과 칼러법인이 함께 운영하는 요양소와 호텔망 전체를 연결하는 광범위한 체계로 발전해 양쪽의 환자와 직원들에게 특히 겨울철에 커다란 편의를 제공했다.

메이요재단과 칼러법인은 재정 면에서나 운영 면에서나 서로 독립되어 있었지만 클리닉 의료진 상당수가 칼러 주식을 소유했다. 특히 해리 J. 하윅은 클리닉 행정 업무를 보면서 칼러법인 임원도 겸했다. 그런 가운데 메이요자산법인은 칼러법인 주식에 대해 예전에 메이요 형제가 칼러하우스에 투자했던 규모만큼만 소유권을 인정했다. 형제는 이 지분도 다른 증권과 함께 이미 메이요자산법인에 양도한 상태

오늘날 '칼러 호텔'로 불리는 복합 건물 칼러 요양소(왼쪽 건물)가 1921년 메이요 클리닉 옆에 세워졌다. 저층에는 호텔 숙박 시설이 있고, 중층과 고층에는 요양 시설과 병원 시설이 있다.

였다. 그런데 공식 계약서에 따르면, 칼러에서 운영하는 모든 요양 시설의 의료 정책 결정권은 메이요 클리닉이 가지고, 메이요 클리닉 외과 의료진 외에 다른 누구도 그곳 수술실을 사용할 수 없으며, 메이요 자산법인은 일 년의 공시 기간을 거쳐 요양 시설을 임의로 사들일 수도 있었다.

닥터 윌과 닥터 찰리는 수술 장소를 세인트메리스 병원에서 이루어질 수술을 다른 곳으로 바꾼 적이 전혀 없었지만, 칼러 요양소들이 제공하는 병상 수가 세인트메리스 병원의 300개를 넘어서자 우선순위에서 밀려날지 모른다는 불안감에 수녀들은 곧바로 행동에 나섰다. 그리고 이번에는 목수들이 떠나기도 전에 다시 가득 차는 건물 증축은 하지 않기로 결심했다. 수녀들은 200만 달러를 빌려 병원의 수용 능력을 단번에 두 배로 늘려줄 초대형 외과 병동 공사를 발주했다.

1922년 봄에 문을 연 외과 병동 5층에는 외과 의사 전용의 널찍한 공간이 마련됐다. 조그만 살균실을 사이에 두고 둘씩 마주보는 수술실이 모두 열 개였다. 설계와 장비 면에서 모든 게 최신식이라 세인트 메리스 병원 최초의 수술실과 비교하면 그야말로 격세지감이 느껴졌다. 그만큼 외과술의 발전은 눈부셨다.

무엇보다 이 순백의 노출된 세계에서는 뭐든 살균하고 뭐든 벗겨냈기 때문에 반짝거리는 위생 타일 말고는 참관객 경계 난간이나 비스듬히 달아맨 참관용 거울 같은 예전의 어설픈 설비가 들어설 여지가 없었다. 이제 외과의사클럽 회원들은 각 수술실의 수술대 양옆으로 바닥을 돋우고 난간을 둘러 두 줄로 나란히 배치한 콘크리트 벤치에 앉아 수술을 참관했다. 아울러 복도 맞은편에는 참관객 전용의 쾌적한 라운지를 따로 마련하고 전광판을 설치해 각 방에서 진행되고 있는 수술 진행 상황을 실시간으로 한눈에 알아볼 수 있게 했다.

그렇게 넓어 보였던 클리닉 건물도 어느새 정원이 완전히 초과되어 온갖 방책을 동원해봐도 얼마 지나지 않아 다시 공간을 확충해야 했다. 처음엔 낡은 별관과 도서관은 물론이고 창고로 쓰이는 공간까지 종종 다시 사용했다. 그러다 인근 줌브로 별관의 한 층을 칼러법인으로부터 추가로 빌린 다음 지붕 씌운 통행로를 설치해 병원과 연결했지만 진료실과 실험실이 계속 늘어나는 바람에 그마저도 곧 꽉꽉 찼고, 결국 몇몇 부서는 아예 칼러 호텔 안으로 이전해야 했다.

따라서 1914년 조화롭게 이루어졌던 긴밀한 조직 통합은 1925년에 이르러 사실상 와해됐다. 하지만 그 동안 의료진의 몸에 밴 사고방식과 습관은 그대로 남아 어려움 속에서도 부서 간 협조와 의견 교환

세인트메리스 병원 전경. 1940년대.

은 여전히 유지됐다.

진단 부서의 확대는 특별히 새삼스러운 일도 아니었지만 마치 세포 분열 같은 증식 과정 때문에 그 속도가 훨씬 빨라졌다. 직원 수와 주요 관심사가 늘어날 대로 늘어나 현실적인 한계에 이르면 누군가가 나서서 부서를 쪼갰고, 그러면 또 하나의 부서가 생겨났다.

예를 들어 닥터 플러머의 부서는 결국 심전계 실험실 외에 추가로 갑상샘 질환, 식도 및 기관지 질환, 심장 질환 등으로 나누어졌다.

이 무렵 진단은 하나의 독립된 기능을 담당하는 수준에 이르렀고, 1920년대 내내 외과와 더불어 메이요 클리닉의 존립을 좌우할 정도로 급속히 발전했다. 갈수록 많은 일반 개업의들이 불확실한 증상의 환자를 메이요 클리닉이나 유사 기관에 보내 정확한 진단을 의뢰했다.

우선 진단이 나와야 자신감을 갖고 환자를 치료할 수 있었기 때문이다. 아울러 일부 의사들이 사람들의 건강 '유지'를 자신의 고유한 본분으로 여기게 되면서, 의학계 전체가 은밀하게 숨어 일하며 무지를 양산하기보다 대중 앞에 떳떳해져야 할 필요성에 눈뜨기 시작했다. 그 결과 예방 검진, 즉 실제 질병으로 발전하기 전에 조기에 문제를 확인하는 목적의 정기 건강 검진이 눈에 띄게 증가했다. 이 모든 발전 덕분에 메이요 클리닉에서 진단 분야가 크게 성장했다.

전후 시기에 메이요 클리닉 진료에서 이루어진 가장 폭넓은 발전은 마침내 내과와 내과 전문 분야들이 들어섰다는 점이다. 닥터 플러머 덕분에 내과 진료가 아예 없었던 것은 아니었지만 그 비중이 너무 작고 빈약했었다.

1912년 세인트메리스 병원을 증축할 때 4층을 내과 환자들에게 내주고 컬로니얼 요양소도 내과 병동으로 사용하기 시작했다. 그러나 늘어나는 환자 때문에 늘 공간이 부족했던 외과가, 내과 의사가 병동을 가득 채울 만한 추진력을 얻기도 전에 번번이 비어 있는 내과 병상을 차지해버려, 말 그대로 내과는 싹조차 틔우지 못했다.

재단 설립으로 결국 뭔가 조치를 취해야 했다. 클리닉이 진단과 외과 분야에서 아무리 좋은 교육을 제공한다 하더라도 내과 시설과 내과 의료진 없이는 진정한 대학원이라고 볼 수 없었다. 미네소타 대학교와의 제휴가 이루어지자마자 닥터 윌과 닥터 찰리는 스탠리 요양소의 일부 병상을 확보해 내과 환자용으로 비워두었다.

엄밀한 기준에서 볼 때 자격을 갖춘 내과 의사는 아직 그리 많지 않았지만 메이요 형제와 닥터 윌슨은 전시 복무 기간에 훌륭한 내과 의사 몇몇과 안면을 텄고, 전쟁이 끝나자 매인 곳이 없어진 그들을 메이요 클리닉에 영입해 새로 내과를 개설했다.

칼러법인이 옴스테드 요양소로 개명한 낡은 호텔을 내과용 임시 공간으로 제공했다. 메이요 클리닉은 그곳에 실험실 시설과 수련의들을 배치했고, 내과 의료진은 소아과 및 주요 대사성 질환의 치료와 연구를 시작했다. 18개월 뒤 외과가 새로 지어진 세인트메리스 병동으로 옮겨가자 내과는 예전 병동을 넘겨받아 그곳 수술실을 실험실로 개조했다.

병상 확보에 이어 내과 질환 진단 부서가 하나둘 늘어나면서 내과 환자 수가 놀라운 속도로 외과를 추월했다.

그 뒤 내과 의사와 내과 실험실이 외과 의사의 역할을 보조하는 기능에만 머물던 시대가 끝나자 바다 건너 옥스퍼드 대학교 의대 교수로 있던 윌리엄 오슬러는 이러한 변화를 다음과 같이 환영했다.

"외과 의사는 이제 한물갔다. 그들도 이 점을 잘 알고 있다! 미국의 성 코스마스와 성 다미안(3세기경 소아시아 남부에서 활동했다는 쌍둥이 명의. 옮긴이)이라 할 수 있는 메이요 형제는 자신들의 클리닉을 통해 외과에서 그랬듯이 이제 내과에서도 중요한 성과를 거두었다. 현명한 사람들이 아닐 수 없다! 그들은 추가 어떻게 움직이는지 알고 있었다."

그렇다고 해서 외과 진료가 제자리걸음을 면치 못하거나 그 가치가 떨어진 것은 아니었다. 사실 내과 의사들은 십이지장 궤양처럼 한때 외과 의사에게 넘겼던 몇몇 질환의 치료를 다시 넘겨받아 진전을 이뤄냈지만 좀더 일찍 수술했더라면 좋았을 환자의 치료 방법을 놓고 고민하는 경우가 여전히 많았다.

전후 메이요 클리닉 외과에서 이루어진 발전은 일반 외과를 세분화해 늘리고 외과 전문의를 대폭 증원하는 형태로 나타났다.

뇌와 신경계 수술은 거의 닥터 베크먼의 부서로 몰렸고, 1916년경에는 그가 하는 일이 메이요 클리닉 외과에서 가장 전도유망한 분야로 떠올랐다. 하지만 그가 패혈증 환자를 수술하다 감염되어 사망하자 외과가 큰 타격을 입었다.

그 후 신경계 환자는 닥터 베크먼의 조수로 있던 서른 살의 젊은 의사 앨프리드 W. 애드슨(Alfred W. Adson)이 맡았다. 초기 진료에서 결과가 신통치 않자 닥터 애드슨은 "꼭 잘해내고야 말리라" 결심했다. 그리하여 그는 보스턴에 가서 세계 최고로 꼽히는 신경외과 의사 하비 쿠싱 밑에서 수련하고 돌아와 베크먼의 뒤를 이어 만족스러운 성공을 거두었다.

보스턴에서 돌아온 직후 어느 날 아침 그가 척수 종양으로 진단한 환자의 수술을 준비하고 있을 때였다. 닥터 윌과 닥터 찰리, 그리고 영국 리즈 종합병원의 위대한 모이니핸이 수술실로 걸어 들어왔다.

척수 종양은 정확하게 진단해내는 것부터가 어려웠다. 그 세 명이 지켜보는 가운데 환자 옆에 선 초보 닥터 애드슨은 마치 시험대에 오른 기분이었다. 그의 손에서 땀이 나기 시작했다. 그가 긴장하고 있다는 것을 눈치 채고 닥터 찰리가 사려 깊게도 점심 시간이 다 돼가니 그만 나가자고 말했다.

"아니오. 난 이 수술을 봐야겠습니다." 모이니핸이 말했다.

그러고는 수술대 옆에 있던 의자를 끌어당겨 앉았다. 그는 메이요 형제의 손님이었다. 그래서 형제는 옆에 서 있을 수밖에 없었고, 닥터 애드슨도 계속 진행하는 수밖에 달리 도리가 없었다.

"음, 예상했던 대로 종양이 보였어요. 수술 자체는 어렵지 않았기 때문에 이 사실을 확인하고 안심했지요." 나중에 그는 이때를 떠올리며 이렇게 말했다.

고국으로 돌아간 모이니핸은 로체스터에서 뭘 보고 왔느냐는 질문에 이렇게 대답했다.

"척수 종양을 수술하는 고등학교 학생이요!"

그런데 그 '고등학교 학생'이 성적이 크게 향상되어 3년 뒤 특별히 신설된 신경외과 부서를 맡았고, 그 부서는 나중에 메이요 클리닉의 자랑거리로 발전했다.

얼굴과 목의 성형 수술도 규모로 볼 때 메이요 클리닉의 전문 분야로 부상했다. 귀, 코, 인후 부위의 악성 종양을 제거한 많은 환자들은 얼굴이나 목의 일부가 함몰됐다. 그래서 그런 환자들의 수술 후 상태는 정말 안타까운 경우가 많았다. 이 부서의 조수 닥터 고든 B. 뉴는 "모든 인간은 인간다워 보일 신성한 권리가 있다"는 닥터 윌의 말에 전적으로 공감하고 이런 환자들을 고치는 문제에 매달려 어떻게 하면 정상처럼 보일 수 있을지 고심했다.

그의 업무가 구순열과 구개열 같은 기형 교정, 자동차 사고로 생긴 얼굴 흉터 교정으로 확대되면서 '후두 및 구강 성형' 부서를 따로 신설해 그의 지휘 아래 두었다. 1930년대 말에 이르러 이 부서는 외과의사 네 명을 거느리고 칼러 요양소의 수술실 세 곳을 사용하며 연간 2,000건이 넘는 수술을 할 정도로 성장했다.

얼굴주름당김술처럼 일반인들이 성형 수술이라고 부르는 것, 좀더 정확히 말하면 '미용 성형 수술'은 부서 업무의 극히 일부분에 지나지 않았지만 닥터 뉴와 그의 조수들은 수술할 환자를 고르는 데 특별히 신중을 기했다. 미운 오리 새끼에서 하루아침에 아름다운 백조로 변신할 꿈을 안고 오는 사람들은 솎아내야 했다. 수술 결과가 아무리 놀랍더라도 그런 사람들은 기대치가 터무니없이 높아 실망할 확률이 컸고, 그래서 심리학적 측면에서 보면 하지 않느니만 못한 결과로 이어지기 일쑤였기 때문이다.

직장을 직접 들여다볼 수 있는 직장경을 이용하는 진단은 오랫동안 비뇨기과 전문의의 부수적인 임무에 머물러 있었다. 그러던 어느 날 닥터 윌이 젊은 의사 루이스 A. 뷰이(Louis A. Buie)에게 지나가는 투로 항문과에 매달릴 만큼 진취력 있는 사람에게 크나큰 기회가 기다리고 있다고 말했다. 평생 직장을 검사하고 치료하며 지내야 한다는 생각을 좋아하는 사람이 아무도 없었기에 엄청나게 많은 사람들이 이 신체 부위의 기형이나 질환으로 고생하고 있었다. 따라서 항문과 전문의가 있다면 그런 사람들은 위안을 얻을 수 있었다.

닥터 뷰이는 이 말을 받아들여 몇 년 뒤 그가 수장으로 나서서 만든 새로운 부서에서 아주 많은 일을 하기 시작했다. 1930년대 말에 이르러 그의 부서는 메이요 클리닉에서 가장 바쁜 부서 가운데 하나로 꼽혔다. 기회를 포착해내는 데 누구보다 뛰어났던 닥터 윌의 천재성이 드러난 또 하나의 사례다. 메이요 형제가 엄청난 명성을 떨치던 시절 주 경계를 훨씬 벗어난 곳까지 확대됐던 외과 수술 사례를 일일이 열거할 수 없듯이 이런 사례 또한 무수히 많았다.

클리닉은 새로운 의학 기술 전파에 앞장섰다. 아울러 메이요 형제는 끊임없이 다른 사람의 훌륭한 발견 성과를 도입해 진료에 적용하면서 더 좋은 성과를 끌어내는 한편 그 범위도 확장했다.

진단과 외과 분야에서와 마찬가지로 실험의학 또한 업무 양 때문에 지속적인 기능 분화가 이루어지면서 나날이 발전했다. 초창기에는 하나밖에 없었던 임상 실험실이 혈청학(혈청 검사와 혈청 요법), 혈액학(혈구 수치와 혈액 도말), 세균학, 기생충학, 소변 검사, 위액 분석 등 전문성에 따라 각기 독립된 실험실을 갖춘 종합 실험실 체제로 발돋움했다. 여기에는 닥터 아서 H. 샌퍼드와 1919년 의료진에 합류한 닥터 토머스 B. 매거스(Thomas B. Magath)가 공동으로 지휘하는 임상병리학 부서도 포함됐다.

임상화학은 업무가 너무 방대해져 아예 부서를 따로 만들어야 했다. 혈액, 소변, 척수액 분석이라는 엄청난 양의 업무 말고도 이 부서는 상업적인 회사에서 시장에 내놓기엔 아직 수요가 적은 의약품의 제조 업무도 맡았다.

외과병리학 분야에서 닥터 매카티의 업무는 세인트메리스 병원의 성장과 더불어 점점 늘어났다. 새로 지은 외과 병동에서 복도를 사이에 두고 수술실과 마주한 그의 실험실은 예전 건물의 외과 층 전체보다 훨씬 넓었다. 시내에 새로운 병동이 문을 열 때마다 이와 비슷한 실험실이 갖춰졌고, 그 관리 책임은 닥터 매카티 밑에서 배운 닥터 앨버트 C. 브로더스(Albert C. Broders)가 맡았다.

실험실 각 부서로 밀려드는 그야말로 엄청난 양의 업무 때문에 직원들은 기술적으로 중요한 발전을 이루지 않으려야 않을 수가 없었다.

예를 들어 엑스레이 부서는 일반적인 방법으로는, 다시 말해 필름을 한 장 한 장 몇 분씩 현상 통에 담갔다가 꺼내서 다 됐는지 확인한 뒤 다시 1~2분쯤 더 담가두는 방법으로는 하루에 1,000여 장이 넘는 필름을 도저히 소화할 수 없었다. 그래서 그곳 직원들은 필름 회사 전문가의 도움을 받아 정확히 얼마나 노출하고 정확히 얼마나 담가야 완벽한 결과가 나오는지를 계산해 그 결과를 시간표로 만들었다. 그랬더니 한 번에 8~10개 부서의 필름을 현상할 수 있었다. 엑스레이 부서 직원들은 건조실의 온도와 습도를 조절하는 장치도 고안해 보통 한 시간이 걸렸던 필름 건조를 20분 만에 끝낼 수 있었다.

이런 기술 향상의 결과로 그들은 진료의가 엑스레이 촬영을 요청한 바로 그 날 필름을 넘겨줄 수 있었고, 그 덕분에 많은 환자가 넣놓고 하루나 그 이상 기다려야 하는 무익함을 덜 수 있었다.

사실 임상 실험실에서는 연구를 거의 하지 않았다. 임상 업무의 양이 너무 많아 연구할 시간이 전혀 없었고, 순수히 연구 목적으로 이루어진 표본 채취나 검사도 전혀 없었다. 그래도 그들의 실험 결과는 환자 병력과 함께 체계적으로 보관되어 진료 과정의 중요한 부산물로서 연구에 크게 기여했다.

그 동안 축적된 메이요 클리닉의 방대한 기록과 표본에서는 중요한 통계 정보가 담긴 일련의 증례가 누락되어 생기는 문제가 거의 없었다. 메이요 형제와 동료들이 그랬듯이 메이요 클리닉 내과 의사와 외과 의사 대부분은 끊임없이 연구에 매진하면서 각자의 경험과 집단의 경험을 평가했다.

진료의들의 이런 과학적 호기심은 환자에게도 유익한 결과를 가져다주었다. 토머스 헉슬리가 지적했듯이 "사실을 넘어서지 않는 사람은 사실에 이르지도 못한다." 마찬가지로 부어오른 발목을 감싸거나 위궤양을 도려내는 것으로 만족하는 의사는 이런 쉬운 일에서도 곧 도태될 수밖에 없다. 그러나 호기심이 강하고 성실한 연구자는 발목이 왜 부었는지, 어째서 궤양이 생겼는지 궁금해하며, 이러한 태도는 당장의 치료를 뛰어넘어 넓은 시야로 치료법 개선의 가능성을 알아보는 데 도움이 된다.

메이요 클리닉에서 진료에 대한 이런 접근법과 개선 가능성을 가장 잘 보여준 인물은 단연 닥터 플러머였다.

세월이 지날수록 닥터 플러머는 정말 기괴해 보였다. 큰 키에 깡마른 체구, 구부정한 등, 길쭉하고 마른 얼굴, 몽상가의 눈매와 입가가 그랬다. 그를 아는 사람을 아무나 붙잡고 그의 이름을 꺼내면, 건망증이 심하고 멍한 듯한 그와 매사에 빠릿빠릿한 다른 사람을 비교하는 이야기가 끝도 없이 이어질 지경이었다.

점심 시간이면 그는 늘 같은 식당에 들러 같은 음식을 주문했다. 그래서 때로 그가 이야기하느라 너무 오래 앉아 있으면 종업원이 와서 식탁을 치워가고 또다른 종업원이 그가 늘 주문하는 음식을 다시 가져오곤 했다. 그러면 그는 이미 먹었다는 사실을 까맣게 잊은 채 또 점심을 먹었다. 그와 동석한 사람들은 제임스 쿡의 탐험이나 이탈리아산 대리석의 좋은 점을 주제로 나누던 대화가 언제 끝날지 절대 알 수 없었다. 하지만 점심 값을 자신들이 계산해야 한다는 점만은 확실히 알 수 있었다. 닥터 플러머가 돈 내는 걸 늘 깜빡했기 때문이다.

하루는 그가 젊은 조수 한 명에게 자신이 타던 차를 팔았다. 이튿날 아침 그는 전날 밤에 차가 사라졌다며 흥분하는 조수의 이야기에 열심히 귀를 기울였다. 그런데 어느 순간 갑자기 알 수 없는 표정을 지으며 문 밖으로 달려 나가더니 30분 뒤 돌아와 멋쩍어하며 그 차는 자신의 집 차고에 있다고 설명했다. 전날 밤 차를 팔았다는 사실을 까맣게 잊은 채 그 차를 몰고 집에 갔던 것이다.

또 그의 조수들이 두고두고 입에 올린 이런 이야기도 있다. 어느 날 아침 플러머 부인이 팔에 남편의 바지를 걸쳐들고 불쑥 클리닉에 나타났다. 남편이 옷을 완전히 갖춰 입은 모습을 보자 그녀는 안도의 한숨을 내쉬었다. 그리고 별일이라는 듯 쳐다보는 남편에게 이렇게 말했다.

"저기 여보, 같이 걸어두었는데 외투만 사라지고 이 바지는 그대로 있기에 당신이……."

나중에 플러머 부인은 이런 일이 있었다는 사실을 부인했지만 충분히 그랬을 수 있다고는 인정했다!

닥터 플러머는 종종 원무과 이곳저곳에 들러 마음속에 있는 뭔가를 한참 설명하다가 갑자기 문장을 뚝 잘라먹고 몇 분 동안 생각의 갈피를 잡지 못해 헤매더니 슬그머니 돌아서 나가곤 했다. 그러고는 30분이나 한 시간 뒤 다시 돌아와 그 사이 대화 상대자가 다른 사람과 회의 중이라는 사실을 의식하지 못한 채 아까 중단한 문장을 계속 이어나가곤 했다.

때때로 닥터 플러머는 클리닉에 있는 자신의 사무실에서 사라져 필요할 때 아무리 찾아도 보이지 않았다. 그때마다 결국 조수 하나가 클리닉 안팎을 뒤지며 그를 찾아나서곤 했다. 그리고 대개 조수는 지하실에서 보일러 아궁이를 등지고 낡은 나무 의자에 앉아 있는 그를 찾아냈다. 그는 거기서 그렇게 앉아 담배가 끝까지 타들어가 재 일부가 조끼 앞섶에 떨어지는 줄도 모르는 채 생각에 잠겨 있곤 했다.

학생으로, 조교로, 동료로 오랫동안 닥터 플러머와 가까이 지낸 어떤 사람은 이런 넋놓음이야말로 사실은 닥터 플러머가 방어기제로 개발한 위력적인 무심함의 발로라고 주장했다. 누군가는 늘 이런저런 조언을 구하거나 환자를 보이거나 실험 과정을 봐달라고 부탁하기 위해 그의 행방을 수소문하며 다녔고, 아주 중요한 일을 생각할 시간이 필요하면 그는 어떻게든 스스로를 외부 간섭으로부터 지켜내야 했다. 그래서 그는 자신이 원하는 것만 듣고 보고 기억하는 법을 익혀 나머지는 무시해버렸다.

닥터 플러머가 이렇게 행동한 이유가 무엇이든 그를 극도로 싫어했던 몇몇을 제외하고는 다들 그가 위대한 사색가이자 탁월한 진료의였다는 점에 동의한다. 닥터 윌이 보기에 그는 "메이요 클리닉 최고의 두뇌"였으며, 닥터 만에 따르면 그는 "메이요 클리닉 의료진을 통틀어 유일한 천재"였다. 누군가의 정의대로 천재성이 "이전에 경험해 본 적 없이 순전히 관찰만으로 정확하게 추론해내는 능력"이라면 닥터 플러머는 의심의 여지 없이 그런 능력을 지니고 있었다. 몇 가지 자료를 통해 순차적으로 또는 종횡무진 추론해내는 그의 능력은 그야말로 놀라웠다.

그가 의사로서 가졌던 수많은 관심사 가운데 끝까지 파고든 분야는 갑상샘이었다. 환자의 표정을 보고 갑상샘 질환을 진단해내는 그의 능력은 동료 의사들에게 경이이자 절망이었다.

그 동료들 가운데 한 명은, 애매한 증상을 두고 어떤 의사는 이런 점을 문제의 원인으로 지적하고 또 어떤 의사는 저런 점을 문제의 원인으로 지적했던 어느 환자의 사례를 자주 언급했다. 그는 닥터 플러머에게 묻기 전에 해결책을 찾고야 말리라 결심하고 그 사례에 매달렸다. 그런데 그가 이렇다 할 준비도 하기 전에 어느 날 아침 닥터 플러머가 그 여성 환자가 앉아 있는 대기실로 뚜벅뚜벅 걸어 들어왔다. 그는 그녀를 한 번 흘낏 보고는 진료실로 돌아와 누구의 환자냐고 물은 뒤 자기가 한 번 봤으면 좋겠다고 말했다. 그러고 나서 그는 그녀의 증상을 정확하게 짚어내며 젊은 담당의가 몇 시간을 검사하고 생각한 뒤에도 가능할까 말까 한 수준보다 더 자세히 문제의 원인을 설명했다.

갑상샘종 질환에 특별히 관심 있는 내과 의사, 외과 의사, 임상화학자, 병리학자는 일주일에 한 번씩 칼러 호텔에 모여 '갑상샘종 점심'을 들며 그 분야의 문제점과 현황을 토론했다. 물론 이 토론은 닥터 플러머가 이끌었다. 이 모임에 참석했던 젊은 의사 몇몇은 훗날, 그가 말한 내용의 10퍼센트가량만 이해했을 뿐 나머지는 자신들의 이해력 범위를 넘어섰다고 고백했다. 닥터 플러머는 빠르게 생각하고 수많은 갈림길을 내려다보며 다른 사람들 같으면 헤매다 포기했을 올바른 길을 결국 찾아냈다.

일단 티록신이 분리되고 나자 그 다음 단계는 정상 대사율 기준을 얼마로 잡느냐 하는 것이었다. 인간이라는 자동차의 가솔린 연소율은 갑상샘의 효율에 따라 달라질 것이기 때문이었다.

개인마다 차이를 보이는 이 비율의 측정법을 아는 생리학자들이 일련의 소규모 사례 연구를 바탕으로 나름의 기준치를 정했다. 그러나 무엇이 정상 대사율이고 병증이 나타나는 시점은 어디인가라는 질문에 정확하게 대답하자면 단 한 번이라도 대규모 연구가 필요했다.

메이요 클리닉은 그런 연구를 하기에 더없이 좋은 곳이었다. 닥터 월터 부스비(Walter Boothby)는 클리닉의 제안을 받아들여 하버드에서 로체스터로 자리를 옮겨 연구에 착수했다.

그와 신설된 대사 실험실의 동료들은 몇 년 동안 환자, 의사, 간호사, 로체스터 주민 할 것 없이 모두에게 지금은 흔한 진단에 속하는 간단한 검사를 받도록 설득해 수천 명의 대사율을 측정했다. 이렇게 확보한 방대한 자료를 바탕으로 그들은 새로운 기준치를 정했고, 곧이어 이 기준치는 전 세계 어디서도 이렇게 많은 대사 검사를 한 적이 없었기 때문에 널리 채택됐다.

'부스비 기준' 덕분에 대사율은 갑상샘 질환을 진단하는 데 믿을 만한 근거가 됐지만, 안구돌출갑상샘종 치료를 개선하는 데는 아무 역할을 하지 못했다.

안구돌출갑상샘종 치료는 1913년 이후로 사실상 제자리걸음 상태에 머물러 있었다. 다단계 수술의 필요성을 결정하는 방법도, 사망 원인의 대부분을 차지하는 수술 후 부작용을 제거하는 방법도 없었다. 그렇다 보니 일반 외과 의사 대부분이 이 질환을 앓는 환자가 오면 닥터 찰리와 그의 동료들처럼 경험 많은 외과 의사에게 보냈다. 이것이 1922년의 상황이었다.

그 동안 닥터 플러머는 두 생성물에 관한 이론을 더욱 정교하게 손질하며 문제의 질병이 발생하는 구조를 밝히는 데 주력했다. 티록신의 65퍼센트가 요오드라는 사실이 드러나자 그는 안구돌출갑상샘종을 일으키는 유해 물질이 티록신의 비요오드화 분자일 수 있다는 가능성을 제기했다.

그는 그 이유를 이렇게 설명했다. 어떤 자극 물질이 갑상샘의 기능을 급속히 높이는데, 혈액에 요오드가 충분히 공급되지 않을 경우 갑상샘은 반제품, 즉 요오드가 빠진 티록신 분자를 내보낸다.

이런 가설에 따르면 환자에게 요오드를 처방해 갑상샘의 티록신 생산 과정에 필요한 원료 양을 늘리는 게 옳았다.

단순갑상샘종의 예방에서 요오드의 중요성은 이미 잘 알려져 있었지만 안구돌출갑상샘종 환자에게 실제로 요오드를 처방한 사례는 한 번도 없었다. 다들 그 질환에 요오드는 위험하다고 확신했기 때문이다. 스위스의 위대한 명의 코허가 몇몇 경우 요오드가 증상을 더욱 악화시킨다는 사실을 발견하고 '부적절한' 요오드 사용의 위험성을 어찌나 강조했던지 의사들은 안구돌출갑상샘종 환자에게 어떤 형태로든 요오드를 처방하는 것은 의료 과실이라고 믿게 됐다.

닥터 플러머도 이 일반적인 생각에 굴복했던 듯하다. 환자를 상대로 요오드에 대한 자신의 가설을 시험해보려는 시도를 한 번도 하지 않았기 때문이다.

그러던 중 1922년 초 그는 새로 창간된 의학지《옥스퍼드 메디신》에 실을 갑상샘 질환 관련 논문 기사를 집필하는 임무에 착수했다. 이 논문 기사 작성은 그 자체로 놀라운 일이었다. 클리닉 동료들이 보기에 닥터 플러머의 주된 결점은 자신이 거둔 성과를 여간해선 발표하지 않는다는 것이었기 때문이다. 그런데 설득에 못 이겨 기사를 쓰기로 작정하고 몇 달이나 이 일에 매달린 끝에 그는 주옥같은 논문을 완성해냈다.

그는 자신이 알고 있는 것을 토대로 논문을 쓰기보다 우선 관련 서적부터 모조리 검토했다. 그리고 요오드 사용에 관한 보고서들을 주의 깊게 들여다보다가 문득 코허가 '갑상샘기능항진증을 동반하는 단순갑상샘종'과 안구돌출갑상샘종의 차이를 구분하지 못하고 잘못된 결론을 내렸을지도 모른다는 생각을 했다. 그래서 닥터 플러머는 세인트메리스 병원을 찾는 갑상샘종 환자들을 대상으로 요오드의 효과를 시험해보기로 결심했다.

결과는 놀라웠다. 부작용으로 혼수상태에 빠졌던 환자들이 요오드 용액을 주사한 지 몇 시간 만에 의식을 회복했고, 며칠 또는 몇 주째 상태가 위험했던 몇몇 환자는 바로 그 이튿날 음식을 게워내지 않고 섭취할 수 있었다. 겉으로는 멀쩡해 보이지만 불면증과 신경 쇠약으로 온갖 심장병을 달고 살던 한 외판원도 열흘 만에 체육관에 나가 철봉 위에서 운동할 정도로 건강을 회복했다.

다단계 수술은 더 이상 필요하지 않았다. 내원할 때 아무리 상태가 나빴던 환자도 대부분 열흘 내지 3주 만에 갑상샘 절제술을 받을 수 있었기 때문이다. 수술 후의 무서운 부작용도 자취를 감추었고, 전에는 가망 없던 환자의 상당수가 수술을 받고도 사망률이 1퍼센트 아래로 뚝 떨어졌다.

일 년에 걸쳐 요오드 치료법을 철저히 시험해본 뒤 닥터 플러머는 1923년 5월에 열린 미국내과의사협회 모임에서 요오드 처방이 안구돌출갑상샘종 환자의 죽음을 유발하는 위급 증상들을 막을 수 있다고 공식적으로 발표했다.

곧이어 다른 사람들의 경험에서도 이러한 사실이 입증되면서 갑상샘 수술의 새로운 시대가 열렸다. 닥터 플러머의 요오드 요법은 외과 의사들이 가장 위험하다고 여겼던 수술을 유능한 외과 의사의 손에서라면 가장 안전한 수술로 바꿔놓았다. 외과 의사들은 요오드 요법을 의학의 가장 큰 성과 가운데 하나라고 환호해 마지않았으며, 독일인들은 닥터 플러머의 이름을 따서 이 요법을 "플러머법(Plummerung)"이라고 불렀다.

물론 갑상샘종 문제 해결에서 닥터 플러머의 역할이 가장 두드러졌지만 그 혼자 이 일을 해낸 것은 아니었다. 외과 의사 닥터 찰리와 생화학자 켄들, 생리학자 닥터 부스비와 몇몇 병리학자들 모두가 그런 눈부신 결과에 크게 기여했다. 이런 면에서 이 갑상샘 이야기는 로체스터에서 이루어지는 연구의 두드러진 특징, 즉 다양한 기술 활용과 모든 관계자를 아우르는 팀워크를 유감없이 보여준다.

이런 분위기에 대해 메이요 클리닉의 누군가는 흥분을 감추지 못하고 다음과 같이 말했다.

"여기서 우리는 대규모로 하나 되어 다 같이 일합니다. 몸과 관련해 풀어야 할 문제가 있다고 칩시다. 문제를 풀려면 물리학자, 화학자, 의사의 지식이 필요합니다. 여기에는 그 사람들이 모두 있고, 그 사람들은 각자 자기한테 맡겨진 일을 하는 가운데 다른 사람의 일도 잘못된 점이 있으면 지적하면서 모두가 합심해 문제를 함께 풀어나갑니다."

팀워크는 어느 한 사람이 감당할 수 있는 한계를 넘어서는 지식의 팽창이 일어나는 모든 현대 과학에서 없어서는 안 될 요소다. 그러나 모든 일에서 협력을 가장 중요한 경영 원칙으로 하는 이런 조직에 비해, 대학교나 연구 기관에 딸린 느슨한 조직에서는 긴밀한 협력이 본디 더 어려운 법이다.

메이요 클리닉에서 실시되는 주요 연구에는 거의 예외 없이 재단의 연구 전문 부서 네 곳, 즉 동물실험, 실험세균학, 생화학, 생물물리학 중 한두 곳이 반드시 참여했다.

동물실험은 계속해서 닥터 프랭크 만이 감독했다. 그는 실험 대상을 클리닉 건물 옥상에 마련한 공간에 두는 것이 내키지 않았다. 손만 뻗으면 닿는 곳에 들판이 있는데도 클리닉 건물 옥상에 가둬둬야 하는 이유를 그는 이해할 수 없었다. 건물 옥상에 있으면 이렇게 연민이 강한 사람들의 반대를 끊임없이 자극할 게 뻔한데도 말이다.

아무튼 실험동물들은 한 번도 옥상의 사육 공간을 벗어난 적이 없었다. 그래서 닥터 찰리는 닥터 만에게 자신의 농장에 동물들이 지낼 공간을 마련해줄 테니 마음에 드는 곳을 고르라고 했다. 그는 아름답고 조그만 계곡의 땅 40에이커를 점찍었고, 닥터 찰리는 나중에 그 옆의 땅 40에이커도 사들여 동물실험 장소로 내주었다.

그 후로 동물실험실은 꾸준히 성장해 연간 몇 십만 달러가 넘는 예산과 더불어 아홉 명의 연구원과 스무 명이 넘는 전문 기술자를 거느린 실험의학연구소(IEM)로 발전했다. 이 연구소는 15종의 동물들에게 최고의 환경을 조성해주었을 뿐만 아니라 실험외과학, 병리학, 생화학, 생물물리학, 세균학, 생리학 연구에도 탁월한 시설을 제공했다.

이 연구소는 환자가 아니라 의학적 문제와 씨름한다는 점만 빼면 클리닉의 여느 실험실과 기능이 똑같았다. 진료의는 누구든 그곳 시설을 이용할 수 있었으며, 직접 실험할 시간이 없을 경우에는 연구소 직원들이 대신해 주었다. 연구소 팀들은 특히 수술 쇼크의 원인과 진행 과정, 간의 병리와 생리 등에 관한 이해에 커다란 기여를 했다.

생화학자 켄들은 자신의 연구 분야에서 흡사 외로운 한 마리 늑대와도 같았다. 티록신의 분리와 합성이 가능해지고 나서 또다시 막다른 골목이 나오자 그는 전체 내분비계의 복잡한 구조에 이르는 열쇠를 찾을 수 있길 희망하며 방향을 돌려 다른 내분비샘과의 관계라는 각도에서 티록신에 접근했다. 부신의 겉부분, 즉 피질을 연구하느라 그는 이 내분비샘 구입 부문에서 모르긴 해도 세계 기록을 세우지 않았을까 싶다. 실험에 엄청나게 많은 부신 피질을 사용했기 때문이다.

비용이 엄청나게 들어가긴 했지만 클리닉의 류머티스성 질환 연구를 진두지휘한 닥터 필립 쇼월터 헨치(Philip Showalter Hench)와 함께 일하던 중 코르티손을 발견하면서 켄들은 그 부담을 말끔하게 씻어날렸다. 이렇게 거둔 쾌거로 두 사람은 1950년 노벨 생리의학상을 수상했다.

물리학자가 내과 진료에 처음 참여하게 된 것은 엑스레이와 라듐을 통해서였다. 라듐 요법이 가능하려면 라듐 설비가 필요했다. 그런 라듐 설비가 아직 생소하던 시절 메이요 형제는 하버드와 다트머스에서 설비를 설치할 사람과 운용할 기술자를 각각 초빙해 왔지만 그 이상의 진전은 오하이오 주립대학교 물리학 교수 찰스 시어드(Charles Sheard)가 메이요재단 생물물리학 연구를 맡기 시작한 1923년 무렵이 돼서야 이루어졌다.

메이요 클리닉에서 류머티스성 질환을 연구하던 닥터 필립 쇼월터 헨치(오른쪽에서 첫 번째)와 닥터 에드워드 캘빈 켄들(오른쪽에서 두 번째)은 부신 피질 호르몬인 코르티손을 분리하고 치료에 이용한 공로로 1950년 노벨 생리의학상을 수상했다. 사진은 코르티손을 발견한 실험실에서 같은 연구 부서 동료들인 닥터 찰스 H. 슬로컴(왼쪽에서 첫 번째), 닥터 하워드 F. 폴리와 함께 있는 모습이다.

1950년 12월 10일 스웨덴 스톡홀름에서 노벨 생리의학상을 받고 있는 에드워드 캘빈 켄들(왼쪽 첫 번째), 타데우시 라이히슈타인(왼쪽에서 두 번째), 필립 쇼월터 헨치(왼쪽에서 세 번째).

시어드와 그의 동료들은 신체 기능의 정확한 측정에 필요한 물리학 장비와 기술을 고안해 의료진이 연구 과정에서 부딪치는 대부분의 문제를 해결했다. 아울러 여러 임상 실험실에서 난감해하는 문제 가운데 일부도 해결했다.

예를 들어 혈액학 실험실이 하루에 200~300건이 넘는 헤모글로빈 검사로 정신이 없자 닥터 샌퍼드는 시어드에게 그 일을 처리할 기계를 만들 수 있는지 물어보았다. 그 결과, 가끔은 실수를 저지를 수밖에 없는 인간을 대신해 50여 종류의 화학 검사를 자동으로 수행하는 샌퍼드-시어드 광도계가 탄생했다.

연구진은 환자와 직접 접촉할 일이 거의 없었기 때문에 자신들이 하는 일이 인간의 행복에 미치는 효과를 두 눈으로 확인할 기회가 거의 없었다. 그래서 어쩌다 그런 기회를 갖게 되면 무척이나 기뻐했다. 시어드도 성형외과 의사 닥터 뉴가 후두 제거 수술을 받은 남성에게 목소리를 되찾아줄 장치를 고안해달라는 부탁을 받았을 때 그랬다. 시어드는 인공 후두를 만들어주었다.

추후 실험 결과를 설명하면서 그는 이렇게 말했다.

"길을 가는 사람에게 느닷없이 전위(電位)를 설명해봤자 대부분 이해하지 못하겠지만, 환자 존 존스는 다시 말을 할 수 있게 해주는 작은 관과 상자를 이해하는 데 아무 문제가 없습니다. 말을 할 수 없어 아무 희망도 없이 의기소침한 채로 지내던 남자가 알래스카든 애리조나든 그 어디에서든 우리처럼 또렷하게 말할 수 있게 해주는 간단한 장치만으로 다시 온전한 인간이 되는 모습을 보는 것은 온몸의 세포가 전율하는 크나큰 기쁨이 아닐 수 없습니다."

인공 후두는 개개인의 상태에 따라 맞춤 제작을 해야 했다. 그래서 시어드는 수백 개나 만들어야 했다.

의학의 놀라운 발전에도 불구하고 치료법이 개발되지 않은 질병이 여전히 많았다. 그런 질병을 앓는 환자들 가운데 1,000여 명이 매년 메이요 클리닉을 찾았다. 이곳 연구진은 아직 정복되지 않은 이런 질병의 수를 줄이는 데 최우선 목표를 두고 열심히 노력했으며, 이 일에 가장 중요한 역할을 한 사람은 임상 연구자들이었다. 그들은 실제 환자를 대상으로 직접 질병을 연구했기 때문이다.

이 부서는 임상연구실험실로 불렸지만 일반인들은 그런 명칭에 고개를 갸웃거렸다. 대기자 벤치도, 개수대도, 분젠 버너도 찾아볼 수 없었기 때문이다. 대신 그곳에는 입원실과 더불어, 언제든 어떤 연구라도 할 수 있는 특수 장비가 갖추어진 방 여러 개와 꽤 큰 규모의 외래 환자 진료실도 있었다.

이곳으로 이관되는 환자들은 사전에 실험실의 취지와 진행 절차에 대해 자세한 설명을 들었다. 환자가 아무리 제 돈 주고 제 발로 클리닉을 찾았다 해도 사전 고지와 동의 없이는 환자를 실험 연구 대상으로 삼을 수 없었기 때문이다. 그런데 '현재의 의학으로는 아직 치료법을 알 수 없다'고 이야기하더라도 집중 연구를 통해 치료법을 찾아낼 기회를 거부한 환자는 거의 없었다.

임상 연구자들에게 이관되는 환자는 두 부류였다. 한 부류를 예로 들자면, 클리닉의 진료의가 병명을 알 수 없는 환자를 맞을 경우 그는 환자의 증상을 붙잡고 씨름할 시간이 기껏해야 반나절밖에 없었다.

그렇다고 환자를 그냥 돌려보내지는 않았다. 대신 환자를 임상 연구 부서로 보냈다. 임상 연구 부서는 환자의 문제를 해결할 수도 있고 그렇지 못할 수도 있지만 적어도 환자는 특별 연구의 혜택을 누릴 수 있었다.

갑작스런 기절 증세를 호소하며 클리닉을 찾은 한 여성 환자의 이야기는 이와 관련된 흥미로운 사례라 할 수 있다. 그녀가 너무 당황한 나머지 횡설수설하는 바람에 담당 진료의는 확실한 진단을 내리는 데 필요한 정보를 충분히 확보할 수 없었다. 그는 환자의 증세가 추위에 너무 민감해서 생긴 게 아닐까 의심했지만 한 시간가량 환자를 진정시키며 겨우 알아낸 몇 가지 사실만으로는 확신할 수가 없었다. 그래서 임상 연구 부서에 도움을 청했다.

환자가 며칠 입원해 있는 동안 친절하고 붙임성 있는 젊은 여의사가 환자를 안심시키며 신임을 얻었다. 그러고 나서 대화를 나누며 질문을 던진 결과 이 진단의(임상 연구자)는 환자에게서 여러 가지 사실을 끌어낼 수 있었다. 여기서 나온 사실들은 모두 추위 과민증이라는 담당 진료의의 짐작을 뒷받침해주었다. 단, 한 가지만 빼고. 가장 심한 발작이 더위가 가장 심한 7월에 발생했던 것이다. 환자 역시 그 날 특별히 추위를 느낀 적이 없었다고 기억했다.

진단의는 다음에 무엇을 해야 할지 고심하며 탁자 위의 잡지를 이리저리 뒤적이다 냉장고 광고가 나오자 별 뜻 없이 그 유용성에 대해 이야기했다.

"맞아요, 정말 좋은 냉장고예요. 남편이 작년 여름에 한 대 사줬는데, 얼린 디저트와 차갑게 재운 음료수를 그렇게 실컷 먹기는 살면서 처음이었어요. 냉장고를 들여놓고 처음 며칠은 찬 것을 아예 달고 살 았죠." 환자가 맞장구를 치며 말했다.

진단의는 순간 정신을 바짝 차리고 지나가는 투로 그때가 한여름 이었느냐고 물었다.

"맞아요, 7월. 기절하기 며칠 전이었어요!"

문제는 풀렸고, 진단과 함께 치료가 시작됐다. 여느 남성 진료의였 다면 환자에게서 그런 사소한 가사 경험 사실을 절대 이끌어내지 못 했을 것이다.

효과적인 치료법을 알 수 없어 임상 연구 부서로 넘어오는 두 번째 부류의 환자들이 지닌 문제를 해결하는 데에는 행운도 한몫을 했다.

"진단이 애매한 기생충성 질환."

닥터 윌은 한때 '소화 불량'이라는 용어로 뭉뚱그렸던 복부 질환을 이렇게 부르곤 했다. 마찬가지로 딱히 차이가 없는 갖가지 두통도 편 두통이라는 범주로 분류됐다. 임상 연구자들은 그중 하나를 구분해내 히스타민으로 치료하며 상당한 성공을 거두기 시작했다. 그래서 진료 의들은 원인이 모호한 두통 환자는 모두 연구자들에게 넘겼고, 환자 의 두통이 이런 종류에 해당하면 바로 치료가 이뤄졌다.

어느 날 이런 종류의 두통뿐만 아니라 메니에르병이라는 심각한 질환도 안고 있는 환자가 연구 부서로 넘어왔다. 1861년 이 증상을 처 음 보고한 프랑스 의사의 이름을 딴 이 병은 매우 흔한 질환이지만 당 시에는 원인도 치료법도 알려져 있지 않았다. 그런데 뜻밖에도 두통 치료제로 처방한 히스타민이 메니에르병에도 효과가 있었다.

그렇다면 히스타민으로 이 병을 고칠 수 있지 않을까?

연구 부서에서 이런 가능성을 제기하자, 그 전에는 메니에르병 환자를 어쩔 수 없이 그냥 집으로 돌려보내야 했던 진료의들이 환자들에게 그런 치료가 도움이 될지 안 될지는 알 수 없지만 적어도 해롭지는 않으니 환자가 원한다면 치료를 시도해볼 수 있다고 조심스럽게 대답했다.

한 달 만에 임상 연구 부서는 히스타민으로 메니에르병 환자 열다섯 명을 치료했다. 명확한 결론을 내리기에는 너무 적은 숫자였지만 치료 효과가 바로, 그것도 아주 확연하게 나타났기 때문에 연구자들은 불치병으로 인식되던 메니에르병을 어쩌면 히스타민으로 고칠 수 있을지 모른다는 사실을 학계에 보고해도 되겠다고 생각했다.

메이요 클리닉에는 이처럼 우연한 기회를 통해 뜻밖의 큰 수확을 거둔 사례가 많았다. 그것을 가능하게 한 요소는 연구진의 규모와, 각 구성원과 부서가 원활하게 협력하는 전통이다. 다음 이야기는 단 하나의 생각이 어떻게 클리닉의 많은 부서가 참여하는 방대한 프로그램으로 발전하게 되는지를 보여준다.

닥터 윌과 닥터 찰리는 출장을 떠날 때마다 매번 뭔가 구체적인 성과를 반드시 가지고 돌아왔다. 1924년 닥터 윌의 오스트레일리아 출장은 특별히 의미가 있었다. 그가 오스트레일리아에 도착해보니 그곳 의학계 전체가 시드니 대학교의 두 젊은이가 거둔 성과를 화제로 삼고 있었다. 해부학자 닥터 존 어빈 헌터(John Irvine Hunter)는 교감신경계가 근긴장도에 미치는 영향을 연구하고 있었다. 그의 연구 결과를 바탕으로 정형외과 전문의 노먼 D. 로일(Norman D. Royle)은 신경계 일부를 잘라내 경련성 마비를 치료하는 데 놀라운 성과를 거두었다.

닥터 윌은 두 젊은 연구자가 수집한 사례 기록들을 검토하기도 하고, 로일이 염소를 수술하는 모습을 지켜보기도 하고, 그가 수술한 환자들을 살펴보기도 하면서 오후 한 나절을 보냈다.

로체스터로 돌아와 닥터 윌은 클리닉 신경외과 전문의 앨프리드 W. 애드슨에게 닥터 로일의 수술에 대해 자세히 설명했고, 닥터 애드슨은 곧바로 경련성 마비 환자에게 그 수술법을 적용했다. 수술 후 경과를 주의 깊게 지켜보던 중 그는 환자의 발 피부 온도가 수술 전보다 훨씬 높다는 사실에 주목했다.

이 신기한 사실에서 닥터 애드슨은 교감신경계의 어떤 신경을 잘라내면 말초혈관계, 즉 손발의 정맥과 동맥 질환 치료에 효과가 있을지 모른다고 생각했다. 이는 상대적으로 미개척된 또다른 분야였다. 다양한 말초혈관계 질환이 아직 감별되지 않았을뿐더러, 증상 악화로 혈액 순환이 안 돼 괴저가 진행되면 절단하는 방법 말고 달리 치료법이 없었다.

닥터 애드슨은 이런 생각을 임상 연구자 닥터 브라운에게 이야기했고, 그는 닥터 애드슨이 수술한 경련성 마비 환자들을 연구하기 시작했다. 모든 환자에서 발 피부 온도가 눈에 띄게 상승했다.

이러한 사실의 중요성은 생리학으로 설명할 수 있다. 인간의 신체에도 일종의 온수 난방 장치가 있다. 이 장치에선 혈액이 순환 매체이며, 심장은 펌프, 위는 보일러, 음식은 연료에 해당한다. 정상인의 몸 안 어딘가에는 입 온도(구강 체온)를 늘 똑같이 유지해주는 온도 조절 장치도 있다. 음식 섭취를 통해 생산되는 열 같은 추가 열은 혈액을 통해 손과 발로 운반되어 그곳에서 소모된다. 그러나 이런 열 발산 부위의 순환계에 문제가 생기면 이 온도 조절 기능을 수행하지 못한다.

따라서 발 온도가 증가했다는 사실로 미루어 닥터 애드슨의 수술이 말초 혈액 순환을 개선했다고 볼 수 있었다. 결국 그는 1925년 3월 말초혈관계 질환 환자에게 교감신경 절제술을 실시해 성공했다.

그 뒤로 메이요 클리닉 임상 연구자와 신경외과 의사들은 말초혈관계 질환에 집중했다. 닥터 브라운은 검사와 비교, 상관관계 도출을 통해 마침내 다양한 말초혈관계 질환의 차이를 구분해내고 그런 질환들의 감별진단법을 제시할 수 있었다. 그와 동료들은 내복약부터 목욕과 휴식, 식이요법, 마사지, 자세 교정 운동에 이르기까지 가능성 있는 온갖 치료법의 효과를 연구하기 시작했다. 그리고 그 결과 말초혈관계의 구조에 대해 더 많이 알게 됐을 뿐만 아니라 수술보다 덜 급진적이면서 효과적인 치료법도 찾을 수 있었다.

이런 방법은 증상이 가벼운 환자에게는 효과가 있었지만 증세가 심한 환자의 경우에는 신경외과 의사가 치료를 맡아야 했다. 하지만 간혹 수술로도 차도를 보이지 않는 경우가 있었기 때문에 수술 전에 외과 처치가 환자에게 도움이 될지 안 될지를 미리 알 수 있는 방법을 찾아내야 했다.

닥터 브라운은 결국 그 방법을 찾아냈다. 그는 환자에게 발열을 유도하는 티푸스 백신을 처방했다. 발 피부 온도의 상승이 입 온도의 상승을 앞지르면 환자는 수술을 통해 치료 효과를 볼 수 있었다.

여기서의 관건은 발 온도의 변화 측정이었다. 기존의 장치는 적합하지 않다는 점에 일찍 주목하고 임상 연구자들은 생물물리학자 시어드에게 도움을 청했다. 그는 그 역할을 해낼 전기 온도계를 고안했다.

환자가 손과 발에 열전대를 올려놓고 침대에 누우면 자동 조리개에서 빛이 나와 천장에 있는 수치 측정기에 온도를 자동으로 기록했고, 온도 변화에 따라 빛의 양도 달라졌다.

그 뒤 시어드는 연구에 적극 참여해 치료에 필요한 기술과 기계 장치 개발에 매달렸다. 환자의 피부 온도가 세인트메리스 병원의 난방 장치 때문에 변하지 않고 환자 몸속의 난방 기관 때문에 변하게 하려면 좀더 엄격하게 통제된 환경이 필요하다는 사실이 명확해지자, 시어드는 방의 온도와 습도를 일정하게 유지해주는 장비를 고안해 설치했다.

임상 연구자들은 문제의 생리학적 측면을 더욱 깊이 파고들어 혈류 속도와 혈류량, 그리고 혈류 속도를 높이거나 낮추는 요인도 연구하기 시작했다. 그리고 이런 연구에는 동물실험도 필요했기 때문에 실험의학연구소에 도움을 청했다. 이에 연구소는 실험을 지휘하고 결과를 해석할 생리학자, 실험에 필요한 복잡한 물리학 기술을 제시하고 감독할 생물물리학자, 동물을 다룰 외과 의사로 팀을 꾸렸다.

그리하여 닥터 윌의 오스트레일리아 출장과 닥터 애드슨의 주의 깊은 환자 상태 관찰은 향후 15년간 지속된 연구로 발전했다. 연구 결과로 800편에 가까운 보고서가 쏟아져나왔고, 그 가운데에는 굉장히 중요한 사실을 밝혀낸 보고서도 더러 있었다. 수많은 전문 기술과 과학 분야를 필요로 하는 이런 성과는 설령 평생을 바친다 해도 한 개인의 힘으로는 어림도 없을 일이었다.

21장

젊은 의사들의 교육

1917년 이후 메이요재단의 사업은 로체스터에서 이루어지는 모든 의료 활동에 영향을 미치는 중요한 변수가 됐다. 미네소타 대학교와의 제휴로 새로운 임무가 생겨나고 충족해야 할 새로운 기준이 설정됐기 때문이다.

대학원 의학 교육의 시험 운용은 미네소타 대학교 의과대학 교수진 중에서 선출된 5인 위원회와 로체스터 의료진 중에서 선출된 5인 위원회가 주관했다. 전자는 의대 학장 라이언이, 후자는 메이요재단 이사장 닥터 루이스 B. 윌슨이 각각 위원장을 맡았다. 두 위원회는 각각의 캠퍼스를 따로따로 책임졌지만 일반 정책 문제를 결정할 때는 대학원장 가이 스탠턴 포드의 지휘 아래 합동 위원회처럼 움직였다. 이와 관련해 대학원장 포드는 이렇게 말했다.

"내가 꼭 해군을 통솔하는 육군처럼 느껴졌습니다."

역사학자인 비전문가에게 의학 교육을 맡기다니 좀처럼 볼 수 없는 일이었지만 결국 현명한 선택인 것으로 드러났다. 대학원장 포드는 사회와 교육에 대한 비전이 원대한 인물로, 모름지기 전문 인재 교육은 단순한 기술 교육이나 직업 교육을 뛰어넘어야 한다는 점을 잘 알고 있었다.

하지만 어떻게 하면 그럴 수 있을까? 철저히 실용적인 교육과 전통이 몸에 밴 임상의들을 과연 학자다운 탐구 정신과 방법론을 갖춘 과학자 교수로 거듭나게 할 수 있을까? 대학원 교육을 받고 오랫동안 기초 의학을 연구해온 사람들은 이에 대해 회의를 드러냈고, 대학원장 포드도 이따금 의구심을 품었다.

예를 들어 임상의들은 대학원 수준의 '논문'이나 '시험'이 무엇을 의미하는지 전혀 알지 못했다. 그들 밑에 있는 대학원생들이 처음 제출한 논문은 흔하디흔한 사례 보고서에 지나지 않았다. 논문이 퇴짜를 맞자 대학원생들은 메이요 클리닉 문서실로 눈을 돌려 진료 기록을 한 아름씩 꺼낸 다음 빨간 머리 여성들은 왜 왼쪽 유방에 암이 잘 생기는지와 같은 쓰잘머리 없는 통계 연구를 들고 다시 나타났다.

그래서 결국 위원회에서 이런 대학원생들에게 적용할 논문 기술(記述) 기준을 내놓았다. 논문이 각 의학 분야의 유력 전문지에 실리려면 주제가 그럴 만큼 중요해야 하고 연구 또한 철저하고 창의적이어야 했다.

다음 문제는 구두시험이었다! 임상의들이 구두시험을 강의 시간의 문답 정도로 진행하거나 임상 회의로 둔갑시키거나 서로 갑론을박하며 시간을 낭비하는 동안 대학원생들은 그냥 그 옆에 가만히 앉아 있기만 했다.

임상의들이 각자의 대학원생들을 싸고도는 것도 문제였다. 학생을 소개할 때면 사실 그들은 "내 밑에 있는 학생인데 괜찮은 애야"라고 말하며 다른 사람들도 그 말을 믿기를 바랐다. 그것은 그가 내린 판단이었고, 거기에 대놓고 이의를 제기하는 것은 그에 대한 모욕이었다.

한동안 대학원장 포드는 평가위원회를 기초 과학 분야 교수진에게 맡겼다. 그들은 대학원을 직접 다녀 봤고 대학원에서 가르치기도 하면서 점차 학문의 객관성이라는 개념에 익숙해진 만큼 자신이 가르치는 대학원생이 동료 평가 위원들의 질문 세례를 견디지 못하고 나가떨어져도 "고함을 지르지 않고 들릴 듯 말 듯 투덜대기만 할 뿐"이었기 때문이다.

메이요 클리닉 임상의들만 이런 어려움을 겪은 것은 아니었다. 양쪽 캠퍼스의 임상의들 모두 이런 문제와 마주쳤다. 이런 문제는 개인의 무능함 때문이 아니라 대학원 의학 교육 시험 운용 자체가 그들에게 워낙 생소했기 때문이다.

이런 상황에 대한 이해가 이루어지면서 메이요 클리닉이 대학교의 일부로 기능하고 있다는 긍지가 생겨났고, 이어서 거기에 걸맞은 기준을 충족하려는 진지한 노력이 뒤따랐다. 메이요 클리닉의 펠로들이 대학원생 최종 학위 평가에서 떨어지면 재단의 체면이 말이 아니겠기에 임상의들은 미네소타 의대에서 합동 평가위원회가 열리기 전에 저마다 대학원생들을 붙들고 시험 준비를 철저히 시켰다.

처음부터 대학교와 재단은 펠로의 자격으로 학사 학위에다 의대 졸업장 그리고 일 년간의 인턴 과정 수료라는 높은 수준을 요구했다.

그러나 세계대전 중에는 이런 자격 요건을 고수하기가 어려웠다. 결원을 채울 실력 있는 지원자가 많이 부족했기 때문이다. 그러다 보니 전쟁이 끝난 뒤에는 달랑 6개월 만에 외과 전문의가 되고 싶어하는 중년의 자격 미달인 개업의들로부터 지원이 끊이지 않았다.

하지만 시간이 지날수록 미네소타 주의 의학 교육은 전문의가 쉽게 되는 지름길과는 거리가 멀다는 인식이 확산되면서 자격을 갖춘 지원자들이 증가했다. 그 결과 재단에서 연간 결원 80여 명을 선발하는 데 2,000여 명의 지원자가 몰려들었다. 아울러 앞서 말한 자격 요건도 최소 요건의 의미가 사실상 무색해졌다. 지원자 중 상당수가 석사 학위를 가지고 있었던 데다 몇몇은 교직 경력까지 있었고, 대다수가 일 년이 넘는 인턴 과정을 마쳤기 때문이다.

세계 각지에서 지원이 쇄도했다. 예를 들면 1940년에는 미국과 캐나다의 73개 의대 말고도 26개국 60개 대학교 출신의 졸업생들이 재단 펠로로 들어왔다.

일반 대학원생과 마찬가지로 재단 펠로도 전공 과목과 부전공 과목을 선택했다. 전공 과목으로는 내과나 일반 외과 또는 전문성을 인정받는 여타 내과 및 외과 분야에서 하나를 선택할 수 있었으며, 부전공 과목은 전공 분야와 관련있는 기초 의학 분야에서 선택해야 했다. 펠로는 2년간 전공을 배우고 6개월간 부전공을 공부했으며 그 뒤 6개월 과정은 펠로의 선택에 따라 밟든 밟지 않든 상관없었다. 이런 대략적인 틀 속에서 구체적인 수업 일정은 펠로가 지도 교수와 상의해 결정했다.

처음 5년 동안은 재단 펠로의 66퍼센트가 일반 외과를 전공으로 선택했지만 1935년부터 1940년까지 5년 동안에는 이 비율이 31퍼센트로 뚝 떨어졌다. 반면 내과를 선택한 비율은 같은 기간에 9퍼센트에서 28퍼센트로 껑충 뛰어올라 재단 관계자들을 흐뭇하게 했다.

외과 부서의 펠로는 병원에서 생활하며 외과 병동에 있는 환자들의 수술 전후 상태를 살폈다. 거기서 1년차 펠로는 일반 업무를 맡거나 관찰만 했다. 2년차가 되면 외과 팀의 조수로 일하기 시작했으며, 3년차 때 능력을 인정받으면 수석 조수가 될 수도 있었다.

수석 조수는 절개와 상처 봉합을 담당했고 수술의 나머지 주요 과정은 집도의가 맡았다. 돈을 내든 안 내든 클리닉 환자들은 모두 선택 진료 환자들이라 그중 누구도 조수에게 넘길 수 없었기 때문이다.

외과 펠로는 자신이 책임지고 수술을 처음부터 끝까지 실시할 수 없었기 때문에 수술 경험을 쌓을 수 있는 기회는 사실상 선택 진료 환자 규정이 없는 대학교 펠로나 종합병원 레지던트가 더 많았다고 볼 수 있다. 그러나 메이요재단에서는 펠로들이 기본 수술 동작을 능숙해질 때까지 완전히 익히고 노련한 외과 의사가 큰 수술을 하면서 문제를 해결하는 모습을 지켜보는 것이 사소한 수술을 몇 번 해보는 것보다 유능한 외과 의사가 되는 데 훨씬 더 유익하다고 보았다.

내과 펠로는 병력을 파악하고, 예비 검사를 실시하고, 내과 전문의가 내린 진단과 치료에 대해 자신의 의견을 피력하는 소견서를 작성해 제출했다. 그런 다음 내과 전문의와 함께 환자의 상태를 지켜보면서 소견서의 어떤 부분이 맞고 틀렸는지, 또 그 이유는 무엇인지 확인했다.

재단이 제휴 업무를 시작했을 때만 해도 대학원에서 학위를 인정하는 임상 분야의 정규 전공 과목은 아홉 개밖에 되지 않았지만 클리닉에서 갈수록 전문 분과를 늘려 1940년에는 스물한 개로 늘어났다.

그런 새로운 분야의 교수진은 아직 젊어 뭘 모른다는 말을 듣기 싫어 펠로 선발에 각별히 신경을 썼다. 그런 분야에는 1929년부터 펠로를 받기 시작한 마취과(지금은 마취학과), 1937년부터 펠로를 받기 시작한 물리의학과와 성형외과가 있다.

재단은 구조상 기초 과학에는 임상 과목처럼 특별한 혜택을 제공하지 못했다. 그래서 기초 과학 분야의 교과과정 개발은 계속 대학교가 맡았다. 대학교 측이 의대와 연계해 구축한 연구 분야들은 매우 높은 수준으로 성장했다.

로체스터에서 기초 과학을 전공한 펠로의 절반 이상이 병리학을 공부했으며, 내과나 외과 펠로들도 대개 6개월 또는 일 년 과정의 부검 수업을 들었다. 진료의 많은 부분에 꼭 필요했기 때문이다.

부검을 하면 환자의 사인과 몸 곳곳의 병변에 남겨진 평생의 건강 상태를 알 수 있다. 뿐만 아니라 병리학자는 폐렴으로 죽은 사람의 장기를 통해 20년 전쯤에 받은 위궤양 수술의 효과나 10년 전에 받은 담낭 절제술이 간에 미친 영향에 대해 아주 많은 것을 알 수 있다.

로체스터의 병원이나 요양소, 호텔에서 사망자가 발생할 때마다 관리 책임자나 지배인이 즉시 클리닉 전신 기사에게 통보하면 전신 기사는 당직중인 병리학과 펠로에게 그 소식을 전했다. 그러면 펠로는 유가족을 만나 부검 허락을 받은 뒤 자문의사와 환자 주치의(현장에 없을 경우)에게 그 사실을 알렸다.

부검이 끝나면 펠로와 자문의사는 다시 유가족을 만나 부검 결과를 설명하고 시신 운구와 보험 서류 작성 같은 일에 가능하다면 뭐든 지원해주겠다고 약속했다. 이는 고인에 대한 일종의 예우로 별도 비용이 부과되지 않았다. 펠로는 원무과에 사망 사실과 더불어 환자의 사망 때문에 유가족에게 초래됐을지 모를 재정 상태 변화도 통고해 진료비 청구서를 작성할 때 그런 점이 반영되도록 하는 책임도 졌다.

로체스터에서는 전공할 수 있는 과학 과목이 두세 개밖에 없었지만 그곳의 다양한 실험실은 거의 늘 펠로들로 붐볐다. 부전공을 기초 과학 중에서 선택해야 했던 데다 이런 수업은 주로 실험실에서 진행됐기 때문이다. 특히 실험의학연구소에는 15명 내지 25명에 이르는 펠로가 상주했다.

펠로들은 로체스터 곳곳에 배어 있는 연구 풍토를 체험하면서 몸과 마음으로 그 정신을 흡수했다. 의학 연구에 능력이 있는 펠로는 진행중인 수많은 프로젝트 가운데 하나에 참여할 수 있었으며, 종종 두각을 드러내기도 했다. 설령 두드러지지는 않더라도 최소한 연구진이 문서실과 자료실에서 하는 작업을 도와 논문 한두 편을 작성하는 데 참여할 수는 있었다.

자신의 논문 작업뿐만 아니라 이런 참여를 통해서도 펠로는 그 동안 축적된 결정과 정책이 고스란히 녹아 있는 그야말로 풍부한 자료를 접할 수 있었다. 우선 세월과 함께 성장한 도서관이 있었다. 그곳에는 4만 권이 넘는 장서와 어느 분야의 연구에나 반드시 필요한 방대한 양의 정기 간행물이 있었다. 이 밖에도 도서관에는 당시 발행되고 있던 600여 종의 의학 잡지가 비치되어 있었다. 그중 약 3분의 1은 미국 잡지였고 나머지는 아프리카부터 노르웨이와 일본, 아일랜드에 이르기까지 세계 곳곳의 주요 국가에서 발행된 유력 잡지였다.

자료를 찾을 때면 클리닉 의료진과 펠로들은 능숙한 의학 사서팀의 도움을 받았다. 의료진은 일정한 시간 안에 가급적 높은 능률을 올릴 수 있는 실용성과 전문성의 도움을 받았다. 참고 자료를 찾고 관련 문헌 목록을 작성하는 준비 작업에서 사서와 비서들은 엄청난 도움을 주었다.

　도서관이 의학의 유산을 펠로들에게 개방하듯이 기록통계부는 그동안 축적된 클리닉의 경험을 활용할 수 있게 해주었다. 클리닉 의료진뿐만 아니라 대학원 펠로들도 색인 작업을 거쳐 일목요연하게 정리된 100만 건 이상의 환자 병력에 접근할 수 있었다. 수준 높은 교육을 받은 이곳 통계학자들은 펠로들에게 통계 산출법과, 주요 수치 자료 수집 후의 올바른 결과 해석법을 가르쳤다.

　메이요재단의 펠로 연수 프로그램에는 공식적인 교실 수업이나 강의 과정이 없었다. 이런 점에서 재단 펠로 프로그램은 다른 많은 학술 프로그램보다 훨씬 대학원 수준에 걸맞았다. 물론 펠로들은 각종 회의와 강의, 세미나를 통해 실용적인 지식을 쌓았다.

　이 가운데 가장 의미 있는 시간은 수요일 밤마다 열린 주례회의였다. 적당히 한 시간으로 제한된 주례회의에서는 클리닉의 다양한 활동을 일목요연하게 파악할 수 있었다. 회의 주제는 내과 의사의 비타민 결핍 연구 보고서부터, 통계학자가 작성한 맬서스 이후의 인구 동향 보고서까지 무척이나 다양했다. 이런 보고서는 의료진 전체에 각 부서의 새로운 성과를 전파하는 역할을 했을 뿐만 아니라 재단 펠로들에게 훌륭한 세미나 자료로 쓰이기도 한다.

　빠르고 생생한 현대식 프레젠테이션 수단들을 십분 활용하기 시작하면서 주례회의의 관심사와 범위는 나날이 늘어났다. 통계 도표, 수술 전과 후의 환자 사진, 현미경 슬라이드, 엑스레이 사진 등 모든 자료를 스크린에 띄워 열람했고, 외과술은 수술실에서 촬영한 동영상을 보며 익혔다.

의학 관련 영상이 700건 넘게 소장된 영상실은 클리닉 의료진뿐만 아니라 환자들도 이용할 수 있었으며, 미국·캐나다·중남아메리카의 의학대학, 간호대학, 의학회에서도 자료를 빌려갔다.

닥터 윌이 재단에 준 마지막 선물은 그의 집이었다. "메이요재단하우스"로 불리는 그 집은 펠로들의 활동 공간으로 사용됐다. 거기서 매주 화요일 밤이면 200여 명의 젊은 의사들이 교수진과 만나 의학 문제를 토론했다. 토론은 전체 인원을 10~12개 그룹으로 나눠 칠판, 환등기, 탁자, 의자를 갖춘 방에서 각각 진행됐다.

그중 한 그룹의 토론 주제가 '신장 질환 수술의 위험성'이라고 가정해보자.

이 주제에 대해 공부하고 있는 펠로 하나가 자신이 작성한 논문을 발표하면서 저녁 토론이 시작된다. 잠시 뒤 심장학과 의사가 약한 심장 때문에 신장 수술이 실패할 수 있는 여러 가지 요인에 대해 이야기하고 나면, 당뇨병 전문의인 내과 과장이 통계 수치를 제시하며 당뇨병이 외과 수술 환자의 사망률을 높이고 있다고 말한다.

그는 사망률 증가에 우려를 표명하면서 그 이유를 몇 가지 제시한다. 그가 아마 혈액 순환률 저하가 문제의 원인인 것 같다는 의견을 조심스럽게 내놓자 누군가가 최근 클리닉 임상 연구 부서에서 진행한 혈류 연구 결과를 언급하고, 또 누군가는 혈액 순환이 문제라면 대

1918년 준공된 직후의 메이요재단하우스. 닥터 윌 부부는 영국 스타일로 지은 이 집에서 살다가 1938년 '인류선'을 위해 의료인들이 서로의 생각을 나눌 수 있는 공간으로 활용해달라고 하면서 메이요재단에 기증했다.

사 연구실에서 새로 개발한 고농도 산소 요법으로 문제를 해결할 수 있을지 모른다고 덧붙인다. 그러자 부검의가 간단해 보이는 수술에서 위험 요소를 놓치는 바람에 자신의 부서로 넘어오게 된 환자 몇 명의 사례를 보고한다. 그는 살을 파고들며 자라는 내향성 발톱(조갑감입증)을 수술하는 것처럼 대수롭지 않은 수술이라도 집도의가 환자의 구멍 난 심장을 사전에 파악하지 못하면 환자가 수술 중에 사망할 경우 사인이 내향성 발톱으로 판정되는데, 그러면 내향성 발톱 수술 중 사망률이 높아지게 된다고 말한다.

마지막으로 외과 의사가 자신의 경험을 간추려 소개하면서 신장 질환을 수술할지 말지 결정하는 기준을 자세히 설명한다.

토론은 늘 격의 없고 자유로웠다. 다들 활발하게 의견을 개진했다.

사람들은 여기저기서 연달아 토론을 벌이고 나면 옆방에 있는 식당으로 자리를 옮겼다. 거기서 다른 세미나 팀과 합석해 음료수에 도넛을 먹으며 또다른 모임에서 넘어온 뜨거운 논쟁에 참여했다.

이런 화요일 밤 세미나는 의학계에서 독특하기로 유명했다. 정통 학계에서도 전문가들이 이렇게 끊임없이 협력하며 학생들과 함께 서로 배우고 가르치는 사례가 거의 없었기 때문이다.

펠로들은 간혹 4년이나 5년이 되기도 하는 이런 교육을 3년 동안 받으며 학위 논문을 준비했다. 논문 심사와 구두시험에 통과하면 펠로는 미네소타 대학교로부터 고급 학위를 받았다. 일반인들은 이 학위를 전문의의 징표로 여겼다. 과학적 임상 숙련도가 입증된 사람들에게는 석사 학위가 수여됐고, 독창적인 연구로 의학을 이끌어갈 능력이 입증된 사람들에게는 박사 학위가 주어졌다.

그렇다고 펠로가 모두 학위를 받은 것은 아니었다. 3년 과정을 다 마치기 전에 낙제한 이도 몇몇 있었고, 레지던트 과정을 통과하더라도 다른 요건을 충족하지 못한 이들도 있었으며, 노력해도 안 된 이들도 더러 있었다. 그래도 대학교로부터 학위를 받는 비율은 꾸준히 증가했다. 1915년에는 펠로로 들어온 43명 가운데 11명만 학위를 받았다. 그 후 1935년에는 입학생 86명 가운데 53명이 학위를 받았다. 재단은 과정을 끝까지 이수하지 않은 펠로에게는 그 어떤 인증도 해주지 않았다.

펠로는 봉급을 받는 위치가 아니라 보조금을 받으며 대학원 과정을 밟을 수 있는 기회를 의미했다. 즉 펠로는 월급 받는 직원이 아니라 대학원생으로 인식됐다. 다른 학문 분야의 대학원생들은 등록금을 냈다. 그런데 이 젊은 의사들은 인턴 수련까지 이미 마친 상태라, 재단이나 대학교에서는 아버지의 은행 잔고가 아니라 당사자의 능력에 따라 펠로를 선발하기 위한 차원에서 장학금을 아예 지급하지 않는 쪽보다 어느 정도 지급하는 편이 낫겠다고 판단했다. 그런데 펠로가 누리는 이런 재정상의 혜택은 이것만 보고도 사람들이 몰려들 만큼 아주 매력적이었다. 장학금의 액수는 의과대학원 위원회에서 정했는데, 대학교 이사진은 재단의 장학금을 대학교의 가용 예산 범위 안에서 유지해야 한다고 주장했다.

재단과 대학교의 제휴가 진행될 당시, 메이요 형제의 목적은 비과세 대상인 재단 경비로 클리닉에 유능한 보조 인력을 들이는 것이라는 비난이 있었기 때문에 클리닉은 처음부터 임상 부서의 펠로 전원, 다시 말해 클리닉 '보조 인력'으로 간주될 수 있는 사람 모두에게 급료를 지불해왔다.

재단 기부금 총액이 200만 달러에 이르기 전까지 메이요 형제는 메이요자산법인을 통해 그 경비를 지불했으며, 1935년에는 기부금에 50만 달러를 더 보탰다. 그런데 1940년까지 총 원금에서 발생한 연간 이자가 12만 5000달러를 넘지 않았던 데 비해 재단의 연간 예산은 50만 달러에 육박했다. 그 차액은 메이요자산법인에서 벌충해주었다.

처음 25년이 지난 무렵 재단은 그 동안 거둔 성과에 충분히 자부심을 가질 만했다. 클리닉에, 대학교에, 의학 교육 발전에 미친 재단의 영향은 이루 헤아릴 수 없었다.

젊은 의료진 대다수와 의과대학 학과장들은 미네소타 대학교나 메이요재단에서 배출됐고, 클리닉 의료진 가운데 105명이 재단 펠로 출신이었다. 이 밖에 2,000명이 넘는 재단 펠로 출신이 미시간 주 칼라마주 카운티부터 아프리카 말리의 팀북투에 이르기까지 말 그대로 전 세계 곳곳에서 활동했다.

또 그중 대다수는 로체스터의 방법론과 정신에 열광하며 자신들도 비슷한 수준의 성과를 얻고자 열심히 노력했다. 아울러 메이요 클리닉을 모델로 삼은 소규모 집단 클리닉이 미국과 캐나다의 도시 이곳저곳에 생겨났다. 벨기에 브뤼셀에는 이보다 훨씬 큰 규모의 클리닉이 만들어졌다. 또 멀리 인도에서는 재단 펠로 출신이 마이소르 대학교 의과대학 학장으로 재직하며 로체스터와 미네소타 대학교에서 훌륭한 교육을 받을 수 있도록 잇달아 유능한 인재를 보냈다. 졸업 뒤 그들은 고국으로 돌아가 진료하며 가르쳤다.

재단 출신 242명은 미국과 해외에서 교수로 임용되어 재단 초창기 이사진에게 크나큰 기쁨을 안겨주었다.

대학원 의학 교육 시험 운용이 시작됐을 때만 해도 인문·사회학 분야나 기초 과학 분야의 교수진과 달리 의과대학 임상 교수진은 실력보다 출신지 위주로 영입됐다. 경제학과 교수는 캔자스 출신일 수도 있었고 영문학과 부교수는 버몬트 출신일 수도 있었지만 임상 의학 교수들은 하나같이 단지 고향 인사라는 이유 때문에 기용됐다.

의학 교육의 발전은 이런 상황을 바로잡는 데 달려 있었으며, 재단의 노력에 힘입어 미네소타 대학교는 특히 임상 분야의 교수진이 훌륭한 것으로 널리 인정받게 됐다.

의료 규정의 허용 한도 내에서 재단은 대중 의학 교육도 그 기능에 추가했다. 이는 메이요 형제의 오랜 숙원 사업이었다. 언젠가 닥터 윌은 이렇게 말했다.

"돌팔이들도 대중을 '교육'하는데 우리가 못할 이유가 있나요?"

1933년에 열린 시카고 세계박람회에서 재단의 전시관을 대표하는 상징은 받침대 위에서 온몸에 불을 켠 채 빙글빙글 돌아가며 신체 내부 구조를 훤히 드러내 보여주는, 투명 물질로 만든 실물 크기의 '투명 인간'이었다. 이 밖에 충수 절제술의 다양한 단계를 보여주는 실물 크기의 밀랍 인형도 있었다. 이 전시물은 아주 큰 인기를 끌었는데, 그 이유는 아마 성인 인구의 약 4분의 1이 충수를 잘라냈기 때문이었을 것이다.

박람회가 폐막하자 이 전시물들은 로체스터로 옮겨져 보건의학박물관의 핵심 전시물로 자리 잡았다. 이 박물관은 클리닉 맞은편 센트럴 초등학교가 있던 자리에 세워졌으며, 미네소타 대학교 자연사박물관에서 일하던 아서 H. 벌벌리언(Arthur H. Bulbulian)이 관장을 맡았다. 그 전까지 벌벌리언과 그의 동료들은 의료계 종사자뿐만 아니라 대중도 교육하기 위한 의학 전시회를 기획하며 선구적인 업적을 수없이 쌓아왔다. 전국의 학회장에 전시된 전시물들은 수천 명의 의사들에게 다양한 의학 문제에 관한 생생한 시청각 정보를 제공했다. 그런 전시물이 열렬한 호응을 얻자 클리닉에선 매년 한 부서씩 돌아가며 미국 의학협회 연례회의에서 선보일 전시물을 기획하고 제작했다.

대중을 위한 전시 주제를 고를 때는 보건의학박물관 방문객들의 의견을 지침으로 삼았다. 예를 들면 유방암, 인간 배아의 발달 과정,

담낭 질환 같은 주제들이었다. 방문객들은 도표와 사진, 실물 크기의 밀랍 인형 등을 통해 이 수술은 어떻고 저 수술은 어떤지, 왜 그런 수술이 필요한지, 어떤 효과가 있는지, 또 몇몇 경우에는 어떻게 하면 수술을 하지 않아도 되는지 등을 알 수 있었다.

그런데 해마다 박물관을 찾은 1만여 명의 방문객 가운데 거의 절반이 지역 주민들이었다. 화창한 일요일 오후마다 발 디딜 틈 없이 꽉 들어찬 전시실들을 보고 있으면, 한 시간 동안 투명 인간을 비롯한 전시물을 구석구석 뜯어보며 거기 적힌 설명문을 공부하러 마치 모든 시골 사람들이 몰려온 듯했다. 물론 그냥 호기심 때문에 온 사람도 많았지만 몇몇의 진지한 관심 속에는 건강과 질병의 수수께끼를 꿰뚫어 보려는 욕구도 숨어 있었다. 또 아무리 못 배운 사람이라 하더라도 새로운 사실을 알게 되거나 잘못된 생각을 바로잡을 수 있었다.

22장

동생과 나

재단 수료생들에게 수여되는 미네소타 대학교의 학위는 닥터 윌과 닥터 찰리가 연서(連署)하기 전에는 반쪽의 의미밖에 없었다. 이는 단지 형제의 이름이 지닌 명성 때문이 아니라 형제가 불러일으키는 깊은 존경과 찬탄 때문이었다. 누구나 탐내는 형제의 서명을 받는 펠로들은 닥터 찰리에게는 한결같은 친밀감을, 닥터 윌에게는 숭배에 가까운 감정을 품었다.

외과 이외 부서의 펠로들도 이런저런 회의에서 형제를 봐서 얼굴을 알고 있었다. 시내에 있을 때면 형제는 주례회의에 거의 빠지지 않았다. 그런 회의의 가치를 높이 사기도 했지만, 젊은 의사들이 닥터 윌과 닥터 찰리가 시간을 낼 만한 회의라면 분명 가치가 있는 회의라고 생각하리라는 것을 잘 알았기 때문이다.

회의가 끝나면 부서장 중 누군가는 닥터 윌로부터 이런 전화를 받는 경우가 많았다.

"오늘 밤 자네 펠로가 발표한 논문은 아주 훌륭하더군. 대견한 친구야, 안 그런가? 있잖나, 일하면서 그 친구가 요청하는 건 뭐든 다 들어주게. 키워볼 만한 친구거든."

그는 직접 격려하기도 했다. 이와 관련해 한 젊은 의사는 이렇게 말했다.

"주례회의에서 논문을 발표한 뒤 엘리베이터나 복도에서 만나면 악수를 청하거나 한 손을 어깨 위에 올려놓고 조용히 '잘했어'라고 하며 흐뭇한 표정을 지으셨어요. 아니면 하루 이틀쯤 지나 이 비슷한 내용의 쪽지를 보내셨죠. '친애하는 ……씨, 요전 날 저녁 자네 논문 덕분에 ……에 대해 전에 알고 있던 것보다 더 많이 배웠네. 훌륭한 논문이었어.' 정말이에요, 나도 그런 쪽지를 받았거든요. 두세 번 받았는데, 그 무엇하고도 바꾸지 않을 겁니다."

닥터 월은 클리닉 직원들에게도 이례적으로 가치 있는 논문을 발표하거나, 의학계에서 인정을 받거나, 클리닉에 들어오고 나서 5주년이나 10주년 또는 25주년 기념일이 되면 감사의 마음을 담은 그런 쪽지를 보냈다.

"기분 좋게 해주는 소리 한 마디가 안됐다고 위로하는 소리 열 마디보다 나은 법이지요." 그는 이렇게 말하곤 했다.

때로 그는 자기 방식대로 상대방의 잘못을 일깨워주기도 했다. 한 번은 의료진 중 젊은 의사가 선배 의사와 언쟁을 벌인 후 닥터 월에게 와서 하소연했다. 그는 그 일로 화가 많이 나 있었지만 닥터 월은 이렇게 말했다.

"뭘 그래, 자네한테 해가 될 게 하나도 없는데. 사람이 가끔은 비판도 필요한 법이지. 비판 한 번, 칭찬 두 번. 그게 적당한 비율이거든."

실제로 그는 비판 한 번, 칭찬 두 번이라는 비율을 지켰다.

현역 외과 의사로 일하는 동안 줄곧 형제는 수술실에서의 임무를 공유했다. 여전히 번갈아가며 아침이면 세인트메리스 병원으로 출근해 수술하고 주중 사흘은 오후에 메이요 클리닉에 나가 외과 자문의사로 활동했다.

형제의 일과는 매일 아침 일곱 시 반에 그 날 수술할 환자들을 회진하는 것으로 시작됐다. 그러고 나서 오전 수술 일정이 끝나면 집에 가서 점심을 먹고 잠깐 낮잠을 잤다. 오후에는 진료실에서 정신없이 바쁘게 보냈다.

형제도 그렇고 다른 외과 동료들도 그렇고 수술 전에 반드시 환자를 직접 검진했다. 그러지 않고 수술한 적은 한 번도 없었다. 참고로 당시에는 진단의와 외과 의사의 업무 분화가 아직 미미한 수준이라 환자는 그냥 수술대를 연달아 거쳐가는 육신 가운데 하나에 지나지 않았다.

어림잡아 의사 200명과 의사가 아닌 직원 1,000여 명, 거기에다 재단 펠로 300명까지 그 많은 클리닉 임직원을 예전처럼 하나하나 일일이 챙기기란 이제 불가능했다. 그래서 형제는 보험과 연금 제도를 도입하는 한편 휴가와 병가도 후하게 주었다.

그런데 어떤 사람들은 다른 사람들보다 배터리를 더 자주 충전해야 했다. 닥터 윌도 휴식이나 연구 목적의 비공식적 여행을 계속하면서 사비로 경비를 충당했다. 또 아기는 직원이 눈에 띄게 수척해지거나 그의 아내가 갑갑해하는 것 같으면 닥터 윌은 부인을 데리고 플로리다든 유럽이든 갔다 오라는 쪽지와 함께 수표를 전달하곤 했다.

이제 형편이 어려운 환자를 구호하는 일은 1920년대 초에 그런 환자를 돕기 위해 조직한 부서나 복지 사업을 통해 공식적으로 이루어졌다.

멀리 떨어진 주에서 온 남자가 결핵을 앓고 있다고 해보자. 그는 요양소에 들어가야 하고, 그의 가족도 검사를 통해 전염 여부를 확인해야 한다. 아니면 정형외과 환자가 팔 하나나 다리 하나를 잃었다고 하자. 그는 재활 치료는 물론이고 어쩌면 새로 기술을 배워 새 직업을 찾을 수 있을 때까지 도움이 필요할지 모른다. 아니면 소아 당뇨병 환자가 혼수상태로 업혀왔다고 하자. 처방해준 식이요법을 지키지 않은 것이 분명하다. 아이의 부모는 이상하게도 아이가 질병 상태에 따라 생활 습관을 고칠 수 있도록 도와주는 데 무관심하다. 아이를 살리려면 어떻게든 부모가 무심한 이유를 찾아내 바로잡아야 한다.

이런 모든 경우에 사회복지 부서는 해당 업무를 넘겨받아 의사가 환자를 치료하는 데 차질이 없도록 최선을 다해 장애물 제거에 나섰다.

그런데 사회복지 부서로 넘어오는 대다수 환자의 문제는 전적으로 또는 주로 경제적인 성격을 띠었다. 몇몇은 땡전 한 푼 없이 입원하러 오기도 했고, 또 몇몇은 집에 돌아갈 차비가 없어 오도 가도 못하는 신세가 되기도 했다. 그런가 하면 숙소 방세가 밀려 난처해진 이들도 있었다. 이런 환자들은 모두 사회복지 부서의 도움을 받았다.

그런데 닥터 윌은 경제적 도움을 순전히 사회복지 부서에만 맡겨

놓질 못했다. 대개 그는 회진을 돌기 전 비서에게 원무과에서 돈을 좀 가져오라고 부탁했다. 비서는 회진이 끝나면 보나마나 그의 주머니에 동전 한 닢 남아 있지 않으리라는 걸 잘 알았다. 진료비 결제와 관련해서도 그는 주저 없이 환자들의 사정을 봐주었다.

어느 날 오후 고등학교를 갓 졸업한 남학생을 진찰했을 때였다. 그가 수술해야겠다고 말하자 소년이 소리쳤다.

"하지만 수술비를 낼 돈이 한 푼도 없는데요!"

닥터 월은 정색을 하고 소년을 바라보았다.

"회복되고 나면 돈을 벌 수 있겠니?"

소년은 "물론이죠"라고 대답했다.

"그럼, 이렇게 하자. 네가 100달러를 다 갚을 때까지 사정이 허락하는 대로 한 달에 나한테 10달러씩 보내렴."

나중에 5달러짜리 지폐 두 장이 매달 그의 책상으로 꼬박꼬박 들어왔다. 열 번째로 지폐 두 장이 도착하자 그는 100달러짜리 수표에다 후한 이자까지 얹어서 이런 쪽지와 함께 소년에게 보냈다.

"너 자신과 나한테 네가 해낼 수 있다는 걸 멋지게 보여줬구나. 이젠 이 돈을 은행에 넣고 어디 한번 불려보거라."

대부분의 경우 진료비를 책정하고 받는 일은 원무과의 몫이었다. 이제 클리닉은 철저히 기업 원리에 따라 운영됐다. 하지만 형제가 초창기 시절에 채택한 정책은 여전히 유효했다. 클리닉 진료를 받기 위해 대출받거나 저당 잡혀 마련한 돈은 받지 않으며, 진료비를 받기 위해 소송을 제기하지 않는다는 원칙이었다. 환자의 수입 규모에 비례해 진료비를 책정하는 가운데 유료 환자의 비율은 오랫동안 거의 변화가 없었다. 클리닉을 찾는 환자의 25퍼센트가 무료 환자였고, 30퍼센트가 기본 진료비만 냈으며, 나머지 45퍼센트가 병원 운영비를 부담했다.

결국 특별히 많이 내는 사람들이 늘 나올 수밖에 없었고, 때로 닥터 윌은 높은 진료비 액수에 깜짝 놀라기도 했다. 시애틀의 한 의사가 갑부 친구의 이야기를 들려주었다. 아무리 대수술이었다고는 해도 아내의 병원비로 1만 달러나 청구됐다. 하지만 그는 흔쾌히 지불했다. 그런데 메이요 형제는 우연히 이 액수를 알게 되자 진료비가 과다 청구됐다며 그 가운데 4,000달러를 돌려주라고 지시했다. 그러자 갑부는 볼멘소리로 자기 마누라의 목숨 값은 1만 달러는 족히 되고도 남는다며 다시 돌려보냈다.

직장을 잃거나 남편 또는 부모가 사망하는 바람에 생활비도 마련할 수 없는 환자들이 진료비를 감면받거나 아예 면제받았다는 이야기가 수없이 입에서 입으로 전해졌다. 이런 이야기가 사실이냐는 질문에 원무과 직원들은 사실이긴 하지만 우리만 너무 칭찬하지는 말라며 이렇게 말했다.

"이 점에선 다른 시골 의사들도 마찬가지다. 우리는 단지 사업상의 편의에서 그러는 것일 뿐이다. 어쨌거나 어떤 환자가 경제 사정 때문에 진료비를 내지 못할 것 같으면 청구를 포기하는 게 낫다. 청구서를 보내는 경비도 절약하고 최소한 호의는 얻을 테니까 말이다."

닥터 윌의 입에서 "동생과 나"라는 말처럼 자주 나온 말도 없다. 그에게 오는 모든 영광을 그는 "동생과 나"를 위해 받았다.

"미국 대통령으로 선출되면 닥터 월은 수락 연설에서 보나마나 또 '동생과 나'의 이름으로 어쩌고 할 게 뻔해."

그의 친구 한 명이 이렇게 말했을 정도로 그는 정말 이 말을 입에 달고 살았다.

그러나 이런 이야기의 많은 측면에서 닥터 월은 우월한 인물, 북 치고 장구 치고 혼자 다 하는 사람, '동생과 나'라는 표현은 클리닉의 이익을 위해 일부러 만들어낸 허구일지 모른다는 의심을 불러일으키는 우두머리로 비친다. 일각에선 그가 철저한 계산 아래 완벽하게 이런 역할을 소화해냈다고 짐작하기도 했지만 그의 친구와 동료들은 절대 그렇지 않다고 했다. 그들은 둘이 같이 이뤄낸 성취에 대해 형이 동생의 공을 진심으로 인정했다고 굳게 확신했다.

그렇다. 닥터 찰리 혼자서는 절대 클리닉을 세우지 못했을 테고, 마찬가지로 닥터 월도 혼자서는 해내지 못했을 것이다. 부족한 점을 채워주는 서로가 있었기에 가능한 일이었다. 그러나 경영 업무는 주로 닥터 월의 몫이었다. 그에게는 성공한 기업 임원들에게서 공통으로 나타나는 결단력과 추진력이 있었다. 그러나 닥터 찰리는 아니었다. 그는 현재를 마음껏 즐기며 현재에서 살았다. 반면 닥터 월은 내일이나 다음 주가 아니라 10년, 15년 뒤를 내다보며 미래에서 살았다.

형제가 늘 의견이 같았던 것은 아니며, 서로 의견이 맞지 않으면 다투기도 했다. 초창기에 닥터 플러머와 하윅은 더러 이런 싸움을 말리려 애써보기도 했지만 곧 그냥 내버려두는 게 최선이라는 걸 깨달았다. 월과 찰리 본인들은 부인할지 모르겠지만 서로 싸우다가도 공동의 적이 나타나면 형제는 언제 그랬냐는 듯 금방 힘을 합쳤다.

메이요 형제(오른쪽이 닥터 윌). 1925년.

의견이 충돌할 때 동생을 설득하지 못하면 닥터 윌은 계획을 잠시 중단하거나 동생이 동의할 때까지 수정했다. 닥터 윌은 한 번도 동생을 몰아세운 적이 없었다.

"찰리가 아니라고 말하면 나한테도 아닌 겁니다." 그는 이렇게 말하고 다녔다.

어느 이야기를 들어봐도 닥터 찰리가 형에게 쏟아진 더 큰 영광을 시기한 적은 한 번도 없었다. 가족, 친지, 직원들은 저마다 의견이 달랐을 수도 있고 또 형제가 받아서 마땅한 영광을 시샘했을지도 모르지만 그렇다고 형제 사이를 갈라놓지는 못했다. 형제는 싸우다가도 사태의 심각성을 깨닫자마자 바로 싸움을 중단하고 며칠 동안 서로 어안이 벙벙할 만큼 잘해주었다.

형제애가 정말 강했다는 점에는 의심의 여지가 있을 수 없다. 만약 그것이 가짜였다면 그렇게 오랜 세월 진짜인 척 연기해야 하는 부담을 견디지 못했을 것이다. 형제의 수많은 의사 친구들이 종종 했던 이런 말도 그 점을 뒷받침해준다.

"자네들이 크게 성공했다면 그건 외과 의사로서가 아니라 형제로서 거둔 성공이네. 이런 형제애는 어디서도 본 적이 없어." 언젠가 닥터 해거드가 형제에게 한 말이다.

형제는 서로 무척이나 많이 달랐다. 닥터 찰리의 가장 큰 재능은 붙임성이었다. 그에게는 만나는 모든 사람에게 호감을 사는 나름의 방법이 있었다. 툴툴거리는 환자도, 소 힘줄처럼 고집 센 의사도 그 앞에선 무장을 해제했다. 진료 시간이 끝나면 클리닉 의사들은 그를 찾아가 하소연하며 정신없이 날뛰던 환자 때문에 쌓였던 짜증을 날려버렸다.

그가 환자를 회진하는 시간은 마치 현명하고 재미있는 친구가 찾아온 듯했다. 어쩌면 큰 병에 걸렸거나 팔다리를 잘라내야 할지도 모른다는 생각에 의기소침해 있는 환자를 보면 닥터 찰리는 병상 끄트머리에 걸터앉아 10분이나, 필요하다면 30분이라도 환자의 표정이 밝아질 때까지 이야기를 나눴다. 어느 환자는 몇 년이 지난 뒤에도 이렇게 말했다.

"그의 미소만 봐도 세상에 보란 듯이 나아야겠다는 생각이 들었죠."

또 어느 환자는 이렇게 말했다.

"그는 언제나 내 기분을 좋게 해주었기 때문에 나는 자주 좀 와달라고 부탁했어요. 그랬더니 그가 날마다 찾아왔지 뭐예요."

한편 닥터 윌의 환자 회진 시간은 무슨 의식을 치르는 듯한 인상을 주었다. 조수들이 떼 지어 따라다녔기 때문이다. 물론 그 역시 동생 못지않게 친절했고 현명하기로 치면 그가 훨씬 앞섰지만 그가 건네는 격려와 농담은 사전에 세심하게 계획된 것이었다. 그의 입장에서는 사람들에게 호감을 사려면 어떻게 해야 할지 방법을 미리 생각해둬야 했다.

하루는 그가 세인트메리스 병원을 나설 때였다. 어느 환자가 병원을 나서다 그를 보고 작별인사를 건넸다. 닥터 윌은 한 손에는 모자를, 다른 손에는 외투를 들고 있었기 때문에 그저 말로만 따스한 작별인사와 건강을 빌겠다는 마음을 전했다. 그런데 그 날 오후 늦게 그는 비서에게 그 일을 되짚으며 외투나 모자를 바닥에 떨어뜨리는 한이 있더라도 악수를 할 걸 그랬다고 말했다. 그 뒤로도 2~3일 동안 그는 그 일을 몇 번이나 언급하며 그 환자에게 악수를 청할 걸 그랬다고 말했다.

닥터 찰리는 늘 "재미있는 말이 하고 싶어 혀끝이 간질간질"했다. 그를 아는 사람 대부분은 그가 친구인 윌 로저스(Will Rogers, 희극 배우 겸 사회평론가)와 닮았다고 생각했다. 둘 다 느릿느릿한 말투로 코맹맹이 소리를 내며 평범한 진실을 친근하면서도 톡톡 튀듯 활기 넘치는 표현으로 바꿔놓는 재주가 있었다.

이에 비해 닥터 윌은 근엄한 편이었다. 직원들은 말할 것도 없고 동료들과 심지어 가족까지도 그를 어려워했다. 세인트메리스 병원에서 형제와 함께 일하던 젊은 수녀 하나는 이렇게 말했다.

"우리 모두 닥터 찰리를 좋아했어요. 정말 편하고 다가가기도 쉽고, 너무나 민주적이었거든요. 반면 닥터 윌은 다들 무서워했어요. 웬만해선 속마음을 드러내지 않는 데다 여간 위엄 있지 않았거든요."

그가 속내를 잘 드러내지 않았던 것은 전부는 아니더라도 어느 정도는 개인감정과 상관없이 일을 공평무사하게 처리해야 하는 경영자의 위치에 오래 있으면서 몸에 밴 초연함 때문이었다. 사실 닥터 윌의 신중함은 대부분 본인도 어떻게 할 수 없는 천성의 일부였다. 머리로는 일반인의 반응에 공감했지만 귀족적 기질을 지니고 있었던 것이다.

어느 날 오후 닥터 윌은 메이요우드의 잔디밭에 앉아 닥터 찰리가 친구 셋과 산책하는 모습을 지켜보다가 동생 부인에게 이례적으로 속내를 털어놓았다.

"다들 찰리를 좋아하네요, 그렇죠? 쟤를 어려워하는 사람은 아무도 없어요. 쟤한테 하듯이 내 등을 철썩철썩 두들겨대는 사람은 아무도 없어요."

그러고 나서 잠시 뒤 또 이렇게 말했다.

"그런데 막상 사람들이 그렇게 하면 싫을 것 같네요."

클리닉의 임원 한 명은 이 이야기를 전해 듣고 깜짝 놀라며 이렇게 말했다.

"바로 그겁니다. 그게 바로 둘의 차이예요. 닥터 찰리가 할 말이 있어 내 방에 들를 때면 나는 그가 외투 벗는 걸 도와주고는 아무렇지도 않게 한쪽 팔로 그의 어깨를 두르고 복도로 나가곤 했어요. 하지만 상대가 닥터 윌이었으면 그런 식으로 살을 맞댈 생각을 하지 못했을 겁니다."

또 한 직원은 간단명료하게 다음과 같이 말했다.

"닥터 찰리하고는 몇 시간이고 잡담을 나눌 수 있었지만 닥터 윌이 들어오면 요점만 이야기하게 되더라고요."

외모에서도 형제는 정반대였다. 닥터 윌은 금발이었고, 닥터 찰리는 피부도 머리칼도 검었다. 닥터 윌의 눈은 쏘아보듯 날카로웠고, 닥터 찰리의 눈은 그윽하고 다소 슬퍼 보였다. 닥터 윌은 늘 꼿꼿하고 빈틈이 없고 근엄했다. 반면 닥터 찰리는 친근하고 느긋해 보이는 인상 때문인지 철저하다는 느낌과는 거리가 멀었다.

일은 말할 것도 없고 외모에서까지 풍기는 위엄 때문에 닥터 윌은 거의 수도 생활을 하는 것 같았다. 때 묻은 가운 차림이거나, 면도를 하지 않아 텁수룩하거나, 신발이 지저분하거나, 클리닉 로비에서 경박하게 구는 펠로를 보면 그는 조용히 그를 불러 의사는 실력도 중요하지만 외모와 행동도 의사다워야 한다고 말했다. 그런 생각을 가지고 있었기에 외모에 대한 닥터 찰리의 무신경은 그에게 일종의 고난이었다. 둘이 함께 사진을 찍으러 갈 때가 특히 그랬다. 본인은 자세를 잡는 데 아무 문제가 없었지만 공식 사진에 걸맞게 동생의 옷매무새를 매만지고 자세도 잡아주느라 그는 늘 법석을 떨어야 했다.

하루는 직원 하나가 닥터 윌의 방에 들렀더니 그가 닥터 찰리의 증명사진을 잔뜩 늘어놓고 어떤 걸 고를지 고심하고 있었다.

"이게 제일 좋겠군, 그렇지?" 그가 물었다.

그러나 직원은 다른 사진을 가리키며 그게 좀더 닥터 찰리다워 보인다고 말했다.

"아니, 그건 찰리가 꼭 점방 직원 같아 보이잖아." 닥터 윌의 반대이유였다.

그가 위엄을 강조했던 것은 모두 클리닉과 평판을 위해서였다. 닥터 찰리가 그랬듯이 그 역시 거만한 성격과는 거리가 멀었다. 형제와 함께 사업하던 금융계와 산업계 사람들은 일 때문에 형제를 만나러 클리닉을 찾았다가 처음엔 안쪽 성소에 이를 때까지 막아서는 사람이 아무도 없다는 데 놀랐고, 그 다음엔 접수대 여직원, 비서, 심지어 나이 많은 환자들까지 으레 '닥터 윌'과 '닥터 찰리'라고 부른다는 데 깜짝 놀랐다.

형제의 소박한 성품과 친절한 마음씨는 언제나 변함이 없었다. 미국의학도서관협회가 로체스터에서 연례회의를 열었을 때의 이야기다. 닥터 찰리는 협회 회원들이 실험의학연구소를 방문하러 올 예정이라는 소식을 듣고 중간에 메이요우드에 잠시 들르라고 말한 뒤 아내에게 전화를 걸어 손님들이 갈 테니 대접이 소홀하지 않도록 각별히 신경 쓰라고 당부했다.

찰리 부인은 아주 침착하게 갑작스런 들이닥침에 대처하며 100여 명의 사서들에게 메이요우드 이곳저곳을 보여주었다. 그리고 나서 사서들은 오후 늦게 클리닉 도서관으로 돌아와 차를 마셨고, 닥터 찰리와 닥터 윌도 동석했다.

"두 사람이 나타날 줄은 생각지도 못했어요. 물론 시내에 있을 때면 직원들의 작은 모임에 나오긴 했지만요. 그런데 방문객들은 너무 뜻밖이었나 봐요. 다들 기회다 싶었는지 형제에게 클리닉 장서표를 내밀며 사인해달라고 부탁했죠. 그러고는 다른 사람들처럼 그 유명한 메이요 형제의 소박한 모습에 완전히 반해서 돌아갔어요." 클리닉 사서의 말이다.

닥터 윌은 틈만 나면 클리닉을 위해서라도 품위를 지켜야 한다는 생각을 직원들에게 심어주었다. 직원들은 닥터 윌로부터, 언론에 함부로 클리닉 이야기를 해서는 안 되고, 자칫 언론에 흘러들어 클리닉에 불리하게 작용할지도 모르니 클리닉 밖의 지인들에게 무슨 말을 할 때는 신중해야 한다는 당부를 귀에 못이 박이도록 들었다. 그 결과 클리닉에 관한 글은 잠깐 그곳에 다녀간 외부인이 쓴 경우가 대부분이었고, 거의 한결같이 규모와 체계 같은 외형을 강조했기 때문에 일반인은 물론 의사들도 메이요 클리닉을 차가운 피가 흐르는 초인들이 가동하는 거대하고 효율적인 '기계'로 여기게 됐다.

그렇다, 메이요 클리닉은 효율적이었다. 조직화된 정확성이 없다면 매일 수백 명의 환자를 이 부서에서 저 부서로 이동시키며 진단하기란 불가능했다. 물론 정맥 천자나 엑스레이 촬영 같은 기계적 과정을 친근하게 여기도록 만들기란 어려운 일이다.

하지만 여느 곳과 마찬가지로 진료실 안에서는 인간적 친밀감과 환자에 대한 개인적 관심이 의사에 따라 다양하게 나타났다. 마지막까지 닥터 윌과 닥터 찰리는 엄청난 규모 때문에 클리닉이 인간미라곤 찾아볼 수 없는 '기계'로 변질되는 일이 없도록 최선의 노력을 기울였다. 궁극적으로 형제의 이런 노력은 현관 수위부터 의료진까지 전 직원에게 스며들었다.

클리닉 전화 교환실에는 수백 개의 전화번호가 있었지만 교환들은 번호를 전 직원은 물론 부인들 절반의 이름 및 목소리와 연결지어 일일이 외웠다. 방문객이 수화기를 집어들고 통화하려는 직원 이름을 대면 교환들은 곧바로 그 사람과 연결해주거나 부재중인 경우엔 어디에 있는지까지 알려주었다. 그리고 방문객이 그 직원과 통화를 시도하며 자신의 이름을 대여섯 번쯤 대고 나면 다음부터 교환들은 경쾌한 목소리로 그 방문객도 이름으로 불러주었다.

클리닉 의사들은 가끔 '기계'가 실수할 때면 무척이나 즐거워했다. 닥터 윌도 다음과 같은 이야기를 즐겨 했다.

의사들은 여러 진료실을 번갈아 사용했다. 한 환자가 진료 받는 동안 밖에선 다음 환자가 외투를 벗었다. 그래서 노련한 접수대 여직원들은 이를 지켜보고 있다가 환자를 진료실로 안내해 진료 준비를 했다. 그런 다음 문 위의 색깔 전등을 켜서 담당의에게 환자가 그곳에서 기다리고 있다고 알렸다.

하루는 한 의사가 색깔 전등에 불이 켜진 것을 보고 방에 들어갔더니 웬 남자가 어깨에 케이프(검진용 망토. 옮긴이)를 두르고 아랫도리는 벗은 채 진찰대에 앉아 있었다. 진료실 한구석 의자에는 남자의 아내로 보이는 여성이 앉아 있었다. 진찰하느라 반나절을 다 보내고 나서 의사는 책상 위에 병력을 펼쳐놓고 꼼꼼히 읽어본 뒤 환자를 날카롭게 쳐다보았다.

"체중이 빠지셨네, 그렇죠?" 의사가 물었다.

"아닌데요." 남자가 대답했다.

의사는 환자 쪽으로 걸어가 케이프를 벗겨내고 그의 팔과 어깨를 만져보았다.

"약간 빠지셨는데."

그러고는 구석의 여성에게 고개를 돌리며 이렇게 말했다.

"못 느끼시겠어요? 전보다 좀 빠진 것 같지 않으세요?"

그 여성은 눈을 휘둥그렇게 뜨고 이렇게 말했다.

"저, 선생님, 전 잘 모르겠는데요. 처음 보는 분이라."

의사는 연신 미안하다고 사과하며 서둘러 그 여성을 옆방으로 데려갔다.

병 때문에 얼이 반쯤 빠진 채 엉뚱한 행동을 하는 사람들을 많이 대하다 보니 원무과 직원들조차 안쓰러워하며 아픈 사람들의 입장을 십분 이해했다. 한 번은 원무과 직원 절반이 한 환자의 외투와 모자를 찾아 나선 적도 있었다. 아무리 찾아도 보이지 않자 결국 임원 하나가 접수대 여직원에게 그 환자가 묵고 있는 호텔로 전화를 걸어 혹시 거기 두고 오지 않았는지 확인해보라고 지시했다.

"하지만 오늘 같은 날 외투도 없이 왔을 리가요. 얼어붙을 듯한 추위에 눈까지 저렇게 많이 내리는데요." 여직원이 퉁명스럽게 말했다.

"전화해서 일단 알아보세요. 수술 받을 걱정 때문에 정신이 반쯤 나간 사람이 자기가 무슨 짓을 했을지 모를 수도 있잖아요?" 임원이 여직원에게 말했다.

여직원의 전화를 받고 호텔 벨보이는 그 남자의 방에서 사라진 외투와 모자를 찾아냈다.

각설하고, "닥터 윌은 아주 전제적인 독불장군이었다."

외부인 몇몇은 이렇게 말했다. 클리닉 내부에서도 어떤 이들은 닥터 윌이 자신의 결정을 밀어붙일 때 추진력이 굉장했다며 혀를 내둘렀다. 그의 측근들도 이 말에 수긍했다. 물론 어느 경영자나 그렇듯이 그도 더러 독불장군으로 변신했지만 논쟁 상대자의 생각이 훌륭하고 논리가 합당하면 언제든 흔쾌히 받아들였다.

닥터 윌 본인도 언젠가 변호사 버트 W. 이튼에게 이렇게 말했다.

"내가 틀릴지도 모르지만 여기선 내가 결정합니다. 아시다시피 누군가는 해야 할 일이니까요."

때로 그는 부정적인 태도에 인내심을 잃고 일을 독단적으로 처리하기도 했다. 할당된 공간을 꽉 채우고도 갈수록 불어나기만 하는 병리학 표본을 처리하는 문제가 안건으로 떠오르자 그는 그 가운데 일부를 도서관 열람실 벽면 진열장에 갖다놓자고 제안했다. 그러자 다들 떠들썩하게 반대했다. 특히 보기 흉한 담낭과 충수가 자신들의 근사한 공간을 망쳐놓는 걸 원치 않았던 사서들의 반발이 가장 심했다.

닥터 윌은 다른 의견이 나오길 기다렸지만 아무도 내놓지 않자 표본을 도서관으로 옮기라고 지시했다.

"마음껏 떠들라고 그래! 내가 꿈쩍이나 하나 봐라. 대안도 하나 없으면서 그냥 싫다는 게 말이 되냐고?" 그는 비서에게 이렇게 말했다.

그러나 그는 신경이 쓰였고, 표본을 길 건너 박물관으로 옮길 수 있게 되자 한동안 빌려 쓴 열람실에 새 가구를 들여놓아 모두를 달랬다.

그는 무슨 결정을 내릴 때면 철저히 객관적 입장이 됐다. 클리닉에 방해가 되는 사람은 누구든 상관없이, 그와 개인적으로 아무리 친하더라도 떠나야 했다. 그는 일상의 사소한 마찰에는 눈도 꿈쩍하지 않았다. 한바탕 싸우고 나면 오히려 앙금이 해소될 때도 더러 있었다. 한 직원이 뭐든 자기 방식대로 하려고 해서 의료진 사이에 알력이 생겨나 위험 수위에까지 이르자 닥터 윌은 그 직원과 클리닉을 갈라놓기로 결정했다.

"우리가 같이 잘해 보려고 하다가 사이가 벌어진 것이긴 하지만 이제 갈라서야겠습니다."

닥터 윌은 본인부터 언제나 규칙에 충실했고, 특별한 청탁을 한 적이 거의 없었다. 어느 일요일 아침 그는 클리닉 도서관으로 전화를 걸어 경제지 《포천》 최신호가 있냐고 물어보았다. 있다는 대답에 그는 차를 몰고 도서관으로 갔다. 도서관에서만 봐야 합니까, 아니면 하루 빌려가도 됩니까? 그는 도서관 당직 직원에게 이렇게 물었다. 사서들은 그 상황을 금방 이해하지 못했다.

닥터 윌에게는 자만심이 거의 없었다. 미네소타 초원에 세계에서 손꼽히는 의료 센터를 짓기까지 형제가 이뤄낸 기적에 다들 박수갈채를 보냈지만, 닥터 윌은 공석에서든 사석에서든 언제나 자신들이 거둔 성과는 '개인의 기여보다는 의료 환경의 변화 덕분'이었다고 한결같이 말했다.

예순 줄에 접어들어 의사로서 최고의 위치에 오르고도 닥터 윌과 닥터 찰리는 배움의 끈을 놓지 않았다. 1920년대 말까지도 닥터 윌은 외과술을 공부하기 위해 미국과 캐나다의 인구 십만 명 이상 도시는 한 곳도 빠짐없이 찾아다녔으며 알래스카, 쿠바, 오스트레일리아, 뉴질랜드, 중남아메리카는 말할 것도 없고 대서양을 서른 번이나 건넜다. 닥터 찰리도 형 못지않았다. 형제의 친구 닥터 해거드는 농담 삼아 이 둘을 "전 세계에서 여행을 가장 많이 한 외과 의사들"이라고 불렀다.

형제는 번갈아가며 중요한 단체의 수장을 두루 맡기 전까지 계속 의료 현장에서 일하며 의학 협회 활동도 열심히 했다. 거기다 강의와 집필까지 병행했다. 개인 비서, 클리닉 사서들, 여타 직원들이 도와주었다고는 해도 그 횟수와 양은 거의 믿을 수 없을 정도다. 형제가 논문에 첨부한 참고 문헌 목록을 보면 항목이 편당 600개가 넘었다. 게다가 중복된 횟수도 흔히 생각할 수 있는 수준보다 적었다.

닥터 윌이 주로 다룬 의학 논문 주제는 비장 수술과 위암 관련 문제였고, 위암의 경우 그는 최고의 권위자로 꼽혔다. 그의 논문을 놓고 토론하는 자리에서 토론자로 참석한 의사 한 명은 이렇게 운을 뗐다.

"왕께서 후계자들에게 무슨 말씀을 하시는지 볼까요?"

그러나 갈수록 형제는 전문 지식이 있어야 이해할 수 있는 논문보다 일반적인 주제를 다룬 논문을 발표하는 경우가 더 많아졌다. 닥터 윌이 주로 의학 교육과 의학의 발전을 주제로 다뤘다면 닥터 찰리는 공중보건과 예방 검진을 다뤘다. 두 사람 모두 과학과 의학의 관계에 대해 이야기하는 빈도가 점점 많아졌고, 엄밀한 의미에서 둘 다 과학자는 아니었지만 그 동안 과학에 기여한 공로를 인정받아 시그마 크시(Sigma Xi, 1886년 코넬 대학교에서 설립됐으며 200명이 넘는 노벨상 수상자를 배출한 과학자 협회. 옮긴이) 회원으로 선출되는 영예를 안았다.

닥터 찰리의 강연 원고는 의학 잡지 편집진에게 여전히 두통거리였다. 독자들 눈에 최소한의 일관성이라도 있어 보이려면 원고를 한 문장 한 문장 찢어서 다시 이어붙여야 했다. 그래도 독자들은 온몸의 감각을 자극하는 닥터 찰리만의 개성에 열광했다.

해리 J. 하윅은 닥터 찰리 부부와 함께 떠났던 플로리다 여행을 결코 잊지 못했다. 플로리다 주 세인트피터즈버그 지역 의학회가 닥터 찰리가 그곳에 와 있다는 소식을 듣고 그에게 강연을 청했고, 그는 늘 그렇듯 흔쾌히 수락했다. 그러나 그는 뭘 입어야 할지 몰라 난감했다. 여행을 떠나기 전 정장은 챙겼지만 조끼는 그만 깜빡하고 가져가지 않았기 때문이다.

호텔을 나서기 30분 전 희희낙락하며 머리를 맞댄 끝에 닥터 찰리와 하윅은 닥터 찰리가 평소 습관대로 강연 도중에 외투 단추를 풀면 하윅이 외투 뒷자락을 잡아당겨 조끼를 입지 않은 사실을 일부러 장난삼아 청중이 알아차리게 만들기로 했다.

그러나 강연이 무르익으면서 하윅은 외투에 대해 까맣게 잊고 말았다. 닥터 찰리가 식물을 동물에 비유하며 한 시간 반에 걸쳐 즉석 강연을 펼치는 동안 그와 청중 모두 '입을 헤 벌리고' 앉아 있었다. 비유가 어찌나 적절했던지 하윅은 완전히 넋을 잃어 '음모'를 펼칠 정신이 없었다. 그런데 어쩐 일인지 생전 처음으로 닥터 찰리는 아무 실수 없이 무사히 강연을 끝내 청중의 열렬한 박수갈채를 받았다.

또 한 번은 '개성'은 잘 펼쳤지만 '청중 반응'은 이보다 덜 성공적이었다. 미네소타 대학교 치과대학 학장으로 있으면서 메이요 형제와 막역하게 지낸 치과 교육의 개혁자 앨프리드 오어(Alfred Owre)가 새로운 보직을 맡아 컬럼비아로 떠나게 되자 닥터 찰리가 재단을 대표해 고별 만찬에서 연사로 나서게 됐다.

그는 미네소타 치과 교육의 수준을 끌어올린 오어의 업적을 치하하며 시작은 그럴듯하게 했지만 이내 그런 자리에 어울리지 않는 우스갯소리를 연신 해대는 바람에 청중 사이에서 계속 웅성거리는 소리가 터져나왔다.

자리로 돌아간 뒤 그는 옆에 앉아 있던 대학원장 포드를 돌아보며 넌더리가 난다는 듯 느릿느릿한 어조로 이렇게 말했다.

"또 웃음거리가 되고 말았네요."

그러나 대학원장 포드와 청중은 그렇게 생각하지 않았다. 닥터 찰리는 지겨운 일상에 활기를 불어넣어 주는 사람이었다.

현대의 그 어디에도 메이요 형제만큼 공로를 널리 인정받은 사람이 없다는 말이 있다. 인명사전 『후즈 후(Who's Who)』 한구석을 길게 차지한 항목의 근거가 타당하다면 이 말은 사실이다.

메이요 클리닉의 이사실 벽은 각종 학위증과 훈장 말고도 외과·과학·사회에 이바지한 공로로 닥터 윌과 닥터 찰리가 곳곳의 의학 협회, 학회, 명문 대학교, 국내외 정부로부터 받은 온갖 감사패로 빠르게 채워졌다.

형제 둘 다 이탈리아 왕에게서 훈장을 받았으며 닥터 윌은 스웨덴 왕으로부터도 훈장을 받았다. 또 400년 역사에 빛나는 쿠바 대학교는 개교 이래 두 번째와 세 번째로 닥터 윌과 닥터 찰리에게 각각 명예

메이요 클리닉 이사실.

1937년 펜실베이니아 주에 있는 빌라노바 대학교로부터 명예 학위를 받은 메이요 형제(오른쪽이 닥터 윌).

학위를 수여했다.

일반인들 사이에서의 형제의 인기는 정치인들이 최소한 두어 차례에 걸쳐 그 인기에 편승하려고 했을 만큼 광범위했다. 1920년 닥터 윌이 중남아메리카에 있을 때였다. 존 앨버트 존슨이 주지사에 당선되는 데 혁혁한 공을 세운 미네소타 주 페어몬트의 언론인 프랭크 데이(Frank Arah Day)는 닥터 윌을 민주당 주지사 후보로 지명해야 한다는 사설을 내보냈다.

사설에서 데이는 닥터 윌이 의사로서 최고 절정기에 있다고 말했다. 의사로서 더 이상 받을 월계관이 없는 데다 경영 능력이 탁월해 주지사로서도 필시 미국에서 가장 큰 명성을 얻게 될 거라며.

다른 민주당계 신문들도 데이의 생각에 적극 찬성하며 그의 출마 여부에 촉각을 곤두세웠다.

닥터 윌이 여행에서 돌아왔을 때 데이의 주장은 꽤 큰 규모의 움직임으로까지 발전해 있었지만 그는 즉각 단호하고 분명한 공개 거절로 '저 혼자 두둥실 떠오른 풍선'을 터뜨렸다. 민주당계 신문들은 실망하며 이 사실을 보도했고, 공화당계 신문들은 가슴을 쓸어내리며 만약 닥터 윌이 후보 제의를 수락했다면 틀림없이 압승했을 것이라고 인정했다.

4년 뒤 미네소타 정치인들이 이번에는 닥터 찰리를 민주당 주지사 후보로 세우려는 움직임을 보이기 시작했다. 이런 움직임은 말로만 끝나고 말았지만, 동료 의사와 과거 환자들은 물론이고 다른 주의 주지사들로부터도 그가 출마하면 압도적인 표차로 당선될 거라고 예상하는 편지가 빗발쳐 그를 주지사 후보로 내보내자는 분위기가 몇 주 동안이나 가라앉지 않았다. 그의 지지자들 중 일부는 심지어 공화당 원임에도 불구하고 당을 뒤로하고 "우리 의사 선생님"에게 투표하겠다고 큰소리 치며 나섰다.

닥터 찰리 역시 그런 제의를 거절했지만 《뉴욕 타임스》는 메이요 형제를 정계에 끌어들이려는 시도를 그만두라고 촉구하며 닥터 찰리는 "사람들이 생각하는 것처럼 그렇게 정치에 적극적이지 않다"고 전했다.

닥터 윌과 닥터 찰리는 가는 곳마다 언론의 주목을 받았지만 굳게 입을 다물었다. 그러나 기자들은 기삿거리를 찾아오라는 윗선의 압력에 시달리다 형제가 계속 묵묵부답으로 일관하자 과거 기록으로 돌아가 케케묵은 기사를 끄집어낸 다음 자기네 구미에 맞게 다시 포장해 이따금 놀라운 반응을 얻기도 했다. 그리고 이미 적대 세력으로 돌아선 일부 의사들은 그런 기사를 닥터 윌과 닥터 찰리가 인터뷰에 응했다는 증거로 받아들였다.

그래서 형제는 기자들에게 본인들의 신변과 클리닉이나 로체스터에 관한 내용만 아니라면 의학의 일반적인 문제와 발전에 대해서는 이야기하기로 결정했다. 거의 종교처럼 이 원칙을 지킨 닥터 윌에 비해 충동적이고 마음이 약했던 닥터 찰리는 가끔 예외가 있었지만 대체로 형제는 이 원칙을 충실히 지켰다.

그런데도 효과는 거의 없었다. 의학 회의를 취재하는 기자들이 형제의 발언을 왜곡했기 때문이다. 닥터 윌이 옥스너 임상연구재단을 대표해 시카고 위스콘신 학회(WSC)에서 강연할 때였다. 이 날 강연 주제는 날로 증가하는 외과 의사 전문화였다. 그는 기존의 뛰어난 외과 의사들은 당시에 알려진 모든 수술을 잘할 수 있었겠지만 이제는 그렇게 수술할 수 있는 사람이 아무도 없다고 말했다.

"저 자신이나 제 가족의 '모든' 수술을 믿고 맡길 만한 사람은 다섯 손가락으로 꼽을 정도도 안 됩니다."

그는 이렇게 말하며 분초를 다투는 다급한 상황이 아니라면 감히 시도할 엄두를 내지 못하는 수술이 많기 때문에 본인 역시 그런 사람은 아니라고 덧붙였다.

기자들은 이 말을 꽤 정확히 보도했지만 "닥터 윌리엄 제임스 메이요 왈, 미국에 실력 있는 외과 의사는 다섯 명밖에 없다"라는 제목으로 기사를 내보냈고, 일반인뿐만 아니라 의사들도 그 제목만 읽은 듯 반응했다. 의학계의 하늘에 먹구름이 잔뜩 몰려들면서 한동안 천둥번개가 내리쳤다. 그리고 일반인들도 이런 내용의 편지를 보내왔다.

친애하는 닥터 윌리엄 제임스 메이요에게,

저기…… 미국에 훌륭한 외과 의사가 다섯 명밖에 없다고 말씀하셨다는…… 기사…… 읽었습니다.……

저는 담낭에 문제가 있어 병원을 다니고 있는데 아무래도 수술을 받아야 할 듯합니다. 저는 시카고에 살고 있는데 선생님이 말씀하신 그 다섯 분 중 한 분을 만나자면 어디가 가장 가까운지 말씀해주시면 정말 감사하겠습니다. 수술이 너무 무섭고 최고의 의사에게 수술 받고 싶습니다.

이 편지는 달리 뾰족한 수가 없는 상태에서, 특히 이름난 영화배우나 운동선수 또는 정부 관료가 수술이 필요하면 로체스터로 향하던 시절 메이요 형제 같은 유명한 외과 의사에게 기댈 수밖에 없었던 일반인들의 두려움과 무력감을 별다른 과장 없이 잘 드러내고 있다.

같은 시기에 여성지《픽토리얼 리뷰》는 간호사 부족에 관한 기사를 내보기로 해서, 닥터 찰리는 이 점에 대해 어떻게 생각하는지 알아보려고 기자 한 명을 로체스터로 보냈다. 마침 메이요 형제도 이 문제에 관심이 많았다.

닥터 찰리는 간호사 양성 과정이 너무 길다 보니 결과적으로 간호비가 지나치게 비싸 일반인들은 간호사의 보살핌을 받을 엄두를 내지 못한다고 말했다. 그리고 병상을 정리하고 환자를 씻기는 등 병원 잡역부도 6개월 정도면 배울 수 있는 일들은 빼고 말하자면, 간호사에게 2년 안에 배울 수 없는 일을 하라고 지시해본 적이 여태껏 한 번도 없었다고 덧붙였다.

물론 십여 년 뒤에는 간호사의 도움이 실질적으로 필요해졌지만 당시 이 말은 몇 주 동안이나 온 나라를 들썩이게 만들었다.

몇 년 뒤 미국외과협회가 주최한 심포지엄에서 '중산층이 감당할 수 있는 수준의 간호비와 병원비'를 주제로 강연해 달라는 요청을 받았을 때 닥터 윌은 같은 문제를 간략하게 되짚으며 병원이 "대체로 장삿속만 너무 많이 드러내고 인간성은 너무 적게 발휘한다"라는 문장을 추가했다.

언론에서 앞뒤 문맥과 상관없이 이 구절만 뚝 떼어내 인용하자 병원 관계자들이 당연히 크게 반발했다. 메인 주의 한 병원 관계자는 닥터 윌이 "신문 1면에 나오려고" 그렇게 말한 것 같다는 말로 일축해버렸다.

그런데 이런 일축은 좋은 전술이 아니었다. 신문 기자와 잡지 필자들은 지면을 통해, 언론에 말을 아끼는 메이요 형제의 태도를 놓고 계속 툴툴거리면서 형제를 "언론 기피자"라고 부르며 '스핑크스처럼 수다스럽게' 떠들어댔다. 이제 많은 신문들이 앞서 메인 주의 의사가 한 말에 의문을 제기했다. 신문들은 병원 운영을 둘러싼 논란은 일반인이 결정할 문제가 아니라고 말하면서도 다음과 같이 보도했다.

1면 운운하는 비난은 어불성설이다.

문제는 닥터 찰스 호러스 메이요가 아무 언론에도 의지하지 않는다는 점이다. 1면에 나오는 사람들 대부분이 이런 걸 입에 올리지도 않는다.

······ 신문 1면은······ 일가를 이룬 사람들의 몫이다. 닥터 찰스 호러스 메이요의 이름이 거기 그렇게 자주 나오는 이유는 바로 그 때문이다. 그는 명성을 좇은 적이 한 번도 없다. 이 점은 그에게 다양한 활동을 취재하게 해달라고 끊임없이 요청해온 미네소타 기자들이 누구보다 잘 알고 있다.

1면에 나오고 싶다면 뭔가 가치 있는 일을 하라. 그리고 가급적 거기 나오지 않으려고 노력하라. 물론 닥터 윌리엄 제임스 메이요처럼 의학계에서 보기 드문 귀재도 1면을 피해가지 못했다.

신문 편집인들은 잉크를 아껴야 했을지도 모른다. 이런 기사가 나간 뒤에도 상당수의 의사가 메이요 형제에게 쏟아지는 언론의 관심은 치밀한 홍보 활동의 결과라고 굳게 믿었기 때문이다. 매일 새로운 기사와 함께 가벼운 충고부터 혹평에 이르기까지 다양한 내용의 편지가 한 아름씩 닥터 윌의 책상에 쌓였다. 그는 편지마다 일일이 인내심을 발휘하며 점잖게 답장했다. 답장에서 그는 문제가 된 기사에 대한 책임을 일체 거부하며 지면에 등장하는 그런 이야기 가운데 서너 꼭지는 자신이 나서서 어떻게든 막아보려고 했다고도 전했다.

이런 식으로 부인해봐도 아무 소용이 없자 그는 가만히 있는 게 상책이라고 판단하고 언론을 통해 부인 성명을 내려는 시도를 더 이상 하지 않았다. 그러나 몇몇 의사들이 개인 신분으로 또는 지역 의학회를 통해 메이요 형제의 비윤리적인 행위를 징계해야 한다고 요구하자 닥터 윌과 클리닉 임원진은 몇 차례에 걸쳐 미네소타 주 의학회 및 미국의학협회의 사법위원회에 이 사건을 제소했고, 그때마다 무혐의 판결을 받았다.

시간이 지나자 의사들 스스로도 메이요 형제의 명성을 둘러싸고 이런 말썽을 일으키는 사람들을 가리켜 "질투심에 사로잡힌 무지한 이류"라고 부르게 됐고, 닥터 윌과 닥터 찰리는 진료 일지 한쪽 면에 수많은 의사들과 맺은 기분 좋은 관계를 기록할 수 있었다.

클리닉 진료에 공식적으로 내과가 추가되자 외과의사클럽은 명목상으로나 실질상으로나 내과외과의사클럽으로 발전해 그 어느 때보다 규모가 커지고 활동 범위도 넓어졌다. 이런 가운데 회원들은 이곳저곳의 의학 잡지에 로체스터에서의 클럽 활약상을 계속 소개했다. 클리닉 환자 중에는 의사도 많았다. 닥터 윌은 자신과 동생이 미국외과협회 회원 50여 명과 그들의 가족을 수술했다는 사실을 늘 자랑스럽게 여겼다.

닥터 윌은 **여전히** 주로 강 유람을 통해 휴식을 취했다. 오로노코 호는 미네소타 호에 이어, 그의 주문에 따라 특별히 제작된 돛 세 개짜리 작은 요트 노스스타 호에 길을 내주었다. 여름철 주말이면 그는 아내와 강에서 살다시피 했고, 봄철과 가을철 휴가 때면 배를 타고 멕시코 만으로 천천히 내려가거나 오하이오를 지나 신시내티까지 올라갔다.

그러나 배 위에서도 닥터 윌은 자신의 책무를 잊지 못했다. 여행을 떠날 때마다 그는 일정을 미리 꼼꼼하게 짜두었다가 그대로 지켰다. 그래서 그가 없는 동안 클리닉 운영을 책임진 사람들이 언제든 그에게 전화를 걸어 자문을 구하거나 그가 꼭 필요할 경우에 즉시 돌아오라고 요청할 수 있었다. 때로는 그의 운전사가 연안 도로로 배를 뒤따라갔다. 그래서 닥터 윌이 서둘러 로체스터로 돌아가야 할 경우 바로 차를 댈 수 있었다.

닥터 윌 부부는 노스스타 호와 관련해서도 인심이 후했다. 부부는 친구든 직원이든 심지어 환자든, 닥터 윌이 판단하기에 재충전이나 기력 회복이 필요한 사람을 비롯해 수많은 손님을 배에 태웠다. 그리고 배를 사용하지 않을 때면 의학회, 학교 교사, 간호사, 사업가 모임 등 온갖 클럽과 단체에 빌려주었다.

그러나 공황이 닥치면서 강가를 따라 눈에 들어온 빈곤의 풍경들은 닥터 윌이 배에서 얻는 즐거움을 앗아갔다. 1931년 이후로 그는 긴 일정의 여행은 더 이상 하지 않고 대신 주말에만 어쩌다 가끔 노스스타 호를 타고 나갔다. 1938년 5월의 그런 여행에서 배가 세인트폴에 도착했다. 마침 부둣가에선 남루한 차림의 군중이 대거 모여 일종의 항의 집회를 열고 있었다. 닥터 윌은 그 사람들의 빈궁한 처지와 자신

미네소타 호는 메이요 형제가 소유한 두 번째 배다. 이 배는 25명을 태울 수 있었고 1916년부터 1922년까지 운항됐다. 1층에 차고가 있었고 꼭대기에는 서재도 있었다. 메이요 형제는 미시시피 강을 좋아해서 배를 타고 다니며 휴식을 취하곤 했다. 미네소타 호와 비슷하게 생긴 첫 번째 배 오로노코 호는 1906년 부터 1916년까지 운항됐고, 마지막 세 번째 배 노스스타 호는 1922년부터 1938년까지 운항됐다.

메이요 형제가 탄 마지막 배 노스스타 호는 1922년에 건조됐다. 형제는 1938년에 이 배를 여객선 회사 페더럴바지라인스에 팔아 그 돈을 메이요 클리닉 사회복지 부서로 넘겼다.

의 사치스런 요트가 빚어내는 현격한 차이를 더는 두고볼 수 없었다. 뱃머리를 돌려 로체스터로 돌아오자마자 그는 요트를 팔라고 지시해 그 돈을 클리닉 복지 사업 기금에 보탰다.

배 다음으로 그는 자동차에서 큰 기쁨을 얻었다. 자동차 역시 기동성이 좋았기 때문이다. 언젠가 그는 이렇게 말했다.

"뭐든 움직이는 것에 앉아 있어야 마음 놓고 쉴 수 있어."

그가 오후 늦게 클리닉을 나설 때면 대개 그의 아내와 운전사가 기다리고 있다가 그를 태우고 교외를 한 바퀴 돌고 와서 저녁을 먹었다.

닥터 찰리에게는 뭐니뭐니 해도 메이요우드에서의 즐거움이 여전히 으뜸이었다. 일본산 사슴 한 쌍이 '부활절 달걀'을 낳은 중국산 꿩이 지내던 곳을 물려받았다. 누군가가 맨 처음 태어나는 새끼가 암컷이면 사슴이 새 보금자리에 만족하고 있다는 증거라고 말하자 그는 그렇게 되기만을 초조하게 기다리다가 정말 암컷이 태어나자 기뻐 어쩔 줄 몰라했다. 그의 친구들은 그가 새와 동물을 유별나게 좋아한다는 것을 알고 그에게 온갖 종류의 새와 동물을 선물로 보냈다. 그래서 곧 그는 메이요공원에 조그만 동물원을 차릴 수 있었다.

그러다 나중에 그는 동물에서 꽃으로 관심을 옮겨 국화를 키우기 시작했다. 그런 결정은 대성공을 거둬 해마다 메이요우드에서 열린 국화 전시회는 6,000송이가 넘는 꽃을 자랑하며 전국에서 규모가 크기로 손꼽히는 화훼 전시회 가운데 하나가 됐다.

1915년부터 1923년까지 8년 동안 닥터 찰리는 로체스터 교육위원회 위원을 지내며 오래전 그의 아버지가 그랬듯이 일련의 야심찬 계획에 불을 지폈다. 100만 달러 가까이 들어간 건축 사업은 5년 만에 로체스터의 학교들을 시골의 목조 건물에서 도시에서나 볼 수 있는 산뜻한 벽돌 건물로 바꿔놓았다.

닥터 윌과 닥터 찰리는 그곳 고등학교가 밴드와 오케스트라를 구성하고 유지할 수 있도록 악기를 기증하고 전담 교사의 월급도 책임졌다. 그뿐만 아니라 닥터 찰리는 시청각 교육의 필요성을 강조하며 영사기도 기증했다. 아울러 그의 발의에 따라 로체스터의 학교 체제는 2년제 대학까지 들어설 정도로 발전했다. 대학은 문을 열자마자 미국에서 유일하게 의료행정 특별과정을 개설했고, 졸업생 대부분은 메이요 클리닉 원무과에 배속됐다.

닥터 찰리는 이때까지도 로체스터 공중보건의로 있었다. 목표로 삼았던 굵직한 사업들이 마무리되자 사임하려고 했지만 여성 주민들의 성화 때문에 그 자리에 계속 남을 수밖에 없었다. 언젠가 그가 말했듯이 부보건의가 대부분의 업무를 처리하긴 했지만, 바쁜 중에도 대중과 시의회를 상대하는 일을 그가 맡았기 때문에 부보건의가 아무런 외부 간섭 없이 자기 일을 할 수 있었다.

1920년대 중반까지 형제는 시 보건 사업에도 경비를 댔다. 그 뒤 지자체가 책임을 져야 한다고 생각하고 그 일에서 손을 뗐지만 클리닉에선 시에서 전문가의 도움을 필요로 할 때마다 실험실과 직원을 계속 무료로 내주었다.

형제는 도시 환경 개선에 기여하기로 한 자기네 방침에 따라 공원, 야구장, 대규모 실외 수영장, 시립 도서관, 아담하고 근사한 극장과 미술관이 있는 시민 회관, 오케스트라 연주회부터 권투 경기까지 어떤 행사든 소화할 수 있는 원형 '공연장' 등의 건립에 필요한 경비를 때로

1938년 7월 28일 메이요시민회관 대강당 기공식에 참석해 초석 앞에 서 있는 닥터 윌(오른쪽)과 닥터 찰리. 공사비는 닥터 찰리와 메이요재단이 분담했고, 형제는 1939년에 열린 준공식에 참석하기 위해 애리조나 주 투손에서 먼 길을 달려왔다.

는 전액, 때로는 일부를 내놓았다.

닥터 윌은 클리닉이 성공하려면 교통이 좋아야 한다는 점을 놓치지 않았다. 자동차 여행이 일반화되자 그는 진료 권역 확대가 가능하겠다는 판단 아래 옴스테드 카운티 전역의 도로 개선 사업에 적극 뛰어들었다. 그리고 로체스터에 주 도로와 연방 도로를 유치하려고 애쓰는 지역 사업가들에게도 언제나 조언과 격려를 아끼지 않았다. 로체스터를 중심으로 연결된 도로망은 우연히 형성된 것이 아니었다.

마찬가지로 같은 시기에 그가 내놓은 여러 가지 제안에 따라 기차의 일등칸은 맨 뒤로 위치가 바뀌었고, 들것과 휠체어가 쉽게 드나들

수 있도록 문이 양옆으로 활짝 열리는 현대식 무균 객차가 도입됐으며, 특히 시카고에서 출발하는 철도 노선의 환자 편의 시설이 크게 개선됐다.

나중에 형제의 뒤를 이어 메이요자산법인은 미네소타 주에서 시설이 가장 훌륭한 공항을 로체스터에 기증함으로써, 아버지인 닥터 메이요 시절에 시작되어 클리닉의 성장을 이끈 지역 개발에 획기적인 기여를 했다.

23장

살아 있는 기념비

1928년 새로운 메이요 클리닉 건물이 준공됐다. 건물 공사에 이어 각종 시설을 갖추는 데 메이요자산법인은 300만 달러에 이르는 경비를 지출했으며, 공사 기간만 2년이 넘게 걸렸다. 15층 높이에 4층짜리 종탑을 얹은 건물은 전체가 은은한 색을 띠는 시에나 대리석으로 이루어졌다. 다코타 초원의 농장이나 캐나다 들판의 오두막에서 나와 이곳의 육중한 청동 정문 앞에 도착한 사람들은 그 크기와 화려함에 눈이 휘둥그레진 채 대리석 복도를 지나며 놀라움을 감추지 못했다.

건물 꼭대기의 탑에는 영국 코러든의 유명한 주조 공장에서 종 스물세 개를 매달아 제작한 편종이 걸렸다. 닥터 윌은 다른 도시에서 들은 종소리와 같은 소리를 내는 종이 로체스터에도 있었으면 좋겠다는 생각을 4년째 해오다가 새 건물을 지으면서 마침내 그 꿈을 이뤘다.

매일 시간을 알리는 종이 일주일에 세 차례씩 찬송가와 민요를 연

1927년 닥터 플러머가 설계를 주도해 1928년에 준공된 메이요 클리닉의 새로운 빌딩. (나중에 닥터 플러머를 기려 '플러머 빌딩'으로 불리게 됐다. 옮긴이)

주해 저 멀리 시내 호텔과 병원에까지 실어나르는 30분 동안 로체스터는 쥐 죽은 듯 고요해졌다.

첫 번째 단독 건물과 마찬가지로 이 클리닉 건물도 설계와 건축을 맡은 닥터 플러머의 작품이었다. 완벽에 가까울 만큼 용도에 맞게 딱딱 배치된 구조에는 그의 천재성이 유감없이 발현됐다. 이번에도 그는 건물을 설계하면서 자신이 구상해둔 기준에 완전히 부합할 때까지 일련의 개선, 확충, 통합 작업을 통해 클리닉의 조직과 체계를 철저히 반영했다.

이 과정에서 그는 임상병리학 부서 닥터 토머스 B. 매거스의 도움을 받았는데, 그의 완벽주의와 괴팍한 습관 때문에 가끔씩 닥터 매거스는 자신의 인내심을 시험해야 했다. 무슨 묘안이 떠오를 때마다 닥터 플러머는 닥터 매거스를 불러 문제점을 지적해보라며 들들 볶아댔다. 그래서 반대 의견이 나오면 이를 감안해 아무리 좋아 보이는 계획도 철회하곤 했다. 그런데 그는 주로 한밤중에 아이디어가 떠올랐기 때문에 토론은 거의 새벽까지 이어지기 일쑤였다.

새 건물이 문을 열었을 때 닥터 윌은 67세였지만 여전히 정신이 맑고 활력이 넘쳤다. 그런데 1928년 7월 1일 그는 시름이 가득한 얼굴로 세인트메리스 병원을 나와 메이요 클리닉으로 향했다. 그의 비서가 그에게 무슨 일이 있냐고 물었다.

"방금 마지막 수술을 끝냈네."

"하지만 아직 정정하시잖아요." 비서가 항의하듯 말했다.

"그래, 하지만 건강할 때 은퇴하고 싶어. 내가 봐온 다른 사람들처럼 오래 버티고 싶진 않네. 내 전성기는 지났어. 수술은 나보다 더 젊고 힘 있는 의사들이 해야지."

그는 다시는 이 문제를 입에 올리지 않았고, 수술에서 정말 손을 뗐다. 하지만 이로 인해 적잖이 시끄러워지자 그는 필시 무척이나 어렵게 내렸을 이 결정을 철회했다.

그러고 나서 일 년 반 뒤 닥터 찰리가 예기치 않게 갑자기 은퇴하게 됐다. 어느 날 아침 수술하다가 망막 출혈이 발생했기 때문이다. 하필이면 그의 큰아들이 옆방에서 아버지의 조수로 첫 수술에 들어갈 준비를 하고 있을 때였다!

닥터 찰리는 몇 주 쉬고 나서 기력을 회복했지만 예전만큼은 아니었다. 죽음이 가깝게 느껴졌을 만큼 심각한 상황까지 갔던 일련의 뇌졸중이 그의 체력은 물론 정신력까지 떨어뜨렸다.

오랫동안 의사들은 메이요 형제 중 누가 더 위대한 외과 의사인지를 놓고 설전을 벌였다. 미국에서뿐만 아니라 유럽에서도 닥터 윌을 당대 최고의 외과 의사로 꼽았다. 그런가 하면 닥터 찰리가 더 유능하고, 더 다재다능하고, 더 독창적인 외과 의사라고 확신하는 사람들도 많았다. 어쨌든 이 점은 중요하지 않았다. 둘 다 외과술의 대가였으며, 둘은 서로를 보완하며 훌륭한 팀을 이루었다.

그런데 꼭 외과술이 아니더라도 형제는 의학사에 길이 남을 만했다. 새로운 외과술 보급에서 형제가 차지한 비중은 그 규모나 기간으로 볼 때 역사가들이 쉽게 기록할 수 있는 수준을 넘어섰고, 형제가 당대에 선보인 독창적인 수술법은 약간의 손질만 거쳤을 뿐 오늘날까지도 많은 외과 의사들이 그대로 실시하고 있다.

닥터 윌은 언젠가 이렇게 말했다.

"많은 사람들에게 이상과 과학 정신을 심어주어 끊임없이 노력을 이어가도록 만드는 일에 비하면 인간이 손으로 할 수 있는 일은 사소하기 그지없습니다."

메이요 형제가 외과 의사로서의 동반자 관계를 바탕으로 집단의료 체계를 구축하면서 시작된 그런 노력의 길이와 힘이 어디까지인지에 따라 형제는 의학사에서 차지하는 위상이 결정될 것이다.

드디어 현역 외과 의사의 임무에서 벗어난 형제는 스스로를 위로하며 지냈다. 전에는 한 명이 자리를 비우면 다른 한 명이 남아서 근무해야 했지만 이제 형제는 함께 여행할 수 있었다.

1929년 형제는 처음으로 함께 유럽 여행에 나섰다. 아버지를 기리는 뜻에서 주문한 스테인드글라스 유리창을 아버지의 고향 교회에 봉헌하기 위해서였다. 많은 영국 친구들이 그 행사에 참석했고, 맨체스터 대학교는 그 자리를 빌려 두 형제가 같이 받기는 처음인 최고의 명예 학위를 수여했다.

이제 닥터 찰리는 미네소타 주의 혹독한 겨울 추위를 견디기 힘들어했다. 그를 위해 두 가족은 그가 지내기에 가장 좋아 보이는 애리조나 주 투손에 나란히 집을 지었다. 그렇게 오래도록 견디며 살아온 정신없고 분주한 삶에서 벗어난 형제는 겨울철이면 그곳을 찾아 느긋하게 휴식을 취하며 지냈다.

그러나 닥터 윌은 평생의 습관을 하루아침에 버리지는 못했다. 그는 아침 일찍 일어나 집에서 한참 떨어진 투손 병원을 찾았다. 병원 건물은 야누스의 얼굴처럼 앞뒤를 분간할 수 없었다. 닥터 윌은 무턱대고 첫 번째 문으로 들어갔다. 그러자 식당이 나왔다.

1929년 메이요 형제는 아버지가 태어난 영국 맨체스터 인근 소도시 샐퍼드를 방문해 에클레스패리시 교회에 아버지를 기리는 스테인드글라스를 헌정했다. 오른쪽 타원 안의 인물들 가운데 왼쪽에서 두 번째가 닥터 찰리이고 세 번째가 닥터 윌이다. 스테인드글라스 아래쪽 두루마리 문양 안에는 "미국 미네소타 주 로체스터의 윌리엄 워럴 메이요를 기린다. 1819년 5월 31일 에클레스에서 태어났고, 1911년 3월 6일 로체스터에서 죽었다. 희망과 선견지명이 남달랐던 선구자요 의사이자 시민이었다. 이 유리창은 그의 두 아들 윌리엄 제임스 메이요와 찰스 호러스 메이요가 봉헌했다."라는 글귀가 새겨져 있다.

1939년 초 애리조나 주 투손에 있는 겨울나기 집에서 오붓하게 차를 마시고 있는 메이요 형제 부부. 왼쪽부터 윌 부인 해티, 닥터 윌, 닥터 찰리, 찰리 부인 이디스.

유니폼 차림의 웬 여성이 경계심 가득한 목소리로 무슨 일로 왔냐고 묻자 그는 부드러운 어조로 대답했다.

"저는 로체스터의 닥터 윌리엄 제임스 메이요라고 하는데, 귀원(貴院)을 방문해보고 싶습니다."

이 말에 병원 관리책임자인 그 여성은 너무 놀란 나머지 어찌할 바를 몰랐다. 하긴 저 위대한 닥터 윌이 예고도 없이, 그것도 식당에 불쑥 나타났으니!

그러나 닥터 윌은 곧 그녀를 안심시켰다. 그녀의 안내를 받아 식당으로 들어갔더니 야간 교대조인 간호사들이 앉아 있었다. 병원 관리 책임자가 닥터 윌이 식당으로 들어왔다는 설명과 함께 간호사들에게 허둥지둥 그를 소개하자 그는 엉뚱하게도 아버지와 함께 야간 진료를 끝내고 식당에서 밥을 먹곤 했던 초창기 시절을 이야기했다.

이 일이 있고 나서 병원 직원들은 이 날의 재미있는 기억을 두고두고 떠올렸고, 이 이야기가 "식당에 들어간 로체스터의 닥터 윌"이라는 제목의 기사로 신문에 등장하자 투손 주민들은 반가워했다.

투손에 있는 동안에도 형제는 클리닉 상황을 정기적으로 보고받았다. 첫 번째 보고가 도착했을 때였다. 닥터 찰리가 그 내용을 읽어보더니 빙그레 웃으며 형을 올려다보았다.

"이런, 이런, 이거 우리 체면이 영 말이 아닌걸. 우리가 있을 때보다 병원이 더 잘 돌아가고 있다는데!"

자기가 꼭 필요한 사람이 아니라는 사실을, 더군다나 자기 손으로 직접 세운 조직에서 그러하다는 사실을 받아들이기란 쉽지 않다. 하지만 닥터 윌은 기껍게 나이를 인정하고 미련 없이 다른 사람들에게 자리를 양보했다. 1931년 그가 샌프란시스코에서 열린 미국외과협회 회의에 참석했을 때였다. 친구들이 그 날이 그에게 인생의 전환점과도 같은 날이라는 것을 알고 그 자리를 빌려 그 동안의 노고에 감사를 표하자 그는 다음과 같은 답사에 나섰다.

저의 일흔 번째 생일을 이렇게 축하해주시니 거기에 보답하는 뜻에서라도 오래오래 살아야겠습니다.…… 세월이 너무 쉽게 스쳐 지나간 바람에 지난날을 돌이켜보면 하루하루가 아쉬울 새도 없었으며, 지금도 제가 느끼기에 저는 처음 이 협회에 들어왔을 때보다 더 늙은 것 같지도 않습니다. 그 동안 나이 든 사람들이 언제고 반드시 내려가야 하는 사다리를 내려가는 모습도 지켜보고, 또 젊은 사람들이 언제고 반드시 올라가야 하는 사다리를 넘겨받는 모습도 지켜보았습니다만 양쪽 모두에게 불행한 시간이 너무 많았습니다. 나이 든 사람이라고 해서 후배의 요구 사항이나 논리를 늘 수용할 수 있는 것은 아니기에 자리에서 밀려날 때가 되면 젊은 사람들을 도와 이러한 교체가 원활하고 평화롭게 이루어지게 하기보다 화를 내는 경우가 종종 있었습니다. 그 동안 저는 젊은 사람들과 함께 지내며 얼마나 큰 기쁨과 위안을 얻었는지 모릅니다! 그들은 여전히 상상력과 원대한 꿈을 지니고 있습니다. 그들 앞에는 찬란한 미래가 펼쳐져 있습니다. 젊은 사람들로 북적이는 병원에 들를 때마다 그들은 제게 자신들의 꿈을 선사했고, 저는 그들에게 제 경험을 주었습니다. 그런데 그게 저에게 더 남는 장사였습니다.……

　일흔 번째 생일이 되니 참으로 얻는 게 많습니다. 반쯤 열린 문틈으로 흥미진진한 미래가 보입니다. 그 미래가 얼마나 흥미로운지는 제 능력으로 표현할 길이 없지만, 세대마다 스스로의 문제는 스스로 해결해야 하며 다음 세대를 이끌거나 지도할 지혜를 갖춘 당대 사람은 아무도 없다는 사실은 확실히 알고 있습니다. 앞으로 일어날 일에 관심을 갖는 것은 상관없지만 미래를 현재로 가져오는 것은 다음 세대의 몫입니다.

　표현만 달리 했을 뿐 그는 육체와 지성의 힘이 절정기에 오른 젊은 이들에게 횃불을 넘기는 것이야말로 사라져가는 세대의 의무이자 특권이라는 생각을 거듭거듭 밝혔다.
　살던 집과 정원을 유지비까지 후하게 얹어 메이요재단에 기증하는 자리에서 닥터 윌은 이렇게 말했다.

"우리는 교육 분야에서의 이 혁신을 완수하는 과정에 어떤 식으로든 개입할 생각이 추호도 없습니다. 자기 세대의 문제를 자기네가 보기에 현명하고 바람직하게 해결하는 것은 젊은 사람들의 몫입니다. 다만 우리는 메이요재단하우스가 젊은 의사들이 인류의 행복에 기여하는 의견을 교환할 수 있는 만남의 장소가 되기를 바랄 뿐입니다."

그의 말은 여기서 그치지 않았다. 1932년 11월의 어느 날 밤에 열린 직원 회의에서였다. 그는 자리에서 일어나 추억과 역사 이야기로 시작해 클리닉의 발전 과정을 간략히 되짚었다. 자신의 아버지가 처음 기초를 놓았을 때를 이야기하며 그 시절이 클리닉 역사의 초창기에 해당한다고 말했다. 두 번째 시기는 1889년 세인트메리스 병원을 세우면서 시작됐고, 이제 세 번째 시기가 도래했다. 12월 31일 메이요 형제와 닥터 플러머는 젊은 직원 세 명에게 기회를 주기 위해 클리닉 이사직을 사퇴하기로 의견을 모았다.

형제가 이런 결정을 내릴 수 있었던 것은 십 년 전에 설립한 자치 기구가 잘 굴러갔기 때문이다. 갈수록 늘어나는 행정 업무는 이미 상임위원회로 이관됐다. 닥터 윌이 위원회 체계를 확립할 때만 해도 거기에 반대했던 사람들이 이제는 그 체계의 가장 열렬한 지지자가 됐다. 닥터 윌이 예상한 대로 위원회가 직원들에게 클리닉의 문제와 정책을 알리는 데 탁월한 기능을 하는 것으로 드러났기 때문이다.

누구든 조직 내 다른 부서가 누리는 권리에 눈 돌리지 않고 자기 분야에서 열심히 일하며 전문성을 확보하면 이사회는 그 직원을 주요 위원회의 위원으로 임명하기만 하면 됐다. 위원회에 들어가 구성원 전체의 문제를 처리하다 보면 얼마 지나지 않아 그 사람은 자신이 속한 부서와 전체 구조의 관계를 더욱 잘 이해하게 됐고 그 뒤로 더욱 뛰어난 능력을 발휘했다.

그러나 메이요 형제가 권위 있는 자리를 꿰차고 있는 한, 자치 기구는 그 힘을 끝까지 다 발휘하지 못하거나 약점을 드러낼 수밖에 없었다. 따라서 못 미더운 순간에 충고해줄 메이요 형제가 아직 살아 있을 때 클리닉이 그야말로 혼자 돌아갈 수 있는 환경을 마련하는 것이 가장 현명한 방법이었다.

이것 말고도 그래야 하는 이유는 또 있었다. 닥터 윌과 닥터 찰리가 계속 권위를 행사하는 한, 1920년대에 재조직 과정을 거친 뒤로 이미 법적으로 형제의 손에서 완전히 떠났는데도 클리닉을 여전히 메이요 형제의 소유로 여기는 생각이 클리닉 안팎에서뿐만 아니라 가족 내부에서도 쉽사리 없어지지 않을 것이기 때문이었다.

닥터 윌이라고 해서 가족을 통해 클리닉을 영구히 소유하고 싶은 욕심이 아예 없었던 것은 아니다. 하지만 장차 메이요 집안의 모든 후손이 그 짐을 짊어질 만한 그릇이 되리라 보장할 수 없다는 판단이 서자 그는 이 문제에 대해서도 그냥 객관적인 입장에 서서 법적으로뿐만 아니라 실질적으로도 가족과 클리닉을 완전히 분리하는 조치에 들어갔다.

실제로 현재 닥터 찰리의 큰아들과 닥터 윌의 사위 둘이 메이요자산법인과 클리닉의 종신이사직에 있긴 하지만 어떤 사안에 대해서도 의사 결정권이 없으며, 메이요 클리닉 역시 단지 메이요 집안의 후손이라는 이유 때문에 역량도 부족한 사람을 직원이나 이사로 임명해야 할 법적·도의적 책임이 전혀 없다.

형제는 약속을 충실히 지켰다. 1932년 이후로 형제 중 누구도 이사회 회의에 참석하거나 의사 결정권을 행사하지 않았다. 닥터 윌의 영향력은 여전히 상당했지만 그것은 그의 명성과 가치 있는 충고에서 비롯된 것이었을 뿐이다. 그는 이 점을 자랑스럽게 여겼다.

그 뒤로 그는 예전에 아버지가 본인이 얻은 신망을 두 아들에게 물려주었듯이 그 역시 자기네 형제에 대한 대중의 신뢰를 메이요 클리닉에 넘겨주고자 애썼다. 물론 그 과정은 이미 한참 전에 시작됐다. 오래전부터 사람들은 굳이 메이요 형제가 아니더라도 메이요 클리닉을 찾아왔기 때문이다. 그러나 닥터 윌과 닥터 찰리는 여전히 대중의 눈과 호감을 사로잡았고, 이런 분위기를 바꾸기 위해 닥터 윌은 일부러 대중 활동을 접기 시작했다. 그는 강연을 해달라거나 전문 위원을 맡아달라는 요청을 차츰차츰 거절해나갔다.

세계대전이 끝난 뒤 메이요 형제는 재향군인회의 주선으로 로체스터에 와 입원하는 참전 상이군인들을 줄곧 무료로 치료해주었다. 1934년 재향군인회는 프랭클린 D. 루스벨트 대통령을 비롯해 의학계와 시민 사회의 유력 인사가 참석하는 대규모 행사에서 형제에게 표창장을 수여해 고마움을 전했다.

미국 대통령이 형제가 명예로운 상을 받는 자리에 참석하러 로체스터에까지 오다니, 많은 사람들이 보기에 형제의 경력에서 이보다 더 큰 영예는 없을 듯했다.

일 년 뒤 워싱턴 경제안보위원회 산하에 의학자문위원회를 설치할 때 루스벨트 대통령은 인사와 관련해 딱 한 가지만 지시했다. 닥터 윌

1934년 미국재향군인회를 대신해 메이요 형제에게 표창장을 수여하기 위해 로체스터를 방문한 프랭클린 D. 루스벨트 대통령(왼쪽)과 닥터 찰리(가운데) 그리고 닥터 윌. 1924년 닥터 찰리는 정계 지인들로부터 대통령 후보로 추천되기도 했으나 본인이 거절했다.

1934년 로체스터를 방문한 프랭클린 D. 루스벨트 대통령(왼쪽 첫 번째)과 닥터 윌(왼쪽에서 세 번째) 그리고 닥터 찰리(닥터 윌의 오른쪽). 루스벨트대통령의 오른쪽 첫 번째는 닥터 찰리의 큰아들 찰스 윌리엄 메이요이며 메이요 클리닉에서 의사로 활동했다.

리엄 제임스 메이요를 위원장으로 앉히라고. 그러나 노동부 장관 프랜시스 퍼킨스가 대통령의 뜻을 전하자 닥터 윌은 그런 영광을 정중히 사양했고, 재고해달라는 요청에도 끝까지 뜻을 굽히지 않았다.

그는 고사 이유를 이렇게 설명했다.

"세대마다 스스로 해결해야 할 문제가 있으며, 따라서 오래 산 사람들이 그 동안 쌓았거나 쌓았다고 생각하는 지혜를 미래의 문제에 투영하려고 애쓸수록 그들에게 득이 되기보다 해가 될 가능성이 더 높다고 생각합니다. 그런 위원회가 소기의 성과를 거두려면 예순이 넘은 사람은 가급적 배제하고 한창 활동할 시기의 의사들로 위원회를 꾸려야 하며, 위원들 가운데 최소한 절반은 오십대여야 한다고 생각합니다. 저는 이미 일흔이 넘었습니다."

이어 대공황이 끝나고 사회 의료 보장 제도가 현안으로 떠오르면서 의학계를 발칵 뒤집어놓았을 때였다. 닥터 윌은 그 논쟁에 거의 참여하지 않았지만 당시 클리닉에서 이름을 떨치던 비뇨기과 전문의 휴 캐벗(Hugh Cabot)이 소수파를 이끌며 이런 종류의 공공의료에 적극 찬성하고 나섰다. 닥터 캐벗은 '의사의 진료비 청구서'와 '환자의 딜레마'를 주제로 적극적인 집필 및 강연 활동을 펼쳤고, 신문에선 그의 활약상을 보도할 때마다 그를 메이요 클리닉 내과 의사로 소개했다.

이에 닥터 캐벗의 반대자들은 대중이 그를 메이요 형제의 대변인으로 생각할까 봐 잔뜩 긴장했다. 그래서 그중 몇몇이 닥터 윌에게 닥터 캐벗의 입을 막아야 한다는 취지의 편지를 보냈다. 답장에서 닥터 윌은 자신의 입장을 분명히 밝혔다.

우리는 클리닉 직원들의 표현과 사상의 자유를 언제나 존중해왔으며, 종교에 대해서든 정치에 대해서든 사회에 대해서든 그들의 의견에 어떤 식으로도 개입한 적이 없습니다.…… 닥터 캐벗에게는 사회 문제에 자신의 견해를 표출할 권리가 있다는 점을 분명히 말씀드립니다. 설령 그 견해가 클리닉 임직원 대다수의 견해와 상반될지라도 말입니다.

전국민 대부분이 적절한 치료를 받지 못하고 있다는 뉴딜 법안의 지적에 따라 의료 제도의 전면 재검토가 이루어지는 과정에서 집단의료를 둘러싸고 논쟁이 불거졌다. 그 논쟁에서 닥터 윌은 자신의 입장을 명확히 밝혔다. 논쟁에서 집단의료를 옹호하는 진영은 메이요 클리닉의 방법론과 성과에 근거해 논리를 폈지만, 반대 진영은 메이요 클리닉은 워낙 독특하기 때문에 집단의료의 모범 사례가 될 수 없다고 주장했다.

닥터 윌이 보기에 그 논쟁은, 집단의료가 환자의 부담을 줄이고 의사의 수익을 높이는지, 고정된 급료가 의사의 사기를 꺾어놓지는 않는지와 같은 재정적 측면에만 지나치게 관심을 두고 있었다. 다음은 이 문제와 관련해 그가 한 많은 발언 가운데 하나다.

잘 생각해보면 집단의료는 사소한 점을 제외하면 재정 문제가 아니라 환자의 행복을 추구하는 과학적 협력의 문제입니다.…… 내과 의사와 외과 의사, 여타 전문의는 생리학자, 병리학자, 연구실 직원들과 손잡고 의료 집단을 형성해야 합니다. 아울러 의료 집단에는 기초 과학 분야의 인재들도 참여해야 합니다. 왜냐하면 물리학과 생화학이 의학을 훨씬 더 높은 수준으로 끌어올리고 있기 때문입니다. 이 모든 힘이 하나로 모이면 인간의 수명은 훨씬 늘어날 것이며, 그 부수적인 결과로 경쟁이 심한 의학계의 폐단이 일정 정도 극복되면서 직업윤리도 눈에 띄게 개선될 것입니다.

재단 펠로로 로체스터에서 몇 년을 지낸 한 영국 외과 의사는 이렇게 말했다.

"무엇보다 메이요 클리닉의 가장 놀라운 점은 저마다 세계 최고 수준을 자랑하는 의사 500명이 어디 박혀 있는지 찾기도 힘든 소도시에서 함께 생활하며 일하는 것이 가능하다는 사실입니다!"

그런데 이보다는 클리닉의 한 직원에게 "나는 월급을 아무리 많이 준다고 해도 메이요 클리닉에서 일하고 싶지 않습니다. 이곳 '기계'의 부속품이 될 생각이 전혀 없습니다"라고 말한 어느 외부 의사의 사고방식이 좀더 일반적이다.

정말 '기계'의 부속품에 지나지 않을까? 클리닉 직원들은 그런 의심은 아예 품어본 적조차 없다는 식으로 말한다. 클리닉의 연구자들은 누구의 간섭도 받지 않고 하고 싶은 일을 마음껏 하면서 각자의 관심과 그 결과가 이끄는 대로 따라갈 수 있기 때문에 이곳에 있다고 말한다. 그런가 하면 임상의는 임상의대로 각자 최선이라고 생각하는 치료법을 어떠한 경제적 제약도 없이 마음껏 적용할 수 있는 기회와 시설에 대해 힘주어 말하기도 한다.

직원들이 하나같이 급여 액수 때문에 이곳에 있는 것이 아니라고 강조하는 가운데, 경영진은 다른 곳에서 더 많은 봉급을 제의 받은 연구자나 개인 병원을 차리면 돈을 더 벌 수 있는 임상 전문의가 단 한 명도 없다고 말한다.

클리닉의 조직과 관련해 한 가지 불만이 있다면 조직성이 부족하다는 것이다.

"이곳 체계의 문제는 결정을 내려보내는 사람이 아무도 없다는 점입니다. 물론 이사회에 권한이 있지만 그 권한을 행사하려고 들지 않습니다. 뭔가 문제를 제기하면 이사회는 이 위원회 가보라, 저 위원회 가보라고밖에 하지 않습니다. 그래서 뭔가를 결정하려면 최소한 여섯 명은 거쳐야 합니다." 어느 부서장의 말이다.

뒤이어 그는 어쩔 수 없다는 듯 이렇게 인정했다.

"물론 입이 아프도록 설명해야 하는 그런 과정을 거치다보면 사람들은 구성원 대다수의 찬성을 받아냄으로써 전폭적인 지원 아래 그 계획을 추진할 수 있다는 걸 알게 되지요."

바로 이것이 이 조직에서 의도하는 바다.

언젠가 또다른 부서장이 클리닉 임원 한 명에게 자기한테 직원을 징계할 권한이 있는지 물었다. 돌아온 대답은 이랬다.

"물론 있지요. 하지만 저라면 그 권한을 사용하지 않겠습니다."

그렇다고 반대 의견이 용인되지 않는다는 말은 아니다.

"우리 병원에도 의견 충돌이 많습니다. 하지만 우리 중 95퍼센트는 '사람'에게 화를 내지 않고 '문제'를 논합니다. 이런 식으로 우리는 서로의 차이를 해소합니다. 나머지 5퍼센트는 조만간 떠나고 말지요. 이곳에선 늘 일종의 자연선택 과정이 이루어지고 있다고나 할까요?" 클리닉 실험실 직원의 얘기다.

이것은 메이요 형제가 피운 꽃이다. 닥터 윌은 이 꽃이 얼마나 시들기 쉬운지를 누구보다 잘 알았다. 그래서 이 꽃이 계속 피는 데 필요한 환경을 설파하며 말년을 보냈다.

그러려면 무엇보다 세 가지가 중요하다고 그는 생각했다. 사익보다 '헌신'을 최고의 가치로 여길 것, 환자 돌보는 일을 최우선으로 여기고 진정성을 발휘할 것, 동료의 직능 향상에 사심없는 관심을 가질 것.

만약 클리닉이 실패한다면 그 이유는 외부에서의 공격 때문이 아니라 내부의 알력과 시기심 때문일 것이라고 그는 거듭거듭 강조했다. 클리닉 직원들에게 그는 동료의 사기를 북돋우는 것은 부서를 넘어 전 직원의 사기를 북돋우는 것이며, 동료를 헐뜯는 것은 자기 얼굴에 침을 뱉는 것과 같다는 점을 명심하라고 역설했다.

무엇보다 중요한 문제는 인간에게 너무나 부족한 이런 사고방식과 품성이 과연 설립자 세대에 그치지 않고 조직에 영원히 존속될 수 있는가이다. 협력적 개인주의를 실험해온 메이요 클리닉은 비단 의학계뿐만 아니라 사회 전체에서 지켜볼 가치가 있다.

1930년대 들어 초창기 직원들이 잇달아 세상을 떠났다.

그중에서도 멜리시 윌슨(모드 H. 멜리시)이 1933년 가장 먼저 떠났다. 의학 잡지 편집의 선구자였던 그녀는 '메이요 클리닉'이 의학 잡지 관계자들 사이에서 '일목요연한 체제와 명쾌하고 가독성 있는 영어'의 대명사로 자리 잡는 데 기여했다. 논문 저자들은 그녀가 문장을 마구 쏟아내며 너무 천편일률적인 스타일로 만든다고 불평했을지 모르지만 그녀의 노력이 없었다면 클리닉에서 해마다 발행해온 『세인트메리스 병원 메이요 클리닉 의료진 논문집』이 일명 '외과 의사들의 성서'가 되지 못했을 것이다. 닥터 윌은 닥터 찰리와 자신 다음으로 그녀를 클리닉 발전의 일등공신으로 꼽았다.

물론 위의 세 사람 다음 공신은 닥터 플러머였다. 그가 없었다면 메이요 클리닉은 오늘날과 같은 형태로 존재하지 못했을 테고 지금과 같은 건물에 있지도 못했을 것이다. 그는 두 번째 클리닉 건물을 짓는 데 기력을 너무 많이 소진해 그 뒤로는 영영 불꽃을 환하게 피우지 못했다. 1936년 연수마비(숨뇌마비)에 걸리자 그는 그 병이 무엇을 의미하는지 잘 알았기에 가족과 동료들을 불렀다. 평생 임상 진단의로 살아온 사람답게 그는 의식을 놓기 직전까지 자신의 몸 안에서 일어나는 병의 진행 과정을 끝까지 추적했다.

닥터 저드는 처음부터 끝까지 줄곧 외과 명의였다. 자신의 분야에서 그는 엄청나게 많은 업적을 세웠지만 수술실 밖에서 일어나는 클리닉 일에는 거의 관여하지 않았다. 그래도 그는 초창기 동업자들 중 한 명이었고 나중에 이사직에 오르기도 했다. 그는 메이요 형제가 은퇴하자 외과 수장을 맡았으며 1931년에는 미국의학협회 회장으로 선출됐다. 4년 후 그는 시카고에서 풋볼 경기를 관람하다 폐렴에 걸려 며칠 뒤 그곳에서 사망했다.

조지프 수녀는 닥터 윌의 수술실 조수라는 지위에서는 일찌감치 물러났지만 1939년 3월 20일 세상을 뜰 때까지 세인트메리스 병원 관리 책임자로 계속 일했다.

그녀가 병원에서 일하기 시작했을 때만 해도 세인트프랜시스 수녀회는 간호 업무를 객실 청소쯤으로 생각해서, 로체스터 주일학교의 호기심 많은 제자들이 어째서 아무개 수녀는 병원에서 일하지 않느냐고 물으면 "왜긴, 배운 게 많으니까 그렇지!"라고 호통치곤 했다. 하지만 조지프 수녀가 눈을 감기도 전에, 컬럼비아 대학교나 미네소타 대학교에서 영양학, 병원 행정, 간호학 석·박사 학위를 받은 수녀들이 평신도 직원들로부터 병원 운영 업무와 간호학교를 넘겨받아 각자의 분야에서 전국적으로 유명한 지도자가 되었다.

닥터 윌과 닥터 찰리, 닥터 그레이엄, 닥터 저드, 닥터 플러머, 조지프 수녀는 모두 로체스터 인근에서 태어나 이곳에서 자랐다! 이를 두고 일각에서는 이런 의문을 제기해왔다. 즉 의학계의 특출한 인재들이 이곳에서 배출된 것을 어떻게 설명할 수 있을까?

정확한 이유는 알 수 없다. 그래도 굳이 답을 하자면, 미네소타 남부의 환경 때문에 독특한 의학 기술이 발달했다고 보기보다는, 의료가 번창하면서 다른 분야보다 의학에 끌린 인재들이 유난히 많았기 때문이라고 보는 편이 더 타당하다.

메이요 형제는 1939년 초봄에 투손에서 돌아왔다. 닥터 윌이 몸이 좋지 않아 클리닉에서 검사를 받아보기로 했기 때문이다. 기본 진찰에서는 아무 이상이 없었지만 엑스레이에서 위암이 나타났다. 아이러니도 이런 아이러니가 없었다!

닥터 윌은 곧바로 수술을 받고 거뜬히 회복했다. 형이 기력을 차리는 모습을 보고 닥터 찰리는 몇 달 전 주문한 정장을 가봉하러 시카고로 떠났다. 그런데 거기서 닥터 찰리는 폐렴에 걸렸고, 5월 26일 신문과 라디오는 "닥터 찰리 타계"라는 부고를 전국에 타전했다.

많은 사람들이 가장 먼저 그의 형을 걱정했다. 이 엄청난 상실 때문

닥터 찰리의 타계를 알리는 1939년 5월 26일자 《로체스터 포스트블러틴》 호외. 닥터 찰리는 5월 26일 시카고에서 폐렴으로 세상을 떠났으며, 그의 묘비에는 "그는 풍성한 삶을 살았노라"라고 새겨졌다.

1939년 5월 28일에 치러진 닥터 찰리의 장례식에 1만여 명이 다녀갔다.

에 행여 허약한 건강이 더 상하진 않을까! 그러나 닥터 윌에게 이 충격은 몇 년 전에 겪은 큰 슬픔 덕분에 그렇게 크지 않았다. 그가 평생 의지해온 '진짜' 찰리가 아파서 은퇴했을 때의 충격이 이미 엄청났던 것이다.

닥터 윌은 클리닉에 있는 자신의 사무실에서 매일 한두 시간씩 지낼 수 있을 만큼 서서히 기운을 추스르긴 했지만 잠깐만 그랬을 뿐 일흔여덟 생일 직후 잠자리에 들었다가 1939년 7월 28일 조용히 눈을 감았다.

그토록 가까이 붙어 일하면서 그토록 많은 일을 함께 이뤄낸 유명한 형제가 두 달 간격으로 세상을 뜨다니, 어찌 보면 당연한 일 같기도 했다.

미국뿐만 아니라 전 세계의 유수한 의학 잡지들이 형제에 대한 추도사를 실었다.

"링컨처럼 메이요 형제도 이제 역사가 됐다."

"불멸의 위인들 이름이 두 개 더 늘어났다."

"형제의 타계로 미국 의학의 한 시대가 막을 내렸다."

이보다 훨씬 더 인상 깊은 일은 형제가 와병중일 때와 죽은 뒤에 그들의 가족과 클리닉에 쏟아져 들어온 편지와 전보의 홍수다. 홍수라고밖에 달리 표현할 말이 없다. 문서실의 무수한 파일을 두껍게 가득가득 채우고 있는 이 편지들을 읽어보면 역사에서 이 형제 말고 규모나 범위 면에서 이토록 많은 찬사를 불러일으킨 '두 사람'이 또 있을까 하는 의문이 들 정도다.

편지를 보관하는 문서실에서 이름이 빠진 나라는 거의 없으며 명

닥터 윌의 타계를 알리는 1939년 7월 28일자 《로체스터 포스트블러틴》 호외. 닥터 윌은 7월 28일 로체스터에서 위암 악화로 세상을 떠났으며, 그의 묘비에는 "그는 진리를 사랑했고 진리를 추구했노라"라고 새겨졌다.

닥터 윌의 영구차가 지나가는 동안 컬로니얼 요양소 앞에 간호사들이 줄지어 서 있다.

DR. CHARLES MAYO DIES OF PNEUMONIA

Surgeon, With Elder Brother, Made Clinic in Rochester, Minn., World Famous

---

THOUSANDS CURED THERE

Pair Gave $1,500,000 From Earnings to Establish a Medical Foundation

Times Wide World, 1927
DR. CHARLES H. MAYO

Special to THE NEW YORK TIMES.

CHICAGO, May 26.—Dr. Charles Horace Mayo, one of the most famous surgeons in the country, who with his brother, Dr. William J. Mayo, made the Mayo Clinic world renowned and established a research foundation at Rochester, Minn., that became the medical mecca of the world, died of pneumonia in Mercy Hospital here today at 5:05 P. M. He would have been 74 years old on July 19.

He was taken ill a week ago in his hotel suite while in Chicago on a business trip.

Dr. Mayo had rested well last night. He had rallied slightly from the administration of a new drug perfected in his laboratories and from one blood transfusion given by his son, Dr. Charles W. Mayo. Other members of his family were standing by ready for further blood transfusions when death occurred.

Besides his brother and son, he is survived by his widow, the former Miss Edith Graham of Rochester, and four daughters, Miss Dorothy Mayo, Mrs. Fred W. Rankin of Lexington, Ky.; Mrs. George T. Trenholm of Rochester and Mrs. Joseph B. Hartzell of Detroit. His brother is convalescing from a recent operation for gastric ulcer.

Surgical Skill a Heritage

The great medical center at Rochester, Minn., known the world over as the Mayo Clinic, is the monument to Dr. Charles Horace Mayo and his elder brother, Dr. William James Mayo. The careers of the two great American surgeons were almost exactly parallel. They came from generations of physicians and surgeons.

Like his brother, Dr. Charles Mayo devoted his life to work and philanthropy. Publicity was as hateful to him as a quackery, but his extraordinary skill and his tireless energy made him one of the outstanding men in his profession.

Both were acknowledged to be unusually competent surgeons long before the World War. They had made a great deal of money since the old St. Mary's Hospital was founded in 1889, but instead of keeping it for themselves they donated $1,500,000 in 1915 for the establishment of the Mayo Foundation for Medical Education and Research in affiliation with the University of Minnesota.

Model for Healing

Physicians and surgeons from all parts of the world have flocked to the Mayo Clinic in latter years. It has been regarded, this hospital city within a city, as a medical Lourdes, a model for the equipment of the ailing. It has expanded, since it was founded by Dr. Mayo's father, the late Dr. William Worrall Mayo, from a modest clinic attached to a small hospital to one of the largest and busiest medical centers in the world.

Dr. Charles Horace Mayo was the second son of Dr. William Worrall Mayo and Louise Abigail Wright Mayo. His father, who was born in England, was a descendant of John Mayo, who lived in the seventeenth century and who was one of the first physician chemists. Thomas Mayo (1790-1871) was for five years president of the Royal College of Physicians of England, and Herbert Mayo, his brother, was one of the founders of the Middlesex Medical School.

In 1845 Dr. William Worrall Mayo came to this country. First he practiced as a chemist in New York and was instructor in chemistry at Bellevue Hospital Medical College. He moved to Indiana in 1847, and later went to St. Louis, where he studied medicine. He practiced his profession at La Porte, Ind., and went to Minnesota, then a wild prairie country, in 1855. His life was almost comically at the time, for his district was as enormous as it was sparsely populated.

Father Fought in Indian Uprising

When the Indian uprising occurred at Yellow Medicine Agency in 1862, Dr. Mayo was at Le Sueur. His oldest son, William James Mayo, was a year old at the time. The elder Mayo alternately fought Indians and administered help to the wounded. When that campaign was over, he was appointed provost surgeon to the Federal forces for Southern Minnesota, in charge of Civil War recruiting stations.

In 1863 the family moved to Rochester, where Dr. Mayo, the son, later in charge of the draft board.

Dr. Charles Mayo was born at Rochester on July 19, 1865. He was educated at the Rochester High School and obtained his M. D. degree from Northwestern University in 1888. As a child he had accompanied his father and his brother when the former made his round of visits to patients, and already as a lad he had been allowed to witness operations and to be present at autopsies.

In 1888 an event happened which affected the future of the Mayos—a tornado swept Rochester and the surrounding countryside; many were killed and many more injured. Dr. Mayo was appointed to take complete charge, and he received much material and financial aid from the Sisters of St. Francis, who nursed the wounded.

The older brother had just been admitted to medical practice when the tornado struck, but Charles Mayo was still a medical student. Both, however, were of immense help to their father, and both showed considerable skill.

Dr. Charles Mayo had been practicing medicine for only a year when St. Mary's Hospital was opened. The Sisters of St. Francis had suggested to the elder Dr. Mayo that he take over the administration of the hospital and that he had supplied the funds. The Mayo Clinic was started in October, 1889, with thirteen patients and a staff of three surgeons, Dr. William Worrall Mayo and his two sons.

Gradually they became known and hundreds—later to be followed by thousands—came from all parts of the world for medical attention at the Mayo Clinic. It was a 40-rule that each patient paid according to his means, that fees would not be accepted from charitable institutions and that the patient's promise to pay was enough.

The Mayo brothers specified in 1915 that their gift to the Mayo Foundation was the medical work to be carried on mainly at Rochester for at least twenty-five years. At the end of that time, if the regents thought that establishment elsewhere would better fulfill the purposes of the foundation, they might move it to any place within the State of Minnesota. The terms provided also that 10 per cent of the income must be spent outside of the State in order to provide for research work in any part of the world. Another 10 per cent was set aside for purposes of emergency.

The Mayo brothers joined in making the gift, and Dr. William Mayo expressed the noble conception of responsibility for the administration of wealth and the true ownership in the following words:

"We never regarded the money as ours. The sacrifices, it will be noted, are much scattered, and many small investments were made. That was because whenever we got $3,000 or so ahead we would invest it and lay it aside. This money put into the foundation came from the people, and we believe, my brother and myself, that it should go back to the people. That was my father's attitude in life. The money accumulated almost in spite of us, and we had very little idea how much there was of it until the war came on, and we took up the idea of this foundation."

Began Clinic on Small Scale

In the beginning the undertaking was on a small scale. But as the years went on it became imperative to seek assistants. The brothers had carried on from 1889 to 1905 with only internes or surgical assistants. In 1904, the last year before a third operating room was opened, they and their assistants performed 3,131 operations.

Ten years later the hospital capacity was 300 beds and six operating rooms. A new pavilion was opened, increasing the capacity to 600 beds, and since that time new buildings have gone up at frequent intervals, until the so-called Mayo Clinic became a veritable hospital city.

In 1919 there were 63,643 registrations. The number of patients has increased every year, and today there are more than 500 physicians and surgeons and 1,300 other workers employed in the various departments of the clinic.

It would be impossible to estimate the value of the Mayo Clinic, but in 1928 it was placed at $5,000,000. To this, however, should be added new buildings, including the $3,000,000 clinic, which towers like a skyscraper over the lower hospital buildings, and in which a section was installed in 1928 in memory of the immortal brothers who died in the war.

Dr. Charles Mayo had performed thousands of operations in the course of his career, 700 of them for cataracts of the eyes. He was recognized generally as the originator of modern goiter surgery and as a pioneer in surgical treatment of the nervous system. A European contemporary once commented:

"He is a most skillful and versatile surgeon, operating with equal facility upon every part of the body and he has the soul and hands of an artist."

Trained Information Widely

The Mayo brothers constantly traded information on new techniques. Scientists from all parts of the world visited their clinic and Mayo delegations were regular attendants at the major meetings of the profession.

With his brother, Dr. Mayo founded in 1919 the Mayo Properties Association, to hold all the property, endowments and funds of the Mayo Clinic and to insure the permanency of the institution for public service.

Dr. Mayo was Professor of Surgery at the Mayo Foundation Graduate School of the University of Minnesota, and was also Professor of Surgery of the Medical School of the University of Minnesota. He had been health officer of the city of Rochester since 1912, and a member of the Ohio School Board from 1915 to 1923.

As in everything else, Dr. Mayo paralleled his brother's career in the army during the World War. He was Colonel and Chief Consultant, alternating with his brother, for all surgical services. In 1921 he was promoted to the rank of Brigadier General, and in 1920 he received the Distinguished Service Medal.

Dr. Mayo showed proper care of children for the general welfare of the nation. He was particularly active in the field of research to combat cancer, and he delivered many papers before medical societies and general meetings.

Received Many Honors

In 1925 Dr. Mayo received the Legion of Honor from the French Government, for eminent services rendered during and after the war.

He was a member of the Olmstead County (Minn.) Medical Society, Southern Minnesota Medical Association, Western Surgical Association, of which he was president in 1904-1906; Minnesota State Medical Association (president 1905); International Congress on Tuberculosis, of which he was president of the section on surgery in 1908 and 1909; Society of Clinical Surgery (president 1911-1912), Clinical Congress Surgeons of North America (president 1912-1916); American Medical Association, of which he was president in 1916-1917; American Surgical Association, 1921-1922; Southern Surgical Association, International Society of Surgery, Association of Military Surgeons, (United States Army); American College of Surgeons, president 1923, 1924, 1925 and regent since 1913; Association of Resident and Ex-Resident Physicians of Mayo Clinic, Alumni Association of Northwestern University, American Academy for the Advancement of Science, National Institute of Social Sciences, American Mouth Health Association, American Stomatol Association, American Public Health Association, Minnesota Historical Society, Alpha Kappa Kappa, Sigma Xi, Alpha Omega Alpha.

Dr. Mayo was president of clinics of the Interstate Post-Graduate Assembly of America. He was honorary member of the Societad Peruana de Cirurgia, Serbian Medical Society, Association of Surgeons of Great Britain and Ireland, New Hampshire Medical Society, Sociedade Brasileira de Urologia, International Spanish-Speaking American of Physicians, Dentists and Pharmacists, Manchester Medical Society, American Pharmaceutical Association, and patron of Eccles General Hospital, England.

He was corresponding member of La Camino Provincial Permanente de Valencia, the faculty of Eb Instituto Medico Valenciano, Royal Academy of Medicine, Ireland; Glasgow University Medico-Chirurgical Society, La Société Tuberculeuse de Chirurgie et de Gynecologie, Praque; Royal Medical Academy, Rome.

He was scientific delegate to the United States for Gaceta Medica Espadole. In 1926 Dr. Mayo was made an Officier de l'Instruction Publique et des Beaux-Arts by the French Government.

He was a Democrat, a Thirty-second Degree Mason, a Knight Templar and a Shriner.

Among his many honorary university degrees were the following: Northwestern University, University of Maryland, Kenyon College, University of Edinburgh, Queen's University, Belfast; University of Manchester, Princeton University, University of Pennsylvania, University of Leeds, Trinity College, Dublin.

Dr. Mayo was a fellow of the American College of Surgeons since 1913, fellow of the Royal College of Surgeons, England; fellow of the Royal College of Surgeons, Ireland, and fellow of the Royal Society of Medicine, England.

He also held degrees from the Dublin College of Medicine and Surgery and the University of Edinburgh and Hamline University.

DR. WILLIAM MAYO OF CLINIC IS DEAD

Surgeon and Brother Who Died in May Made Institution Famous Everywhere

---

GAVE EARNINGS TO PUBLIC

Succumbs at 78 to Ailment in Which He Had Specialized —Funeral Tomorrow

Associated Press, 1926
DR. WILLIAM MAYO

ROCHESTER, Minn., July 28 (P).—Dr. William J. Mayo, surgeon who with his brother made the name of their clinic known throughout the world, died in his sleep early today of a sub-acute perforating ulcer, an abdominal ailment he had specialized in treating. He was 78 years old, and had grieved constantly since the death of his brother, Dr. Charles H. Mayo, in Chicago on May 26.

Stricken shortly after he returned from a Winter vacation in the Southwest, Dr. Will, as he was known to all Rochester, underwent a stomach operation at the clinic last April, and never fully recovered.

There is only one Mayo left to carry the family name. He is Dr. Charlie's son, Dr. Charles W. Mayo, a surgeon on the clinic staff whose forty-first birthday today was saddened by his uncle's death.

At Dr. Mayo's bedside when he died were Mrs. Mayo and their two daughters, Mrs. Waltman Waters, wife of a director of the clinic, who performed the operation on his father-in-law, and Mrs. Donald C. Balfour, wife of the director of the Mayo Foundation.

Body to Lie in State

Funeral services will be held Sunday at 4 P. M. at the Foundation House, the doctor's home for twenty years before September, 1938, when he gave it to the Mayo Foundation as a center for medical study. The body will lie in state at the Foundation House from 9 A. M. to 1 P. M. Sunday, when the public will be admitted.

Services will be conducted by the Rev. Dr. G. P. Sheridan, minister of the Congregational Church, assisted by the Rev. Dr. C. C. Menedee, rector of Calvary Episcopal Church.

Surgeons in the clinic will be pallbearers. Members of the outstanding staff of the clinic, the University of Minnesota board of regents, of which Dr. Mayo was a member, and of the faculty of the University of Minnesota Medical School will serve as honorary pallbearers. Burial will be in Oakwood Cemetery in the family lot.

The Mayo Clinic will be closed Sunday. It will continue, as during the last ten years, under the administration of a board of governors. Both Dr. Mayo and his mother retired from the board five years ago and had asked since then only in an advisory capacity.

President Roosevelt was among scores of persons who sent messages of sympathy to the family of Dr. Mayo. The President's message to Mrs. Mayo said:

"Please accept with an assurance of personal sorrow my sympathy in the death of your distinguished husband. Like his brother Charlie, he gave all of himself to the profession of the art of healing and with his brother he will be held in lasting remembrances as a public benefactor. My heartfelt sympathy goes out to you and to members of your family."

Shunned Personal Publicity

Because people whose name made news went from all over the world to the Mayo Clinic for treatment, the fame of the Brothers Mayo was international. They were perhaps the best known surgeons in America, although they had a way in which they always shunned publicity for themselves. Sons of a physician who was the first man of his profession to penetrate the wild and sparsely settled country of Minnesota, the brothers lived their early lives under the domination of that hardy man's spirit.

So closely were their lives interwoven that the biography of one must inevitably bear a strong resemblance to that of the other. Their skill, too, was so equally provided that neither outranked the other in the eyes of their patients—and they were as equally considerable on the State of Minnesota.

Both sons inherited from the father, Dr. William Worrall Mayo, that same sense of care for the patients and the same ideals on serving philanthropy. When as in his own right, became wealthier and had amassed considerable money to carry on, they together chose not to hoard their wealth to invest it in an institution for the welfare of mankind of any estate. Thus they expanded and continued for many years the medical center at Rochester known as the Mayo Clinic.

When they announced their gift for their foundation in 1915 Dr. William Mayo expressed the philosophy simple but noble conception responsible for the administration of wealth and its true ownership.

Amassed a Large Fortune

"We never regarded the money as ours. The securities, it will be noted, are much scattered, and many small investments were made. That was because whenever we got $3,000 or so ahead we would lay it and lay it aside. This money into the foundation came from the people, and we believe, my brother and myself, that it should go back to the people. That was my father's attitude in life. The money accumulated almost in spite of us. We had very little idea how much there was of it until the war on and we took up the idea of the foundation."

The Mayo Foundation for Medical Education and Research was founded in 1915 by Dr. William and Dr. Charles Mayo brothers, who were to devote their operative skill and vast sums of money toward the study of medicine. A regent of the University of Minnesota since 1907, Dr. Mayo was president of the Minnesota State Medical Society in 1895, president of the American Medical Association, 1906-1907; president of the Society of Clinical Surgery, 1911-1912; president of the American Surgical Association, 1913-1916; president of the American College of Surgeons, 1906-1909; president of the Society of the Congress of American Physicians and Surgeons, 1925.

It was for five years president of the Royal College of Physicians of England, and Herbert Mayo, his brother, was one of the founders of the Middlesex Medical School.

Dr. William Worrall Mayo came to the United States in 1845. He practiced as a chemist in New York and later was instructor in chemistry at Bellevue Hospital Medical College. In 1847 he moved to Indiana and later to St. Louis, where he studied medicine. After practicing for some time at La Porte, Ind., he moved to Minnesota in 1855. At that time the country was wild prairie land at the time and human habitations were few and widely scattered. Dr. Mayo drove about the countryside, administering to the wants of the pioneers, keeping much but earning little.

He was at Le Sueur in 1862 at the time of the Indian uprising at the Yellow Medicine Agency. Alternately fighting and dressing the wounds of the defending pioneers, he was in the thick of the trouble, and when that episode was over he was appointed provost surgeon for Southern Minnesota, in charge of Civil War recruiting stations.

His oldest son, William James, was born at Le Sueur on June 29, 1861. Two years later the family moved to Rochester, where the elder Mayo continued in charge of the draft board.

Worked in Drug Store as Youth

While driving on his daily rounds Dr. Mayo took his son along. The lad kept his eyes open and his mouth closed, and his observations were valuable when he took up the study of medicine later in life.

The sons worked in a local drug store during their vacations. William James Mayo went to Rochester High School and Niles Academy. In 1883, the year when the tornado struck Rochester, he received his M. D. degree from the University of Michigan.

Many dust and more were injured when the twister struck. Dr. Mayo Sr. was appointed to take charge of an improvised hospital, and a number of Sisters of St. Francis worked to help the wounded. The Mother Superior proposed the building of a permanent hospital and provided the initial sum of money, and Dr. Mayo would take full charge of the Mayo Clinic, after the establishment of St. Mary's Hospital at Rochester.

The hospital was opened in 1889 with thirteen patients and a staff of three surgeons, Dr. William Worrall Mayo and his two sons.

Gradually they became known, and hundreds, later to be followed by thousands, came from all parts of the world for medical attention at the Mayo Clinic. It was always the rule that each patient paid according to his means, that fees would not be accepted from charitable organizations and that the patient's promise to pay was sufficient.

Under the provisions of their gift to the Mayo Foundation, it was specified that the practice must be carried on mainly at Rochester for at least twenty-five years. At the end of that time, if the regents believed that establishment elsewhere would better fulfill the purposes of the foundation, they could move it to any place within the State of Minnesota. The terms also provided that 10 per cent of the income must be spent outside of the State, in order to provide for research work in any part of the world, while another 10 per cent was to come a veritable hospital city.

63,643 Registrations in 1919

By 1914 the hospital capacity was 300 beds and six operating rooms. A new pavilion was opened, increasing the capacity to 600 beds, and since that time new buildings have gone up at frequent intervals, until the so-called Mayo Clinic has become a veritable hospital city.

In 1919 there were 63,643 registrations. The number of patients have increased yearly, and today there are more than 500 physicians and surgeons and 1,300 other workers enrolled in the various departments of the clinic.

The approximate value of the Mayo Clinic was placed at $5,000,000 in 1928. To this must be added additions made since, including the $3,000,000 clinic building, which towers like a hospital skyscraper. The Mayo Foundation has become the graduate organization of the University of Minnesota Medical School. The competition for fellowships has been keen, and students have come from all parts of the world for the privilege of studying there. The fellowships are managed by members of the Mayo Properties Association, and the earnings are dedicated forever to medical research and education. The brothers were proud that the only power they wielded was in the force of their institutions.

As a medical officer Dr. Mayo took a prominent part in the World War. In 1918 he and his brother, Dr. Charles, were made First Lieutenant of the Medical Reserve Corps. In 1917 he was promoted to the rank of Major and later Colonel of the Medical Corps, United States Army, and from 1917 to 1918 he was chief consultant for the Medical Service. He was appointed Colonel, Medical Reserve Corps, in 1920 and Brigadier General in 1921.

A regent of the University of Minnesota since 1907, Dr. Mayo was president of the Minnesota State Medical Society in 1895; president of the American Medical Association, 1906-1907; president of the Society of Clinical Surgery, 1911-1912; president of the American Surgical Association, 1913-1916; president of the American College of Surgeons, 1906-1909; president of the Congress of American Physicians and Surgeons, 1925.

《뉴욕 타임스》에 실린 닥터 윌(오른쪽, 1939. 7. 29)과 닥터 찰리(1939. 5. 27)의 부고 기사.

플러머 빌딩에 그대로 보존돼 있는 닥터 윌의 진료실 겸 사무실.

닥터 찰리의 진료실 겸 사무실.

문가 부자들의 애도사가, "우리 의사 선생님"을 잃은 슬픔으로 가득한 서민들의 거의 알아보기 힘든 편지와 나란히 놓여 있다. 루스벨트 대통령 부부가 보낸 편지 바로 옆에는 텍사스 주의 어느 할머니가 연필로 철자법과 상관없이 괴발개발 써 내려간 편지가 있다. 할머니는 닥터 찰리의 아내에게 화분도 보내 20년 전 닥터 찰리가 자신에게 얼마나 친절하게 대해줬는지 평생 잊지 못하고 있다는 마음을 전하고 싶어했다.

그러고 나서 몇 칸 더 가면 이 가운데 가장 가슴 뭉클한 편지, 바로 클리닉 외과 의사들이 채택한 결의문 사본이 있다.

훗날 이 문헌을 읽는 이들은 최근 몇 달 새 잇달아 사별을 겪고 말도 제대로 하지 못하는 우리가 도대체 어떤 인사들인지 궁금할지도 모르겠습니다. 다만 비명(碑銘)과 지면을 통해 그 위대함이 되살아날 고인들은 생전에 우리와 함께 걷고 이야기하고 웃던 사람들이었다고, 우리의 스승이자 동료이자 친구였다고 기억해주십시오. 우리는 이 슬픔과 너무 가까이에 있어 할 말을 찾지 못하겠습니다. "슬픔이 너무 크면 말문이 막힌다"는 말이 있는데, 바로 우리가 그렇습니다.

……고인들은 우리에게 전범(典範)을, 우리가 소중히 가꾸고 후세야 전해야 할 불멸의 정신을 남겼습니다.

그 전범 가운데 일부는 특히 우리, 다시 말해 우리의 위대한 스승들이 세운 의료 기관의 외과 의사들에게 남겨진 듯합니다. 고인들은 자기 자신을 훨씬 뛰어넘는 위대한 그 무엇, 다음 세대의 미래를 위해 일했습니다. 나이가 들면서 고인들은 처음에는 아주 조금씩, 그러다 갈수록 확고하게 의학회와 클리닉의 일에서 물러나 후배들이 걸어갈 길을 단단히 다졌습니다. 고인들은 젊은 사람들에게 나눠줄 지식이나 기술이 있으면 언제나 아낌없이 내주었습니다. 늘 자문과 충고를 아끼지 않았지만 다른 외과 의사에게 권위를 행사하지는 않았습니다. 고인들은 모름지기 외과 의사는 자신의 진료에 모든 역량을 바쳐야 하며 거기에 책임을 져야 한다고 역설했습니다. 엄격하게 지도하고, 간섭 없이 도와줄 것. 고인들이 우리를 가르칠 때 가장 중요하게 여긴 원칙입니다. 이제 우리도 그렇게 다른 사람들을 가르치려 합니다. 그래서 우리의 위대한 두 스승이 우리에게 한 것처럼 향후 몇 달이든 몇 년이든 서로 단합해 나중에 이런 말을 듣고자 합니다.

"그들은 모든 사람을 이웃으로 도왔다."

사람들은 윌리엄 제임스 메이요와 찰스 호러스 메이요를 기리기 위해 돌과 벽돌을 쌓아올릴지 모르지만, 형제가 만든 클리닉에서 그들의 정신이 살아 있는 한 형제에게는 그들의 이미지에 좀더 잘 어울리는 '살아 있는 기념비'가 존속할 것이다.

찾아보기